JN260417

図説　明治人物事典

政治家・軍人・言論人

湯本豪一◉編

日外アソシエーツ

Biographical Dictionary
of
the Meiji Period

with

717 illustrations

◆

edited
by

Kôichi Yumoto

Tokyo
Nichigai Associates, Inc.

装丁：熊谷博人

図像に見る明治の政治家、軍人、言論人

政治の流れから見た明治

本書は明治の政治家、軍人、言論人たちを当時の図像資料を使って捉えてみようと意図した人物事典であり、それによって今までにはない新しい視点からの人物像を探ることを目指したものである。その前提のもとで、先ず、彼ら政治家、軍人、言論人が活躍した明治時代の政治の流れを簡単に辿って見ておきたい。

幕末の黒船来航は為政者たちに大きな衝撃を与え、国際社会のなかで日本がいかに生きていくべきかという重く深刻な課題を投げかけた。かくて、「攘夷」「開国」といったこれまでにない難問をめぐって激しい政治闘争が繰り返され、やがては、それまで疑ってもみなかった幕藩体制の否定という潮流を生じさせることとなる。反幕勢力は朝廷と結びつき、ついには武力による幕府打倒へと至る。この過程で時代は新しい指導者をつぎつぎと輩出していった。そのなかには吉田松陰、坂本竜馬、高杉晋作のように新時代の到来を目前にして世を去った人たちもいるものの、多くの人材に支えられて新生日本丸は荒波のなかを船出し、明治という時代をつくりあげていった。

新しい体制の確立に中心的役割を演じたのが薩長に代表される幕府を打倒した勢力である。し

かし、新政府樹立に向かって団結していた彼らもいつまでも一枚岩を保つことはできなかった。明治四年、不平等条約改正の希望を欧米に告げるとともに先進諸国の制度や文物を視察するための大使節団が組織され、その正使に岩倉具視が就任し、大久保利通、木戸孝允ら政府首脳も加わって二年に近い長期にわたる巡遊が行なわれた。この視察の間は重要人事には手をつけないことや大改革は行なわないことなどが約されて西郷隆盛、板垣退助らが留守をあずかったが、使節団一行が長い旅程を終えて帰国すると大きな問題が待ち構えていた。征韓論問題である。朝鮮との国交交渉がこじれて、留守政府では武力を背景に西郷が特使として朝鮮に派遣されることと決していたものの、最終決断は岩倉使節団が帰国した後に延期されていた。帰国した岩倉や大久保らは欧米先進諸国を自らの目で見てきたこともあり、内政を充実させて国力をつけることが先決と主張し西郷、板垣らと対立していった。

結局、特使として西郷が派遣されることはなくなり、征韓論を主張した西郷、板垣、後藤象二郎、江藤新平、副島種臣らの参議は六年に下野して政府との対決姿勢を鮮明にしていった。そして七年には不平士族らを結集して佐賀の乱が引き起こされるものの首謀者として捉えられた江藤は斬首となっている。しかし、この反乱の鎮定によって政府と対立する勢力を押えることはできなかった。不満の火種は解消されることなく、九年には熊本で太田黒伴雄らを首謀者とした神風の乱が勃発し、これに呼応して萩の乱や秋月の乱が起こる。萩の乱を指導した前原一誠はすでに二年に政府の方針と対立して参議を辞していた人物だった。このような反乱を経て一〇年には西南戦争が起きることとなる。西南戦争では新政府樹立に多大な貢献をした西郷が逆臣の烙印を押されたなかで壮絶な最期を遂げる。戦争の最中に木戸も病死し、一一年には大久保も暗殺されて維新の三傑といわれる人たちはつぎつぎと姿を消していった。大村益次郎は二年に死去しており、板垣は下野して自由民権運動に邁進する。かくて、わずか一〇年ほどで政府の最高指導者たちの顔ぶれは大きく変っていった。

いっぽう、板垣らの国会開設、憲法制定、藩閥政治の打破などを標榜して政府との対決姿勢を鮮明にした活動は国民的広がりをみせて大きな影響力を有していった。一八年、それまでの太政官制から内閣制に改革され、長きにわたって太政大臣だった三条実美にかわって伊藤博文が初代の内閣総理大臣に就任した。岩倉は一六年に死去しており、維新期に活躍した公家出身の二人の実力者の時代は名実ともに終焉をとげる。このようななかで憲法制定や国会開設に向けての準備も着々とすすめられて、二二年には伊藤のあとをうけた第二代内閣総理大臣黒田清隆のもとで帝国憲法が発布され、翌年には一四年に開拓使官物払い下げ事件をきっかけに出された国会開設の勅諭が実現し、第一次山県有朋内閣によって第一回衆議院議員選挙が実施され、国会のもとでの政治が展開されることとなる。しかし、政治の中枢を握っていたのは相変わらず薩長を中心とする藩閥であった。二四年には松方正義が組閣し、さらに翌年には第二次伊藤内閣が発足する。第一次伊藤内閣では外務大臣井上馨によるいわゆる鹿鳴館外交が行なわれたものの不平等条約改正には至らず、その後も最大の外交問題として条約改正交渉は歴代の内閣の課題として残り続けた。この課題に大きな前進をみせたのが第二次伊藤内閣の時であった。二七年七月、日英通商航海条約が調印され、日本の法権の回復のさきがけとなった。これを契機に欧米諸国とぎつぎと同様の条約が締結されることとなり、幕末の開国以来の懸案は解決へと向かう。しかし、日英通商航海条約の調印直後には日清戦争が勃発して日本は新たな対外問題に直面する。日清戦争は朝鮮をめぐる日本と中国の権益の衝突であり、ペリー来航以来、列強の影に怯えていた日本が富国強兵をすすめた結果として自らが隣国への侵出へと至った立場の逆転でもあった。日清戦争は日本にとって最初の本格的な対外戦争でもあり、大本営を広島に移して臨戦体制がとられた。一〇年の西南戦争において近代装備の徴兵軍隊が士族中心の西郷軍を撃破し、戦いのプロとしての武士の時代は完全に終わりを告げていたが、日清戦争は徴兵を根幹とした近代的軍隊組織の真価を試される戦いでもあった。かくて、第一軍司令官には山県、第二軍司令官には大山巌が就任して指揮をとり、近代化の進まない清国軍を圧倒していった。二八年には下関において日清講和条約が調印され、日本は朝鮮が清国との宗属関係を持たない完全な独立国であることを認めさせるとともに台湾、遼東半島、澎湖列島の割譲と賠償金二億両を得ることとなり、日本は中国にかわって東洋の大国の座を手中にした。しかし、勢力を拡大した極東の新興国家を国際社会は黙認しなかった。日清講和条約が調印されるやいなやロシア、ドイツ、フランスは遼東半島の清国への返還を日本に勧告したのである。日本にこの圧力を跳ね返す国力はなく、彼らの勧告を受け入れることとなる。その屈辱から「臥薪嘗胆」がスローガンとして叫ばれるようになり、増税による軍備増強が行なわれる。いっぽう、三国干渉で日本の侵出を阻止したロシアは着々と勢力を拡大して、二九年には東清鉄道の敷設権を獲得するとともに日本の攻撃に対する共同防衛の密約を清国と結び、満州における権益を固めていった。日清戦争に敗れた清国は列強の権益争奪の場と化し、国民の不満も欝積していったが、三二年にはそんな状況を背景に義和団の乱が勃発し、翌年には義和団が北京の各国公使館を包囲し、公使殺害事件まで起きた。この事態に欧米列強や日本は軍隊を派遣して乱の鎮定にあたった。乱鎮定後、各国の撤兵が行なわれたがロシアは占領を継続し、中国におけるさらなる勢力拡大を狙った。ロシアの南下に危機感を抱いたイギリスは三国干渉以来、ロシアとの衝突を想定して軍拡を行なっていた日本と手を結び、三五年一月にはロンドンにおいて日英同盟が調印される。日英同盟を盾としてロシアの満州からの撤退を迫った日本だったがロシアはこれに応ぜず、いくたびかの交渉の末に日露両国の決裂は決定的となり三七年二月に宣戦布告がなされる。日露戦争はロシアの国力からみても、日本にとって日清戦争とは比較にならないほどの厳しい戦いが想定された。大山は参謀総長を経て満州軍総司令官となり、山県も参謀総長に復帰して戦いに臨んだ。彼らの総指揮のもと、児玉源太郎が参謀次長を経て満州軍総参謀長に就任して陸軍の実質上の作戦指揮にあたった。児玉は第四次伊藤内閣時の三三年一二月に桂太郎にかわって陸軍大臣に就任して、第一次桂内閣でも陸軍大臣となり、三五年に寺内正毅に交替した後の現場復帰だった。海軍は西郷従道の跡を継いで三一年の第二次山県内閣で海軍大臣に就任して海軍拡張に力を尽くした山本権兵衛が引き続き海軍大臣の座にあり、連合艦隊司令長官に東郷平八郎を就任させて、東郷の実力を発揮させている。政治の最高責任者である首相の桂は三一年に第三次伊藤内閣の陸軍大臣に就任し、その後、第一次大隈内閣、第二次山県内閣、第四次伊藤内閣と四代の内閣の陸軍大臣を続けた後に山県の後継者として三四年に総理大臣に就任した陸軍出身の軍人であった。彼ら、政治家であり軍人でもある人たちによって戦いは進められたが、いっぽうで伊藤は側近の金子堅太郎をアメリカに派遣して世論工作をさせ、井上馨は高橋是清をイギリスに遣わして外債募集を行なわせているように、官僚出身者たちの外交努力も行なわれている。いずれも元老と呼ばれる人たちを指導者として仰ぎながら実質的には次の世代の人々が活動しており、確実に世代交替が進んでいたことを見ることができる。

日露戦争に何とか勝利して三八年九月にはポーツマスにおいて日露講和条約が調印されたものの、その内容は国民の期待からは程遠いもので、不満が爆発して日比谷の焼打ち事件などが発生する。そして、年が明けると間もなく第一次桂内閣は総辞職する。その後、西園寺公望が組閣し、以後、桂と西園寺が交互に首相を勤めることとなるが、日露戦争に勝利した日本は韓国の植民地化政策を推し進めていった。四一年、第二次桂内閣を発足させた桂はさらに強力に植民地化政策を行ない、四三年にはついに韓国を併合し、初代朝鮮総督に寺内正毅が就任した。同年、国内では大逆事件によって幸徳秋水らがつぎつぎと逮捕されて翌年一月には一二人に死刑が執行され、重苦しい「冬の時代」が到来する。このようななかで、日露戦争時にすでに糖尿病にかかっていた天皇の容体は再び悪化、四五年七月三〇日午前零時四三分に崩御し、明治という時代にピリオドが打たれることとなる。

描かれた政治家、軍人、言論人の動向

日本における近代のスタートとなる明治の国家体制確立に大きな力を発揮したのは言うまでもなく政治家たちであった。また、富国強兵という国策が中心に据えられたことによって軍人たちも大きな影響を与えた。そもそも、幕府を武力で打倒した勢力が新政府を動かしていったこともあり、有力な政治家の多くは軍人でもあり、政治と軍事は一体となって体制をつくりあげていった。いっぽう、言論人という概念も近代社会のなかで生まれた新しい人物像である。そして、彼ら言論人は政治や軍事にきわめて強い関心を抱いてその動向を探り、メディアという手段で広く知らせ、あるいは自説を訴えてきたのであり、政治や軍事に密接に関わっていたといってもよいであろう。そのような括りから本書では政治家、軍人、言論人をまとめて取り上げているが、言論人たちは文字だけで主義主張をアピールしていたのではなく、諷刺画などに為政者や政策などを描くことでもその真価を発揮している。本書に収録された図像の多くもそのような性格を有している。とりわけ、自由民権運動を契機として政府に対するジャーナリズムの厳しい目が光り、

言論による為政者との対決が行なわれていった。本書で多数図版を引用した『団団珍聞』も自由民権運動が活発化するなかで創刊された時局諷刺雑誌で、本多錦吉郎や小林清親らによって辛辣な諷刺画が描かれて多くの支持者を獲得していった。当然のこととして言論人に対する政府の弾圧も行なわれたが、このような事さえも諷刺の種となっていった。いっぽうで、政府系のメディアもあり、為政者を擁護する論調を展開する新聞も存在していた。いずれにしても、新聞、雑誌などに多種多様な人物像が描かれていったのであり、それらを通じて庶民は政治の動向や戦争の推移などをビジュアルなかたちで認識することができたのである。もちろん、文字情報の重要性は言うまでもないが、事象をビジュアル化することによって問題の本質を鮮明にすることが可能なのである。とりわけ、諷刺画は単に人物を描写するのではなく、描く側の思想がバックに存在しており、直截的に見る人に訴える力を有している。普段はあまり触れられることのない内容なども描かれ、人物の内面をえぐり出すような作品もけっして少なくない。そして、それらを一つ一つ集積することによって一般的な人物事典では取り上げられることのない情報も加えられる可能性を持っているのである。また、もともと文字で記録されていない情報についても図像で知ることができる場合もある。このような図像の特徴を活用して編集したのが本書であり、収録された個々の人物に関する図像から新たな人物像の提供を目指している。もちろん、本書に収録していない政治家、軍人、言論人も少なくないが紙幅も限られており、画像を使うこともあって文字情報だけの人物事典と較べると収録人数は制限せざるをえないが、いずれ、本書をきっかけとして図像による人物事典の集大成が実現することを願っている。そのためにも、今後より多くの人物の図像資料の収集と分析作業が不可欠なことは言うまでもない。それによって図像資料による人物へのアプローチという手法が広く取り入れられ、人物事典に新たな一ページが書き加えられることができればと思っている。
このような新しい試みの人物事典の刊行に深い御理解を頂いた日外アソシエーツの方々に深謝申し上げる。

二〇〇〇年一月

著者識

目次

【あ行】

青木周蔵　（外交官、政治家）　二
赤井景韶　（民権活動家）　六
秋山定輔　（ジャーナリスト）　八
安部磯雄　（社会運動家）　一〇
安部井磐根　（政治家）　一二
新井章吾　（政治家）　一四
有坂成章　（軍人）　一六
有栖川宮熾仁親王　（軍人、政治家）　一八
石坂昌孝　（政治家）　二二
石本新六　（軍人）　二四
磯部四郎　（政治家、弁護士）　二六
板垣退助　（政治家）　二八
一木喜徳郎　（官僚、政治家）　三二
伊藤欽亮　（ジャーナリスト）　三四
伊東祐麿　（軍人）　三六
伊藤博文　（政治家、初代内閣総理大臣）　三八
伊東巳代治　（官僚、政治家）　四一
伊東義五郎　（軍人）　四四
犬養毅　（政治家）　四六
井上馨　（政治家）　五〇
井上角五郎　（政治家、実業家）　五四
井上勝之助　（官僚、外交官）　五六
岩倉具視　（政治家）　五八
岩村通俊　（官僚、政治家）　六一
植木枝盛　（自由民権家、政治家）　六四
内田康哉　（外交官、政治家）　六六
江木衷　（官僚、弁護士）　六八
江藤新平　（政治家）　七〇
榎本武揚　（政治家）　七三
江間俊一　（政治家、弁護士）　七六
大井憲太郎　（政治家）　七八
大石正己　（自由民権家、政治家）　八〇
大浦兼武　（官僚、政治家）　八二
大江卓　（政治家）　八四
大岡育造　（政治家）　八六
大木喬任　（政治家）　八八
大久保一翁　（政治家）　九〇
大久保利通　（政治家）　九二
大隈重信　（政治家）　九六
大島義昌　（軍人）　一〇〇
太田黒伴雄　（神風連の乱の指導者）　一〇二

大竹貫一（政治家）一〇四
大鳥圭介（政治家）一〇六
大東義徹（政治家）一一〇
大村益次郎（軍政家）一一二
大山巌（軍人）一一四
大山綱良（政治家、鹿児島県令）一一八
岡崎邦輔（政治家）一二〇
岡部長職（外交官、政治家）一二二
小川平吉（政治家）一二四
沖守固（官僚、政治家）一二六
奥保鞏（軍人）一二八
奥田義人（官僚、政治家）一三〇
尾崎行雄（政治家）一三二
小田喜代蔵（軍人、水雷発明）一三六
小山田信蔵（政治家、実業家）一三八

【か行】

景山英子（婦人解放運動家）一四〇
片岡健吉（政治家）一四二
勝海舟（政治家）一四四
桂太郎（軍人、政治家）一四八
加藤高明（官僚、政治家）一五二
加藤政之助（政治家、ジャーナリスト）一五六
金子堅太郎（官僚、政治家）一五八
樺山資紀（軍人、政治家）一六二
上村彦之丞（軍人）一六六
川路利良（官僚）一六九
河島醇（官僚、政治家）一七二
川村景明（軍人）一七四
川村純義（軍人）一七六
管野すが（社会主義者）一七八
菊池九郎（政治家、教育家）一八〇
岸田吟香（ジャーナリスト）一八二
岸田俊子（女権運動家）一八四
北垣国道（官僚、政治家）一八六
北白川宮能久親王（軍人）一九〇
木戸孝允（政治家）一九二
木下尚江（政治家）一九四
清浦奎吾（政治家）一九六
桐野利秋（軍人）一九八
九鬼隆一（官僚）二〇〇
楠本正隆（政治家）二〇二
工藤行幹（政治家）二〇四
久保田譲（教育家、政治家）二〇六
蔵原惟郭（政治家）二〇八
栗原亮一（政治家）二一〇

黒岩涙香（ジャーナリスト）　二一二
黒木為楨（軍人）　二一四
黒田清隆（政治家）　二一六
郡司成忠（軍人）　二二〇
肥塚龍（ジャーナリスト、政治家）　二二二
河野敏鎌（政治家）　二二四
河野広中（政治家）　二二六
神鞭知常（官僚、政治家）　二三〇
児玉源太郎（軍人）　二三二
後藤象二郎（政治家）　二三六
後藤新平（政治家）　二四〇
近衛篤麿（政治家）　二四四
小松宮彰仁親王（軍人）　二四八
小松原英太郎（官僚、政治家）　二五〇
小村寿太郎（官僚、政治家）　二五二
小室信夫（政治家、実業家）　二五六
小山松寿（ジャーナリスト、政治家）　二五八

【さ行】

西園寺公望（政治家）　二六〇
西郷菊次郎（政治家）　二六四
西郷隆盛（政治家、軍人）　二六六
西郷従道（軍人、政治家）　二七〇
斉藤珪次（政治家）　二七四
斎藤実（軍人、政治家）　二七六
阪谷芳郎（政治家）　二七八
佐久間左馬太（軍人）　二八〇
佐々友房（政治家）　二八二
佐野常民（政治家）　二八四
鮫島尚信（外交官）　二八六
沢柳政太郎（官僚、教育家）　二八八
三条実美（政治家）　二九〇
志賀重昂（思想家、地理学者）　二九三
重野謙次郎（政治家、弁護士）　二九六
品川弥二郎（政治家）　二九八
篠原国幹（軍人、政治家）　三〇二
島義勇（佐賀の乱の首謀者の一人）　三〇四
島田三郎（政治家）　三〇六
下瀬雅允（軍人、下瀬火薬の発明）　三一〇
尚　泰（琉球王国最後の国王）　三一二
白瀬矗（探検家）　三一四
白根専一（政治家）　三一六
末広鉄腸（ジャーナリスト）　三一八
末松謙澄（官僚、政治家）　三二〇
菅原伝（政治家）　三二四
杉浦重剛（政治家、思想家）　三二六

杉田定一（政治家）　三一八
須藤時一郎（政治家、実業家）　三二〇
千家尊福（政治家、宗教家）　三二二
仙石貢（官僚、政治家、実業家）　三二六
副島種臣（政治家）　三三八
曽我祐準（軍人）　三四二
曾禰荒助（官僚、政治家）　三四四
園田安賢（官僚）　三四八

【た行】

高木兼寛（軍医）　三五〇
高木正年（政治家）　三五二
高崎五六（官僚、政治家）　三五四
高崎正風（官僚、歌人）　三五六
高島鞆之助（軍人、政治家）　三五九
高田早苗（政治家、教育家）　三六二
高野孟矩（司法官）　三六四
高橋健三（官僚、ジャーナリスト）　三六八
高橋是清（政治家、財政家）　三七〇
竹越与三郎（ジャーナリスト、政治家）　三七二
田尻稲次郎（官僚）　三七四
伊達宗城（宇和島藩主、政治家）　三七六
田中正造（政治家）　三七八
田中不二麿（官僚、政治家）　三八二
田中光顕（軍人、政治家）　三八四
谷干城（軍人、政治家）　三八六
都築馨六（官僚）　三九〇
恒松隆慶（政治家）　三九二
角田真平（法律家、政治家）　三九四
鶴原定吉（政治家、実業家）　三九六
寺内正毅（軍人、政治家）　三九八
寺島宗則（官僚、政治家）　四〇二
東海散士（政治家、ジャーナリスト）　四〇四
東郷平八郎（軍人）　四〇六
頭山満（国家主義者）　四一〇
徳川家達（徳川宗家一六代当主、政治家）　四一二
徳川慶喜（徳川一五代将軍）　四一四
徳大寺実則（政治家）　四一六
徳富蘇峰（ジャーナリスト）　四一八
床次竹二郎（官僚、政治家）　四二〇
利光鶴松（実業家、政治家）　四二二
富田鉄之助（官僚、実業家）　四二四
鳥尾小弥太（軍人、政治家）　四二七

【な行】

中井弘（政治家、官僚）　四三〇

長岡外史（軍人）　四三二
中島信行（政治家）　四三四
中西六三郎（司法官、弁護士、政治家）　四三六
中村弥六（政治家、林学者）　四三八
鍋島幹（官僚、政治家）　四四〇
奈良原繁（官僚、政治家）　四四二
成島柳北（文筆家、ジャーナリスト）　四四四
西徳二郎（外交官）　四四六
仁礼景範（軍人）　四四八
沼間守一（ジャーナリスト、政治家）　四五〇
乃木希典（軍人、学習院院長）　四五二
野田卯太郎（政治家）　四五四
野津鎮雄（軍人）　四五六
野津道貫（軍人）　四五八
野村文夫（ジャーナリスト）　四六〇

【は行】

長谷場純孝（政治家）　四六二
蜂須賀茂韶（政治家）　四六四
鳩山和夫（法学者、政治家）　四六六
花井卓蔵（弁護士、政治家）　四七〇
馬場辰猪（政治家）　四七二
浜野茂（政治家、実業家）　四七四
林権助（外交官）　四七六
林　董（外交官、政治家）　四七八
林有造（政治家）　四八二
原　敬（政治家）　四八四
東久世通禧（政治家）　四八八
土方久元（政治家）　四九〇
平岡浩太郎（政治家）　四九二
平田東助（官僚、政治家）　四九四
広瀬武夫（軍人）　四九六
福島安正（軍人）　五〇〇
福地源一郎（ジャーナリスト）　五〇二
福本日南（ジャーナリスト）　五〇六
伏見宮貞愛親王（軍人）　五〇八
星　亨（政治家）　五一〇
堀田正養（政治家）　五一四

【ま行】

前島密（官僚、政治家）　五一六
前原一誠（政治家）　五一八
牧野伸顕（政治家）　五二二
松岡康毅（官僚、政治家）　五二四
松方正義（政治家）　五二六
松田源治（政治家）　五三〇

図説 明治人物事典

青《あお》木《き》周《しゅう》蔵《ぞう》（一八四四〜一九一四）

外交官、政治家

図一 『団団珍聞』明治23年4月26日号

弘化元年一月、長門国に生まれる。慶応三年、藩命により長崎で医学を習得。明治元年には医学修業のためドイツに留学したが、彼の地では主に政治学や経済学を学び、木戸孝允の引き立てにより外交官としての道を歩みだす。

木戸の死後は井上馨のブレーンとして条約改正交渉を行ない、二二年山県有朋の組閣に際し外相として入閣、イギリスとの条約改正交渉に尽力する。図一は「葡萄堂」と題されたもので、外務大臣となった青木が従来の舞踏会を踏襲していこうとしていることを諷刺している。

左側で葡萄（舞踏）の様子を見ているのが青木であり、その隣が青木夫人（イギリス人）である。このように条約改正にむけてさまざまな政策をおこなっていった。このようななかで条約改正案が漏洩するという事件も生じた。**図二**はこれを扱ったもので、条約案を洗い直している青木を描いている。条約改正にむけてさまざまな問題を抱えつつも努力していったのである。

しかし二四年、滋賀県大津で、来日中のロシア皇太子が巡査に切りつけられて重症を負うという事件（大津事件）が起こり、青木は責任をとって外相を辞任することとなった。図三はこの辞任劇を描いたもので、北方からの厳しい大風に耐えられずに大木（青木）が倒れてしまっている。青木の横に植えてある木には「榎の木」と書かれているが、これは青木の後任として外相に就任した榎本武揚をあらわしている。

外相辞任後も青木は条約改正交渉に携わり、この年すぐに駐独公使就任、翌二五年には駐英公使も兼ねて精力的に改正交渉を進める。二七年イギリスとの間に通商航海条約を結び、領事裁判権の撤廃をも勝ち取る。

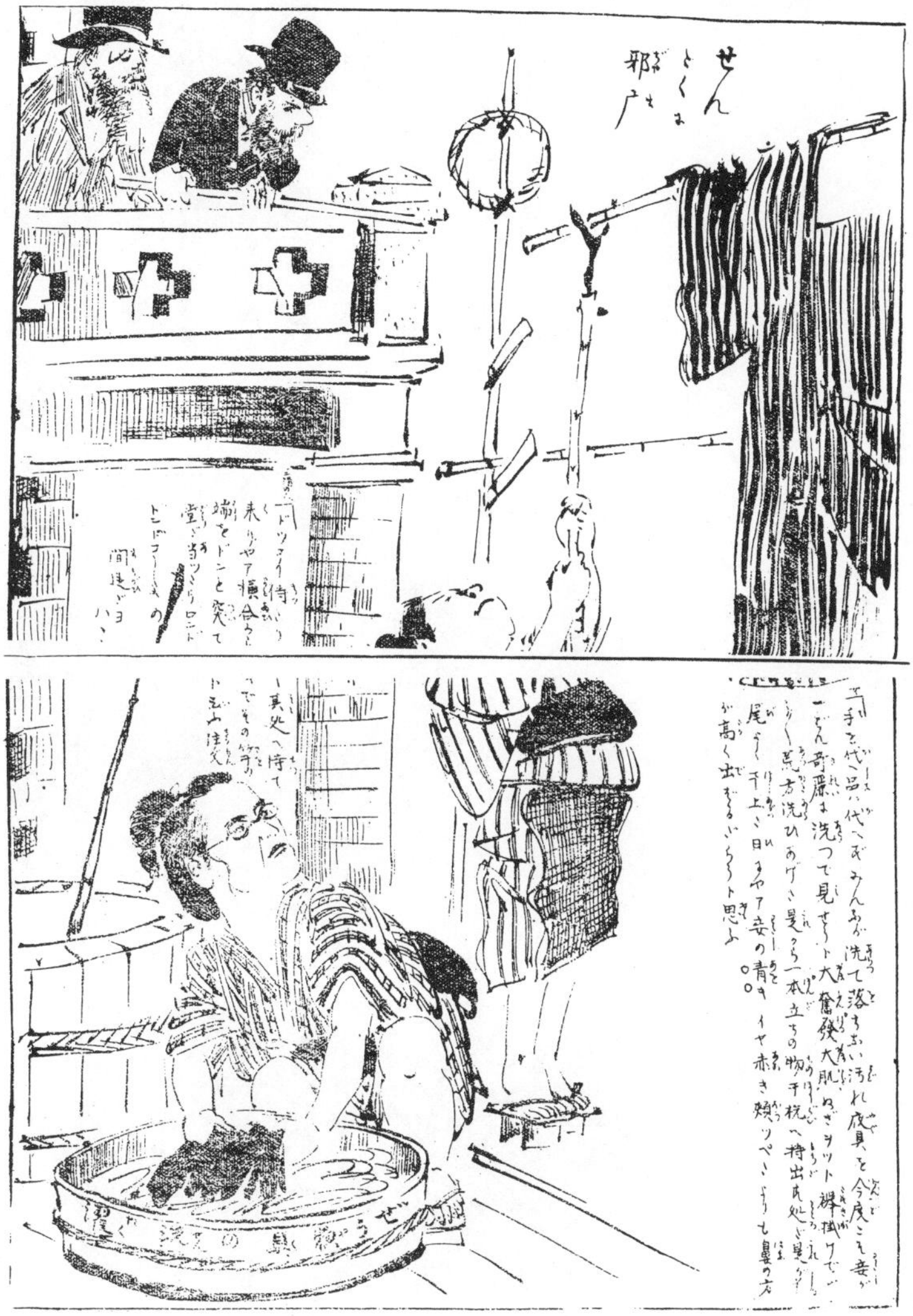

図二 『団団珍聞』明治23年9月20日号

三一年、再び外相に就任。このころ中国では列強の勢力拡大競争が激化しており、三二年三月には英露間で両国の中国における鉄道敷設権の範囲を定めた協定が調印された。着々と中国進出をすすめていったイギリスやロシアに対して、日本の外交はおくれをとり、青木が批判の的となることもあった。その後、日本は北清事変では欧米列強とともに中国に出兵することになるが、青木はこのときの日本側責任者として各国との交渉にあたった。

ところで、日本からアメリカへの移民が増加するにつれて、アメリカ人の職を奪うなどの問題が日米間の政治課題として浮上してきた。三九年、このような状況のなかで青木は駐米大使に就任し移民問題に取り組むことになったが、移民に関する発言が大きな問題となり召還される。**図四**は、この移民問題での青木の発言を取り上げたもので、移民を不利に導く舌禍が召還につながったと説いている。

《伝記》

＊青木周蔵自伝・坂根義久校注　平凡社　昭和四五
＊明治外交と青木周蔵・坂根義久著　刀水書房　昭和六〇
＊青木周蔵―明治外交の創造　青年篇・水沢周著　日本エディタースクール出版部　昭和六三
＊青木周蔵―明治外交の創造　壮年篇・水沢周著　日本エディタースクール出版部　平成一

図三 『団団珍聞』明治24年6月6日号

図四　『団団珍聞』明治40年6月22日号

赤井《あかい》景韶《かげあき》（一八五八〜八五）

民権活動家

安政六年九月、越後に生まれる。父が戊辰戦争で死亡したため母に育てられ、明治一〇年の西南戦争には巡査として戦地に赴いている。

一四年、郷里に戻り頸城自由党に参画、行動派として鳴らした。一五年には大臣暗殺計画をたてたが説得されて中止する。このとき赤井が書いた天誅党趣意書が見つかり、天誅党盟約規則に「苟モ吾国家ニ不為メノモノアル時ハ、吾人ハ踵を回サズ天ニ交代リ之ヲ誅罰スル事」などの条文が盛り込まれていたことから、内乱陰謀予備罪で重禁錮九年の判決をうける。

東京・石川島監獄に服役し、一七年に脱獄する。図一は脱獄した赤井を描いたものである。一緒にいるのは赤井とともに脱獄した松田克之である。松田は程なく逮捕されたが赤井はその後も姿を晦まし大きな波紋を呼んだ。

逃走中に車夫を撲殺したこともあって警察は名誉を賭けての捜索を行なった。一七年四月五日の『絵入自由新聞』は「警視庁にては去月二十七日石川島の監獄署を脱走せし赤井景韶を探索捕縛の為め支出されたる入費は、一昨日までに四千円を要し、尚ほ昨日千円を支出された由なるが、僅か十日間の探偵費にして五千円の巨額に上るとせば、一年の知れずに居たなら大した入費の掛るならん、何しろ早く捕へたいものです」と報じており、大捜索網の敷かれたことがわかる。

しかし、赤井の行方はわからなかった。こんななかで、赤井の逮捕地を賭けるといったことなども行なわれるようになった。一七年七月一二日の『日本立憲政党新聞』には「賭事にも種々あれど、頃ろ越後中頸城郡辺にては彼の赤井景韶氏の脱監に付て其筋の探偵頗る厳密なるも今に縛に就かざるより、仮令赤井に天を翔り地に潜む神変不測の術ありとも争で法網を脱るべき、東京にて捕はれずば京阪地方、左なくば外国にて縛に就くべし、茲ぞ一番目の注け処と予め其就縛の地を定め、互に賭をなし居るもの多しとは驚いた人達だ」とあるが、それほどに赤井の逃走は世間の注目を集めたのである。

赤井は、山田賢治と偽名を使って半年ほど警察の目を潜り抜けていたが、九月一〇日ついに大井川橋際で逮捕され、死刑判決を受けることになった。

《伝記》

＊赤井景韶伝・宮武外骨　反狂堂　昭和六

＊赤井景韶の公判傍聴記・渡辺幾治郎　明治文化　一二ノ一二　昭和一四

図一　『近代悲憤烈士伝』明治19年

秋《あき》山《やま》定《さだ》輔《すけ》（一八六八～一九五〇）

ジャーナリスト

慶応四年七月、倉敷に生まれる。二三年、帝国大学法科大学を卒業し、会計監査院監査官試補として出仕する。一年ほどで退官し、二六年に『二六新報』を創刊。この新聞の顧問には大石正己などが就任、同人には江木衷、柴四朗らがいた。経営難のため一年余で休刊に追い込まれるが、三三年復刊を果たし、以後、大衆紙として高い人気を得た。

『二六新報』は三井財閥攻撃、娼妓の自由廃業運動などで名をあげ、三四年には労働者懇親会を開催して三万人を集め労働者による大デモンストレーションを成功させたが、これに神経を尖らせた桂内閣は同紙の社員を大量に逮捕し弾圧に乗り出す。三五年、秋山は衆議院議員選挙に立候補して当選。翌三六年にも再選されて桂内閣と対立していたが、三七年、政府は御用ジャーナリズムを使って秋山がロシアのスパイであるという濡れ衣を着せ、このでっちあげ報道によって議員辞職を余儀なくさせた。**図一**は衆議院で秋山の露探疑惑が糾弾されたことを描いたもので、楠目玄と小河源一によってまさに斬首されようとしている。当時の議会では秋山の疑惑に対して調査委員会が

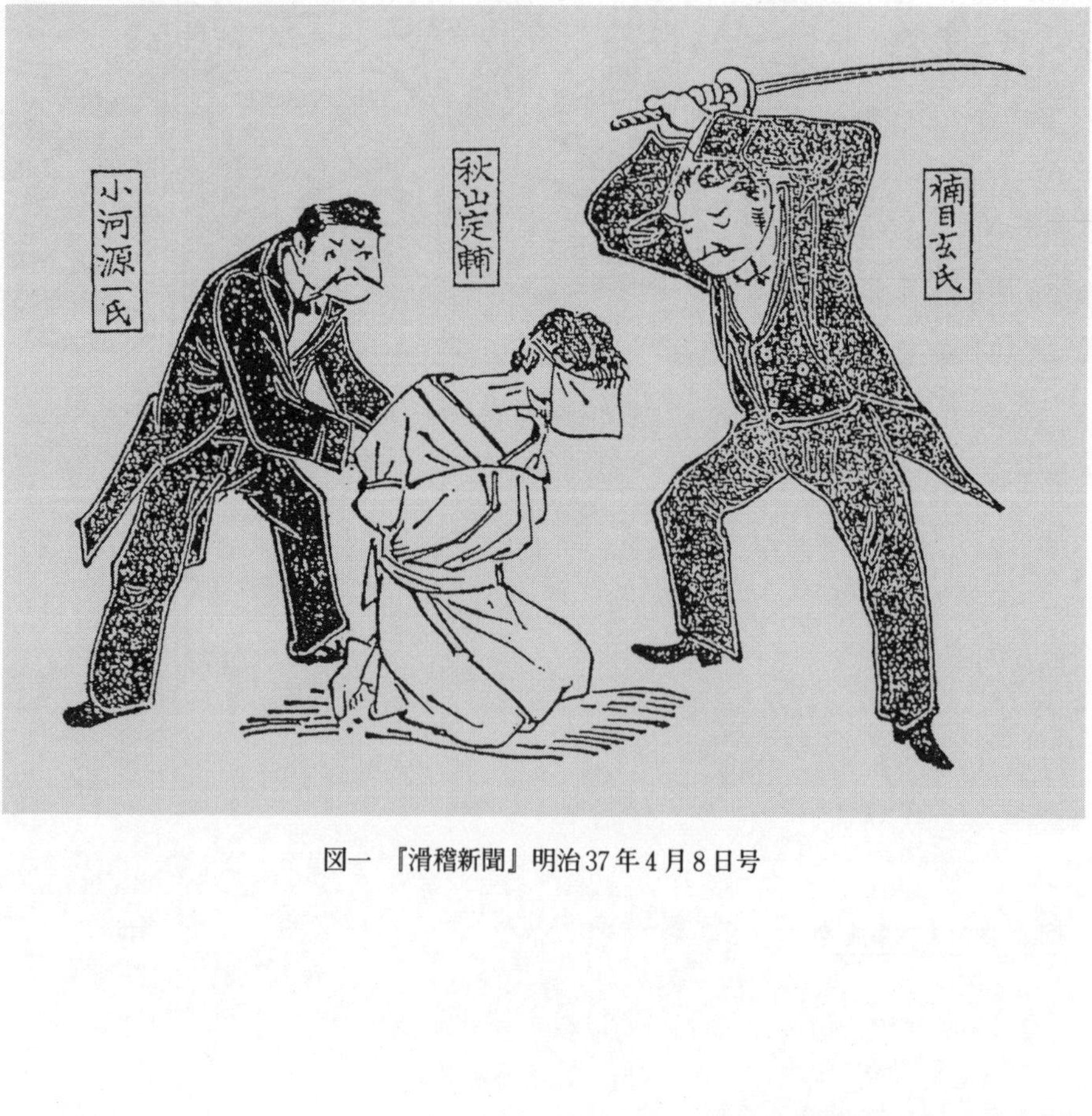

図一　『滑稽新聞』明治37年4月8日号

設置され、その審議のなかで、秋山が新婦に結婚仕度金として数千円と金の茶釜を送ったことや一二〇〇円もの結婚指輪を与えたこと、さらには披露宴の費用まで持ち出して、その資金源に言及するなどの追及がなされた。まさしく露探と決めてかかっているような雰囲気があった。

図二は当時流行の絵葉書をテーマとしたものであるが、「二六新聞絵はがき」にはロシア皇帝ニコライ二世と、その肖像の前に座っている犬が描かれ、秋山が露探ということをあからさまに表現している。

この事件以降、『二六新報』は『東京二六新聞』と紙名の変更を余儀なくされたが、四二年再び『二六新報』に戻り、新たな一歩を踏み出す。**図三**は「東京二六新聞」を脱ぎ捨て「二六新報」のまわしで土俵にあらわれた力士(秋山)を描くことで、再スタートした『二六新報』を表している。ジャーナリストとしての秋山の活動姿勢を読者に示したものであろう。しかし、秋山は病気となり、やがて経営権をも譲り渡すこととなった。

《伝記》

＊秋山定輔論・中央公論　三〇ノ五　大正四

＊秋山定輔は語る・村松梢風　講談社　昭和一三

＊秋山定輔は語る　金・恋・仏　村松梢風　関書院　昭和二三

＊秋山定輔伝　第一〜三巻　桜田倶楽部編　桜田倶楽部　昭和五二〜五七

図二　『滑稽新聞』明治38年7月5日号

図三　『二六新報』明治42年12月1日号

安《あ》部《べ》磯《いそ》雄《お》（一八六五〜一九四九）

社会運動家

元治二年二月、福岡に生まれる。明治一二年に同志社に入学して新島襄から洗礼を受ける。卒業するとアメリカに留学してハートフォード神学校で学び、さらにドイツに留学してベルリン大学に学ぶ。

二八年に帰国して岡山教会で伝道をしたのちに同志社で教鞭を取る。キリスト教的人道主義から社会主義へと傾倒して三一年には幸徳秋水や片山潜らと社会主義研究会を発足させている。翌年に東京専門学校教授となり、三三年に社会主義研究会が社会主義協会と改称されるとその会長に就任、三四年には幸徳らと社会民主党を結成している。**図一**はその翌年に描かれた安部である。「伯林に滞留すること五ケ月にして帰朝し、再び岡山教会の牧師となり、二年餘を経て同志社大学の招きに依り同大学中学校長に転ず、後ち暫くにして同大学と米国に於る外国伝導会社との間に紛擾起り、総長責を引いて職を辞するのことあり、氏亦之と共に職を退し、爾来東京に出で、諸学校に社会学の講師たる旁ら、盛んに社会運動に従事しつゝあり」と解説がつけられており、教育者であり社会主義運動家としても知られていたことがわかる。

図一　『二六新報』明治35年7月4日号

図二は早稲田での安部の様子を捉えたものである。解説には、「「ワンボール、ツーボール、ホオワーボール、テケペ（テクエーペー）エー最近のルールに依りますと、エー塁に当ってもフオールライン外に逸した場合はフワルで有ります」、先生の片眼は少々変で有るので口善悪無き早稲田学生は「昼と夜が一しょに来たか安部先生」と、又先生は新入学に初対面の時顔を見覚える必要が有りますからと生徒を一々立たせて一分位顔を見詰めて居る癖が有る」とあり、教育者としての安部の一面をレポートしている。

三六年一月一五日の『平民新聞』に安部は「社会主義の運命を決すべき問題」と題して持論を展開しているが、その中で、「社会主義は最早空漠なるユートピアとして視るべきものではない。彼低気圧の台湾地方に起りたるを見て、遠からず本州に降雨あるを予知し得べきが如く、社会の大勢が那辺に向って進みつつあるかに注目せば、社会主義の前途を卜することも決して難き事ではないであろう」と、社会主義の未来に希望を寄せつつ、社会主義の運命を左右するであろう経済界の問題や都市問題などに言及している。

日露戦争に際しては非戦論を展開し、三八年にはキリスト教社会主義を提唱して『新紀元』を創刊している。大逆事件を契機に社会主義運動から距離を置いたが大正デモクラシーの時代には加賀豊彦らと政治研究会を創設するなどの活動をし、大正一五年には吉野作造らと社会民衆党設立に尽力した。昭和三年には衆議院議員となっている。

図二 『名流漫画』明治45年

《伝記》

＊安部磯雄先生略伝・主要著書・小伝　飛田穂州編　早稲田大学野球部五十年史　同部　昭和二二

＊安部磯雄　愛と信念の社会主義者　光を掲げた人々　七・白燈社　昭和二八

＊安部磯雄伝・片山哲　毎日新聞社　昭和三三

＊安部磯雄　その著作と生涯・高野善一編著　早稲田大学教務部　昭和三九

＊安部磯雄―日本社会主義の父・高野善一編著　『安部磯雄』刊行会　昭和四五

安《あ》部《べ》井《い》磐《いわ》根《ね》（一八三二～一九一六）

政治家

天保三年三月、陸奥に生まれる。二本松藩士だった安部井は戊辰戦争では政府軍と戦うべきではないと主張したものの容れられず、藩を離れて仙台へと移ったが、二本松藩は政府軍と戦って敗れ、安部井の父も城内で自刃している。

安部井は政府に領地回復を請願して名声を挙げ、若松県の監査や参事を歴任して明治一一年に福島県会議員となり、議長を経て安達郡長に就任しているが、一五年に県令三島通庸と対立して辞任している。その後、一九年に再び県会議員となり、二二年には福島県会議長として憲法発布式にも参列している。二三年の第一回衆議院議員選挙に立候補して当選している。

図一　『国民新聞』明治23年7月9日号

図一は代議士となった安部井の姿を描いたものだが、安部井は国会でも積極的に活動を展開している。二五年一二月三日の『日本』は「世上より東北組或は安部井組と呼び做されたる彼の東北地方代議士安部井磐根氏等同志者九人は、昨日東京ホテル内の一室を借り受け事務所を設けて其名を有楽組と命じたり」と報じているが、東北地方出身代議士を中心とするグループが安部井組などと呼ばれていたことからも安部井の進出ぶりが窺われる。

図二　『国民新聞』明治25年6月10日号

図二は同年の議会で全院委員長を勤める安部井である。二六年には衆議院副議長にも就任しているが、政治的には対外硬的立場をとり、第二次伊藤内閣を鋭く攻撃して注目を集めている。安部井は内地非雑居論を展開しているが、**図三**は当時の内地非雑居論を描いたもので、「非雑居国名産尚葉耶子の図」なるタイトルがあり、「此一種の植物は十月頃より新芽を萌き出し夫より四方に根を這い出すと云えども多くは開拓せざる荒地を撰みて発生するもの、如し又此実を好むものは多く老人にありて壮年者には少なしと云へり」と記されており、非雑居論の台頭してきたことが窺える。

一時は総選挙に出馬せず衆議院議員を辞したものの再び復帰して国民同盟会に参加して活動した。三一年五月に江東の中村楼で開催された対外同志会大懇親会は二八〇余名の出席者を得て盛大に行なわれている。この会合には楠本正隆、大石正己、尾崎行雄、河野広中、神鞭知常、長谷場純孝、大東義徹、新井章吾などの錚々たるメンバーが出席しているが、これを伝えた五月三日の『時事新報』は「鈴木重遠氏開会の辞を述べ、次に安部井磐根氏現内閣外交の無策を攻撃し…」と報じており、安部井がこれらの顔ぶれの中でも中心的役割を果たしていたことがわかる。しかし、三五年の総選挙には出馬せずに政界の表舞台から引退していった。

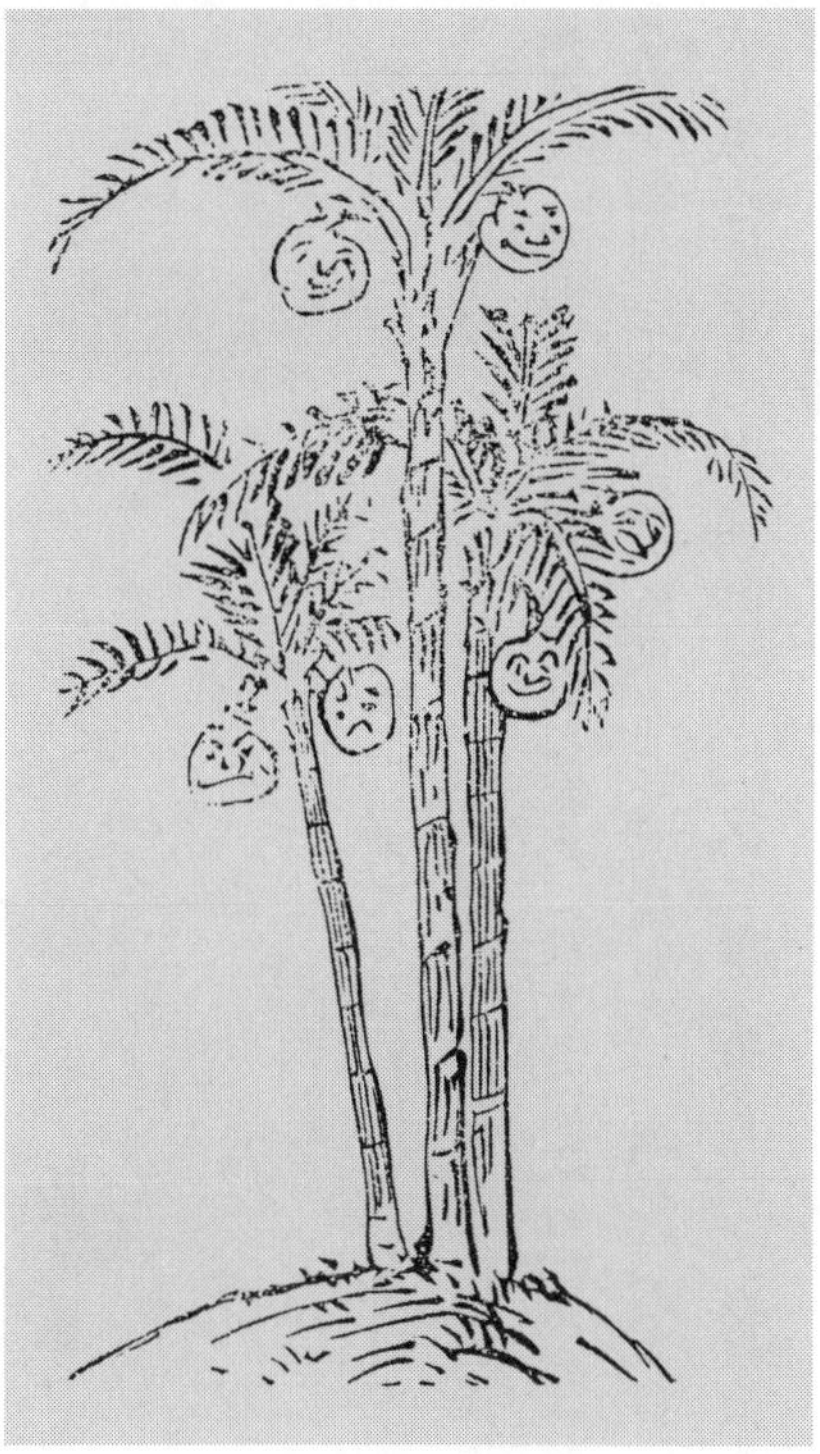

図三 『団団珍聞』明治26年10月14日号

《伝記》
＊明治元年戊辰奥羽連合白石同盟に係る前後の事実・安部井磐根史談会速記録　一　明治二五
＊安部井磐根君・信川生　同志社文学　七五　明治二七
＊国之磐根　安部井翁之伝・佐倉孫三　博文堂　明治二七
＊殉国志士之事歴・史談会速記録　一六三　明治三九
＊安部井磐根先生略伝・磐根会編刊　昭和二六

新《あら》井《い》章《しょう》吾《ご》（一八五六～一九〇六）

政治家

安政三年二月、下野に生まれる。地元の日就館、育英舎で漢学、英学を学び、吹上村戸長や栃木県会議員を歴任して自由民権運動に加わり、国会開設運動に奔走、『栃木新聞』『自治政談』などを創刊して自由党の幹部として活躍したが、明治一八年に大井憲太郎らとともに朝鮮改革のために爆発物を持って渡航を企てたとして逮捕されて入獄した。

二二年に憲法発布の大赦によって出獄し、翌年には第一回衆議院議員選挙において当選を果たしている。**図一**は代議士となったころの新井である。**図二**は『国会議員百首』に載った新井だが、解説には「往々内務陸軍大臣の候補を以て君を評価する者あり」と記されているように、その実力は高く評価されていた。しかし、星亨らと対立して二五年に大井らとともに東洋自由党を結成している。

二七年には大日本協会と合流して内地雑居反対運動を展開、対外硬派として活動した。その後、諸会派を転々として三〇年には拓殖務省の局長となっている。**図三**は拓殖務省の局長に就任した直後に拓殖務省が廃止され、局長を辞した新井を描いたものである。三一年に憲政党に入り、三三年には立憲政友会に所属している。晩年は宇治川水力電気会社創設に尽力したが三九年に死去している。新井の死亡を報じた三九年一〇月一八日の『読売新聞』は新井について「衆議院議員新井章吾氏十六日を以て逝く氏は栃木県の人なり、安政三年二月生る、夙に民権を主張し、広く天下の志士と交り、財を散じて志を養ひ、自由の為めに身財を顧みざること、多年是を以て家産日に傾き、終に妻子をして飢渇に迫らしむるに至る、妻は江藤新平の女、賢を以て聞ゆ、能く難に堪へ、君をして益々志を堅からしむ、嘗て土居光華氏等と北辰社を東京に起し、中江篤介氏らと平等経綸雑誌を発行し、東海暁鐘新報に従事す、言論偶忌諱に触れ、獄に下り、出獄後益々主義の為めに奔走す、明治十八年大井憲太郎、小林樟雄等の諸氏と朝鮮に事を挙げんとし、中途に発覚

図一　『国民新聞』明治23年7月5日号

して君遂に佐賀に縛せられ、大阪の獄に下さる、世に之を大阪事件と称す、二十二年に憲法発布の大典に際し大赦せられ、二十三年帝国議会の開設に際し、県の第二区より推されて衆議院議員となり、爾来解散毎に必ず再選せられて現今に及ぶ、二十九年拓殖務省北部局長に任ぜられ、幾もなく之を辞す、君一度び赤毛布の名を博してより、名声復振はず、遂に逝去するに至る、志士の晩年頗ぶる粛條たり」と紹介しているが、この記事からも、会派を転々とした後は十分に活躍できないで終わったことを窺うことができるのである。

図二　『国会議員百首』明治24年

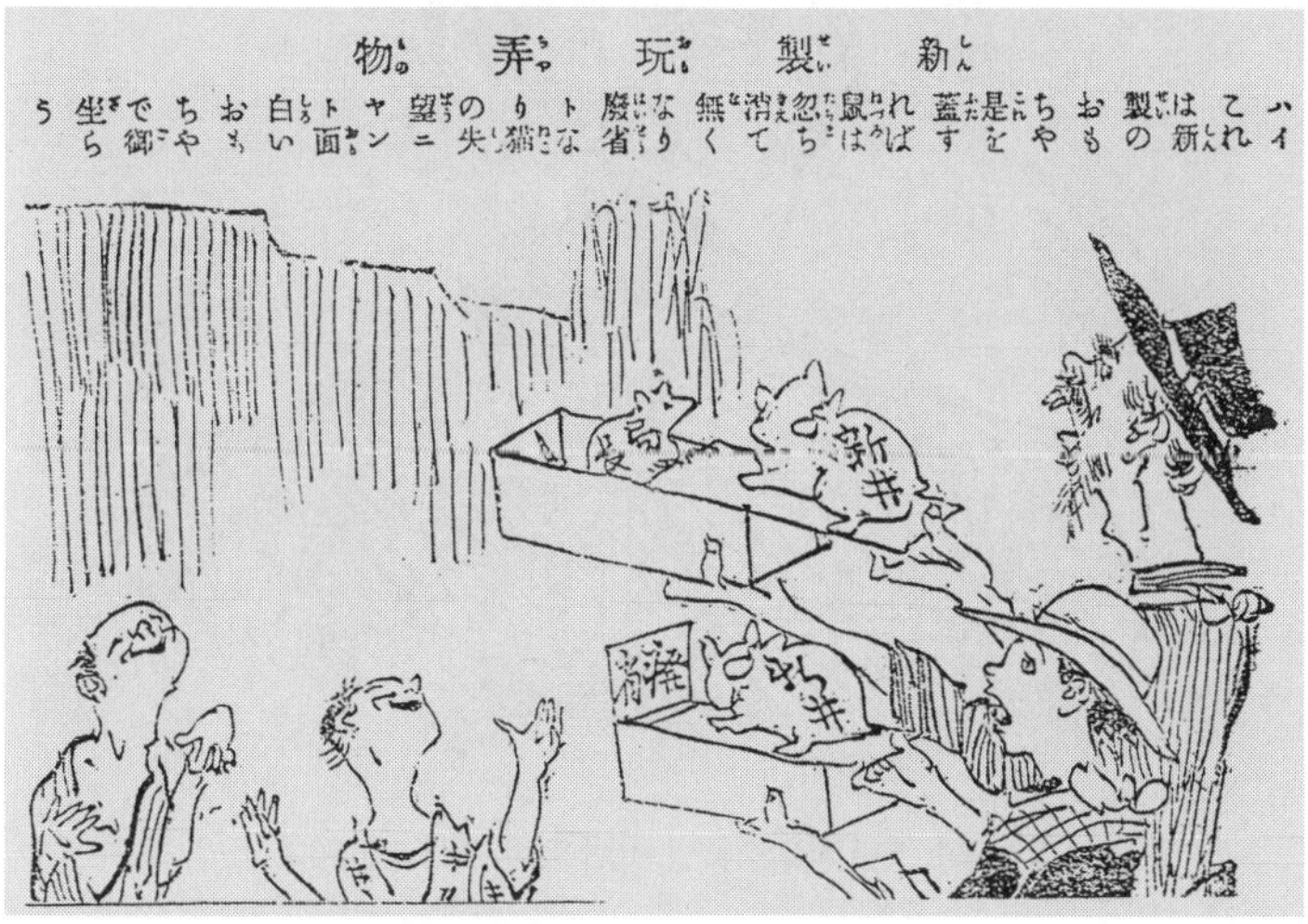

図三　『団団珍聞』明治30年9月11日号

《伝記》
＊新井章吾先生・野島幾太郎編刊　昭和五
＊新井章吾—栃木県の自由民権家と政治・大町雅美　下野新聞社　昭和五四（下野人物シリーズ　二）

有《あり》坂《さか》成《なり》章《あきら》（一八五二〜一九一五）

軍人

嘉永五年二月、岩国に生まれる。慶応元年に藩の銃堡局に出仕し、明治六年に陸軍兵学寮に入って学ぶ。一五年に陸軍砲兵大尉となり、ヨーロッパにも研究に出かけるなどして砲兵工廠において大砲改良と銃砲製造にあたった。二五年に陸軍の速射砲採用の方針が決定したのをうけて速射砲研究に力を注いだ。

二八年に有坂の考案した野砲がヨーロッパ諸国の野砲との比較実験が行なわれ、国産初の速射野砲は弾丸初速四九〇メートル、最大射程六二〇〇メートルという好結果を得て、これをもとに速射野砲がつくられるようになった。三〇年九月一二日の『国民新聞』は「砲機学の攻究に忠実なる有坂砲兵大佐は、多年の苦心功成りて一種特得の火砲を発明し、其図案を大阪砲兵工廠へ送付して製造に着手し、其成工したるものを過日の下志津試験射撃場に送り外国式の火砲と比較をなしたるに、機能萬端一等を抜き、大に我が軍人社会は勿論、右新式砲を携へ来りたる外人等の賞讃を博したる所なるが、同式を我が軍隊に採用するや否やに至っては未だ決定したるに非ずして今尚ほ砲兵会議に於て審議中にて、不日再び下志津に於て抗還力の試験を挙行する由なれば、いよいよ採否を決するに至るは多少の時日を要すべしといふ」と有坂の野砲の実験の様子を伝えている。

図一 『報知新聞』明治32年2月5日号

その後、三一年には、「有坂大佐の発明に係る速射野山砲は、試験の成績良好にして、之れを軍隊に採用することに決定し、取敢へず砲兵学校将校へは本年より之れを給與し、各隊へは多分明年頃より給與の運びとならんが、之れが製作に就ては、目下我が砲兵工廠は殆んど其の全力を小銃の製作に委ねつゝありて、到底有阪砲全部の製作に従事する能はざる事情あり、去りとて同胞製作の為めに、工場を拡張することも成り難きに依り、已むを得ず其の一部の製作をクルップ及びクルーゾワの両会社に命じ、両会社の手に山砲野砲を合せて、約三百門を製作すること、なり、其の他は我が工廠に於て製作する計量なりといふ。」（『東京日日新聞』明治三二年一月一一日号）というように、三一年式速射野砲として陸軍に正式採用されているが、**図一**はこのころの有坂である。有坂砲の発明者として一躍有名になった有坂成章を新聞も挙って取り上げた。三一年式速射野砲は三六年までに旧式砲との交換を完了している。三一年式速射野砲は軽便で日露戦争時には大いに活躍して陸軍の主力兵器としての役割を果たした。

図二はこんな有坂砲が日本の発明した優れた武器として喧伝されていたことを示すもので、日露戦争における国威発揚が広く行き渡っていたことが垣間見られる。有坂砲は軽便であったものの、威力の面ではロシアの野砲に劣るといった一長一短があった。このために日露戦争後はドイツのクルップ砲が採用されることとなる。しかし、有坂砲の日露戦争における活躍は大きな戦果を生み、有坂の名を不朽のものとしている。有坂は野砲以外にも鋼製榴弾などの発明を行ない、三九年には中将となっている。

図二 『団団珍聞』
明治37年5月13日号

《伝記》

＊有坂成章君の鉄砲・秋保安治　高橋立吉　発明及発明家　磯部甲陽堂　明治四四

＊兵器の父有坂成章・山県保次郎　伝記　三ノ四　昭和一一

有《あり》栖《す》川《がわ》宮《のみや》熾《たる》仁《ひと》親《しん》王《のう》（一八三五～九五）

軍人、政治家

図一　『明治太平記　一七編巻之一』明治11年

天保六年二月、京都に生まれる。孝明天皇の妹・和宮との婚約をしていたが万延元年に朝廷と幕府の融和をはかるために将軍徳川家茂と和宮の婚姻がすすめられ、熾仁親王は結婚辞退を行なうこととなる。

元治元年に国事御用掛となり、王政復古により総裁に就任して新政府の最高指導者の一人となる。戊辰戦争では東征大総督として東進して江戸に入城し、さらに東北鎮定の指揮をとる。その後、兵部卿、福岡藩知事、元老院議長などを歴任して明治一〇年に西南戦争が勃発すると征討総督に就任して政府全軍を指揮して平定していった。図一は西南戦争に出陣した熾仁親王であるが、総指揮官としての厳しい表情が見受けられる。図二は西南戦争後に描かれた「やまと座」と題された諷刺画であるが、右端に書かれた「蟻川たるゐひ」が熾仁親王で、中央右の女形として描かれている。ちなみに、「実川三之丞」は三条実美、「岩井蔵右衛門」は岩倉具視であり、この諷刺画からも熾仁親王が三条、岩倉に次いで重要な人物として認識されていることがわかる。一〇年に陸軍大将となり、一三年に左大臣を兼務して国政の中枢で活躍していった。一五年に天皇の名代としてロシア皇帝即位式に列席し、ヨーロッパ各国とアメリカを歴訪して帰国する。

一八年、内閣制度発足にともなって左大臣が廃止されて参謀本部長に就任、翌年には近衛都督も兼任して、参謀本部が陸軍の司令機関であったものを陸海軍を統括した統合の中央司令本部として位置づけた。その後、軍制改革にともなって参軍、参謀総長に就任している。**図三**は二三年に貴族院議員となった熾仁親王を描いたもので、『国会議員百首』の最後に収録されているものである。この本の冒頭には小松宮彰仁親王が紹介されており、最後に貴族院議員としても最も席次の高い熾仁親王の姿で締め括ったものなのであろう。**図四**は朝鮮をめぐる日本、中国、ロシアの勢力拡大競争が激しくなってきた時代に行なわれた特別大演習における陸軍演習での熾仁親王である。この大演習は天皇の臨席もあり全軍あげてのものであった。熾仁親王は天皇に次ぐ立場として大演習審判官副長として

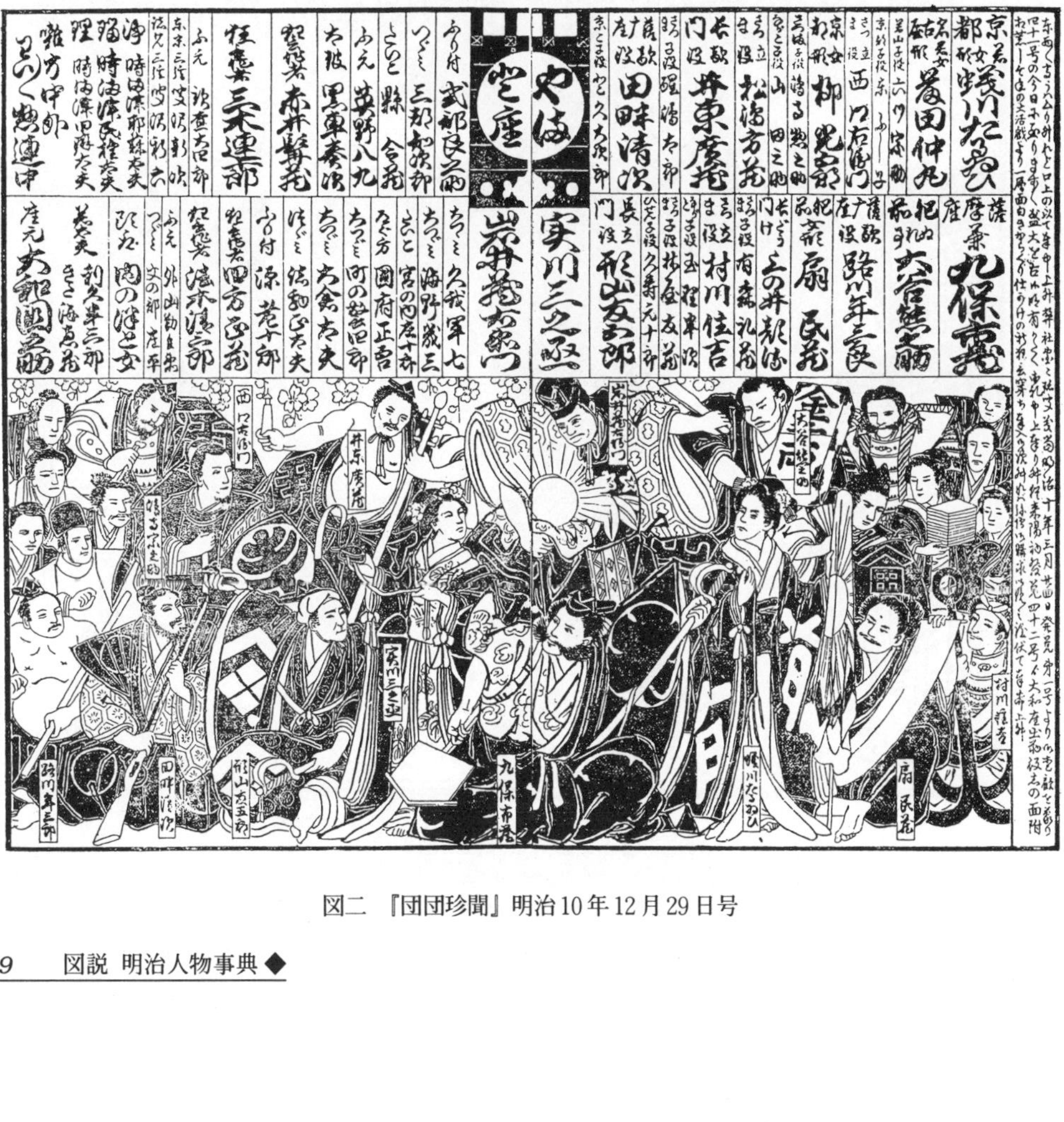

図二　『団団珍聞』明治10年12月29日号

図三 『国会議員百首』明治24年

演習に臨んでいる。そして、演習後の講評は天皇の命によって熾仁親王が行なっている。

このように、皇族軍人として戊辰戦争、西南戦争など国運に関わる戦いにおいて最高指導者として政府軍を指揮し、日清戦争でも天皇に従って広島に赴き、大本営において全軍を指揮したが、翌年、戦争の終結を見ずに病気となり東京にもどって来ている。二八年一月二五日の『東京日日新聞』は「有栖川大将宮殿下には、御予定の如く本日午前一時新橋停車場へ着せられ、黒田伯始め在郷の各大臣以下文部の高等官何れも同處まで出迎へ、場外の馬車、人車織るが如し」と、その時の様子を記している。しかし、病は癒えることなく、帰京直後に没し国葬として送られた。

《伝記》

＊故熾仁宮親王殿下実伝・児島徳風　大場惣吉　明治二八

＊有栖川宮熾仁親王・三宅雄二郎　偉人の跡　丙午出版社　明治四三

＊熾仁親王行実　二巻二冊・高松宮家　昭和四

＊熾仁親王日記　六巻六冊・芝葛盛等編　高松宮家　昭和一〇～一一

＊熾仁親王日記・有栖川宮熾仁著　東京大学出版会　昭和五一　六冊（続日本史籍協会叢書）〈高松宮蔵版（昭和一〇～一一年刊）の複製　叢書の編者：日本史籍協会〉

図四　『国民新聞』明治25年10月25日号

石坂昌孝《いしざかまさたか》（一八四一～一九〇七）

政治家

天保一二年四月、武蔵に生まれる。維新後に戸長に就任して会同所を設立、村民の合議による行政を行ない地域の信頼を得ていった。また、教育にも力を注ぎ、習字や読書などを村の子女に習わせて大いに成果を挙げて近隣町村の指導的立場となっていった。このような活躍によって石坂は神奈川県令中島信行の目にとまって、神奈川県に出仕し、明治一二年には神奈川県会議員となって初代議長にも就任している。しかし、程なく辞任して自由民権運動に加わって一四年には野村常右衛門らと融貫社を設立し原町田村に事務所を開設、県下の青年有志を集めて法律や経済などを教えるとともに国会開設をめざして演説会を開催するなどの運動を展開していった。同年、自由党結成とともに参画して一六年には常議員に選出されている。その後、朝鮮の改革を援助して独立させて、さらにはそれをきっかけに国内における政治改革に結び付けようとする自由党左派を中心とした人たちの計画に融貫社の人々も多数参画したが、これがやがて大阪事件に発展して融貫社は消滅していった。しかし、石坂は二〇年の三大事件建白運動にも加わり、二三年には第一

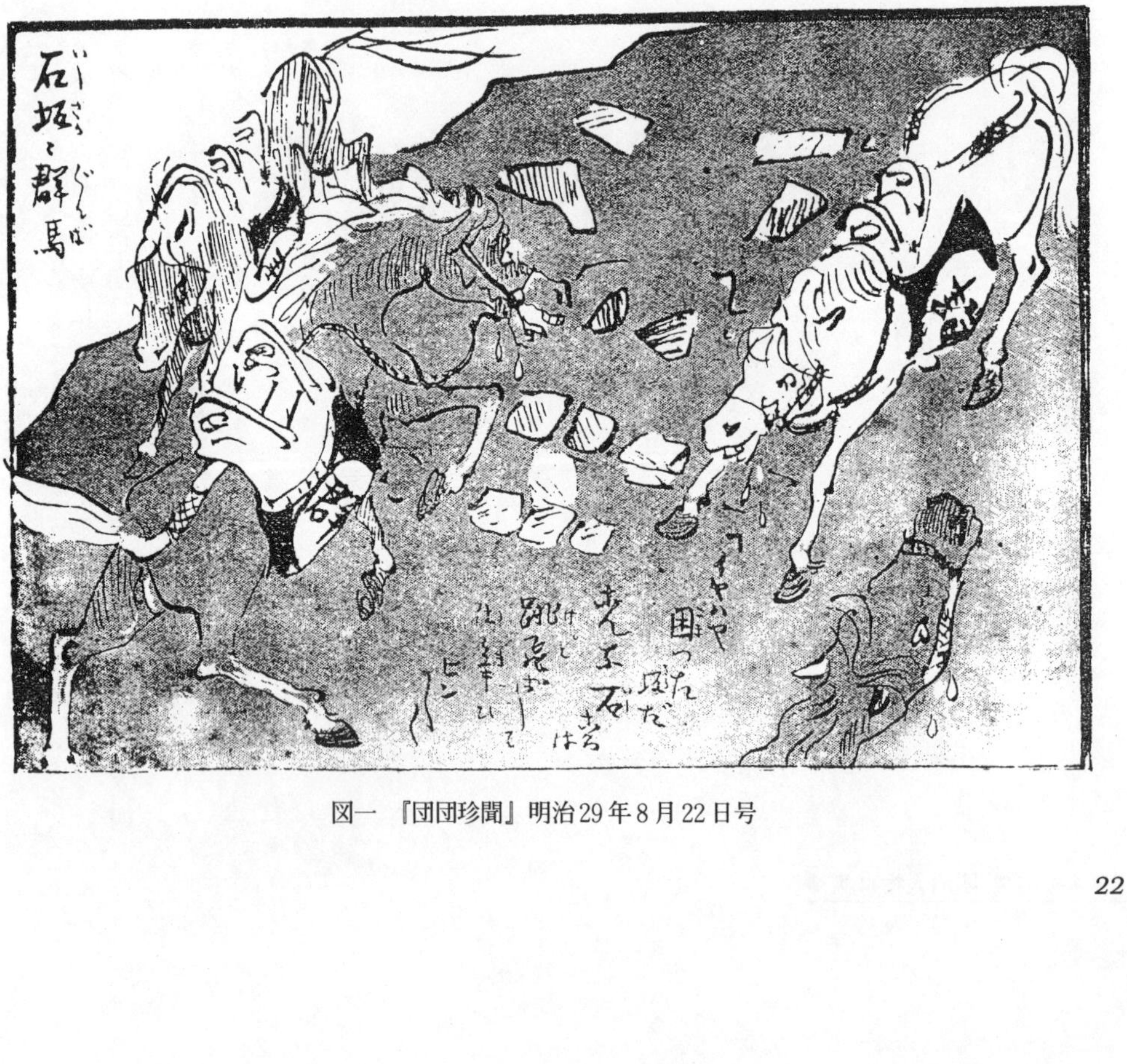

図一 『団団珍聞』明治29年8月22日号

回衆議院議員選挙に立候補して当選、その後も連続して当選して自由党における関東地域のリーダー的存在として活躍していったが、二九年に板垣退助が内務大臣に就任するとそのもとで群馬県知事に就任している。**図一**は「石坂と群馬」という石坂の知事就任をあつかった諷刺画である。石ころだらけの坂道を登り降りしている馬たちは「イヤハヤ困った坂だ、こんな石ころは蹴飛ばして仕舞ひヒンヒン」と汗をかきながら文句を言っている。中央政界の事情で赴任した知事を好ましく思っていないようだ。

その後、石坂は自由党を脱党している。**図二**は手足をもがれた古雛を前に困っている自由党をひきいる板垣退助である。もがれた片方の手には「石坂」と書かれており、石坂の脱党をあらわしている。もう片方の「河の」と書かれた手は河野広中を指しており、河野も自由党を脱党したのである。三三年に立憲政友会の結成にも参加して協議員となり活躍しているが、晩年は家産が傾き不遇のなかで没している。

《伝記》

＊石坂昌孝の生涯　一～二一・渡辺奨　多摩文化　九、一八　昭和三六、四一

図二　『団団珍聞』明治30年2月27日号

石《いし》本《もと》新《しん》六《ろく》（一八五四～一九一二）

軍人

嘉永七年一月、姫路に生まれる。明治二年に姫路藩の貢進生となり、翌年には大学南校に入学してフランス語などを学ぶが軍人を志望して士官学校に転じ、一〇年に卒業する。

一一年には軍事研究のためにフランスに留学してフォンテンブロー砲工学校に学び一四年に卒業して帰国している。二八年に工兵大佐、翌年には工兵課長となり、三〇年には築城本部長兼砲工学校長に就任している。三五年には陸軍大臣寺内正毅のもとで陸軍次官となり、三七年には中将となっている。図一は出世街道を走っているころの三五年当時の石本である。解説にはすでに寺内正毅のもとで実力を認められていたことが記され、「王政維新の際長兄と共に東京に流浪し共に辛酸を嘗め一日天保銭一枚を得んが為めに縄を綯たることすらありといふ」とのエピソードまで紹介している。

四四年には第二次西園寺内閣において陸軍大臣に就任しているが翌年病没した。図二は陸軍大臣時代の石本である。健康に難があったために陸軍大臣就任に際しても心配が持たれていたが、この姿からもあまり丈夫ではなさそうな様子が窺われる。「石本男一名渋柿大臣と云ふ、来客に菓子の数を勘定して出すと云ふ噂が有るからで有る。少壮の時独逸へ留学したが同輩は熱心に攀花折柳の巷に美人占領の戦術を研究しいざ帰朝となると留学規則の如く揃って非常の借金然るに石本男一人は一文の借金も無くヒョッとすると多少は御土産に持って返ったろうと大評判之を聞いた男首を突き出して「人は兎角何かと彼とか云ひたがりますよエ…ゴホンゴホン」との解説がつけられている。この解説のなかでも石本が「ゴホンゴホン」と咳をしながら話していることがわかるが、四五年四月三日の『時事新報』は石本の死亡を伝える記事のなかで「石本陸相は三月初旬以来持病の喘息に悩まされ、議会へも出でず永田町の官邸に在りて専ら療養中なりしが、昨今暖気に向ふと共に漸次快方に赴

図一 『二六新報』明治35年4月20日号

き数日前までは蓐上ながらも事務を指揮せしが、三十一日夜来病容俄に変兆し…」と報じている。大学南校時代に軍人を志し、ついには陸軍大臣にまで昇り詰めたものの病によって政治家として大きな活躍をしないうちに生涯をおえてしまったといえよう。

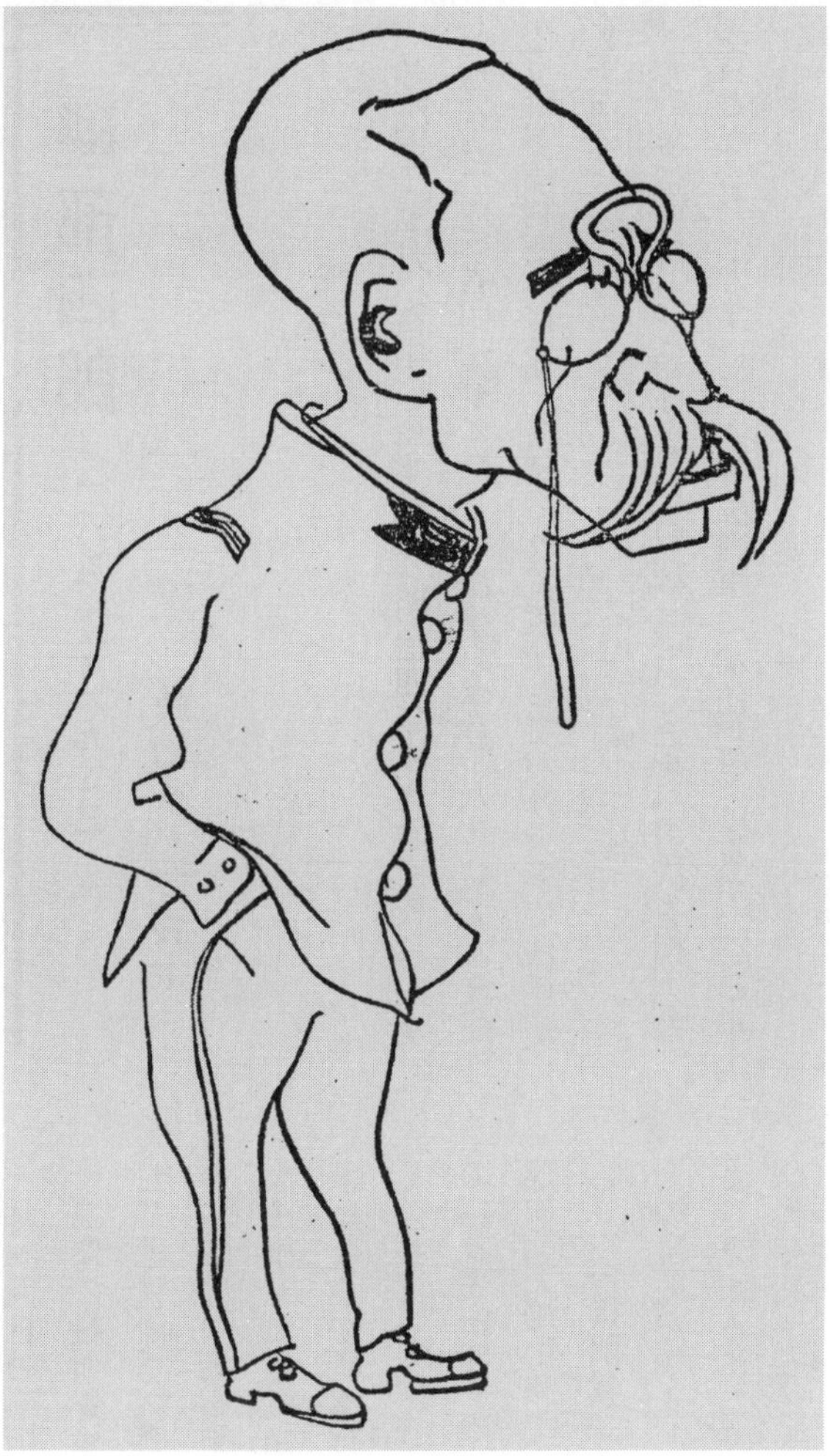

図二 『名流漫画』明治45年

磯《いそ》部《べ》四《し》郎《ろう》（一八五一～一九二三）

政治家、弁護士

嘉永四年七月、富山に生まれる。明治四年に大学南校に入学し、翌年に司法省明法寮に転じて法律を学び、八年に大木喬任から陪審院制度の研究を命ぜられて渡仏してパリ大学で法律学を学ぶ。

一二年に帰国して司法省に出仕し、一七年に司法省権大書記官となる。一九年には大審院判事に就任しているが、二〇年

図一　『二六新報』明治35年8月18日号

一月一四日の『山陰新聞』は「東京法律新聞社にて日本法律家十二傑の投票を求めし事は曾て記載せしが、其当選者は…」として穂積陳重、箕作麟祥、鳩山和夫、星亨、三好退蔵などとともに磯部の名を挙げている。このことからも磯部がすでに著名な法律家として知られていたことがわかる。二四年に大審院検事となるが賭博行為疑惑で二五年に官を辞して弁護士となる。その後、法典調査会委員等を歴任している。二九年六月一一日の『読売新聞』は「府下有力の弁護士菊池武夫、岸本辰雄、磯部四郎、鳩山和夫の四氏発起となり、全国弁護士倶楽部を組織し、一の機関雑誌を発刊せんとの計画あり、其目的は弁護士社会の風紀を矯正し訴訟手続の均一を計り、彼の裁判所の法曹会と対立するにありて、来る二十日築地柳花苑に於て発起会を開くと云ふ」と報じており、弁護士仲間のリーダーとして活躍していたことがわかる。

三一年には東京弁護士会々長に就任している。二三年の第一回総選挙で当選するが辞退して三五年に再び立候補して当選して政治家として活躍した。**図一**はこの頃の磯部である。「快活洒脱所謂江戸ッ児肌を有す、其這回東京市民の歓迎する所と為り衆議院議員と為る亦偶然にあらずと云ふべし、又四光太夫の名素人義太夫界に高きは人の知る所なり」と磯部の人物像が記されており、その性格が人気を得ていたことがわかる。大正九年に貴族院議員となるが関東大震災で罹災し死亡している。**図二**は居眠りしている磯部を捉えたものである。解説には

「アーアと欠伸を一つして「昨夜酒屋を一段と云ふので例の處で二時迄さ」と例の如き事を例の通り云って市会でも裁判所でも一切御関ひなしにコクーリコクーリと初めるが自分の嘵舌べる時には必ず眼を覚すから妙で有る」と記されている。

図二 『名流漫画』明治45年

板垣退助《いたがきたいすけ》（一八三七〜一九一九）

政治家

天保八年四月、高知に生まれる。文久元年に江戸藩邸詰となり翌年には藩主の父山内容堂の御用人となる。その後、大監察に就任するが慶応元年に辞して江戸で砲学を学び、三年には西郷隆盛との間で薩摩と討幕の盟約を結んでいる。戊辰戦争では大隊司令、東山道先鋒総督府参謀などをつとめて新政府軍の中心的存在として活躍した。

明治二年に高知藩大参事に就任して藩政改革を推進、廃藩置県の確立にも力を尽くして、四年に参議となって政府の中枢を担い、政府要人の多くが岩倉使節団として欧米に外遊中は西郷とともに留守政府の責任者となった。

六年に征韓論が敗れて板垣も下野し、翌年に愛国公党を結成して民撰議院設立の建白書を提出して自由民権運動の中心的人物となっていった。その後、高知において立志社を設立、西南戦争後の一一年からは自由民権運動が高揚するなかでリーダーとして活躍して一四年に国会開設の詔が発せられると自由党を結成して党総理に就任して各地を遊説して回った。図一は自由党を結成して大きな政治力を発揮した板垣をあらわしてお

図一　『団団珍聞』明治14年10月8日号

図二 『岐阜凶報板垣君遭難顛末』明治15年

り、店先の看板には「政刀研師　出京　板屋柿助」とあり、いよいよ本格的に運動を展開し始めた板垣の様子が描かれている。かくて、全国を遊説していった板垣だが、一五年、岐阜での遊説中に刺客に襲われて負傷した。このときに「板垣死すとも自由は死せず」と叫んだといわれるが、この事件によって自由民権運動はさらに勢いづいていった。**図二**は岐阜事件から僅か一〇日も経たないうちに出版された『岐阜凶報板垣君遭難顛末』と題する本に描かれたものである。このような本や錦絵が事件直後からつぎつぎと出されていった。これをきっかけに自由民権運動の広がりを憂慮した政府は板垣を外遊させて自由民権運動の鎮静化を画策した。一五年、板垣は自由党員の反対があったものの外遊を実行したが、このときの資金の出所については疑惑が取り沙汰されている。

一七年に自由党は党内急進派と首脳部との軋轢から解党したが、国会開設が迫ったのを機に二三年に立憲自由党が結成されて翌年には自由党と改称されて板垣は党総理に就任している。**図三**は板垣が皆に担ぎ上げられて党総理に就任したことを描いている。しかし、板垣は二九年に第二次伊藤内閣の内務大臣となって政敵と組んでいった。**図四**はこのような板垣の態度を批判したもので、棟梁は出世したものの自由は死んでしまったと訴えているのである。自由民権運動に目を見張る活躍をした板垣だったが、すでに時代は板垣を主役の座から遠ざけ始めていたのである。その後、三一年には隈板内閣の内務大臣に就

図三　『国民新聞』明治24年3月24日号

図四 『団団珍聞』明治29年4月25日号

任しているが、これが板垣の最期の輝きだったのだろう。板垣はまた、一代華族論を展開して華族制度に疑問を呈しているが、これを受けて板垣の子息は襲爵することはなかった。

《伝記》

＊板垣退助君伝　一・栗原亮一　宇田友猪編　博文館　明二六
＊板垣退助君略伝・板垣伯銅像記念碑建設同志会編刊　大一三
＊近世名将言行録　一・同刊行会編　吉川弘文館　昭和九
＊類聚伝記大日本史　一一　雄山閣　昭和一一
＊板垣退助・福地重孝著　市川史談会　昭和二六
＊板垣退助・橋詰延寿著　板垣会　昭和二九
＊史伝板垣退助・糸屋寿雄著　清水書院　昭和四九
＊無形板垣退助・平尾道雄著高知新聞社　昭和四九
＊板垣退助—自由民権の夢と敗北・榛葉英治著　新潮社　昭和六三

一《いち》木《き》喜《き》徳《とく》郎《ろう》（一八六七～一九四四）

官僚、政治家

慶応三年四月、遠江に生まれる。明治一六年に東京大学に入学して二〇年に卒業する。卒業後、内務省に入って二三年にはドイツに留学して国法学を学び、二五年にはドイツにおいて『日本法令予算論』を執筆している。二六年に帰国して翌年に法科大学教授となり、三一年に内務省参与官に就任している。**図一**は内務省時代の一木を描いたものである。

その後、三三年に貴族院議員となり、三五年には法制局長官に就任した。一木は奥田義人の後任として就任したのだが、奥田が辞任した理由を三五年九月二七日の『時事新報』は「法制局長官奥田義人氏は、本年四月政務調査委員を命ぜられ、且つ其主査委員として力を整理案の調査に致し、現行官制に向て頗る切り込みたる成案を提出したるも、全然閣員の容る、所とならざりし折柄、多年の宿痾たる腸胃加答兒は到底長く打捨ておくべからず、此際十分静養すべしといふ主治医の勧告にしたがひ、遂に今回の辞職となりし次第なりといふ」と記している。このような状況での一木の就任だったので周囲も心配しながら見守っていたのである。**図二**は法制局長官となった一木を描いたもので、タイトルもずばり「一木の植込み」となっている。新しい若木を職人が植え込んでいる横には「法制局」の文字が見える。職人たちは「まだ若木で今から棟梁の材とは云へないが法制局の庭に植つけたのは至極です 併し桂の大木でさへ風当りの強いので仆れさうになって居る折からだから長くたって居ればい、が」と不安のようである。「桂の大木でさへ風当りの強い」とは、首相の桂太郎も厳しい政治状況であることをあらわしている。しかし、一木はその後、内務次官などを経て大正三年には第二次大隈内閣の文部大臣として入閣、翌年には内

図一 『報知新聞』明治32年4月8日号

務大臣に就任している。六年に枢密顧問官、一三年に枢密院副議長となり、枢密院の法律専門家として活躍した。一四年に宮内大臣となり、昭和九年には枢密院議長に就任している。若木は育ったといえよう。だが、一一年に天皇機関説問題で攻撃をうけて辞任している。

《伝記》

＊一木先生回顧録・一木喜徳郎著　河井弥八　昭和二九
＊一木先生回顧録・一木先生追悼会編刊　昭和二九
＊一木先生を偲ぶ・一木先生追悼会編刊　昭和三〇

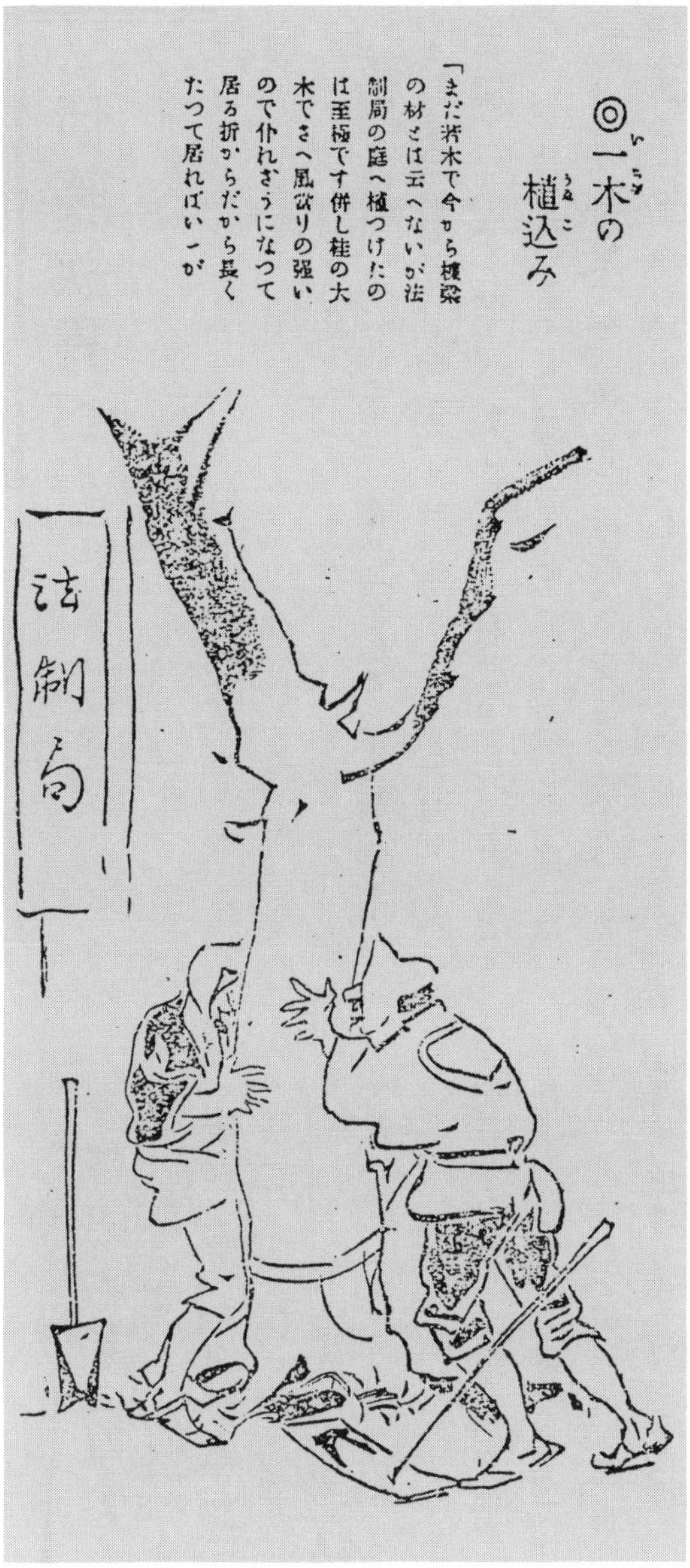
◎一木の植込《うゑこ》み
「まだ若木で今から棟梁の材とは云へないが法制局の庭へ植つけたのは至極です併し桂の大木でさへ風当りの強いので仆れさうになつて居る折からだから長くたつて居ればいゝが
法制局

図二　『団団珍聞』明治35年10月4日号

伊《い》藤《とう》欽《きん》亮《すけ》（一八五七〜一九二八）ジャーナリスト

安政四年八月、萩に生まれる。藩校明倫館や攻玉社で学んだのちに慶応義塾に入り明治一一年に卒業して『鎮西日報』『静岡新聞』の記者を経て、一五年に『時事新報』が創刊されるとともに入社して記者を経て編集の中心として活躍した。図一は当時の『時事新報』を話題とした漫画で、「英書を読まぬものは人間とは称へぬといふ天窓ごなし寝ても起きても蒸気や電気の事でなければ舌を動かす気もないといふ意気込み、成程調度此位でチョン髷のある人と平均しませう」との説明がつけられており、西洋志向の強い新聞だったという印象を与えていたことがわかる。このような編集方針のなかでジャーナリストとして育っていったのである。

二九年には日本銀行に移って発行局長、文書局長を歴任したが三九年に『日本』を陸羯南より買い取り社長に就任して政友会系の立場をとったが、伊藤の経営方針に反対する三宅雪嶺を始めとする記者の大量退社という事態を起こしている。三九年一二月五日の『郵便報知新聞』は「今諸氏の退社理由なるものを見るに、伊藤社長は入社の当初「日本」の最も重んずべき新聞紙なるを知り、這次之を継承しと云ひ、或は斯業に老熟せる社中を中枢としと聲言せるに拘はらず、忽ち其言を食みて「日本」の特色を破壊し、之を相場新聞となすに泣々とし、或は顯勢、紳縉の意を迎ふるに専らなるを以て、到底之と事業を共にする能はず」と記者たちの主張を紹介している。いっぽう、図二は伊藤の立場から退社事件を描いたものである。タイトルは「日本新聞のストライキ」とあり、「旧来の運転手たる三宅雪嶺氏を始め何れもが旧習に従って新聞を製作するので新運転手たる伊藤欽亮氏は頻にアナを探しては図の如き口を差入れて新製の油をつぎこむので職工一同はうるさがって遂に前代未聞のストライキをやったのだ、伊藤氏の新製の油は今後果して滑かに機関を運転し得るや如何」と解説している。「日本新聞」なる機関車に新しい油を入れる伊藤に対して皆が逃げ出している。その先頭には三宅の姿がみえる。このようにして伊藤流のスタイルを導入していったが『日本』は大正三年に火災被

図一 『団団珍聞』
明治17年5月14日号

図二　『東京パック』明治39年12月15日号

害で廃刊している。

その後、伊藤は雑誌『ダイヤモンド』を監修したり、交詢社理事や多くの会社の役員を勤めている。

《伝記》

＊伊藤欽亮論集　二巻二冊・石山賢吉編　ダイヤモンド社　昭和四

＊続財界回顧　故人今人・池田成彬著、柳沢健編　三笠書房　昭和二八

伊《い》東《とう》祐《すけ》麿《まろ》（一八三四〜一九〇六）

軍人

天保五年八月、鹿児島に生まれる。戦艦春日の艦長となり、慶応四年には幕府の戦艦開陽丸と戦っている。明治七年の佐賀の乱に際しては征討参軍に就任して鎮定にあたっている。

八年、海軍省は提督府を廃して艦隊の配備を東西の二部に分けているが、伊東はその時に東部の指揮長官に就任している。八年一一月二二日の『東京日日新聞』は「このたび海軍省にては御改革ありて在来の提督府を廃し艦隊の指揮を東西の二部に分ち南は紀州汐の岬を界とし北は能州能登の岬を界として西部は長崎出張所に於て管轄し、艦隊指揮官長は中牟田少将にて、東部は東京本省に於て管轄し、指揮長官は伊東少将に極り…」と記している。

九年に東海鎮守府司令長官に就任して翌年の西南戦争では海軍を指揮して軍功を挙げている。図一は戦地において俵に腰掛けている伊東である。このような姿からも戦闘の前線で指揮していたことが見てとれる。乱平定後、伊東らは皇居に参内しているが、その時に伊東は「汝祐麿曩ニ部下ノ艦隊ヲ率イ、陸軍ニ応援シ、久シク外ニ在テ艱苦ヲ歴終ニ克ク平定ノ功を奏ス、朕深ク之ヲ嘉ス」との勅語を賜っている。一〇年一〇月一一日の『東京曙新聞』は参内の様子を「御料の馬車今度は両大臣にて宮と御同車、川村参軍と同車は大隈、大木両名、伊東少将は寺島、伊藤の両名と同車にて、直ちに皇居へ御参内あり」と、この記事のなかで「一同御前に於て酒饌を下賜り、又、総督宮及び川村、伊東の両君へは外に御酒一樽交肴一折づゝ下賜り…」とあり、有栖川宮熾仁親王、川村純義とともに伊東が特別に功績を認められていることがわかる。また、「昨日は折悪しく雨天なりしかども、横浜、東京ともに貴となく賎となく、道路に充満して御凱旋を祝し奉らざるものなかりしは、めでたしともいともめでたき景況なりき」と伊東たちの凱旋の模様も報じている。

西南戦争後、伊東は中将となり、一三年に軍務局長、一七年に海軍兵学校長となり、二三年には貴族院議員となっている。

図一　『明治太平記　二三編巻之一』明治12年

伊《い》藤《とう》博《ひろ》文《ぶみ》（一八四一～一九〇九）

政治家、初代内閣総理大臣

天保一二年九月、周防国に生まれる。松下村塾に学んだのち、長崎において洋式兵法の習得に努め、その後、桂小五郎、高杉晋作らとともに国事に奔走、文久三年には井上馨、井上勝、山尾庸三、遠藤謹助らとイギリスに密航留学する。しかし、外国船による馬関への砲撃を彼地で知り、留学半年にして井上馨とともに急遽帰国、四国連合艦隊に破れた長州のために和睦条約に尽力する。その後、長州は薩摩と謀って倒幕を成し遂げ、新政府樹立とともに伊藤は徴士参与として出仕、以後、兵庫県知事、大蔵少輔などを歴任する。西郷隆盛らが下野すると参議として政治の中枢を占め、西南戦争後は国会開設と憲法制定に力を尽くす。明治一八年一二月、創設された内閣制度のもとで初代総理大臣となり国家の舵とりを行うこととなる。

図一は伊藤が総理大臣になって間もない時期に描かれた「からみ凧空の賑い」と題された諷刺漫画である。中央に揚がっている凧が伊藤だが、まわりの凧も井上馨、森有礼、谷干城、榎本武揚（上段左より）、大山巌、松方正義、土方久元、西郷従道、山県有朋、大隈重信、山田顕義といった実力者ぞろい

図一　『団団珍聞』明治19年1月2日号

図二 『団団珍聞』明治21年5月12日号

図三 『大阪滑稽新聞』明治42年11月15日号

で、爪がお互いに絡み合ってうまく揚がらないのではと、スタートしたばかりの内閣制度の運営に疑問を呈している。

このようななかで船出した伊藤内閣の最大の外交問題は不平等条約の改正であったが、二〇年条約改正交渉に失敗、その翌年に第一次伊藤内閣は幕を閉じる。しかし、伊藤は新設された天皇の最高諮問機関である枢密院の議長に就任して権力の中枢に君臨した。**図二**は枢密院発足直後に描かれた諷刺漫画で、伊藤は第二代総理大臣に就任した黒田清隆の「黒鯛屋」なる店の隣で「いとや」という店を張り「酢漬」「蜜漬」（枢密の意）を売っている。このようなかたちで政界に隠然とした力を誇示していた伊藤は、その後も三度にわたって組閣し日英同盟や日韓協約締結に大きな力を発揮したが、韓国併合の強引な手法が韓国民の反発を呼び、四二年ハルピン駅頭で安重根によって暗殺された。

図三は伊藤暗殺事件の直後に描かれたものだが、凶弾に倒れる伊藤の影は「女」という字になっており、生前、女性関係の噂が絶えなかった伊藤を辛辣に諷刺したものとなっている。

《伝記》

＊伯爵伊藤博文君之伝・戸田為次郎　文事堂　明二三
＊伊藤博文伝・久米正雄　偉人伝全集一五　改造社　昭和六
＊類聚伝記大日本史　一一　雄山閣　昭和一一
＊伊藤博文伝　三巻三冊・春畝公追頌会編刊　昭和一五
＊伊藤博文・中村吉蔵　講談社　昭和一七
＊評伝伊藤博文・鈴木安蔵　昭和刊行会　昭一九
＊伊藤博文・中村菊男　三代宰相列伝　時事通信社　昭和三三
＊父逝いて五十年―伊藤博文小伝記・伊藤真一著　伊藤博文追頌会　昭和三四
＊伊藤博文関係文書一～九・伊藤博文関係文書研究会編　塙書房　昭和四八～昭五六

伊東巳代治《いとうみよじ》（一八五七〜一九三四）

官僚、政治家

安政四年五月、長崎に生まれる。地元長崎で蘭学や英語を学び、明治四年に工部省電信寮の選抜試験に合格して上京、卒業後は長崎、兵庫などに勤務したのち工部省、内務省などの官僚として活躍する。とりわけ伊藤博文の知遇を得て重用され、一五年には伊藤の憲法調査のための渡欧に随行するほどであった。帰国後は金子堅太郎、井上毅とともに帝国憲法の起草という重要な業務に携わり、伊藤を補佐した。伊藤が初代の総理大臣になるとその秘書官となり、さらに伊藤の枢密院議長就任とともに枢密院書記長官に抜擢されている。二五年、第二次伊藤内閣の内閣書記長官となり、日清戦争という大きな課題を抱えたなかで伊藤を支え、戦後は全権弁理大使として渡清し講和条約批准に尽力した。**図一**は日清戦争の論功行賞を行なっている伊藤と悠々と大きな欠伸をしている男爵の地位を得た伊東を描いており、二人の密接な関係が見てとれる。

三一年には第三次伊藤内閣に農商務大臣として入閣して自由党との連携を謀ったが政府内の反対が強く、伊東は辞任することとなる。**図二**はこのような伊東の近況を描いたもので、タ

図一　『団団珍聞』明治29年9月28日号

イトルも「巳代治の大ふさぎ」となっており、座敷に姿を見せなくなった伊東に客も「巳代治は坐敷へも出なくなったさうだがどうしたか知ら」と心配している。ちょうどこのころ、中国では列強の勢力拡大競争が激化しており、日本は遅れをとっていたために外務大臣青木周蔵に対する批判が強くなってきていた。図三はこんななかで描かれた諷刺漫画で、青木は星亨や伊東に外務大臣の椅子を狙われている夢をみて、その翌朝には椅子を修繕しているといった内容である。このように、伊東は閣外に去っても政治の重要な舞台で登場し、官僚政治家として大きな役割を果たしている。とくに、明治を動かしてきた元勲たちがつぎつぎと世を去っていった大正時代には伊東の政治力は極めて大きくなり、枢密院の長老として政府の諸政策にも多大な影響を与えている。

《伝記》

＊伊東巳代治伯・前田蓮山　政治は人格なり　新作社　大一三
＊伊東巳代治・伊東痴遊　平凡社　昭和六
＊伊東巳代治関係文書目録・近代史懇談会　昭和二九
＊憲政資料室所蔵目録　二　伊東巳代治関係文書目録・国立国会図書館　昭和三七
＊翠雨荘日記　臨時外交調査委員会会議筆記等・小林竜夫編　原書房　昭和四一

図二　『団団珍聞』明治31年4月30日号

図三 『団団珍聞』明治32年5月6日号

伊《い》東《とう》義《よし》五《ご》郎《ろう》（一八五八〜一九一九）

軍人

安政五年五月、信濃に生まれる。明治五年に海軍兵学寮に入る。卒業後、一七年にフランス、ドイツで水雷、砲術を研究するとともにフランス地中海艦隊の旗艦に乗り組み軍事視察を行なうなどして、二一年にフランス水雷学校を卒業して帰国する。

二六年に佐世保水雷隊司令となり、日清戦争では西海艦隊参謀長として活躍している。日露戦争時には横須賀海軍工廠長に就任し、三八年には中将となっている。四〇年には日露戦争での戦功で男爵を授爵し、四四年には貴族院議員となり、その後、実業界に入って大日本石油鉱業社長に就任している。

軍人として順調な出世を果たした伊東であるが、彼が世間の話題となったのは軍功よりも四〇年の醜行事件である。この事件は横須賀工廠長在任中に職工組長の妻と関係を持ったといわれるもので、四〇年に伊東が職工組長に脅迫されたと告訴したことによって社会的注目を集めたのである。四〇年五月二五日の『時事新報』は「竹敷要港部司令官海軍中将伊東義五郎氏が、曩に当横須賀海軍工廠長として在職中、職工組長藤井陽一の妻原子（二十三）と情を通じ居たりとて、此程陽一は中将に対し、二萬五千円の出金を迫りたるより、中将は蓼原弁護士を代人として恐喝取財の告訴を提起し、本夫陽一及び連類者勝矢町三郎の両人は廿三日の横浜地方裁判所予審判事の令状に依り拘引されたり」と報じている。図一は藤井の妻が伊東の給仕をしていたことを描いたものである。このような中で伊東と原子

図一　『滑稽新聞』明治40年11月5日号

が関係を持ったというものである。この図を掲載した『滑稽新聞』は公判の内容から事実があったとしながら、「未だ入籍して居ない所謂内縁の妻であるが故に、刑法上の姦通罪は成り立たないので、伊東義五郎は不問に附せられ、其本夫藤井陽一は、禁錮罰金の刑に処せられた、姦通された上懲役とは情ない事であらう、乍併藤井陽一が、他の教唆に依るとは云へ、二萬五千円といふ大金を、強請した罪は免がれぬ處である」としている。図二も伊東の裁判を話題としたもので、もし伊東が法廷に呼び出されたらという想定で描かれている。大きな態度の伊東に対して裁判官は平身低頭といった具合である。これも日露戦争によって軍人優位の世の中になっていったことを表わしているのであろう。

図二 『東京パック』明治40年12月1日号

犬養毅《いぬかいつよき》（一八五五〜一九三二）

政治家

安政二年四月、岡山に生まれる。明治八年に上京して慶応義塾に通いながら『郵便報知新聞』に寄稿し、西南戦争時には従軍記者として戦地報告を行ない、一三年に慶応義塾を中退して『東海経済新報』を創刊する。その翌年に統計院権少書記官として出仕するが明治一四年の政変で大隈に従って辞職し、一五年の立憲改進党の結成に参加し東京府議となって、二〇年には大同団結運動に参加、二三年の第一回総選挙で当選を果たすが二七年には党を離れている。図一は改進党を脱会した犬養に困り切っている伊藤博文をあらわしている。その後、犬養は二九年には進歩党、三一年には憲政党の結成に参画して党の中枢で活動し、第一次大隈内閣の文部大臣として入閣している。図二は共和製糖事件がらみで文部大臣を辞した尾崎行雄を諷刺したものだが、尾崎の後任として犬養は初入閣を果たしたのである。

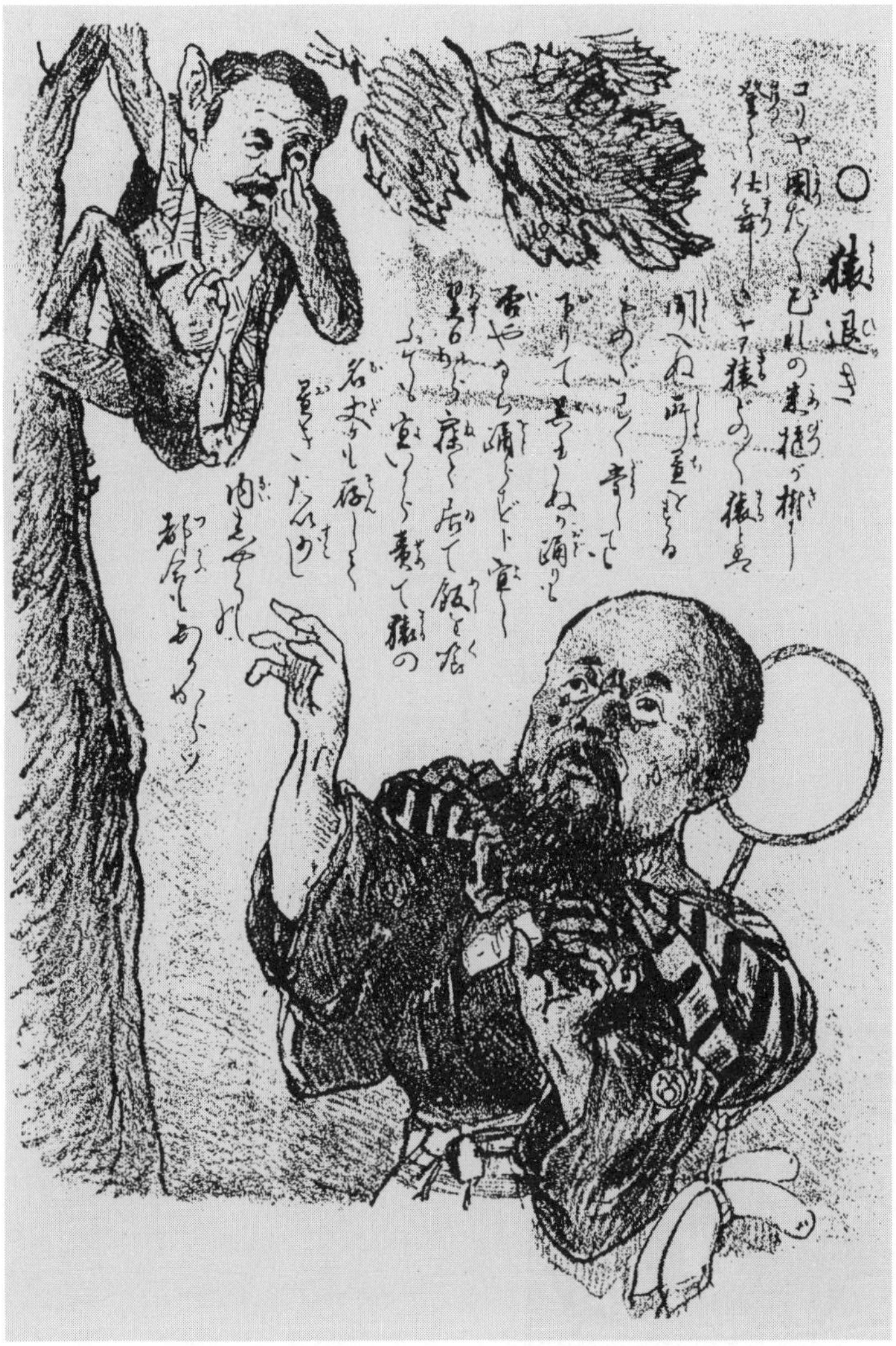

図一　『団団珍聞』明治27年4月14日号

図三は犬養の所属する憲政党の内紛を描いたものである。か

○正《じやう》三位《ゐ》の野《の》狐《ぎつね》
「共和の尻尾を出した斗りでとう／＼化の皮を剝がれて仕舞た

図二　『団団珍聞』明治31年10月29日号

くて、憲政党が分裂すると憲政本党に属して幹部として活躍した。日露戦争後の講和会議における政府の姿勢を軟弱と批判し、三九年からの党内争いでは大石正己らのグループと激しく対立していった。**図四**はこの内紛で犬養の除名が出されたものの、その決定が取り消されるといったゴタゴタを描いたもので、犬養は後足で除名書を蹴り返している。その後、犬養は四三年に立憲国民党を結成した。四四年には中国における革命軍支援のために頭山満らと中国に渡っている。**図五**は中国の革命軍を支援している犬養を描いたもので、「革命軍」と書かれた提灯を持った犬養が南京政府という表札を示しているところである。犬養は中国で孫文らと会見して孫より顧問就任を要請されるほどの影響力を持っていたのである。

大正元年からの第一次憲政擁護運動では目覚ましい行動で尾崎行雄とともに「憲政の神様」と称された。一一年に革新倶楽部を結成し、一二年に第二次山本内閣の逓信大臣、一三年に第一次加藤高明内閣の逓信大臣に就任する。一四年に革新倶楽部と立憲政友会を合同させて引退するが、昭和四年に田中義一が死去したために推されて政友会総裁に就任、六年に組閣したが、七年の五・一五事件で首相官邸において殺害された。

《伝記》

＊犬養毅・清水仁三郎　太閤堂　大二
＊犬養木堂・東京木堂会編刊　昭和五
＊犬養毅伝・同刊行会編刊　昭和七

○二人《にん》青《わか》黨《たう》
「是《これ》は狐《きつね》のたはむれあらで尾《を》さき狐《ぎつね》の失体《しつたい》より不思《ふし》議《ぎ》の出來事《できごと》
「己《おの》れが汝《わ》れか汝《わ》れが己《お》れか失策《しつさく》くつたお灸《きう》の跡《あと》スリムイタ迄《まで》みじん違《たが》はぬけん政黨《せいたう》の同作《どうさく》ぢやア
早稲田の姿

図三 『団団珍聞』明治31年11月5日号

＊犬養木堂伝・同伝刊行会編　大京社　昭和七
＊木堂犬養毅・片山景雄　日米評論社　昭和七
＊犬養木堂伝　三巻三冊・木堂先生伝記刊行会　東洋経済新報社
昭和一三－一四
＊政党政治家の思考様式　犬養毅の場合・小山博也　近代日本の政治指導　東大出版会　昭和四〇

図四　『やまと新聞』明治42年3月3日号

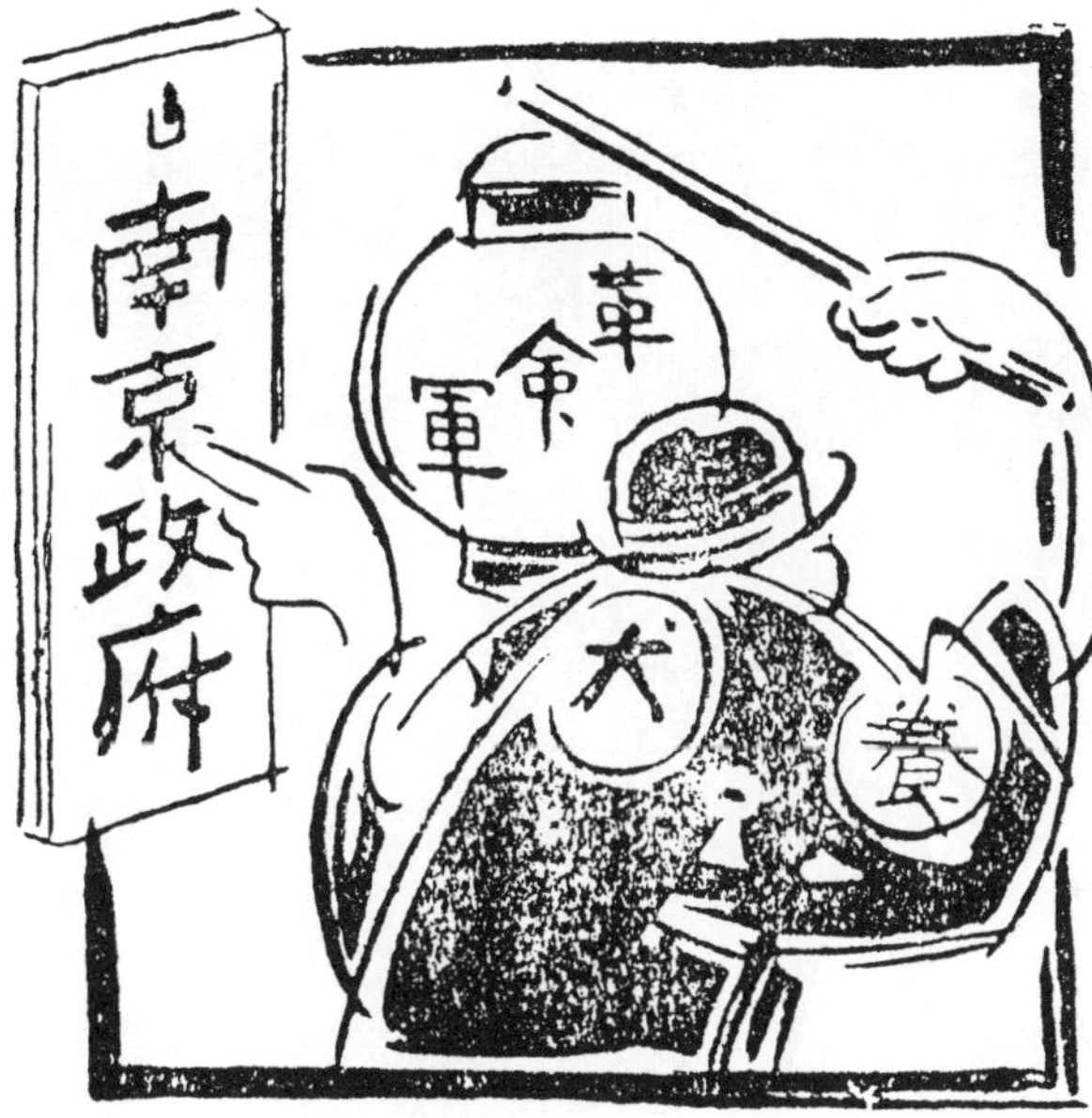

図五　『二六新報』明治45年1月30日号

井上馨《いのうえかおる》（一八三六～一九一五）

政治家

天保六年一一月、周防に生まれる。藩校明倫館に学んで安政二年には参勤交代に従って江戸に出て蘭学や砲術を習得した。尊王攘夷活動を行なって文久二年には高杉晋作らとイギリス公使官焼き討ちを実行するなど急進的運動を展開した。三年、藩主が承諾のもとで伊藤博文らとイギリスに密航留学して攘夷の非を悟っていった。元治元年、ロンドンにおいて萩藩が攘夷のために外国船を砲撃した事実を知って伊藤とともに帰国して開国を進言するが容れられなかった。しかし、四国連合艦隊の砲撃によって攘夷の無謀なことを知り井上は伊藤らと講和に奔走している。慶応二年に高杉の率いる奇兵隊のクーデターの際に井上は鴻武隊長として参加している。その後、薩長連合のもとで井上は武器や船の購入を行ない討幕運動を確実のものとしていった。

　新政府が樹立されると参与に就任し、その後、外国事務局判事、造幣頭、民部少輔、大蔵大輔などを歴任していった。とりわけ、明治四年に大蔵大輔に就任してからは銀行の創設などに力を尽くして強い発言力を有し、三井などの政商とも深く関

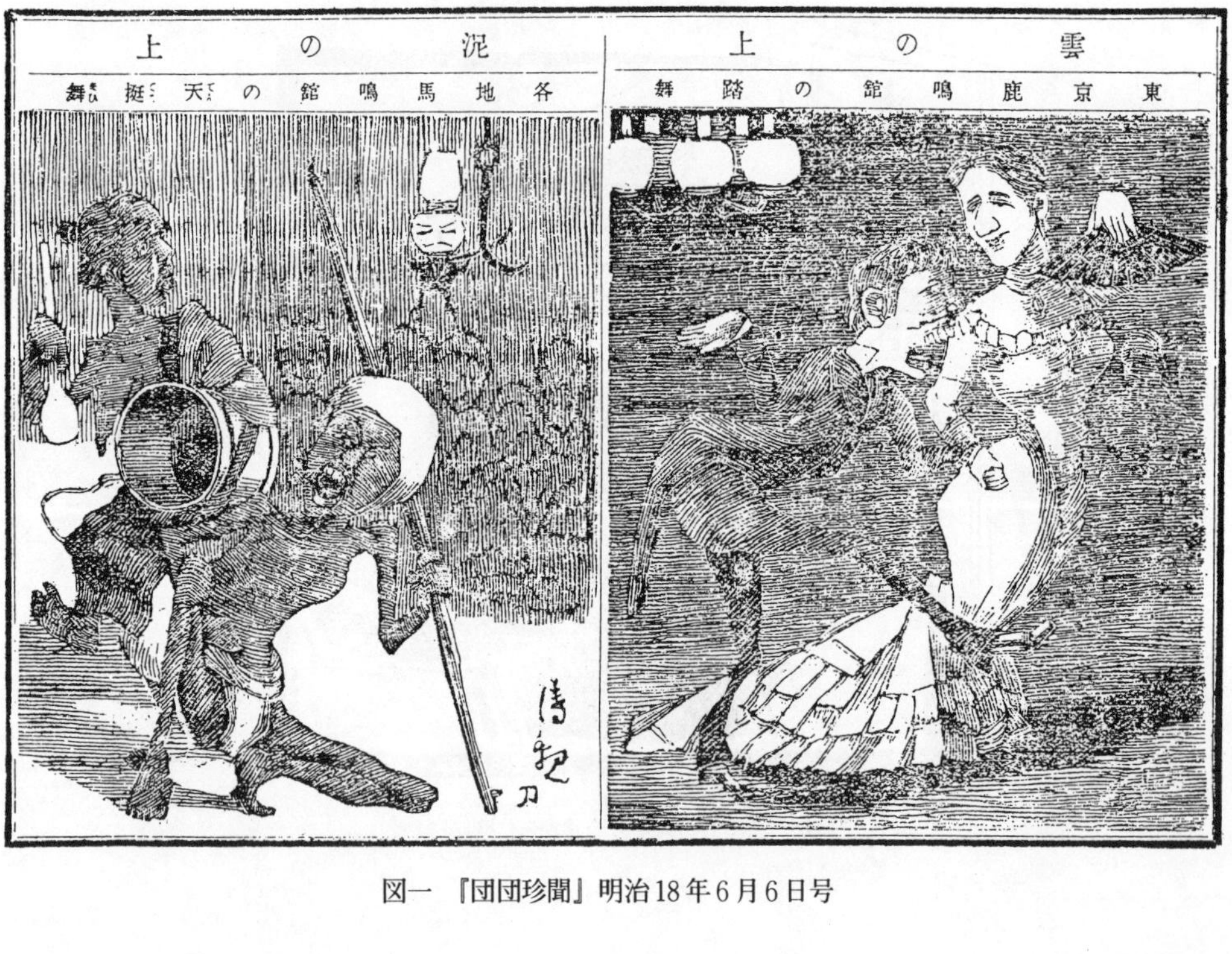

図一　『団団珍聞』明治18年6月6日号

図二　『団団珍聞』明治21年8月11日号

図三　『国民新聞』明治25年12月2日号

わって批判の的となることも少なくなかった。九年に日朝修好条規を調印、一一年に工部卿となり、一二年に外務卿に就任、その後、第一次伊藤内閣の外務大臣として条約改正交渉を積極的に行なっていった。**図一**は農民が日々の食べ物にも事欠いているのに一部の特権階級だけが鹿鳴館で毎日のように夜会を催している矛盾を鋭く諷刺している。このような、いわゆる鹿鳴館外交に対する国民の批判が強まり二〇年に辞任している。翌年、農商務大臣に就任しているが、**図二**は大物大臣の就任にビクビクしている官員たちを描いている。「農商人官員衆御宿」では地震（官吏の罷免）を用心して行灯を押えており、外では地震の震源である火山の爆発におののいている。二五年には第

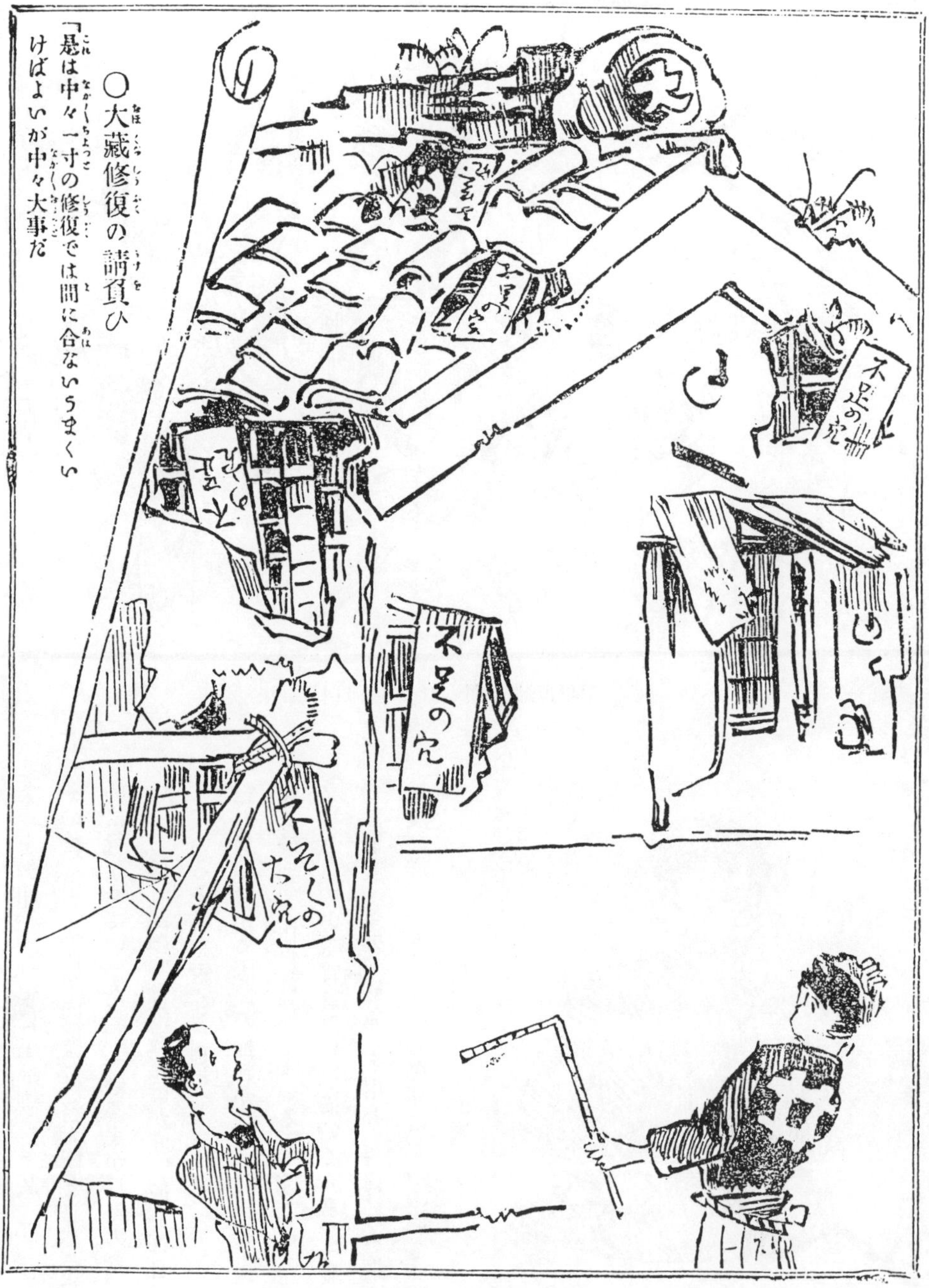
○大藏《おほくら》修復《しうふく》の請負《うけを》ひ
「是《これ》は中々《なか〱》一寸《ちよつと》の修復《しうふく》では間《ま》に合《あは》ないうまくいけばよいが中々《なか〱》大事だ
不足の穴
不足の穴
不そくの穴

図四 『団団珍聞』明治31年1月22日号

二次伊藤内閣の内務大臣となっているが、内務大臣在任中に伊藤の乗った人力車が馬車と事故を起こして負傷し、臨時総理大臣をも務めている。**図三**は臨時総理大臣として議会で施政方針演説をする井上である。三一年には第三次伊藤内閣の大蔵大臣となった。大蔵大臣としての井上の大きな課題は財政の立直しだった。**図四**はそんな井上を描いたもので、あちこちに「不足の穴」が開いている朽ち果てた蔵をどのように修復しようかと考え込んでいる井上棟梁である。第三次伊藤内閣は短命で終わっているが、その後も井上は政界に隠然たる影響力を保持していった。しかし、三四年に第四次伊藤内閣の後をうけて組閣を試みたものの実現できず、第一次桂内閣が成立し、井上はついに首相となることはなかった。しかし、その存在は大きなものがあった。**図五**は「明治の彦左衛門」なるタイトルがつけられており、彦左衛門姿の井上が桂太郎らに睨みをきかせている。こんなところからも、この時代の井上の立場を見ることができるのである。

《伝記》

＊井上馨卿伝　二冊・史談会編刊　明三〇
＊評伝井上馨・渡辺修二郎　同文館　明三〇
＊井上侯年譜・井上侯爵家編刊　明四五
＊井上馨侯元治の難・井上馨侯伝記編纂会編刊　昭和三
＊世外井上公伝　五巻五冊・同侯伝記編纂会編　内外書籍　昭和八－九
＊井上馨小伝・内田伸　井上馨公五十年祭実行委員会　昭和四〇

図五　『東京パック』明治41年10月10日号

井上角五郎《いのうえかくごろう》（一八六〇〜一九三八）

政治家、実業家

万延元年一〇月、備後に生まれる。明治一二年に上京して福沢諭吉のもとに住み、慶応義塾に通い、一五年に卒業して韓国に渡って『漢城旬報』創刊などの活動をして二〇年に帰国する。帰国後、慶応義塾在学当時から知遇を得ていた後藤象二郎の大同団結運動に参加している。

二一年、井上は一八年に韓国において伊藤博文、井上馨の両参議を侮辱したことで官吏侮辱罪で有罪の判決をうけているが、二三年の第一回衆議院議員選挙に出馬して補欠当選を果たす。第一議会では予算問題で政府を支持して自由党を除名されている。**図一**は議会で演説する井上である。井上は壮士たちからたびたび狙われているが、二四年には井上に暴行を加えた者たちが保安条例に基づいて議会会期中の退去を命ぜられている。翌年にも自由党の壮士と名乗る者に襲われた井上は用心のために携えていた仕込杖を抜いて壮士と立ち回りを演じているほどある。仕込杖を持ち歩くほど狙われていることを本人も自覚していたのである。二五年五月一二日の『東京日日新聞』は「民党壮士が目ざすものは独り井上に止まらず、温派議員の錚々たる者には総て乱暴を仕掛くべしとの模様も見ゆれば、今程は何れにても如何なる騒動の起り居るならんも知れずと云々」と過激となってきた壮士の標的とされていたことがわかる。

図一　『国民新聞』明治24年10月19日号

二六年には北海道炭礦鉄道の重役となり、外資導入などを積極的に行ない実業界議員として名を馳せているが、このように実業界との結びつきも壮士の攻撃の的となったのであろう。その後、鉄道国有政策などで意見の一致をみる憲政党に入党したが、引き続き政友会にも所属していたものの財政方針で対立して三四年に政友会を除名されている。**図二**は井上の政友会からの除名を描いたもので、「蟹の放逐」とある。蟹とは井上のことで、政友海（政友会）を追い出された蟹が「政友海と実業海を両股にかけて居たがハテ政友海から放逐されてこまったが」と呟いている。蟹の左側には実業海が見えるが、蟹の足の方向は実業海の方へ向かっているようである。井上は四三年に日本製鋼所を創設するなど実業家としても手腕を発揮して多くの会社に関わっていった。

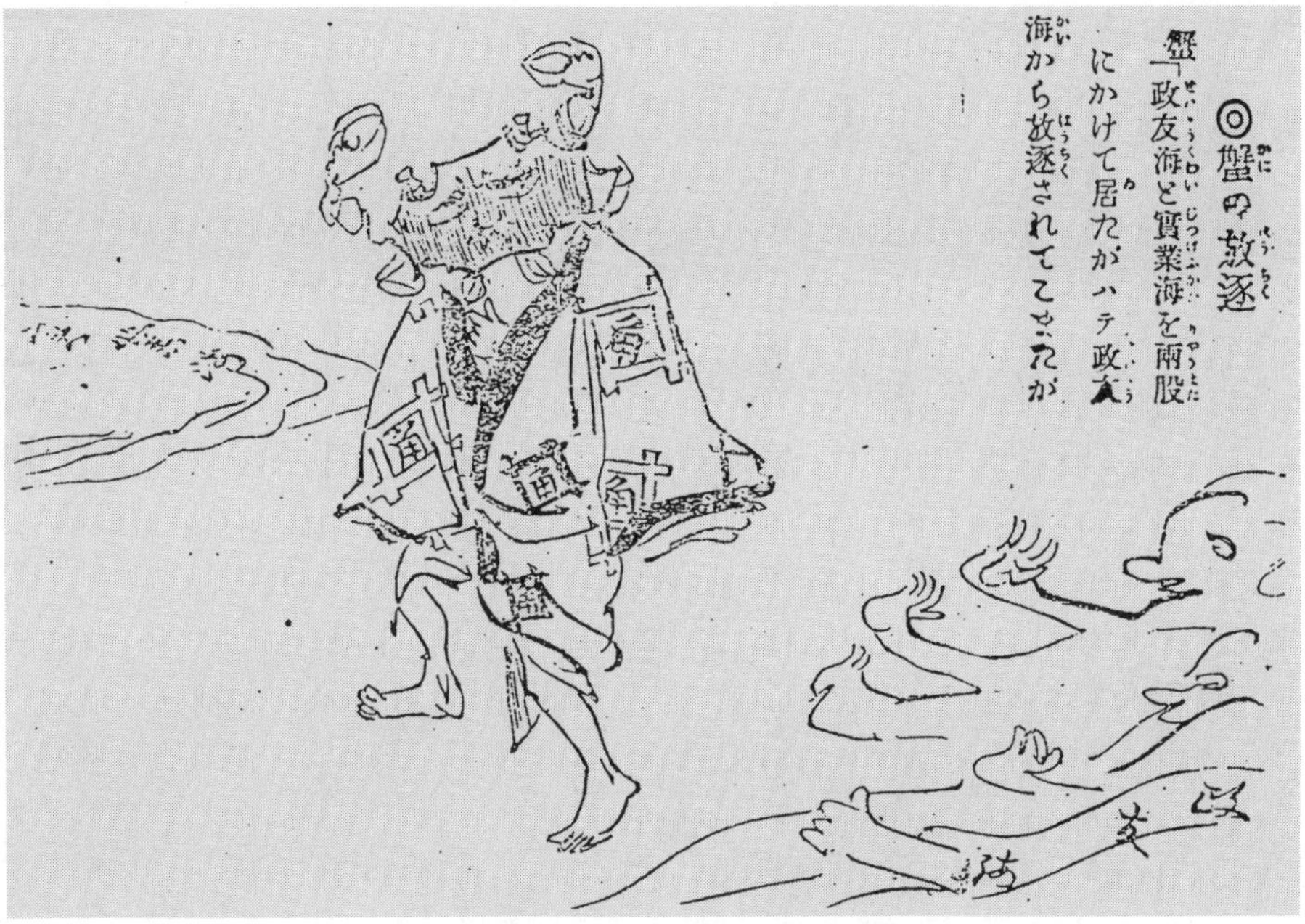

図二 『団団珍聞』明治35年1月5日号

《伝記》

＊井上角五郎君略伝・井上角五郎君功労表彰会編刊 大八

＊井上角五郎先生伝・近藤吉雄編 井上角五郎先生伝記編纂会 昭和一八

＊井上角五郎論序説・石田幸成 北海道地方史研究 昭和三四

井《いの》上《うえ》勝《かつ》之《の》助《すけ》（一八六一〜一九二九）

官僚、外交官

文久元年七月、長州に生まれる。叔父井上馨の養嗣子となり、明治四年にヨーロッパに渡って法律学を学び、一二年に帰国して大蔵省に出仕し、一五年に日本銀行に転じている。一五年一二月四日の『東京日日新聞』は「井上勝之助氏、同氏は大蔵省銀行簿記講習所の教官なりしが、更に日本銀行の御用掛にて出納部長を仰付られたり、同行の掛員は現に六十余名なれど、来春より大にその員を増る、と云ふ」と報じている。その後、日本銀行から外務省に移り外務省権少書記官や鹿鳴館長などを歴任して、二八年における清国との講和条約交渉には伊藤博文、陸奥宗光らを補佐するかたちで外務書記官として同席している。

三一年に駐独公使兼ベルギー公使として赴任する。図一は駐独大使時代の井上である。その後、加藤高明の後任として駐独大使に就任、大正六年に外務省を辞して宮内庁に出仕し、宗秩寮総裁を経て一〇年には式部長官となり、一五年には枢密顧問官となっている。このように、井上は官僚や外交官として活躍していたが、馨の息子として注目されていた面も少なくない。一六年一月一九日の『東京日日新聞』は「井上参議の令息勝之助君夫妻は、去る十六日熱海温泉へ赴かれたり、新婚後まもなき旅行は琴瑟調和の本にて、西洋には毎にさするものと聞けり」との記事が掲載されているほどである。図二は北海道巡遊における井上の艶聞を描いたもので、タイトルは「奪はれて御伴」とあり、「井上勝之助氏が北海道巡遊の際到處自然主義の大発展を遣ったが札幌では製麻会社の重役は寵妓小幾を揚詰めにして乗合で会社を見に行くと右の重役の其後から随行して案内をした扨々父の威光は豪いもの侯爵危篤の電報に接した時は

図一 『二六新報』明治33年3月30日号

図二 『東京パック』明治41年9月20日号

丁度御愉快最中」と解説されている。この解説からすると後方の人力車に一人で不機嫌な顔で乗っているのが井上なのだろうが、馨が急病になったことで息子の行動も話題となったといえよう。翌年には伊藤博文が暗殺されて、子息の伊藤博邦がマルセイユから急遽帰国したが、図三はこのときに再び前年の北海道旅行が蒸し返されたものである。解説には「以来元老諸公の息男遠出無用の事、井上勝（之助）君北海道より引返し伊藤博邦君はマルセーユより引返す」とある。結局、勝之助はそれなりの地位を得て活躍したものの馨の業績には遠く及ばなかった。

《伝記》

＊世外井上公伝　五・同侯伝記編纂会編　内外書籍　昭和九

図三 『東京パック』明治42年11月10日号

岩《いわ》倉《くら》具《とも》視《み》（一八二五～八三）

政治家

文政八年九月、京都に生まれる。安政元年に鷹司政通の推薦により孝明天皇の侍従となって政治に関与しはじめ、五年の日米修好通商条約調印の勅許を願って老中堀田正睦が上京すると岩倉は攘夷のために勅許阻止を謀って成功させ、その後も和宮降嫁や公武合体に力を尽くしていったが、これらの政策が尊攘

図一 『イラストレイテッド・ロンドンニューズ』明治5年10月12日号

図二 『ル・モンド・イリュストレ』明治6年1月4日号

図三 『団団珍聞』明治10年10月20日号

派の糾弾にあって蟄居二年の身となる。蟄居中も岩倉は同士と連絡を取りながら政治的影響力を維持し、慶応三年に蟄居が解かれると王政復古に奔走し、新政府の樹立とともに議定に就任して新しい体制づくりの中枢を担った。その後、官制改革で旧公家たちが政治の表舞台から姿を消していくなかで、岩倉は三条実美とともに政治活動を継続して大きな影響力を持ち続けて明治四年には右大臣となる。同年、条約改正交渉協議を求めるとともに欧米の制度、文物視察のための大使節団が組まれ、岩倉はその特命全権大使として使節団を率いて各国を回り、要人たちとの会談を行なったものの条約改正への足掛かりは見出せなかった。しかし、この使節団は各国の制度も精力的に調査して帰国しており、その成果はその後の制度改革などに大きく反映されている。図一は『イラストレイテッド・ロンドンニューズ』に描かれた岩倉である。イギリスでも日本に樹立された新しい政府の初めての使節団を率いてやってきた岩倉に対する関心は高く、岩倉を天皇、太政大臣三条実美に次いで高い地位にある人物と紹介している。図二はイギリスからフランスへ向かった使節団一行がフランス大統領に接見しているところである。六年に帰国すると征韓論争が巻き起こっており、岩倉は大久保利通らと征韓論派の押え込みに成功、西郷隆盛ら征韓派参議は下野することとなる。図三はこの政変において態度が二転三転した岩倉と三条を諷刺したもので、手足のない達磨を引っ張り出しているところで、最高指導者としてのリーダーシップを求めているものである。手前の達磨が岩倉を表わしている。岩倉は西南戦争や自由民権運動にも政府首脳として対応にあたり、士族の不満を和らげるために士族授産を積極的に推進、また、一四年の政変では急進派の大隈重信の参議辞任に大きな影響力を駆使するとともに、このときに重要問題として浮上した憲法制定、国会開設の方向性をつくりあげていった。

一六年、病の床にある岩倉の病状が悪化すると天皇が岩倉邸に出向いていることからもその存在の大きさがわかる。図四は『現今英名百首』に載った岩倉である。解説には「具視公は博識秀才にして豪万沈勇の聞へ高く眼光炬の如く拝するに非常の人なるを知れり」とあり、その風貌にも存在感があったことがわかるのである。

《伝記》

＊岩倉具視小伝・山脇之人編　修正堂　明治一六
＊岩倉公逸事・井上毅　梧陰存稿　六合館　明治二八
＊岩倉具視論・池辺吉太郎　明治維新三大政治家　新潮社　明治四五
＊岩倉公実記　三巻三冊・岩倉公旧跡保存会編刊　昭和二
＊岩倉具視関係文書　八巻八冊・日本史籍協会編刊　昭和二～一〇
＊対岳公日記・岩倉公旧跡保存会　昭和三
＊岩倉具視・大久保利謙　中央公論社　昭和四八（中公新書）〈維新前夜の群像　第七〉

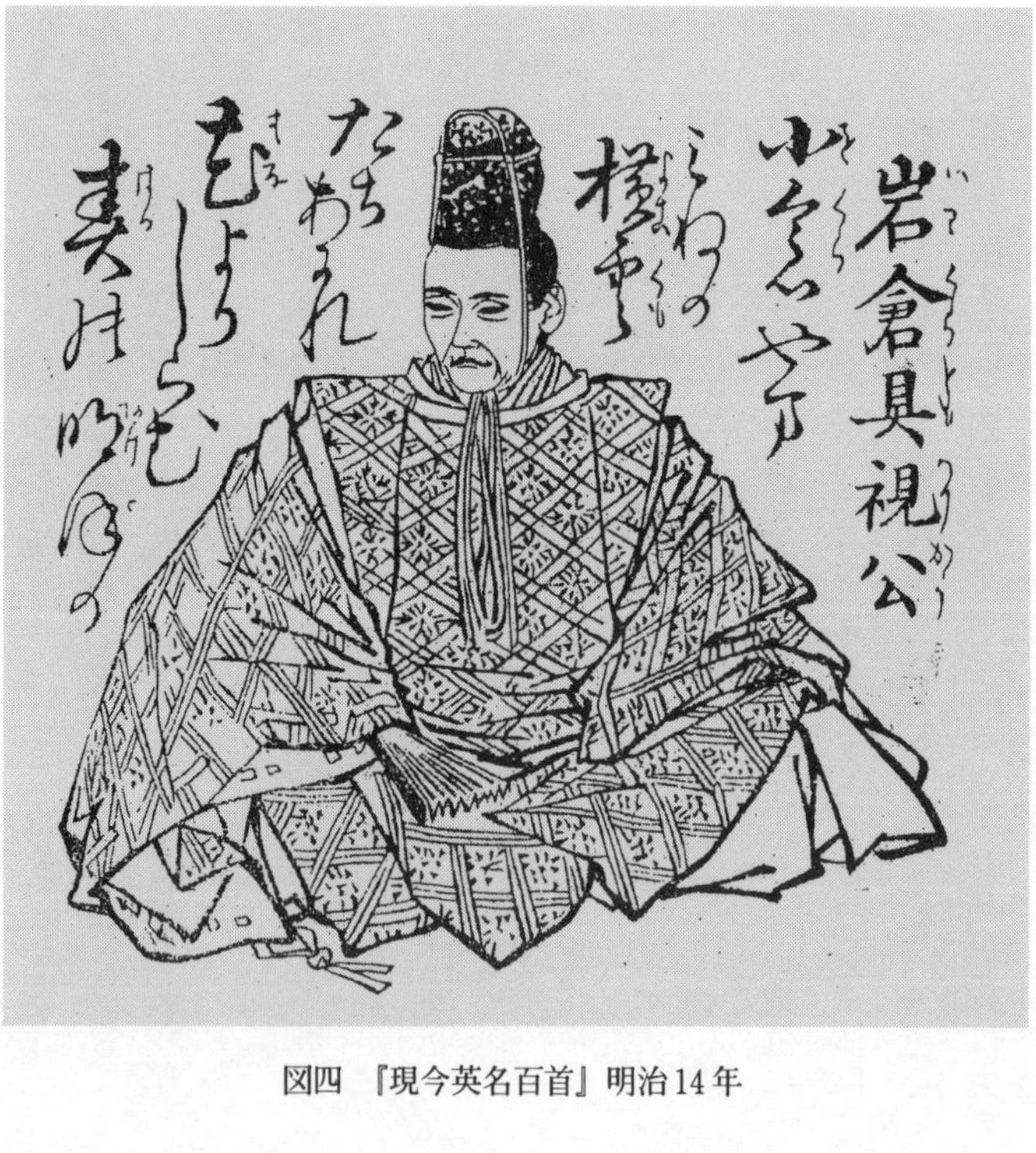

図四　『現今英名百首』明治14年

岩《いわ》村《むら》通《みち》俊《とし》（一八四〇〜一九一五）

官僚、政治家

天保一一年六月、高知に生まれる。戊辰戦争では御親兵総取締として越後などに参戦し、明治二年に新政府に出仕して箱館府権判事となり、翌年には開発判官、五年に開発大判官に就任して北海道開発の端緒を開いていった。六年に佐賀権県令に就任して土地制度の改革に尽力、その後、工部省に移ったが七年の佐賀の乱鎮圧のために再び佐賀を訪れている。九年に山口裁判長に就任して萩の乱の裁判を担当し、翌年、西南戦争が勃発すると大久保利通の信任をうけて鹿児島県令となって手腕を発揮した。図一は鹿児島における岩村である。政府軍と西郷軍との戦いのなかで県令に就任した岩村がまず行なわなければならなかったのは鹿児島の鎮定であった。大久保の信任にこたえて戦争集結に力を尽くした岩村は一三年に元老院議官となり、一四年に会計検査院長、一六年に沖縄県知事、一七年に司法大輔、一九年に北海道庁長官に就任している。しかし、二一年には黒田清隆以来、北海道経営において隠然たる力を持ち続けていた薩摩勢力の海軍少将永山武四郎が岩村

図一『明治太平記　二三編巻之一』明治12年

に代って長官に就任した。図二は鰹節（岩村の出身地土佐をあらわしている）を担いで「北海屋」なる居酒屋を出ていく岩村（着物の柄に「岩」の字が書かれている）と新客としてやってきた永山（法被に「芋」の字が染められているのは薩摩芋を意味しており、法被の下方には永山を示す「永」の字もみえる）を描いている。居酒屋の若い者は「へーお帰んなさい」と永山を迎え、店主は「芋屋さんは此店のお得意だからよく気を附けて上げナ」と歓迎ムードで、すでに岩村のことは頭にないようである。北海道長官を辞した岩村はその年に農商務次官に就任した。図三は「磁官の埋めかえ」と題された諷刺画で次官の交替が頻繁に行なわれていることを皮肉っているが、このとき岩村は花房義質の後任として農商務次官となったのである。こんな状況での就任だったが、翌二二年には第一次山県内閣の農商務大臣として入閣を果たしている。その後、二三年に農商務大臣を辞して宮中顧問官に就任している。図四は岩村の辞任をうけて農商務大臣選びを描いたもので、「濃粧美妾口入所」には多数がつめかけて、口入れを待っている。結局、岩村の後任には陸奥宗光が就任した。岩村は二四年に御料局長を歴任している。

《伝記》

＊貫堂存稿　二巻二冊・岩村八作編刊　大正四

＊岩村通俊伝・片山敬次　同刊行会　昭和八

＊上川開発と岩村通俊卿・成田清　岩村通俊卿銅像建設会　昭和一四

＊北の先覚・高倉新一郎　北日本社　昭和二二

図二　『団団珍聞』明治21年6月30日号

図三 『団団珍聞』明治21年11月24日号

図四 『団団珍聞』明治23年5月24日号

植木枝盛《うえきえもり》（一八五七〜九二）

自由民権家、政治家

安政四年一月、高知に生まれる。藩校で学んだのちに洋学を志すが、明治七年に板垣退助の演説を聞いて政治に目を開き、東京でさまざまな演説会などを見聞きして自由民権運動に共鳴を強くする。九年、『郵便報知新聞』に寄稿した文章によって投獄されたが、かえってこれが植木を民権論者に走らせる結果となり、出獄後の一〇年には高知に戻って立志社に加わり、板垣の側近として各地を遊説するなど民権活動を推進していった。愛国党の再興にも大きな力となっていった。図一は愛国社の大会に板垣が参加するという風聞をもとに描かれたもので孫悟空に擬せられた板垣が毛を吹いて自分の分身をつくっているといったところである。植木はまさにこのような運動で目ざましい活躍をみせ、自由党の結成にも尽力し、その文章力で建白書、草案、檄文づくりに携わったが、なかでも立志社の起草した「日本国憲法案」は植木の関わった仕事として重要なものであった。また、一五年には酒税減税を求める全国酒屋会議の開催に大きな力を発揮して注目を集めた。一九年に高知県会議員となり婦人開放運動などに尽力し、二三年の第一回総選挙で当

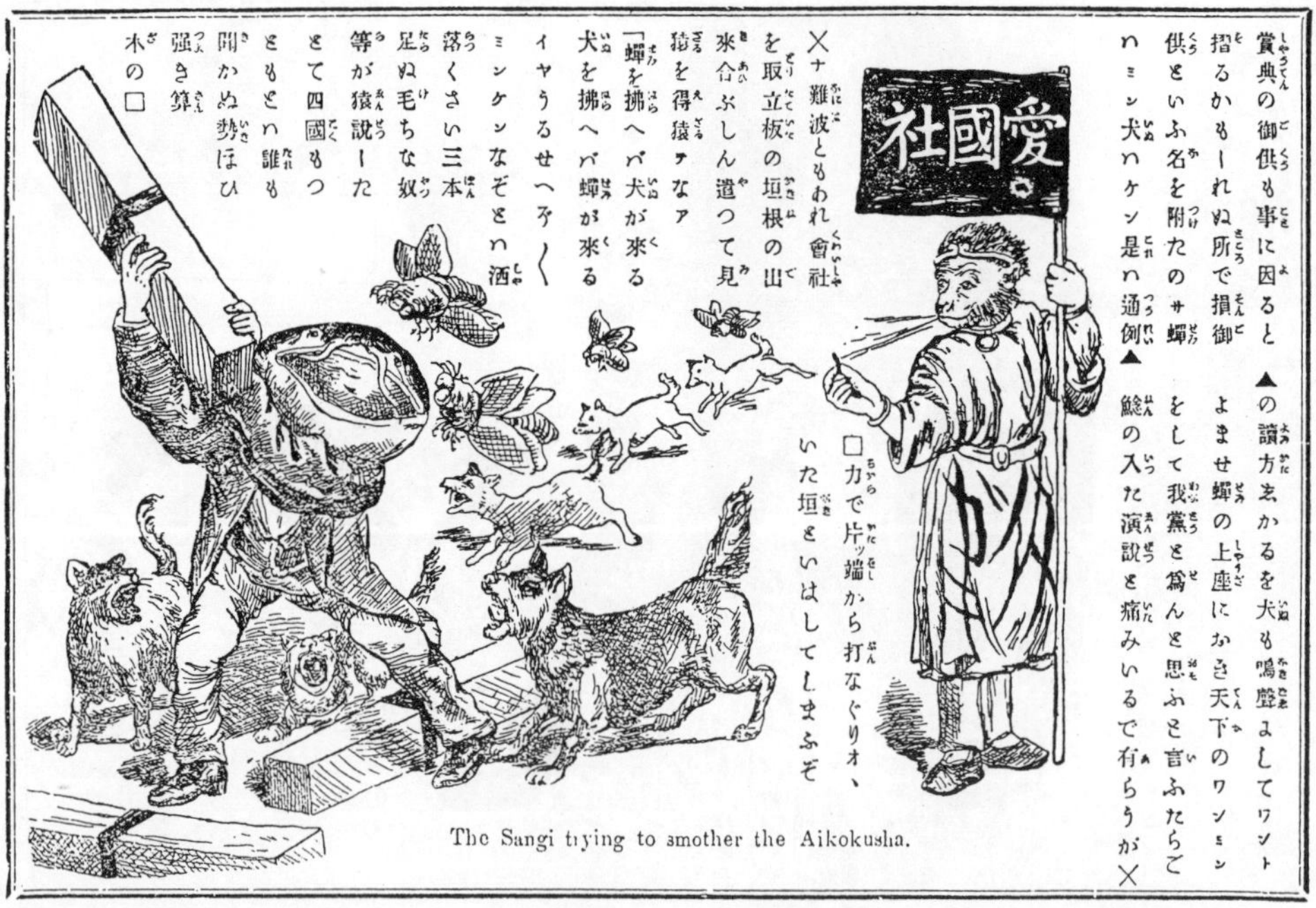

図一 『団団珍聞』明治12年3月15日号

選し、衆議院議員となる。図二は当選後に『国民新聞』に載った植木の肖像画である。『国民新聞』は植木について、「少壮にして自由主義を唱へ深く板垣伯の知る所となる。明治十一年愛国社再興するに及んで氏は之が遊説員となり単身奔走足跡大阪以西の陰陽両道より九州に及べり。十三年以後愛国社より日本国民願望会を開き継で国会期成同盟会を組織せしもの皆君が発案する所たり。自由党組織成り文章演説の権力半ば、氏の一身に帰したり。当時遊説の為に漫遊したる足跡は殆ど天下に普しと云へり。板垣伯新たに愛国公党を組織するに当り氏は之が参謀となり伯の手足の如くして鞠躬尽力し事成りて大同団結との合併を成すもの皆氏の力に与らざるはなし」と、植木の精力的な活動や自由民権運動に大きな足跡をのこしていることなどを紹介している。とりわけ、板垣の側近として重要な役割を果たしていたこともこの記事から窺われる。その後、自由党からの脱会、復帰などがあったが、二五年に没している。

植木は『自由民権論』『天賦人権弁』などを著わすとともに、『愛国志林』『高知新聞』などを主催して文筆による自由民権運動に大いに貢献していることは特筆できるが、一三年九月二二日の『朝野新聞』は「愛国社にては、愛国新誌の外に世益雑誌といふを発兌する由、是れは傍訓を付け、婦女子にも解し易からしむるものにて、編輯は矢張植木枝盛氏なりとの事」と報じている。この記事からも植木が婦人開放運動に大きな関心をはらっていたことの一端を知ることができよう。

図二 『国民新聞』明治23年7月6日号

《伝記》

＊革命思想の先駆者　植木枝盛の人と思想・家永三郎　岩波新書　岩波書店　昭和三〇
＊植木枝盛日記・高知新聞社編刊　昭和三〇
＊植木枝盛日記　続・家永三郎編　高知新聞社　昭和三五
＊植木枝盛研究・家永三郎　岩波書店　昭和三五

内《うち》田《だ》康《こう》哉《さい》（一八六五〜一九三六）

外交官、政治家

慶応元年八月、肥後に生まれる。明治二〇年に帝国大学法科大学を卒業して外務省に出仕し、取調局勤務などを経て駐米公使館に赴任して公使陸奥宗光の知遇を得る。

二三年に農商務省に転ずるが二五年に外務省に戻り、翌年には駐英公使館三等書記官として渡英する。その後、駐清公使館勤務などを経て三四年に駐清国公使に就任、日露戦争前後のロシアと中国の情報収集にあたり、日清協約の締結に尽力している。**図一**は満州問題での対清交渉で内田に期待している小村寿太郎である。小村は三四年に内田が駐清公使に就任したときに外務大臣に就任しており、その後、日露戦争を経てポーツマスでの日露講和会議では全権として交渉にあたったが、その成果は国内で不満を呼び、日比谷の焼き打ち事件まで引き起こしている。今回の交渉でも失敗すれば小村にとって政治生命を失うこととなり、清国の情報に詳しい内田を頼りにしているのである。小村は餅を搗きながら「ポーツマスでは高平が相手、今度は内田君、貴君だ、しっかりやってくれたまへ」と苦しそうである。相方の内田も心配そうに小村を見ている。三九年に日

◎滿しうを餅につく
「ポーツマスでは高平が相手、今度は内田君、貴君だがしつかりやつてくれたまへ、ウン〳〵、中々力が入るわい

図一 『団団珍聞』明治38年11月25日号

清協約が締結されるが、図一にも見られるようにこの協約に内田の果たした役割は大きいものがあった。その後、四〇年に駐オーストリア大使兼スイス大使となり、四二年には駐米大使となって移民問題の解決などにあたり、四四年には日米通商航海条約に調印して帰国し、同年、第二次西園寺内閣の外務大臣に就任する。大臣就任後は中国における辛亥革命への対処や第三回日露協商締結に向けて力を尽くした。図二は外務大臣時代の内田である。解説には「外務大臣としては評判悪しと云へ共妻君には評判宜き内田康哉子一名をゴム人形と称す蓋し其風采西洋のゴム人形然たる故なり某外交官其子女に戯に「彼の伯父さんはゴム人形と云ふのだよ」と教へしに其子女新橋に内田夫妻を迎へに出でし時ゴム人形の伯父さんと抱き付き一同為に絶倒せる事有り」とエピソードを記している。

大正五年に駐ロシア大使となり、翌年着任するがその直後に革命が勃発してソビエト政府が樹立され、治安悪化のため七年に帰国する。同年、原内閣の外務大臣となり、シベリア出兵、パリ和平会議、ワシントン会議などに関わり、一四年に枢密顧問官に就任している。昭和三年には全権としてパリ不戦条約会議に出席して署名したが、その条文中に「各国人民の名において」という一文があり、これが国体に触れる問題として追求されて枢密顧問官を辞任している。その後、満鉄総裁などを経て七年に再び外務大臣に就任して満州国承認、国際連盟脱退などの重要な外交問題に中心的に関わっていった。

図二 『名流漫画』明治45年

《伝記》
＊露国大使を辞任した内田康哉子論・中央公論　大正七
＊内田康哉論・馬場恒吾　中央公論　昭和七
＊内田康哉・内田康哉伝記編纂委員会、鹿島平和研究所編　鹿島研究所出版会　昭和四四

江木衷《えぎちゅう》（一八五八～一九二五）

官僚、弁護士

安政五年九月、長州に生まれる。明治一七年に東京大学を卒業して警視庁に入っている。大学在学中は給費生に選抜される成績を残している。警視庁から司法省に転じた江木は『刑法汎論』を著わして刑法に大きな業績を残して頭角を現わし、一八年には英吉利法律学校（現在の中央大学）設立に参加し、二一年に農商務大臣井上馨の秘書官となっている。その後、外務省に移って大隈重信の条約改正案撤廃に向けて活動して、二四年には内務大臣品川弥二郎の秘書官となり、二六年に官を辞して弁護士となっている。江木はすでに法曹界で名の知られた人物であり、二六年二月五日の『時事新報』は「江木衷氏、一昨日内務省参事官を辞職せる同氏は、代言業を営む筈にて近日出願するよし」と、その動向を報じている。

官を辞してからも刑法審議会の委員に就任して民法、商法、刑法などの立法作業に参画し、三二年には法学博士となっている。江木は刑法がイタリア学派の影響を受けて裁判官の権限を大幅に認めたことを批判し、大逆事件裁判も陪審制がないという視点から批判するなど、陪審制の導入を目指して自説を展開した。図一は外国世論を気にしていちはやく外国むけに大逆事件の判決理由を発表したことを諷刺している。タイトルの「聞きたい理由」はまさに国民の願いを端的に表現しており、江木の主張も説得力あるものだった。

図一　『大阪パック』明治44年2月1日号

また、江木は酒豪で喫煙家としても知られている。図二は風呂のなかで煙草を吸う江木である。「江木氏は有名な酒豪であると共に又非常な煙豪である。「ヤア、マア風呂へでも這入り給へ」と初対面の人でも何でも平気で一緒に風呂へ這入りパクリパクリと五六本平げる。寝床便所で喫ふのを合算すると葉巻で一日廿本位敷島なら十五六箱だらうと云ふ評判で時々「静岡降りに付着駅致し候はゞ御起し願上候車掌殿」などと云ふ札を貼り付けて汽車中でグウグウ高鼾なぞの奇芸もやる」との解説がある。江木は漢詩にも才をあらわして冷灰の号を持ち、三五年からは檀楽会なる漢詩会を主催している。

《伝記》

＊江木冷灰先生追憶譚・末繁弥次郎編刊　大正一四

＊冷灰全集　四巻四冊・同全集刊行会編刊　昭和二〜三

図二　『名流漫画』明治45年

江藤新平《えとうしんぺい》（一八三四〜七四）

政治家

天保五年二月、佐賀に生まれる。枝吉神陽の攘夷論に傾倒して弘道館を退学して、攘夷、開国を唱え、文久二年には脱藩を決行するが帰藩を命ぜられて蟄居の身となる。慶応三年に許されて郡目付となり、四年に軍監として征東、江戸遷都を建議している。江戸鎮台民政兼会計営繕判事などを歴任、太政官札発行反対を主張した。明治二年、藩にもどって藩政改革を行ない、再び中央に出て制度局取調掛として官制改革に尽力した。四年に文部大輔、左院副議長などを歴任して翌年に司法卿となり、司法制度の確立に大きく貢献している。六年には参議となり征韓論を主張するが容れられず下野して民撰議院設立運動を展開する。その後、佐賀に帰り征韓を主張する者たちと佐賀の乱を起こした。**図一**は江藤とその参謀として佐賀の乱での中心的役割を果たした島義勇らである。**図二**は江藤の指揮する反乱軍が政府軍と戦っているところである。このような抵抗

図一 『絵本明治太平記』明治19年

図二 『明治太平記　七編巻之一』明治８年

図三 『明治太平記　七編巻之一』明治８年

図四 『明治太平記　七編巻之二』明治８年

を試みたものの、戦力の優劣は覆いがたく、江藤たちは劣勢に追い込まれていく。図三は政府軍の攻撃にあって佐賀城から密かに逃亡する反乱軍の兵士たちである。かくて、江藤の反乱は政府軍に鎮圧され、江藤は鹿児島に逃れて西郷隆盛と会談、さらに高知では林有造らと策を練るが功を奏さなかった。図四は何人かの同志とともに伊予の山中を逃亡する江藤である。しかし、逮捕されて佐賀城内で島らとともに斬罪梟首に処せられた。皮肉なことに江藤は自らが確立した司法制度によって裁かれたのである。梟首となった江藤と島の姿は写真に撮られて販売され物議を生じ、ついに販売禁止の処置がとられることとなる。七年五月二八日の『新聞雑誌』は府庁布達として「故江藤新平、島義勇梟首ノ写真販売候者有之候趣、右不相成差止候間、現今所持品ハ勿論、売先ヨリ取戻シ可差出候事。右ノ趣写真師並右受売渡世ノ者へ市世区々無洩可相達候事」と報じている。江藤の反乱は鎮定されたものの、その後も各地で反乱が起こり、やがて西南戦争が勃発することとなる。江藤は二二年に大赦され、名誉を回復している。

《伝記》

＊江藤新平・鹿島桜巷　実業之日本社　明治四四
＊江藤南白　二巻二冊・的野半介編　南白顕彰会　大正三
＊江藤新平の就縛　寺田梵哉　高知新聞社　昭和一一
＊江藤新平・杉谷昭　人物叢書　吉川弘文館　昭和三七
＊江藤新平伝・園田日吉　大光堂　昭和四三

榎《えの》本《もと》武《たけ》揚《あき》（一八三六〜一九〇八）

政治家

天保七年八月、江戸に生まれる。昌平坂学問所やジョン万次郎の塾で学んだ後、長崎海軍伝習所で勝海舟などから航海学、艦船操縦、蒸気機関学などの指導を受け、安政五年に海軍操練所教授となる。文久二年、幕府の最初の留学生としてオランダに渡り、航海術、造船術などを学び幕府発注の軍艦開陽丸の完成にともなって廻送して帰国するが、政局は厳しさを増し、やがて徳川慶喜の江戸帰還に従って江戸に戻る。官軍による軍艦引き渡し要求を拒んで同士とともに箱館において独立政府づくりを目指すが敗れて獄中の身となる。

明治五年、赦されて官途に就き、開拓使四等出仕となり北海道の調査と開墾に力を尽くし、七年には特命全権公使としてロシアに赴き、国境確定という極めて重要な問題に取り組み、翌年に樺太・千島交換条約の調印にこぎつける。図一はこの樺太・千島交換条約を描いたもので、日露の代表が樺太と千島を交換しているところである。この絵でC・ワーグマンは日本人を出っ歯とメガネで象徴して描いているが、燕尾服にシルクハットという西洋風の日本側代表は榎本を想定しているといえ

図一　『ジャパン・パンチ』明治8年8月号

よう。榎本は交換条約の調印を終えたのちにシベリアを馬車で踏破して一一年に帰国している。

帰国後、一二年に条約改正取調御用掛となる。以後、外務大輔などを経て一三年に海軍卿となり、一四年まで務めて退任するが、図二は榎本の海軍卿退任を描いたもので、軍服を脱ぎ捨て、海軍から足を洗っているところである。榎本は旧幕時代から海軍畑を歩いてきた重鎮であったが、この時点で海軍から離れて本格的に政治家として再スタートしようとしている様子が窺われる。

海軍卿退任直後、皇居造営御用掛となり、同副総裁を経て一五年に特命全権公使として清国に赴任、一八年の天津条約締結に大きな役割を果たす。帰国後、第一次伊藤博文内閣で逓信大臣に就任、二一年には文部大臣森有礼が暗殺されたために後任の文部大臣に就任している。その後、枢密院顧問官となり、二四年には大津事件で辞職した青木周蔵のあとをうけて外務大臣となり条約改正交渉にあたった。図三は榎本のお手並みを見守る首相の松方正義と枢密院議長伊藤博文である。榎本は二五年には条約改正案調査委員長となって条約改正に尽力したものの大きな進捗を見ることはできなかった。

その後、二七年に農商務大臣に就任しており、旧幕臣としては明治政府で異例の重用を受けた政治家だったが、それだけに福沢諭吉をはじめとして榎本の生き方を批判する者も少なくなかった。

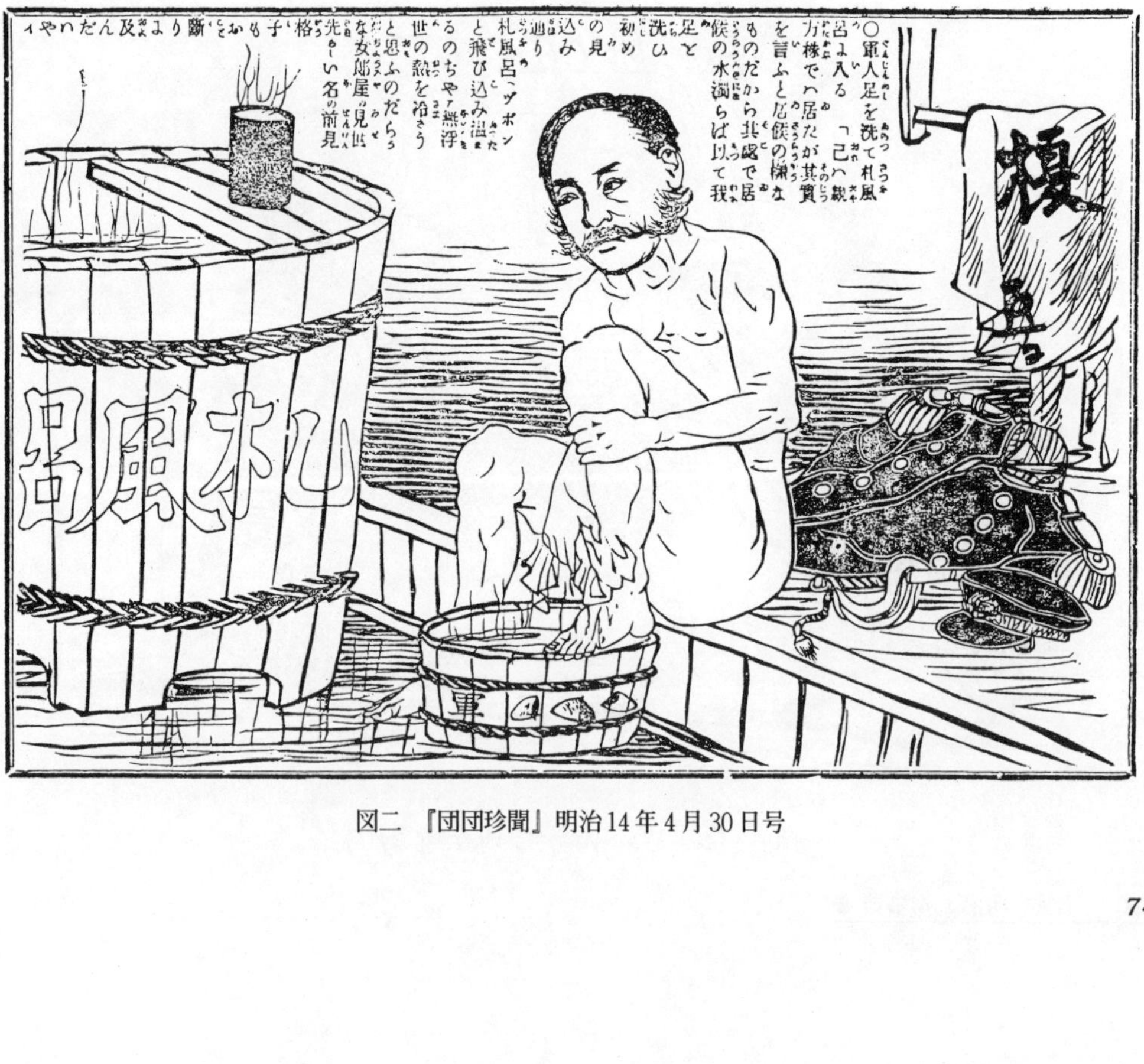

図二 『団団珍聞』明治14年4月30日号

《伝記》
＊勝海舟榎本武揚伝・田中惣五郎　日本海軍図書　昭和一九
＊榎本武揚　明治日本の隠れたる礎石・加茂儀一　中央公論社　昭和三五
＊榎本武揚―資料・加茂儀一編集・解説　新人物往来社　昭和四四

図三　『団団珍聞』明治24年10月31日号

江間俊一《えまとしかず》（一八六一～一九三三）

政治家、弁護士

文久元年五月、下野に生まれる。明治法律学校を卒業して弁護士となって活躍するとともに東京府会議員、東京市会議員にもなり、三五年には衆議院議員にも当選を果たしている。図一は衆議院議員候補当時の江間である。解説には星亨の疑獄事件に厳しい目を向けていたことなどが記されており、長い地方議員生活を経て、郷里から推されて代議士に出候補したことも述べられている。同年、江間は大岡育造らとともに政友会静岡支部に出かけた際に下車すると待ち構えていた静岡警察署員によって疑獄事件との関わりで拘引されている。しかし、その後も代議士として当選を重ねて活躍している。

図一　『二六新報』明治35年7月13日号

日露戦争後の三八年、行政整理問題から警視庁の廃止が浮上した。警視庁は毎年莫大な予算を使って藩閥政治擁護のために活動してきたという過去の経緯を取り上げて、その不必要を説く論調もあらわれ、やがて、東京市会で警視庁廃止意見書が採択され、東京府会でも廃止決議が行なわれるに至っている。そして、東京市会から衆議院に警視庁廃止請願が出されたが、これを受けて江間らが中心となって国会でも警視庁の廃止問題が取り沙汰され、やがて、江間が衆議院本会議に警視庁廃止案を提出するまでとなっている。

三九年二月二三日の『時事新報』は前日の衆議院における警視庁廃止案を「当日の呼び物たる警視庁廃止案」と紹介し、続いて江間の演説を掲載している。江間の演説は「本問題に就いては大勢既に定まれるに似たり、しかれどもなほその理由を論じて諸君を済度し、弥陀の浄土に導くの余地なきにあらず。警視庁の管下に属する東京市内の行政警察は如何、我々平民は夜間市内を歩行するはあたかも台湾に於る生蕃の巣窟を旅行するの感なきを得ず」「警視総監たるものは傲然として無責任の地位に立ちながら、藩閥の爪牙となりてその蛮力を振ふに任ずるは、極めて危険にして、いかにして平民は枕を高ふして眠るを得べきず」などと警視庁を厳しく糾弾している。

こんな強面の江間だが、江間式心身鍛練法を開発したことでも知られている。図二は気合を入れて催眠術をかけようとしている江間である。解説には「「オイ芸者！　俺が今催眠術を掛けてやるから俺の手を見て居れ…エイッ…エイッ…お前お母さんでもお父さんでも誰にでも会せてやるぞ…夫共何處か悪い處が有れば癒仕てやらう…オヤ何をクスクス笑うんだ何だ未だ掛ないのか」之れは江間氏宴席で最も得意の一芸」とある。江間の別な一面を見ることが出来て興味深い。

図二　『名流漫画』明治45年

大井《おおい》憲太郎《けんたろう》（一八四三〜一九二二）

政治家

天保一四年八月、豊前に生まれる。文久二年に長崎に出て蘭学を学び、その後、江戸の開成所で語学や舎密学を学んで、明治元年に箕作麟祥に就いてフランス学を修め、また、大学南校にも入って法律学を学ぶ。

四年に兵部省、六年に陸軍省に出仕、その翌年には民撰議院設立の建白書が提出されたのをきっかけに、その賛否に関する論争が巻き起こったが、大井はこの論戦に馬城台次郎のペンネームで参加して建白支持を展開、反対を唱える加藤弘之らとわたりあって注目された。その後、元老院少書記官を経て官を辞して『曙新聞』の記者となり、一四年には代言人として活動するとともに自由党に入党して民権家として活躍することとなる。また、高田事件や福島事件では代言人として法廷に立ち、被告の弁護にあたったが、一八年に朝鮮改革を企てて逮捕されて入獄する。

二二年、大赦出獄し大同団結運動に参加し、非政社派として板垣の支持を得ながら活動していった。図一はそんな大井の姿を描いたもので、自由党の再建を目指して活動を始めた様子を僧の托鉢にたとえている。「自由塔の再建」と書かれた幟を持って僧の一団が行脚しているが、髯を生やした真中の僧が大井で、この運動の中心人物であったことが見てとれる。その後、選挙権拡大などを目指して政治運動を展開していった。

いっぽう、弁護士としても活躍を続けているが、図二は相馬事件に関して収賄容疑で取調べをうけた星亨に対して弁護士会が糾弾書を提出したことを描いたもので、星（左側）と対戦しているのが大井であるが、その後方には何人もの人物が控えている。これは大井が弁護士会々長として代表して対局に臨んでいるもので、後方の人たちは弁護士会の面々である。二七年には衆議院議員となり一期つとめる。以後、小作問題や労働問題などに取り組み、南洋貿易や満州における労働者保護なども行なっている。

《伝記》

＊馬城大井憲太郎伝・平野義太郎　大井馬城伝編纂部　昭和一三

＊日本の思想家　第二・朝日ジャーナル編集部編　朝日新聞社　昭和三八

＊大井憲太郎・平野義太郎　人物叢書　吉川弘文館　昭和四〇

図一　『団団珍聞』明治22年11月16日号

図二　『団団珍聞』明治26年8月26日号

大石《おおいし》正己《まさき》（一八五五〜一九三五）

自由民権家、政治家

安政二年四月、高知に生まれる。立志学舎に学んで立志社に入り板垣退助のもとで民権運動を行ない、明治一四年には馬場辰猪、末広重恭らとともに国友会をつくり、同年、自由党設立に加わって党幹事となるものの、板垣の洋行に反対して一五年に馬場らとともに自由党を離れた。一八年には爆発物取締規則違反の容疑で馬場とともに逮捕されたものの証拠不十分で翌年釈放される。釈放後、馬場とともに洋行を果たして二〇年に単独で帰国し、後藤象二郎の大同団結運動に参加して活躍したものの二一年に主筆をつとめる『政論』の新聞紙条例違反によって一年六ヶ月の禁錮となる。

二二年、大赦によって自由の身となりイギリスに渡る。帰国後、二五年に朝鮮駐剳弁理大使となって防穀令解除を求めて韓国に迫り、要求を実現させる。図一は防穀令解除という成果を土産に帰国した大石を描いたもので、「石の据え處」という題名からもわかるように、帰国後にどのような地位に据えたらよいのか一同が大石を前に困っているところである。

その後、大石は二九年の進歩党創設とともにこれに加わり、

図一 『団団珍聞』明治26年6月24日号

松方正義と大隈重信の調整役として重きをなして三〇年には第二次松方内閣の農商務次官に就任、三一年には第一次大隈内閣の農商務大臣として入閣を果たしている。同年の総選挙で衆議院議員となり、憲政党分裂後は憲政本党に所属して活動した。図二はこのころに描かれたの大石の醜聞で、いろいろな噂で大石地蔵の顔は汚れている。このようなことがあったものの憲政本党では改革派の中心となり、非改革派の犬養毅と対立して激しい論争を展開した。四二年に犬養と和睦して翌年には立憲国民党を創設、犬養、河野広中らとともに幹部として活躍した。大正二年に党を脱して立憲同士会に入り総務として力をふるったが四年に政界を引退して禅の道に入っていった。

《伝記》

＊大石正己論・三宅雪嶺等　中央公論　明治四一

＊大石正己・黒頭巾　中央公論　明治四一

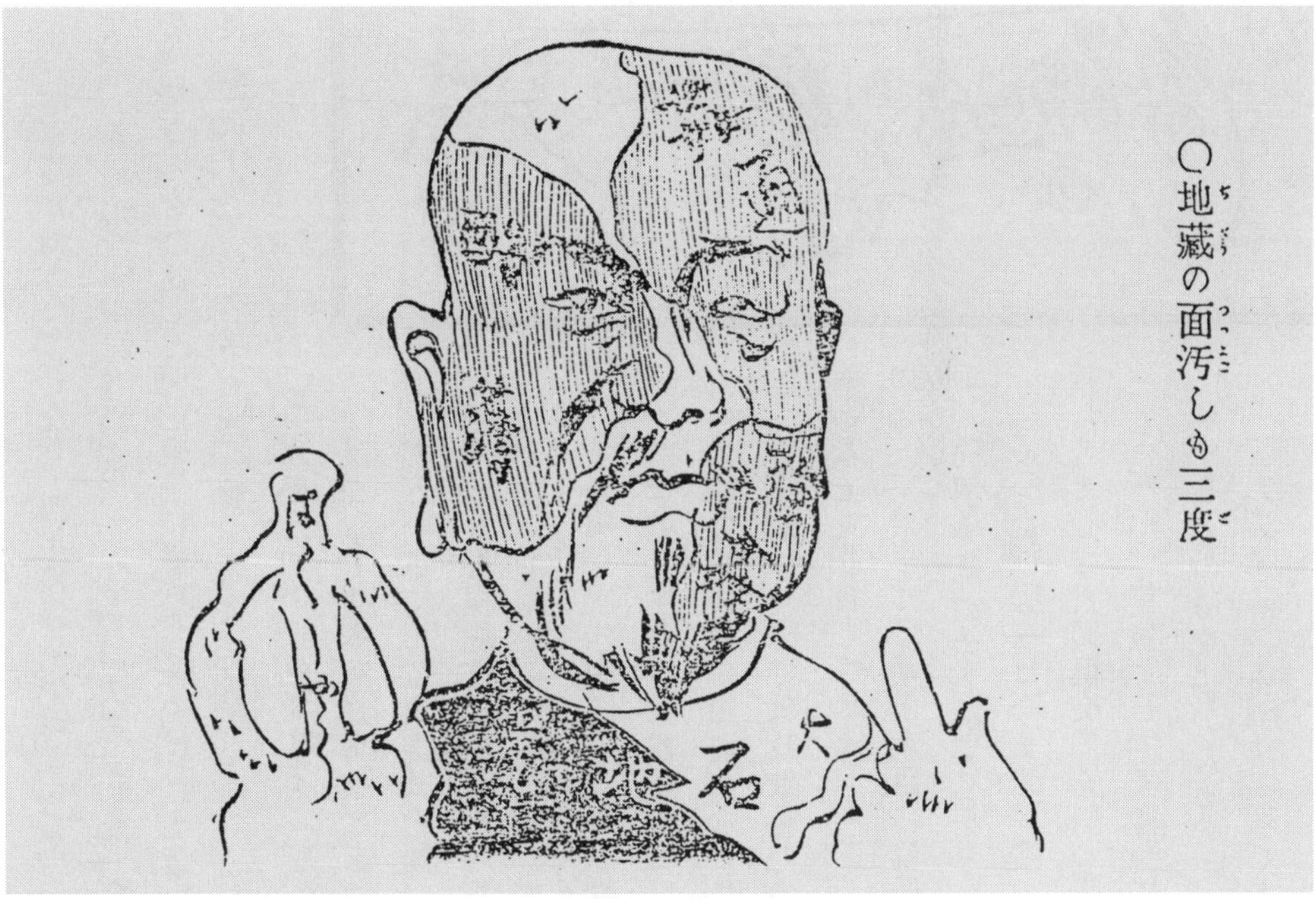

図二　『団団珍聞』明治32年6月3日号

大《おお》浦《うら》兼《かね》武《たけ》（一八五〇～一九一八）

官僚、政治家

図一 『団団珍聞』明治40年4月6日号

嘉永三年五月、薩摩に生まれる。戊辰戦争に従軍して明治二年に薩摩藩常備隊小頭となり、四年に邏卒小頭として出仕して警察官僚の道を歩みはじめる。その後、司法省少警部、警視庁警部補などを歴任して西南戦争に従軍して活躍し、大阪府警部長、警視庁第三局次長、内務省警保局次長などを経て二六年に島根県知事に就任する。以後、山口県知事、熊本県知事などをつとめて三一年に第二次山県内閣が成立すると警視総監に任命される。三三年には貴族院議員となり、三四年の第一次桂内閣では再び警視総監に就任する。警視総監としての大浦は娼妓の自由廃業などに尽力するが、一方では政敵勢力の偵察などを指揮している。

三六年には逓信大臣に就任し大同倶楽部の中心的存在となっていった。**図一**は今までは陰の実力者として大同倶楽部を引っ張っていたが、首領として表舞台に登場するとの噂を描いたものである。「妙な人形遣」とあり、「陰で人形を使って居た奴が今度は現れた」と書かれており、観客は大浦の出現にびっくりしている。こんな状況を四〇年四月五日の『東京朝日新聞』は「近時大同倶楽部は其結束をかたくして大に活動を為すの必要を感じ、一定の首領を置かん事を希望し、既に昨秋此事に就きしばしば桂伯を始め他の領袖連に訴へたる事もあり、実際大浦氏には自ら同倶楽部の陣頭に立って之を指揮するの希望なきにもあらざれど、桂伯が同倶楽部を政党組織となすを不可として許さゞる為め遂に其儘となり」と書いている。四一年に農商務大臣となり、四三年には日英博覧会総裁もつとめている。**図二**は「大浦農相の再豹変」と題された諷刺画で、日英博覧会総裁として海外に渡航して彼地の影響をうけて新聞記者に自説を説いたが、これが問題となり、今度は門を閉ざして新聞記者をブルドッグのように恐れているといった有様を描いている。その後、内務大臣、農商務大臣などを歴任して大正四年に内務大臣に就任して選挙取締りにあたったが、野党から選挙干渉で弾劾決議案を突き付けられ、さらに贈収賄容疑で告発されて内務大臣を辞任し政界から引退している。

《伝記》

＊大浦兼武伝・香川悦次・松井広吉編　博文館　大正一〇
＊大浦兼武論・三宅雪嶺等　中央公論　明治四二

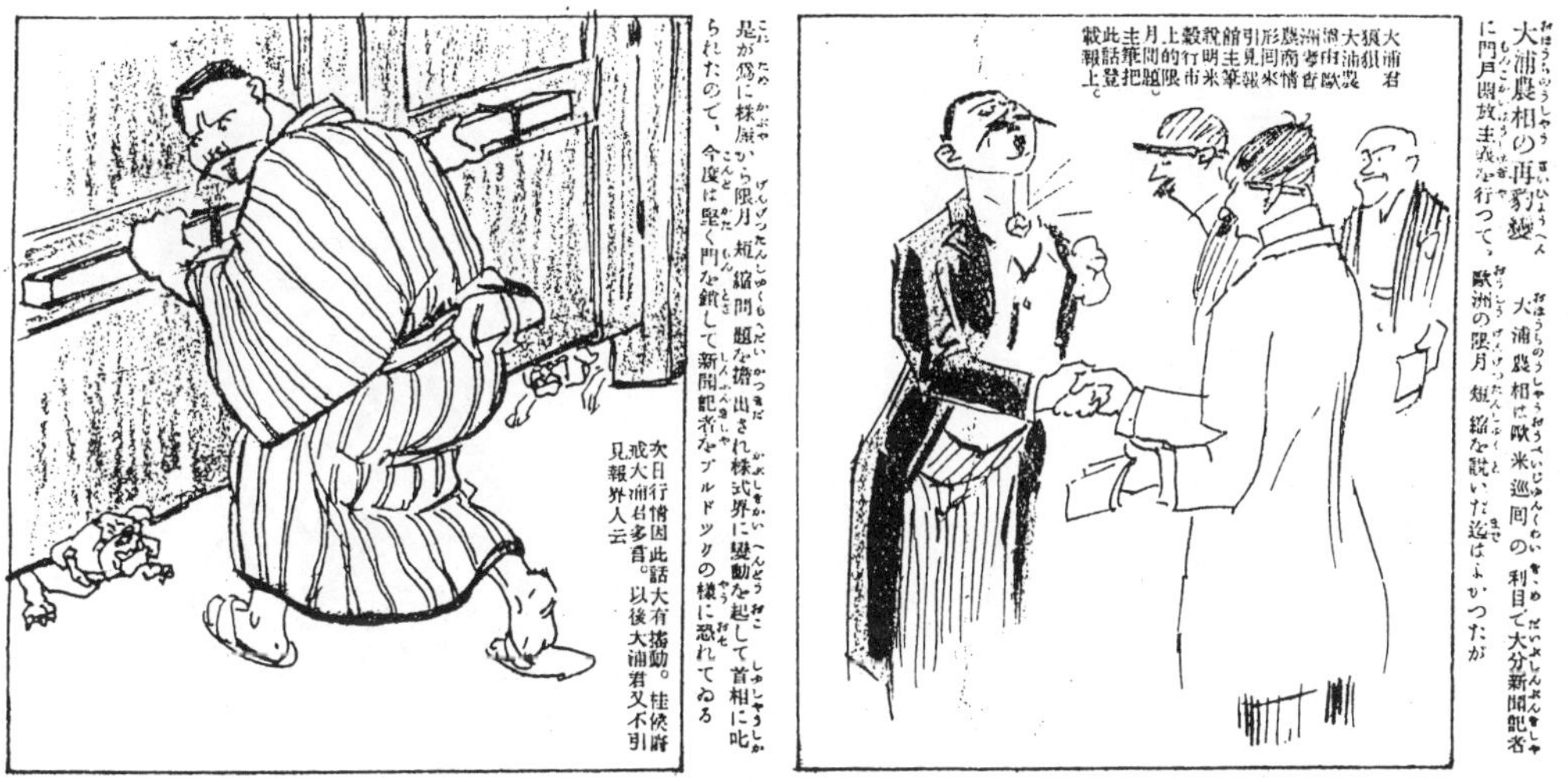

図二　『東京パック』明治43年9月20日号

大江《おおえ》卓《たく》（一八四七〜一九二一）

政治家

弘化四年九月、土佐に生まれる。長崎に出て砲術を学び、慶応三年には陸援隊に入って侍従鷲尾隆聚らとともに討幕挙兵を行なう。維新後、兵庫県判事試補として新政府に出仕、その後、民部省、工部省を経て神奈川県参事となり、明治五年には神奈川県権令となるが、同年、ペルー船マリア・ルス号の中国人苦力の解放、中国への引き渡しを行ない国際的評価を受けている。七年に大蔵省五等出仕となり、記録権頭をつとめるが官を辞して後藤象二郎の次女と結婚して後藤の所有する高島炭坑の経営に参加する。西南戦争時に陸奥宗光らとともに政府転覆を企てて立志社挙兵計画の武器購入で一一年に入獄することとなる。一七年に出獄した後に後藤の大同団結運動に参加して、二三年の第一回総選挙において当選を果たす。図一は代議士となった大江の経歴紹介に添えられた肖像である。この経歴を紹介した二三年七月五日の『国民新聞』は「氏性沈着にして事務を綜理するの才に長ず、氏が神奈川県令たる時の功績は白露売奴事件に就て斡旋する所あり遂に廟議をして遊女売買の悪法を杜絶せしめしが如きは尤も著明なるものと云ふ可し」と、その活躍を高く評価している。同年、全国廃娼同盟会が東京で開催されている。

図一 『国民新聞』明治23年7月5日号

二三年五月二〇日の『朝野新聞』は「各地廃娼会の代人及其賛成者は来廿四日飯田町三丁目の明示女学校に集合し、各地廃娼会の運動上に関する打合せ等を為す筈にて、岐阜、仙台、神戸、大阪等の代人は既に上京せり、又二十六、七の両夜は木挽町厚生館に於て廃娼大演説を催し、大江卓、三宅雄二郎、植木枝盛、根本正、島田三郎、宮川経輝、平岩恒保等諸氏の演説ある由」と報じており、大江が廃娼運動に積極的に関わっていたことがわかる。

図二も国会議員時代に掲載されたものだが、ここではマリア・ルス号事件を評価している。二五年の総選挙で落選して実業界に転じ、東京株式取引所頭取、東京商業会議所副頭取など

を歴任するとともに朝鮮の京釜鉄道会社の創設に尽力している。図三はこのような実業界での大江の活躍を描いたもので鬼に命令してあちこちの山を自分のものとしようとしているところである。後方に見える山は蕪の形をしており、株式をあらわしている。

大正二年には帝国公道会を設立して被差別部落解放運動を指導している。

図二　『国会議員百首』明治24年

図三　『団団珍聞』明治33年1月1日号

《伝記》

＊鉄檻詩存・大江卓　上村才六　明治二六

＊大江卓君高野山挙兵実歴談・史談会速記録　二一五　明治四四

＊大江卓君維新前後国事鞅掌談・史談会速記録　二二七　明治四五

＊大江天也師今昔譚・日本及日本人　八〇八～八一九　大正一〇

＊大江天也伝記・雑賀博愛　大江太　大正一五

大《おお》岡《おか》育《いく》造《ぞう》（一八五六～一九二八）

政治家

安政三年六月、長門に生まれる。長崎医学校で学んだのち、東京に出て講法学館、司法省法学校で法律を学んで代言人となり、『東京輿論新誌』を主宰し、明治一三年には『江戸新聞』を買収して社長に就任した。『江戸新聞』は一四年に『中央新聞』となり、国民協会の機関紙として運営していった。一八年に東京府会議員となったが、一九年一月二七日の『東京日日新聞』は「去る廿三日演説中止を申付けられたる大岡育造氏は、昨日其筋より自今東京府下に於て政談に関する演説を禁止する旨申渡されたり」と記しており、大岡が積極的に時局について厳しい演説をしていたことがわかる。かくて、二三年に国会開設に伴う第一回衆議院議員選挙に立候補して当選を果たしている。

図一 『国民新聞』
明治23年7月6日号

図一は二三年七月六日の『国民新聞』に掲載された代議士大岡の略伝に添えられた肖像である。この略伝は大岡について、「試みに代言仲間中誰が尤も刑事弁護に長ずると、問はゞ何人も先ず指を大岡育造氏に屈するならん、然り大岡氏は実に弁護に名を得たり、桜間要三郎の正当防衛事件に於て花井お梅の殺人事件に於て人の知る處となれり、是れ必しも氏が学術の他に超然たる為めに非ず其法廷に於て弁論するや一語一涙極めて真摯らしき言語を用い為に法官を泣かしめ為めに傍聴人を泣かしむるに至ては氏が独得の長處なればなり」と、その卓越した弁護ぶりを絶賛している。

図二は新しく旗揚げした国民協会を描いたもので、「国民協会」なる大きな車を引き出しているところである。車を引いている中に曾禰荒助、古庄嘉門などが見えるが、車輪に手をかけて真中で動かしているのが大岡である。しかし、車輪は丸くなく、なかなか動かないようである。このようにして大岡は国民協会に加わったが三一年には帝国党の結成に参画、翌年には立憲政友会創設にも参加している。四四年、衆議院議長に就任、大正三年には第一次山本権兵衛内閣の文部大臣となっている。六年には再度、衆議院議長に就任している。ところで、図三は野村文夫の創刊した『団団珍聞』が大岡の経営に移ろうとしているところである。大岡は二〇年に『団団珍聞』の経営に乗り出し、明治期を代表する時局諷刺雑誌を手中におさめたのである。

図二 『団団珍聞』明治25年7月9日号

図三 『団団珍聞』明治30年4月10日号

《伝記》

＊政治は人格なり・前田蓮山　新作社　大正一三

＊下院議長の競争者杉田定一と大岡育造・大隈重信等　中央公論　明治四四

大木《おおき》喬任《たかとう》（一八三二〜九九）

政治家

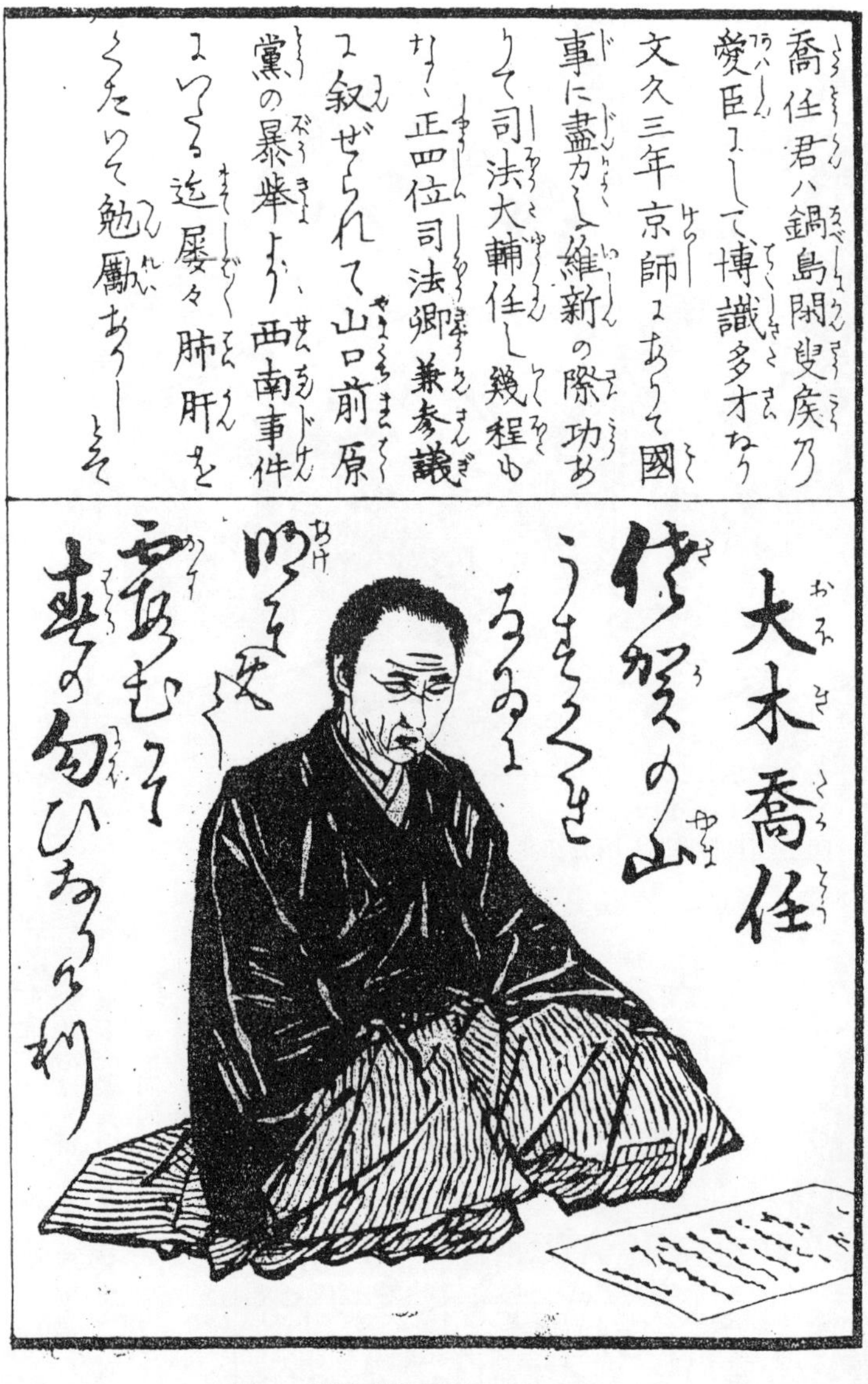

喬任君ハ鍋島閑叟侯乃愛臣ニして博識多才なり文久三年京師ニありて國事に盡力し維新の際功ありて司法大輔任し幾程もなく正四位司法卿兼参議ニ叙ぜられて山口前原黨の暴挙より西南事件まつゐる迄屢々肺肝をくだいて勉勵ありしとぞ
大木喬任

図一　『現今英名百首』明治14年

天保三年三月、佐賀に生まれる。嘉永三年、枝吉神陽の義祭同盟に副島種臣らと参加して尊王論を唱えて藩政改革にあたった。新政府に徴士として出仕し、参与兼職外国事務局判事、京都判事などを歴任して東京遷都の建言を行なうなどしている。

明治元年、東京府知事となり、三年には民部卿に就任、四年に文部卿となって翌年には学制頒布に尽力して教育制度確立に貢献した。六年に参議、司法卿となり九年の萩の乱、神風連の乱、秋月の乱では平定後に現地に赴き裁判を行なっている。一三年に元老院議長となっているが、図一はその翌年に出された『現今英名百首』に載った大木である。このときまでの大木の業績が記されているが、「山口前原党の暴挙より西南事件にいたる迄屢々肺肝をくだいて勉励ありしとぞ」と反乱後の処分に大きな役割を果たしたことを窺わせている。民法編纂総裁にも就任して法典編纂に力を尽くした。その後、枢密顧問官、枢密院議長、文部大臣などを歴任して佐賀閥の代表的人物として重きをなした。図二は二五年に文部大臣に就任した当時の大木である。また、図三は文部大臣として議会の閣僚席にいる大木である（左後方右端）が、この図のコメントとして「泰然として其顔円く豊か」と大木を評しており、その性格の一端を知ることができる。

大木の没後の四〇年に開催された全国教育家大集会のなかで、教育の発展に貢献した大木、森有礼、近藤真琴、中村正直、福沢諭吉、新島襄の六人の追頌式が挙行されている。この集会の会長を勤めた辻新次は頌辞のなかで大木について「大木伯の温厚沈毅にして卓識を具し、明治四年始て文部省を設置せらる丶や、伯之が長官となり、新に学制を発布して曰、自今以後一般の人民必ず邑に不学の戸無く、家に不学の人無からんことを期すと、因て全国を分ちて大学区と為し、二百萬円を支出して、文部省の用度に充て、更に七十萬円を出して小学教育国庫補助費と為す、其英断にして且企画の大なること此の如し」と草創期の教育に果たした大木の業績を讃えている。このことからも、大木の文部行政の卓越した手腕を見ることができるのである。

図二　『国民新聞』明治24年6月2日号

《伝記》

＊故伯爵大木喬任君に就て・沢柳政太郎　帝国六大教育家　博文館　明治四〇

＊類聚伝記大日本史　一一・雄山閣　昭和一一

＊郷土史に輝く人びと［第四集］・佐賀県青少年育成県民会議　昭和四六

＊郷土史に輝く人びと・郷土史に輝く人びと企画・編集委員会　佐賀県青少年育成県民会議　昭和四八〈全五集を合冊刊行したもの〉

図三　『国民新聞』明治24年12月2日号

大《おお》久《く》保《ぼ》一《いち》翁《おう》（一八一八〜一八八八）

政治家

文化一四年一一月、江戸に生まれる。幕府で小納戸、目付役、軍制改正用掛、蕃書調所頭取、京都町奉行、外国奉行、勘定奉行などの要職を歴任して江戸開城に尽力して徳川家達とともに静岡に移り明治二年に静岡藩権大参事となり、五年には文部省出仕を経て東京府知事に就任して東京会議所の民会組織への改革などをおこなったが実現しなかった。

八年に教部少輔、一〇年に元老院議官に就任しているが基本的には藩閥主流の政治からは離れたところに身を置いており、東京府知事辞任後は政治の表舞台で活躍することはなくなっている。図一は大久保の姿を描いたものであるが、その風貌からは藩閥とは無縁の存在で、自らの信念に基づいて政治に関わっていった

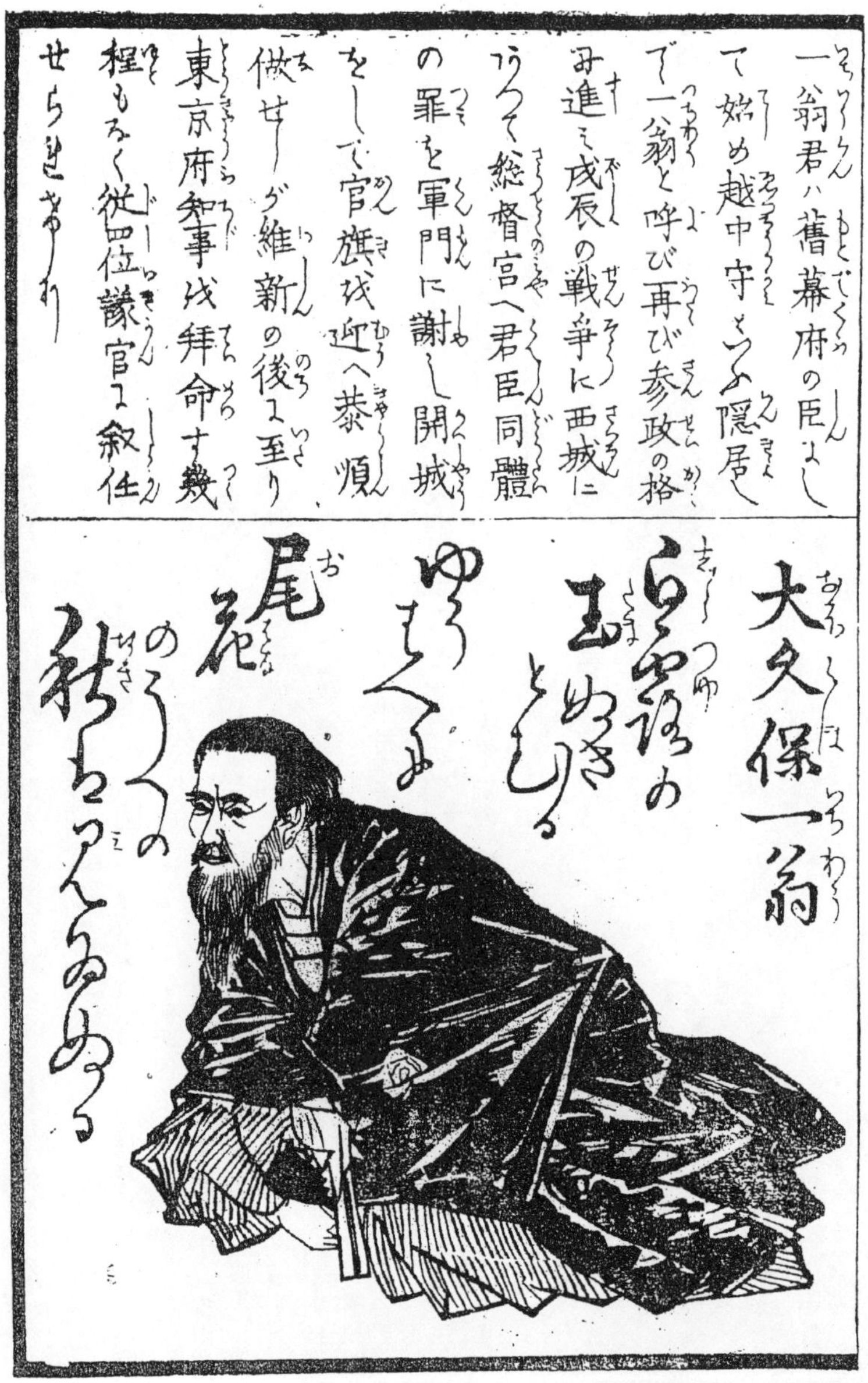

図一 『現今英名百首』明治14年

旧幕臣らしさが出ているのではないだろうか。図二は二一年に大久保が死去した折の死亡記事に添えられたものであるが、この肖像も図一同様に大久保の性格がにじみ出ているようである。図二を掲載した二一年八月二日の『朝野新聞』は大久保の経歴をつぎのように記している。「子は文化十四年十一月の出生にして幕府六世に歴事せし徳川無二の遺老なり。幼より学を好み、槍術を能くす、十四歳にして始めて文恭公に仕へ、御小納戸となり又小姓となる。右近将監に任じて徒士頭となり祿千石を賜はる。又進んで駿府町奉行となり越中守に任ず、後故ありて職を辞し、再び出て禁裏附となり京都町奉行となり、西ノ丸留守居となる。安政年間幕府外国奉行を置き、子を以て之に充つ。後大目附を経て勘定奉行元方、講武所奉行となり、五千石を賜はる。又側御用取次となり、程なく職を辞して一翁と改名す。慶応三年徳川慶喜京都に在て子を召す。然れども職に附ずして直に帰る、翌四年二月八日若年寄格会計総裁となる。此年王政維新明治と改元す。八月九日家達公に従ひ静岡に赴き、尚中老にて会計主任を兼ね、年俸八百円を賜はれりといふ」。この経歴からも大久保は幕府の政治家として活躍し、新政府への橋渡しを行なった維新期の人物だったということができよう。

図二 『朝野新聞』明治21年8月2日号

《伝記》

＊桜園集・勝安房編 明治二五
＊大久保一翁子逝けり・田口卯吉 鼎軒田口卯吉全集 八 同刊行会 昭和四
＊大久保一翁氏・国民之友 明治二一
＊大久保一翁伝・旧幕府 明治三〇
＊幕末閣僚伝・徳永真一郎 毎日新聞社 昭和五七
＊幕末閣僚伝・徳永真一郎 ＰＨＰ研究所 平成元

大久保利通《おおくぼとしみち》（一八三〇〜七八）

政治家

天保元年八月、鹿児島に生まれる。安政四年、藩の徒目付となり、六年には尊王攘夷を掲げる精忠組を結成した。文久元年、小納戸役となって藩政に直接関わるようになり、その後、復権した西郷隆盛とともに藩論を動かす実力者として倒幕に大きな力を発揮していった。

維新後、参議や大蔵卿として新政府の中枢で版籍奉還、廃藩置県など数々の重要政策を実行に移すとともに、官僚組織の確

図一 『国民新聞』明治25年11月26日号

図二 『イラストレイテッド・ロンドンニューズ』明治11年8月3日号

立に尽力して権力を掌握、最高実力者としての地位を固めた。岩倉使節団には副使として欧米各国を視察し、六年に帰国後は西郷や板垣退助らの征韓論を押さえ込んだ。これによって西郷、板垣らは下野した。同年、新設された内務省のトップである内務卿に就任して内政の権限を一手に握った。七年には佐賀の乱鎮圧の指揮をとり、さらに台湾に漂流した琉球漁民が殺害された問題で台湾出兵を決断し、その事後処理として全権弁理大使として清国に赴き、琉球が日本に帰属することを認めさせる外交的手腕も発揮している。この成果は国内にまだまだ不安定要因を抱える明治政府にとって願ってもない外交による勝利で、大久保はその立役者として大歓迎のなかで帰国している。

図一は交渉の成果を携えて帰国した大久保を描いたもので、「国民喝采の中に清国より帰朝す」とのキャプションが当時の国論を如実にあらわしているといえよう。一〇年に勃発した西南戦争では大阪において最高責任者として政府軍の指揮をとり、その平定後の一一年三月には郡区町村編成法、府県会規則、地方規則を建議して地方自治整備をはかったが、その直後の五月、馬車で宮中に参内する途中、麹町清水谷において大久保の独裁に不満を持つ石川県士族島田一郎らによって暗殺された。**図二**は大久保の葬儀の様子である。『イラストレイテッド・ロンドンニューズ』といった外国のメディアにもとりあげられるほど大久保の死は大きな出来事だった。

図三は大久保暗殺直後に描かれたもので、巨象（大久保）が

図三　『団団珍聞』明治11年5月25日号

さあのうあり
「ぐわん〱ぶ
う〱びい〱
〱へン是《これ》ぢ
や金《かね》ぐろをさ
れるやうざと
いふざらう
「たゞので
んゝんの絲《いと》
ぢやァあまづ
が寝《ね》がへりをす
ると切《きれ》るけれど此糸《このいと》まつ
らまつて居《ゐ》りやァ大丈夫《だいぜうぶ》
ざわんあま猿《さる》が高《たか》く上《のぼ》つさゆ
く皆《みん》あも來《き》て早《はや》く此糸《このいと》えぶらまん
ねい富士《ふじ》の山《やま》やかすみよりも上《うへ》えゆ
くらう
「うけ風《かぜ》だもんざからざん〱にの〱て雲《くも》の
上《うへ》より高《たか》くあつて來てさあの樣子《やうす》ぢやァどあ
まで上《のぼ》るか知《し》れねいやァほんに位階《いかい》昇《のぼ》りと
は善《よ》く言《いつ》たものざ

図四 『団団珍聞』明治11年1月26日号

図五 『団団珍聞』明治12年6月21日号

死んで、てんやわんやの大騒ぎとなっている様子であるが、この諷刺画からも大久保の存在の大きさが見てとれる。巨象の左側に立つのは大久保の死によって自らの権力強化を狙う伊藤博文、その右側の犀は西南戦争に敗れて大久保より先に黄泉国に旅立っていった政界の実力者だった西郷隆盛である。大久保がいかに権力を握っていた政界の実力者だったかは**図四**からも読み取れる。この図では罷免を恐れる官員たちが大凧の糸にしがみついているところである。熊の描かれた凧は大隈重信で、大鯰はかなりの高官なのだろうが、そのずっと上に大久保凧が翻り、官員たちは我も我もと大久保を頼りとしている。**図五**は琉球を沖縄県としたことに抗議してきた清国に対して死んだ大久保が指揮をとり強行策をとろうとしているところである。この図からも琉球の日本領土化に七年の大久保の対清交渉がいかに大きな影響を及ぼしているかが窺える。

《伝記》

＊大久保利通之一生・渡辺修二郎　大学館　明治三三
＊大久保利通伝　三巻三冊・勝田孫弥　同文館　明治四三〜四四
＊大久保利通・松原致遠編　新潮社　明治四五
＊大久保利通日記　二巻二冊・日本史籍協会　昭和二
＊大久保利通文書　十巻十冊・日本史籍協会　昭和二〜四
＊外政家としての大久保利通・清沢洌　国民学術協会叢書　中央公論社　昭和一七
＊近代政治家評伝・阿部真之助　文芸春秋新社　昭和二八
＊大久保利通関係文書　一・立教大学日本史研究室　吉川弘文館　昭和四〇

大《おお》隈《くま》重《しげ》信《のぶ》（一八三八～一九二二）

政治家

天保九年二月、佐賀に生まれる。藩校弘道館で朱子学や葉隠主義を学んだものの、これに反発して楠正成を祭り勤王主義を唱える義祭同盟に加わって校風改革を首謀して放校となり、蘭学寮に移って蘭学を修める。その後、下関における外国船砲撃事件などで長州援助を計画するなどし、また、長崎でフルベッ

図一 『ジャパン・パンチ』明治11年1月号

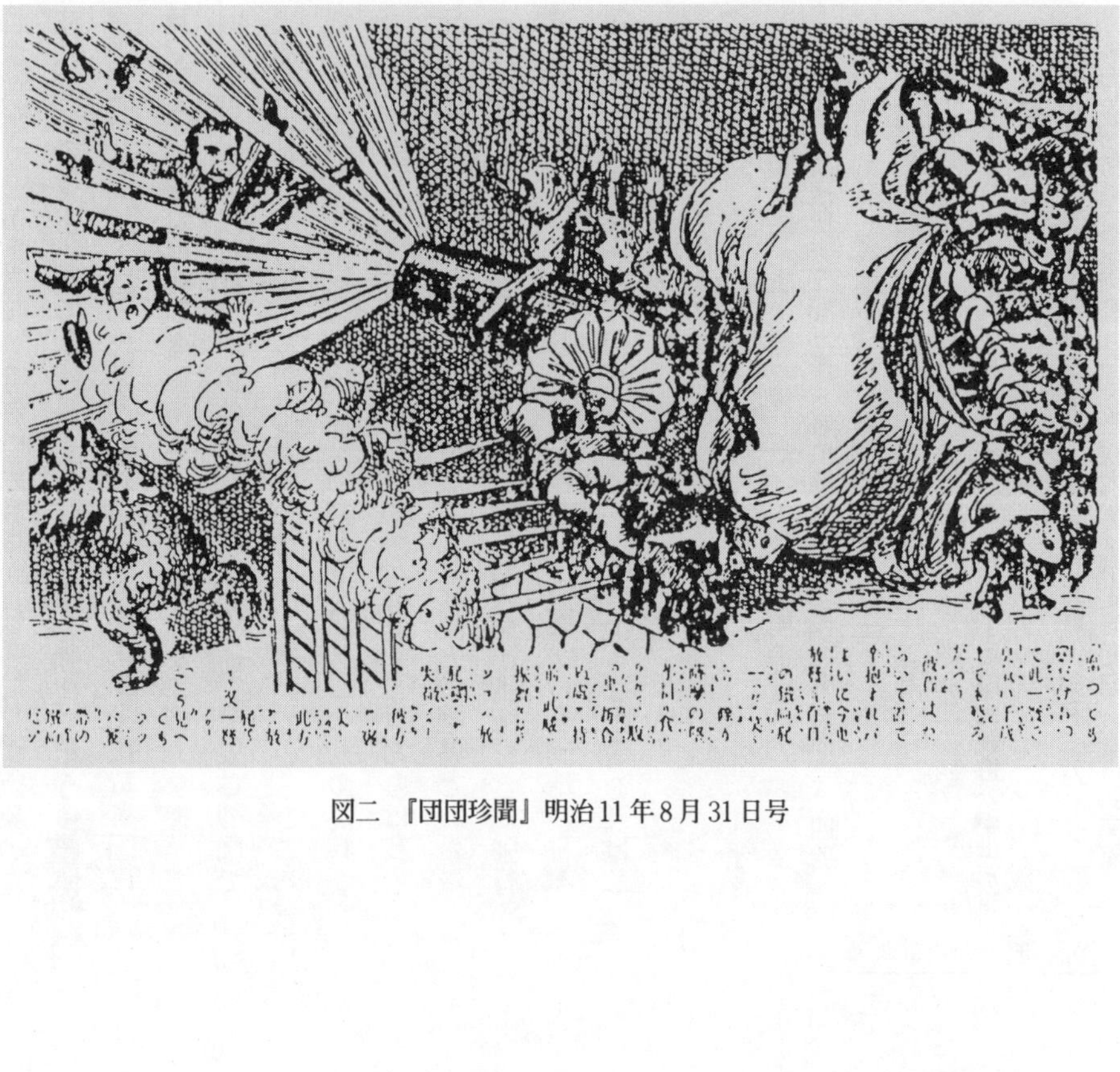

図二 『団団珍聞』明治11年8月31日号

図三 『団団珍聞』明治14年10月22日号

キから英語を学んで慶応元年には致遠館を長崎に開塾して英語を教えた。三年、副島種臣とともに政権返上を徳川慶喜に勧告しようと試みたが捕えられて佐賀に送還された。

新政府が樹立されると徴士参与職外国事務局判事として出仕、キリスト教徒処分問題についてイギリス公使パークスと渡り合って一躍実力を評価された。その後、外国官副知事、会計官副知事、大蔵大輔などを歴任して明治三年に参議となり、六年には大蔵省事務総裁に就任して財政破綻の回避にあたり、また、同年、征韓論に反対して論陣を張る。西南戦争では征討費総理事務局長官として政府の財政を管理し、以後、殖産興業、地租改正などを積極的に推し進めていった。**図一**は西南戦争で紙幣を濫発し、綱渡りの財政を行っている大隈を描いている。**図二**はこのような状況の中で兵隊の俸給削減によってひきおこされた竹橋騒動をあつかったもので、砲兵隊（放屁鯛）の大砲に逃げまどう大隈（クマの背に大の字）である。その後、大隈は一四年に国会の即時開設を主張するとともに開拓使官有物払下げ問題などで薩長勢力と対立して参議を辞任した。**図三**は蛸（黒田清隆）と戦う熊（大隈）である。熊は「なんぼ手が沢山揃って居る迚左ウ容易く投り出されて堪るものか」と力んでいるが、この言葉からも薩長勢力との戦いが浮かんでくる。

一五年に立憲改進党を組織し、同年、東京専門学校を創立して後進の教育にも力を注ぎ、二一年には伊藤内閣の外務大臣に就任、翌年には黒田内閣のもとで条約改正交渉にあたっていたが、外国人裁判官任用問題で激しい反発にあい、暗殺未遂事件が起こる。**図四**は外務省の前で大隈の乗った馬車に爆弾を投げつけようとしている玄洋社員来島恒喜である。この事件で大隈は片脚を失って辞職し、条約改正交渉は中断することとなる。

二九年、松方正義と提携して松隈内閣を組織して外務大臣となり、三一年には最初の政党内閣である隈板内閣を発足させた。**図五**は鯛（板垣退助）を手中にした熊（大隈）が飛び跳ねているところである。板垣との連携で首班となった大隈だったが、憲政党の分裂によりその年のうちに総辞職することとなる。しかし、その後も憲政本党総理として影響力を保持していった。**図六**はそんななかでの「早稲田の夢」と題された諷刺画で、大隈は桂太郎から政権を渡されることを夢みているところである。しかし、実際には西園寺公望が三九年に桂のあとをうけて組閣し、大隈は四〇年に高齢を理由に政界を引退して早稲田大学総長として活動していった。しかし、第一次護憲運動がおこると政界に復帰して大正三年には第二次大隈内閣を発足させて第一次世界大戦への参戦を決意した。五年に総辞職して完全に政界を引退した。

《伝記》

＊大隈侯小伝・中野礼四郎編　大隈重信侯誕生地記念会　大正一一

＊大隈侯八十五年史　三巻別一巻四冊・同編纂会編刊

＊大隈重信関係文書　六巻六冊・渡辺幾治郎編　日本史籍協会叢書　日本史籍協会　昭和七～一〇

図四　『明治奇聞』大正14年

＊人間大隈重信・五来欣造　早稲田大学出版部　昭和一三
＊大隈重信・渡辺幾治郎　大隈重信刊行会　昭和二七
＊近代政治家評伝・阿部真之助　文芸春秋新社　昭和二八
＊大隈重信・渡辺幾治郎　時事通信社　昭和三三（三代宰相列伝）
＊大隈重信・中村尚美　人物叢書　吉川弘文館　昭和三六

図五　『中央新聞』明治31年6月16日号

図六　『東京パック』明治38年9月15日号

大島《おおしま》義昌《よしまさ》（一八五〇～一九二六）　軍人

嘉永三年八月、萩に生まれる。藩校明倫館で学び、明治三年に大阪青年学校に入学し、翌年に卒業して陸軍大尉心得となる。西南戦争では大阪鎮台歩兵第八連隊大隊長として戦っている。

その後、中部監軍部参謀、仙台鎮台参謀長心得、東京鎮台参謀長などを歴任して二四年に歩兵第九旅団長に就任している。日清戦争では平壌の戦いなどで活躍している。二七年九月一九日の『東京日日新聞』号外は平壌を包囲攻撃した日本軍を報じて、「大島少将の報によれば、敵の大部分は平壌府内とその左右のみ、この隊は幕営し、その小部分は左岸船橋里、大同江には架橋をなしたりし。攻撃の結果によれば、敵の砲は二十門以内に過ぎず、しかれども土人の言によれば、敵はおおよそ四万人なりと云ふ」との陸軍省の発表とともに、「我が本隊は渡河のため少しく後れ、十五日の攻撃に於て敵の馬兵百余人を斃せり。しかれどもこの日攻撃の結果充分ならず、よって十六日払暁より再び攻撃を始めしが、大島旅団はその将校即死六名、負傷十二三名、下士以下死傷三百名以上に及びたると、弾薬の欠乏とにより、やむを得ず攻撃を中止せしも各面の戦況漸次有利の戦況を呈し午前八時つひに全く平壌を略取し、敵の大将左宝貴以下、死傷、生擒その他兵器、糧食、我が手に落ちしもの多数なり」との第一軍司令官山県有朋の報告を掲載しているが、ここでも大島旅団の名が登場してくるように、平壌攻撃の中心を担った。図一は平壌攻撃の様子を描いた図であるが、その中央に大島少将と書かれており、役割の重要さがわかる。

三一年には第三旅団長に就任して日露戦争を戦っている。日露戦争後に大将となり、関東都督に就任して満州の経営にあたった。図二は関東都督府民政長官の石塚英蔵が免職となり、中村是公が後任としてやって来たことを描いている。汽車に轢かれた石塚の前方には線路の中央に大島が立っており、「この勢ひではこのさきどんな人を轢くは蹴飛ばすか知れぬぞア、あぶないあぶない」とある。このような満州経営に関わるさまざまな困難を抱えながらも大島は四五年までの七年間にわたり都督として在任し、その後、軍事参事官に転じている。

《伝記》

＊近世名将言行録　二・同刊行会編　吉川弘文館　昭和一〇

＊類聚伝記大日本史　一四・雄山閣　昭和一一

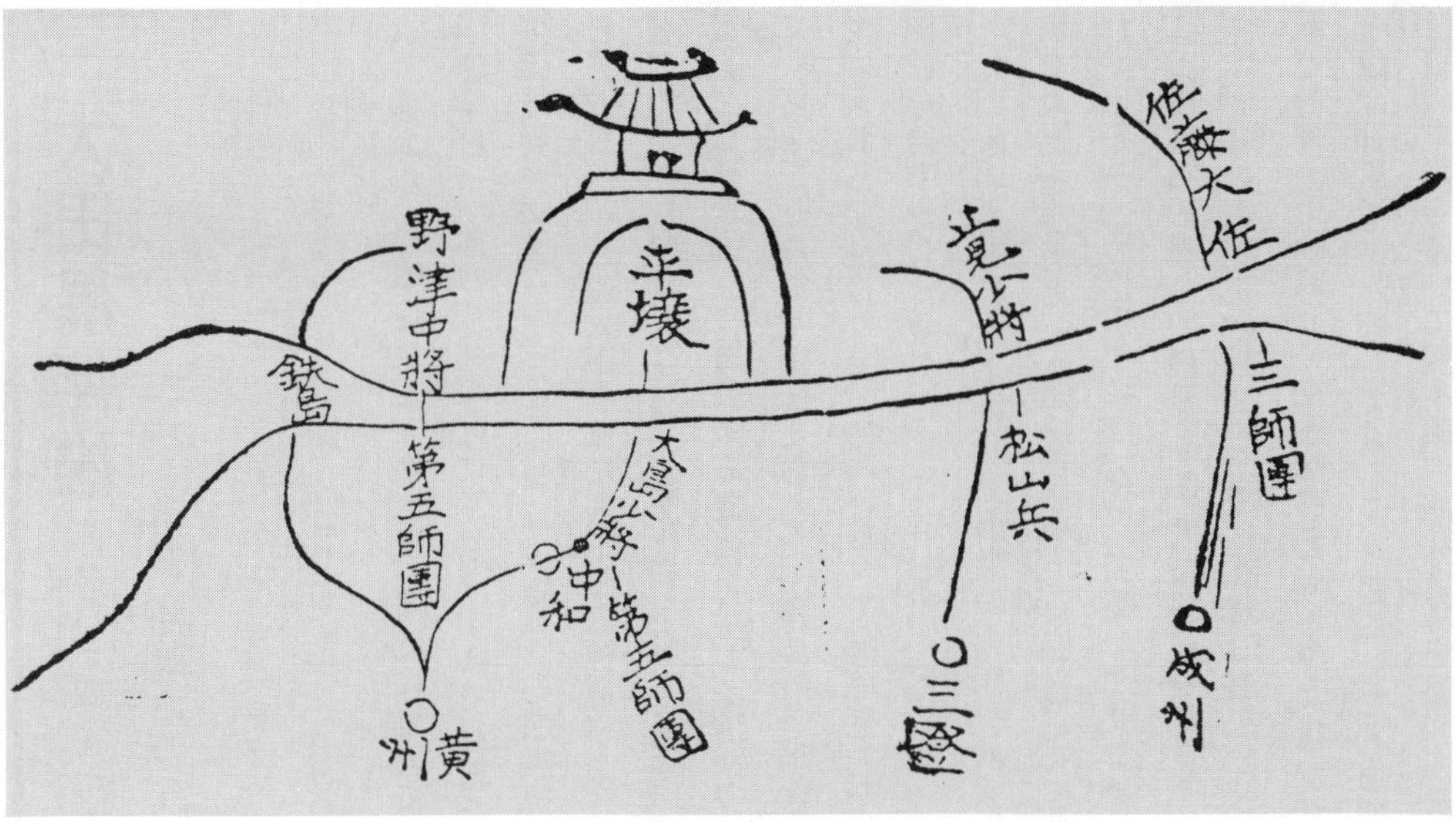

図一　『東京朝日新聞』明治27年9月20日号

図二　『団団珍聞』明治40年5月17日号

太田黒伴雄《おおたぐろともお》（一八三四〜七六）

神風連の乱の指導者

天保六年、熊本に生まれる。江戸藩邸に勤めて朱子学や陽明学を学び、帰藩して林桜園に国学を学んで神道を修める。尊王攘夷運動に奔走して元治元年に投獄され、釈放後に飽託郡内田村新開神宮祠官の太田黒家に入婿して神道家としての道を歩むが、新政府となり、師の林が徴命で上京する際に随行して三条実美、岩倉具視らと面会する機会を得て、病弱の林から太田黒に一切を任せることが伝えられたが新政府で神道家の太田黒を受け入れる余地はなく、郷里に帰って林の意志を継いで国学と神道を弟子たちに教えた。

太田黒のもとには下級武士出身の士族が多数集まり、太田黒を最高指導者として一党を組み、敬神党、神風連などと呼ばれていたが、明治九年に廃刀令、断髪令が立て続けに出されたことで彼らの怒りが爆発し、一時は決起を抑えていた太田黒も挙兵を決意することとなる。**図一**は太田黒とともに決起した神風連幹部の上野堅吾、加屋霽堅と太田黒が描かれている。前原一誠は神風連に呼応して萩の乱を起こした人物である。太田黒は自ら本隊を率いて熊本鎮台砲兵大隊を襲って兵舎を全焼させ

図一 『明治太平記　一三編巻之一』明治9年

図二 『明治太平記 一三編巻之二』明治９年

て占領した。図二は鎮台を襲うための太田黒の率いる兵たちである。「御神勅」「天照大神」といった幟が掲げられていることからも宗教的色彩の濃い反乱であったことが見てとれる。九年一一月九日の『東京日日新聞』は「去る廿四日の夜藤崎八幡宮の社前に集りしが、面々思ひ思ひの打扮にて立烏帽子に素袍を着し、廿四さしたる箙を負ひ重藤の握り太となる弓を脇ばさみたるものあり萌黄威しの大鎧に同じ色の陣羽織を着し、白布の向ふ鉢巻して冑は態と着ず、二間柄の素槍を掲げたるもありて余程可笑しき有様なりしと」と時代がかった神風連の決起を記している。このような兵力では到底近代的な政府軍に勝てるわけもなく、神風連はすぐさま反撃にあい、太田黒も胸に銃弾をうけて重傷を負い、後退中の法華坂において義弟の大野昇雄の介錯により自刃している。

《伝記》

＊近世名将言行録 一・同刊行会編 吉川弘文館 昭和九

＊明治叛臣伝・徳永真一郎 毎日新聞社 昭和五六

大竹貫一《おおたけかんいち》（一八六〇～一九四四）

政治家

安政七年三月、越後に生まれる。新潟英語学校に学び、明治一三年に中之島村会議員、一五年に南蒲原郡会議員、一九年に新潟県会議員となり、二七年に衆議院議員に当選する。対外硬の立場をとり、条約改正交渉で政府を批判した。図一はそんな大竹らをあつかったもので「進歩派の狂犬」と題されており、大竹も狂犬として描かれている。また、対露強硬姿勢を示して日露講和会議での政府の弱腰を攻撃した。日比谷焼打事件では指導者として兇徒聚衆罪に問われた。三八年一一月一三日の『東京朝日新聞』には「大竹貫一氏は一昨日拘引後、川島予判事の訊問を受け終って、又中川予審判事の訊問を受け、退廷したるは午後十時なりしが、同時に中川予審判事は喜多山書記を従へ東京監獄に出張して何事をか取調べたり」と逮捕されて取り調べられている様子を伝えている。図二は日比谷焼打事件の首謀者として逮捕された大竹（右）、河野広中（中）、小川平吉（左）を描いている。焼かれた日比谷の警察署などの建物の幽霊が「日比谷――ドロドロ、焼かれた恨みはらさいでなるものか」と恨み言を言いながら三人に襲いかかろうとしている。この諷刺画からも日露講和条約を批判した国民大会の三人の実力者に嫌疑がかかったことがわかるが、結局は三九年に嫌疑不充分で無罪の判決が出た。三九年四月二二日の『東京朝日新聞』は無罪の判決が出た法廷の様子を「裁判長が起って判決主文を読上げ、無罪と宣告したる時は、人夫等の中には余りの嬉しさに涙を流せしものあり、一般傍聴人も思はず感動して、さしも静粛なる法廷も一時ドヨミを造りし程なりき、斯くて一同退廷の後、弁護士控室にては各被告人諸氏を擁して歓声涌くが如く、各弁護士諸氏の中には今回の如き公明なる判決を見たるは、裁判所創始以来始めてなりといふものもありたり」と記している。その後、大竹は全国普選連合会で普選運動を展開、第二次護憲運動にも加わっていった。昭和二三年には貴族院議員となっている。

図一 『団団珍聞』明治30年9月18日号

《伝記》

＊大竹貫一先生小伝・笹岡平祐著　大竹貫一翁遺徳顕彰会　昭和二八

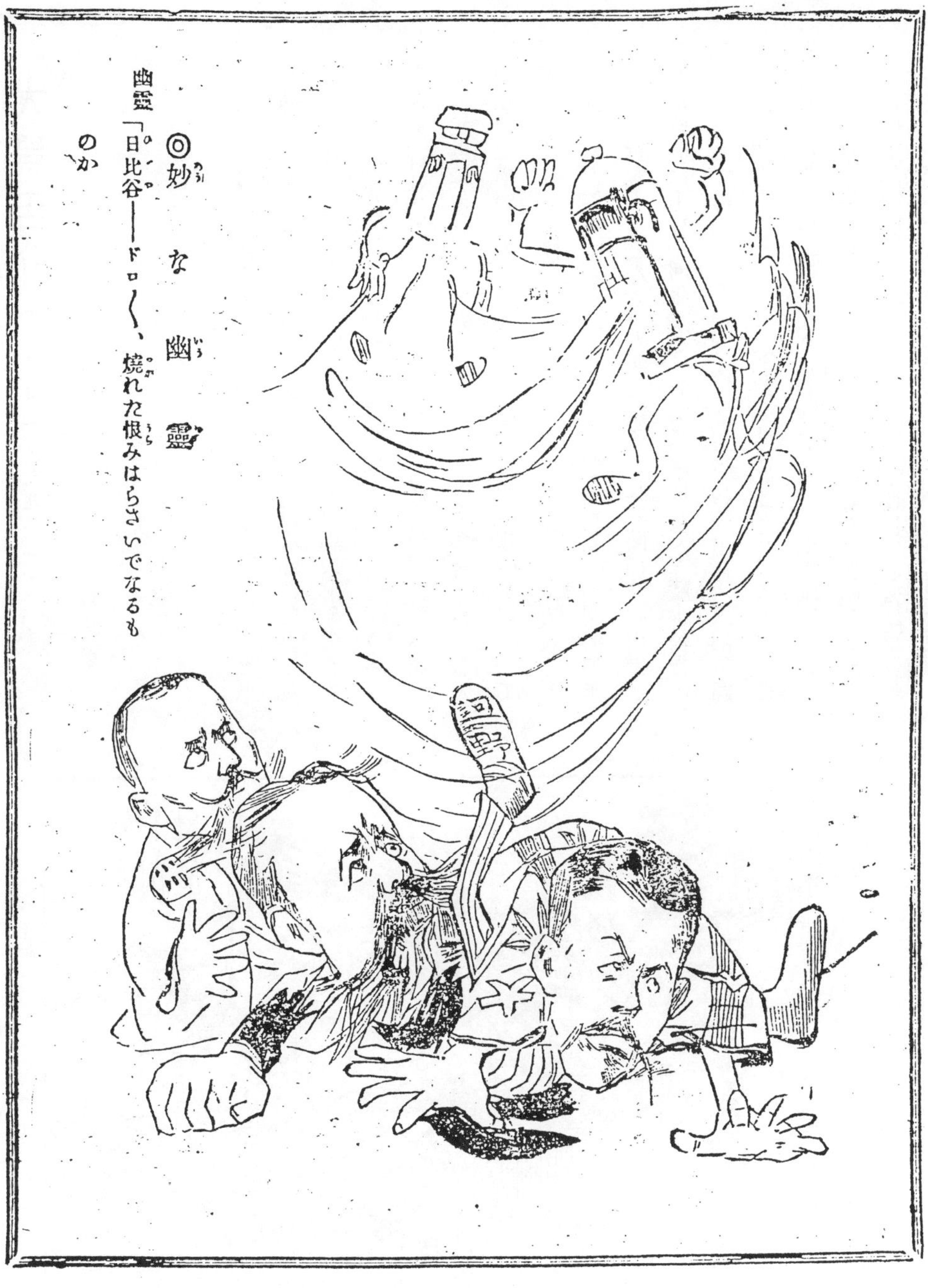

図二 『団団珍聞』明治38年11月19日号

大鳥《おおとり》圭介《けいすけ》（一八三三〜一九一一）

政治家

天保四年二月、播州赤穂に生まれる。緒方洪庵、坪井忠益、江川英敏などから蘭学や兵学を学び、ジョン万次郎に就いて英語も習い、慶応二年には幕府直臣となって洋式兵術を指導する。四年には歩兵奉行となるが、江戸開城にともない江戸を脱して宇都宮、日光を経て会津へと転じて新政府軍と戦い、仙台から榎本武揚に合流して箱館に至る。**図一**は宇都宮における大鳥軍の戦いを描いたものである。箱館では榎本軍の参謀として陸軍奉行となり、五陵郭で抗戦した。**図二**は榎本、土方歳三とともに描かれた箱館戦争の時の大鳥である。しかし、明治二年に帰順して獄舎の身となる。五年に赦免されて開拓使御用掛として明治政府に出仕、同年、大蔵少丞に就任して大蔵少輔吉田清成に随行して渡米する。帰国後、陸軍省四等出仕、工部省四等出仕、工部権頭兼製作頭、工部頭を歴任して九年と一三年には内国勧業博覧会御用掛となり殖産興業という重要国策の推進に大きな役割を果たした。その間、九年の工部大書記官を経て一四年には工部技監、一五年には工部大学校長、学習院長、華族女学校長に就任する。さらに、二二年には特命全権公使とし

図一　『明治太平記　初編巻之二』明治8年

て清国に駐在して、二六年には朝鮮駐剳公使を兼務、二七年の東学党の乱勃発に伴う中国の出兵に対してはその撤兵と韓国政府への中国の干渉排除を目指して働きかけた。**図三**は東学党の乱をめぐる関係者を四鉢の朝鮮朝顔に擬している。右上の朝顔は「大鵬」となっているが、これが大鳥である。左上の「怨世」が袁世凱、右下の「李白」が李鴻章、左下の「東岳」が東学党をあらわしている。そして、「大鵬」については「古くよりある種にて人々の知る花なるが此造り方にては充分蔓を伸し兼る事無きや花咲き控る姿なきやト功者な人は気を揉むもあり」と大鳥の成果に一抹の不安を抱いていることが窺える。**図四**は「壜類の掃出し」と題されており、箒を持った大鳥（着物の柄に鳥が描かれている）が壜（閔氏一族）を一掃しようとしているところである。大鳥は「此座敷の掃除を受合ふた以上、箒に障るものは何でも構め根から葉から掃出すが此方の役目、サア見ろ片ッ端からビンシビンシ片附て仕舞、サア持てケ背負てケ」と自分の任務に対する責任を自覚しているようである。**図五**は大鳥の肖像だが、解説

図二　『絵本明治太平記』明治19年

図三　『団団珍聞』明治27年7月21日号

図四　『団団珍聞』明治27年7月21日号

には大鳥の使命の重さが記されている。かくて、中国との対立は激しさを増し、やがて日清開戦へと至ることとなる。そして、大鳥は命により帰国する。その後、枢密顧問官となり、三四年には第五回内国勧業博覧会審査総長などを務めた。

《伝記》

＊大鳥君之伝・三木直吉著刊　明治七
＊暹羅紀行・大鳥圭介編　工部省　明治八
＊大鳥圭介君小伝・鷲見卯一　隆文社　明治二七
＊我国写真実施の始・大鳥圭介・坪谷善四郎　当代名流五十家訪問録　博文館　明治三二
＊大鳥圭介伝・山崎有信　北文館　大正四
＊近世名将言行録　一・同刊行会編　吉川弘文館　昭和九
＊類聚伝記大日本史　一四・雄山閣　昭和一一

大鳥圭介君
朝鮮の政治舞臺登場の大立物今や大院君と君とあるのみ袁世凱は何處に在るウエーバーは如何したる高麗半島の運命は兩翁の技倆によりて決すると共に兩翁の運命も亦此時を以て決す可し借問す如楓先生五稜廓畔に三軍を叱咤したる當年の意氣尚は存するやなきや

図五　『二六新報』明治27年7月27日号

大東義徹《おおひがしよしてつ》（一八四二〜一九〇五）

政治家

天保一三年七月、彦根に生まれる。彦根藩において勤王の藩論づくりに奔走し、戊辰戦争では官軍として奥羽に転戦した。維新後、司法省権少判事となり、明治四年には岩倉使節団の一員として欧米各国を視察、帰国後、七年に下野して集議社を創設して地元彦根を中心に民権運動、民撰議院設立運動に力を尽くす。

西南戦争時には西郷軍を支援して近江西郷といわれるほどだったが捕えられる。出獄後も政治活動を続け、二三年の第一回衆議院議員選挙で当選した。大成会に所属していた大東は二四年に田中源太郎、中村彌六らとともに巴倶楽部を結成してその代表となり、同年、自由党などの推薦によって全院委員長に就任している。図一は大東の全院委員長就任を描いたもので、各派が大東を胴揚げしているところである。キャプションには「かたよった党弊を除いたり、くすぶった旧弊を取払ったりするが煤掃の眼目、まづす、掃のお祝ひに島田の姉さんを胴揚げやうと思ったが何分揚げ人の少ないのでいいあんばいに揚らなかったが大勢の力をそうだいに入れて目出た目出たの若松さまでなく大東さんをとほとほ胴に揚げました、是でも揚げられた人は随分い、ん心持でありませうホ、、、、」と書かれており、島田三郎などの候補があったものの結局は大東が委員長に推薦されたことがわかる。そして、各派から推薦を受けて委員長になった大東に課せられた課題は各派の党弊を除くことだったのである。

二七年に行なわれた総選挙では全国でも最高得票で当選をはたしている。二七年三月六日の『時事新報』は「本日迄の所にて回撰議員の得票を算するに、其最も多きは滋賀県の大東義徹氏にて四千二百五票、次は佐賀県の武富時敏氏三千二百十八票なり、両氏は何れも一区二人の撰挙区より出でし事なれば、随て仮に之を二分して、大東氏の如きは猶ほ最多数の得票者たり」と地元で圧倒的人気であったことがわかる。

その後、憲政党に入って三一年には第一次大隈内閣の司法大臣に就任している。図二は司法大臣に就任してあわてて勉強している大東を描いている。大東は「サウ旨くはいかね、第一習た事が無いのだからナ、グヅグヅ云ふのは無理だ」と子供からの指導に文句をいっている。後の書棚には「法学初歩」「司法便覧」とある。その後、逓信大臣候補になるなど活躍したが晩年は引退し、三八年に没している。

図一　『団団珍聞』明治24年11月5日号

図二　『団団珍聞』明治31年7月16日号

大村《おおむら》益《ます》次《じ》郎《ろう》（一八二五〜六九）

軍政家

図一『絵本明治太平記』明治19年

文政八年三月、周防に生まれる。梅田幽斎、緒方洪庵らに蘭学を学び、嘉永二年には洪庵の塾頭となる。その後、宇和島藩で蘭学を教え、さらに江戸に出て蕃書調書教授方手伝、講武所教授を務めたのちに長州藩で博習堂御用掛、明倫館教授として蘭学や兵学を教えた。

慶応二年の第二次長州征伐では石州口軍事参謀として防備に当たり、その後も長州藩の軍備の強化と近代化に尽力した。四年、藩主に従って江戸に出て新政府の軍防事務局判事加勢、軍務官判事、軍務局副判事などを歴任して上野の彰義隊討伐などに力を発揮した。図一は東征大総督有栖川宮熾仁親王、板垣退助とともに立つ大村である。大村は板垣らと熾仁親王を補佐して官軍の東上に大きな功績をのこしている。明治二年に兵部省が創設されると兵部大輔となり国民皆兵制度や近代的軍事技術の必要性を説き、日本の軍政に大きな足跡を印したが、攘夷を唱える長州藩士神代直人らに京都で襲われて重傷を負い、その傷が原因で二か月後に死去している。二年一一月二〇日の『中外新聞』は「大村兵部大輔は学漢洋に渉り、頗る能臣の称ありしが、惜いかな三ケ月前不慮の禍にて脚に深手を負ひ、百方療を行ひ、蘭医「ボードイン」の截断により、脚の疵は癒えしかども衰弱甚しく、終に今月初旬黄泉の客となれるよし」と、その才能を高く評価し、死を悼んでいる。一六年には大村の業績を讃えて銅像建立の話が山県有朋、山田顕義ら長州出身の実力者を中心に持ち上がり、彫刻界の第一人者である大熊氏広によって制作されていった。かくて、二六年に靖国神社の境内に大村の銅像が完成している。除幕式当日は多くの参列者や見物人に加えてさまざまな催しも行なわれたので会場はごった返した。二六年二月七日の『東京日日新聞』は「見物人の雑沓は言語に絶えたる程にて、警官もほとほと制するに苦しむやうなりし」と伝えているが、東京における最初の銅像ということもあって、偉容を誇る大村の銅像は東京の新名所となり、錦絵などにも盛んに描かれていったほどである。図二は大村像の顔の部分で、図三は靖国神社にそびえる大村の銅像だが、これらは『国民新聞』二五年一一月三日と五日の二回にわたって連載された「大村兵部大輔の銅像(彫刻者大熊氏広氏の精苦)」の挿絵である。この連載で大熊の大村像制作の苦労を記しているが、大村の容貌は「煙草屋の看板たる達磨」によく似ていたということであり、彰義隊の跋扈する上野の様子を江戸城から眺めている姿を参考にしており、そのために銅像も上野の方角を正面に建てられているとのエピソードも書かれている。

図二　『国民新聞』明治25年11月3日号

図三　『国民新聞』
明治25年11月5日号

《伝記》

＊大村益次郎先生伝・村田峰次郎　稲垣常三郎　堀田道貫　明治二五

＊大村益次郎・小野南橋　偉人叢書　八　三教書院　昭和一五

＊大村益次郎・和田政雄　講談社　昭和一五

＊兵部大輔大村益次郎先生・高梨光司　大村卿遺徳顕彰会　昭和一六

＊大村益次郎・同先生伝記刊行会編　肇書房　昭和一九

＊大村益次郎―幕末維新の兵制改革・糸屋寿雄　中央公論社（中公新書）昭和四六

大山巌《おおやまいわお》（一八四二〜一九一六）

軍人

天保一三年一〇月、鹿児島に生まれる。藩校で学ぶとともに従兄の西郷隆盛の薫陶をうける。文久二年、島津久光の上京に従い京都に入ったが、このときに寺田屋事件に加担したことで鹿児島に帰される。翌年、薩英戦争を戦うが、この時、のちに弥助砲（弥助は巌になる前の大山の名前）を発明するほど彼我の大砲の威力の差を痛感する。その後、江戸に出て江川太郎左衛門のもとで砲術を学び、西郷や大久保利通のもとで藩の大砲買い入れなどの重要な任務を遂行する。戊辰戦争時には砲隊長として活躍し、明治三年にヨーロッパに軍事視察に赴き、普仏戦争を目の当りにする。帰国後は民部権大丞、陸軍少将などを歴任して四年に再び渡欧、フランスを中心に軍政などを調査する。七年に帰国して神風連の乱鎮圧などに活躍するが、一〇年には西南戦争に従軍して従兄の西郷と戦うこととなる。

一三年に陸軍卿、ついで陸軍大臣に就任し、日清戦争時には第二軍司令官として軍を指揮し、旅順口作戦などで勝利に導いている。三一年に元帥府が創設されると山県有朋、西郷従道などとともに最初の元帥となった。三二年に参謀総長に就任して

図一　『団団珍聞』明治34年9月21日号

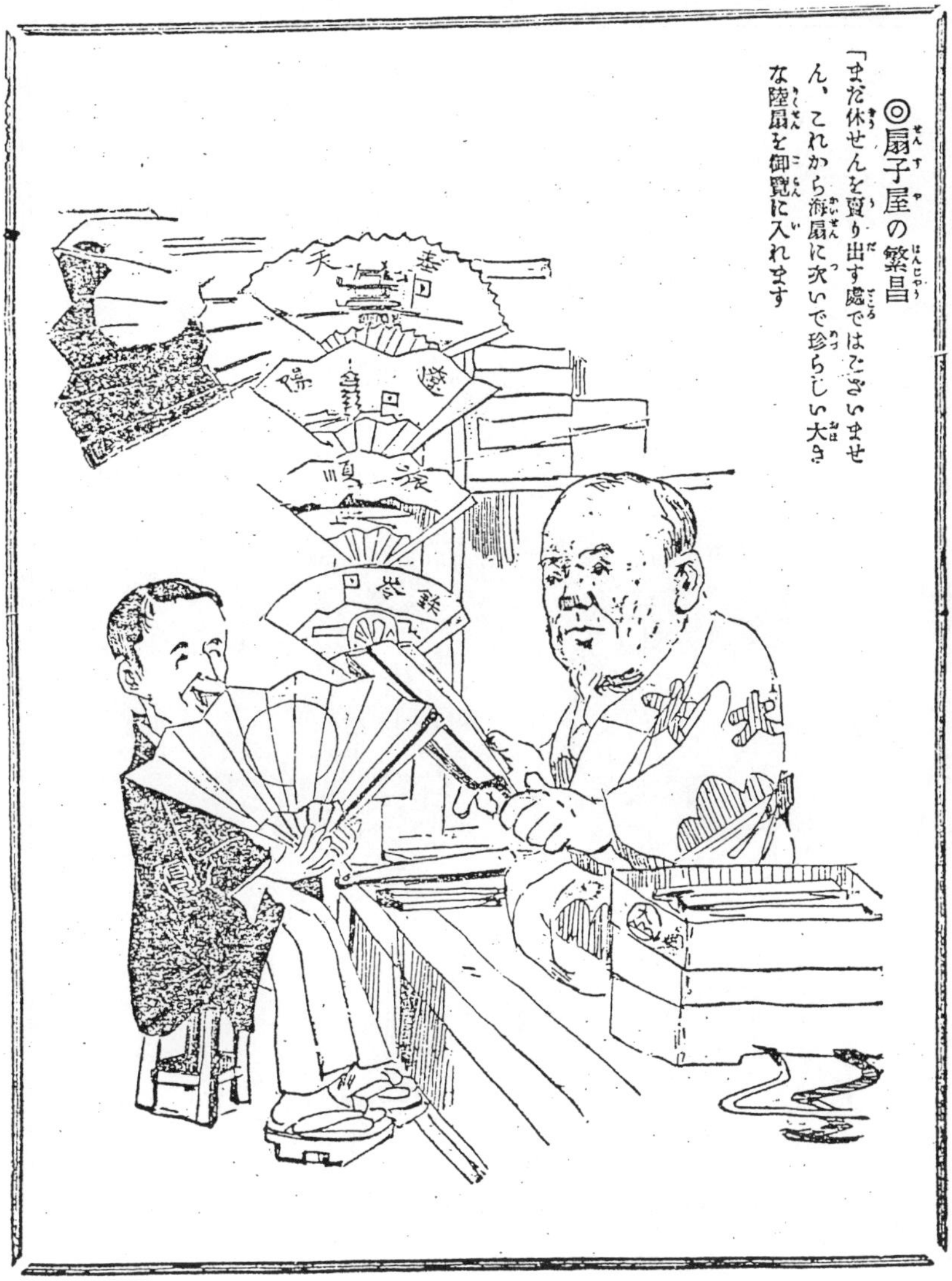

図二　『団団珍聞』明治38年7月1日号

いるが、三四年には後進に道を譲るという名目で参謀総長を退任した。**図一**は大山が三宝(参謀)を手渡そうとしているものの誰も受け取ろうとしない様子を描いている。大山は「久しく持って居りましたが今度はどうかどなたでも受取って下さい山がたさんどうです」などとすすめている。その後、日露戦争では満州軍総司令官として出征している。**図二**はつぎつぎと陸戦で勝利をあげていった大山が戦闘を継続する意志を表明したことを描いている。すでに「奉天」「遼陽」「旅順」「鉄嶺」といった扇子は作り上げて店先に飾られているが、「まだ休せんを売り出す處ではございません、これから海扇に次いで珍しい大きな陸扇を御覧に入れます」と日本海海戦でのバルチック

図三　『団団珍聞』明治38年11月25日号

艦隊撃滅に刺激されて鼻息が荒い。しかし、やがて大山に帰還を命ずる勅語が下った。図三は大山の帰還を扱ったもので、松井源水に擬せられた大山元帥が興業を止めて引き揚げるところである。図四は大勝利をもたらした大山の凱旋帰国を歓迎する催しにおける会場近辺のさまざまな様子を描いたものである。真冬の寒さの中での歓迎会であったものの小学生なども動員されて大々的に行なわれ、渋滞のために電車も後戻りしたなどの珍事も描かれており、当日の熱気が伝わってくる。

日露戦争後も軍人としての道を歩み、政治的な野心は持つことがなかった。大正五年に天皇に従って福岡県に

図四　『東京パック』明治39年1月1日号

における陸軍特別大演習に出かけたが、帰途に病を得て、東京に戻って亡くなっている。

《伝記》

＊武勲大山公・明治功臣録刊行会編　盛文館　大正六

＊日露戦没二十五年記念元帥大山巌・猪谷宗五郎　川流堂　昭和五

＊元帥侯爵大山巌　二巻付一巻三冊・尾野実信編　大山元帥伝刊行会　昭和八～一〇

＊近世名将言行録　三・同刊行会編　吉川弘文館　昭和一〇

＊類聚伝記大日本史　一四・雄山閣　昭和一一

＊大山巌・清水幸義　新人物従来社　昭和五〇

＊大山巌　第一巻～四巻・児島襄　文芸春秋　昭和五二～昭和五三

大《おお》山《やま》綱《つな》良《よし》（一八二五〜七七）

政治家、鹿児島県令

文政八年一一月、鹿児島に生まれる。文久二年、島津久光の命により寺田屋において藩の尊攘派を粛正し、その後、藩政の中心にあって倒幕運動にも深く関わり、戊辰戦争では奥羽討伐参謀などをつとめ、秋田藩を新政府側につける立役者となった。

明治二年に鹿児島にもどって藩政に復帰し、明治四年に鹿児島県大参事となり、七年には県令に就任、内務省の反対にあいながら独自の税制などを実施して政府との対立を強めていった。また、西郷隆盛の側近を県の中枢に用いる人事を推進した。一〇年、西南戦争時には公金を西郷軍に提供するなど積極的に西郷を支援したため勅使柳原前光に陪従を命ぜられて東京に護送された。大山の護送を一〇年三月二三日の『東京曙新聞』は「頃日官位を褫奪されしもとの鹿児島県令大山綱良は附属の者共一同昨朝船にて横浜へ着すると、直様神奈川県官并に巡査二十五名にて府下へ護送し、午前十一時頃大審院へ引渡され、附属のものは第一大区十一小区へ四人、第二大区二小区へ六人旅人宿にて保監を命ぜられたるよし」と記している。図一

図一 『明治太平記　一九編巻之一』明治11年

は東京に護送される大山であるが、その捕縛について一〇年三月二九日の『東京曙新聞』は「兵庫県令森岡君が船中にて、大山綱良が官位褫奪の辞令書を渡さる、や否、大山を捕縛せし者は鹿児島県士族にて、当今兵庫県警察課長を務むる篠崎某といへる人なる由。此の篠崎といへる人が大山との関係は恰も村田新八と西郷に於るが如きの情実ありて、即ち戊辰戦争の際大山が秋田口官軍の軍監となりて庄内に押し入りたる時、篠崎氏は其手の隊長となり、終始進退を共にせしことあるよし。然るを今日に至り是程の情実ある人物を捕縛せしとは、職掌上已むを得ざる者ありとは言ひながら、其の心情実に想像に堪へたりといふべし」とのエピソードも伝えている。大山は東京から長崎に送られて斬罪となったが、図二は斬を待つ大山である。一〇年一〇月二日の『東京絵入新聞』は「動ずる色なく県令の本分に於て聊も欠る事なし」とその様子を伝えている。

図二　『東京絵入新聞』明治10年10月2日号

《伝記》

＊大山格之助の手紙・工藤裕司　国史研究　二七　昭和三六

＊大山県令とウイリス・鮫島近二　医譚　一三　昭和一七

岡《おか》崎《ざき》邦《くに》輔《すけ》（一八五三〜一九三六）

政治家

嘉永六年三月、和歌山に生まれる。脱藩して国事に奔走していた従兄の陸奥宗光の影響をうけて育ち、藩校学習館で学んだ。明治五年に広島県庁に出仕し、翌年には陸奥の引きで大蔵省に出仕した。その後、内務省、司法省に勤務して新宮警察署長、和歌山警察署長を経て二一年に駐米公使として赴任する陸奥に同行してアメリカに留学、ミシガン大学に学んで二三年に帰国する。

二四年に陸奥が衆議院議員を辞任するにあたり補欠選挙に立候補して当選した。翌年、独立倶楽部を結成、伊藤内閣と自由党との連携に尽力するなどの活動をして、三一年には憲政党の創設委員となっている。隈板内閣の分裂を謀るなどの政治工作を得意としていた。

三三年に逓信省官房長に就任する。**図一**はこの時代の岡崎である。解説には「宗光の後を承け和歌山県第一区より選出せられて衆議院議員と為り爾来引続き議員たり其国会に臨む久しからずとせざるも未嘗て演説を為したることなし而し裏面の運動に至りては自由派党人中氏の右に出づるもの殆是なく明治の竹中半兵衛の称ありといふ」とのコメントがつけられている。逓信大臣の星亨が辞任したために二ヶ月ほどで逓信省官房長を辞任している。**図二**は岡崎の官房長辞任を扱ったもので、金権腐敗を追求されて辞任した星から離れて旅に出ようとしている岡崎を松尾芭蕉に擬しており、「どろ池やわいろ飛込む錠の音」と星の賄賂を詠んでいる。上空には星が出ているが、岡崎はこれを厳しい目で見上げている。三六年には政友会の協議員となって活動している。

一時は古河合名会社の理事として経営に参画して政界を離れていたが四一年に再び代議士となって桂内閣と対決姿勢を示

図一 『二六新報』明治33年11月22日号

していった。同年、鳩山和夫が進歩党を脱して政友会に入る時にも岡崎が動いている。四一年一月一九日の『東京朝日新聞』は鳩山の政友会入会の記事のなかで、「政友会の岡崎邦輔、元田肇、望月右内の三氏は打揃ふて同氏を訪問し、暫時会談の後岡崎邦輔氏は自由通信社に立ち寄りて電話にて各新聞社を招き其顛末を報告したるものにて…」と岡崎の活動ぶりを伝えている。かくて、政友会において大きな発言力を持ち、普選法の成立に尽力していった。大正一四年に農林大臣として入閣、昭和三年に貴族院議員となっている。

《伝記》

＊座談の雄・山浦貫一　政局を繞る人々　四海書房　大正一五
＊憲政回顧録・岡崎邦輔　福岡日日新聞社　昭和一〇
＊晩香　岡崎邦輔・小池竜佶　松雲荘文庫　昭和一二
＊岡崎邦輔伝・平野嶺夫　晩香会　昭和一三
＊岡崎邦輔関係文書・解説と小伝・伊藤隆、酒田正敏　自由民主党和歌山県支部連合会　昭和六〇

図二　『団団珍聞』明治33年12月22日号

岡《おか》部《べ》長《なが》職《もと》（一八五五〜一九二五）

外交官、政治家

安政元年一一月、摂津に生まれる。岡部の父・長発は岸和田藩主で、岡部は長発のあとを継いだ伯父・長寛の養嗣子となり、明治元年に五万三千石を襲封している。二年に版籍奉還して岸和田藩知事となるが四年の廃藩置県によって免官となり、八年にアメリカに留学してニューヘブン大学とエール大学に学び、一五年にはイギリスに渡ってケンブリッジ大学で学んで一六年に帰国する。

帰国後に外務省に出仕して駐英公使館に勤め、臨時代理公使にもなっている。二二年には外務大臣青木周蔵のもとで外務次官に就任して対等条約を目指しての条約改正交渉を行なったものの二四年に大津事件が勃発して青木とともに辞任している。二三年には貴族院議員にもなり、研究会をつくって幹事として活躍して貴族院において大きな影響力を持った。三一年には東京府知事に就任して遷都三〇年祝賀行事を行なっている。四一年には研究会勢力を背景に第二次桂内閣の司法大臣として入閣している。図一は桂内閣の閣僚として大きな軍刀を磨いている岡部（右から二人目）である。「軍刀研」とのタイトルで「一生懸命に大軍刀を研いて居る、果して能く前世界遺物の巨獣を退治し得るや否や」との解説がつけられており、第二次桂内閣発足直後に描かれたものである。後方には「財政問題」という大怪獣がぐったりとした西園寺をくわえて睨んでいる。この怪獣を退治するための軍刀磨きがこの内閣の重要な初仕事だということであろう。しかし、岡部が司法大臣在任中に大逆事件が起こって、その対処に奔走することとなる。この事件では二四名に死刑の判決が下ったものの一二名が罪一等を減じられて無期懲役になっている。四四年一月二一日の『東京朝日新聞』は「死刑四十二名に対して、一昨午後六時減刑の恩命を下されたり。恩命を畏みたる桂首相、岡部法相、河村司法次官、平沼民刑局長、松室検事総長等は、其の手続に関して議を凝したる後、司法大臣の名を以て、同夜九時過東京監獄内の被告等に恩命を通達したる…」などと最後まで司法大臣として対応に追われていたのである。減刑されなかった幸徳秋水らの死刑は司法大臣たる岡部の名で執行されている。四四年一月二八日の『東京朝日新聞』は典獄が「司法大臣の命令に依り、本日これより死刑を執行する」と幸徳に告げたと記している。第二次桂内閣は大逆事件の刑の執行が行なわれて七か月ほどして総辞職している。岡部はその後、大正五年に枢密顧問官に就任している。

図一 『東京パック』明治41年7月20日号

小《お》川《がわ》平《へい》吉《きち》（一八七〇～一九四二）

政治家

図一　『東京パック』明治42年7月1日号

明治二年一二月、信濃に生まれる。二五年に帝国大学を卒業して弁護士となっているが、二五年一〇月三〇日の『毎日新聞』は「小川平吉氏の代言披露の宴会は帝国大学教授、法学士、新聞記者、代言人及氏の知友無慮二百余名来会し、午後四時頃一同同館の門前にて撮影し、後ち階下の大広間にて桃川如燕の講談及帰天斎正一の手品あり…」と錦輝館での盛大な小川の弁護士としてのデビューをレポートしている。三〇年に花井卓蔵らと日本弁護士協会を設立し、翌年には花井らと江湖倶楽部を設立、また東亜同文会に参加して大陸問題への関心を深めていった。三三年にロシアが満州を占領すると国民同盟会を同志とともに組織し、三五年には対露同志会を結成してロシアに対抗する世論形成運動を展開していった。三六年に衆議院議員となり、三八年の日露講和条約締結に強い反対を唱えて日比谷焼打事件を引き起こす発端をつくり、河野広中、大竹貫一らとともに逮捕されたものの証拠不十分で無罪となっている。その後、日韓併合、辛亥革命における南方革命派への支援などの活動をしている。

図一は日糖事件で弁護人として法廷に臨んだ小川である（いちばん手前）。小川は政治家として活躍するとともに、このような弁護士活動もさかんに行っていった。図二は「小川平吉君の戦闘振り」

と題された似顔絵だが、このタイトルからも、また似顔絵からも小川の行動派としての姿を知ることができよう。「小川平吉君又の名を小ガ平と称せられて政敵に余り重んぜられずと云へ共又政友会陣中の急先鋒たるを失はず「本予算案の如きは本員と云へ共全然完全無欠の物とは思はざれ共国民党諸君の申さる丶如く財源を示さずして六千萬円天引なぞと云ふ甚だ無法なる無理なる法案には絶対に反対で有ります」と弁舌は頗る鋭利眼光を増して追々恐ろしい面付となる」と解説がつけられており、議会における小川の厳しい追及ぶりが窺える。

図二 『名流漫画』明治45年

大正九年に国勢院総裁に就任した小川は、その後、一二年に大東文化協会を創設、一四年には新聞『日本』を創刊して国粋を提唱していった。同年、護憲三派内閣の司法大臣に就任して左翼勢力との対決姿勢を鮮明にしていった。また、昭和二年には田中内閣の鉄道大臣となり、対中強行政策を推進していった。

《伝記》

＊竹の名人・山浦貫一　政局を繞る人々　四海書房　大正一五
＊閑居閑語・小松光男　日本新聞社　昭和一〇
＊小川平吉関係文書・小川平吉文書研究会編　みすず書房　昭和四八

沖《おき》守《もり》固《かた》（一八四一～一九一二）

官僚、政治家

天保一二年六月、鳥取に生まれる。鳥取藩の役職を歴任して新政府に出仕し、鳥取県大参事、大蔵省出仕などを経て明治四年に岩倉使節団に随行して欧米各国に赴き、さらにイギリスに留学して帰国する。帰国後、内務省少書記官、外務省少書記官などを歴任して一四年に神奈川県令に就任する。その後、元老院議官を経て二三年に貴族院議員となる。**図一**は貴族院議員に就任したころの沖である。翌年には滋賀県知事となるものの僅か二日後に大津事件に遭遇して免官となるものの就任直後の事件で責任は少ないとして懲戒処分は取り消されている。二五年

図一 『国民新聞』
明治23年10月3日号

一月一五日の『東京日日新聞』は前年の政治動向を振り返っているが、そのなかで沖の辞任について、「神奈川県知事より滋賀県知事に転任したる沖守固氏は、赴任の後二日にして露皇太子遭難の事変あり、責任の帰する所止むを得ず免官となりしかば、露皇太子殿下は特に気の毒に思召され我が陛下に対して営救具に至れり。我陛下も亦た実際に其の過の少かりしを認め玉ひ久しからずして懲戒処分を免ずるの恩命を下し玉ひぬ」と記しており、沖の懲戒処分取り消しにはロシア皇太子と天皇の意志が働いていたことがわかる。**図二**は三〇年ころの名古屋市における官金の無駄使いを批判したもので、「官吏もこう成ては身の尾張か」と書かれているが、このようなかで沖は三一年には愛知県知事に就任するものの県庁における犯罪が続発して三五年に辞任している。**図三**は名古屋城の鯱矛のような格好で謝る沖である。沖は「犯罪者を続出した不行届の責を引いて辞職を願ひ出ました」と言っている。一〇年前には大津事件で滋賀県知事を辞した沖にとって再度の責任をとっての辞任だった。

四四年には維新史料編纂会委員に就任、常任委員として活躍しているが、これも維新時の変革を身を持って経験した沖にとって適役だったといえよう。四〇年五月二日の『都新聞』は、「維新の際国事に奔走したる連中の、今尚ほ存生せる人々の発起したる一日会は、昨日午後四時より浅草公園奥の常盤楼に開き、細雨霏々たる中に来会したるは、土方、榎本、芳川、三島、沖守固…」と報じている。

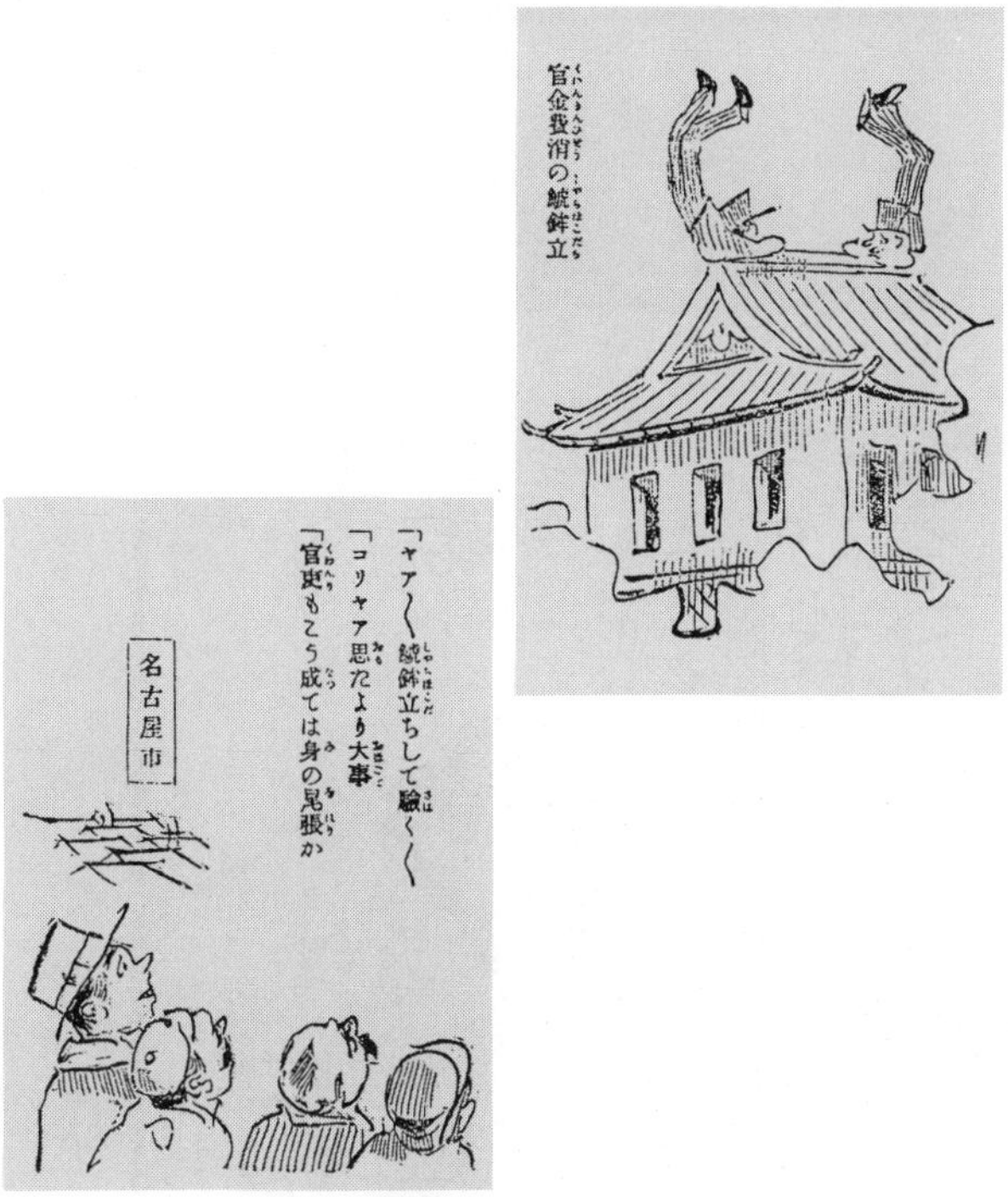

図二　『団団珍聞』明治30年5月15日号

図三『団団珍聞』明治35年5月17日号

奥《おく》保《やす》鞏《かた》（一八四七～一九三〇）

軍人

弘化三年一一月、小倉に生まれる。文久元年に家督を相続して藩の馬廻役を勤め、小倉藩と長州藩との戦いにも加わり、維新後の明治四年に陸軍大尉心得となり、七年の佐賀の乱では熊本鎮台中隊長として戦う。さらに、一〇年の西南戦争では熊本城内にあって西郷軍の包囲するなか、決死隊を組織して自らその隊長として包囲を破って政府軍との連絡を果たすことに成功、奥の名を一気に有名にした。

日清戦争時には野津道貫の後任として第五師団長に就任して指揮をとった。その後、第一師団長、近衛師団長などを歴任して大将となり、日露戦争では第二軍司令官として南山、奉天などでつぎつぎと勝利をおさめた。図一は敵の守りの固い要衝の地南山を攻略した奥の戦功を描いたものである。難産（南山）の末に子供（勝利）が生まれて喜んでいるところである。右の外国人女性は日本と同盟関係にあるイギリスであろう。「南山」と書かれた布団のむこうには進攻する日本軍の姿も描かれている。南山占領は戦局を左右する極めて重要な勝利だったのである。南

◎奥《おく》さんのお手柄《てがら》
奥《おく》さんのこれはお手柄《てがら》なんざんと
おもひの外《ほか》のあんざんにして
南
勝利

図一　『団団珍聞』明治37年6月7日号

山の勝利は御前会議でも報告されて勅語を賜っているほどである。三七年五月三一日の『東京朝日新聞』は「只今御前会議に於て閣下の戦闘詳報を伏奏せしに、天恩優渥貴軍に別紙の勅語を賜はりたり、巌、茲に之を閣下に伝ふの光栄を有す。夫れ南山一帯の地は敵軍数月の日子を費し、堅塁を築き大小砲を排列して死守せし所、而して其地形狭隘我兵力多しと雖も、之を攻むるに策の施すべき無き所たり、 然るに貴軍将卒の忠勇なる屢々肉薄して屢々苦戦し、百折撓まず奮闘終日、遂に之を攻陥せられたる報告に接しては、読む者をして毛髪を堅てしむ」と参謀総長の大山巌が奥に贈った電報を紹介しているが、この内容に見られるほど大切な勝利だったのである。

奥は日露戦争後は参謀総長となり、四四年には元帥となっているが、図二は「丙午の名誉回復」という作品で、何かと人気のない丙午生まれだが、その丙午生まれの奥と東郷平八郎が日露戦争で日本の勝利に大きく貢献する活躍を見せたことを描いている。奥は日露戦争を代表する軍人の一人であったのである。

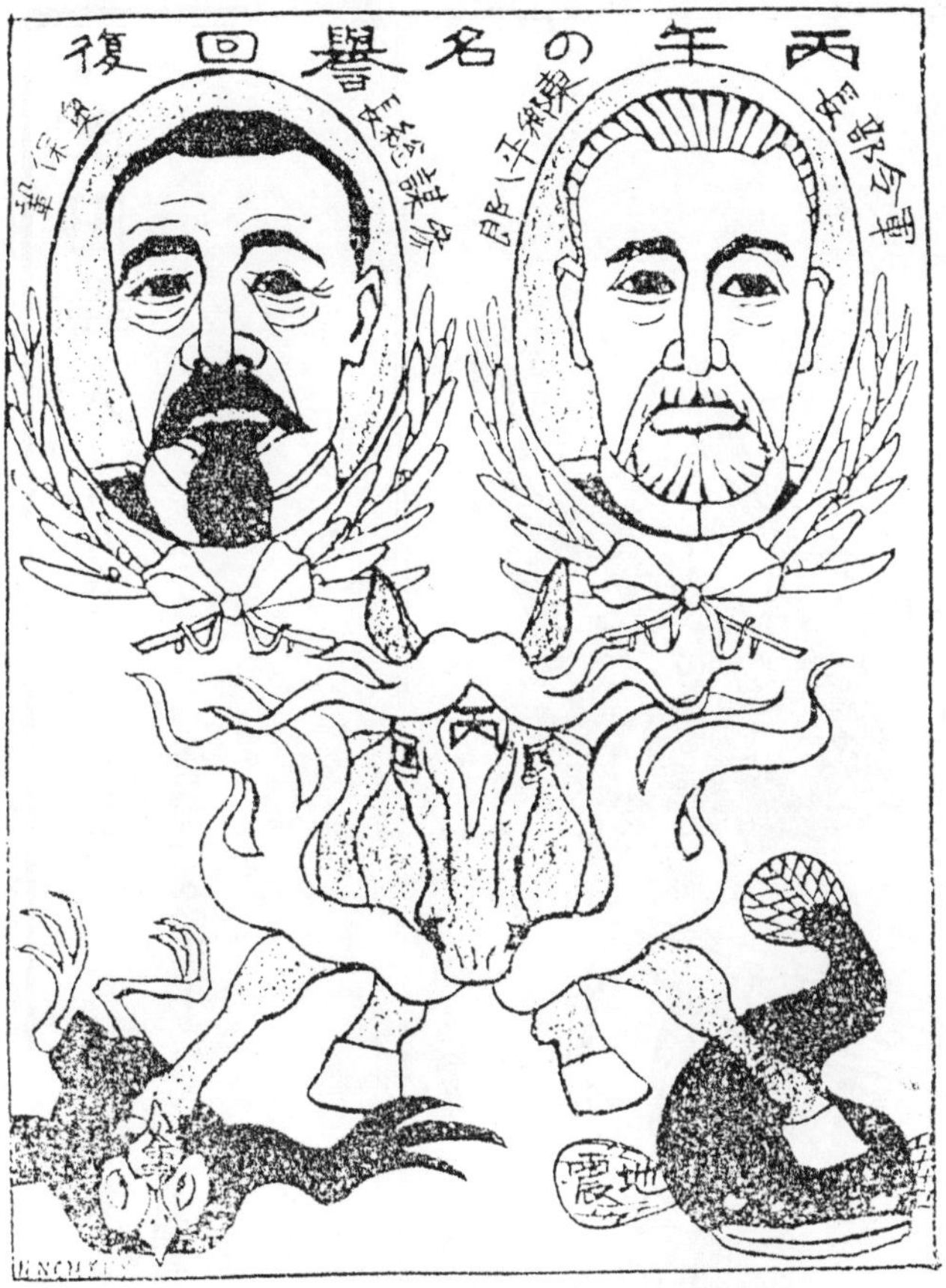

図二 『東京パック』明治39年8月15日号

《伝記》
*奥元帥伝・黒田甲子郎 国民社 昭和八
*類聚伝記大日本史 一四・雄山閣 昭和一一

奥田義人《おくだよしと》（一八六〇〜一九一七）

官僚、政治家

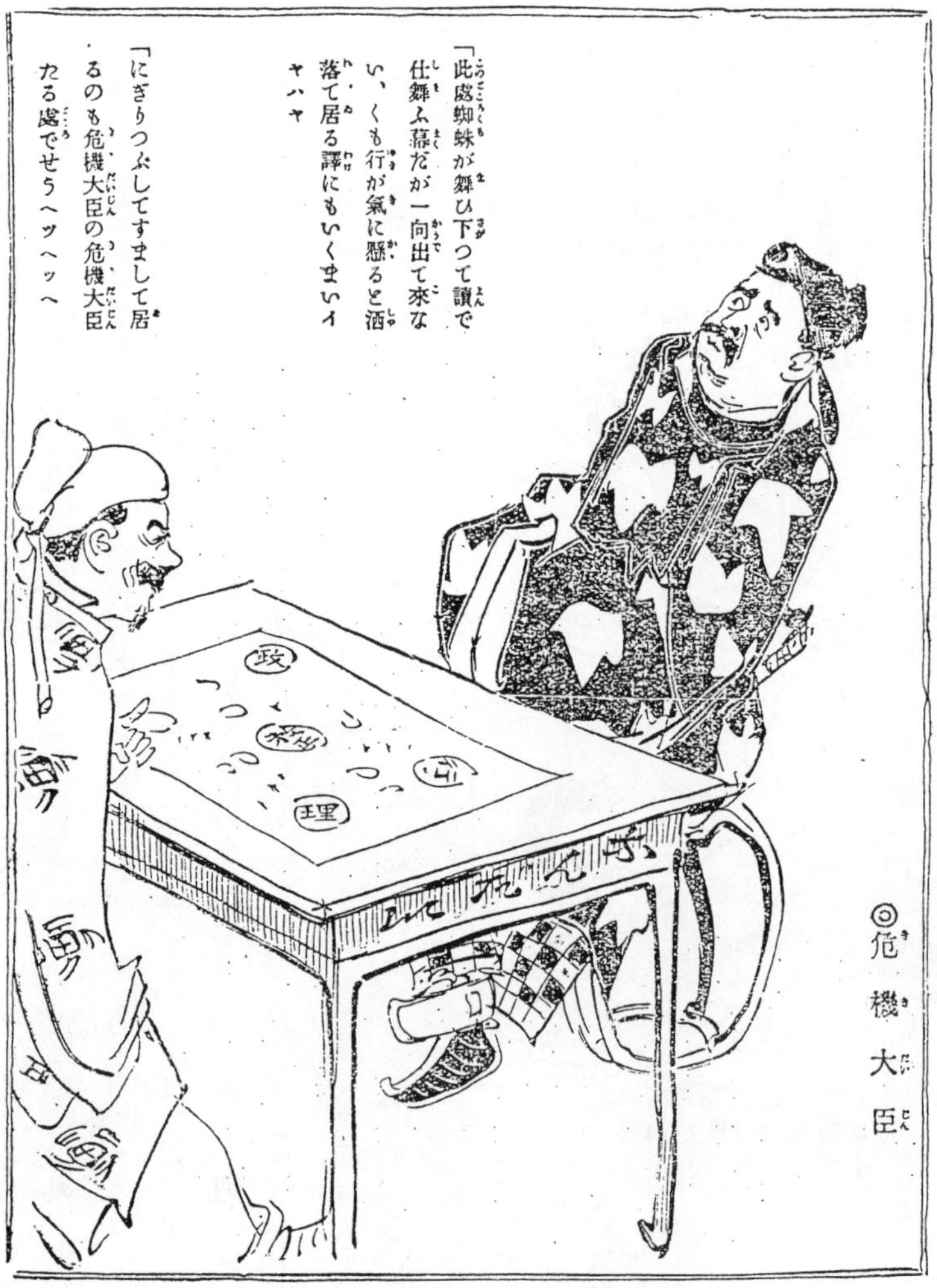
「此處《このところ》蜘蛛《くも》が舞《ま》ひ下《さが》つて讀《よん》で仕舞《しま》ふ幕《まく》だが一向《かうで》出て來《こ》ない、くも行《ゆき》が氣《き》に懸《かゝ》ると洒落《しやれ》て居《ゐ》る譯《わけ》にもいくまいイヤハヤ
「にぎりつぶしてすまして居《ゐ》るのも危機大臣《きゝだいじん》の危機大臣《きゝだいじん》たる處《ところ》でせうヘッヘッヘ
◎危機大臣《きゝだいじん》

図一　『団団珍聞』明治35年9月13日号

万延元年六月、鳥取に生まれる。明治一七年に東京大学を卒業して太政官御用掛となり、その後、農商務省特許局長、内閣官報局長、内閣書記官記録課長などを経て二八年に衆議院書記長官、翌年に拓殖務次官、三〇年に農商務次官、三一年に文部次官となる。三三年に第四次伊藤内閣の法制局長官に就任して、第一次桂内閣でも留任したが行政整理案をめぐる桂との意見と対立から三五年に辞任する。**図一**は奥田の辞任に至るまでの桂との対立を描いたものである。「難題」なる台をはさんで桂（右）と向かい合っている奥田（左）は「にぎりつぶしてすまして居るのも危機大臣の危機大臣たる處でせう」と自ら作成した軍備費の大削減を中心とした行政整理案を桂が握り潰していることを皮肉っている。結局は桂との対立は深まり、病気も出てきたために奥田はついに辞任することとなった。**図二**は奥田の辞任を描いたもので、「内閣」という爆弾の導火線に奥田が火をつけようとしているところである。奥田は「今の様では吃度危ぶない閣となるから

行政整理をせにやならんといふのに聞かないもんだから到頭己れの辞職が破裂の導火線となった 今になってどうかせんけれやといった所でもうは追付ぬワイ」と呟きながら火をつけている。奥田の後方には総理大臣官邸があり、見物人たちは「こないだは芳川逓信大臣の邸内で爆裂弾が破裂したが今度は総理大臣の官邸が之ぢゃ内閣の運命も余り永田町でもなからう」と噂している。法制局長官を辞任した奥田は三六年の総選挙に立候補して当選を果たし、反桂の立場を堅持していった。伊東巳代治などと親しく、伊藤系の政治家として活動した。四一年に宮中顧問官となり、四五年に貴族院議員に就任している。大正二年、第一次山本内閣の文部大臣となり、翌年には司法大臣に就任している。四年に東京市長に就任するが在任中に死去している。奥田は法律教育にも力を尽くし、明治一八年の英吉利法律学校創立にも名を連ね、四五年には中央大学学長に就任している。

図二 『団団珍聞』明治35年10月4日号

《伝記》

＊現今日本名家列伝・日本力行会出版部編刊 明治三六

＊時の人、永遠の人・南木性 博文館 大正九

＊嗚呼奥田博士・岡田朋治 因伯社 大正一一

＊日本英雄伝 二・同編纂所編 非凡閣 昭和一一

＊奥田義人博士とその身分法観・沼正也 中央大学七十周年記念論文集 法学部 同大学 昭和三〇

尾《お》崎《ざき》行《ゆき》雄《お》（一八五八〜一九五四）

政治家

安政五年一一月、相模国に生まれる。明治七年に上京、慶応義塾や工学寮に学ぶがいずれも中退する。一〇年、『曙新聞』に「討薩論」を投稿して文才を認められ、『民間雑誌』の編集を経て一二年に福沢諭吉の推薦で『新潟新聞』の主筆となる。一四年、大隈重信に認められて統計院権少書記官として出仕するが、ほどなく明治一四年の政変で下野した大隈に従って尾崎も退官して一五年に『郵便報知新聞』の論説記者となり、大隈の創設した立憲改進党に参加して活躍するが二〇年に保安条例違反により東京から退去させられる。尾崎はこの機会を利用して外遊するも二二年に大隈の遭難を聞いて帰国し、その翌年の第一回総選挙に立候補して当選している。図一は鉄道公債法案をめぐって議会が紛糾し、退場となった尾崎である。このような議会での活動を経て三一年には第一次大隈内閣の文部大臣に就任するが、いわゆる共和演説事件を起こして辞任する。

三三年、立憲政友会の結成に参画して幹部として活躍するものの党総裁の伊藤博文と対立して脱党、三六年には松田秀夫の後任として東京市長に就任した。図二は植木屋の店先から「尾崎」が植えられた鉢を買う東京市民である。「いろいろ並んで居てもコレコレといふものはすくないものだ、これもあまり心にかなったものでもないがマアこれにしておくのだ」という言葉からは大きな期待は感じられない。図三は就任後一年半ほどした尾崎の評判を描いたもので、「あげた時は金箔がついて

図一 『国民新聞』明治25年6月3日号

◎市《し》町《ちやう》の夜《よ》店《みせ》
客「いろ〱並んで居てもコレ〱といふもの
はすくないものだこれもあまり心にかなつた
ものでもないがマアこれにしておくのだ、し
かしこれまでの凡才《ぼんさい》の松に比べたらいゝだら
う
東京

図二 『団団珍聞』明治36年6月27日号

図三 『団団珍聞』明治37年11月13日号

いたので有難さうに見えたが、斯う段々箔がはげて見るとこの椅子にかぢり月の画は有難くない」と月が椅子にかじりついている尾崎が奉納した額を人々が見上げている。**図四**は街鉄問題で収賄の噂がたったことに怒る尾崎で、「十万や二十万の黄白にくらまさる丶乃公と思ふ乎、市長を馬鹿にしちゃ困るヨ」と鼻息が荒い。このようなさまざまな事があったものの尾崎は四五年まで長期にわたって市長を務めることとなる。その間、政友会に復党して大正元年には立憲国民党の犬養毅らと憲政擁護運動に奔走し、三年には第二次大隈内閣の司法大臣に就任している。

五年、憲政会を結成して筆頭総務となったが、一〇年に普選即行論を唱えて除名される。しかし、その後も軍国主義の台頭に反対する活動などを通じて政界に大きな影響力を維持し、第二次世界大戦後まで活躍して憲政の神様と称された。

《伝記》

＊尾崎行雄全集　十巻十冊・平凡社　大正一五～昭和二
＊咢堂自伝・同刊行会　昭和一二（改訂版　大阪時事新報社出版局　昭和二二）
＊回顧漫録・尾崎行雄　岩波書店　昭和二一
＊尾崎行雄伝・伊佐秀雄　同刊行会　昭和二六
＊尾崎行雄　伊佐秀雄　人物叢書　吉川弘文館　昭和三五
＊尾崎行雄伝　二冊・沢田謙　尾崎行雄記念財団　昭和三六
＊尾崎行雄伝　尾崎行雄記念財団編刊　尾崎財団シリーズ　昭和三九

◎椅子にゐなり尾さき狐《きつね》の大《おほ》りきみ
併玲史案
「二十年來《ねんらい》乃公《おれ》の節操《せつさう》を知《し》らないか、コヽナめくら疑員《ぎゐん》めら、十万や二十万の黄白《くわうはく》にくらまさるゝ乃公《おれ》と思《おも》ふ乎《か》、市長《しちやう》を馬鹿にしちや困《こま》るヨ
見物人「併《しか》しアノ狐《きつね》の尻《しり》に尾《を》さきが見《み》えてゐるぞ、油断《ゆだん》せずに眉《まゆ》に唾《つば》を付《つ》けて置かうツ

図四　『団団珍聞』明治39年7月28日号

小《お》田《だ》喜《き》代《よ》蔵《ぞう》

（一八六四～一九一二）

軍人、水雷発明

元治元年、肥前に生まれる。海軍兵学校を出て明治一九年に海軍少尉に任官、日清戦争では水雷艇二十一号艇長として威海衛攻撃などで戦功をあげている。その後、イギリス留学などで水雷研究に取り組み、小田式機械水雷を発明している。この水雷によって日露戦争時にロシアの極東艦隊に大打撃を与える功を挙げている。図一は旅順口を封鎖するため水雷を仕掛けに出る日本海軍である。三七年四月一八日の『東京朝日新聞』は「先頭に占位せるペトロバウロスクと見えたる敵艦一隻、前夜

図一 『団団珍聞』明治37年3月7日号

図二 『団団珍聞』明治37年3月7日号

沈置したる我機械水雷に掛り、爆発轟沈するを見る、時に午前十時卅二分なり。敵の残艦は此惨憺たる光景に驚きて大に混乱し、尚ほ外に一敵艦の進退自由を失ひたるの疑ひありしも、敵艦隊混雑の為め艦型を識別する能はざりし」と小田の水雷によってロシア艦隊が崩壊していったことを報じているが、これはペトロバウロスクに搭乗していたロシア艦隊を率いるマカロフ提督を失ったことで指揮が混乱したためである。これに乗じて日本は波状攻撃をかけてロシア艦隊を殲滅していった。**図二**は水雷の威力に雷神も驚いているといった漫画で、水雷の破壊力を表現している。**図三**はこの海戦からいくばくもなく描かれた「日軍の三幅対」のなかの小田の水雷の軸である。小田の水雷は下瀬雅允の火薬や有坂成章の大砲とともに日本の発明した世界に誇る武器として名を馳せた。**図四**もロシア艦隊崩壊直後に描かれたもので、小田の業績を記した記事に添えられたものである。四五年、急性肺炎で死去した小田の業績を四五年四月二七日の『東京朝日新聞』は「当時生還した将校ブーブノフ大佐が本国に「ペトロバウロスクの沈没は、全太平洋艦隊否少なくとも旅順艦隊の前途を全滅せしめたり」と報告したのを見ても明かである。斯の如く少将が我海軍に尽した事は、此一事ばかりでも多大の事で、我国民の斉しく忘るべからざる事である」と讃えている。小田は国民全体のヒーローとなっていたのである。

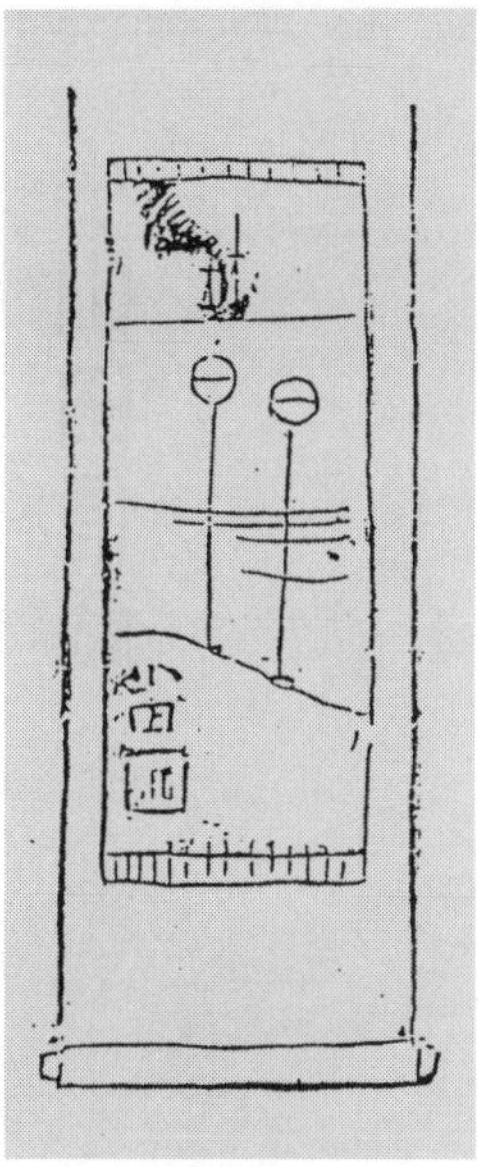

図三 『団団珍聞』明治37年5月13日号

図四 『団団珍聞』明治37年5月1日号

小《お》山《やま》田《だ》信《しん》蔵《ぞう》（一八七〇～一九二四）

政治家、実業家

明治三年一〇月、常陸に生まれる。実業界に入って太田鉄道社長、豆相鉄道社長、隅田川倉庫社長、水戸商業銀行頭取、北海道炭鉱監査役などを歴任して実業界の実力者となっていった。

三七年の総選挙に立候補して当選し、その後、四期にわたって代議士を勤めている。図一はそんな小山田が絡んだ横浜海面埋立事業に関する疑惑を描いたものである。左で「横浜埋立蕪」に肥料を撒いているのが小山田で、右で「東京街鉄蕪」に肥料を撒いているのが星亨と雨宮敬次郎（左袖に星印、右袖に雨と書かれている）に擬せられた人物である。横浜海面埋立は居留地撤廃後に横浜市民の先願者に対して許可することとなっていたが、その許可を受けるために必要な金額を出願人が小山田に借金を申し入れたことから小山田がこの計画を知り、自分で埋立に乗り出して世間を騒がせた事件である。三二年一〇月二〇日の『報知新聞』は「曾て懇意なりし小山田信蔵氏に借用金を為さんとしけるに、抜目なき小山田氏は山内、直原等より出願の手続き、及び其

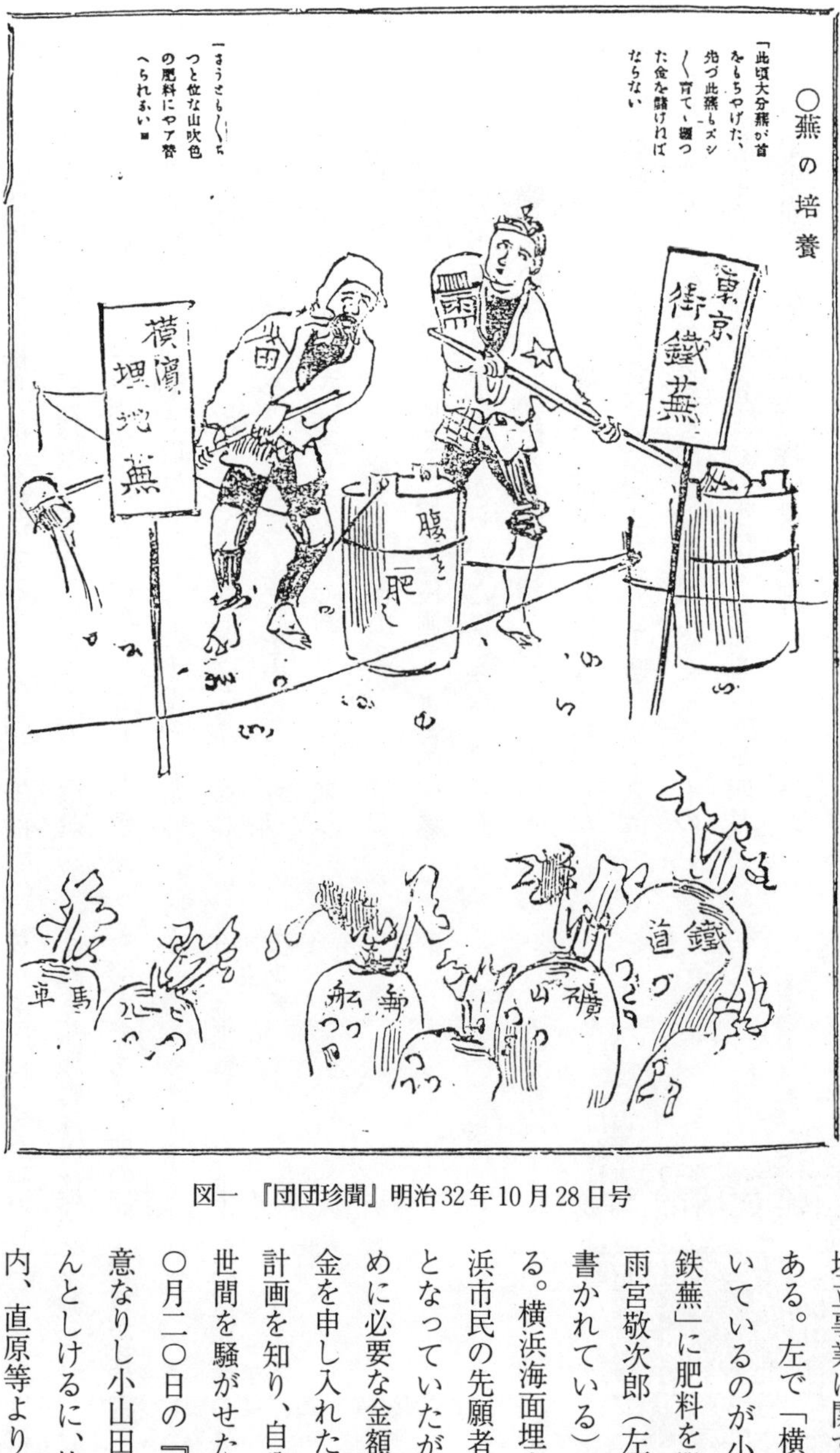

図一 『団団珍聞』明治32年10月28日号

の関係等を悉く聞き取り、之れを出し抜いて願書を提出し、其の後援を岡崎邦輔、井上角五郎、星亨の三名に頼み、岡崎氏は小山田氏と共に出願名義人となり、星亨、井上角五郎の二人は、成効の上は五十萬円を配当する契約により運動に着手せしなり」「横浜組にては、星亨等も無論二心なき味方と気を許し居り、近来に至りて漸く風の変りたるを覚れる程なりしが、其時には星、岡崎、小山田の脅迫運動によりて許可の司令已に小松原次官の手より、浅田神奈川県知事の手に移りたるときなり」などと事件の顛末を報じている。この報道がなされた当日に横浜海面埋立は小山田に許可された。星と組んだ小山田はまだまだ利権を狙っているようで、手前にある「鉄道」「鉱山」「郵船」「ビール」「馬車」といった蕪に肥料をかけようとしている。「此頃大分蕪が首をもちやげた、先づ此蕪もズシズシ育て、纏った金を儲けねばならない」との言葉に小山田も「さうともさうとも、ちっと位な山吹色の肥料にやア替へられないヨ」と相槌をうっている。こんなところからも実業界と政界を股に掛けた小山田の姿を見ることができるのである。図二も横浜海面埋立事業の疑惑を扱ったもので人の顔に擬せられた埋立予定地の下に「お山田」の文字が書かれている。

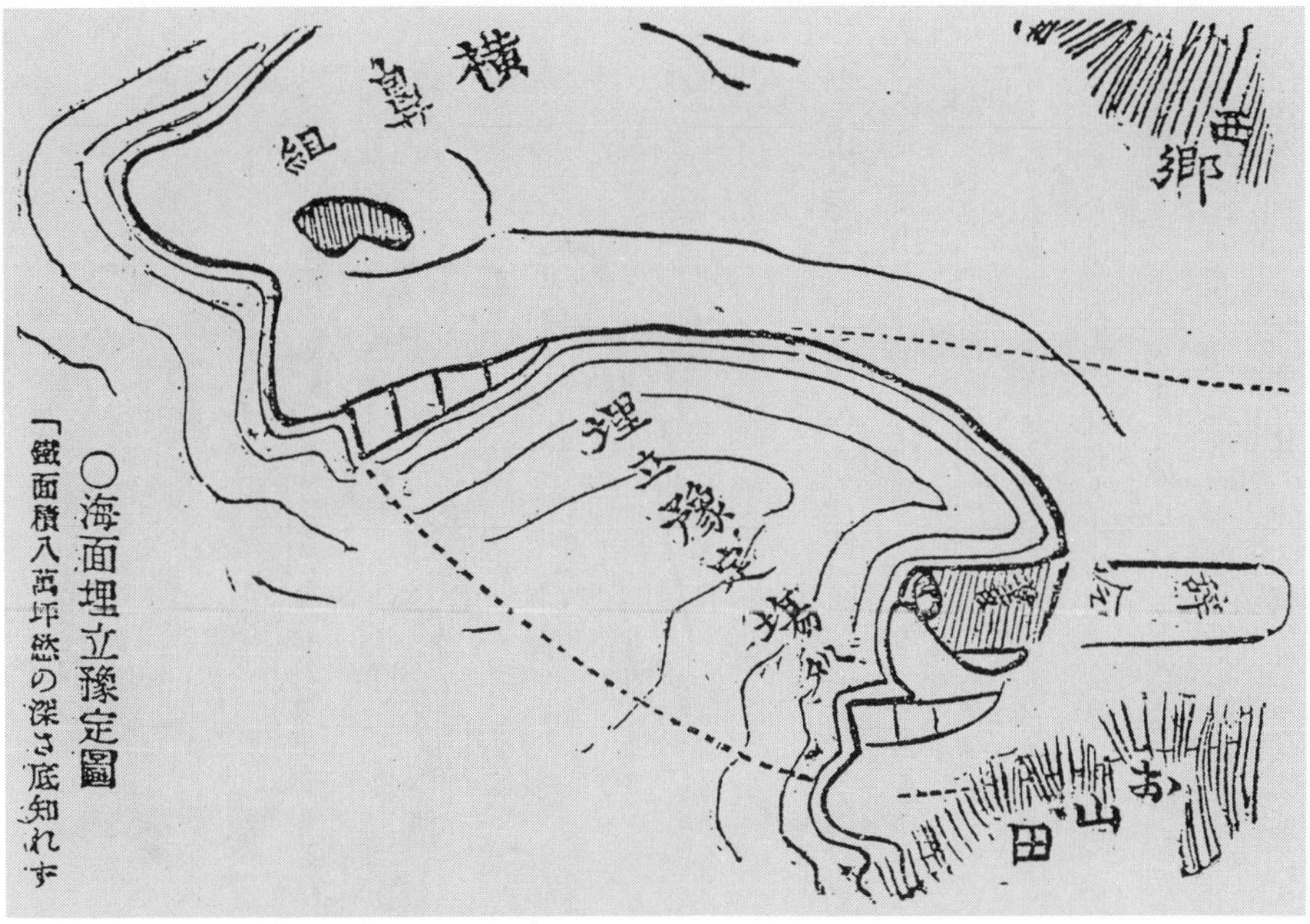

図二　『団団珍聞』明治32年10月28日号

景《かげ》山《やま》英《ひで》子《こ》（一八六五〜一九二七）

婦人解放運動家

慶応元年一〇月、福岡に生まれる。自立を目指して小学校の助教となり、自由民権運動に参加する。働く女性にも教育を受けさせるために蒸紅学舎を設立したものの明治一七年に弾圧をうけて学舎が閉鎖されたために上京して坂崎紫瀾からスペンサー社会学を学ぶとともに新栄女学校に通い、その後、一八年に大井憲太郎らの朝鮮改革運動に協力して弾薬運搬などをしたために逮捕されている。この、いわゆる大阪爆弾事件は国事犯として裁判にかけられ、唯一の女性犯として注目を浴びた。図一は「紅一点」と題されており、女性国事犯としていかに景山が話題の的となっていたかを窺わせる。

二〇年一月一五日の『朝野新聞』にはすでに判決をうけて獄中にいる景山の小伝を掲載しているが、そのなかに、「嘗て鹿鳴館の門外を過ぎ偶ま夜会の有様を観て、坐に社会の不平均なるを思ひ、知らず識らず慷慨之れを久うし、路人の怪しむ所となりしと云へり、女史人となり洒落にして小節に拘泥せず、而して詩を賦し、月琴を弾ずる等亦常人に超絶せり、容貌は白皙にして豊肥なれど、敢て尋常女学生の如く粧飾を廃せず、常に容儀を損せざりしと聞く、亦一個の女丈夫と云ふべし」との一文があり、景山の性格と、活動を始める一つのきっかけを知ることができよう。女性の権利拡大を目ざして運動して来た景山ということもあって逮捕されてからも女性からの支援は行なわれていたことは「大坂の代言人北村左吉氏等が発起にて國事犯者へ義損金を為すとの事を聞込みたる淀屋橋の町藝妓連は、應分の金を贈らんとて、去る一一日の夜北新地裏町の丸好席にて、花柳演説會を開き、其の収入金を悉皆景山英女へ贈ること、なし、右北村氏の許へ依托したる由。」という二〇年七月

図一 『滑稽新聞』明治37年9月15日号

七日の『朝野新聞』の記事からも窺うことができる。二二年に出獄して大井と結婚するものの離婚、そののち福田友作と再婚している。

景山は女性の活動を広げるために女性だけの新聞社設立も計画していたようで、二四年一〇月一四日の『郵便報知新聞』には「英子は稲垣某といふ人と計り、女子新聞を発刊せんとするの計画あり、記者探訪者事務員に至るまで、一切女子のものを使用し（覚束なし）、毫も男子の力を假らず、一に女権拡張男女同権を主張する趣なり」と書かれている。三四年に角筈女子工芸学校を設立、また、平民社設立に協力するなど社会主義にも共鳴して活動した。四〇年には安部磯雄らの協力を得て雑誌『世界婦人』を創刊して女性の政談集会主催や参加などを禁じた治安警察法の改正運動を展開した。足尾鉱毒事件では田中正造にも協力している。

《伝記》

*自由之犠牲女権之拡張景山英女之伝・独善狂夫編　成文堂　明治二〇（栄泉堂　明治二〇）（金鱗堂　明治二〇）（駸々堂　明治二〇）

*妾の半生涯・福田英　東京堂　明治三七（近代日本文化叢書　実業之日本社　昭和二四）（岩波文庫　岩波書店　昭和三三）

*妾の半生涯・福田英子等　改造文庫　改造社　昭和一一

*景山英子小伝・藤田徳松　明治文化　五ノ一二　昭和四

*福田英子　婦人解放運動の先駆者・村田静子　岩波新書　岩波書店　昭和三四

*福田英子のこと・近藤真柄　久津見房子　労働運動史研究　二九　昭和三七

*福田英子研究　三十五周年を記念して・女性史研究会編刊　昭和三七

片《かた》岡《おか》健《けん》吉《きち》（一八四四～一九〇三）

政治家

図一　『国民新聞』明治23年2月26日号

天保一四年一二月、高知に生まれる。戊辰戦争では各地に転戦し、明治四年、高知県権大参事となり、その年に欧米各国へ軍事視察旅行に出かけ、六年に帰国して海軍中佐となるが、板垣退助が征韓論争に破れて下野すると片岡も辞職して高知に戻り、板垣らとともに立志社設立に尽力して自由民権運動を推しすすめる。

一〇年、西南戦争中に国会開設の建白書を提出するものの退けられ、挙兵の嫌疑をかけられて禁獄百日の刑をうける。出獄後、一二年に高知県会議員に選出されて議長に就任するがいくばくもなく辞任して翌年には河野広中とともに国会期成同盟の代表に選ばれて国会開設請願書の奉呈におよぶものの却下され、一四年に自由党結成に参画して各地を遊説する。二〇年、三大建白書事件の中心人物として厳しい官憲の目が注がれ、同年、保安条例違反で軽禁錮二年六ケ月となるが二二年に憲法発布の大赦によって出獄して政治活動を再開している。図一は二三年正月に発足した愛国倶楽部の総会に招かれて懇親会で七〇名ほどを前にして演説している片岡である。初めての総選挙が間近となり、板垣退助の代理として出席して関西地方などの活動について報告しながら檄を飛ばしている。この年に行なわれた第一回総選挙において片岡は高知県から立候補して当選している。二七年には副議長に就任して自由党の幹部として活躍していった。自由党は必ずしも一枚岩ではなく、土佐派と河野広中の対立などが続いていた。三〇年に入って党内の政争はさらに激しくなっていった。図二はこんな自由党の状況を描いたもので、「自由桶の破裂」というタイトルがつけられている。「自由」というビア桶のあちこちからビールが漏れてきており、皆でその修理に躍起となっているが、一人は「片岡ケン」と書かれた紙切れを貼り付けて漏れを止めようとしている。そして、「とりあえず是をあてがって一時を防ぐがよかろう」と言っており、自由党内における片岡の存在の大

図二　『団団珍聞』明治30年1月9日号

きさがわかる。しかし、この一ケ月後には政党合同を唱える河野が自由党を離れていった。三一年には議長に就任して政府と野党の調整や連携に力を尽くしたりもしている。

図三は議長に就任した当時の片岡を描いたものである。三六年に死去するまで議長を務め、政治家として大きな足跡を残したが、片岡はプロテスタントでもあり、キリスト教教育や矯風活動にも大きな役割を果たしている。

《伝記》

＊片岡健吉建白書・片岡健吉　立志社　明治一〇
＊人物評論・蓑田政徳　北日本刊行協会　大正一五
＊片岡健吉先生伝・川田瑞穂　立命館出版部　昭和一五
＊片岡健吉・青山一浪　信仰偉人伝双書　創元社　昭和二九
＊片岡健吉先生の生涯　片岡健吉先生銅像再建期成会（高知県議会事務局内）昭和三八
＊片岡健吉日記・立志社創立百年記念出版委員会編纂　高知市民図書館　昭和四九

図三　『中央新聞』明治31年5月15日号

勝《かつ》海《かい》舟《しゅう》（一八二三～九九）

政治家

文政六年一月、江戸に生まれる。剣術に優れ、西洋兵術や蘭学も学び、塾を開いて後進の指導にあたるとともに大砲鋳造なども行なって嘉永六年のペリー来航時には海防意見書を幕府に提出、安政二年には下田取締掛手付を経て長崎に行き海軍伝習所で海軍術を修得して指導的立場となる。万延元年の遣米使節派遣に際しては咸臨丸の航海を指揮して太平洋横断に成功している。帰国後、蕃書調所頭取助、軍艦操練所頭取を歴任して文久二年に軍艦奉行並となり、江戸～大坂間を幕府要人を乗せて往復するとともに大坂湾の防備を将軍家茂や姉小路公知らに披露している。家茂が大坂に来たときに勝は神戸海軍操練所の必要性を説いて設立許可を得、元治元年にその開設をみているが、勝は操練所における伝習を幕臣だけに限らず実施している。この年、軍艦奉行に就任したものの禁門の変に際して浪人を匿った嫌疑をかけられて役を解かれた。慶応二年に軍艦奉行に復帰後は第二次長州征伐の解決に尽力、四年の江戸開城に際しては西郷隆盛と会見して混乱を未然に防いでいる。

新政府からの強い要請があったものの出仕を辞退していた

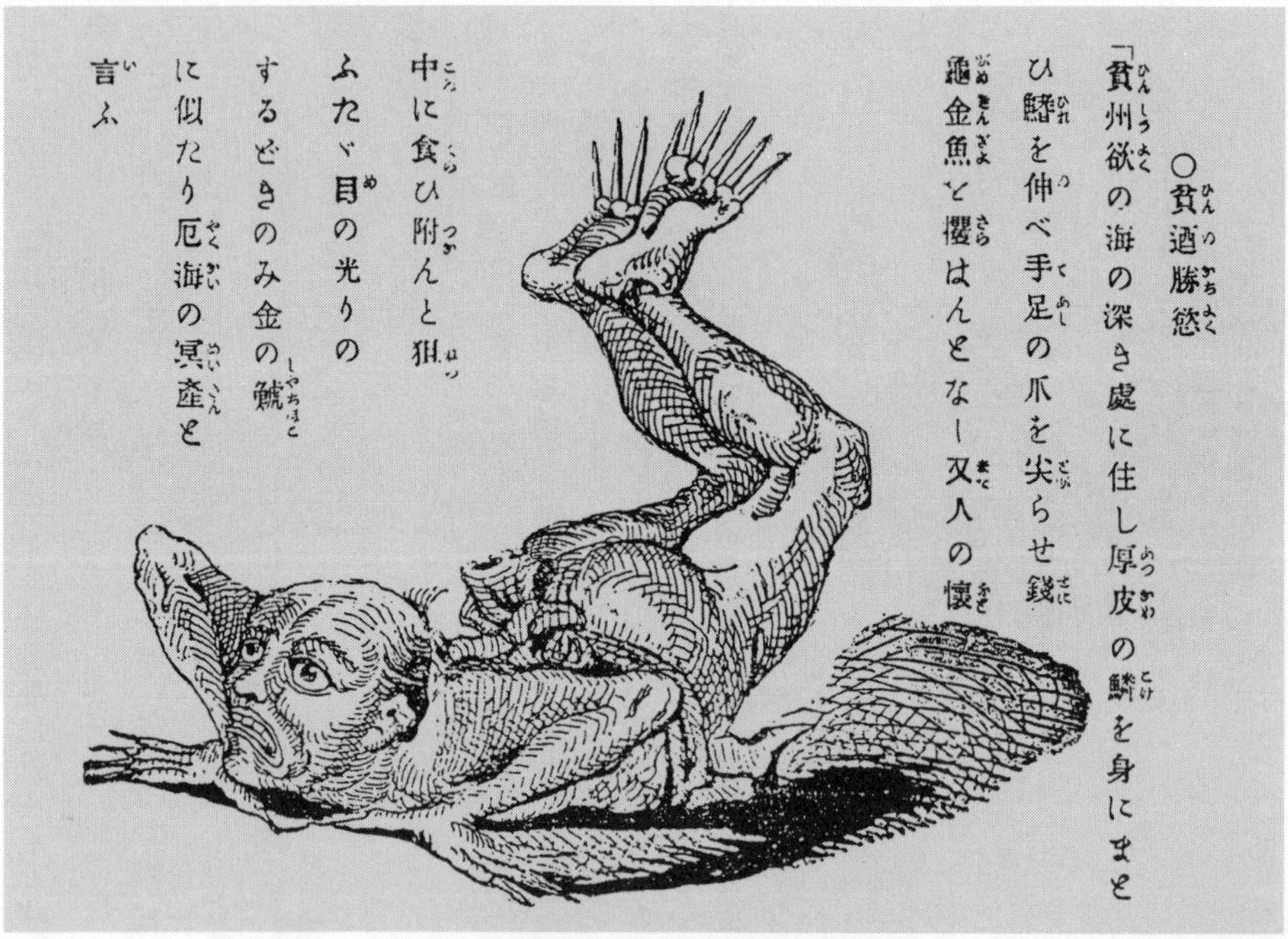

○貧《ひん》迺《の》勝《かち》慾《よく》
「貧州《ひんしう》欲《よく》の海の深き處に住し厚皮《あつかわ》の鱗《こけ》を身にまと
ひ鰭《ひれ》を伸《の》べ手《て》足《あし》の爪を尖《とが》らせ錢《ぜに》
亀金魚《きんぎよ》と攫《さら》はんとなし又《また》人の懐
中《こゝ》に食《くら》ひ附《つか》んと狙《ねら》
ふたゞ目《め》の光りの
するどきのみ金の鯱《しやちほこ》
に似たり厄海《やくかい》の冥産《めいさん》と
言《い》ふ

図一　『団団珍聞』明治10年5月26日号

図二　『団団珍聞』明治22年5月18日号

勝だったが、明治五年に海軍大輔、翌年には参議兼海軍卿に就任するも八年に辞して以降は官に就くことを辞退し続けた。しかし、勝の見識は政界に大きな影響力を保ち、相談役的存在として重きをなしていた。このような存在のためか、**図一**のような勝に対する辛辣な諷刺画も描かれている。二一年には枢密顧問官に就任している。**図二**はその翌年に描かれたもので、勝が枢密顧問官を辞し、板垣退助が入閣するのではとの噂を扱っている。左端では勝の荷物をまとめており、荷物入れには「かつ」と書かれている。二三年には貴族院議員となっているが、**図三**は同年の勝である。重鎮として大所高所からの指導的役割を果たして三二年に死去した。勝の死去に際して天皇からは「幕府ノ末造ニ方リ、大勢ヲ審ニシテ振武ノ徳を講ジ皇運ノ中興ニ際シ、旧主ヲ輔ケテ解職ノ実ヲ挙ゲ、爾後顕官ニ歴任シテ勲績愈々彰ハル、今ヤ溘亡ヲ聞ク、曷ゾ軫悼ニ勝ヘン…」との勅語が発せられているが、この短い文のなかに旧幕時代から明治へと変遷する大きな時代の流れの

図三　『国民新聞』
明治23年3月18日号

歡迎
徳川家康
奉迎
幡随院長兵衛
○氷川伯の入府
「ヲヤ〳〵出たネ冥府へ來て見れば又吼せる的も無からうハヽヽヽ小僧ども並んだナヲヤ〳〵權現樣もお見えになるやうだナ

図四 『団団珍聞』明治32年1月28日号

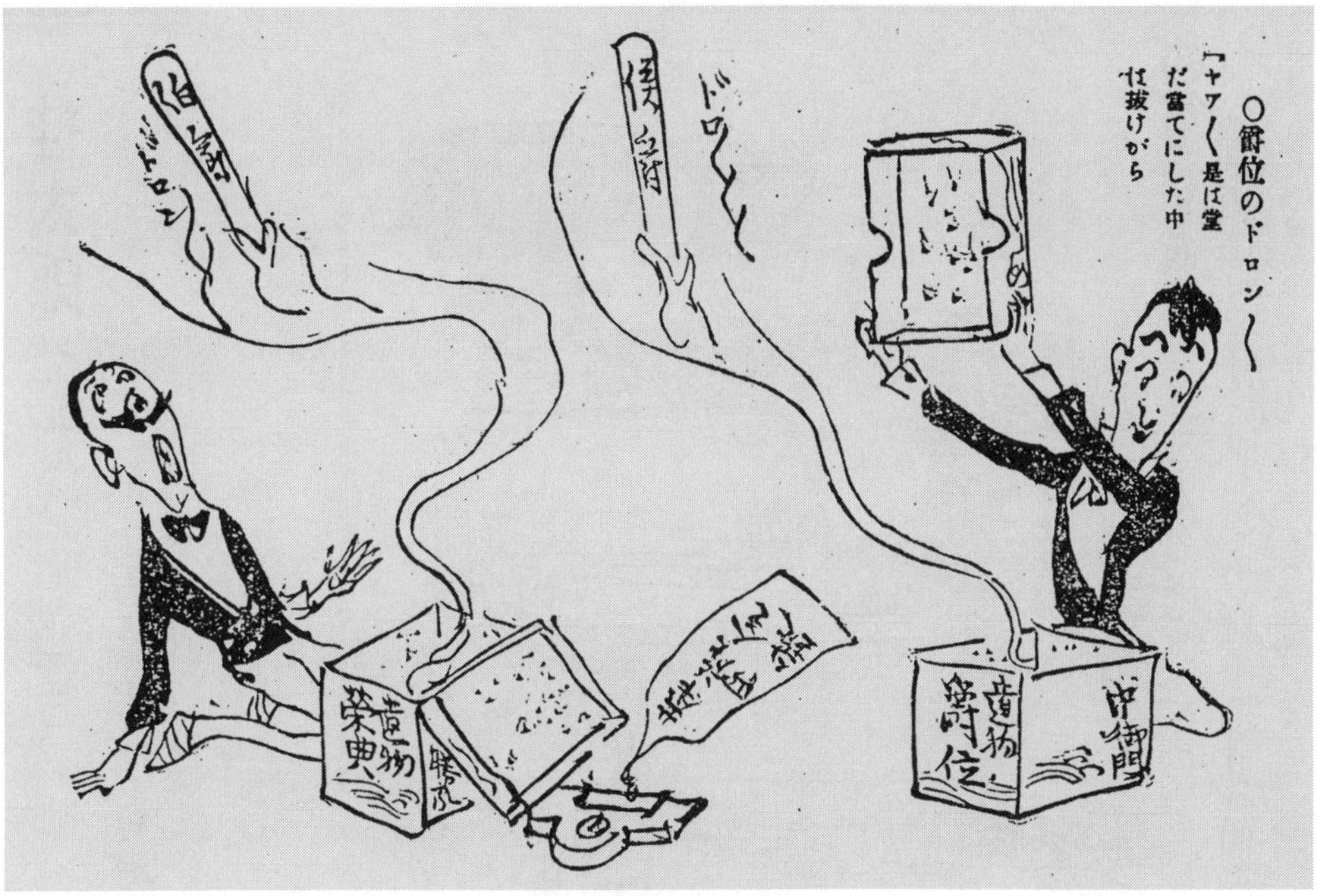

図五　『団団珍聞』明治32年2月4日号

なかで目覚ましい活躍をした勝の行動力と指導力を見ることができよう。**図四**は冥府に行った勝が徳川家康をはじめ、大久保彦左衛門、新門辰五郎など多くの徳川幕府関係者に迎えられているところである。このように、勝は最後まで幕臣としてのイメージが強かったのであろう。**図五**は勝の死去にともなって勝家の爵位が消滅したことを描いている（左）。右は同じく爵位が消滅した中御門家である。勝家の爵位消滅について三二年一月二九日の『国民新聞』は「生前慶喜公の十男精氏を養子としたれども、相続人排除の手続をなさず、而して其の相続人は嫡孫女なるを以て、失爵の止むを得ざるに居りしなり」とその理由を記している。その後、特旨により勝家の爵位は保たれ、勝精が幼少なために徳川家達がかわりに参内して爵記を拝受している。

《伝記》

*氷川清話　三冊・勝安芳述　吉本襄編　鉄華書院　明治三〇～三一
*海舟翁一夕話・徳富猪一郎　蘇峰文選　民友社　大正四
*勝海舟伝・徳富猪一郎　偉人伝全集　七　改造社　昭和七
*資料勝海舟伝・氷川海舟会編刊　氷川海舟会叢書　昭和九
*勝海舟・和田政雄　偉人伝文庫　講談社　昭和一五
*勝海舟・松浦玲　中公新書　中央公論社　昭和四三
*勝海舟の言葉・勝安芳　幕末維新研究会編　大陸書房　昭和四七

桂《かつら》太《た》郎《ろう》（一八四八～一九一三）

軍人、政治家

弘化四年一一月、萩に生まれる。万延元年に萩藩の洋式銃陣に入り、長州征伐のときには藩兵として石州などで戦い、戊辰戦争では奥州を転戦した。明治二年、横浜語学所に入り、その翌年にはドイツに留学して兵学を学んで六年に帰国、陸軍大尉、ドイツ公使館付武官などを歴任して参謀本部管西局長に就任し山県有朋の側近として陸軍軍制改革を推進する。

一七年、陸軍卿大山巌に随行してヨーロッパ各国の兵制を視察し、帰国後、一九年に陸軍次官に就任する。日清戦争では第三師団長として鴨緑江方面などを転戦、二九年に台湾総督となり、三一年には第三次伊藤内閣の陸軍大臣に就任、その後の第一次大隈内閣、第二次山県内閣でも留任して大きな発言力を持ち、軍備拡大を推進していった。

三四年、首相となっている。図一は桂首相のもとに組閣された内閣を描いたもので、「当たるも八景、当たらぬも八景」とのタイトルでもわかるようにあまり信頼されていないようだ。それまでの首相は伊藤博文、黒

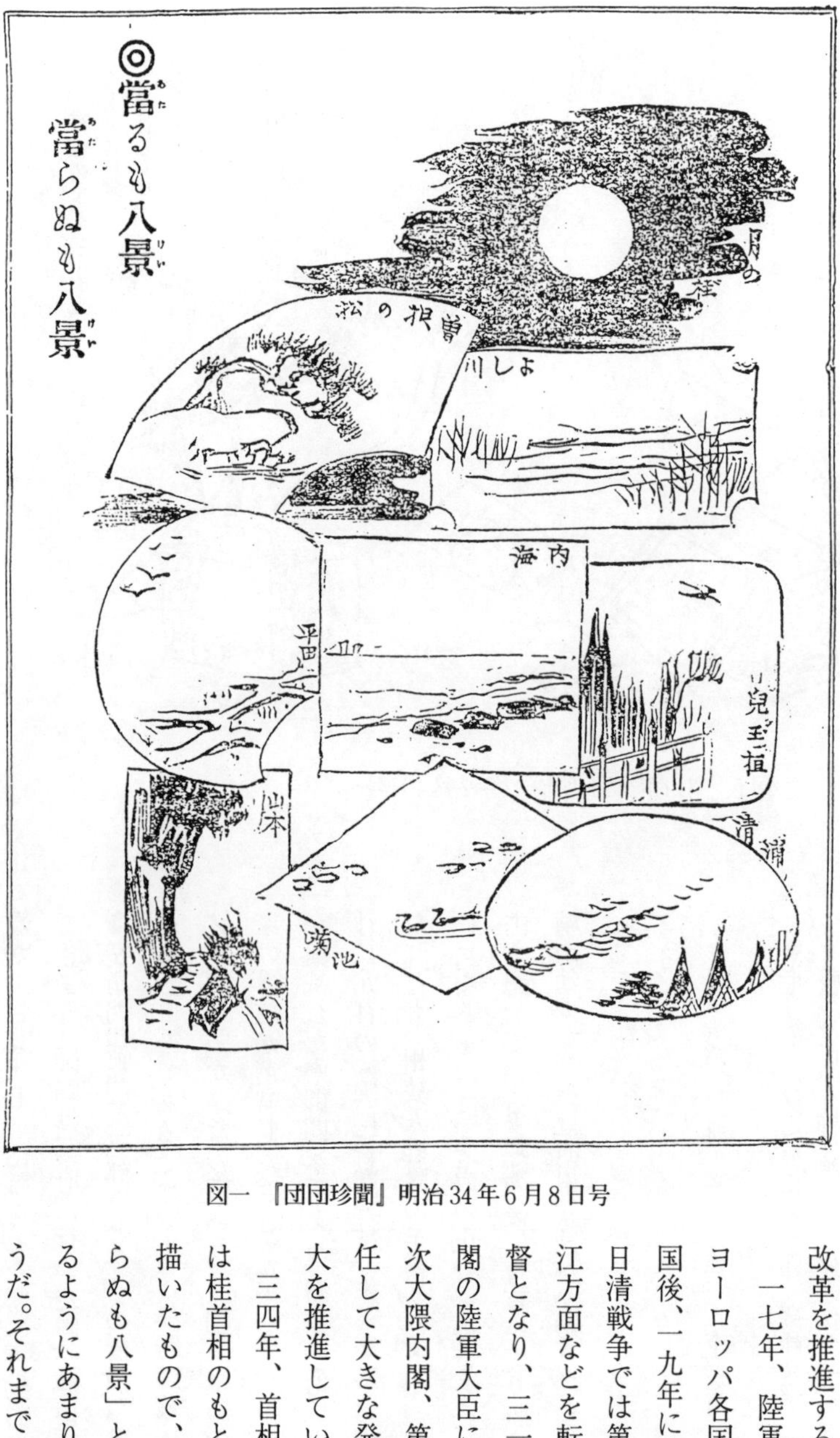

図一　『団団珍聞』明治34年6月8日号

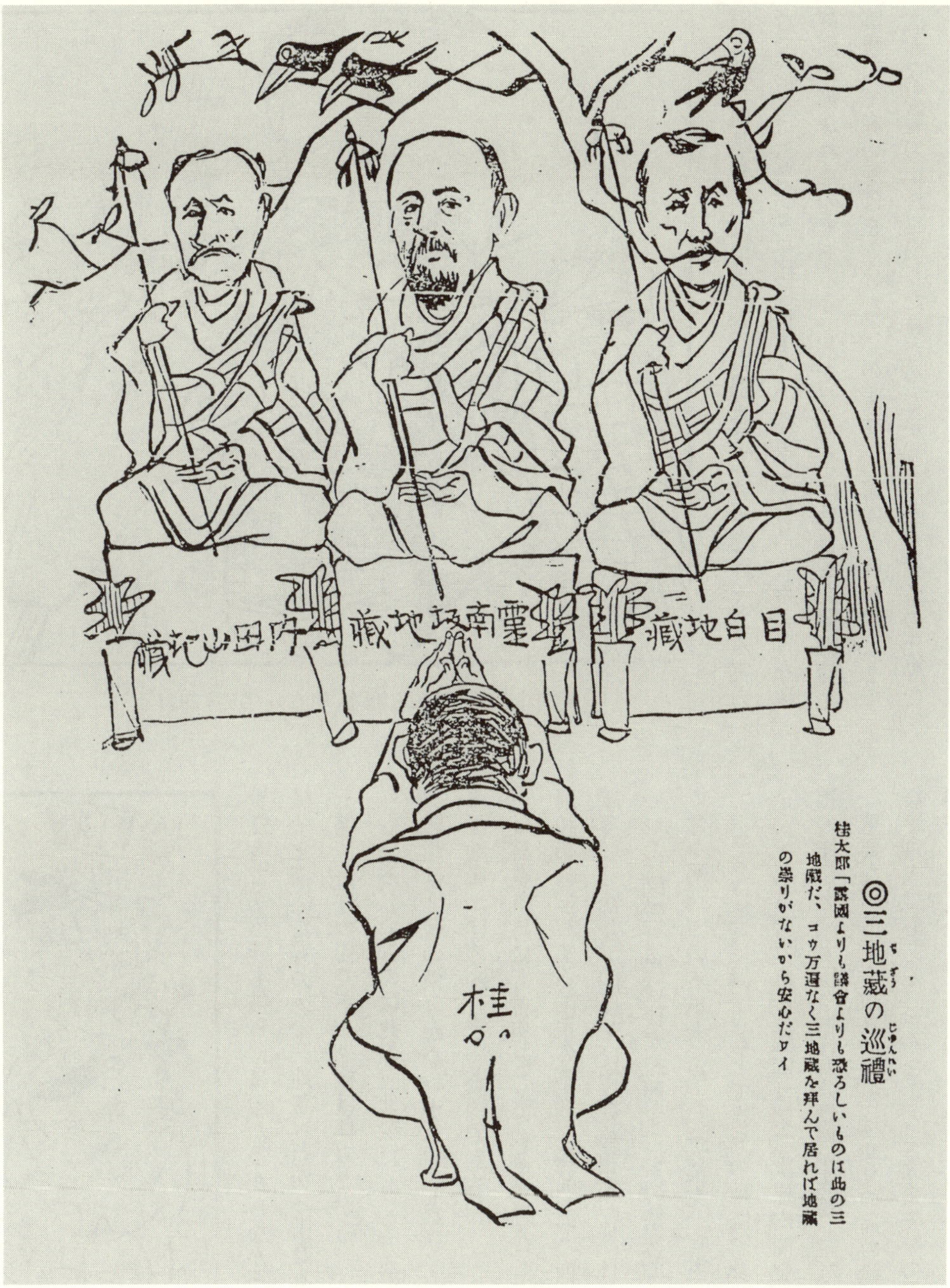

図二 『団団珍聞』明治36年12月19日号

田清隆、山県有朋、松方正義、大隈重信といった錚々たる実力者で、彼らに較べると桂は格下との印象もあり、このような諷刺画が描かれたのであろう。しかし、翌年には日英同盟締結を実現して高い評価をうけた。このように、着々と政治家として大きな影響力を持ち出した桂だったが、まだまだ維新の元勲たちが隠然とした力を発揮しており、総理大臣として政治の最高

図三　『東京二六新聞』明治41年5月29日号

責任者である桂も彼らには頭が上がらなかった。図二はそんな様子を描いたもので、三地蔵（右から山県有朋、松方正義、井上馨）を拝む桂である。桂は拝みながら、「露国よりも議会よりも恐ろしいものは此の三地蔵だ、コウ万遍なく三地蔵を拝んで居れば地蔵の祟りがないから安心だワイ」と呟いている。彼ら三地蔵が桂の頼りだったのである。

図四　『二六新報』
明治43年6月23日号

日露戦争時にも首相として戦争を遂行していったが、日露講和条約に対する国民の不満が爆発して、西園寺公望に政権を譲る。しかし、四一年に再び首相となり日韓併合をすすめていった。図三は再び桂が組閣するとの情報で桂の回りに集まって髯を洗っている軍人、学者、実業家、官吏らを諷刺したもので、彼らは桂に近づくことで自分の地位や身分などを得ようと企んでいるのである。図四は第二次桂内閣を諷刺したもので首相の桂が大蔵大臣や拓殖局総裁を兼務している。大蔵大臣という重要なポストや設立されたばかりの局の総裁であるばかりでなく軍人でもある。こんなことで大丈夫なのだろうかといった不安が表現されているといえよう。

桂の在任中に大逆事件も起こって大きな政治問題となったが、大逆事件後は「冬の時代」と呼ばれる厳しい政策を行った。その後、四四年に辞任して第二次西園寺内閣が成立する。首相を辞した翌年、桂は洋行に出かけているが、**図五**は洋行からの帰国後、「欧州巡遊」を道具に第三次桂内閣を建設しようと地均ししているところである。かくて、桂は大正元年に三度目の首相就任を果たしたが短命に終わっている。

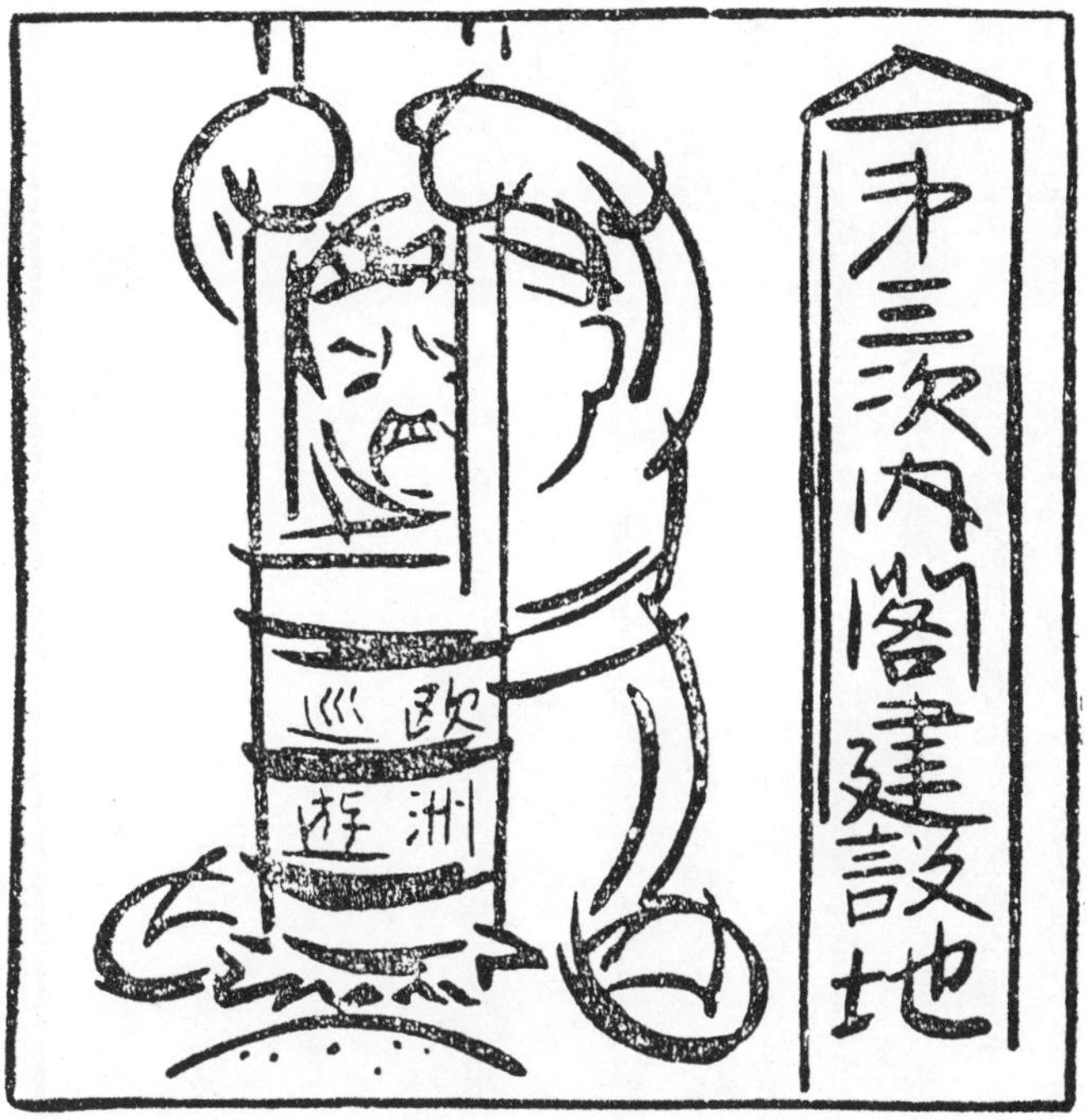

図五　『二六新報』明治45年7月11日号

《伝記》
＊処世訓・桂太郎　宝文館　明治四五
＊公爵桂太郎伝　二巻二冊・徳富猪一郎　故桂公爵記念事業会　大正六
＊桂大将伝・杉山茂丸　博文館　大正八
＊近代政治家評伝・阿部真之助　文芸春秋新社　昭和二八
＊桂太郎・川原次吉郎　三代宰相列伝　時事通信社　昭和三四
＊桂太郎関係文書目録・国立国会図書館編刊　昭和四〇
＊公爵桂太郎伝　乾・坤巻　徳富蘇峰編著　原書房　昭和四二（明治百年史叢書）

加《か》藤《とう》高《たか》明《あき》（一八六〇〜一九二六）　官僚、政治家

安政七年一月、名古屋に生まれる。東京外国語学校、東京開成学校を経て明治一四年に東京大学法学部を主席で卒業して三菱本社に入社し、一六年に海運事業研究のためイギリスに留学して陸奥宗光との出会いなどで政治に興味を抱くようになる。帰国後、三菱本社副支配人となり、岩崎弥太郎の長女と結婚するが、二〇年に陸奥に誘われて公使館書記官兼外務省参事官として出仕し、外務大臣大隈重信のもとで条約改正交渉の実務に携わる。その後、大隈の外相辞任に呼応して加藤も退官するものの二三年に大蔵省に招かれて参事官となり、銀行、監査、主税局長を歴任して二七年に外務省に移って陸奥外相のもとで政務局長などを勤めた後に駐英公使に就任して五年ほどの長期間イギリスに滞在して多くの政治家と親交を持ち、日英親善に貢献した。しかし、三二年には外務大臣青木周蔵の外交に不満を抱いて駐英公使を辞任している。**図一**は青木の鉢植の横にいる植木屋（加藤）だが、すでに気持ちは左の藤（伊藤博文）のほうに向いており、「こんな無能な青木なんぞ大事に仕たって迚も西洋へは向ないから此處らが見切時さ」と呟いている。

○英公の魂膽
「こんな無能な青木なんぞ大事に仕たつて迚も西洋へは向ないから此處らが見切時さ夫から旨くあの藤を此鉢へ取て支那へ向けて一儲け遣るさ云ふ旨い趣向さ
青木

図一　『団団珍聞』明治32年9月23日号

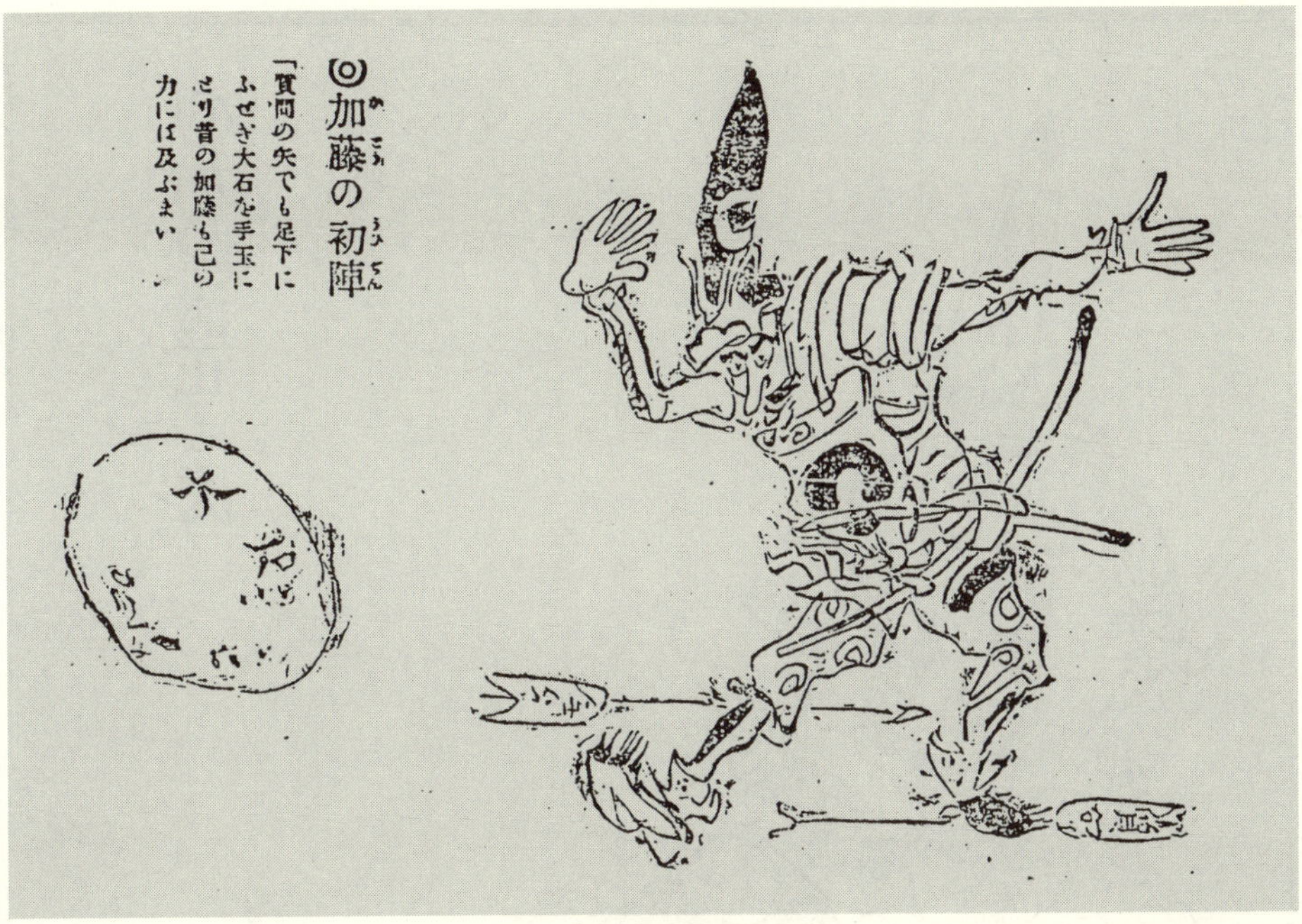

図二 『団団珍聞』明治34年2月16日号

図三 『団団珍聞』明治36年2月14日号

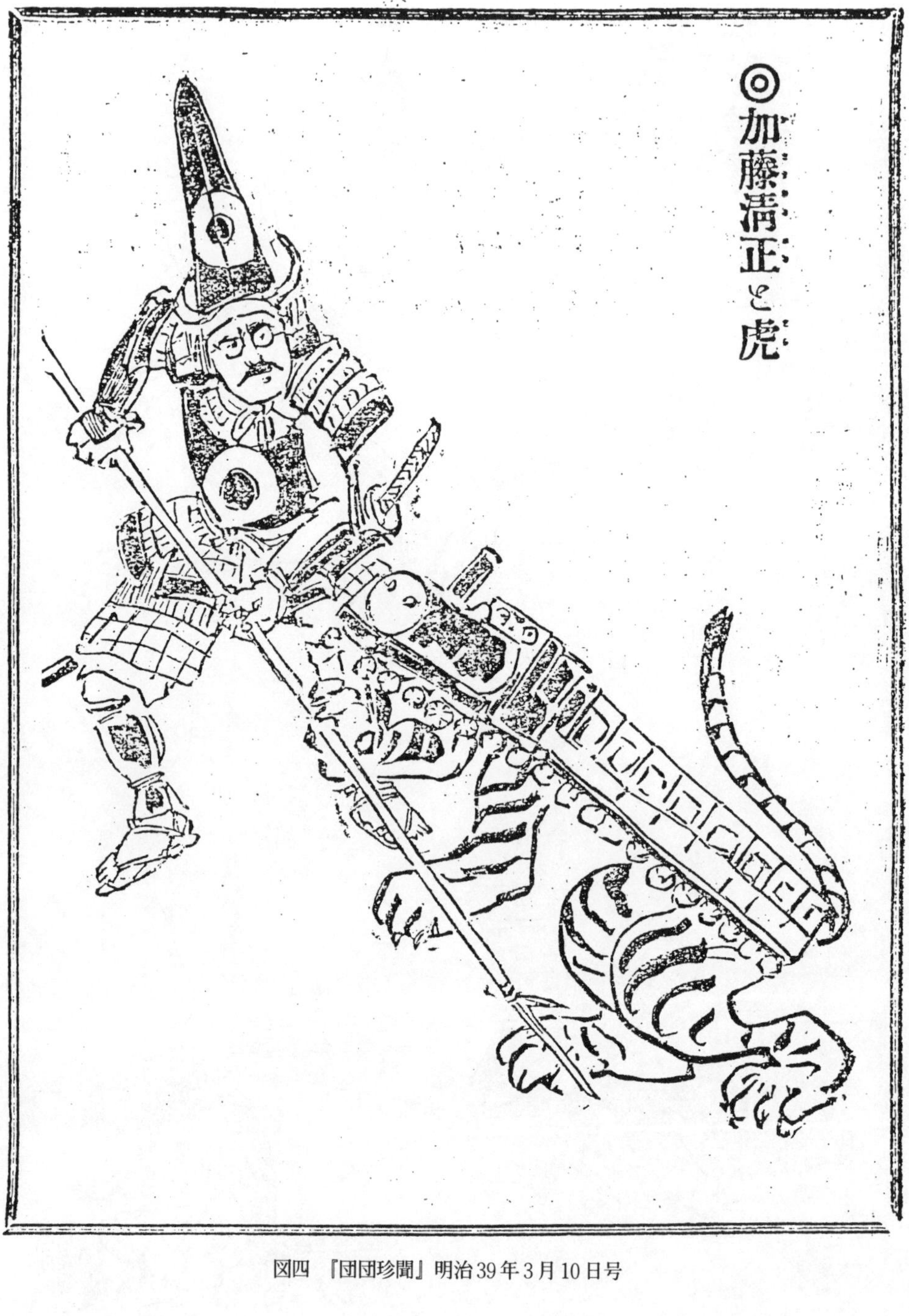

図四 『団団珍聞』明治39年3月10日号

三三年、加藤は第三次伊藤内閣の外務大臣に就任して日英提携と対露強行政策を唱えた。**図二**は飛んで来た矢をかわして踏み付けている武者姿の加藤を描いているが、新外務大臣として議会に臨んだ加藤は大石正己の質問をこのように斥けて面目を躍如した。「質問の矢でも足下にふせぎ大石を手玉にせり」と加藤は威勢がよい。

三五年に衆議院議員に初当選したが、翌年の総選挙では選挙区を島田三郎の横浜に移して選挙戦を戦った。**図三**は尻を押されながら島田の選挙区へ果たし合いに出かけた加藤である。この選挙で島田は最高得票で当選したが加藤は次点に終わっている。しかし、二位当選の奥田義人が鳥取県でも当選したので横浜の当選を辞退して加藤は補欠当選となった。その後、東京日日新聞社社長なども勤めて、第一次西園寺内閣の外務大臣に就任している。**図四**は第一次西園寺内閣の外務大臣となった加藤である。加藤清正に擬せられた加藤が虎の格好をした列車を退治しようとしているが、加藤は鉄道国有法案に強い反対を表明していたのである。しかし、政府はこの法案を議会に提出し、加藤は辞任している。大正二年には第三次桂内閣の外務大臣となり、同年、桂のあとをうけて立憲同志会総裁に就任した。一三年には護憲三派内閣を組閣、翌年には第二次加藤内閣を発足させたが一五年に病死している。

《伝記》

＊加藤高明・杉謙二編　同伝刊行会　大正一五
＊加藤高明伝・佐伯平造編　同刊行委員会　昭和三
＊加藤高明　二巻二冊・伊藤正徳編　加藤伯伝記編纂委員会　昭和四
＊近代政治家評伝・阿部真之助　文芸春秋新社　昭和二八
＊加藤高明　近藤操　三代宰相列伝　時事通信社　昭和三四
＊加藤高明　上下巻・加藤高明伯伝編纂委員会編　原書房　昭和四五（加藤高明伝刊行会昭和四年刊の複製）
＊加藤高明と大正デモクラシー・豊田穣　講談社昭和五九（明治・大正の宰相　第八巻）

加《か》藤《とう》政《まさ》之《の》助《すけ》（一八五四～一九四一）

政治家、ジャーナリスト

嘉永七年七月、埼玉に生まれる。村長に就任した後に慶応義塾で学び、明治一一年に『大阪新報』に主幹として入社したが、一四年に北海道開拓使官物払下げに反対して社主の五代友厚に辞表を提出している。その後、福沢諭吉の斡旋で会社の経営が鴻池家に移ったことで加藤も残留して払下げ反対の論陣を展開している。

埼玉県議を経て二五年に衆議院議員に当選している。立憲改進党、進歩党、憲政党などに所属し、憲政党政調会長などを歴任した。**図一**は三五年当時の加藤である。この図に添えられた説明によると加藤は埼玉県における進歩党の地盤を築きあげた人物として紹介されており、埼玉県において大きな勢力を有していたことがわかる。四二年の進歩党における新党設立では犬養毅と党内で大論争を展開している。四二年二月二六日の『東京朝日新聞』は「犬養氏は大同派をも加へて合同するは絶対に反対なりと論じ、加藤政之助氏は大同派にして我党との合同するに至れば、是即ち大同派が立憲的に進歩したるものにして、決して悪むべき事にあらずと駁し、犬養氏は否是れ我党が非立憲的に退歩するものなりと反駁し両人は互に火花を散らして論難したる挙句、犬養、加藤の両氏は烈火の如くなりて掴み合を始めたれば、列席の甲乙は漸く両人を引別けたり」と報じているが、こんな記事からも加藤の政治姿勢が伝わってくる。

加藤は「裏天」という仇名が付けられているが、その由来について、『名流漫画』は「加藤政之助氏は国民党一方の旗頭で有る其ノソリノソリと仕て居る處正に御生地埼玉の百姓然として居て何時も眠む相な顔付をして居るが言語は低い乍ら明確で有る裏天の天は即ち天狗の天にて裏は即ち表裏の裏で有る更に詳言せば政之助氏の鼻が前に余りに省略して裏の方へ天狗で有るとの意味で有る」と記している。**図二**はそんな加藤の横顔であるが、犬養との論争などに見られるような加藤の剛直な性格

図一　『二六新報』明治35年12月2日号

があらわれているようである。
昭和二年に加藤は貴族院議員となっている。また、大東文化学院総長、函館馬車鉄道社長など多くの要職を歴任している。『欧米婦人の状態』『世界大観と新日本の建設』などの著書がある。

《伝記》
*加藤政之助翁略伝・加藤翁頌徳記念会編刊　昭和一二
*加藤政之助翁農談・青山広志編　同志同行社　昭和一八
*加藤政之助回顧録・渡辺茂雄　加藤憲章　昭和三〇

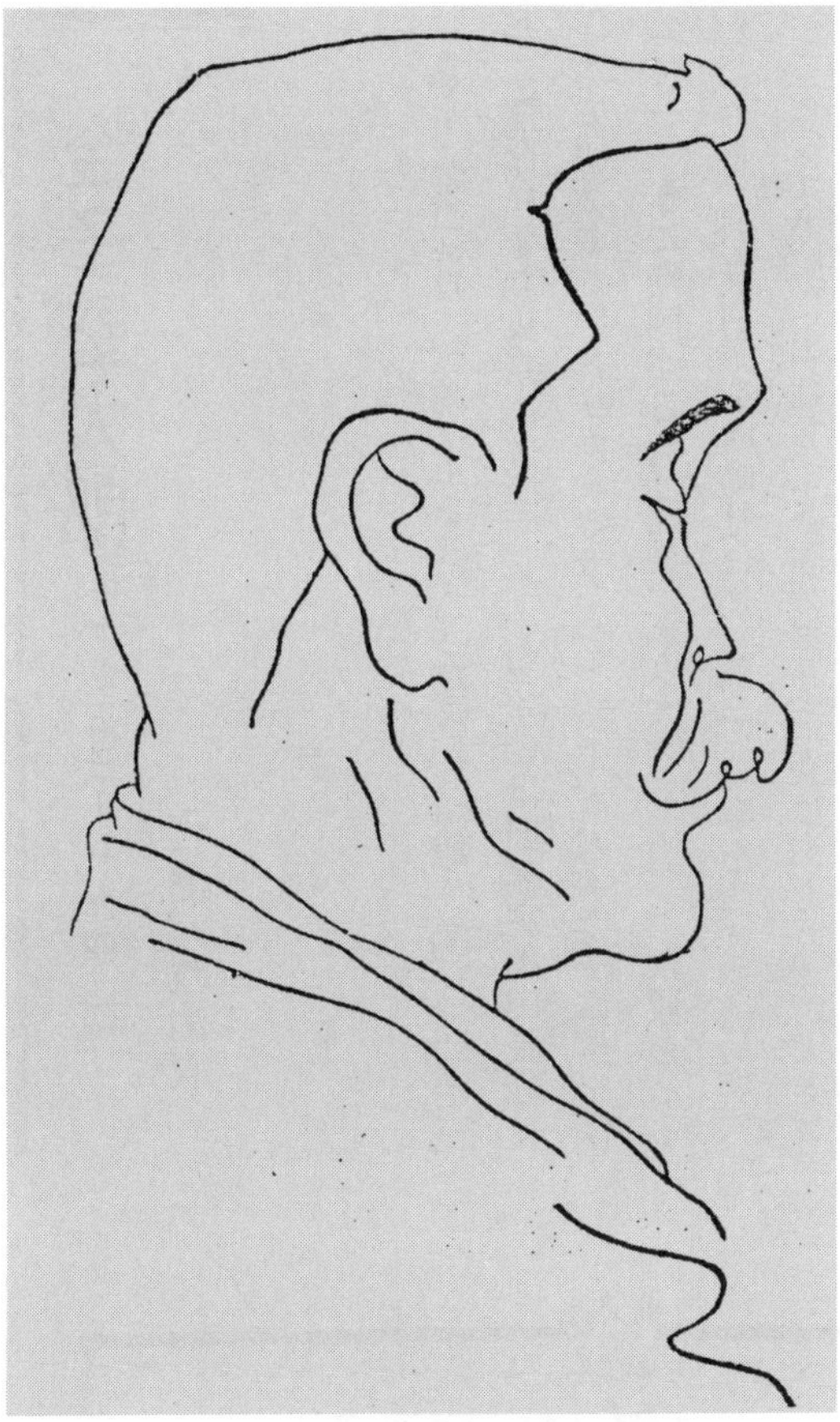
図二　『名流漫画』明治45年

金《かね》子《こ》堅《けん》太《た》郎《ろう》（一八五三〜一九四二）

官僚、政治家

嘉永六年二月、筑前に生まれる。藩校修猷館で学び、明治三年に藩命により東京に遊学、その翌年には旧藩主黒田長知に従って団琢磨とアメリカに留学、ハーバード大学で法律学を修めて一一年に帰国する。帰国後、東京大学予備門で教鞭をとるかたわら、共存同衆や嚶鳴社に加わって時事を論じていたが、一三年、元老院に出仕して各国の憲法調査にあたり、一七年に宮中に新設された制度取調局に移る。その後、一八年に総理大臣秘書官となって伊藤博文のもとで井上毅、伊東巳代治とともに憲法や制度の起草に尽力、二三年に貴族院書記長官に就任している。二七年には第二次伊藤内閣の農商務次官となっているが、**図一**は農商務次官の金子（佳猫）が伊藤の尻を突いて農商務大臣のポストを催促しているところである。かくて、金子は三一年の第三次伊藤内閣において待望の農商務大臣に就任を果たした。**図二**は農商務大臣となった金子を描いており、「のう床」の上にあがった猫の額には「可」（可猫＝金子）の字が見える。三三年には第四次伊藤内閣の司法大臣をつとめているが、**図三**は金子の司法大臣時代に起こった多数の法務官の辞職

図一 『団団珍聞』明治29年7月11日号

図二 『団団珍聞』明治31年5月7日号

図三 『団団珍聞』明治34年4月6日号

願い提出事件である。法務官の昇給案が否決されたために反対運動が全国に広がりストライキも頻発した。金太郎姿の金子は「法官辞職をこい」なる大鯉を抑えようと必死の奮闘ぶりである。**図四**も法務官の昇給案を扱ったもので、一度否決された増俸案が復活して勢いづく法務官と小さくなってしまった金子といった具合である。このようなさまざまなことがあったものの、一貫して伊藤を補佐していった。

日露戦争中はハーバード大学時代の同級生だったアメリカのルーズベルト大統領との個人的関係をもとに対露講和などに大きく貢献している。三九年枢密顧問官となってからは長老として重きをなした。**図五**は四五年に開催される大博覧会の会長に就任した金子が大構想を披露したことを扱ったもので、「明治四十五年の大博覧会の会長金子男は大抱負があるとやら大した鼻息で蜃気楼を築いて居られるがどうか蛤(ぐりはま)にならねばよいがナア」とあり、世間の不安が記されているが、金子蛤の蜃気楼にはすばらしい博覧会が浮かび上がっている。このように、枢密顧問官時代には多くの名誉職を歴任しているが、昭和五年のロンドン海軍軍縮条約批准や天皇機関説を批判するなど政治家、法学者としても発言している。また、臨時帝室編修局総裁、維新史料編纂会総裁などもつとめて、『明治天皇御紀』『維新史』『維新史料』などを編纂している。

図四　『二六新報』明治34年3月17日号

《伝記》
＊人物評論・蓑田政徳　北日本刊行協会　大正一五
＊伯爵金子堅太郎氏の略歴・安達太郎　明治文化　昭和一七
＊日露戦争と金子堅太郎―広報外交の研究　増補改訂版　松村正義　新有堂　昭和六二
＊帝国憲法と金子伯・藤井新一　講談社　昭和一七

図五　『東京パック』明治40年4月20日号

樺《かば》山《やま》資《すけ》紀《のり》（一八三七〜一九二二）

軍人、政治家

天保八年一一月、鹿児島に生まれる。薩英戦争や戊辰戦争に従軍し、明治四年、陸軍少佐となり、七年の台湾出兵では西郷従道に従って軍功をあげ、帰国後は陸軍省第二局次長、熊本鎮台参謀長などを歴任、西南戦争時には鎮台司令長官の谷干城を補佐して熊本城を死守した。

西南戦争後、近衛幕僚参謀長兼大警視を経て一四年に警視総監となって自由民権運動に対応していった。図一は警視総監に就任した樺山を描いたもので、「監獄」「憲兵」などの大きな卵を生んでいる。その後、海軍大輔、海軍次官などを歴任して二三年には第一次山県内閣の海軍大臣に就任する。第一次松方内閣でも海軍大臣に留任して武断派として海軍の拡充に力を注ぎ、二四年の第二議会で藩閥政治の功績を称え擁護する演説をして物議を醸した。図二はこのときの樺山の演説を描いたものである。二四年一二月二三日の『国民新聞』は「吾人は此に悲しむべき一事を報ずるの已むを得ざるに至れり、即ち昨日の議会に於て、海軍大臣の「日本の今日あるは薩長内閣の為也」てふ意味を包みたる演説を為したる事是也」「是れ固より失言な

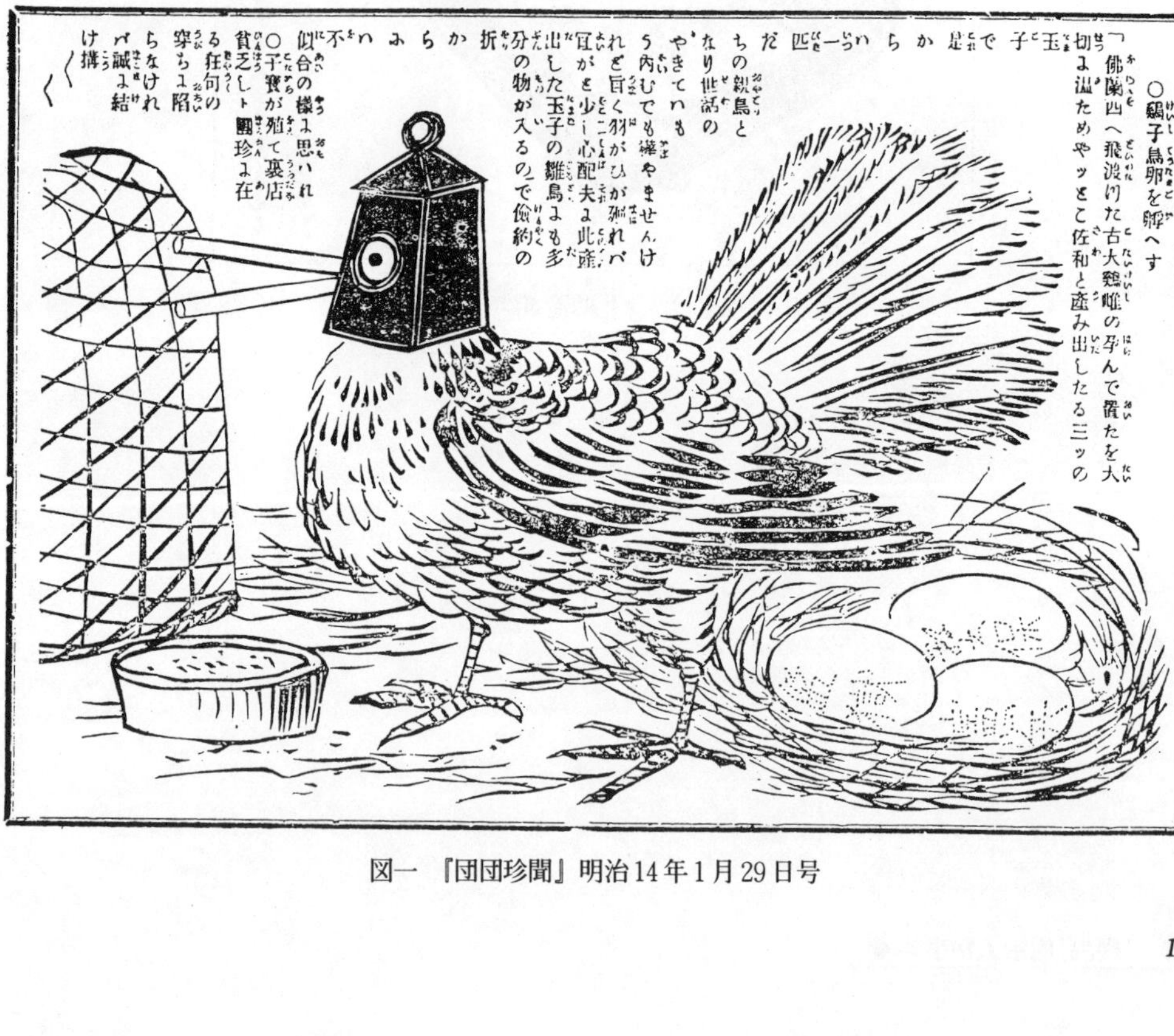

図一　『団団珍聞』明治14年1月29日号

るべし、然れども此失言によりて、大官高吏が平生如何なる思想を有するかを推測するものあらば、事決して軽からじ」と樺山の演説を批判している。翌年に松方内閣が総辞職すると樺山は枢密顧問官となり、日清戦争では海軍司令部長として海軍の指揮をとり、二八年に大将となって初代台湾総督として台湾に赴き、反乱の鎮圧にあたった。二九年には第二次松方内閣の内務大臣に就任している。**図三**は内務大臣としての樺山の政治姿勢を批判したもので、「言行不同明王」は「言論自由の剣」と「演説中止の縄」を持っている。解説には「是は樺山ホイ仕舞た華山の筆に成れる不同の立像ださうだが妙な図を画たもの、自由と束縛を両の手に持た処は古今味噌うの意匠ト云ふべしだ」とある。**図四**はそんな樺山が知事たちを前に政談を行なっているところである。樺山は目前の問題を棚上げして抽象的なことばかり話しているが、知事たちからは、「よしよし、夫は承知合点だがその棚の上に有るのは堂する積りか」と辛辣な質問が投げかけられている。その後、樺山は三一年には第二次山県内閣の文部大臣となる。三三年に総辞職後は枢密顧問官、教育調査会総裁を経て、晩年は郷土の教育普及に尽力した。

図二 『国民新聞』明治24年12月23日号

《伝記》

＊台湾史と樺山大将・藤崎済之助　国史刊行会　大正一五
＊近世名将言行録　二・同刊行会編　吉川弘文館　昭和九
＊類聚伝記大日本史　一三・雄山閣　昭和一一
＊西郷都督と樺山総督・大沢夏吉　西郷都督樺山総督記念出版委員会　昭和一一
＊父樺山資紀・樺山愛輔　樺山丑二　昭和二九

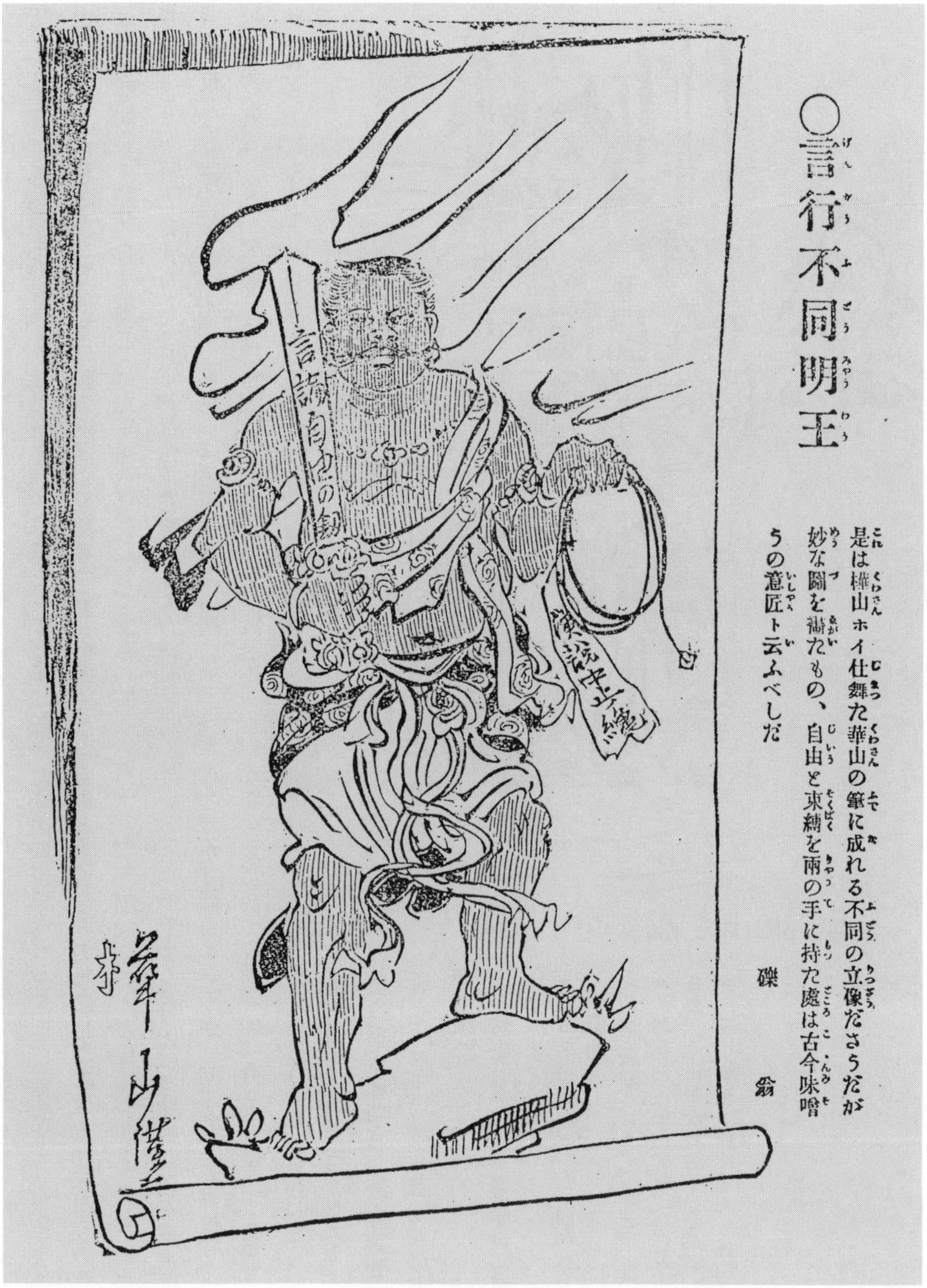

図三 『団団珍聞』明治30年8月28日号

図四　『団団珍聞』明治30年10月9日号

上《かみ》村《むら》彦《ひこ》之《の》丞《じょう》（一八四九～一九一六）

軍人

嘉永二年五月、鹿児島に生まれる。明治四年に海軍兵学校に入学、アメリカに赴き軍事習得につとめるなどして、西南戦争では神戸の警護にあたり、秋津洲艦の艦長として日清戦争では黄海海戦で活躍している。三六年に常備艦隊司令長官となり、日露戦争時には第二艦隊司令長官としてロシアのウラジオ艦隊を警備していたが虚を突かれて陸軍輸送船や漁船が拿捕や撃沈される事態となって批判の的となった。**図一**はこれを話題としたもので「浦塩かんたい」なる大鯛に味噌をつけている上村を描いている。三七年六月二一日の『官報』に上村の報告が掲載されているが、上村はこの報告の最後を「遂ニ何等ノ功ナクシテ帰港ノ已ムヲ得ザルニ至リシハ、深ク遺憾トスル所ナリ。終ニ臨ミ本職ハ玄界灘ニ於ケル遭難諸士ニ対シ深ク痛恨哀悼ノ意ヲ表スルモノナリ」と結んでいる。

このような厳しいなかで上村は捲土重来を期し、蔚山沖でウラジオ艦隊を破って名誉を回復することとなる。敗軍の将が一転して英雄となったのである。**図二**は撃沈されるウラジオ艦隊を描いたもので、左上は上村である。ウラジオ艦隊を撃破し

図一　『団団珍聞』明治37年6月25日号

図二　『東京朝日新聞』明治37年8月16日号

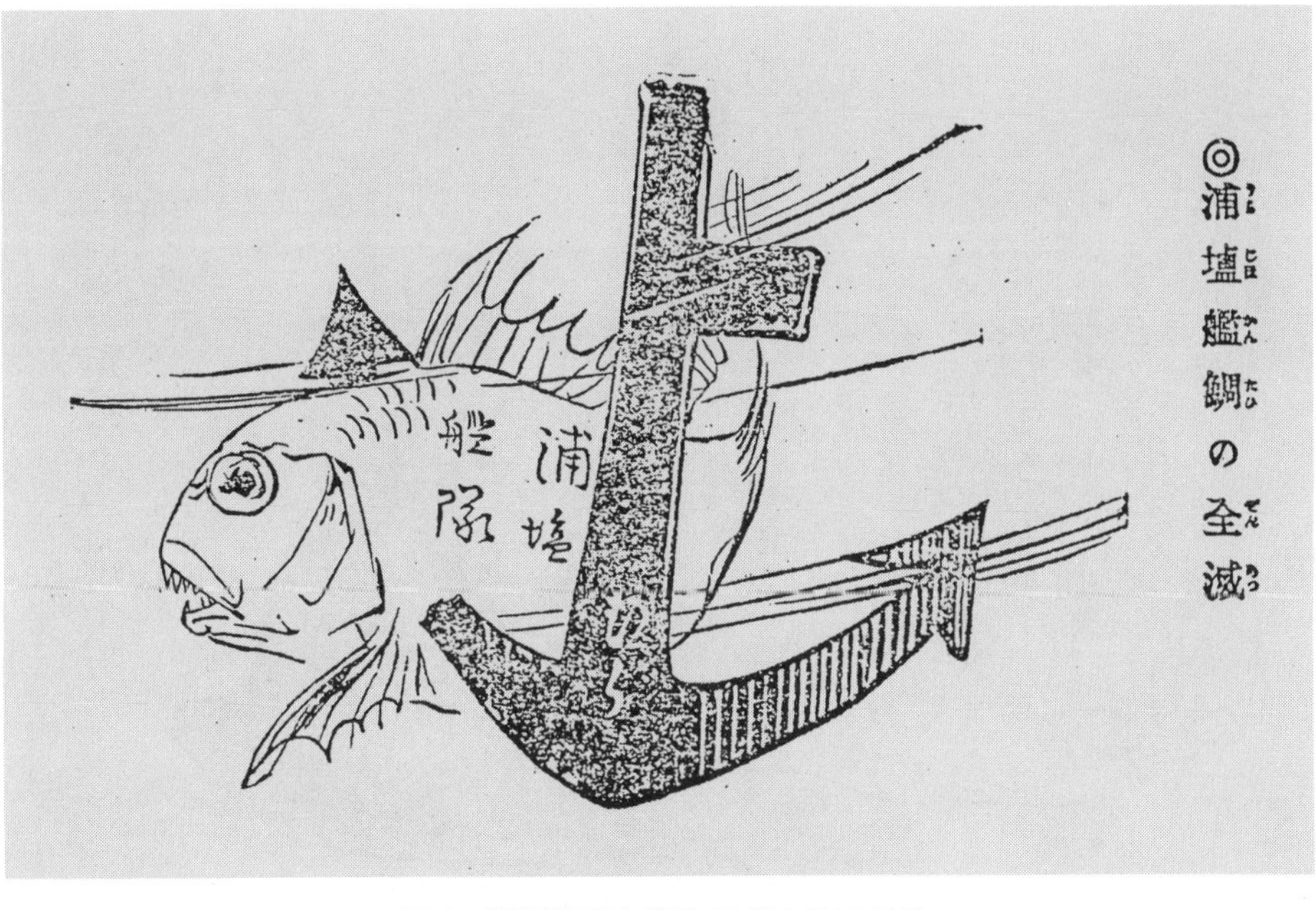

図三　『団団珍聞』明治37年8月19日号

たことは日本を勝利に導く大きな戦果であった。三七年八月一六日の『東京朝日新聞』は上村艦隊がロシア軍人を海上から救助したことにふれて、「此でこそ日本武士なれ。吾人は日本の美名に背かざりし上村艦隊の行動に対し感嘆に次ぐに感謝を以てす」や「吾上村艦隊が六百の敵兵を日本海上に救助したるは、愈々吾陸海軍が、何處までも人道と文明の要求を満たすに忠実なるを事実上に表明したるなり。思ふに敵国国民も亦リユーリックの助命者六百に上ると聞きて、其数の夥しきに驚き、且つ吾海軍の誠意に感受すべし」などと賛美している。図三は「浦塩艦隊の全滅」と題する諷刺画で、「浦塩艦隊」なる大鯛に「上」字の形の碇が刺さっている。図四は上村中将湯なる薬を前に「津村順天堂ではない、上村の中将湯の効能は大したもの、一服で血の道、イヤ溜飲が下ってしまひました」とその効き目を誉め讃えている。三八年には日本海海戦に参戦してバルチック艦隊を破り、四三年に海軍大将となり、軍事参議官に就任している。

《伝記》

＊上村大将追悼集　附言行録及年譜・日蓮宗開教本部　大正六
＊上村将軍言行録・浅野常瑞　渡辺盛衛　平凡社　昭和五
＊海軍大将上村彦之丞・中島武　海の名将　日東書院　昭和九
＊近世名将言行録　三・同刊行会編　吉川弘文館　昭和一〇
＊類聚伝記大日本史　一三・雄山閣　昭和一一

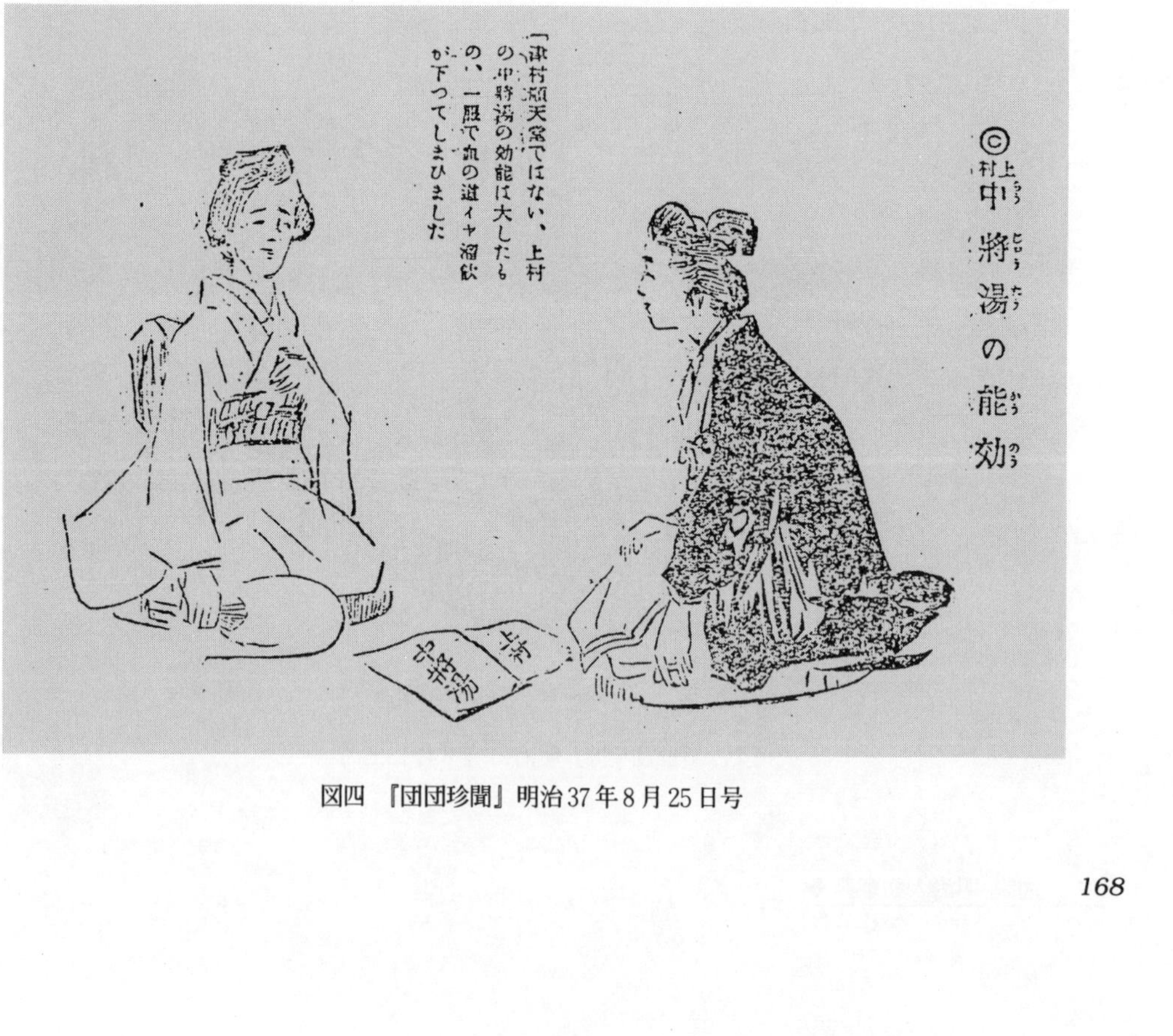

図四　『団団珍聞』明治37年8月25日号

川《かわ》路《じ》利《とし》良《よし》（一八三四～七九）

官僚

天保五年五月、鹿児島に生まれる。禁門の変や戊辰戦争で活躍して西郷隆盛の知るところとなり、明治四年に東京府大属、翌年には邏卒総長となり、さらに警保助兼大警視に就任するとともに警察機構の視察のためヨーロッパに渡る。六年に帰国すると川路は視察の成果をもとに司法と行政の分離を主張し、警察の重要性についても説き、七年に東京警視庁が創設されるとその長である大警視に就任して警察権の拡充に力を注いだ。一〇年、東京警視庁が廃されて内務省警視局が設置されると川路は再び大警視に就任、西南戦争では征討別働第三旅団司令長官として警視隊を指揮して戦った。**図一**は西南戦争に従軍したときの川路である。**図二**は西南戦争で横浜から戦地に赴く警官たちだが、川路の路線によって彼等も軍隊とともに西郷軍と戦うこととなったのである。**図三**は戦場における川路を描いたもので馬に乗って突撃を指揮しているところである。

川路はその後も警察制度の充実に尽力し、一二年には警察機構や監獄機構視察のために渡欧している。**図四**はこのときの川路の洋行を描いたもので、「真張棒の一等に羽根が生えて西の洋へとび出したは今度初めて、こりゃア大方官爵でも請て大棒に成ふという了簡だらうソレソレ往ハ往ハ」と帰国後の川路の出世を皮肉っている。それほど川路は警察機構の創設者として認められていた。川路の洋行について一二年二月一四日の『東京曙新聞』は前回の視察旅行で大きな成果が得られたことを紹介しながら、「君が帰朝ノ日何等の変革ヲ其制ニ生ズルヲ望マザルヲ得ンヤ」と今回の視察でさらに発展した警察制度が確立することを期待する記事を載せている。しかし、フランス

図一 『現今英名百首』明治14年

図二 『イラストレイテッド・ロンドンニューズ』明治10年10月13日号

図三 『絵本西郷一代記』明治10年

で病気となり急遽帰国するが死去し、警察機構改革に取り組むことができずにおわっている。一二年一〇月一六日の『東京曙新聞』は「川路君ハ実ニ警察ニ興リテ警察ニ終リシ者ト言フベクシテ、其事業ノ盛ヲ我邦ニ開キタル勲績ハ決シテ摩滅スルコトナカルベシ」とその業績を讃えている。一二年一〇月一八日の『東京日日新聞』は川路の葬儀の模様を「此の日の送客は幾千人と云ふを知らず、殆ど十町ばかりも打ち続き、馬車、人力車の数もまた夥だしかりき、鍛冶橋内の官宅より青山までの路次は見物の人々群を成し、広き墓地も会葬の人々と見物の男女が満ち充ちて、実に盛大なる葬儀にてありたりしとぞ」と伝えており、川路の死は庶民の間でも大きな話題となったことが見てとれるが、これも警察が一般の人と直接かかわる機構だったからといえよう。

《伝記》

＊川路利良公伝・川村艶吉編　文会堂　明治一二
＊大警視川路利良君伝・鈴木芦堂　東陽堂　大正一
＊川路大警視・中村徳五郎　日本警察新聞社　昭和七
＊警察手眼全訳・荒木征逸　警察時報社　昭和四五
＊近世名将言行録　一・同刊行会編　吉川弘文館　昭和九
＊類聚伝記大日本史　一四・雄山閣　昭和一一

図四　『団団珍聞』明治12年2月15日号

河《かわ》島《しま》醇《じゅん》（一八四七〜一九一一）

官僚、政治家

弘化四年三月、鹿児島に生まれる。藩校造士館で学び、戊辰戦争時には会津攻略に加っている。明治三年に東伏見宮嘉影親王のイギリス留学に際して随員として渡英している。その後、七年に外務省一等書記官として駐ドイツ公使館に勤務し、さらに駐ロシア公使館、駐オーストリア公使館勤めの傍ら各国の大学で経済学や政治学を学び帰国している。一五年、伊藤博文の憲法調査団に随行してドイツやオーストリアで法律や政治を研究した。**図一**は随員をひきつれて洋行する伊藤を描いたものだが、多額の国費をつかっての洋行を諷刺している。このような世論もあった中で河島も随員としてヨーロッパに赴いたのである。一八年に大蔵省参事官となるが憲政に関する意見書が受け入れられずに辞任している。

二三年、第一回衆議院議員選挙に立候補して当選を果たし、自由党、同盟倶楽部、立憲革新党などに所属し、対外硬論を唱えた。**図二**は河島の経歴を記した二三年二月二七日の『国民新聞』の記事に添えられた肖像である。この記事は河島について「結髪軍に従ひて砲台を戍り英兵麑湾を襲ふの日十七にして銃

図一　『団団珍聞』明治15年3月25日号

剣を揮へり十八にして京都守衛の陣中（薩兵）に在り蛤御門の激戦に敵（長兵）の首級を斬ること草を苅るが如くなりき二十にして関東征伐に従ひ馬上東都の春風に櫛り又行きて会津合戦に一方面の隊長となり北地の雪を蹂躙して還る是れぞ氏が維新前の登高の麓なりき」と記しているが、こんなところからも河島の剛毅ぶりが垣間見られる。**図三**は代議士となった河島の様子を描いたものだが、解説には「忿怒の相を表はし跳り上り、鉄よりも堅き拳を揮て机を叩くものは問はずして其河島醇氏たるを知る問はずして一昨退場を命ぜられたる一人なるを知る」とあり、河島の迫力が伝わってくる。二五年一一月、偶然のことに大石正己、頭山満、神鞭知常、河島が相前後して東海散士の家を訪れて普段から豪傑で鳴らす者たちの会合が始まり、大石が河島に国民協会に入るように促したのに対して河島は「此時河島少しも許さず、忽ち持前の癇癪玉を飛ばし、艴々然として怒る、一坐手を拍て大笑す」と二五年一一月二三日の『東京日日新聞』は伝えているが、河島らしさが捉えられている。三〇年に代議士を辞任して日本勧業銀行総裁に就任しているが株主と対立して総裁を辞している。その後、滋賀県知事、福岡県知事、北海道長官、貴族院議員などを歴任している。

《伝記》

＊中国研究における実学的先駆　河島醇書翰を中心として・岡崎精郎　東洋史研究　一二ノ一　昭和二七

図二　『国民新聞』
明治23年2月27日号

図三　『国民新聞』明治25年6月4日号

川《かわ》村《むら》景《かげ》明《あき》（一八五〇～一九二六）　軍人

嘉永三年二月、鹿児島に生まれる。薩英戦争、戊辰戦争に参戦して明治四年に御親兵となり、その後、萩の乱、西南戦争にも従軍する。日清戦争では近衛師団歩兵第一旅団長をつとめ、二八年に台湾が日本に割譲されると近衛師団長北白川宮能久親王のもとで台湾鎮圧にあたった。

図一は日露戦争に突入して一ヶ月ほどして紹介された川村である。日露戦争勃発直後は独立第一〇師団長として参戦し、その後、第四軍司令官野津道貫のもとで第一軍、第二軍の空白地域を固め、遼東攻撃や三塊石山の夜襲で勝利を挙げた。三八年に大将となり、鴨緑江軍司令官に就任して大山巌の指揮する満州軍と共同作戦をとって奉天へと軍を進めて名を馳せた。**図二**は戦功をあげて凱旋帰国した河村たち鴨緑江軍一行である。先頭で歓迎に応えているのが川村で、その後方には川村軍の幹部たちが続き、周囲には正装で出迎えた人たちも描かれており、盛大な歓迎が行なわれたことが見てとれるが、このときの凱旋行進は一〇頭の馬車が仕立てられ、川村は先頭の馬車に乗って歓迎をうけた。川村たちの凱旋を迎える三九年一月二〇日の『東京朝日新聞』は「川村軍の特色」と題してその活躍を「本日凱旋する川村鴨緑江軍の戦場は清河城始め終始険悪なる山地戦にして、殊に其大任務は攻撃的牽制にありき、広野の戦闘に比し山地戦の困難なるは実に想像の外なり、例せば索敵行動を始め、砲車輜重輸送の困難は広野戦の比にあらず、然るに同軍は此困苦に堪へ、常に形勝に陣地点を占領する優勢の強敵に対したり、凡そ牽制攻撃は正攻友軍の戦闘進捗の実況に応じて牽制法を変更せざる可からず故に陽攻正攻千変万化の戦略作戦を要す、而も其戦略作戦は友軍戦闘実況の機宜に適せざるべからず同軍は能く山地戦の困難に堪へ、牽制攻撃の大任務を完うし、彼が如く連戦連勝赫々の偉勳を樹て、凱旋す、本日の歓

図一　『二六新報』明治37年3月23日号

迎者は一層熱心を捧ぐるならんとなり」と報じており、川村軍が果たした役割を見ることができる。川村は日露戦争終結後に東京衛戍総督に就任して七年余も在任している。大正四年には元帥となっている。

《伝記》

＊陸軍大将子爵川村景明・後藤天峰　名将初陣回顧録　中央出版社　大正八

＊近世名将言行録　三・同刊行会編　吉川弘文館　昭和一〇

＊類聚伝記大日本史　一四・雄山閣　昭和一一

図二　『やまと新聞』明治39年1月21日号

川《かわ》村《むら》純《すみ》義《よし》（一八三六～一九〇四）　軍人

天保七年一一月、鹿児島に生まれる。戊辰戦争で戦功をあげ、明治二年に新政府に出仕して兵部大丞となり、その後、兵部少輔を経て五年に兵部省が廃止されて陸軍省と海軍省が設立されると海軍少輔に就任しているが、この時点では海軍卿と海軍大輔が就任していなかったので、事実上の海軍の最高責任者であった。七年に海軍中将となり、海軍大輔に就任しているが、海軍卿勝海舟は象徴的な存在が大きく、川村が海軍の実権を握っていた。

台湾出兵を契機に川村は軍事力拡大を行ない、東海鎮守府の横浜設置や大型艦船のイギリスへの発注をしている。一〇年の西南戦争では鹿児島に軍艦を行動させて陸軍の進撃をバックアップしている。一一年に参議となり、勝の後任として海軍卿に就任しているが、このときも海軍大輔、海軍少輔は欠員であり、権力は川村に集中していった。このために規律の乱れや薩閥重用も行なわれて批判され、一三年には海軍卿を更迭され、榎本武揚が後任となったものの、翌年に榎本が辞任すると再び海軍卿に就任している。**図一**は一四年に出た『現今英名百首』に載った川村である。この姿からすると西南戦争時に出陣したときの川村を捉えたものなのだろう。質素な椅子に座って作戦を練っているのかも知れない。苗字は「河村」と書かれているが、最初はこのような書き方をしたこともあったが、後には「川村」に統一されている。再度海軍卿に就任した川村は綱紀粛正につとめて一八年まで海軍卿の地位にあったが、一八年に内閣制度が発足すると西郷従道が海軍大臣に就任している。

海軍卿辞任後は宮中顧問官、枢密顧問官などを歴任しているが日露戦争中の三七年八月に死去し、特旨によって海軍大将となっている。それから五年ほどした四二年五月、第四回海軍記念日にあわせて川村、仁礼景範、西郷従道の銅像の除幕式が行なわれており、海軍における川村の存在の大きさを窺うことができるのである。

《伝記》

＊近世名将言行録　一・同刊行会編　吉川弘文館　昭和九
＊類聚伝記大日本史　一三・雄山閣　昭和一一
＊明治海軍の創始者川村純義・中牟田倉之助伝　田村栄太郎　日本軍事図書　昭和一九

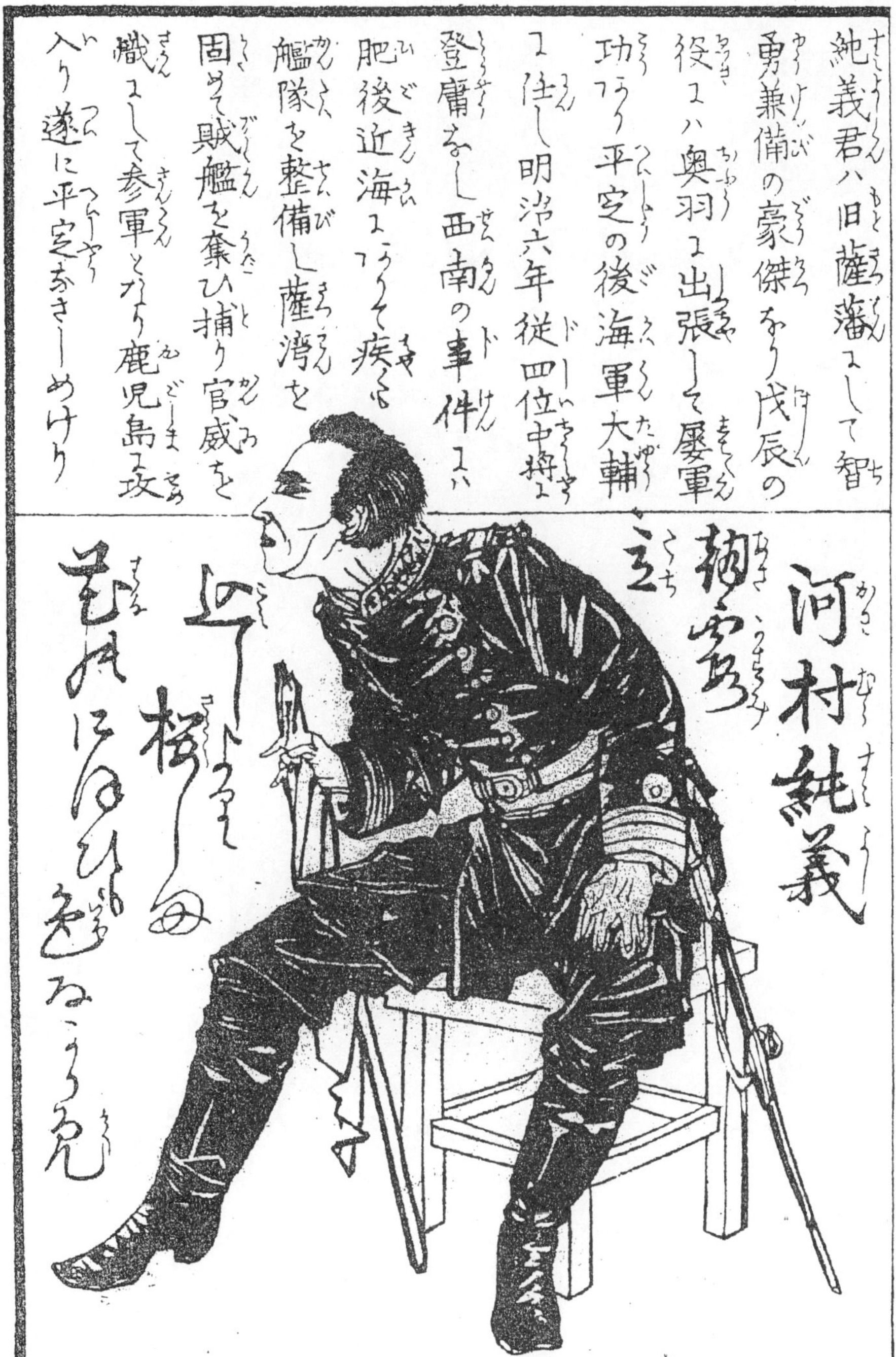
純義君ハ旧薩藩にして智
勇兼備の豪傑なり戊辰の
役にハ奥羽に出張して屡軍
功あり平定の後海軍大輔
に任し明治六年従四位中将に
登庸なし西南の事件にハ
肥後近海にありて疾くも
艦隊を整備し薩湾を
固めて賊艦を奪ひ捕り官威を
職にして参軍となり鹿児島に攻
入り遂に平定なさしめけり
河村純義

図一 『現今英名百首』明治14年

管《かん》野《の》すが（一八八一〜一九一一）

社会主義者

図一 『東京パック』明治41年8月20日号

明治一四年六月、大阪に生まれる。幼くして両親と死別し、継母に迫害を受けながら育ち、三二年に東京で結婚するものの三五年に離婚して大阪で小説家宇田川文海の指導を受けて『大阪朝報』の婦人記者となる。三七年に婦人矯風会大阪支部代表として上京して堺利彦と会い、三九年には木下尚江の紹介で『牟婁新報』に入社して荒畑寒村と知り合い結婚するが短期間で破綻し、幸徳秋水と同棲して平民社で『自由思想』を刊行する。

四一年、神田錦町の錦輝館で山口義三の出獄歓迎会が開催されたが、このとき「無政府」と書かれた赤旗を掲げた、いわゆる錦輝館赤旗事件で菅野も拘引されている。四一年六月二四日の『東京二六新聞』は「西川、大須賀、管野の三婦人には生傷の跡歴然たるものあり、これ取調べの際に数人して拷問せしためなりといふ」と報じており、厳しい取調べをうけていたことがわかる。四一年八月一七日の『国民新聞』は錦輝館赤旗事件の裁判をレポートしているが、そのなかで、「管野スガ子は妾は社会主義者と言はんより、寧ろ無政府主義者に近しと、先づ判官の度胆を抜き、夫れより滔々と警官の不法を攻撃する事数百言に及び」と堂々と自らの主張を展開していることを記している。

この事件で第一次西園寺内閣は総辞職に追い込まれることとなる。その後をうけて第二次桂内閣が発足するが、その内務大臣には平田東助が就任した。**図一**は「内相の社会政策」と題された諷刺画で平田が社会主義者を踏みつけようとしているところである。解説には「社会主義者に圧迫を加へる傍報徳会や産業組合を奨励して資本と努力の調和を謀て居る抔は勿々旨い」とある。このような政策で社会主義を排除していった。

管野は四三年の大逆事件でも起訴されている。**図二**は法廷における管野の姿を捉えたものである。管野の出廷の様子を四三年一二月一一日の『東京日日新聞』は「すが子は髪を銀杏返に結び、納戸色紋羽二重三ツ紋の羽織に、琉球飛白の錦入を著し」と報じている。結局、管野は幸徳らとともに翌年死刑になっている。

図二 『中央新聞』
明治43年12月11日号

《伝記》

＊管野すが子の恋文・神崎清　伝記　二ノ五・六　昭和二三
＊管野すが子獄中書簡・神崎清　女性改造　五ノ三　昭和二五
＊物語人物女性史　一一　管野須賀子・佐多稲子　婦人公論　三八ノ一一　昭和二八
＊紀州経済史研究叢書　第九輯・関山直太郎著　和歌山大学　昭和三四
＊大逆事件・絲屋寿雄　三一新書　三一書房　昭和三五
＊管野スガ論・白峯翠　言論　五二　昭和四〇

菊《きく》池《ち》九《く》郎《ろう》（一八四七～一九二六）

政治家、教育家

弘化四年七月、弘前に生まれる。戊辰戦争において藩論が新政府支持に傾くと脱藩して鶴岡藩に行き新政府軍と戦っている。その後、上京して慶応義塾で学び、さらに鹿児島に赴いて鹿児島藩の英学校、兵学校で学んで帰郷し東奥義塾を設立して塾長に就任して後進を育成するとともに国会開設運動も展開していった。明治一三年三月五日の『東京日日新聞』は「国会開設論も東漸して今日はみちのくの端までも往き渡り、近ごろ弘前辺にても心ある人々は同志を募りて、共々に早く国会の開設あらんことを政府に建言せんとてまづ広く檄を移し、其のうち首立ちたるものが去月七日に青森の東奥義塾に会して諸事の手続をしたるが…」とあり、菊池の東奥義塾が運動の拠点となっていたことがわかる。

菊池はさらに中央においても運動を展開していった。一三年一二月一四日の『東京曙新聞』は「去る九日より日々太政官門前に詰掛け、凛然たる此の寒風の下に立ちて、大臣に面謁を乞はんとせしも入門を許されざりしは…」と報じて、このときの人たちを列記しているが、そのなかに菊池の名前も見える。翌年には国会開設のための東北有志会の結成にも参画している。このような運動を通じて県会議員を経て弘前市長となり、『東奥日報』を創刊していった。そして、二三年の第一回衆議院議員選挙に立候補して当選している。図一は『国会議員百首』に載った議場で演説する菊池である。この解説にも「実業の振起を図る」といった言葉が見えるが、菊池は養蚕、水産など地域に根ざした産業育成に尽力している。なかでも、青森における林檎栽培の発展には大きく貢献している。天皇が東北地方を巡幸した際に菊池の家に行在したのもこのような菊池の地方発展に尽くした功績があったからであろう。国会議員となった菊池は二六年には同志倶楽部を結成している。その後、立憲革新党、進歩党などに所属して、三〇年には山形県知事に就任している。

《伝記》

＊菊池九郎先生小伝・長谷川虎次郎　同先生建碑会　昭和一〇

＊郷土の先人を語る　第二・弘前図書館（弘前市）編　弘前市立弘前図書館　弘前図書館後援会　昭和四三

菊池九郎
君《きみ》ハ夙《つと》に漢《かん》洋《やう》の学《がく》を修《おさ》め明眼《めいがん》達識《たつしき》の聞《きこ》えあり明治四年舊藩《きうはん》主津輕伯の囑托《しよくたく》を受《う》け弘前《ひろさき》に東奥《とうおう》義塾を創立《さうりつ》し常《つね》に七百人内外《ないぐわい》の子弟《してい》を教育《けういく》し且《かつ》大《おほい》に實業《じつぎやう》の振起《しんき》を圖《はか》る嘗《かつ》て天皇東北地方に巡狩《じゆんしゆ》せられし時《とき》君《きみ》の家《いへ》に行在《あんざい》し玉ひ特《とく》に君《きみ》に謁見《えつけん》の栄を賜《たま》はりしと云《い》ふ後《のち》郡長《ぐんちやう》に任《にん》し市長《しちやう》となる此《こ》に掲《かゝ》ぐる一首《いつしゆ》ハ君《きみ》の國事に奔走する懐《おもひ》を詠《よみ》たる哥なり

図一 『国会議員百首』明治24年

岸《きし》田《だ》吟《ぎん》香《こう》（一八三三〜一九〇五）

ジャーナリスト

天保四年四月、美作に生まれる。津山で儒学者昌谷精渓に学び、その後、江戸の藤森弘庵に就いて漢学を学ぶが藤森が安政大獄で逮捕されると潜伏生活をし、元治元年に横浜でヘボンに眼の治療をうけたことからヘボンの『和英語林集成』編集の補佐をすることとなる。また、ジョセフ・ヒコから英語を学んで慶応元年にはヒコらとともに日本最初の民間新聞『海外新聞』を発行した。慶応二年には『和英語林集成』を印刷するためにヘボンに随行して上海に赴き、帰国後は汽船を購入して江戸〜横浜間を運航するかたわら四年にアメリカ人バン・リードと共同で『横浜新報もしほ草』を創刊した。その後、新潟で石油採掘事業に関わるなどして明治六年に『東京日日新聞』に入社して主筆をつとめた。七年には台湾出兵に従軍記者として取材しているが、これが日本最初における従軍記者のさきがけと言われている。

記者生活のかたわらヘボンから伝授された目薬を精錡水と名付けて販売していたが、一〇年には『東京日日新聞』を退社して精錡水販売を主業としている。**図一**は一一年一一月一一日の『東京日日新聞』に掲載された精錡水の広告に添えられた挨拶する岸田である。広告文には「私こと此たび御巡幸に御供いたし候に付き、御道筋に近き精錡水三薬の御得意様方へは一々御挨拶に御寄り申すべく存じ奉り候處、何ぶん怱忙の途中にて風と御宅を見落し御尋ねも申し上げず失敬仕候だん甚だ残念に存じ奉り候、依て此だん新聞を以て皆々様へ御詫を申し上げ奉り候、悪しからず思召し被下候様に偏に奉希上候謹言」とあり、精錡水の広がりと岸田が巡幸に随行するという大きな役割を果たしていたことがわかる。

図一　『東京日日新聞』明治11年11月11日号

岸田は精錡水の販売とともに盲人教育にも力を注ぎ、一三年には前島密らと訓盲院を開設、また中国との関係にも目を向けて精錡水を中国にも普及させるとともに日清貿易研究所、東亜同文書院の設立にも尽力した。**図二**は精錡水を前にした岸田である。解説によると精錡水によって岸田の名は外国にも広く知られていたことがわかる。三八年六月八日の『東京朝日新聞』に掲載された岸田の死亡記事に「翁は予て清国地誌を編纂中なりしに、目下八分を脱稿したるのみにて完成に至らず逝去したるは惜しむ可し」とあり、晩年まで精力的に活動していた

図二　『現今英名百首』明治14年

ことを知ることができるのである。

《伝記》

＊岸田吟香小伝・同刊行会　明治四五

＊岸田吟香翁・若山甲蔵編　宮崎評論社　大正一四

＊十大先覚記者伝・太田原在文　大阪毎日新聞・東京日日新聞社　大正一五

＊岸田吟香と日本印刷文化・花園兼定　近世印刷文化史考　大阪出版社　昭和一三

＊岸田吟香略伝・杉山栄　岸田吟香顕彰会　昭和二六

＊先駆者岸田吟香・杉山栄　岸田吟香顕彰刊行会　昭和二七

＊岸田吟香小伝・大鹿卓　天地人　一　昭和二七

岸《きし》田《だ》俊《とし》子《こ》（一八六四～一九〇一）

女権運動家

文久三年一二月、京都に生まれる。明治一〇年に女子師範学校を中退して宮中文事御用掛として出仕し皇后に進講するなどしていたが、一四年に退官して自由民権運動に参加し、男女同権を唱えて各地を遊説する。図一はこのころに描かれた女性演説会を描いた諷刺画である。女性演説家が新聞記者の目をくりぬいているが、これは当時、自由民権運動の活発化とともに演説会は珍しくなくなり、新聞も話題とせず、聴衆集めにも苦労するほどだったものの女性の演説というと新聞記者も注目するといった状況を取り上げたものである。「容易な事では新聞やの目は抜ねへが女艶舌の手を借てまんまと首尾よくゝり抜たりコレ女出かした出かした」との文章が添えられている。このような女性演説家が注目されるなかで岸田はもっとも著名な女性となっていった。

一八年に自由党副総理中島信行と結婚したのちは夫とともに全国を遊説して女性民権家として勇名を馳せる。おもに『女学雑誌』に女性の地位向上を目指して評論などを発表した。二一年、フェリス英和女学校の教師となり、二五年には夫がイタ

図一 『団団珍聞』明治16年7月7日号

リア公使に就任したために同行してイタリアに赴くものの夫婦とも病におかされて帰国を余儀なくされる。二六年に帰国後は闘病生活を送っていた。図二はこのころの岸田である。三二年四月一六日の『報知新聞』は「明治十五六年頃、岸田俊子なる一婦人が、如何に世間に噴噴たりしかは、今尚人の記憶に存せん。彼女は演説家として政談家として、将た自由民権家として、四方に遊び廻はり、後に縁ありて自由党の副総理中島信行氏に嫁せり日本流の女性としては兎角の批判あらんも、其の敏彗にして舌と筆とに秀でたるは、慥かに明治間の一才女と称すべし」と記している。すでに自由民権運動は過去の時代となり、忘れ去られた民権家も多いなかで、岸田の名はまだ人々の記憶に鮮明に刻まれていたこともこの記事から窺うことができる。それだけ時代をリードした女性だったといえよう。

図二　『報知新聞』明治32年4月28日号

《伝記》

＊明治初期の三女性・相馬黒光　厚生閣　昭和一五
＊自由民権女性先駆者　楠瀬喜多子・岸田俊子・景山英子　住谷悦治著　文星堂　昭和二三
＊岸田俊子の遊説とその影響・村田静子　歴史評論　二二　昭和二五
＊近世女流文人伝・会田範治　原田春乃共編　明治書院　昭和三五
＊湘烟日記・石川栄司　藤生貞子編　育成会　昭和三六
＊自由民権の美人闘士・住谷悦治　文芸春秋　四三ノ八　昭和四〇

北《きた》垣《がき》国《くに》道《みち》（一八三六～一九一六）

官僚、政治家

天保七年八月、但馬に生まれる。文久三年、平野国臣が公家の沢宣嘉を奉じて尊攘を旗印に生野代官所を襲った事件に参加して、これが失敗すると長州に逃れ、戊辰戦争で功をあげ、明治二年に弾正少巡察として新政府に出仕、その後、鳥取県少参事、高知県令、徳島県令を歴任して一四年に京都府知事に就任する。

京都府知事に就任した北垣は首都が東京に移りさびれていった京都の復興に尽力していった。その象徴的事業が琵琶湖疎水工事である。当初、国に計画を説明して調査が行なわれたものの費用がかかりすぎて実現不可能との結果が伝えられた。図一はこのような状況で疎水建設中止の危機に立った北垣を描いている。疎水のアイスクリーム（廃止懲リーム）を持った女性のかんざしには「きた」と書かれており、北垣をあらわしている。店先でゆらめく布看板には「もう氷々（もう懲り懲り）」とある。しかし、北垣は諦めずに疎水事業を推進していった。工事着工から五年を要して二三年に完成した琵琶湖疎水によって日本で最初の水力発電所が建設されて京都の産業振興がはから

図一 『団団珍聞』明治16年8月29日号

れた。図二は疏水の閘門、図三は水道橋である。天皇と皇后も疏水の開通式に臨んでおり、この工事が日本の近代化にとって極めて重要な成果であることがわかる。開通式に際して、「疏水工事竣るを告ぐ、吏民協戮の功洵に嘉す何し、従来我国美術工芸の盛なる此土を最とす、自今此水利に藉て以て人工を資け、倍ます精良を加へ、他日の殷富を期せよ」との勅語が出されている。

明治の日本は欧米先進諸国から技術者を招聘して近代化を

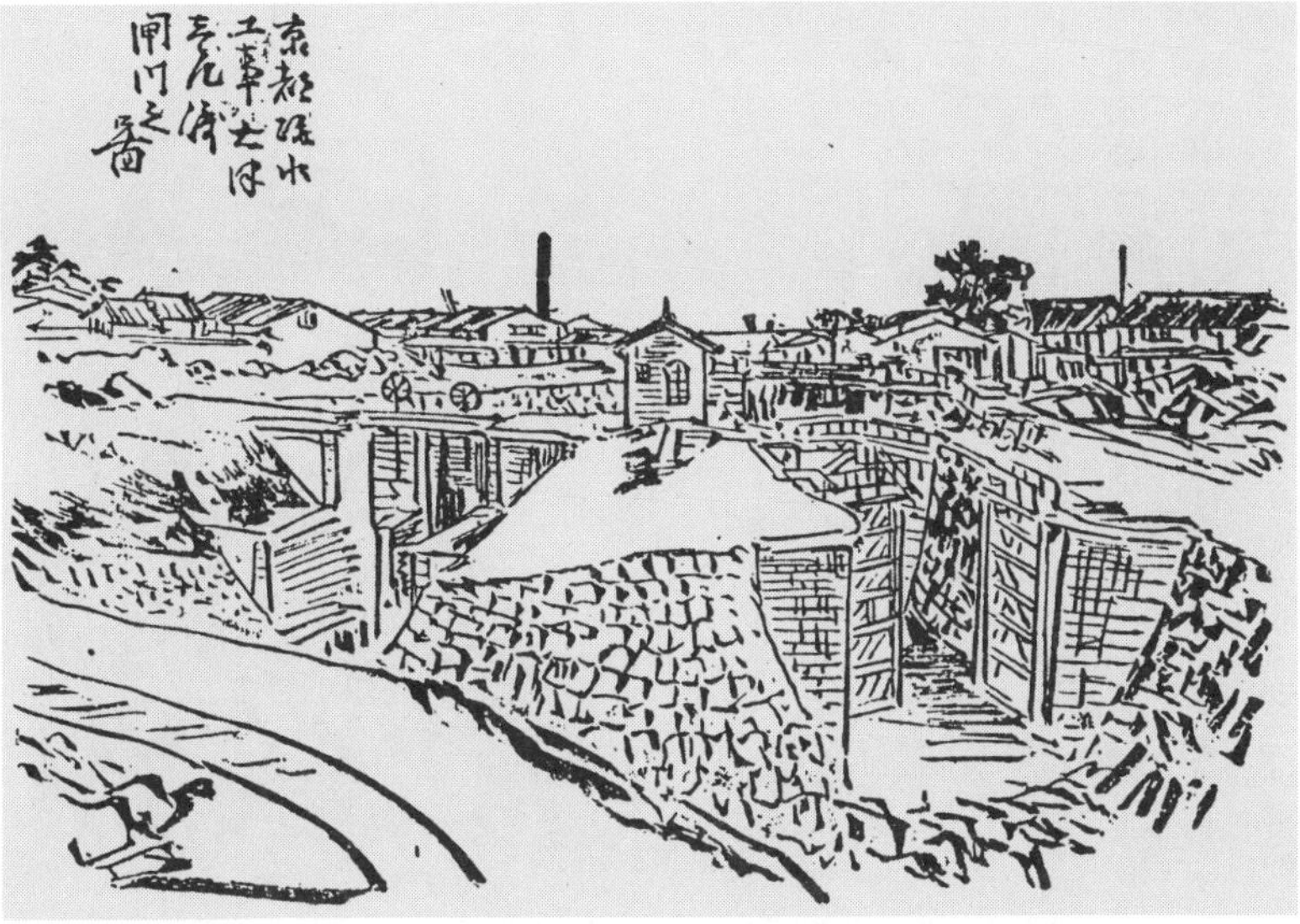

図二 『国民新聞』明治23年4月9日号

図三 『国民新聞』明治23年4月9日号

推し進めていった。土木工事はまさにその最たるものであるが、琵琶湖疏水は外国人に頼らず、日本人だけの手で完成させたという点からも画期的な事業だったといえる。疏水による水力発電で二八年には日本で初の電車の営業運転が京都で実現している。

図四は京都府知事時代の北垣であるが、彼は琵琶湖疏水事業のほかにも京都の伝統的産業である織物の振興などに大きな貢献を果たし、京都の近代化に多大な足跡をのこしている。二五年に京都府知事を退任し、その後、内務次官、北海道庁長官、拓殖務次官などを経て貴族院議員、枢密顧問官にも就任している。**図五**は琵琶湖疏水のインクラインを描いたものである。また**図六**は京都を走る電車である。こ

図四　『国民新聞』明治23年4月19日号

図五　『風俗画報』明治28年6月18日号

れらの図が描かれた時には北垣はすでに京都府知事を退いているが、北垣の先見性のある大事業が確実に根をおろして京都の発展に貢献していることを見ることができよう。

《伝記》

＊京都府知事北垣国道略伝・井輪屋良二郎編刊　明治一四

＊但馬一挙の真相・北垣国道述　維新史料編纂会　明治四五

＊嗚呼榧の木さん国道さん・高階一一　養父町教育委員会　昭和六一（養父町文化財シリーズ　一六）

図六　『風俗画報』明治28年6月18日号

北《きた》白《しら》川《かわの》宮《みや》能《よし》久《ひさ》親《しん》王《のう》（一八四七〜九五）

軍人

弘化四年二月、伏見宮邦家親王の第九子として京都に生まれ、嘉永元年に仁孝天皇の養子となる。安政五年に親王宣下によって能久の名を受け、翌年に江戸に出て東叡山に入る。慶応三年に王寺門跡を相続して、寛永寺で謹慎していた徳川慶喜に対する許しを請うため駿府城で東征大総督熾仁親王に面会して嘆願したが聞き入れられず、その後、奥羽列藩同盟の盟主に推されて新政府軍と戦うが鎮定されて親王停止となり、謹慎処分をうける。

明治二年に赦され、同年、軍事視察のためにドイツに留学する。留学中の五年に北白川宮を相続して一〇年に帰国する。帰国後は陸軍に籍を置き、戸山学校教頭、東京鎮台司令官、第六師団長などを歴任している。また、一三年には皇族として貴族院議員となっている。**図一**は貴族院議員となったころの能久親王の肖像である。二八年に近衛師団長となり、日清戦争後の台湾における抗日を鎮定するために台湾に渡ったが台南において病没している。

図一 『国民新聞』
明治23年7月16日号

皇族軍人の外地での死という出来事は人々に能久親王の存在を深く刻みこんでいった。かくて、三一年には台湾に能久親王の英霊を祀る台湾神社の建立がすすめられることとなる。三一年一〇月一日の『東京日日新聞』は「竹園槐門に生ひ立たせ給ひける尊き御身をもて蛮烟瘴霧立籠る台湾征伐の事に御尽瘁遊ばされしに、天地無情端なくも病魔の侵す所となりて、溘焉薨去あらせられたる故北白川宮殿下の御事を追想し奉れば、心なき市井の小民も誰れかは涙潸々として下らざる、去れば台湾総督府にては殿下の英霊を祭り、長く南方の鎮と為さんとし、円山公園に台湾神社を造営する事となり、今回愈々三十二年度より起工し、三十三年度に落成の見込みにて、本年度予算に金三十二萬円の継続費を編入し、当期議会に要求する筈なりと云ふ」と報じているが、三四年に台湾神社は完成して鎮座式が行なわれている。**図二**は完成した台湾神社の全景である。台湾神社の鎮座式に合わせて記念切手発行も準備されるなどしている。

《伝記》

＊北白河乃月影・西村時彦　朝日叢書　大阪朝日新聞社　明治二八
＊上野宮様　一〜二・旧幕府　四ノ五、七　明治三三
＊北白川宮・亀谷天尊　渡部星峰　吉川弘文館　明治三六
＊能久親王事蹟・棠陰会　春陽堂　明治四一（鴎外全集　一一　岩波新書　昭和二八）
＊維新当時の輪王寺宮公現法親王・玉林晴朗　伝記　二ノ九〜一〇　昭和一〇
＊北白川宮能久親王御事蹟・台湾教育会編　昭和一二

図二　『国民新聞』明治34年10月27日号

木戸《きど》孝允《たかよし》（一八三三〜七七）

政治家

天保四年六月、萩に生まれる。嘉永二年に松下村塾に入って吉田松陰の薫陶をうけ、五年に江戸に出て斎藤弥九郎に剣術を学ぶ。安政五年、長州藩の江戸藩邸における文武修業場である有備館用掛となり、その翌年には舎長となって後進の指導にあたったが、このころから尊王攘夷運動が展開されるなど、政治情勢が激しく変化しはじめ、木戸も藩内外の同志とともに尊王攘夷運動に加わり、やがて、長州藩の中心的存在として活躍して薩長連合成立に大きく貢献して倒幕の立役者となった。

　慶応四年、新政府の太政官に出仕して徴士となり、さらに参与に就任して新体制づくりに重要な役割を果たしていった。とりわけ、版籍奉還の実現は木戸が主体となって行なわれたもので、これによって幕藩体制は名実ともに終わりを告げ、天皇を中心とした国家体制が確立することとなる。

図一　『絵本明治太平記』明治19年

　図一は『絵本明治太平記』に描かれた木戸である。背後には岩倉具視、三条実美も描かれているが、このことからも木戸が新政府でいかに重要な役割を果たしていたのかが窺える。三年、参議となって廃藩置県を断行し、岩倉使節団の全権副使として欧米を視察して帰国後は大久保利通らとともに征韓論に反対して西郷隆盛、板垣退助らの征韓論者を参議辞職に至らしめている。しかし、七年には台湾出兵を主張する大久保と対立して参議を辞したものの翌年の大阪会議で大久保と和解して参議に復帰、立憲制度の確立に力を注ぐが、九年には地租改正問題などで再び大久保

○市公《いちこう》も俊公《しゆん》も玄つうり
しあせへ常《つね》に無《た》ひ暴風《あらし》て
木戸《きど》は倒《たお》れる板垣《いたがき》はぐらた
りく萩《はぎ》は揺《ゆれ》る豊後《ぶんご》梅《うめ》の子《み》」
か落《おち》て来《き》て天窓《あたま》へコッキリ
大《おほ》いゝたけんれん
子供《こども》なら中津《なかつ》に
やア居《ゐ》られぬ所
ぢ「三チャンも
岩チャンも周章《あわて》なさんな大黒柱《だいこくはしら》を押《おさ》へて居《ゐ》せへそりやア何様《どん》
な西風《にしかぜ》にても倒されはせぬと思《おも》が何卒《どうぞ》南風の雑《まざ》らねへ様《よう》にし
てへ庭《にわ》の衛《まもり》の塀《へい》や臺《うてな》の塀《へい》の倒《たを》れぬ内《うち》に三尺棒《さんぢやくぼう》を突かへへ〳〵

図二　『団団珍聞』明治10年6月16日号

と対立して再度、参議を辞任して内閣顧問などを歴任した。しかし、西南戦争中に病死している。図二は厳しい政治情勢のなかで木戸が死去し、大あわての政府を描いたもので、倒れている入口の木戸を前に棒で家を支えている連中は「市公も俊公もしっかりしなせへ」と檄を飛ばしている。市公とは大久保利通（市蔵）、俊公とは伊藤博文（俊輔）である。そして、「三チャンも岩チャンも周章なさんな、大黒柱を押へて居せへすりゃア何様な西風にても倒されはせぬと思が何卒南風の雑らねへ様にしてへ、庭の衛の塀や台の塀の倒れぬ内に三尺棒を突かへ突かへ」と叫んでいる。三尺棒とは警棒のことで、警察も動員して早く西南戦争を終結させなければならないと言っているのである。これらの一言一言からも木戸を失ったショックを見てとれるのである。

《伝記》

＊木戸公小伝・小川光賢　江島喜兵衛　万笈閣　明治一〇
＊木戸松菊略伝・妻木忠太著刊　大正一五
＊松菊木戸公伝　四巻二冊・木戸公伝記編纂所　明治書院　昭和二
＊木戸孝允日記　三巻三冊・妻木忠太編　日本史籍協会　昭和七〜八
＊実録維新十傑　四〜五　木戸孝允　二巻二冊・伊藤痴遊　平凡社　昭和九〜一〇
＊類聚伝記大日本史　一一・雄山閣　昭和一一
＊松菊木戸公伝・木戸公伝記編纂所編　臨川書店　昭和四五　二冊（明治書院昭和二年刊の複製）

木《きの》下《した》尚《なお》江《え》（一八六九〜一九三七）

政治家

明治二年九月、信濃に生まれる。幼くして自由民権運動の影響をうけ、二一年に東京専門学校を卒業、一時は郷里の松本に帰って新聞記者や弁護士をするとともにキリスト教に帰依して廃娼運動などを行なっていたが三〇年に普選運動を展開して入獄し、三二年に上京する。

『毎日新聞』に入って島田三郎を補佐して民主主義を提唱するとともに足尾鉱毒事件の糾弾も展開した。**図一**は足尾鉱毒事件で厳しい立場に追いつめられた古河市兵衛を描いたもので、古河は足に腫物ができて苦しんでいる。この諷刺画が描かれる一〇日程前に鉱毒被害に悩む農民たちが日比谷に結集して大きな社会的反響をよんだ。このような運動のひろがりの中で木下も田中正造をたすけて活躍した。

三四年に幸徳秋水らと社会民主党を創設するがすぐに解散させられている。**図二**はその翌年に紹介された木下である。解説によると不正の者からの弁護でも依頼されると業務上ひきうけなければならないことに嫌気がさして弁護士を廃業したと記されているが、この記事からも木下の性格を垣間見ることができよう。その後、日露戦争勃発の危機が迫るなかで幸徳らと非戦論を展開、天性の弁舌で大きな影響を与えていった。三七年には反戦小説「火の柱」を『毎日新聞』に連載して、その後に発表した「良人の自白」とともに日本における社会主義文学に大きな足跡を印していった。三九年一月一日の『東京日日新聞』は前年の文壇を振り返る記事のなかで、「「良人の自白」は本来小説家ならぬ木下氏が「火の柱」に次いで新聞紙上に連載し、遂に作家の群に入れりと称せらる、もの、吾人は其の作の

図一　『団団珍聞』明治30年3月13日号

巧拙を問ふよりも、先づ此の如く弁護士として、新聞記者として、社会批評家として、既に一定の高等職業を有する人が、新に創作に指を染め、其閲歴と経験とにより得来る別種の新材料と、着想とを以て貧少なる文壇に一目を加へたるを歓迎するに躊躇せず」と評価している。三八年に衆議院議員補欠選挙に立候補したが落選して、翌年には安部磯雄らと雑誌『新紀元』を創刊してキリスト教社会主義を唱えていった。その後、三九年に母の死を契機に運動から離れて岡田虎二郎の静坐法に傾倒してそれまでの煩悶を脱しようとしたりしている。しかし、その後も木下には官憲の厳しい目が光っていた。四二年一一月二〇日の『読売新聞』は「木下尚江君の三河島の宅は、一ヶ月三円五十銭の家賃である。畑はあるし日当りはよし、村の人から親切にされるので、田園生活に限るといって読書に耽っていたが、帝国の官憲は未だに氏を社会主義者の様に心得て高貴の出御ある毎に巡査を氏の宅へ見張りに出すさうな」と報じている。

図二　『二六新報』明治35年7月26日号

《伝記》

*懺悔・木下尚江　金尾文淵堂　明治三九
*社会運動に携はった人々・田中貢太郎　青春綺談　教文社　大正一〇
*信州人物記作家伝・樋口寛編　信濃毎日新聞社　昭和二四
*日本近代思想史研究・家永三郎　東大出版会　昭和二八
*日本の思想家・隅谷三喜男　朝日新聞社　昭和三八

清《きよ》浦《うら》奎《けい》吾《ご》（一八五〇〜一九四二）

政治家

嘉永三年二月、熊本に生まれる。広瀬淡窓から漢学を学んで上京後に小学校長を経て九年に司法省に出仕する。太政官権書記官を経て内務省警保局長に就任し、高島炭坑の坑夫虐待事件などに対処していった。また、警察機構視察のための洋行もしている。二二年九月二九日の『東京日日新聞』は「警保局長清浦奎吾氏は御用に付き近々洋行せられ、其途次露国にも立寄取調らるべしと聞き及ぶ、之れ虚無党取締方の視察なるべしとは、穿鑿過て悪し悪し」と記している。二四年に警保局長を辞任した清浦は地方制度や警察制度視察のために再び外遊している。二四年四月二二日の『東京日日新聞』は清浦の外遊を、「警保局長を辞して、来る二十六日出発洋行せらる、清浦奎吾氏は、欧米諸国の警察制度は勿論地方制度の取調を為したる上にて、尚ほ進んで倫敦タイムス等彼の国有名の諸新聞社に臨み、高等探訪、普通探訪、編輯人等の実際の職務、并に新聞売拡めの模様等をも取調ふる積りなりと云ふ」と報じている。そして、二五年には司法次官に就任している。図一は司法次官として議会で答弁する清浦である。その後、二九年に第二次松方内閣の司法大臣として入閣を果たしている。図二はこのように政治家として活躍しだした清浦が爵位を得ようと懸命になっている様子である。清浦の隣には金子堅太郎の姿も描かれている。三四年の第一次桂内閣でも司法大臣、農商務大臣を勤めた。図三は農商務大臣の清浦が札幌、エビス、朝日のビール会社三社をトラスト化しようとしているところである。「ビール合同」なる大樽に三社が自分のビールを注ぎ込んでいる。その傍らで煙草を吸いながら見ている清浦は「別々にしておくのは不経済だ、一所の入物に入れた方が便利だらう」と様子をうかがっている。これくらい当時のビールは過当競争だったのである。三九年に桂内閣が総辞職すると清浦は枢密院顧問官となり、その後、枢密院議長にも就任している。大正一三年、山本権兵衛内閣のあとをうけて首相に就任するものの護憲運動で攻撃にあい半年ほどで総辞職し、以後は重臣として過ごした。

図一 『国民新聞』
明治25年12月16日号

《伝記》

＊清浦伯爵警察回顧録・警察協会編刊　昭和四

＊伯爵清浦奎吾伝　二巻二冊・井上正明編　同刊行会　昭和一〇

＊清浦伯小伝・内田寧磨　昭和一八

＊清浦奎吾小伝・清浦奎吾顕彰会常任理事編　清浦奎吾顕彰会　昭和六一

図二　『二六新報』明治33年3月10日号

図三　『団団珍聞』明治38年12月1日号

桐《きり》野《の》利《とし》秋《あき》（一八三九～七七）

軍人

図一 『絵本明治太平記』明治19年

天保九年一二月、鹿児島に生まれる。示現流の達人として名を馳せ、文久二年には島津久光に従って京都に赴いて朝彦親王付守衛となり、諸藩の志士たちと交流をはかり、「人斬り半次郎」という異名を持ち、天誅行動の志士として知られた。元治元年の禁門の変でも活躍して西郷隆盛の信頼を得て戊辰戦争では東海道先鋒総督軍に属して江戸に入り、会津征討総督軍軍監として会津攻撃でも活躍している。

明治二年に鹿児島藩常備隊大隊長となり、四年に上京して御親兵大隊長になり、陸軍少将に就任、五年には熊本鎮台司令長官、六年には陸軍裁判所長となったが同年に西郷が下野して鹿児島に帰ったために桐野も官を辞して郷里に帰って西郷のもとで私学校の運営にあたり、士族教育を行なっていった。西南戦争勃発により四番大隊長として西郷軍の総指揮を担当して政府軍と交戦した。**図一**は西郷を囲み篠原国幹とともにいる桐野である。二人は西郷軍の中心となって政府軍と戦っているが城山において西郷とともに戦死している。**図二**は戦いに敗れて切腹しようとしている桐野を描いているが、桐野の最後について従者が語った目撃談を一〇年一二月二〇日の『東京横浜毎日新聞』は「数万の官軍一斉に攻め上り、城砦没落の時なれば弾丸雨飛官兵の猛恰も虎の如く、台場を乗り越へ乗り越へ攻入るを桐野は事ともせず、要枢の台場上に在りて刀を振ひ、賊兵を指揮して防戦すれども諸砦みな陥り、迚も支へ押する勢にあらざるを以て、桐野も最早是までなりと、自から寄せ来る官兵を数人まで斬り殺し、猶も精神を励まして官兵に当る折しも、一発の銃丸忽ち桐野の左額を貫ければ、流石の桐野一声大に猛り顔色恰も鬼神の如く、刀を握りて膝を立てたる儘座して気息を絶ちたるなり云々」と報じている。剣豪だった桐野のサーベルはなかなかの名刀だったようで、一〇年一〇月六日の『浪花新聞』は「桐野が所持せる洋剣は、鞘は銀にして鞘の先には純金をもって飾り、ツバは同じく金無垢にて正宗の名刀を装しものなるが、城山を陥し入れし時、何れの人の手に渡りしや未だ分明らずといふ」とのエピソードを記している。

図二　『現今英名百首』明治14年

《伝記》

＊仮名挿入皇朝名臣伝　五・中沢寛一郎編　溝口嘉助　明治一三
＊近世名将言行録　一・同刊行会編　吉川弘文館　昭和九
＊類聚伝記大日本史　一四・雄山閣　昭和一一
＊桐野利秋・尾崎士郎　新潮社　昭和三六
＊桐野利秋・長野英世　新人物従来社　昭和四七

九《く》鬼《き》隆《りゅう》一《いち》（一八五二〜一九三一）

官僚

嘉永五年八月、摂津に生まれる。上京して福沢諭吉に学んで明治五年に文部省に出仕、大学南校監事、外国教師掛などを歴任して六年に渡欧、帰国後は文部少丞、文部大丞、文部大書記官などを経て一一年のパリ万博に出張して各国の美術界などを調査する。一七年に駐アメリカ公使として渡米、帰国後の二一年に宮内省図書頭に就任して臨時全国宝物取調局委員長として各地の美術品や社寺を調査する。二二年に帝国博物館総長に就任、二三年には貴族院議員となっている。**図一**は貴族院議員となったころの九鬼である。三〇年には古社寺保存法の成立に尽力している。また、博覧会などにおけるさまざまな審査の責任者をつとめるなど美術行政の中心的人物として活躍した。**図二**は東京美術学校で起

図一　『国民新聞』
明治23年10月1日号

図二　『団団珍聞』明治31年4月23日号

こった岡倉天心排斥運動をめぐる美術界のごたごたを描いたものである。九鬼派と岡倉派が互いに手前味噌をかけているところで、後方の木には「すとらい木」と書かれており、東京美術学校における内紛の様子がわかる。岡倉は天才的美術指導者であっただけに独断専行もあり、それへの反発から紛争へと発展していった。三一年三月二七日の『国民新聞』は「美術学校々長としての岡倉氏の功労は決して埋没すべきにあらず、後世明治の美術史を編まんものは、必ずや当代美術の氏に負ふ所決して一二にあらざる事を認めざる能はざらん、然れど氏や倣放人を容れざるの性あり、自己が善しと見たる事に向っては、終りまで進まずんば止まざるの風あり」と記している。かくて、三月二九日の『東京日日新聞』は「甚しきは氏との因縁浅からざる九鬼男の如きすら、官途に於る提携を断ちたりと明言するに至れり」と九鬼と岡倉の仲をレポートしている。九鬼はこの事件で岡倉と決別している。いっぽうの岡倉は東京美術学校長を辞して、野に下り日本美術院を創設する。図三はそんな美術界の状況を描いたもので大地震で倉が倒れてしまっているが、この大倉の屋根瓦には「岡倉」と刻まれている。官を辞した岡倉はこのように見られていたのだろう。岡倉とともに橋本雅邦、横山大観ら一七名も東京美術学校を去っていった。岡倉の後任には高嶺秀夫が就任している。

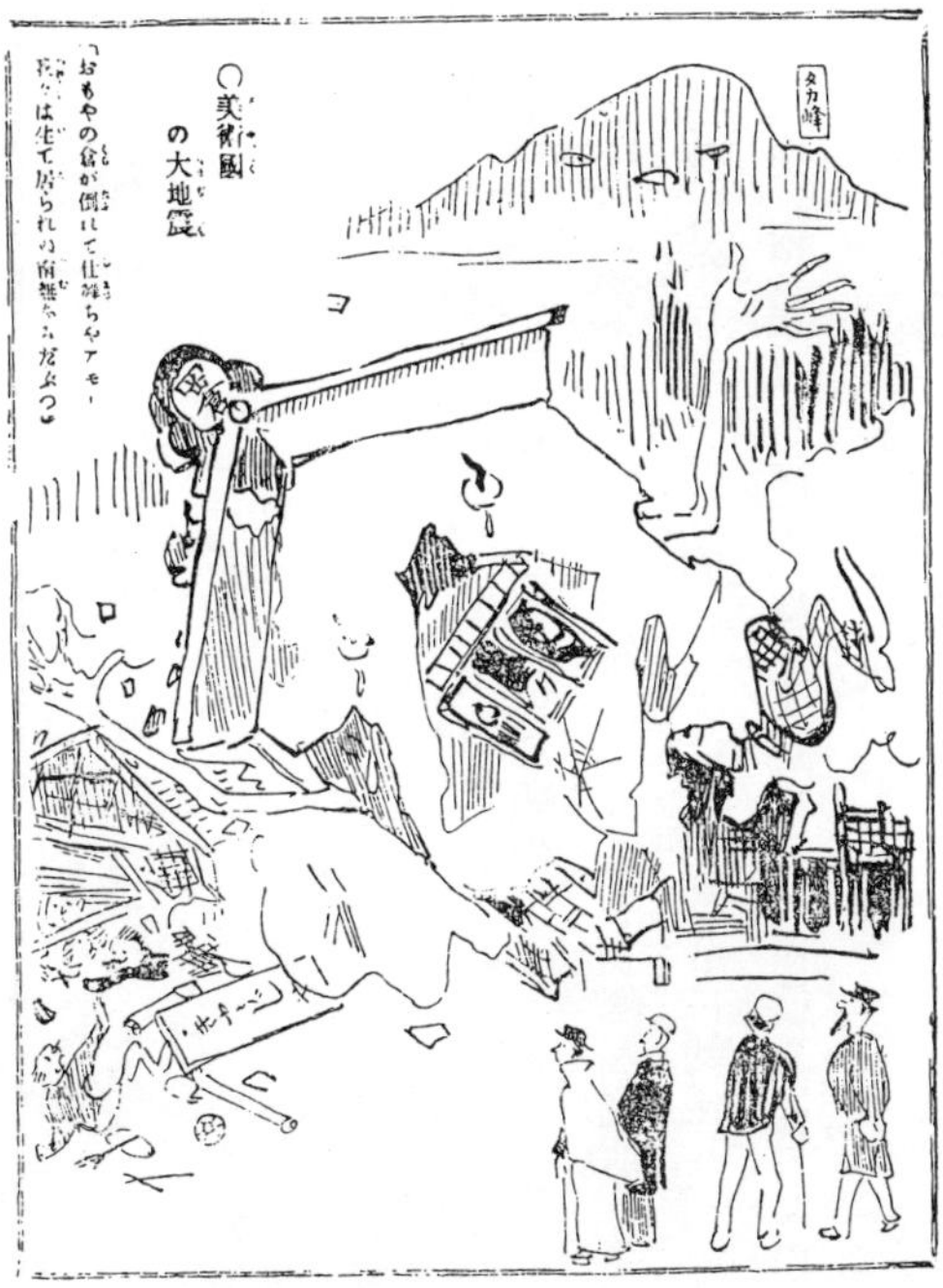

図三　『団団珍聞』明治31年4月5日号

《伝記》

＊矢野文雄氏と九鬼隆一氏との美術論・森村太郎　志がらみ草紙　一六

＊男爵九鬼隆一伝・中谷一正　昭和五九

楠《くす》本《もと》正《まさ》隆《たか》（一八三八〜一九〇二）

政治家

天保九年三月、肥前に生まれる。藩の中老として藩論をまとめて薩長に接近し、新政府が樹立されると長崎裁判所判事となり、外務大丞などを経て明治五年に新潟県令に就任して信濃川の水運整備、銀行の設立、地租改正などを積極的に行ない大きな発展をもたらした。八年に東京府権知事、一〇年には同知事に就任して道路整備、市区改正事業などに手腕を発揮していった。

一二年に元老院議官となり、元老院副議長も経験している。二三年に東京市会議員となり、翌年の第一回衆議院選挙に当選して、二六年には副議長となっている。図一は「杭の修復」と題する諷刺画で、衆議院議長の星亨が株取引所との収賄問題で不信任決議が可決された直後に描かれたものである。議長の杭（星のマークがあり星亨を指す）は下が腐ってしまい、杭の役割を果たせないようで、後では新しい杭を持ち込んできている。いっぽう、手前では副議長の杭を打ち込もうとしているが、この杭が就任早々の楠本である。その横では使われることのなくなった「アベイ」（次点となった阿部井磐根）、「アンド」

図一 『団団珍聞』明治26年12月2日号

（三位となった安東九華）などと書かれた杭を片付けている。職人たちは作業をしながら杭の具合を論じている。楠木についてては「サアサア此木なら楠だから百年は兔も角も四年位扣杭にしても水地の事だからよもや腐りも仕まいかと思ふ」と期待をかけているはいるものの、「左やう左やう、水気には木の腐らぬものだが金気には思いの外弱いものさネ」と星の二の舞にならなければとの危惧も感じられる。この諷刺画が描かれて間もなく星は議長の座を追われ、その後、楠本は河野広中らとの議長選挙に勝って星亭の後任として議長に就任して、同盟倶楽部、立憲革新党、進歩党、憲政本党などに所属して活躍していった。

図二　『報知新聞』明治32年2月28日号

図二は楠本の肖像であるが、楠木が死去して二年後には楠本の銅像建設がすすめられている。一七年一月一六日の『国民新聞』は「芝公園内に建設の出願を為したる故後藤象二郎および楠本正隆両氏の銅像は、一五日の市参事会に於て同公園内に建設を許可する事に決したり」と伝えている。府知事として、また国政での業績が認められたものといえよう。

工《く》藤《どう》行《ゆき》幹《もと》（一八四二〜一九〇四）

政治家

天保一二年一二月、弘前に生まれる。漢学、兵学などを学んで戊辰戦争にも従軍している。維新後、新政府に出仕して民部省、工部省などに勤めて三重県に在任中に伊勢暴動などを経験する。その後、郡長を経て大同団結運動に参加し、明治二三年の第一回衆議院議員選挙で当選して自由党、同志倶楽部、立憲革新党、進歩党、憲政党、憲政本党などに所属して連続九回の当選を果たし、党の重鎮として大きな発言力を持っていった。第一二議会では全院委員長に就任している。国民同盟会などロシアに対する強硬路線にも関係していた。**図一**は議会で演説する工藤を描いている。「領にはハンケチ目に眼鏡、天晴ゆゝしく見ゆれども…」とそのスタイルを注目している。この図の描かれた議会では憲法解釈の相違が大議論となっていった。二四年二月一〇日の『東京日日新聞』は憲法解釈に対する工藤の演説を大岡育造が野次った様子を「大岡育造氏は「差止む可し、問題は何なや」と叫び工藤行幹氏も「黙りをロー」とどなる」とレポートしているが、このことからも工藤の迫力が垣間見られる。二七年一月一日の『時事新報』は「当世政治家別号調」と銘打って政治家の仇名や雅号を掲げているが、多くの実力者とともに工藤を列挙されており、「韃靼議員、チン急」などと呼ばれていたことがわかる。この仇名がいかなるものかはともかく、仇名を有しているということは注目されていた人物だったからに他ならない。**図二**は進歩党内における増税反対派の動きを報じたもので、タイトルは「象勢と脱兎の勢ひ」となっており、増税を推進する党内勢力と決別して脱党という行為に出た人たちを描いている。象勢（増税）に捕まってしまわないうちに脱兎（脱党）の勢いで逃げ出している兎たちであるが、楠本正隆、大東義徹らとともに工藤も走り去っている。

図一『国民新聞』明治24年3月4日号

三七年四月二三日の『東京朝日新聞』は工藤の突然の死について、「青森県選出代議士工藤行幹氏は一昨日午後五時頃死したり。此日例に変らぬ元気にて来客と棋を団み、明日の進歩党評議員会にては海軍の大嶺炭買上の事に付き意見を述べん抔、話しつゝ四時半咳をすると共に俄然鼻口より出血し、氏は之を手にて掩ひつゝ、欄干により吐血すること五合許り、其儘縡切れたるにて、其間僅か五分許り、心臓破裂なりと」と記している。まさに、活動的な政治家の最期だったといえよう。

《伝記》

＊工藤行幹翁伝記・同刊行会編刊　昭和一〇

＊郷土の先人を語る　第五　弘前市立図書館、弘前図書館後援会　昭和四四

図二　『団団珍聞』明治34年2月23日号

久《く》保《ぼ》田《た》譲《ゆずる》（一八四七〜一九三六）

教育家、政治家

弘化四年五月、摂津に生まれる。郷里で学んだのちに上京して慶応義塾に学び、明治五年に文部省権中録となり、その後、文部省大書記官、広島師範学校長、文部省会計局長、文部省普通学務局長などを歴任して文部次官に就任する。三六年に第一次桂内閣で文部大臣菊池大麓の後任として文部大臣となる。図一は文部大臣就任直後の久保田である。しかし、日露戦争に関して主戦論を主張したいわゆる七博士の問題の責任を取り辞任している。図二は戸水寛人問題で窮地に追い込まれた久保田を描いている。「戸」の形をした堰が開けられて「久保」田に水が流れ込んでいる。それを見ている傍らの人は「一同で攻められては窪田の水呑百姓もこゝで歩を譲る外あるまいヨ」と呟いている。文部大臣時代の久保田はこの事件が注目を浴びたが、四二年の文部省専門学務局長福原鐐二郎の学制改革問題沿革に関する談話のなかで久保田文部大臣の改革構想について、「久保田文部大臣時代　是より先き久保田譲男は貴族院に於て頻りに学制改革を唱道し、学制改革をして政治的問題と化するに至らしめしは、実に同男の力なりと云ふべし、而して男は桂内閣に入りて文部大臣となるや、他年の抱負を実現せんと努めたれども、同大臣の所謂改革案なるものは、現時の専門学校の一部を大学校と改め、之を小学より中学大学と進む学習上の正系となし、帝国大学は学術の蘊奥を極むる所謂学問の研究所とし、正系以外に独立存在せしむる成案なりしも、之は単に従来の専門学校を大学の名に改むる迄にて他に何等の得る所なければ、属僚の反対あるのみならず、外部にも漸く反対するもの多く、次で男の辞任と共に有耶無耶の内に消滅したり」（四二年九月一〇日付『東京日日新聞』）と総括している。この談話からも久保田が文部大臣就任以前から学制改革に意欲を燃やし、それを実現するチャンスとして文部大臣に就任したものの構想を実現できなかったことがわかる。こうして辞任した久保田だったが、その後、枢密顧問官となり、宗秩寮審議官、議定官などを歴任している。

図一『二六新報』
明治36年10月3日号

図二 『団団珍聞』明治38年10月1日号

蔵《くら》原《はら》惟《これ》郭《ひろ》（一八六一〜一九四九）

政治家

文久元年七月、肥後に生まれる。明治八年に熊本洋学校に入ってジェーンズの影響をうけて翌年に洗礼する。同年、京都に出て同志社に入学して新島襄に師事する。一五年に病気のために帰郷するが一七年にアメリカに渡って倫理学などを修め、さらにイギリスのエジンバラ大学で学ぶ。

二四年に帰国して熊本英学校校長などを歴任して政界に入り、普選運動などの活動を活発に行なう。図一はこのころの蔵原で、「ハイカラ党の領袖」とのタイトルがつけられている。この図を掲載した『団団珍聞』は蔵原について、「将来の一人物と思ふから、団珍子は君をハイカラ党の一員に数へたのである」としているが、その予想通り、蔵原は四一年に衆議院議員に当選して活躍していった。四二年の第二五議会は米問題で議会が騒然となったが、その様子を『大阪朝日新聞』は「蔵原惟郭、高木益太郎初め十数名ドヤドヤと駆上る。政友軍も菅傳、荒川、塚田、望月、濱田其他十数名飛上る。サア大変だ。大凡三四十の鉄拳入乱れて、狭い壇上を揉みに揉む」や「蔵原が板倉ととっ組を始める」などとレポートしている。これからも、蔵原の精力的な活動を見ることができる。しかし、多数の論理で政友会は押し切っていった。図二はそんな政友会の横暴ぶりを描いたもので、「正義の蹂躙」というタイトルがつけられ、「衆議院は多数党の横暴を恣にする處、正義の蹂躙られる處、

図一 『団団珍聞』明治36年5月9日号

図二 『東京パック』明治42年4月1日号

是は廿五議会最終の日の出来事」と解説している。政友会の大きな手が蔵原の口を封じていることからもわかるように蔵原は多数派にとっては煩わしい存在だったのである。

図三　『東京日日新聞』明治44年1月25日号

蔵原は大正四年まで議員をつとめるが、この間、国民党、立憲同志会などに所属、自由主義を標榜して活動し多くの支持者を得た人気のある政治家だった。図三はその当時の蔵原の議会での活動をスケッチしたものである。四五年には理想選挙同盟会が旗揚げしているが、蔵原はそれにも積極的に関わっていった。この会は理想的な候補者を推薦して、その人格や政見を紹介するとともに応援弁士を派遣するといった趣旨の集まりだった。その後、蔵原は大正八年に立憲労働義会を結成するとともに、極東平和の会の発起人や学芸自由同盟理事などを勤めて反戦運動を行なっていった。

栗《くり》原《はら》亮《りょう》一《いち》（一八五五～一九一一）
政治家

図一 『国会議員百首』明治24年

安政二年三月、鳥羽に生まれる。上京して中村敬宇に学び、明治九年に自主社を設立して『草莽雑誌』『莽草雑誌』を刊行して政府批判の活動を行ない、その後は板垣退助らとともに自由民権運動に奔走した。一四年には自由党結成に参画して『自由新聞』の主筆もつとめている。翌年、板垣は党内の強い反対を押し切って外遊に出かけたが、このとき栗原も随行している。

その後、『東雲新聞』記者を経て大同団結運動に奔走して二三年の第一回衆議院議員選挙で代議士となっている。**図一**は『国会議員百首』に掲載された栗原である。四一年の第一〇回総選挙まで連続して当選して自由党、憲政党、立憲政友会などに所属して活躍したが四二年の日糖疑獄事件で逮捕されて政治生命を絶たれている。四二年四月一六日の『東京朝日新聞』は「政友会所属代議士栗原亮一、横井時雄、森本誠、荻野芳蔵の四氏及び大同倶楽部所属代議士横田虎彦氏は、昨早朝東京地方裁判所検事局に召喚せられたり、右は日糖事件に関係するものにして、取調は厳重を極めたりと見えて、黄昏までは何れも帰宅を許されざりき」と報じている。**図二**はこの日糖事件を扱ったもので、会社の交際費を議会対策に使った日糖の重役が裁判にかけられるといった状況を描いている。**図三**は砂糖をなめて苦い顔をしている代議士を描いたもので、日糖事件で逮捕された栗原たちを諷刺している。四二年五月二六日の『東京朝日新聞』は元日糖重役磯村音介の東京地方裁判所への申し立てを紹介しているが、そのなかで、「栗原亮一への贈金高は三千円です、同人は平生より会社の為に尽力し居る人哉、毎年盆と暮には二百円乃至三百円心付けて贈るを例として居ります、尚昨年総選挙の際は会社より運動費として千円か二千円を貸ました、これは證書を取ったのです」と栗原と日糖との関係を述べている。四二年七月三日、日糖事件に対する判決が出されて栗原は重禁錮五ケ月、追徴金三〇〇〇円を言い渡されている。

栗原は四四年に死去している。四四年三月一五日の『東京朝日新聞』は栗原の死去を報じる中で、「栗原亮一氏は腎臓に罹り久しく中渋谷なる自宅に於て静養中なりしが、十三日午後十時竟に死去したり」と記しているが、この記事からも日糖事件以降の栗原は心身ともに厳しい状況にあったことがわかるのである。

図二 『東京二六新聞』
明治42年4月14日号

図三 『東京パック』明治42年5月1日号

黒《くろ》岩《いわ》涙《るい》香《こう》（一八六二〜一九二〇）

ジャーナリスト

文久二年九月、土佐に生まれる。大阪英語学校、慶応義塾などに学ぶものの中退して明治一四年に『同盟改進新聞』に入る。翌年には北海道開拓使官有物払下げ事件に関する記事で官吏侮辱罪に問われている。その後、『日本タイムス』『絵入自由新聞』『都新聞』などの主筆をつとめてジャーナリストとして名声をあげるとともに新聞に小説を数多く発表して有名になった。『都新聞』を買収した楠本正隆と意見が合わずに二五年に退職して『萬朝報』を創刊、上流階級のスキャンダル記事などを掲載するとともに自ら「鉄火面」「巌窟王」「噫無情」などを連載して人気を博し、『萬朝報』は東京で有数の発行部数を誇る新聞となっていった。図一は『萬朝報』（右側「萬帳」との通帳を下げている）が蓮門教会を糾弾して、改進党と対立しているところである。蓮門教会は『萬朝報』などから邪教として批判の的となった明治期に創始された宗教である。三三年には内村鑑三が入社して、堺利彦、幸徳秋水らとともに『萬朝報』を盛りたてた。翌年には社会改良運動を目指した理想団を発足させて黒岩、内村、堺、幸徳らが啓蒙活動を開始している。し

図一　『団団珍聞』明治27年4月28日号

かし、日露戦争が差し迫って来るなかで黒岩は開戦やむなしとしたのに対して内村、堺、幸徳らは戦争反対を唱えて退職していった。図二は「萬朝報社長　蝮の周六　黒岩涙香」なる諷刺画である。「蝮の周六とは、東京人がユスリ新聞「萬朝報」の社長を呼ぶ渾名である、周六本姓は黒岩、号は涙香と云ふ奴、東京人が周六を蛇蝎視ひて居る事は、此渾名一つでわかるぢゃないか、先年「大阪朝日新聞」にも、蝮の周六が理想道徳を唱へるなどは片腹痛いと書いてあッた、周六はユスリの開祖とも云ふべき悪漢である、彼が新聞を兇器として富家を恐喝した事実は数へ限れぬ程である、彼の成効といふも其事実悪銭の力に倚ッたのだ、今日天下到る所に、ユスリを専業とする悪新聞記者の多いのも、ツマリは蝮の周六が其偏を作ッた柄である」と『滑稽新聞』は非常に厳しいコメントをこの諷刺画につけている。『萬朝報』は大正三年のシーメンス事件では厳しく政府批判をして読者にアピールしていったが、その後、第二次大隈内閣に接近しすぎて不評を買って衰退していった。

図二　『滑稽新聞』明治38年1月1日号

《伝記》

＊黒岩涙香・涙香会編　扶桑社　大正一一
＊新聞先覚評論・久木東海男　立命館出版部　昭和七
＊土佐近代文学者列伝・竹村義一等　高新シリーズ　高知新聞社　昭和三七
＊三代言論人集　六・時事通信社　昭和三八
＊偉人涙香―黒岩周六とゆかりの人びと・岡直樹　土佐文化資料調査研究会　昭和四五

黒木為楨《くろきためもと》（一八四四〜一九二三）

軍人

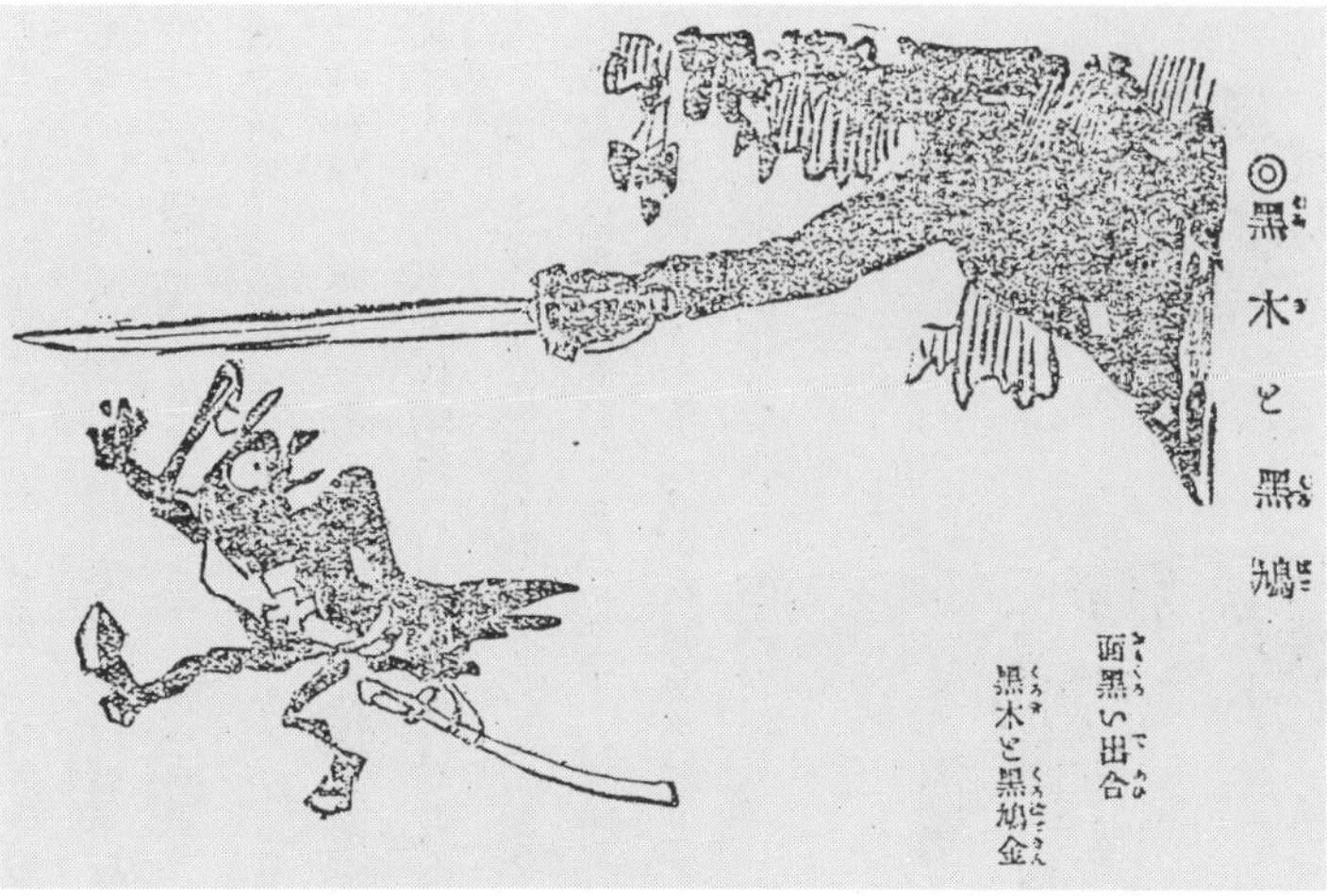

図一　『団団珍聞』明治37年5月13日号

天保一五年三月、鹿児島に生まれる。戊辰戦争に従軍し、明治四年に陸軍大尉となる。西南戦争では別働第二旅団第二連隊長として活躍し、日清戦争中は第六師団長として威海衛の戦いで勝利している。三六年に大将となり、日露戦争では鴨緑江で勝利をおさめたのを手始めにクロパトキン将軍率いるロシア軍を破るなど華々しい活躍をして勇名を轟かせた。図一はクロパトキン将軍を打ち破った黒木を描いている。クロパトキンはその名前からしばしば「黒鳩」として描かれたり書かれたりしているが、ここでも黒鳩として登場している。その黒鳩は右側の黒い大木（黒木）の巨大なサーベルに驚いて逃げ出そうとしている。黒木の活躍でロシアの新聞のなか

図二　『東京パック』明治40年6月1日号

には黒木はもともとロシア人だったという荒唐無稽な記事も出るほどだった。三七年七月一日の『郵便報知新聞』はこの噂を取り上げて、「広瀬中佐を露国魂など冒認せる露人は、又々黒木将軍を露国人なりと称し、「黒木将軍は日本人と称するも、其実露西亜人種にして、将軍の祖父はサイベリヤ辺陲なるカイリータの近村に生まれたるものなれば、将軍は半日本人に過ぎず。其鴨緑江の激戦に大勝を占めたる如き、全く将軍が露人種たるの所以なり」と、オデッサの一新聞は記せり。何を吐すやら」と一蹴している。

　日露戦争中は日本との関係が良かったアメリカであったが、戦争が終結すると再び排日の気運が大きくなっていった。図二はこのような日米問題を解決するために黒木と東郷平八郎を外交官としたら良いのではないかという提案である。

図三　『東京パック』明治40年5月1日号

　このように、黒木は東郷と同じように海外でも有名な軍人となっていたのである。図三はアメリカを訪問した黒木に対しては慇懃な態度を取りながら裏では日本人学童の口を塞いで文句を言わないようにしているアメリカ人を描いたもので、「黒木大将の米国往訪と米人の態度」とのタイトルがついている。アメリカ人にとっても黒木は尊敬できる卓越した軍人であったことを示す諷刺画といえよう。四二年に予備役となった黒木は大正六年には枢密顧問官に就任している。

《伝記》

＊近世名将言行録　三・同刊行会編　吉川弘文館　昭和一〇

＊類聚伝記大日本史　十四・雄山閣　昭和一一

黒《くろ》田《だ》清《きよ》隆《たか》（一八四〇～一九〇〇）

政治家

天保一一年一〇月、鹿児島に生まれる。江戸で江川太郎左衛門から西洋砲術を学ぶなどして文久三年にはイギリス艦隊からの砲撃の防戦にあたり、西郷隆盛を補佐して薩長連合成立に大きく貢献した。戊辰戦争時には征討参謀として庄内、長岡などの攻略に力を発揮、さらに箱館における榎本軍との戦いを指揮して五稜郭を開城させ、敗将榎本を助命したことによって榎本と親交を結ぶこととなる。明治二年に外務権大丞として出仕しロシアとの国境画定交渉を進める。その後、兵部大丞を経て三年には開拓次官に就任して北海道の開拓行政に携わることとなる。四年、アメリカを訪問して農務局長ホレス・ケプロンなどの招聘に成功、帰国後に長期計画を策定して本格的に開発事業にとりかかる。同年、開拓長官代理となり、六年には屯田兵制度創設を建議し、七年には長官に就任するとともに陸軍中将、参議も兼務して強い発言力を持って開拓を推進していった。西南戦争時には征討参軍として軍功をあげている。一一年、大久保利通が暗殺されて西郷、大久保亡きあとの薩摩閥のリーダー的存在となり強大な権力を手中にしていった。図一は北海道に

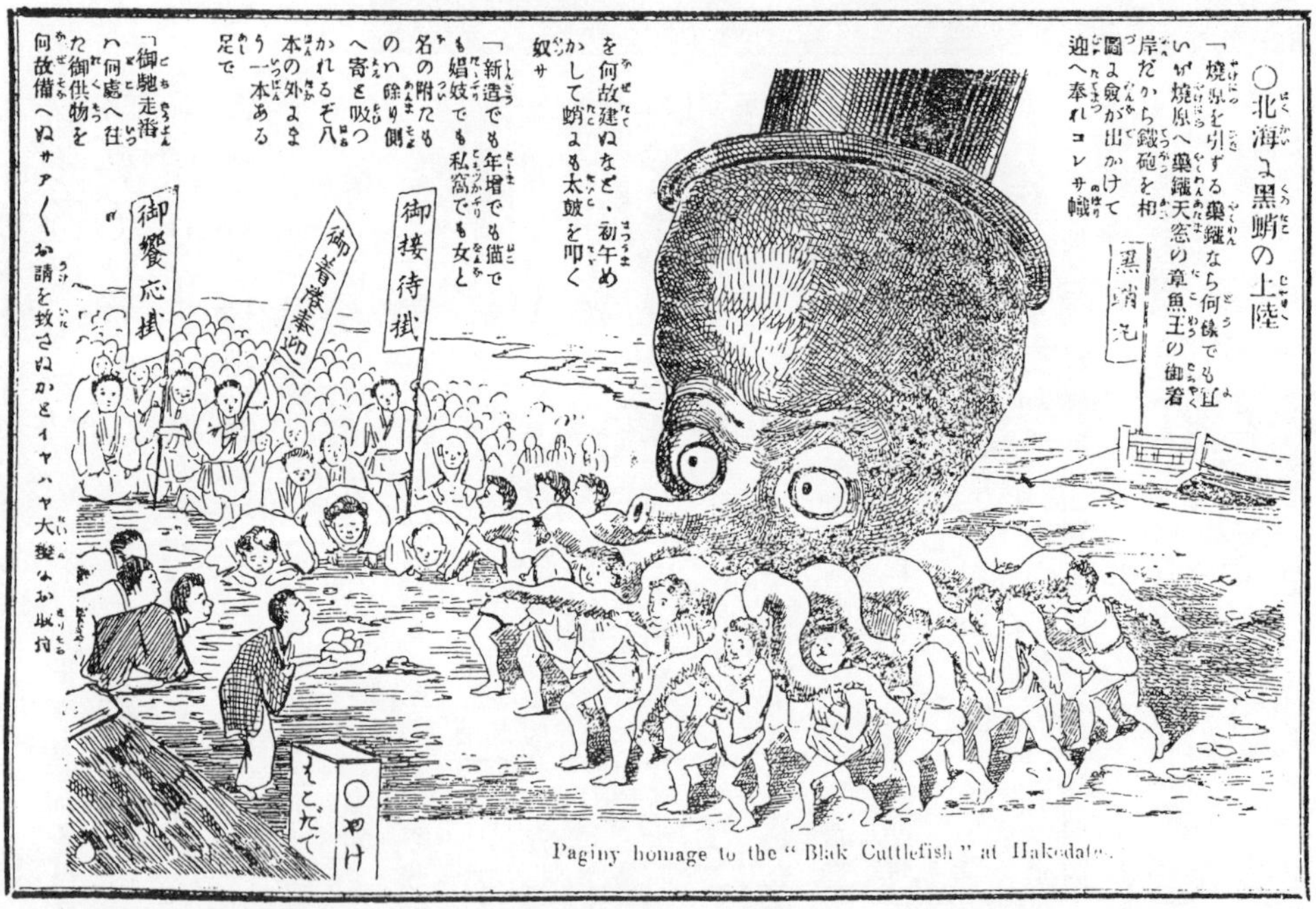

図一　『団団珍聞』明治13年2月21日号

図二　『団団珍聞』明治14年10月9日号

上陸した黒蛸（黒田）である。皆が黒蛸を担ぎ上げ、まわりには「御接待掛」「御着港奉迎」「御饗応掛」などの幟が掲げられて平身低頭した人たちが控えている。まさに権力の集中を思わせる。しかし、強引な北海道開拓には強い批判もあり、一四年には開拓使官有物払下げ事件が政界を揺るがして翌年には黒田も長官を辞任して内閣顧問となる。**図二**は黒田に厳しい逆風が吹いているところである。大風の袋には「輿論」とある。また団扇には「公議」とあり、世論を背景に政治的圧力が黒田に集中していることがわかる。その後、二〇年に第一次伊藤内閣の農商務大臣に就任、翌年には伊藤のあとをうけて総理大臣に就任し憲法発布を行なっている。**図三**は憲法発布式において天皇から憲法を渡されている黒田である。憲法発布式は首相としての黒田の最大の桧舞台であった。**図四**は「けん坊の誕生」なる

図三　『憲法発布式之図』明治22年

諷刺画で、生まれたての「けん坊」（憲法）を披露しているのは伊藤である。黒田は後方（左端）に追いやられており、憲法制定に尽力した伊藤の前には影がうすいようである。図五は憲法発布による大赦を描いたもので、多数の亀が放たれているが、このように多くの人たちが放免されたのである。黒田は国会開設にむけての準備にも携わっていったが、条約改正交渉における大審院への外国人登用問題が大きな批判を浴びて二二年に総辞職した。二五年に第二次伊藤内閣の逓信大臣、二八年に枢密院議長に就任しているが、総理辞職後は政治的影響力は少なくなっていった。ところで、黒田は酒を飲むと凶暴になり、酒の勢いで妻を斬殺したとの噂が広まったことがある。図六はこのスキャンダルを描いたもので、黒田に斬られた妻（犀）が幽霊になって黒田を襲っているところである。この作品の解説の一部は問題があるとして伏せ字の処分をうけている。

《伝記》

＊近世名将言行録　一・同刊行会編　吉川弘文館　昭和九
＊類聚伝記大日本史　一四・雄山閣　昭和一一
＊北の先覚・高倉新一郎　北日本社　昭和二二
＊黒田清隆研究の文献・井黒弥太郎　北海道地方史研究　三九　昭和三六
＊黒田清隆履歴書案・井黒弥太郎編　北海道郷土研究資料　一一　北海道資料研究会　謄　昭和三八

図四　『団団珍聞』明治22年2月9日号

図五　『団団珍聞』明治22年2月9日号

図六　『団団珍聞』明治11年4月13日号

郡《ぐん》司《じ》成《しげ》忠《ただ》（一八六〇〜一九二四）

軍人

安政七年一月、江戸に生まれる。海軍兵学寮で学び、卒業後に累進して海軍大尉となるものの北方防備の重要性を説き、千島開拓を目指して明治二六年に志願して予備役となり、報効義会を結成して千島探険に出かけた。郡司一行は盛大に見送りをうけて隅田川から出発していった。二六年三月二〇日の『東京朝日新聞』は、「此辺の家々楼上楼下は固より家々の屋上迄も人を以て埋めたり」「日章旗を南風に翻へし、徐々墨堤に沿ふて進行を始め、嬉しの森近傍に到るや、吾妻橋頭に於て煙火数十発を打上げて其の首途を祝し墨堤より芝浦に至る間五大橋上と沿岸は人山を築き、士女は何れも帽子ハンカチーフ等を打振り祝意を表したり」などと、当時の様子を伝えている。図一は隅田川を出発する郡司である。しかし、北方への海路は厳しく、一時は行方不明との報道がなされたり、難破して自殺したとの記事が登場したほどであった。そして、犠牲者を出したものの、捨子古丹島や占守島に上陸して調査を行なうことに成功している。郡司一行の動向は国民挙げての注目の的だったのである。図二はこのようななかで描かれたもので、郡司一行に擬して議会運営に苦しむ政府を表わしている。艇長として方向を指示しているのが首相の伊藤博文である。このような諷刺画が描かれるほど郡司は時の人となっていたのである。

郡司は二九年には家族らと占守島に移住して農業や漁業を行なって島の開発にあたった。三四年一一月二〇日の『時事新報』は「郡司大尉昨夜京都市会議事堂に於て幻燈演説会を催す、会衆千五百余名、非常の盛会なりき」と報じており、郡司の快挙に対する熱気は一過性のものではなかったことがわかる。日露戦争時にはカムチャツカに渡ってロシアと戦ったが捕虜となっている。三七年一〇月二四日の『中外商業新聞』は「報効義会にては会長郡司大尉敵国に捕はれたる為め、在島会員の大部は遂に引揚ぐるに至りたるを以て、到底今日の有様にては会を維持する能はざるを以て、一時解散し、会員の無事帰国の上更に組織する筈なりと云ふ」と伝えている。日露戦争後は海軍国防の重要性を訴えるとともに沿海州水産組合長などを勤めて北方における水産事業の発展に尽くした。

《伝記》

＊郡司大尉　絶代壮図・済民子　蠣殻町活版所　明治二六
＊郡司大尉と幸田露伴　国民之友　一八四　明治二六
＊千島遠征郡司大尉・山田竜雄　明治二六
＊北進日本の先駆者たち・伝記学会編　六甲書房　昭和一六
＊日本の産業指導者・田村栄太郎　国民図書刊行会　昭和一九
＊郡司成忠大尉・高木卓　日本叢書　三　生活社　昭和二〇
＊凡人の半生・幸田成友　共立書房　昭和二三

図一　『絶代壮図郡司大尉』明治26年

図二　『団団珍聞』明治26年9月30日号

肥《こい》塚《づか》龍《りゅう》（一八四八～一九二〇）

ジャーナリスト、政治家

弘化五年一月、播磨に生まれる。一時は僧籍に入ったが明治五年に上京して八年に『東京曙新聞』や『横浜毎日新聞』の記者となっている。一〇年には筆禍で禁錮一月罰金一〇円に処せられている。同年、病気のため退社するが、翌年には嚶鳴社の結成に参加し、一二年に『横浜毎日新聞』が『東京横浜毎日新聞』となると再び編集記者として復帰して自由民権運動に加わって各地で演説会を開催し、一五年には沼間守一らとともに立憲改進党の結成に参加し、同年、神奈川県会議員となっている。二二年の憲法発布式には新聞各社の代表団の一員として式を取材している。二五年には東京市会議員、二七年には衆議院議員となっている。同年、日清戦争の軍事視察のために戦地に赴いている。二七年一二月二七日の『時事新報』は「肥塚龍氏の歓迎会、郷に同氏は改進党の軍事視察員として従軍し、此程帰朝せしを以て、同党代議士及び有志者併せて七十九名、一昨日午後四時より芝後援紅葉館に於て慰労会を開きたり。同氏は席上朝鮮と清国との実況に関する演説をなし、畢りて陛下万歳、陸海軍万歳、改進党万歳を唱へ、盛宴を催して十一時頃散

図一　『団団珍聞』明治31年7月23日号

会したりと云ふ」と記しているが、代議士である肥塚が党を代表して戦場まで視察に赴いたのもジャーナリストとして現場を見てみたいという気持の表われだったのだろう。三〇年に第二次松方内閣の農商務省鉱山局長に就任しているが政府を批判したために免職となっている。三一年、第一次大隈内閣のもとで東京府知事となっている。**図一**は知事として東京府庁に入る肥塚を諷刺したもので、「市民の鼻撮み」というキャプションからもあまり歓迎されていない様子である。四一年には衆議院副議長にも選出され四五年まで勤めている。**図二**は「肥塚龍氏の副議長振り」と題されたもので、解説には「風が吹けば飛び相にヨボヨボ仕乍らも第二十五議会から二十八議会迄副議長を勤めた「本案は……エー十六名の委員に議長指名附託に御意義は有りませんか……御意義が無いと認めますから……」と議長の留守には力の無い声で入歯をモグモグさせ乍らやる此の賃が二千円之が為に遠藤良吉暴行事件の採決の時なぞ国民中央の二党が政友会の横暴を憎んで一同退場と云ふ時御役目柄反対党の席に只一人」とある。自由民権運動で精力的に行動した肥塚だったが、すでにそのエネルギーは失せた老政治家というところだろう。肥塚はその後、実業界に転じて愛国生命取締役、日本キネトホン社長などを勤めた。

図二 『名流漫画』明治45年

《伝記》

＊肥塚龍自叙伝・秀英舎 大正一一
＊肥塚龍小論・松尾章一 日本近代史研究 六 昭和三七
＊肥塚氏とその事績・高木幹雄編刊 昭和四一

河野《こうの》敏鎌《とがま》（一八四四〜九五）

政治家

天保一五年一〇月、土佐に生まれる。安政五年に江戸に出て儒学者安井息軒に学び、武市瑞山を知って交流を深め、文久元年に武市と土佐に帰って勤王運動に奔走した。坂本龍馬や武市らと精力的に活動したものの藩論が佐幕に転換したために永牢となり、六年間の獄中生活を送る。維新後、自由の身となり後藤象二郎の知遇を得て江藤新平の紹介で明治二年に侍詔局に出仕、以後、広島県大参事、司法大丞兼大検事などを歴任して権大判事となり、佐賀の乱の首謀者で、最初に河野を取り立てて官途に就かせた江藤を裁判で厳しく指弾し江藤を憤慨させた。八年に元老院議官となり、その後、同副議長、文部卿、農商務卿などを勤めるが一四年の政変で下野して大隈重信らと立憲改進党設立に尽力する。一七年に自由党が解党したのをきっかけに河野は改進党の解党を主張したが容れられなかったために党を離れた。**図一**は二一年、欠員の農商務大臣を井上馨（着物に「井」の字が書かれた中央の人物）と河野が狙っていたことを描いたものである。左端の研屋が河野である。看板には鎌が描かれている。結局は井上が農商務大臣に就任して河野は枢密顧

図一 『団団珍聞』明治21年7月28日号

図二　『団団珍聞』明治25年3月26日号

問官となる。その後、二五年に第一次松方内閣の農商務大臣に就任して念願を達成している。図二は空にかかった鎌形の三ケ月を米商店の前で見上げている米商、油商、塩商、木綿商たちである。株式取引所会頭を勤めて実業界の事情にも詳しい新大臣への期待のほどが窺われるが、河野はその後に司法大臣、内務大臣をも歴任して大きな影響力を発揮していった。そして、同年八月に成立した第二次伊藤内閣の文部大臣にも就任している。図三は文部大臣に就任した河野の姿である。文部大臣在任中に河野は従来の視学官制度を改革して専門性を有する人材を臨時視学委員に任命して綿密に視学することを目指した。この方針は後任の井上にも引き継がれていった。二六年に文部大臣を辞任した河野はその二年後の二八年に病没しているが、四二年に憲法発布二〇年を記念して伊東巳代治が当時を振り返って談じているなかで河野について「荘重厳なる辯舌家」と感想を述べている。

図三　『国民新聞』明治25年8月9日号

《伝記》

＊河野敏鎌の生年月に就て・渡辺幾治郎　明治文化　一二ノ一〇　昭和一四

河《こう》野《の》広《ひろ》中《なか》（一八四九〜一九二三）

政治家

嘉永二年七月、磐城に生まれる。藩儒川前紫渓に学んで尊攘論を持つに至り、奥羽列藩同盟に同調する三春藩の藩論を転換させるために奔走して新政府軍参謀板垣退助との会見を実現し、藩を新政府に帰順させるなど重要な役割を果たす。明治二年、若松県権少属となり、J・S・ミルの『自由之理』にふれて自由民権に心を傾け、八年に福島県において石陽社を設立して東北地方における自由民権運動に尽力した。一二年には大阪で開催された愛国社大会に出席、翌年には片岡健吉とともに国会開設の請願書を政府に提出するものの受入れられず、その後、中央と福島県において民権運動を指揮していった。一五年の福島事件では内乱予備罪に問われて入獄する。**図一**は河野に軽禁錮七年の判決があって間もなく描かれたもので、自由党の大孔雀（顔が「自」、羽が「由」となっている）を檻に入れようとしているところで、河野の収監を意味している。宮城監獄に収監された河野の消息はたびたび新聞に載っているが、一八年二月一三二日の『東京横浜毎日新聞』は獄中で英語の勉強に余念がないことを伝えている。また、二〇年四月七日の『東京

図一 『団団珍聞』明治16年9月12日号

◎巍《ぎ》頂《てう》山《ざん》の失敗《しつぱい》
△「巍《ぎ》頂《てう》山《ざん》へ昇《のぼ》らうとするには
餘《よ》程《ほど》の尻押《しりおし》がなくては中々《なかなか》以《もつ》
て望《のぞ》みを達《たつ》
する譯《わけ》に
は行《いか》んからト汗《あせ》
水《みづ》を流《なが》して氣《き》を揉《も》んだ甲《か》
斐《ひ》もなくてマア飛《とん》だ失敗《しつぱい》サ
□「どうの河野《かうの》今更《いまさら》悔《くや》んだ處が仕方《しかた》がな
いトは云《い》へ忌《いま》〳〵しい事《こと》をした
と失敗《しつぱい》の味方《みかた》連中《れんちう》の有様《ありさま》を見下《みおろ》しながら山《やま》の上《うへ》で旗《はた》
をふり上《あ》げ満面《まんめん》に笑《わら》ひを含みて ◉ 「楠《くす》〳〵〳〵

図二 『団団珍聞』明治27年5月19日号

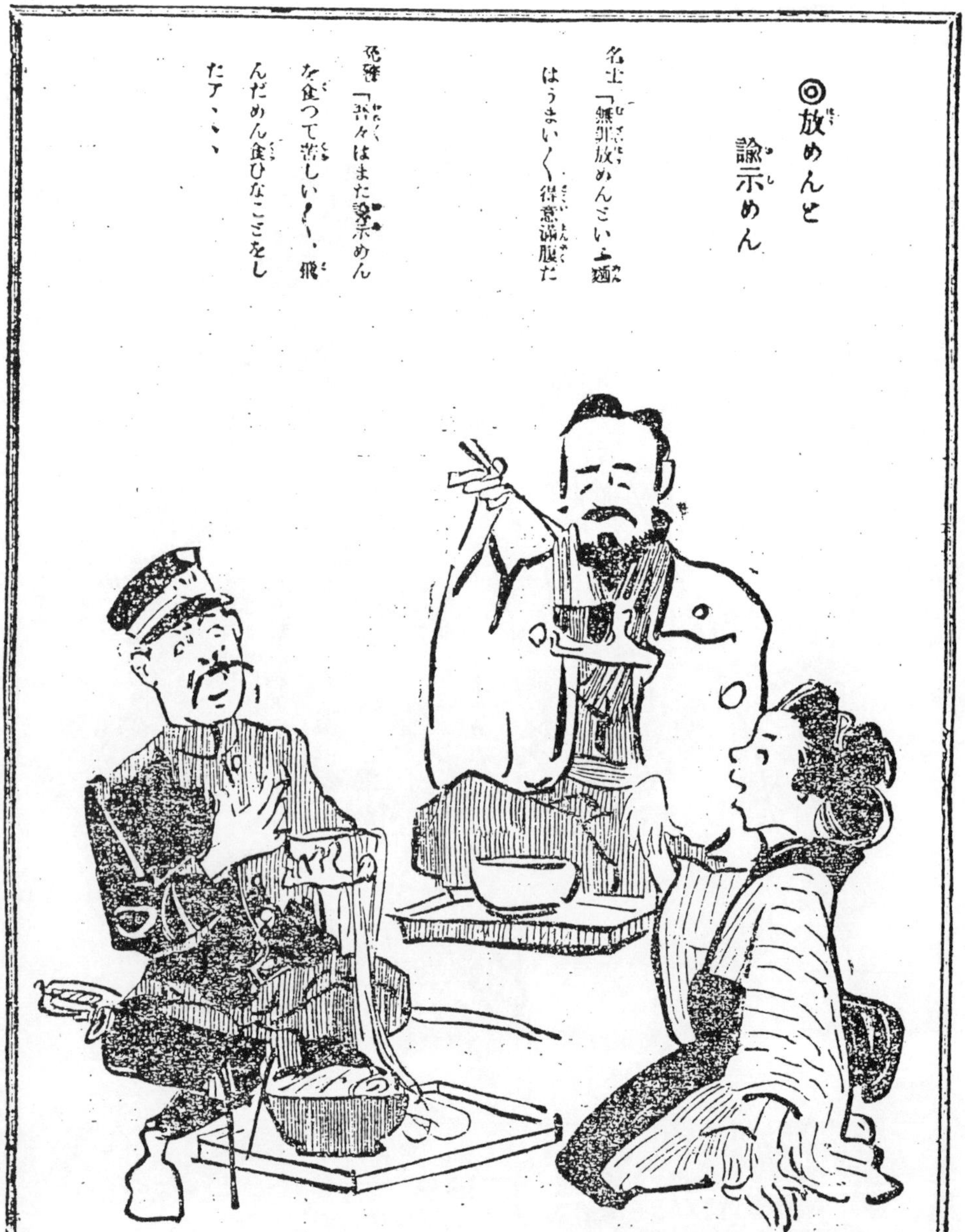

◎放《はう》めんと諭示《ゆし》めん
名士「無罪放めんさい上麺《めん》はうまい〳〵得意満腹だ
「我々はまた諭示めんな食《く》つて苦しい〳〵、飛んだめん食ひなことをしたア、、、

図三 『団団珍聞』明治39年4月28日号

日日新聞』は「河野氏は総囚取締の役を帯ぶるを以て、他の囚徒の模範にせんとて、監内に在ては言語も正しく、且つ乱座せず、終始多数の囚徒を訓戒し、数年一日の如く、其功を以て河野氏は賞表を二個、其他の三氏は何れも一個づゝの賞表を肩に付けたり」と三人の仲間とともに模範囚として過ごしていることを報じている。その後、二二年に憲法発布の大赦で出獄して翌年の第一回衆議院議員選挙で当選して自由党の幹部として活躍し、二七年には衆議院議長の座を狙ったものの楠本正隆に敗れている。**図二**は魏頂（議長）山に登ろうとしたが落ちてしまった河野を描いており、バックアップした連中が残念そうに落ちる河野を見ているなかで、頂上には楠本が旗を掲げて「楠々」と笑っている。三〇年には政党合同を目指して党を離れている。その後、憲政本党結成や普選運動に力を注ぐ。三八年のポーツマス条約に強い反対を唱えて日比谷焼打ち事件の責任を問われて検挙されるが無罪となる。**図三**は無罪となった河野らが「無罪放めんといふ麺はうまいうまい得意満腹だ」と麺をたらふく食べているのと対照的に諭旨免職を出した警察は「諭示めん」を苦しそうに食べている。四三年、河野は同志と純民党を旗揚げしたが、直前になって島田三郎が組織から抜けていった。**図四**は河野が「決心」という槌で「純民刀」を打っているものの、相方の島田が働こうとしないでいる様子を皮肉っている。河野はその後、大正四年に第二次大隈内閣の農商務大臣に就任している。

図四　『二六新報』明治43年3月6日号

《伝記》

＊河野広中君小伝・鈴木万次郎編　有斐閣　明治一六
＊河野磐州伝　二巻二冊・同編纂会編刊　大正一二
＊類聚伝記大日本史　一七・雄山閣　昭和一一
＊河野広中文書目録　日本近代史研究会編刊　昭和三一

神《こう》鞭《むち》知《とも》常《つね》（一八四八〜一九〇五）

官僚、政治家

嘉永元年八月、丹後に生まれる。京都の神山塾で漢学を学び、上京して何礼之に英学を学ぶなどし、明治五年に星亭の翻訳作業を手伝ったことから知遇をうけ、翌年に大蔵省に出仕する。七年には内務省に移り、渡米して商工業を視察するとともに、フィラデルフィア万博御用掛をつとめて一〇年に帰国する。帰国後、内務省一等属を経て大蔵省に戻り、少書記官、大書記官、主税局次長などを歴任して二〇年に官を辞し、民間企業を経て二三年の第一回衆議院議員選挙で当選、中立派の大成会を経て立憲改進党、進歩党などに所属して、内地雑居に反対するなどの活動をしている。

二九年、第二次松方内閣の法制局長官となり、第一次大隈内閣でも法制局長官をつとめた。三一年、東亜同文院が創設されるとこれに参加している。三三年には国民同盟会設立に参画している。対露強硬論を展開して三六年には対露同志会を結成、朝鮮経営に力を注ぎ、門人ら多数とどの活動を続朝鮮に渡るな

○無茶人形
賣人「これば偕樂齋の作で餘程よく出來て居る人形ですからどうか御買ひ込を願升
買人「ヲャ〳〵時節柄當て込む積りだらうがこんな不出來の人形が床に飾られるものか
買人「誰もこれを買ひかぶるものはなからうアハヽ
對外硬

図一　『団団珍聞』明治31年4月30日号

けた。**図一**はこのような神鞭の活動の一端を示すもので、「対外硬」の旗を掲げた鎧武者人形の腰にさしているのは「神むち」なる鞭である。槍の「トクトミ」（徳富蘇峰）などほかにも対外硬を唱える者たちで人形が出来上がっているようだ。売手は「これは偕楽斎の作で余程よく出来て居る人形ですから御買ひ込み願升」と売り込んでいるが、買人たちは「ヲヤヲヤ時節柄当て込む積りだらうがこんな不出来の人形か床に飾れるものか」「誰もこれを買ひかぶるものはなからふアハ、、、」と余り相手にされていないようである。**図二**は神鞭の肖像だが、ここに添えられた解説にも神鞭の対露強硬姿勢が記されている。

このように、対外硬の姿勢を貫き、対露強硬を主張した神鞭は奇しくも日露戦争の最終局面に入った時期に病没している。神鞭の死について三八年六月二二日の『日本』は「神鞭麻渓君逝く、君の経歴は人皆知れり、唯対露同志会の首唱者として彼は其の初心を貫徹しながら、媾和来りて未だ其の局に入らざるに血を吐いて昨朝須磨に逝く、豈に悲しからずや。君の病を京城に獲て須磨に入るや友人時局の急なるを告ぐ、君是れより病勢頓に革まる、蓋し国を思ふの至誠坐視するに忍びざるなり今や時局益々急にして天下志士を想ふ、而して此人則ち亡し、痛むべき哉」と記しているが、神鞭は戦争の推移を気にしながら亡くなっていったのである。

図二 『二六新報』明治36年8月11日号

《伝記》

＊謝海言行録　神鞭知常伝・橋本五雄　明治四二

＊謝海言行録—伝記・神鞭知常　橋本五雄編　大空社　昭和六三（明治四二年刊の複製）

児《こ》玉《だま》源《げん》太《た》郎《ろう》（一八五二〜一九〇六）

軍人

嘉永五年二月、徳山に生まれる。義兄が家督を相続したが藩内の旧守派のために暗殺され、児玉家は一時廃されたが、急進派が藩内で勢力を増長させると児玉家も源太郎が家長となることができ再興されている。戊辰戦争に参加して東北、箱館を転戦し、その後、兵学寮に入学して明治三年に卒業する。七年の佐賀の乱、九年の神風連の乱で軍功を認められ、西南戦争では熊本鎮台参謀副長として政府軍の勝利に大きく貢献している。その後、東京鎮台歩兵第二連隊長、参謀本部第一局長、陸軍大学校長などを歴任、二四年の外遊を経て日清戦争時には陸軍次官兼陸軍省軍務局長として陸軍の中枢で指揮をとった。三一年には台湾総督に就任している。図一は「離れ座敷の畳替へ」と題するもので、乃木希典に代って児玉が台湾総督に就任したことを描いている。畳屋は「まだ先の表はなま新いが替へずはなるまい、一体彼の座敷は土台から替へ無くちゃア畳丈では旨く行くめエ」と児玉の就任でも日清戦争で日本領となった台湾の経営の難しさは簡単に解決しないだろうと予測している。三三年に第四次伊藤内閣の陸軍大臣に就任しているが、翌年に総辞

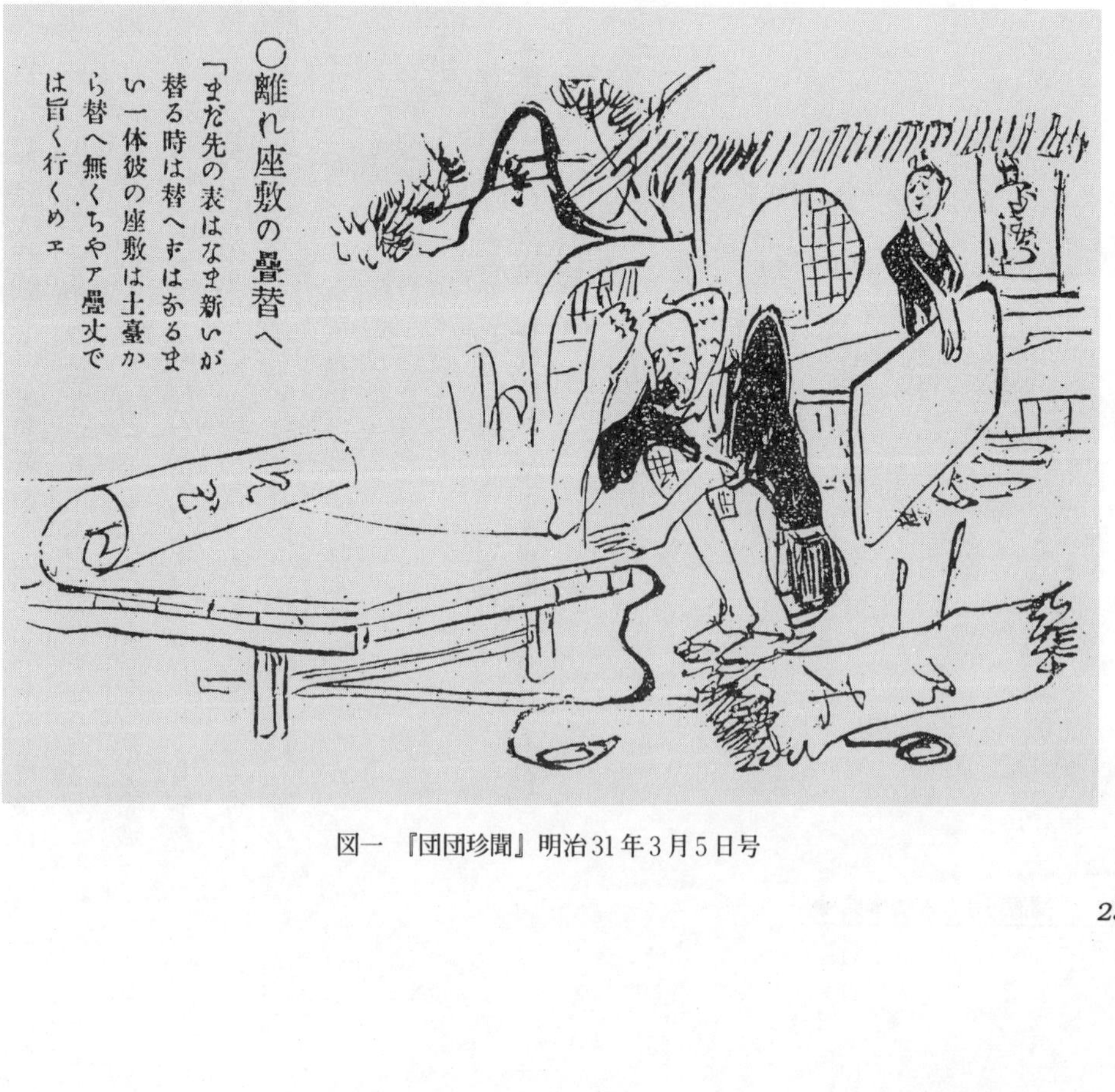

○離れ座敷の畳替へ
「まだ先の表はなま新いが
替る時は替へずはあるま
い一体彼の座敷は土臺か
ら替へ無くちゃァ畳丈で
は旨く行くめェ

図一 『団団珍聞』明治31年3月5日号

職して第一次桂内閣が誕生している。図二はこの内閣で閣僚には就任しなかった実力者たちが各人各様の夢を見ているところである。手前左の西園寺公望、中の伊藤博文と大隈重信連合、後方には井上馨(三猿の別称があるが、夢には三匹の猿が描かれている)とともに右には児玉も見える。それぞれ政権の夢を見ているのであろう。こんな描かれ方をされるほどに児玉は実力者となっていたのである。その後、児玉は三六年に第一次桂内閣の内務大臣となり、文部大臣兼任の時期もあった。図三は兼任文部大臣当時に教育家たちが文部省無能論を唱えた事件を取り上げたもので、児玉の回りで煩く飛び回る「教育蚊」を退治しようと蚊取り線香を焚き団扇ではらい落とそうとしているところである。日露戦争が迫ると内務大臣を辞任して参謀本部次長となり参謀総長大山巌を補佐して日露戦争に臨み、卓越した手腕を発揮した。日露戦争後の三九年に参謀総長に就任するが、いくばくもなく死去している。図四はそんな児玉の死をあつかったもので参謀本部名馬の目（児玉）が抜けて大きなショックの陸軍を描いている。「戦後経営には最も必要の名馬児たま」という説明が児玉の存在の大きさを象徴している。図五は三九年の年の暮れに描かれた「明治三十九年史」の七月の出来事であるが、児玉の死はドイツのメッケル将軍の死とともに記録されている。日露戦争での児玉の目を見張る活躍がまだ強く印象にのこっている三九年ということもあって、その死はこの年を振り返るときに忘れられないことであったのだろう。

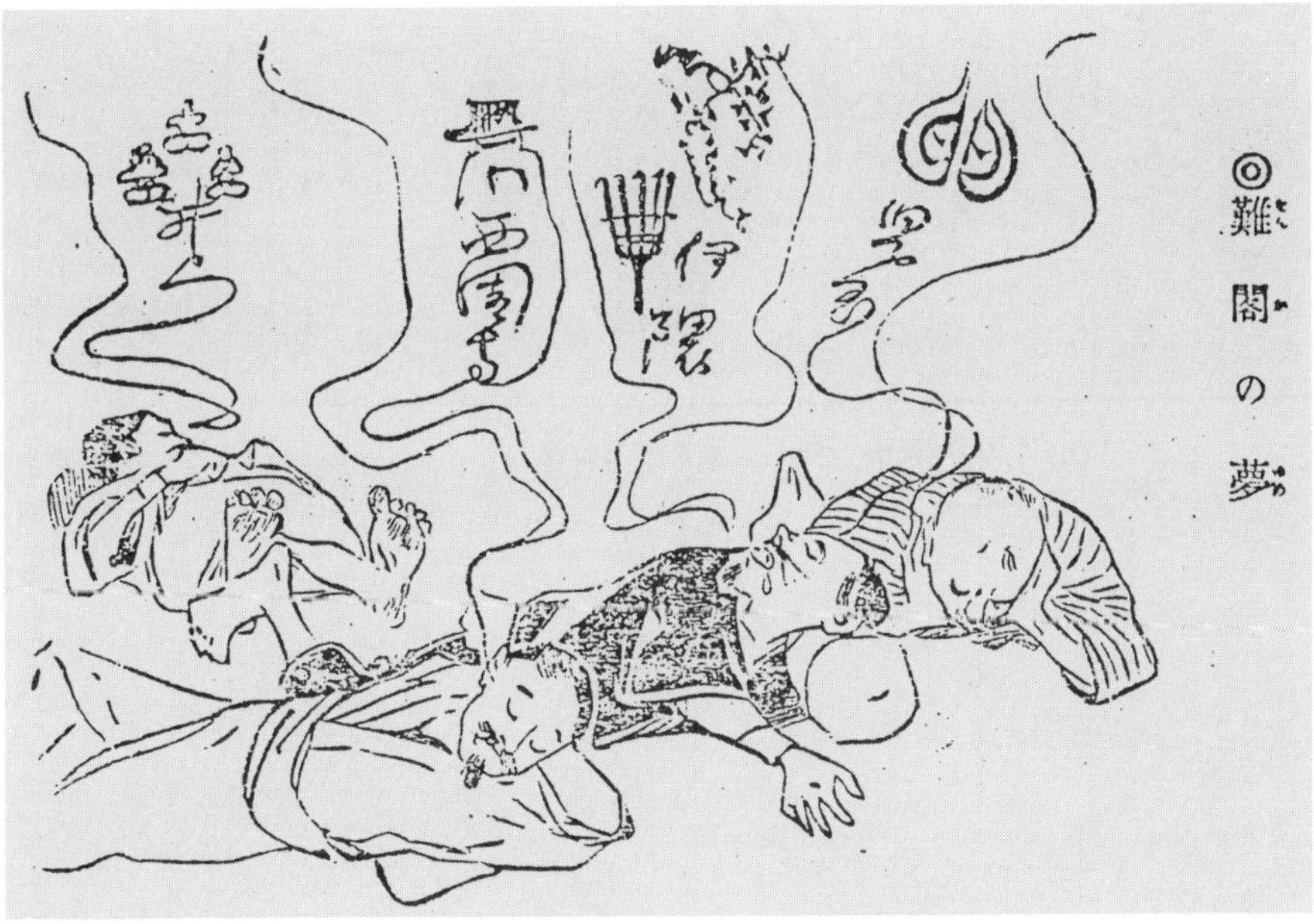

図二 『団団珍聞』明治35年12月13日号

《伝記》

＊故児玉参謀総長伝・関口隆正　金港堂　明治三九
＊児玉大将伝・森山守次　倉辻明義　星野暢　明治四一
＊児玉大神を祭る・吉武源五郎　拓殖新報社　大正一〇
＊近世名将言行録　三・同刊行会編　吉川弘文館　昭和一〇
＊類聚伝記大日本史　一四・雄山閣　昭和一一
＊児玉大将伝・杉山茂丸　中公文庫　中央公論社　平成元

◎教育蚊の騒ぎ出《だ》し
「教育蚊ほどうるさいものはないッまたセンブン〳〵とさわぎ出して来た

図三　『団団珍聞』明治36年8月15日号

図四　『団団珍聞』明治39年8月14日号

図五　『東京パック』
明治39年12月15日号

後《ご》藤《とう》象《しょう》二《じ》郎《ろう》（一八三八〜九七）

政治家

天保九年三月、高知に生まれる。義叔吉田東洋に学び、安政五年には幡多郡奉行となり、その後、御近習目付を勤めたが勤王党に吉田が暗殺されて後藤も職を離れ江戸に出て航海術、蘭学などを学ぶ。その後、前藩主山内容堂が藩政に復帰して後藤は大監察に就任し、勤王党の取締りと富国強兵、殖産興業に力を注いだ。また、坂本龍馬の影響をうけて公議政体論を主張、大政奉還を建白している。新政府が誕生すると参与となり、その後、外国事務掛、大阪府知事、工部大輔、左院議長などを歴任して明治六年に参議となるが、征韓論を主張して辞任し、板垣退助らと民撰議院建白書を提出するなどの活動を行なう。また、蓬莱社を設立して高島炭坑を政府から払下げをうけて経営にあたる。図一は高島炭坑経営のための融資元のトーマス・グラバーと後藤である。両者は高島炭坑をめぐって裁判沙汰を起こしたものの和解している。図は和解して二人で再び経営にあたりだしたことを描いている。

図一 『ジャパン・パンチ』明治12年4月号

図二 『団団珍聞』明治15年9月16日号

しかし、高島炭坑の経営は成功せずに一四年に岩崎弥太郎に譲り渡している。同年、自由党の結成に際して総理に推されたもののその地位を板垣に譲って常議員に就任する。翌年、資金の出所の疑惑から党内の強い反対があったものの板垣とともに外遊に出発して物議を呼んだ。**図二**はこの疑惑を描いたもので、洋行費をくわえた後藤と板垣の二羽のキジは大蛇（井上馨）に絞め殺されようとしている。翌年に帰国して朝鮮独立党の援助を行ない朝鮮の改革を目指したが成功しなかった。二〇年には反政府勢力を結集して大同団結運動を展開した。**図三**は各地を遊説して大同団結運動を説く後藤である。当時のパン売り姿の後藤の回りには大勢の子供が集まってきている。象（後藤）は「お子供衆の鼻ぐすり」と売り声をあげているが、その脇では「いい加減に太鼓を叩て呉れるワ」と子供集めの後藤パン売りに批判を投げかけている。後藤は大同団結運動のリーダーとして活動していたものの、二二年に黒田内閣の逓信大臣として突然入閣して大きな批判を浴びることとなる。パン売りの脇の大人たちの疑念は的中したのである。その後、第一次山県内閣、第一次松方内閣でも逓信大臣を勤めた。**図四**は第一次松方内閣時代の後藤の鉄道買収案を描いたもので、大象が鼻で列車を巻きあげようと凄い勢いである。列車の乗客たちは「巻上たその后はいよいよ鼻を天下に伸ばす積もり、まだまだこんな事アほんの朝飯前の仕事。何んの象さも無へ奴サ」と後藤の野望を見抜いている。後藤は二五年に第二次伊藤内閣においても農商務

図三　『団団珍聞』明治21年7月21日号

大臣として入閣したが二七年に商品取引所開設にあたって業者との関係を非難され辞任し、その三年後に死去している。

《伝記》

＊後藤象二郎・秋月鏡川　興雲閣　明治三一

＊岩崎弥太郎・山路愛山　東亜堂　大正三

＊伯爵後藤象二郎・大町桂月　冨山房　大正三（桂月全集　七　興文社　大正一五）

＊岩崎弥太郎伝・白柳秀湖　改造社　昭和七

＊類聚伝記大日本史　一一・雄山閣　昭和一一

＊竜馬と象二郎・矢田挿雲　霞ヶ関書房　昭和一七

図四 『団団珍聞』明治25年7月30日号

後《ご》藤《とう》新《しん》平《ぺい》（一八五七～一九二九）

政治家

安政四年六月、塩釜に生まれる。須賀川医学校で学んで明治九年に卒業、愛知医学校授業生を経て愛知県病院勤務となり、一四年に同病院長兼愛知医学校長に就任する。翌年、岐阜で襲われた板垣退助の治療にあたっている。一六年に内務省衛生局に移って局長長与専斎のもとで衛生行政に携わり、二三年にドイツに留学、二五年に帰国すると衛生局長となるものの相馬事件に連座して非職となり、無罪が確定した後に復帰して二八年には臨時陸軍検疫事務長官として帰還兵の検疫に大きな貢献をした。三一年に台湾総督府民政局長に就任して総督児玉源太郎を補佐した。三六年に貴族院議員となり、三九年には南満州鉄道総裁に就任している。図一は総裁として総会に報告書を提出しなければならないものの、期限が迫ってもまだ完成せずに困っている後藤を描いたもので、「後藤満鉄総裁は素人写真を始めたがどうしても同じ場所が二様に写るので困って居るが、十四日の総会迄にはぜひ現像せねばならぬと一生懸命に研究中だとよ」と鉄道事業には不馴れな後藤を素人写真師に擬している。その後、四一年には第二次桂内閣の逓信大臣として入閣し

図一 『東京パック』明治40年12月10日号

ている。**図二**は入閣直後の後藤を描いている。解説には「新任匆々両院の操縦には新内閣は過ぎている、掌面でくるくると此通だと言た軈て其団子が咽に塞て眼を白黒せねば仕合だ」とあり、鼻息の荒い後藤が二つの団子（両院）をまるめており、なかなか強気のようである。**図三**は逓信大臣に就任した後藤が逓信省の煤払いをしているところである。鉄道、電話など逓信省の所管する業務の刷新に力を注ぐ後藤の仕事ぶりがわかる。この図の描かれた直前には鉄道院総裁にも就任しており、まさに大きな権限を手中にしての刷新であることがわかる。「乱暴な蛮藤さん、善も悪いも…」なるキャプションがそれを物語っている。**図四**は出世街道の走って来て大臣にまで就任し、実力を身に付けてきた後藤の野望を描いており、「医者になった、鉄道屋にもなった、大臣にもなった、日本の鉄道も掌中に在る、何でも乃公に出来ないものはない、是から一つ教育家になって君が代の併び唄はせる唱歌を作って後世に貽さうか」とある。

図二　『東京パック』明治41年8月1日号

その後、後藤は第三次桂内閣の逓信大臣、寺内内閣の内務大臣、東京市長などを歴任して普通選挙の実現に向けての活動を積極的に行なうなどして、政界の実力者としての地位を築き、しばしば首相候補にも浮上したことがあったものの実現することはなかった。**図五**は「後藤新平男の揮毫ぶり」と題されたもので、「頼めば宣し〳〵と直ぐ筆を糞握みにして書き出す」との解説があり、後藤の親しみやすい一面を見ることができる。

《伝記》

＊後藤新平論・山口四郎　統一社　大正八（千珊閣書店　大正一二）
＊後藤新平一代記・沢田謙　平凡社　昭和四
＊後藤新平　四巻四冊・鶴見祐輔　後藤新平伯伝記編纂会　昭和一二～一三
＊後藤新平・福田正義　満州日日新聞東京支社出版部　昭和一八
＊後藤新平伝　沢田謙　講談社　昭和一八
＊後藤新平伝　一一冊・鶴見祐輔　太平洋協会出版部　昭和一八～二二
＊現代日本思想大系　二六　筑摩書房　昭和三九

図三　『東京パック』明治41年12月10日号

図四　『東京パック』明治42年9月20日号

図五　『名流漫画』明治45年

近衛《このえ》篤麿《あつまろ》（一八六三〜一九〇四）

政治家

文久三年六月、京都に生まれる。明治元年に天皇の東幸に従って父とともに東京に移り、六年に父の死によって家督を相続する。一二年に大学予備門に入るが病気で退学して独学を続け、一八年に特旨をもってオーストリア、ドイツに留学してボン大学、ライプチヒ大学などで政治学や法律学を学ぶ。二三年に帰国して貴族院議員となり、二八年に学習院長、二九年に貴族院議長となる。政治家としての近衛は藩閥政治を批判して天皇の大権による政治を目指して活動を続け、いくたびかの入閣要請も拒否している。

日清戦争を契機にアジア問題にも大きな関心を寄せ

図一 『二六新報』明治33年5月25日号

図二 『団団珍聞』明治33年10月13日号

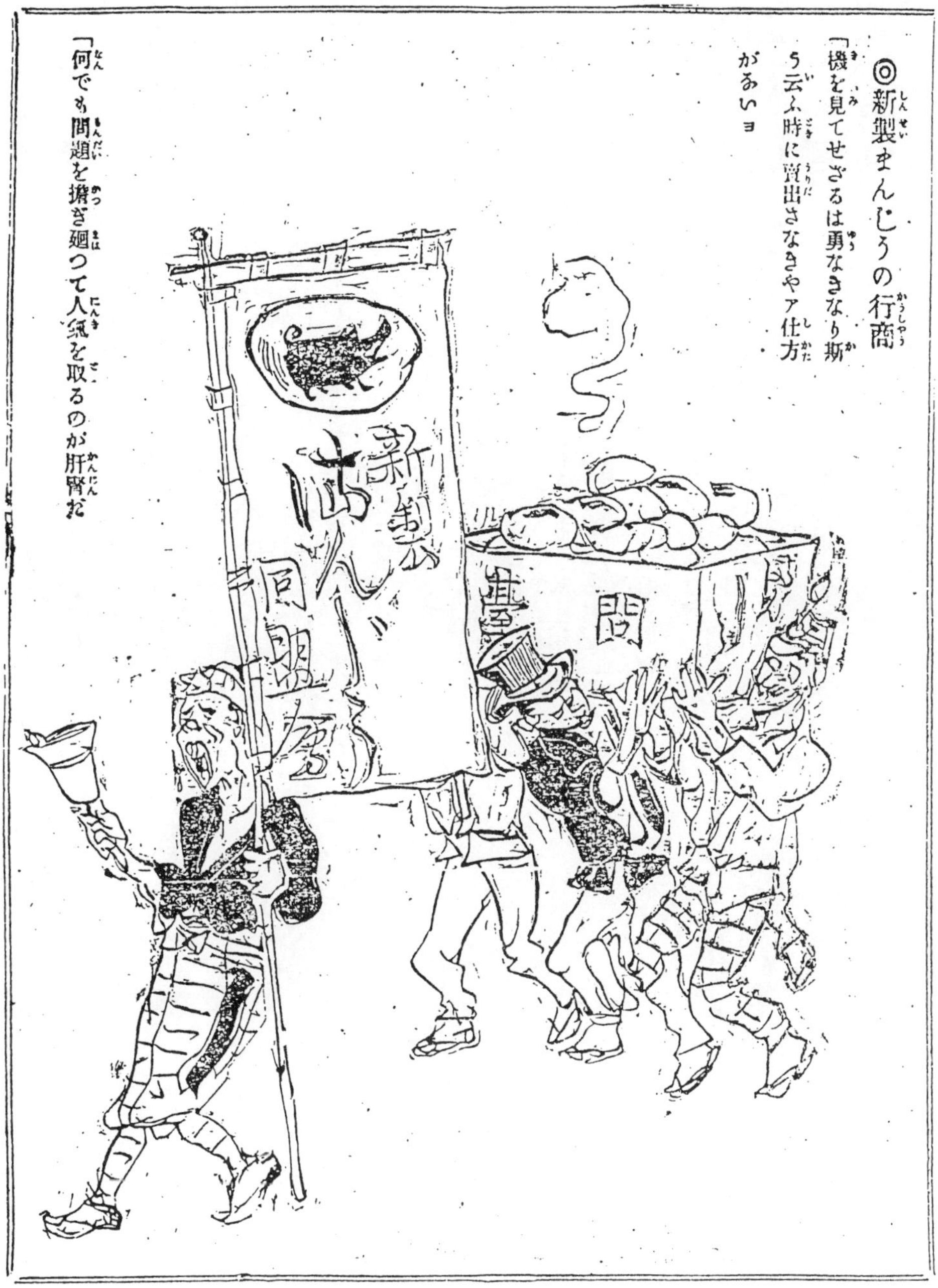
◎新製《しんせい》まんじうの行商《かうしやう》
「機《き》を見《み》てせざるは勇《ゆう》なきなり斯《か》う云《い》ふ時《ごき》に賣出《うりだ》さなきやア仕方《しかた》がないヨ
「何《なん》でも問題《もんだい》を擔《かつ》ぎ廻《まは》つて人氣《にんき》を取《と》るのが肝腎《かんにん》だ

図三　『団団珍聞』明治34年1月26日号

るようになり、列強による中国分割の危機を説いて三一年に東亜同文会を設立、中国に駐在員を派遣したり、上海東亜同文書院を設立して学生を養成するなどの活動で東亜の団結をはかった。

義和団事件をきっかけにロシアの中国侵出が顕著になると近衛は対露強硬外交を主張した。**図一**はこの時代の近衛である。その後、三三年に国民同盟を結成して世論形成にもあたり、主戦論を唱えた。**図二**は同年、第四次伊藤内閣が実現する運びとなって一時的に撤退して様子を見ようとしている百鬼たち（国民同盟）である。その真中にいる「コノエ鴻」なるコウノトリが近衛である。その後も近衛は国民同盟を率いて強硬外交を主張していった。三四年一月二四日の『郵便報知新聞』は「近衛公は益々同会のために尽力すべしといふ、昨日午前十一時根津、佐々、神鞭、頭山の四氏伊藤首相を訪問し其意見を述ぶること一時間余なりしが伊藤侯には何分国家の大問題なれば速答し難し、只だ可成的諸君をして失望せしむるが如き事なからしむべし云々と、例の曖昧なる答弁をなし、四氏は直ちに退出したりといふ」と国民同盟の姿勢を記している。**図三**は国民同盟が満州問題で議会に質問書を提出することとなったことを描いている。**図四**は中国への旅行に出かける近衛である。内外の厳しい時局のなかでの外遊によって近衛がどのような政策を固めていくのかといった注目が集まっていたのであろう。**図五**は近衛の姿勢を象徴するような作品で夏祭りの灯提に近衛の顔

図四　『団団珍聞』明治34年7月20日号

図五　『団団珍聞』明治34年7月20日号

と「対外硬」の文字がみえる。このように、大陸問題や対ロシア外交問題を大きな政治テーマとして活動した近衛だったが、日露が戦端を開く前に没している。

《伝記》

＊公爵近衛篤麿・鳥谷部春汀　春汀全集一　博文館　明治四二
＊近衛霞山公・霞山会編刊　大正一三
＊近衛篤麿公・工藤武重　大日社　昭和一三
＊近衛文麿公と霞山公・高幣常市　英傑研究会　昭和一三
＊近衛篤麿年譜・天地人　九　昭和二九

小《こ》松《まつ》宮《のみや》彰《あき》仁《ひと》親《しん》王《のう》（一八四六〜一九〇三）

軍人

弘化三年一月、伏見宮邦家親王の第八子として生まれる。安政五年、仁和寺に入室するが、慶応三年に復飾して議定となり、翌年正月には軍事総裁となり鳥羽伏見の戦の指揮を取り、その後、外国事務総裁、海陸軍務総裁、兵部卿などを歴任して、六月には奥羽征討総督となり軍功をあげる。

明治三年から五年までイギリスに留学、七年の佐賀の乱では征討総督に就任して鎮圧の指揮にあり、一〇年の西南戦争でも功をあげて一三年に陸軍中将となる。一五年には東伏見宮嘉彰親王から小松宮彰仁親王へと改め大勲位に叙せられる。

一九年には欧米を巡遊しているが、一九年一二月四日の『東京日日新聞』は「去る十一月三日米国桑港の方より紐育府に御安着ありて、フヒフス・アベニユー・ホテルに御投宿あり、即日中央公園を遊覧あり、河岸公園なる故グラント将軍の墓にも詣でられたり、又欧州へ出発せらる、以前にはウエスト・ポイント・アンナホリス海軍兵学校、及び華盛頓府へも参られ、同府にて大統領を御訪問相成るべき御治定なり…」とイギリスへの留学経験を活かして皇族としての積極的外交を行なっている

図一　『イラストレイテッド・ロンドンニューズ』明治20年1月1日号

ことがわかる。また、イギリスでは王室との親交を深め、天皇の名代としてイギリス皇太子に勲章を授けるなどしている。図一はイギリス訪問中の小松宮夫妻である。イギリスにおける夫妻の評判は高いものがあった。二三年、陸軍大将となり貴族院議員となっている。図二は二四年に発行された『国会議員百首』の冒頭に紹介された彰仁親王である。胸には大勲位の勲章が描かれている。

その後、近衛師団長、参謀総長などを歴任して日清戦争時には征清大総督に任じられ、三一年に元帥となり、三五年には天皇の名代としてイギリス国王の載冠式に列席している。この出発に際しては重要な役割でもあり、多くの皇族をはじめとして多数が見送っているが、天皇の名代という大任を任せられて渡英したのもイギリス留学やその後の外遊で皇族外交に慣れていたからであろう。翌三六年に病死し国葬となっている。皇族軍人として活躍したほか、日本赤十字社、大日本農会など多くの団体の長に就任して、その発展に寄与している。

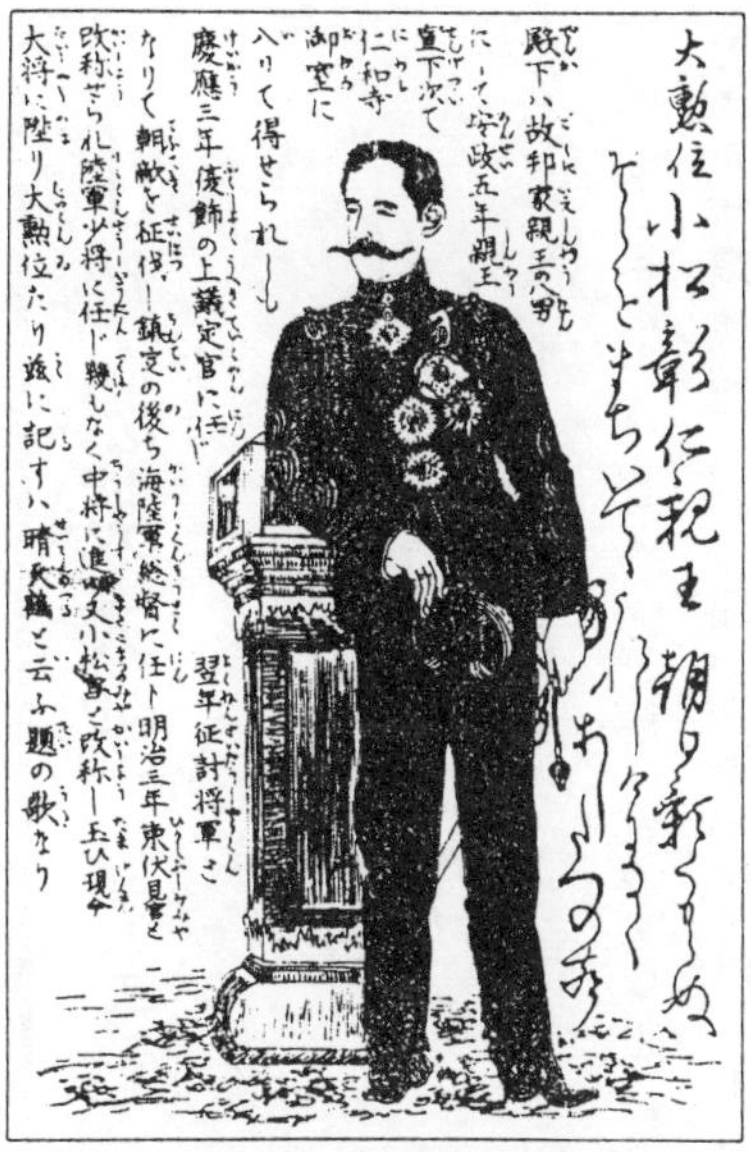

図二　『国会議員百首』明治24年

《伝記》

＊故本会総裁殿下御閲歴・大日本水産会報　二四七　明治三六

＊日本水功伝　一五・片山房吉　水産界　七二二　昭和一八

小《こ》松《まつ》原《ばら》英《えい》太《た》郎《ろう》（一八五二〜一九一九）

官僚、政治家

嘉永五年二月、備前に生まれる。郷里の藩校で英語を学んで、明治七年に上京して慶応義塾に入学するが一年ほどで退学して『東京曙新聞』への投稿で知遇を得ていた末広鉄腸の推薦によって八年に民権を標榜する『評論新聞』に入社して編集長に就任する。九年、「圧制政府顚覆すべきの論」を発表したが、これが問題となって取調べをうけている。九年一月二四日の『東京曙新聞』は「評論新聞の編輯長小松原英太郎君は、一昨廿二日検事課へ御呼出しの上、評論新聞第六十二号、圧制政府顚覆すべきの論、并に伊藤参議の邸へ暴客の忍び入りたる説のことにて御調べがあったと申しますが、なんだかと一通りには済みさうもないこわい咄しだ」と報じている。結局、小松原は新聞紙条例違反で二年間投獄される。

出獄後、『朝野新聞』に入るが、翌一二年に帰郷して『山陽新聞』編集長となり、一三年に同郷の花房義質の推薦で外務省に出仕する。一七年にドイツ公使館勤務となり、彼地で地方自治を研究して二〇年に帰国、その後は山県有朋のもとで地方自治制度の確立に尽力し、埼玉県知事、内務省警保局長、静岡県

図一　『東京パック』明治42年9月1日号

知事、長崎県知事を歴任して三一年に内務次官、司法次官に就任する。三三年に貴族院議員となり、同年、『大阪毎日新聞』の社長に就任している。四一年、第二次桂内閣の文部大臣として入閣して高等教育機関の充実をはじめとした教育改革に力を尽くした。**図一**は文部大臣に就任した小松原が教育改革に取りかかっているところを描いたものである。「子供は育て難い」というタイトルでも知れるように、実際には自分の思うように事が進まない様子を子供をあやす小松原として表現している。**図二**は農商務大臣も兼務することになった小松原で、「商売違ひ」と題されている。「小松原が農商務を兼ねたのは学者が帳場に坐た同様だから教科書の不足で商機を誤る程だから今後の算盤違が思ひやられる」との小松原の農商務大臣としての能力を心配する解説がつけられている。小松原は帳場で「学制案」を研究しているようで、たしかに場違いのようだ。

小松原はその後、大正五年に枢密顧問官となり、八年に死去するまで在任している。その他に、東洋協会専門学校長、皇典講究所々長などにも就任している。

図二 『東京パック』明治43年5月10日号

《伝記》

＊小松原文相の教育論・立石駒吉編　二階堂書店　明治四四

＊十大先覚記者伝・太田原在文　大阪毎日新聞社・東京日日新聞社　大正一〇

＊小松原英太郎君事略　同君伝記編纂委員会　大正一三

＊二十一大先覚記者伝・大阪毎日新聞社　昭和五

＊新聞先覚評論・久木東海男　立命館　昭和七

◎新《しん》外妾《ぐわいせふ》の心配《しんぱい》
「エー公使《こうし》に護清燈《こしんとう》で小《こ》ひらやの名《な》を弘《ひろ》めた妾《わたし》も今《いま》は斯《か》う引かされて外妾《ぐわいせふ》となつたので朋輩衆《ほうばいしゆ》には羨《うらや》まれる身《み》だがなか〳〵機嫌《きげん》氣づまをとるのはこれからが肝腎《かんじん》だワ

図一　『団団珍聞』明治34年9月28日号

小村《こむら》寿太郎《じゅたろう》（一八五五〜一九一一）

官僚、政治家

安政二年九月、日向に生まれる。藩校振徳堂で学んで才能を認められて明治二年に長崎に遊学、翌年には貢進生として大学南校に入学、卒業後の八年に文部省留学生としてアメリカに渡りハーバード大学で法律を学ぶ。一三年に帰国して大阪控訴裁判所判事、大審院判事などを務めて一七年に外務省に移り、権少書記官、翻訳局長などを歴任、杉浦重剛らと親交を持ち国粋主義的立場から条約改正交渉に反対を唱えている。

二六年に外務大臣陸奥宗光に認められて駐清国公使館参事官となり、さらに臨時公使となって対清強硬論を主張した。日清戦争が起きると第一軍に従って占領地の安東民政長官となった。帰国後は政務局長となり二八年の閔妃殺害事件の処理のために朝鮮に渡り、そのまま弁理公使に就任して解決に尽力してロシアと交渉を持ち、小村・ウェーバー協定を結ぶ。二九年に外務次官となり、三一年に駐アメリカ公使、三三年に駐ロシア公使、三四年に駐清国公使に就任して北清事変後の国際会議では全権として出席して活躍した。帰国すると外務大臣に就任して日英同

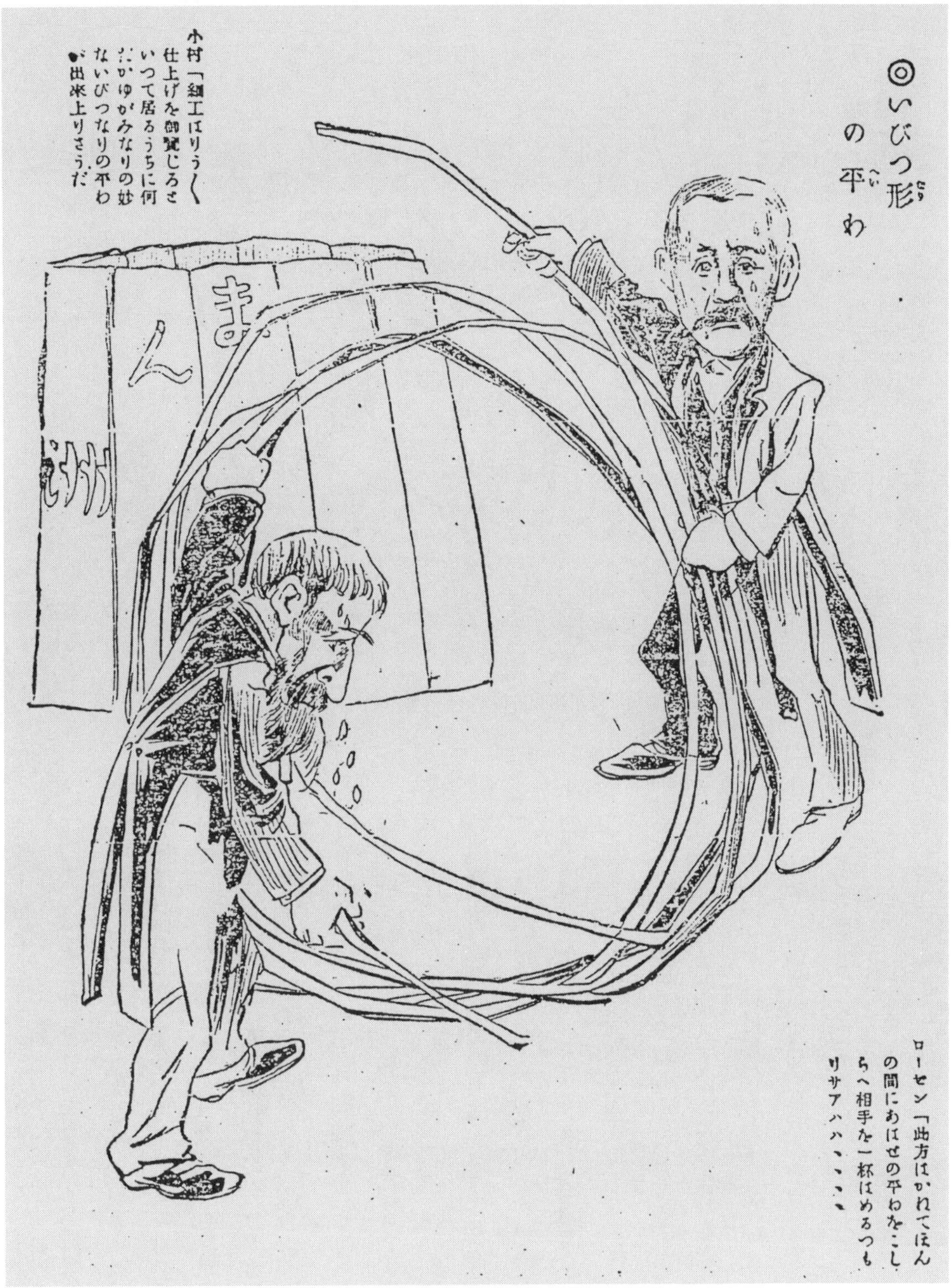

図二 『団団珍聞』明治36年11月22日号

図三 『団団珍聞』明治38年9月13日号

盟締結に尽力、対ロ強硬政策を進めていった。図一は外務大臣に就任した小村を描いたもので、新外妾（新外相）の小村が「朋輩には羨まれる身だがなかなか機嫌気づまをとるのはこれからが肝腎だワ」と心配しているところである。図二は厳しさを増す日露関係のなかでローゼン駐日公使との会談を持った小村である。「いびつ形の平わ」という題名の通り、満州問題を解決するために二人で満州桶に合うタガを作っているがなかなか困難のようである。かくて、日露は修復のきかない事態に陥り戦争へと突入する。日露戦争が起きると国際世論の動向に注意をはらって日露講和の時期を探り、ポーツマスにおけるロシアとの講和会議の全権代表として戦争集結にむけて尽力したものの講和内容に国民の不満が爆発して日比谷事件などが勃発している。図三はロシアとの講和条約で樺太の南半分しか日本の領土にならなかったことで樺太の幽霊が小村を襲っているところである。幽霊の恨みは国民の不満を代弁するものであったといえよう。図四もやはり小村を非難した作品で、講和会議に出発したときは大勢の人に見送られて意気揚々と旅だったものの、帰国のときには誰にもわからないように人の足元を逃げるようにしている小村鼠といった具合である。帰国後、小村はこのような厳しい世間の目にさらされた。三九年には駐イギリス公使となり、四一年には第二次桂内閣の外務大臣に就任して日韓併合、関税自主権回復などにあたっている。

《伝記》

＊小村寿太郎　桝本卯平　洛陽堂　大正三
＊小村寿太郎侯略伝・安井小太郎　同侯誕生記念碑建設会　昭和九
＊小村侯文献・小村侯記念図書館編刊　昭和一四
＊小村寿太郎・信夫淳平　新潮社　昭和一七
＊小村外交史　二巻二冊・外務省　新聞月鑑社　昭和二八（原書房　昭和四一）

図四　『東京パック』明治38年10月15日号

小《こ》室《むろ》信《しの》夫《ぶ》

（一八三九〜八九）

政治家、実業家

図一 『団団珍聞』明治18年6月27日号

天保一〇年九月、丹後に生まれる。尊王主義者であった小室は文久三年に京都等持院にある足利尊氏など代々の足利氏の木像を斬りすてて梟首にする挙に出て徳島藩の預かりとなり、五年後に釈放されて新政府に出仕、明治二年に岩鼻県権知事に就任する。翌年には徳島藩大参事となり、イギリス外遊後の六年に左院三等議官となったが辞任して翌年には板垣退助、後藤象二郎らとともに民撰議院設立の建白書を提出するなど自由民権運動家として活動するものの実業界に転身して一五年に北海道運輸会社を設立、また、一六年には三菱会社が独占する海運事業に対抗して品川弥二郎、渋沢栄一らと共同運輸会社を設立している。資本金は政府からの出資もあり、共同運輸会社は半官半民的性格だった。図一は三菱会社との運賃値引き競争を展開する共同運輸会社である。港には三菱会社と共同運輸会社の船が乗客を待っている。港へと向かう道の両側の宿には「五割引」「六割引」からはじまり「九割引」の看板さえ見える。図二も両社の過当競争を描いたもので、

図二　『団団珍聞』明治18年7月25日号

「息張り木兎値段の引競」とあり、木兎が首相撲しているところである。結局は共同運輸会社は一八年に三菱会社と合併して日本郵船会社が設立されることとなる。小室は共同運輸会社以外にも海運、鉄道、銀行など多くの事業を手掛けた。二四年には貴族院議員に就任している。

三一年に小室は死去しているが、これを報じた三一年六月九日の『東京朝日新聞』は「獄に投じ鉄窓に呻吟すること前後六年、維新の大詔下るに及んで赦さる、後、知事、大参事等に歴任し、欧米各国に遣はさる、時に蜂須賀侯倫敦に留学し、東京青森間鉄道布設の策を建つ、偶々岩倉大使の一行到るに会し、蜂須賀侯を輔けて鉄道布設策を進め、欧米に於る鉄道事業を精査し帰朝して鉄道同盟会を起す」と記されており、小室が運輸事業になみなみならぬ力を注いでいたことがわかる。また、同記事には「廿四年無位無爵の身を以て貴族院議員に勅選せらる、蓋し異数の栄なり」とも記されており、小室の実力のほどを見ることができるのである。

《伝記》

＊小室信夫君国事鞅掌に関する事歴附十五節・寺師宗徳　史談会速記録　三九　明治二九
＊小室信夫・服部之聡　歴史　九　昭和一二
＊小室（信夫）と沢部・絲屋寿雄　明治文化　一一ノ一一　昭和一三
＊小室信夫にみられる自由民権運動の性格・塩尻正　立命館文学　一〇八　昭和二九

小山松寿《こやましょうじゅ》（一八七六〜一九五九）

ジャーナリスト、政治家

図一　『名古屋大共進会紀念画報』明治43年5月1日号

明治九年一月、長野県小諸に生まれる。二八年に東京専門学校を卒業してジャーナリストとなり、大阪朝日新聞社名古屋支店長となり、三九年には『名古屋新聞』を創刊する。

四三年、名古屋において大共進会が開催されているが、この共進会は名古屋を挙げての一大イベントで、一〇万坪もの広大な会場を擁し、三府二八県から二〇点もの出品があった。共進会に合わせて写真師大会、神職大会、菓子飴業者大会、商業会議所大会、金属業大会、電灯業者大会、弁護士大会、手形交換所大会、織物業者大会など様々な業種の大会も開催されたが、このようななかで新聞記者大会も催されている。この大会の準備委員の代表を勤めたのが名古屋新聞社々長の小山であった。四三年五月一日の『名古屋大共進会記念画報』は「四月六日午前十時三十分、会場なる門前町の愛知県商品陳列場一目下新古美術展覧会に充てられたる壮美の洋館に着く、案内の時間は午前十時とあって既に時間を正確に守らる、諸君は大分打揃ふて見える、併し容易に開会の鈴は鳴らぬ、十一時三十分開会、準備委員の代表者、小山松寿君は議長に国民新聞社の阿部充家君を推す…」と大会のスタートを報じている。図一はこの大会で報告する小山である。タイトルには「報告の取消」とあり、「前刻のは記憶の誤りでしたから…」との解説がある。こんな漫画が描かれるくらいだから、大会準備委員の責任者として、また地元新聞の代表として準備に苦労したのであろうことが窺われる。図二は「言論自由」と染め抜かれた前垂を代議士の蔵原惟郭に手渡す小山（右）である。「言論自由」なる言葉からする

図二　『名古屋大共進会紀念画報』明治43年5月1日号

と新聞記者大会のために用意された前垂のように思えるが、解説には「八事山の芸者の前掛を分捕った小山君が国民党遊説の為めに出掛けて来た蔵原君に見せると、押戴いて「僕が洋行したらこいつを振回はしながら日本はゲイシャガールですら言論の自由を尊重するとやってやらう」と無理にポケットへねじ込んでしまった」とある。大会のあとには園遊会もあり、この全国記者大会は共進会開催に合わせた催しということもあって親睦が中心となったようだ。図三は大会の後に園遊会に繰り出す参加者たちである。馬車に大勢が乗り込んで和気藹藹のようである。

図三 『名古屋大共進会紀念画報』明治43年5月1日号

小山はこのような活動にも積極的に加わり、ジャーナリストとして重きをなすとともに名古屋市会議員を経て大正四年に衆議院議員に当選、立憲民政党に所属して活動し、農林政務次官、衆議院副議長などを歴任する。昭和一二年には衆議院議長に就任している。

《伝記》

＊憲政会出身政務官六人・山浦貫一　政局を繞る人々　四海書房　大正一五

＊小山松寿伝・森芳博執筆、小山千鶴子編　小山竜三記念基金　昭和六一〈小山松寿の肖像あり　限定版〉

西園寺公望《さいおんじきんもち》（一八四九〜一九四〇）

政治家

嘉永二年一〇月、京都に生まれる。文久元年に右近衛権中将となり、慶応三年に新政府の参与に就任して戊辰戦争では山陰道鎮撫総督、越後口総督府大参謀などとして各地を転戦、明治三年にフランスに留学して法律などを学ぶとともに、パリコミューンを体験して一三年に帰国する。

一四年に中江兆民らと『東洋自由新聞』を創刊するが内勅をうけて退社している。図一は『東洋自由新聞』を退社しなければならなかった西園寺を描いたもので、「不自由」を「自由」と書き間違えたために書き直させられている西園寺である。退社後に参事院議官補となり、一五年には憲法調査のために渡欧した伊藤博文に随行してヨーロッパ各国を歴訪している。

この渡欧をきっかけに伊藤と親しくなった西園寺は帰国後参事院議官、駐オーストリア公使などを歴任して二三年に帝国議会が開設されると貴族院議員となり、同院副議長、枢密顧問官などを経て二七年に第二次伊藤内閣の文部大臣に就任、その後、外務大臣なども勤めて三三年には立憲政友会の創設にも参画、三六年には伊藤に代わって第二代の立憲政友会総裁に就任

図一　『団団珍聞』明治14年12月10日号

している。

　三九年、大命により桂内閣の退陣後に第一次西園寺内閣を組閣している。図二は組閣を前に閣僚の人選に悩んでいる西園寺である。図三はやっと人選がおわり、初御目見得の挨拶といった場面である。内閣を船出させた西園寺は日露戦争後の諸問題に対処していった。図四はその西園寺の議会演説を描いたもので演説というより原稿を読んでいるといった厳しいコメントが添えられている。図五は財政の立直し政策を描いたもので、増税や事業繰延べなどで破れた障子を貼り継いでいる西園寺である。

　しかし、四一年に社会主義運動に対する対応が不十分などの批判を受けて退陣した。図六は桂太郎と、そのバックにいる山県有朋に追われている西園寺である。その後、四四年には第二次西園寺内閣を組閣したものの、大正元年に二個師団増設を要求する陸軍提案を受け入れなかったことから軍の反発にあって退陣し、第三次桂内閣にバトンタッチする。この間、西園寺

図二　『東京パック』明治39年1月1日号

図三　『東京パック』明治39年1月15日号

図四 『東京パック』明治39年2月1日号

図五 『東京二六新聞』明治40年12月16日号

と桂が交互に首相を務めていたことから一般に桂園時代と言われている。

首相を辞任した西園寺は七年に組閣の大命があったものの拝辞して原敬内閣成立に尽力するなど元老として大きな影響力を持っていった。とくに、一一年に山県有朋、一三年に松方正義が死去してからは唯一の元老として国政に関与していったが昭和一一年に起こった二・二六事件以降は発言力を弱めた。

《伝記》

＊人物評論・蓑田政徳　北日本刊行協会　大正一五
＊西園寺公望伝・白柳秀湖　日本評論社　昭和四
＊西園寺公望伝・吉岡宇三郎　公望伝編纂部　昭和九
＊西園寺公望伝・木村毅　歴代総理大臣伝記全集　伝記刊行会　昭和一二
＊西園寺公望・木村毅　三代宰相列伝　時事通信社　昭和三三

図六　『時事新報』明治41年7月10日号

西《さい》郷《ごう》菊《きく》次《じ》郎《ろう》（一八六一～一九二八）

政治家

万延二年一月、奄美大島において配流中の西郷隆盛と島民龍佐栄志の娘愛の子として生まれる。明治二年に鹿児島に出て英語学校で学び、五年にアメリカに遊学して七年に帰国する。一〇年、西南戦争には父の隆盛とともに政府軍と戦った。図一は田原坂の戦いを描いたものである。雨の降りしきる中で政府軍の総攻撃によって西郷軍は敗走していくこととなる。このような厳しい戦いの中で菊次郎は城山で負傷して片足を失う。一一年七月四日の『朝野新聞』に西郷隆盛の妻の記事が掲載されているが、そのなかに政府軍に降伏した後の菊次郎の様子の一端を伝える一文が見える。「昨年延岡にて官軍に降伏したる庶子菊次郎の如きは、厳に之れが教戒を加へ勧学の暇には山野にて樵などの労作を為さしめ…」と厳しい躾をうけていたようである。

その後、上京した菊次郎は一時横浜に住んでいたようだが、そのときの様子も一五年三月四日の『東京日日新聞』に「兼て横浜本町五丁目七十三番地に寄留する鹿児島県士族にて、同港郵便局在勤の高橋良教氏に同居せらる、西郷菊二郎氏は、何か

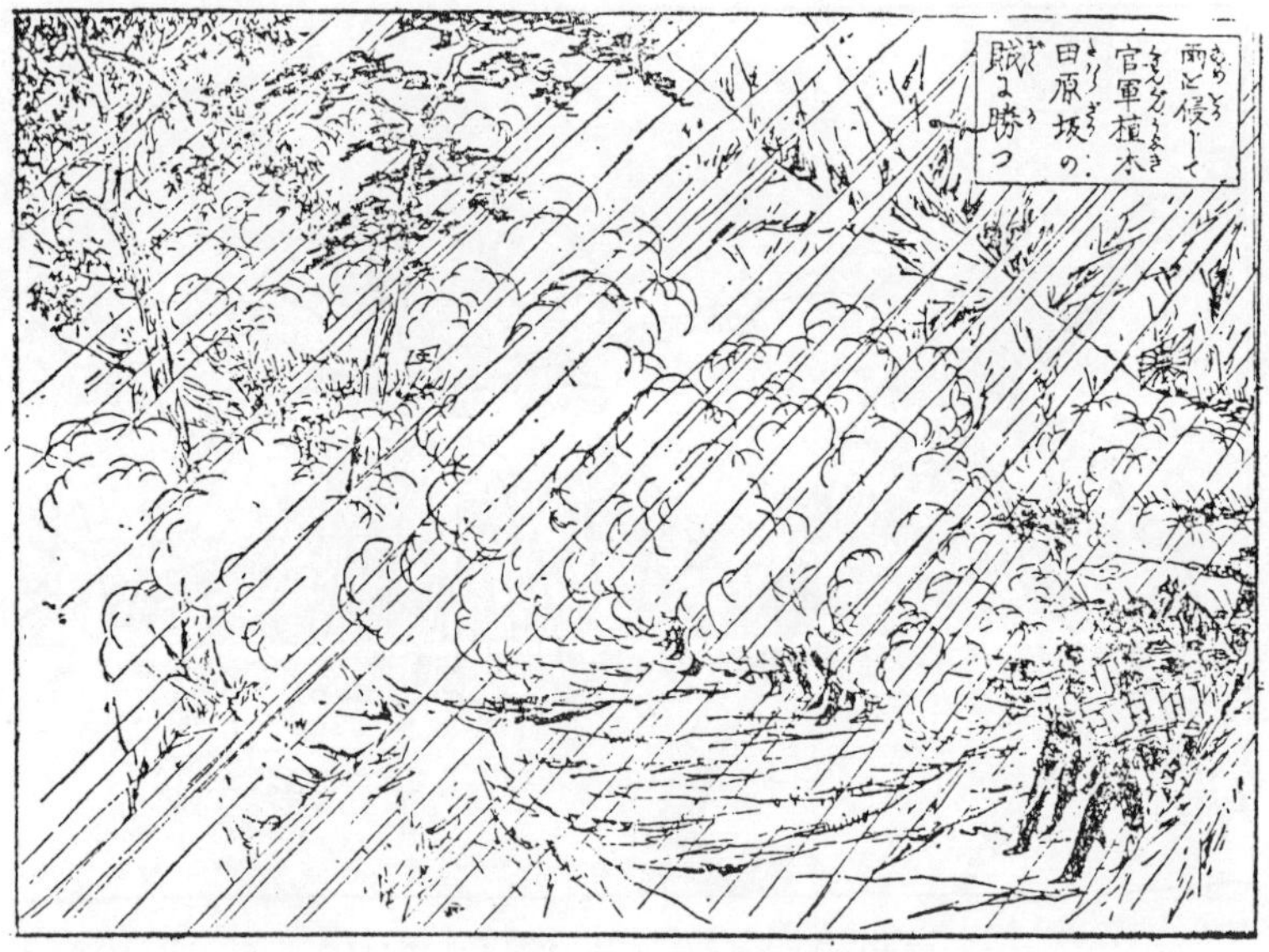

図一 『明治太平記　一八編巻之一』明治11年

都合でありてか一両日中本町通居留地八十三番館仏人某の許へ転寓せらる、よし、又本年一月に同氏の許へ来りたる名刺の数は、内国にて八百余、海外より七百余、都合千五百余枚なりしよし、以て氏が交際の広きと亡父が名望の猶今日に存するを見るに足るべし」とレポートされており、菊次郎は西南戦争後も決して社会から離れて暮らしていたわけではなかったことがわかる。

図二　『東京パック』明治40年12月10日号

かくて、一七年には外務省に出仕している。そして二八年には台湾宜蘭支庁長にまでなっている。京都市長に就任して六年間在職した。**図二**は市長在職中の菊次郎を描いたものである。「西郷市長の愁歎場」とのタイトルがつけられており、「西郷京都市長が一千萬円の市債が出来たと威張た其内容は三井銀行を的の三百萬円であった。處が三井が又京都にも相当な銀行も有升からどうかそちらに御相談とて逃げ出しさうなので昨今はこんな愁歎場」とある。市長辞職後は島津家の山ケ野金山の経営に携わったが健康を害して引退して鹿児島で余生を送った。

西郷隆盛《さいごうたかもり》（一八二八〜七七）

政治家、軍人

文政一〇年一二月、鹿児島に生まれる。安政元年に藩主島津斉彬の庭方役を経て徒士目付となり、一橋慶喜の将軍擁立など国政にかかわる重要問題について斉彬の意を受けて暗躍するが、一橋派の敗退と斉彬の死去によって絶望して僧月照とともに錦江に身を投げるものの西郷だけが蘇生し、奄美大島に流される。文久二年に召還されて島津久光のもとで朝廷や幕府への工作活動に従事するものの久光の命に従わなかったとして再び徳之島、ついで沖永良部島に流される。元治元年に再度召還されて軍賦役、小納戸頭取として復帰、やがて薩長密約を結び倒幕へ大きく動きだすなかで中心的役割を演じた。慶応三年、薩長に倒幕の密勅が下されて鳥羽伏見の戦いを迎え、四年には東征大総督府参謀に就任した西郷は幕府陸軍総裁勝海舟との会見に臨み江戸城の無血開城を達成する。維新後、鹿児島に帰って藩政改革を行なっていたが、明治四年に詔勅をうけて上京し参議に就任し、同年の岩倉使節団一行が欧米視察中の最高責任者として重責を果たす。五年には近衛都督にも就任するが翌年の征韓論論争に敗れて下野し、鹿児島において私学校をつくって

図一　『東京絵入新聞』明治10年9月26日号

士族子弟の教育にあたる。しかし、一〇年に政府に不満を持つ私学校の生徒が陸軍省火薬庫を襲って西南戦争の火蓋が切られる。しかし、政府軍と西郷軍の兵力の差は歴然としており、西郷は敗れて朝敵の汚名をきせられたまま城山で自刃する。図一は政府軍の圧倒的な軍事力の前に追い込まれていったころの西郷を描いたものである。参謀の桐野利秋や村田新八の姿も描かれているがすでに敗軍の将といった様子である。この図が描かれた直前に西郷らは自刃する。図二は西郷星といわれるものである。火星が地球に接近して西南戦争のころに天空に輝いていたが、西郷軍の敗色が濃くなってきた一〇年八月頃には西郷星を望遠鏡で眺めると西郷が陸軍大将の官服を着ているように見えるとの噂がたち、街頭で寄り集まって上空を見上げる光景も出現したほどである。西郷の名誉が回復されるのは二二年の憲法発布の大赦まで待たなければならなかったものの、死後も庶民の西郷人気は根強く、西郷生存説もたびたび起こっているほどである。とりわけ、ロシア皇太子来日の二四年にはシベリアに渡って生存している西郷が皇太子とともに帰国するとの噂が広がった。図三は幽霊となった西郷を描いたもので、生存して帰国するとの噂を否定した主張をあらわしている。図四は三一年に完成した上野の西郷像を扱ったもので、西郷像は「明治十年以来トント世の中に顔を出さなかったせいか見るものが珍しい」と右手を掲げてあちこちを眺めているものの「突っ立って居る斗りで銅も身動きが出来ぬワ」と嘆いている。こんなとこ

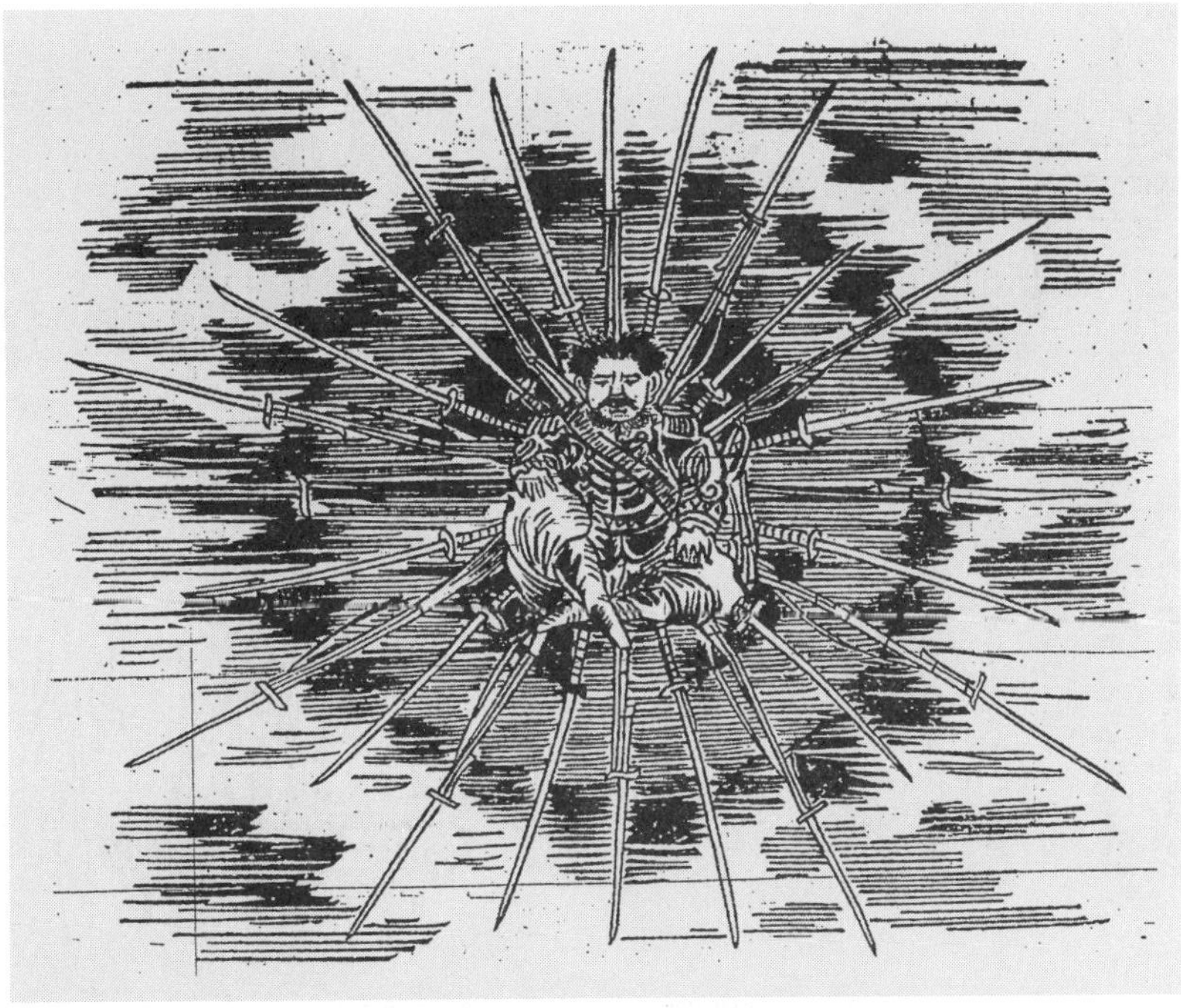

図二 『東京絵入新聞』明治10年9月16日号

図三　『国民新聞』明治24年4月11日号

にも庶民の西郷再来を望む気持ちが表われているのかもしれない。その後も西郷は何かというと話題となっていったが、**図五**は西南戦争時に西郷を支援して近江西郷とさえ言われた政治家の大東義徹が死去した直後に描かれたものである。銅像の西郷が大東の死を悼んで涙をぬぐっている。こんなところからも、この時代になっても西郷人気が衰えていないことを見ることができるのである。

ところで、**図六**は下野して鹿児島に暮らしていた時代の西郷の様子を描いた興味深い資料である。犬をひきつれて蒲焼を食べに来た西郷であるが、二串ほど食べてあとは犬にあげてしまったとのことである。西南戦争時には戦地にまで三匹もの愛犬をつれていったとのエピソードも、この図の説明に加えられている。何とも西郷らしいといったところだろうか。

《伝記》

＊仮名挿入皇朝名臣伝　五・中沢寛一郎編　溝口嘉助　明治一三

＊絵入通俗西郷隆盛詳伝　三冊・村井弦斎　福良竹亭　春陽堂　明

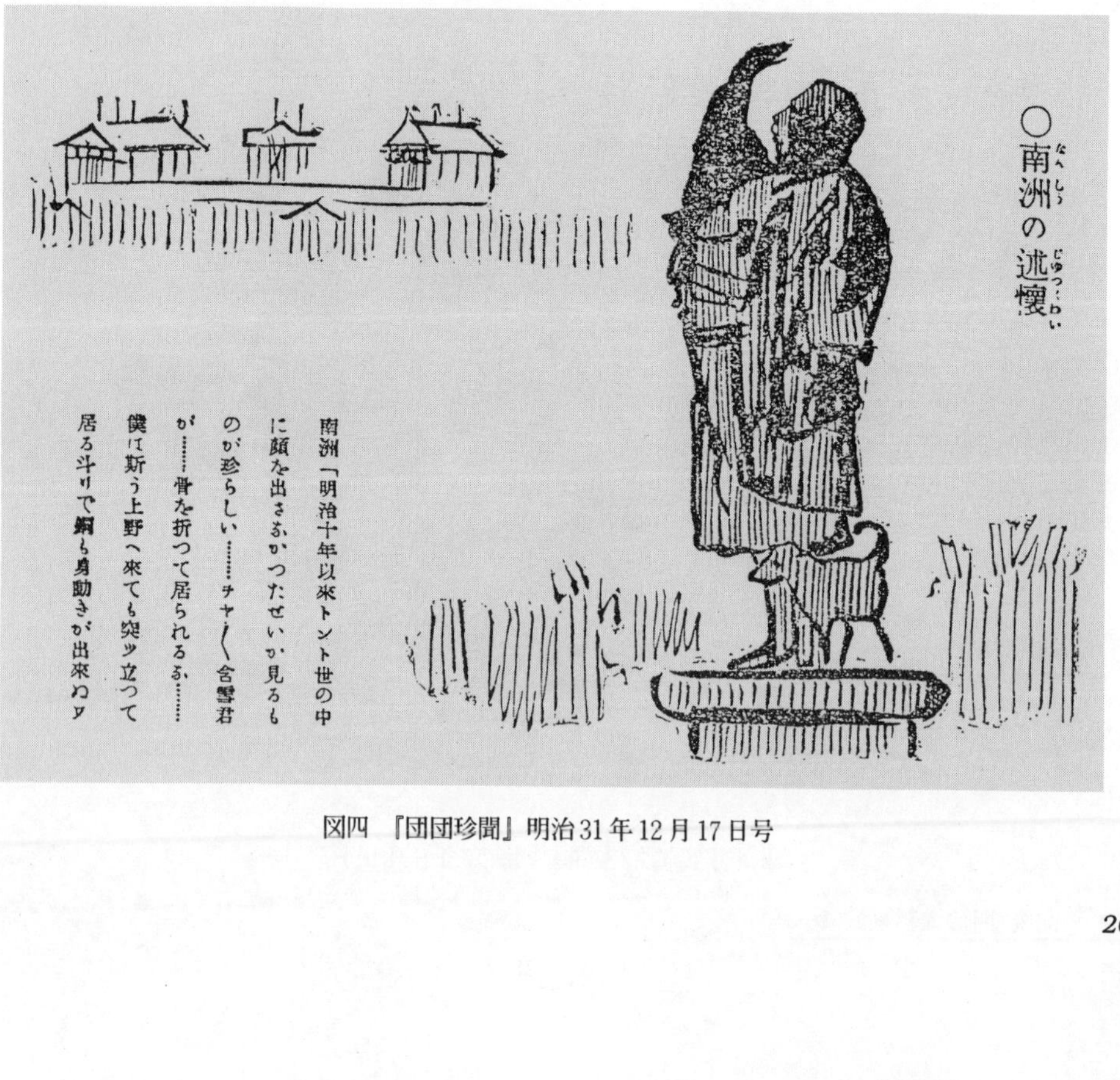

図四　『団団珍聞』明治31年12月17日号

治三二～三六
*西郷隆盛・山路愛山　時代代表日本英雄伝　玄黄社　明治四三
*南洲翁伝・鹿児島県教育会編刊　薩藩偉人伝　第一編　大正一三
*大西郷全集　三巻三冊・同刊行会編　平凡社　大正一五～昭和二
*巨眼南洲・遠矢一陽　薩南史蹟顕彰会　昭和二
*大西郷全伝・同刊行会編　耕文社　昭和四
*西郷南洲翁を偲ぶ・南洲翁敬慕会編刊　昭和六

図五　『団団珍聞』
明治38年4月13日号

図六　『東京絵入新聞』明治10年10月10日号

西《さい》郷《ごう》従《つぐ》道《みち》（一八四三〜一九〇二）

軍人、政治家

天保一四年五月、鹿児島に生まれる。兄の隆盛の影響をうけて尊王攘夷運動に奔走し、文久二年の寺田屋事件に連座して謹慎となるが、その後、赦されて薩英戦争などに参加し、鳥羽伏見の戦いでは重傷を負っている。

明治二年、山県有朋らとともに視察のためにヨーロッパに渡る。三年に帰国し兵部権大丞となり、以後、兵部大丞、兵部少輔などを歴任、六年に隆盛が下野したのちも政府にのこり、七年には台湾蕃地事務都督となって台湾出兵を強硬した。図一は台湾における西郷を描いたものである。中央の軍服姿が西郷であるが、後方の左右には軍人たちがいて、西郷のまわりには原地民たちがいる。このように描かれた記録もあるものの、原地民たちの強い抵抗があったのも事実である。西南戦争時には鎮圧の指揮を取った山県に代わって陸軍卿代理となったが東京を出ることはなかった。

一一年、参議兼文部卿となり、その後、陸軍卿、農商務卿などを歴任して一八年に内閣制度が発足すると初代の海軍大臣として入閣を果たし、二三年には内務大臣となるが翌年に起きた

図一 『グラフィック』明治8年2月27日号

図二　『団団珍聞』明治25年7月23日号

図三　『団団珍聞』明治32年4月15日号

図四 『団団珍聞』明治32年8月12日号

大津事件の責任をとって辞任する。二五年、枢密顧問官となるがほどなく辞任して品川弥二郎と国民協会を創設して会頭となる。図二は国民協会の副会頭に就任した品川弥二郎との二人指導体制で国民協会を引っ張って行こうとする様子を両頭蛇にたとえて描いている。左が西郷、右が品川である。しかし、手前では両頭蛇を棒や石で厳しく追い詰めており、さらに後方では蛇が逃げないように穴を塞いでおり、情勢は厳しいようである。

二六年から再び海軍大臣となり三一年まで勤めるが、この間に山本権兵衛を登用するなど海軍の改革に力を注いだ。二七年に海軍大将となり、三一年には初の元帥となっている。同年、第二次山県内閣の内務大臣に就任している。図三は三二年に政治的圧力で内務次官松平正真を更迭して小松原英太郎に代えている西郷である。同年、内務省は神道と仏教以外の宗教の布教と堂宇建立に関して規定を設けた。図四はこれらの動きのなかで宗教の公認制度をつくって仏教を公認宗教にするようにと運動している仏教関係者たちである。彼らは「ア、尊と内夢大菩薩蛸に縁で骨も何もありませぬ」「その御愛けうを戴けば公認教も何もかまひませぬ内務あみだ」と西郷大菩薩を拝み倒している。タイトルに「十方美人の高僧済度」とあるように西郷はあちこちにいい顔をしようとしている。西郷の内務大臣時代にこのような宗教に関わるさまざまな動きがあった。三三年に山県内閣が総辞職して内務大臣を辞任し、その二年後に死去している。

《伝記》

＊西郷従道・安田直　国光書房　明治三五
＊西郷従道侯・徳富猪一郎　蘇峰文選　民友社　大正四
＊西郷従道と樺山総督・大沢夏吉　同記念事業出版委員会　昭和一一
＊大西郷兄弟・横山健堂　宮越太陽堂　昭和一九

斉藤《さいとう》珪次《けいじ》（一八六〇〜一九二八）

政治家

萬延元年三月、武蔵に生まれる。慶応義塾、外国語学校などに学び、明治一六年に自由党に入党して活動する。図一は斉藤が入党したころの自由党の状況を扱った作品である。板垣の洋行問題で党が一時の活気を失っていった時代で、「自由」という建物を建てようとしている大工は大欠伸しながら休んでおり、「斯う惰気に成ちゃア仕事が手に付かねへ各自に何か云立ちゃア壱人り抜け二人抜け…」と文句をいっている。そして棟梁の板垣は知らんふりで釣りを決めこんでいる。

斉藤は必ずしも順風満帆の自由党に入ったのではなかった。しかし、同年六月八日の『時事新報』には新富座においての政談大演説会開催の広告が載っているが、このときの演説会には星亨、植木枝盛、大井憲太郎らとともに斉藤も出席しており、その活動の様子が垣間見られる。

一方、教育にも尽力しており、一九年には同志たちと埼玉英和学校を創立している。二三年三月三日の『時事新報』は「自由党にては本月上旬中に常議員会を開き、遊説の部署を定むる由なるが、今遊説員として内定したるは左の諸氏なりと云ふ」

図一　『団団珍聞』明治16年10月27日

との記事が掲載されているが、この遊説員には斉藤の名前もあがっている。二五年には衆議院議員選挙において当選を果たし政友会などに所属して闘士として知られた。図二は議会で演説する斉藤である。腕を腰に当てて熱弁の様子だが、二五年五月一〇日の『国民新聞』は「斎藤珪次氏の演説は大凡一時間の長きに渉り、当日の大演説なりき、新議会の新議員として新議会第一の登壇者たりしは氏の名誉とする所ろなるべし、氏は又精細なる調査を為したり蟿々岐阜愛知両県震災土木の不完全と金円の支出、配分、緩急、伸縮等を論じて是れ政府紊乱、国庫濫用を為したるにあらざるかと絶叫したるは壮快なりし、議員席屡々喝采起り、当局大臣副島伯唖然平然と聴聞し白根次官モヂモヂ然として聞き居たるも終りて一駁を加へざりしは次官亦首肯せし耶否耶」と斉藤の演説ぶりを伝えている。この記事の隣には「本日斉藤珪次氏が岐阜、愛知震災事件に関する演説をなし殆んど終らんとする時傍聴席に在りし大阪府河内郡池島村七十三番地平民府会議員岡弥太郎なる者が拍手せし為め退席せしめられたり退場者の嚆矢もの」との議会での出来事も報じられている。これらのことからも闘士としての斉藤の姿勢が多くの支持者を得ていたことがわかる。三〇年には『自由新聞』主幹、三一年には内務大臣秘書官となっている。

図二 『国民新聞』
明治25年5月10日号

《伝記》

＊斉藤珪次翁伝・出井兵吉編　斉藤珪次翁頌徳記念会　昭和一三

斎藤実《さいとうまこと》（一八五八～一九三六）

軍人、政治家

安政五年一〇月、陸奥の水沢に生まれる。明治一一年に海軍兵学校を卒業して一七年にアメリカに留学し、駐米公使館付武官として活動する。二一年に帰国して海軍参謀本部出仕となり、その後、常備艦隊参謀、侍従武官、厳島艦長などを経て、三一年には大佐の身分ながら海軍次官に抜擢されて海軍大臣山本権兵衛を補佐して日露戦争に備えての海軍軍備拡張を推進した。日露戦争中は軍務局長、艦政本部長、教育本部長などを兼任して三九年に第一次西園寺内閣の海軍大臣に就任している。図一は海軍大臣として入閣した斎藤を描いたものである。年明け早々に組閣されたこともあって「新年の大角觝」という題名がつけられて、閣僚の何人かを紹介しているなかに載っ

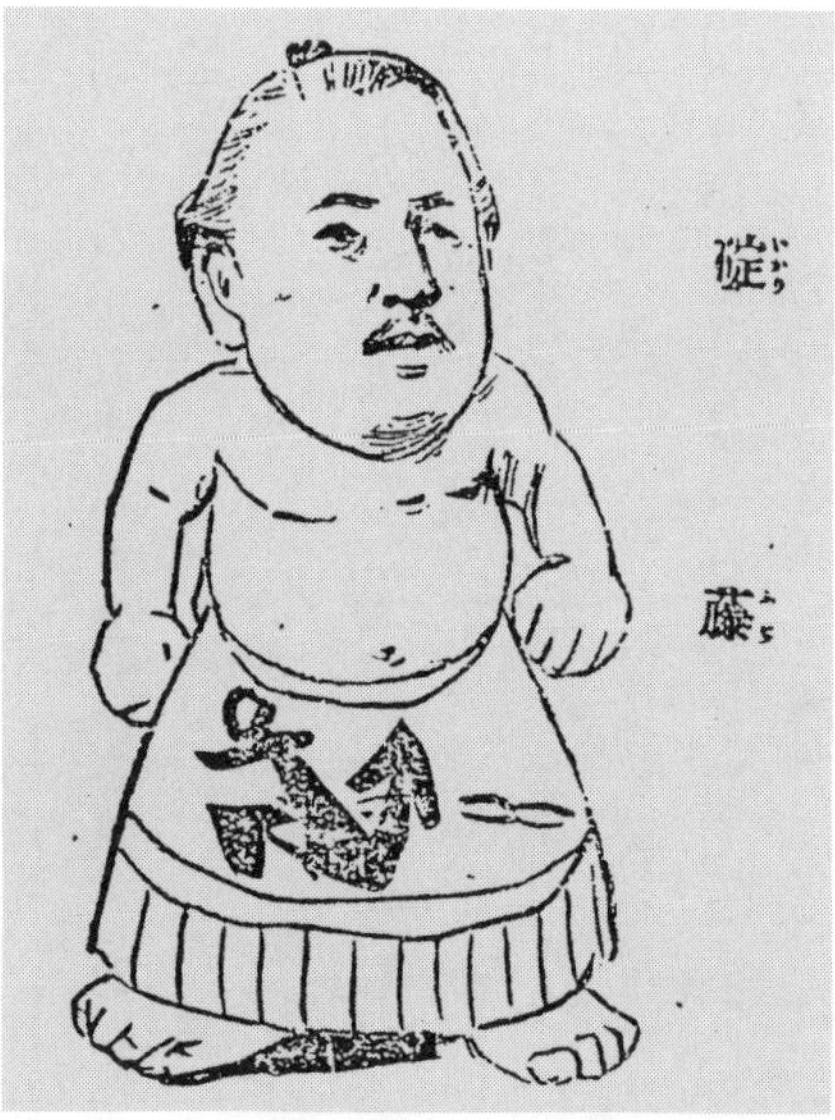

図一 『団団珍聞』明治39年1月19日号

図二 『東京朝日新聞』明治42年1月23日号

た碇の化粧まわし姿の斎藤である。四股名は「碇藤」とあり、海軍出身の斎藤をあらわしている。いわば、新入幕を果たした斎藤であったが、その後、大正三年まで八年以上にわたって五代の内閣の海軍大臣をつとめて海軍拡張政策を実施していった。**図二**は第二次桂内閣時代の斎藤である。隣に座る寺内正毅は第一次西園寺内閣のときも陸軍大臣をしており、ともに軍における新しい世代を代表するリーダーだった。**図三**も第二次桂内閣時代を描いたもので、「海軍拡張」という大きな象が一手一手と積み重ねてきた盤を前足で押さえつけている。海軍大臣として斎藤が大いに実績を挙げた結果といえよう。

図三 『二六新報』明治43年6月26日号

大正元年には大将となっているが、三年にシーメンス事件の責任を取り辞任している。八年には朝鮮総督に就任して同化政策をすすめていった。昭和二年にはジュネーブで開催された海軍軍縮会議に全権委員として出席、同年、朝鮮総督を辞して枢密顧問官となったが、四年に再び朝鮮総督に就任している。七年、五・一五事件後に元老西園寺の推挙によって軍、政党、官僚の均衡を保った中間内閣を組閣している。斎藤が首相在任中に満州国承認、国際連盟脱退などの重要政策が実施されている。九年、帝人事件によって総辞職したが、一〇年に内大臣に就任、その翌年に二・二六事件が起きて現状維持派の頭目とされた斎藤は青年将校によって殺害された。

《伝記》

*斎藤内閣・同編纂所編刊　昭和七
*斎藤実伝・斎藤実伝記刊行会編刊　昭和八
*巨人斎藤実・村上貞一　新潮社　昭和一二
*子爵斎藤実伝　四巻四冊・財団法人斎藤子爵記念会編刊　昭和一六〜一七
*斎藤実・有竹修二　三代宰相列伝　時事通信社　昭和三三

阪《さか》谷《たに》芳《よし》郎《ろう》（一八六三〜一九四一）

政治家

文久三年一月、備中に生まれる。明治一三年に東京大学に入学、一七年に卒業して大蔵省に入り、主計局調査課長、予算決算課長、主計局長、大蔵総務長官を歴任して三六年に大蔵次官に就任する。この間、阪谷は財政の専門家として実力を発揮し、三〇年に経済協会において金本位制について講演しているが、この講演内容は新聞に詳しく掲載されるなど話題を呼んでいる。また、三二年には法学博士の学位も授与されており、有能な官僚として注目を集めている。その後、三九年に第一次西園寺内閣の大蔵大臣に就任、日露戦争後の財政基盤の確立に尽力した。図一は午年に大蔵大臣に就任した阪谷を描いたものである。「大鞍」をつけた馬にまさに乗ろうとしている阪谷だが、馬は「貫目がたりないといふ説もあるが、イヤ其道に掛けては老武者の及ばぬ腕前があるから大くらに跨って進みたまへ」と、古老の政治家に較べて政治力は欠けるかもしれないが大蔵官僚出身の財政専門家である阪谷の手腕に少なからず期待をかけている。しかし、日露戦争後の不景気は厳しいものがあった。図二は不景気で銀行がつぎつぎに支払い停止に追い込まれて取り付け騒ぎが続発したことを描いている。不景気という鬼や一つ目小僧が跋扈しているなかで、「明治四十年上半期」なる葛籠を開けたところ「銀行支払停止」の金庫の化物が出現して腰を抜かしている阪谷である。このような状況のなかで財政運営を行なっていった阪谷であるが、翌年に鉄道予算の削減に関して逓信大臣山県伊三郎との間で論争が起こり、結局は二人とも大臣を辞任している。その後、国勢調査準備委員会副会長

◎駿馬の大くら
馬「貫目がたりないといふ説もあるが、イヤ斯道に掛けては老武者の及ばぬ腕前があるから大くらに跨つて進みたまへ／＼
坂谷

図一　『団団珍聞』明治39年1月13日号

などを経て四五年には東京市長となり、東京市の財政健全化に努めた。大正五年には連合国政府経済会議特派委員長としてパリ会議に出席している。六年に貴族院議員となり、七年には幣制改革のために中国に渡って指導するなど、財政の専門家として内外で活躍した。

《伝記》

＊阪谷芳郎伝・故阪谷子爵記念事業会編刊　昭和二六

図二　『団団珍聞』明治40年6月29日号

佐《さ》久《く》間《ま》左《さ》馬《ま》太《た》（一八四四〜一九一五）

軍人

天保一五年一〇月、萩に生まれる。奇兵隊に入り、その後、大村益次郎から西洋兵術を学んで、慶応二年の第二次長州征討の際には長軍の大隊長として戦っている。戊辰戦争に従軍して明治五年に陸軍大尉となり、七年には熊本鎮台参謀として佐賀の乱の鎮定にあたり、同年の台湾出兵では台湾蕃地事務局都督参謀として従軍している。西南戦争では歩兵第六連隊長として参戦し、その後、仙台鎮台司令官、歩兵第一〇旅団長、第二師団長を歴任している。図一は二五年の陸軍大演習に北軍の指揮官として臨んだ佐久間である。日清戦争時には威海衛攻略を成功させて名を馳せた。図二は威海衛攻略を描いた漫画で、「討清翫弄者遊び」と題されており、枕屏風には「威海衛之図」と書かれている。この屏風の前で子供たちが太陽（日本）が描かれた団扇で紙細工の清国の軍艦などを追い払っている遊びをしているところである。清国の軍港で、戦略上の要衝である威

図一　『国民新聞』明治25年10月25日号

図二　『日本萬歳百撰百笑　討清翫弄物遊び』明治28年

海衛攻略はこのような漫画が描かれるまでの話題となり、戦意を高揚させた。その後、佐久間は占領地総督、近衛師団長、中部都督を経て三一年には大将となり、三五年に休職するが三七年に東京衛戍総督として現役に復帰し、三九年には児玉源太郎の後任として台湾総督に就任している。図三は佐久間の台湾総督就任を描いたものである。児玉は「片脚は大わんに入れて居たのも今回は両脚とも三宝の上にのっける身となった」と言いながら三宝に両脚を乗せようとしている。参謀（三宝）だけの身分になってホッとしているようだ。それにひきかえて佐久間は「こんどは飛んだお飯櫃が廻って来て大椀へ脚を突っ込むこととなった」と重責にいささか戸惑い気味のようである。佐久間の両脚はすでに「台わん」と書かれた大椀のなかである。このようにして台湾総督に就任した佐久間は現地住民の抵抗を抑えて交通、通信などの整備を推進していった。

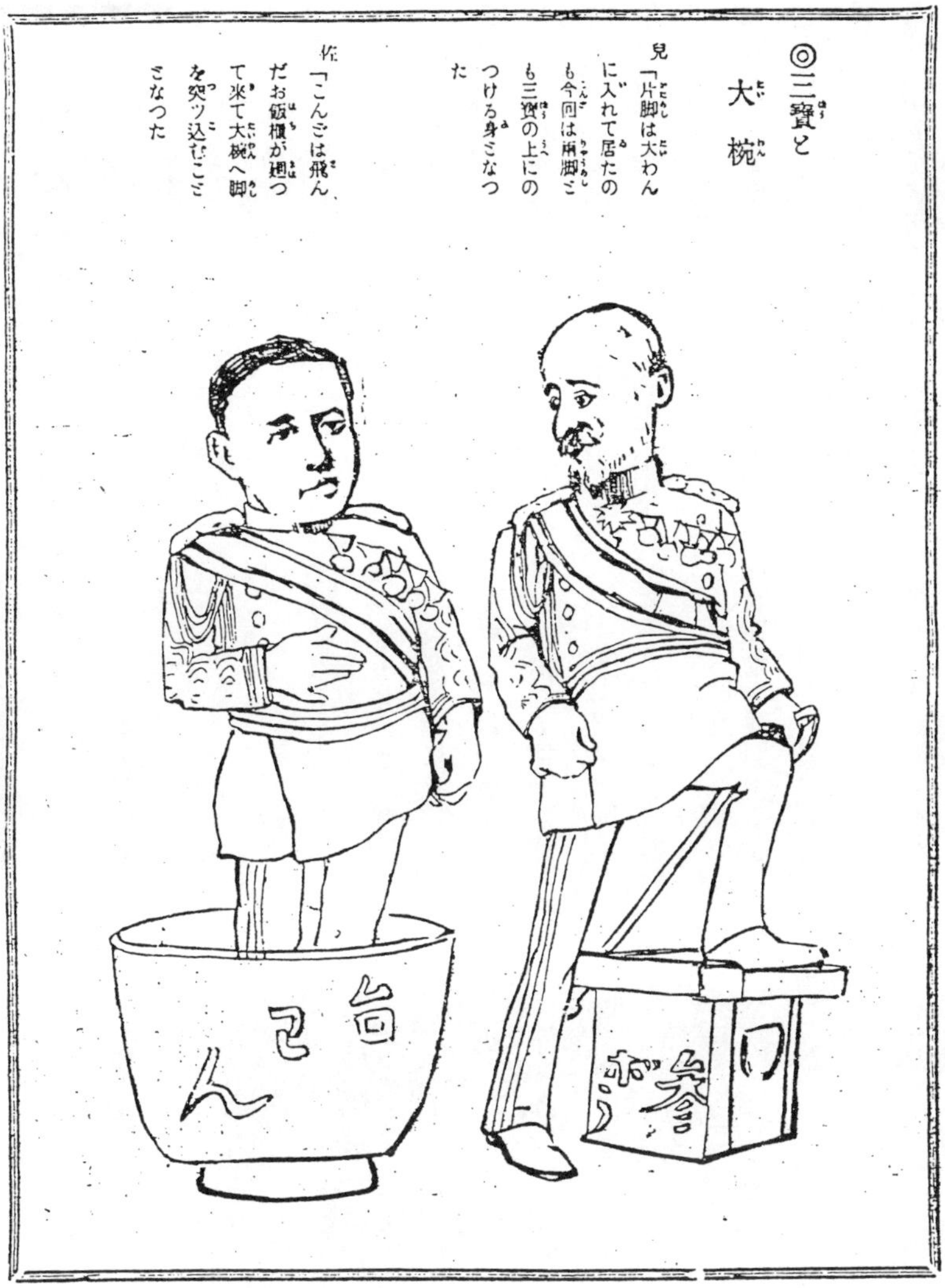

図三　『団団珍聞』明治39年4月21日号

《伝記》

＊佐久間左馬太・台湾救済団編刊　昭和八

＊類聚伝記大日本史　一四・雄山閣　昭和一一

佐《さっ》々《さ》友《とも》房《ふさ》（一八五四〜一九〇六）

政治家

嘉永七年一月、熊本に生まれる。藩校時習館で学び、また、勤王党に所属する叔父の佐々淳次郎から薫陶をうけて尊王攘夷の活動を行なう。明治七年に白川県に出仕するがすぐに辞めて翌年には水戸に遊学している。一〇年の西南戦争では西郷軍に加担して熊本隊一番小隊長として挙兵するが負傷して捕えられて懲役一〇年となる。一二年に特赦されて人材養成のための同心学舎を設立、一四年には勤王・国権拡張を唱えて紫溟会を設立して自由民権運動に対抗していった。二二年には国会開設をにらんで熊本国権党を組織して条約改正反対運動を展開するなどの政治活動を行ない、翌年の第一回衆議院選挙で当選して、以後、三九年に没するまで連続当選している。この間、井上毅ら熊本出身の官僚と連携をとるとともに、対外硬運動をすすめて国権拡張を主張、国民協会、帝国党、大同倶楽部などに所属して大きな発言力を有していた。**図一**は佐々が動いて作りあげた決議案を自ら撤回してしまったことを諷刺したもので、狐（佐々）にだまされて踊らされた連中はサッサと逃げ出してしまった狐に唖然としている。タイトルは「けつね案」とあり、

図一 『団団珍聞』明治29年3月7日号

「決議あんころはうまいものだと一杯くったのはイヤハヤ臭気糞々たる馬糞咄畜生佐々村の古狐め」との解説がつけられている。佐々は政界の策士としても知られていたが、この図はそんな佐々の一面をよくあらわしている。三一年七月三一日の『東京朝日新聞』は佐々の地元における熊本国権党の分裂を、「一部の人々は佐々氏の専横を憤慨し、氏の行為は肥後人の名誉を毀損するものなりとの説ありしも、国権党は佐々氏の私朋たるが如き有様にて最早之に改善を加ふるの道なく、歳と與に不平累積し遂に多数の脱会者を見るに至り…」と佐々の専横を伝えている。佐々の政治手法には強い反対もあったものの、その実力は誰もが認めるところで、**図二**は佐々の亡くなった直後に描かれた諷刺画であるが、鬼が大同倶楽部のリーダーである佐々の首を持っていってしまっている。「かしらを奪られて身軽くなったが併し胴ばかりでは実どうも仕方がないと地口処ではないア、、、歩けなくなった」と大同倶楽部の嘆きが聞こえるが、まさに佐々がいかなる存在だったかを如実に示している言葉といえよう。

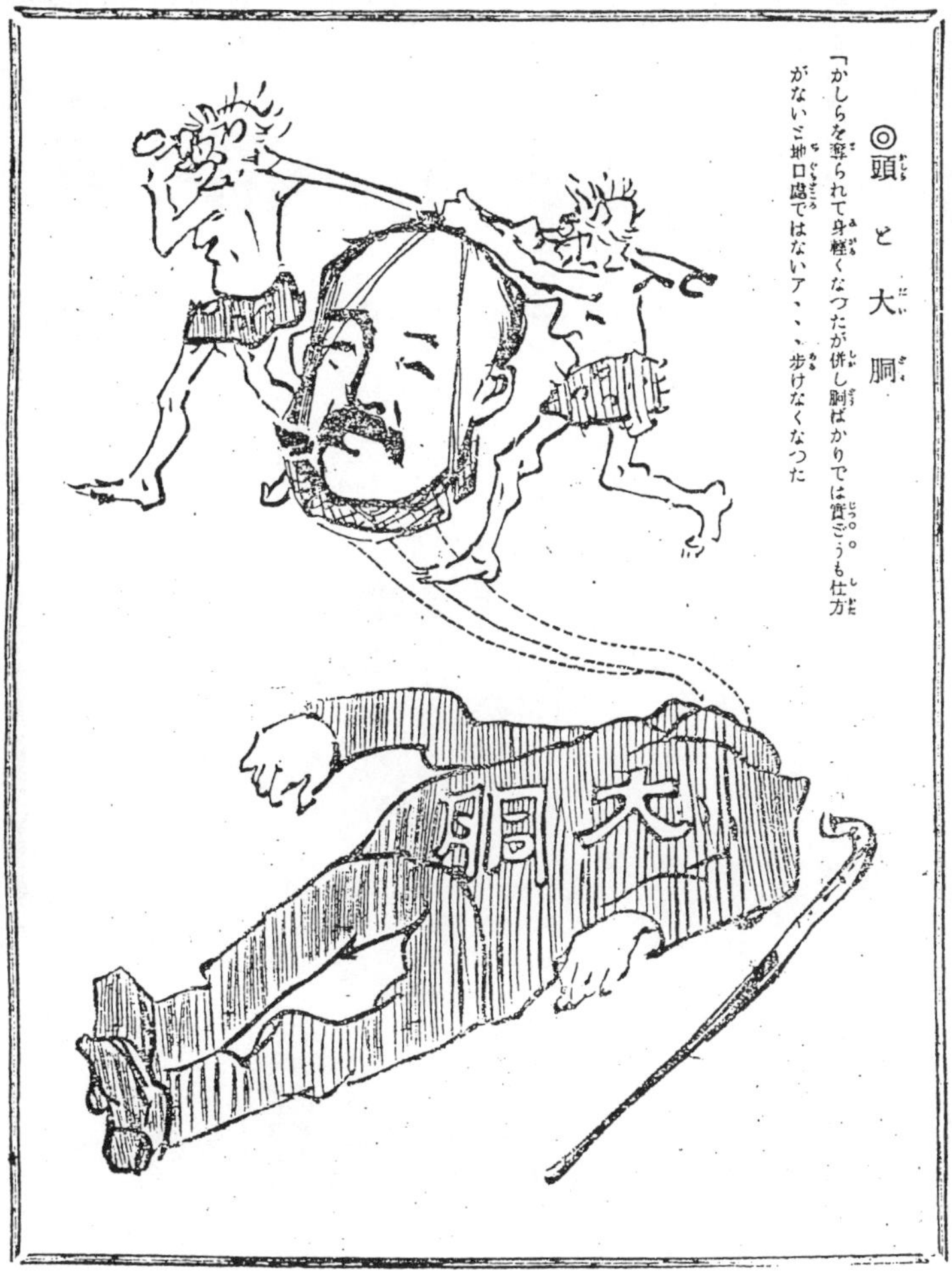

図二　『団団珍聞』明治39年10月13日号

《伝記》

＊戦袍日記・佐々友房　大倉書店　明治二四
＊明治人物評論・鳥谷部鉄太郎　博文館　明治三一（春汀全集　一　博文館　明治四二）
＊人物評論・蓑田政徳　北日本刊行協会　大正一五
＊克堂佐々先生遺稿・佐々克堂先生遺稿刊行会編　改造社　昭和一一

佐《さ》野《の》常《つね》民《たみ》（一八二三〜一九〇二）

政治家

文政五年一二月、佐賀に生まれる。藩校弘道館で学び、その後、広瀬元恭、緒方洪庵、伊東玄朴らに就いて洋学や理化学の知識を修得し、嘉永六年に佐賀藩精錬方主任となり蒸気機関車の模型製作や電信機の試作を行なう。文久三年には海軍取調方付役に就任して日本で最初の蒸気船・凌風丸の製造にあたり、慶応三年に佐賀藩の代表としてパリ万国博覧会に赴く。帰国後、藩の軍制改革に取り組み、明治三年、兵部少丞として新政府に出仕、海軍の創設に尽力した。五年にはウィーン万国博覧会副総裁となり、八年に元老院議官に就任、一〇年の西南戦争時には西洋の赤十字事業にならって博愛社を創設して傷病兵の救護活動を行ない、日本赤十字社の基盤をつくった。また、美術工芸の振興にも力を注ぎ、日本美術協会の前身である竜池会を創設している。一三年に大蔵卿となるが、一四年の政変で辞任して元老院副議長に就任、一八年に宮中顧問官となり、二〇年には博愛社を日本赤十字社と改称して初代社長に就任する。二五年、第一次松方内閣の農商務大臣に就任している。図一は河野敏鎌の後任として農商務大臣となった佐野である。しかし、佐野が就任して一か月足らずで第一次松方内閣は総辞職することとなる。三五年には赤十字社名誉社員に推薦されている。図二は「赤十字社装会」と題された諷刺画である。「一日日比谷で開かれた赤十字社総会は服装競進会で玉の半襟、金鎖、厚板、御召に模様のいろいろ光輝燦爛、紅紫絢麗、これ見ては日本を貧国と思たが誤解である事を悟った」との解説が添えられているが、ここに描かれた女性たちは上流階級なのだろう。右後方には赤十字の旗も翻り、赤十字社の総会であることがわかるが、この総会がまさに「装会」となっていることを辛辣に諷刺しているのである。赤十字社の本来の目的が失われ、赤十字社々員が上流階級の名誉的な意味に変質してしまったということだろう。この諷刺画が描かれた時には佐野はすでに亡くなっていたが、赤十字社がこのように捉えられていたことを佐野が知ったらどうであったろうか。

図一 『国民新聞』
明治25年7月16日号

《伝記》

＊日本赤十字社長伯爵佐野常民伝・日本赤十字社編　岩崎駒太郎
大正一

＊日本赤十字社之創立者佐野常民伝・北島磯舟　野中万太郎　昭和三

＊佐野常民伝　海軍の先覚日本赤十字社の父・本間楽寛　時代社　昭和一八

＊郷土史に輝く人びと［第二集］佐賀県青少年育成県民会議　昭和四四

図二　『東京パック』明治41年6月10日号

鮫《さめ》島《じま》尚《なお》信《のぶ》（一八四五〜九〇）

外交官

弘化二年三月、鹿児島に生まれる。長崎に遊学して何礼之に学んで帰藩し、開成所訓導師となり、慶応元年には薩摩藩留学生として五代友厚などとともにイギリスに渡る。ロンドン大学で学んだ後にアメリカに渡って森有礼と宗教家ハリスの率いる教団に入って活動するが、四年に帰国し、新政府に出仕して徴士、外国官権判事、東京府大参事などを歴任して三年に外務大丞となり、同年、少弁務使としてフランスに赴任する。その後、五年に駐仏弁理公使、六年に特命全権公使となって八年まで勤める。八年には外務大輔に就任し、翌年には議定官となるが、一一年には再び駐フランス公使となり、ベルギー公使も兼任した。さらに一三年にはポルトガル・スペイン公使も兼務して極めて多忙な業務をこなしていったが、パリで執務中に死去している。

鮫島は外交官のパイオニア的存在で、明治初期を代表する卓越した外交官として知られている。図一は鮫島の死去した翌年に出された『現今英名百首』に載った鮫島である。鮫島の勤勉ぶりには在勤中に鮫島に外交実務などを指導していたイギリス人弁護士マーシャルも驚いているほどだったが、一四年二月四日の『東京日日新聞』に載った鮫島の死去の記事には「故鮫島君が親類のもとへ、巴里公使館の某氏より書信（十二月十日附）に曰く、故鮫島君には、本年五月ごろより仏国にて著名なる法律学士を聘して、毎朝公務に従事せらる、前には、必らず法律書二三章を読講せられ、夫より公庁へ出で、事務を取扱はれ、退庁ののち夕六時ごろより夜半まで書見せられ一方ならぬ勉強なりしが…」と、その勤勉ぶりを伝えている。そして、このような多忙な毎日のなかで、「十二月一日の朝より少しく脳痛するとて医師を招きて診察を受けられたれど、差したる事もなければ押して公庁に出で居られたり。三日に至りて俄かに劇痛して堪へ難ければ、引籠りて厚く医療を加へられしかども其効し無し、益々募りて遂に四日の午前ごろ卒去せられたり。其の病症は全く激しき脳焮衝にてありし」と死に至った経緯を記しているが、まさに新しい国家確立のために尽力するなかで命を落とした外交官ということができよう。

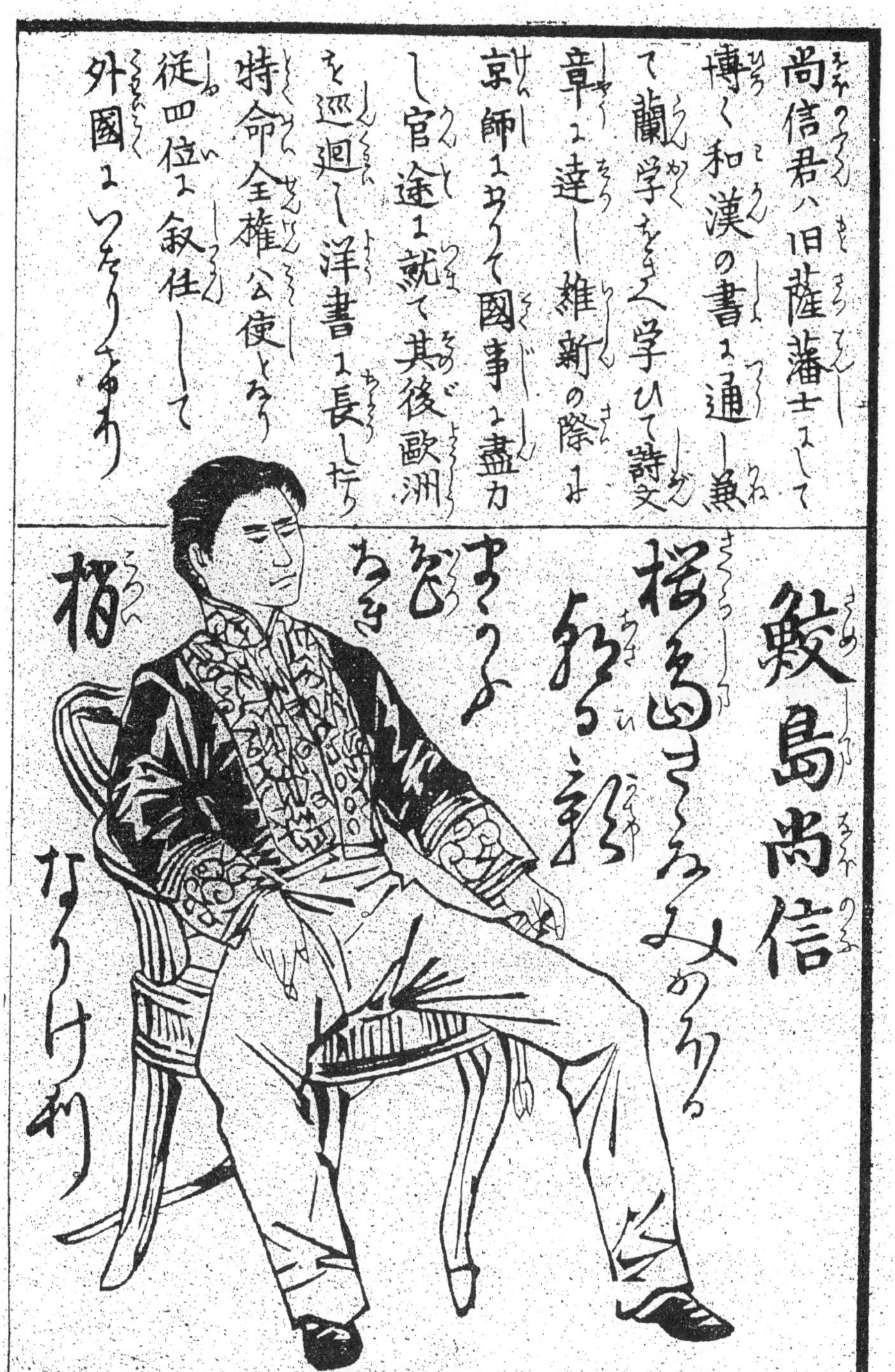
尚信君ハ旧薩藩士ニして博く和漢の書ニ通し兼て蘭学をも学ひて詩文章ニ達し維新の際ニ京師ニおゐて國事ニ盡力し官途ニ就て其後歐洲を巡廻し洋書ニ長したり特命全權公使となり従四位ニ叙任して外國ニいたりしなり
鮫島尚信
桜島
なりけり

図一 『現今英名百首』明治14年

沢《さわ》柳《やなぎ》政《まさ》太《た》郎《ろう》（一八六五〜一九二七）

官僚、教育家

慶応元年四月、信濃に生まれる。明治八年に上京して一三年に東京大学予備門に入学、一七年には東京大学に入って哲学を学ぶ。二一年に卒業して文部省に出仕し、二三年に文部省書記官に就任している。二五年、文部大臣秘書官兼官房図書課員のときに修身教科書検定書類が外部に漏れる事件を発生させて辞任している。図一はこの教科書機密漏洩事件を扱ったものである。鍵の閉まった箱を持った沢柳だが、箱の底が抜けて教科書がこぼれている。「表に鍵は卸してあるし大丈夫と思ひの外ヲヤとんだ処から洩れたやうだ南無三仕舞、何處から洩れたか誰れが洩したか、矢ッ張り己れ様が洩らしたのか」と呟いている沢柳の横では柳の本箱では危ないと噂している。二五年一一月六日の『東京日日新聞』は「彼は依然たる無邪気なるうッけ者と云ふが適評なり、畢竟此度の遣り損じも此に原因する訳にして、彼は今日の枢密院議長たる大木伯も曾て文部大臣たる大木伯も一の見界なくツイ浮か浮かと漏らしたるまでのことなり。何にせよ大木伯の奥まりたる居室に黒鼠が立入りて機密の封じ目押し切りたる珍事は何とも以て不可思議千萬の次第なるも、今は他處の穿鑿に及ばれず」と沢柳が意図的に機密を漏洩したものではないと報じている。そして、同月八日の『東京日日新聞』では「伯が沢柳氏より得たる秘密書類を不注意にも応接室の卓上に載せ置きしに、右鶴橋が伯を来訪したる際測らずも之れを一読して其の秘密を知り得たるものなりと」と沢柳の証言をもとに大木邸に出入りしている教科書出版会社の鶴橋某が犯人だとしている。文部省を辞した沢柳は二六年に京都の私立大谷尋常中学校長となり、二八年に群馬県尋常中学校長となっている。三〇年には文部省に復帰して第二高等学校長となり、三一年には第一高等学校長を経て普通学務局長に就任している。その後、三九年まで普通学務局長として初等、中等教育を統括し、小学校教科書の国定化や義務教育六年制へ向けての準備などに力を尽くしている。三九年に文部次官に就任し、その後、貴族院議員、東北帝国大学総長などを歴任し、大正二年には京都帝国大学総長となっている。そして、研究業績に乏しくとも教授の地位が保障されていたのでは大学の権威が失墜するとの理由で教授の罷免を行なう、いわゆる沢柳事件を起こすが、結局は教授会との合意によってのみ任免を行なうことが確認され、沢柳は責任をとって辞任している。その後も教育界で活躍し、教育世界会議など多くの国際会議にも代表として出席している。

《伝記》

＊沢柳全集　六巻六冊・同刊行会編刊　大正一四〜一五

*沢柳先生のこと・三浦藤作　秀山堂　昭和三
*沢柳政太郎氏教育学・大日本学術協会編　日本現代教育学大系　一〇　モナス社　昭和三
*沢柳政太郎遺稿・同刊行会編　冨山房　昭和六
*吾父沢柳政太郎・沢柳礼次郎　冨山房　昭和一二
*沢柳政太郎選集　六巻六冊・赤井米吉等編　第一書房　昭和一五
*沢柳政太郎—その生涯と業績　二版　新田貴代　成城学園沢柳研究会　昭和四七（沢柳研究双書　一）

図一　『団団珍聞』明治25年11月12日号

三条実美《さんじょうさねとみ》（一八三七～九一）

政治家

天保八年二月、京都に生まれる。尊攘志士で家臣の富田織部らに学び、安政六年、井伊直弼による朝廷内の反井伊勢力弾圧によって実美の父・実万が辞官落飾に追い込まれると、実美も尊攘思想を強く持つようになり、やがて尊攘派公家のリーダー的存在となる。文久二年、公武合体を唱える岩倉具視を弾劾し、江戸城に勅使として赴いて勅使の待遇を改めさせて朝廷優位を勝ち取ったが、翌年に公武合体派の巻き返しにより三条ら七人の公家は官位を剥奪されて長州へと追放された。その後、第一次長州征伐で長州が敗れると三条らは太宰府へと移り、この地で新政府の樹立の報を聞くこととなる。

慶応四年、副総裁に就任して新政府を動かすようになり、その後、右大臣を経て四年に太政大臣となり、太政官制時代の政府のトップとして君臨した。しかし、六年には征韓論で政争が激しくなり、征韓派と非征韓派の間で窮地に陥った三条は高熱を発して急遽、右大臣岩倉具視に職務を代行させている。この一件以後、三条の政治的発言は少なくなっていった。しかし、政権の中枢にあったことは事実である。図一はそんな三条が自

図一　『団団珍聞』明治13年6月5日号

図二 『団団珍聞』明治22年11月2日号

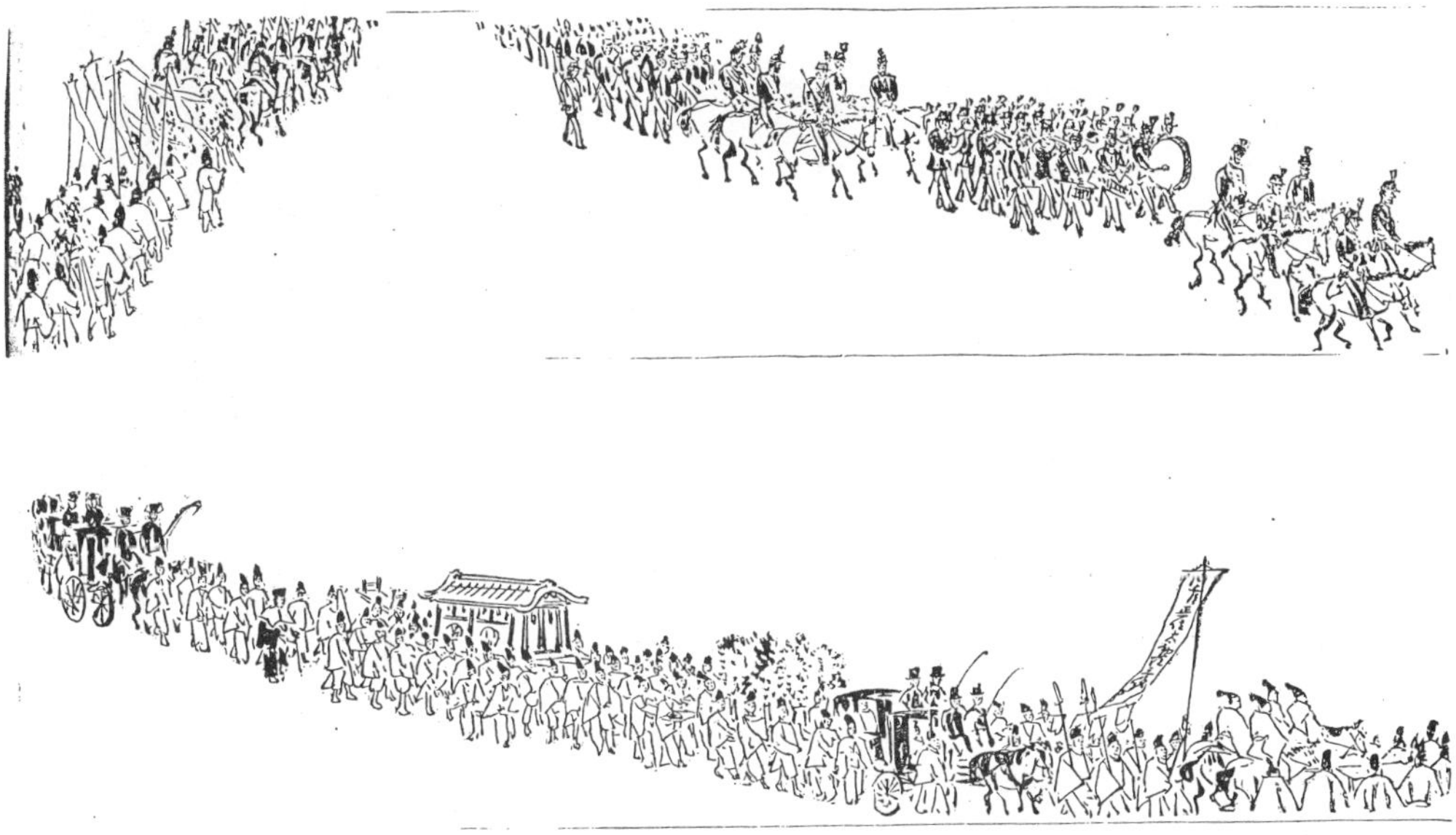

図三 『国民新聞』明治24年2月26日号

由民権運動に対抗している様子を描いたものである。「三条の小鍛冶剣を鍛ふ」とのタイトルがつけられ、小鍛冶役の三条が向槌に打つ箇所を指示しているところである。三条は「民剣だの自由の剣だのは片ッぱし叩き折て仕舞様に此方の剣を向ふ槌錬ろ錬ろ」と煽っている。これに対して向槌は「直焼刃に為ませうか乱れ焼刃に為ませうかイヤイヤ夫より附焼刃でやらかしませう」とあまり気合が入っていない。こんなところからも三条の時代はすでに終わっていることが窺われる。

一八年、太政官制が廃止されると内大臣となり、二二年には黒田内閣退陣後、一時、首相を兼任した。**図二**は組閣の準備に忙しい三条を描いたもので、三畳（三条）の新座敷づくりに忙しく働いている職人たちは、「新座敷が急に出来るので仕事の上に職人払底の折から些と当惑をしたものの御得意様のことゆへ引受けずばなるまいけれど随分骨の折る仕事だねへ」と口説きながら畳を敷いている。三条の内閣は二ヶ月の短命で第一次山県内閣が成立する。三条は首相の座を花道に退陣後一年ほどで死去している。政治的にはすでに象徴的な立場でしかなかった三条だが、内大臣正一位大勲位公爵と人身を極めた人の死とあって大規模な葬儀が行なわれた。**図三**は三条の葬列を描いたものである。二四年二月二六日の『郵便報知新聞』は「葬儀の行列前後に年若の書生体のもの、三條公一代記及び本日の行列附と唱へ摺物を売り廻り居れり」と報じている。これなども三条の葬儀がいかに大規模で注目を集めていたかを語るエピソードといえよう。

《伝記》

＊三条実美公年譜　三〇冊・宮内省図書寮編　同省　明治三四
＊三条実美公伝・遠藤速太編　戸田為次郎　明治二四
＊三条家文書・日本史籍協会編刊　大正五
＊三条実美公履歴・尾崎三郎　日本精神文化大系　九　金星堂　昭和九
＊三条実美伝・三井甲之　講談社　昭和一九

志《し》賀《が》重《しげ》昂《たか》（一八六三〜一九二七）

思想家、地理学者、政治家

文久三年一一月に三河に生まれる。明治七年に上京して攻玉社に学んだ後に東京大学予備門に入るが一三年に札幌農学校に転じて一七年に卒業する。卒業後、長野県の中学校教諭となるものの巨文島をめぐるイギリスとロシアの対立を視察するために一八年に軍艦筑波に便乗し、翌年には同じく筑波に乗ってカロリン諸島、オーストラリア、ニュージーランド、フィジー、ハワイなどを視察して帰国、その見聞を二〇年に『南洋時事』と題して出版、大きな反響をもたらした。

二一年、三宅雪嶺、杉浦重剛らと政教社を設立して雑誌『日本人』を発行、志賀は『日本人』の主筆として「国粋保存旨義」を主張した。**図一**は『日本人』の社員松岡好一と『朝野新聞』の犬養毅の決闘を描いたものである。そのきっかけは松岡が『日本人』誌上で高島炭坑の坑夫たちの惨状を暴露したのに対して犬養が『朝野新聞』紙上でこれを否定したために話がこじれて決闘なる事態に至ったのである。図の左端に志賀（服に「シ」、ズボンに「ガ」の字が書かれている）が見えるが、志賀は松岡に頼まれて三宅（右端）とともに介添人となっていたの

図一 『団団珍聞』明治21年9月22日号

図二 『団団珍聞』明治33年8月15日号

である。この一件で決闘は一種のブームにまでなり、何かというと決闘という言葉が聞かれるようになっている。三〇年、農商務省山林局長、三一年に外務省勅任参事官となった志賀は、同年、マーカス島の領有問題が起きると精力的に行動してマーカス島を東京府の管轄下に入れ、南鳥島と改称させている。図二は志賀が憲政本党を離れて伊藤博文の創設した新しい政党に移ったことを描いている。志賀は「僕は地理学者であるから一つ道ばかりに居るのは不得策だ、是迄の同伴にかまはず、ドレ是から新政道をいって見やう」と言っている。その後、志賀は三五年と三六年に連続して衆議院議員に当選する。図三は代議士時代の志賀を描いたものであるが、地理書の上に立っている姿は、やはり地理学者のイメージが強いことを窺わせる。その後、三七年の選挙で落選して政治活動から離れていった。二七年に刊行された『日本風景論』は日本人の景観意識に大きな変革をもたらす画期的な著作として大ベストセラーとなっている。図四は志賀の饗応ぶりを描いたもので、「「エ君モー帰るのか今酒を云ひ付たから飲んで行き給へ、マー宜いさ…此れは台湾から送って貰った林檎だよ此方は樺太の鮎さ何うだ珍しいものだらう」と快活に無暗と珍しいものを進める」とある。こんなところにも地理学者としての志賀の一面が見られるようで興味深いものがある。

《伝記》

＊地理学の泰斗志賀重昂君・水木岳竜　明治大正脱線教育者のゆくへ　啓文社　大正一五

＊志賀重昂全集　八巻八冊・志賀富士男編　同刊行会　昭和二～四

＊我郷土の産める世界的先覚者志賀重昂先生・後藤狂夫　警眼社　昭和六

＊日本の思想家　二・朝日新聞社朝日ジャーナル編集部編　朝日新聞社　昭和三八

図三　『団団珍聞』明治36年5月16日号

図四　『名流漫画』明治45年

重《しげ》野《の》謙《けん》次《じ》郎《ろう》（一八五四〜一九三〇）

政治家、弁護士

嘉永七年一一月、出羽に生まれる。上京して法律学を学び代言人の資格を取得するとともに自由民権運動に参加して帰郷し、明治一四年に山形において東英社を設立して自由民権運動を推進していった。同年、山形県会議員となり、その後、副議長、議長を歴任し、また、山形市会議員や市会議長も勤めている。二三年の第一回総選挙に立候補するものの落選、二五年にも落選したが翌年の補欠選挙で当選して以降は連続当選している。自由党、憲政党などに所属して三三年には立憲政友会の設立に参加したが、三五年予算審議に関して党の方針と対立して除名された。図一は重野が田健治郎、井上角五郎とともに党を除名されたことを描いている。三人は政府と妥協した軟派として硬派からの批判を浴びて除名処分に発展したのである。右にいるのが重野（着物に「重」「の」「謙」の柄がある）で、左が田（帯に「田健」の柄）である。その後方には柵が立てられていて「三軟入るべからず」と書かれた立札が見える。三軟とは重野、田、井上である。「此垣一重が鉄道の線より謀む国有の罰も除名も顧みずお願申奉る」とあるが、重野らは鉄道国有に賛成しており、この点でも政府と意見を同じくしていた。重野はすでに憲政党時代から鉄道の国有化について活動しており、憲政党鉄道国有交渉委員として各派の意見や動向も調査していたのである。党の硬派は重野らが密かに議員の結集を謀ったことで反発して強い処分を要求した。三四年一一月二七日の『時事新報』は硬派の動向を、「結局衆議は軟派に属する首魁数名を処分するにあらざれば、我々は脱会す可しと云ふに決し…」と伝えている。かくて、重野らの除名が党総務委員会でも決定していった。同じ二七日の『時事新報』には「政友会にては曩に政府と交渉を開きたる以来、所謂濱の屋組の領袖とも云ふべき井上、重野、田を所為を不都合とし、昨日午前五時を以て左の通牒を各本人に致し、同時に本部に掲示したり…」と重野らの除名を報じている。重野らは除名後も鉄道国有化について政界での活動を行なっていった。晩年は政界を引退して弁護士活動に専念している。

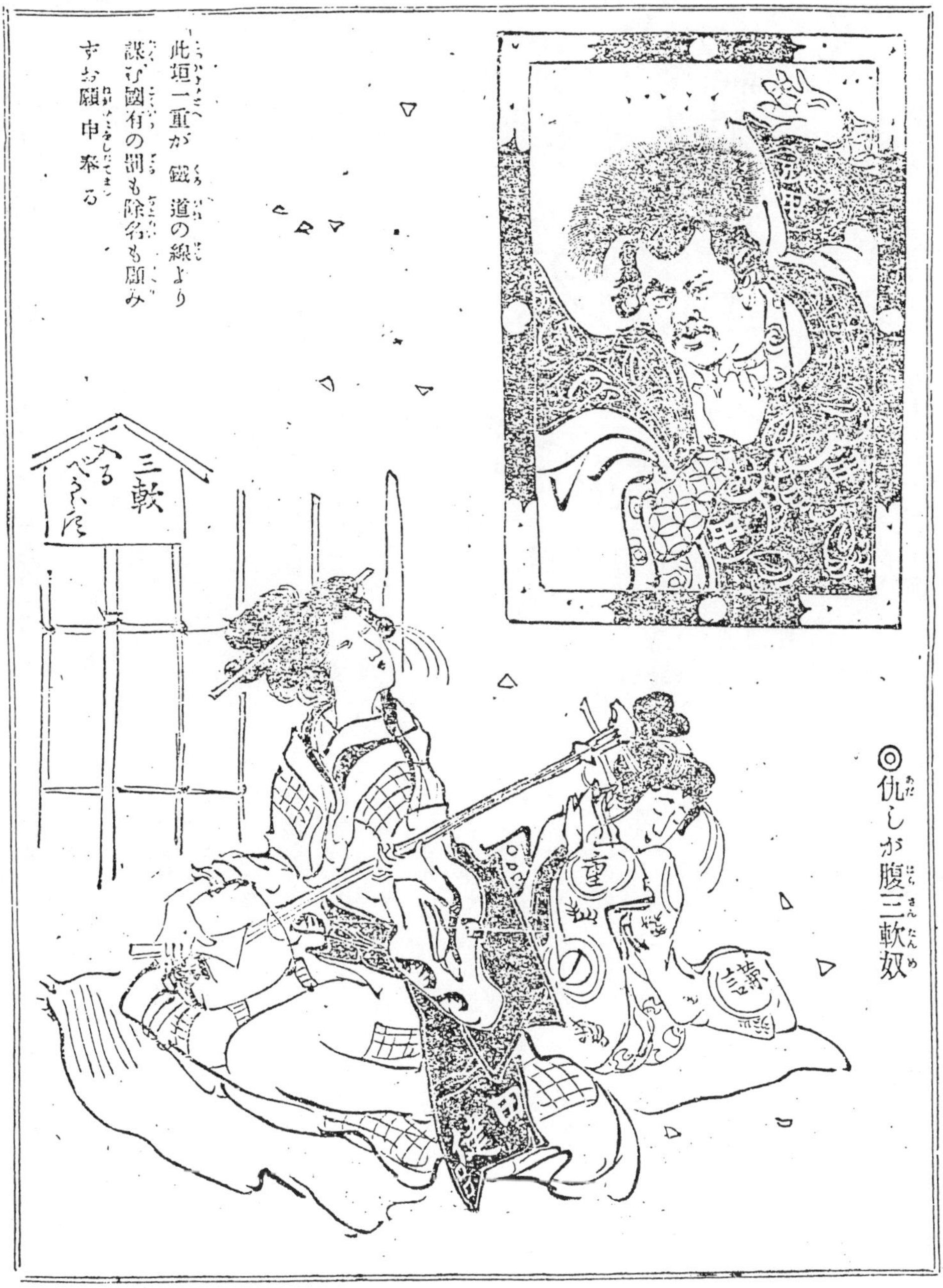
◎仇《あた》しが腹《はら》三《さん》軟《たん》奴《め》
三軟
入るべからず
此垣一重が鐵道の線より
謀び國有の罰も除名も願み
ずお願申奉る

図一　『団団珍聞』明治35年1月25日号

品《しな》川《がわ》弥《や》二《じ》郎《ろう》（一八四三～一九〇〇）

政治家

図一『国民新聞』明治24年12月1日号

天保一四年九月、長州に生まれる。松下村塾にはいって吉田松陰の薫陶を受け、高杉晋作や久坂玄瑞らと尊王攘夷運動に奔走し、イギリス公使館焼き討ち事件にも加わっている。その後、西郷隆盛や大久保利通ら薩摩藩士らとも交わり倒幕に力を注いでいる。「宮さん宮さん」という俚謡をつくって新政府軍を鼓舞したことでも知られている。

維新後の明治二年には榎本武揚らを鎮定するために蝦夷地へと赴いている。三年に普仏戦争視察のために渡欧し、駐プロシァ公使館書記官を経て代理公使に就任、在任中にプロシァにおける共同組合や農政の調査も精力的に行っている。九年に帰国して内務大丞、内務大書記官を歴任、西南戦争の鎮圧に内務官僚として尽力している。その後、農商務省に移って農林事業の発展に力を注ぎ、一四年の日本農会設立、一五年の日本山林会設立にも大きく貢献している。また、海運事業にも目を向けて一五年に共同運輸会社設立を推進した。一八年には駐プロシァ公使としてベルリンに赴き、二〇年まで駐在する。二一年、宮中顧問官兼枢密顧問官となり、二四年には大津事件の責任をとって辞任した西郷従道の後任として第一次松方内閣の内務大臣に就任した。

図一は議会で大津事件について説明する品川である。品川は民党に対して強硬姿勢を示すとともに厳しい風紀取り締まりを断行していった。図二は品川の取り締まりによって近県に引っ越して行く猫（芸妓）たちである。猫たちは「斯う毎日毎日風が吹き荒れては魚もお客も滋気になるばかり、こんな土地にぐずぐず仕て居茶ア迚も正月の上ッ羽織も出来は仕ない、早く神奈川へでも引越して爪をば研てお客を引掛け魔せう」と大挙して東京を後にしている。品川は翌年の第二回総選挙では民

図二　『団団珍聞』明治24年11月28日号

党に選挙干渉を行なって大きな議論を巻き起こして辞職した。辞職後、西郷らと国民協会を結成して副会頭となり全国各地を遊説していった。しかし、国民協会は順調にはいかなかった。**図三**はそんな国民協会の状況を描いたもので、念仏堂（国民協会）から曾禰荒助、渡辺洪基、西郷従道、平山信などの壁板が剥がされて本尊（品川）が濡れ仏となっている。**図四**はこれまでの品川の政治姿勢を諷刺した作品であるが、品川はヤジロベエとして描かれており、痛烈な批判といえよう。そして、三二年に国民協会は解散に至っている。**図五**は解散となった国民協会を描いている。品川に棲んでいたボウフラは蚊となって飛び去り、オタマジャクシ（国民協会）は蚊を食べようとしている蛙（帝国党）におぶさって頼りきっている。国民協会会員の多くは帝国党に加入していった。国民協会の解散後、品川は枢密顧問官に就任したがその翌年に死去している。

《伝記》

＊品川子爵伝・村田峰次郎　大日本図書　明治四三

＊品川弥二郎子・三宅雄二郎　偉人の跡　丙午出版社　明治四三

＊品川弥二郎日記・日本史籍協会編　維新日乗纂輯　第二　同会　大正一四

＊品川弥二郎伝・奥谷松治　高陽書院　昭和一五

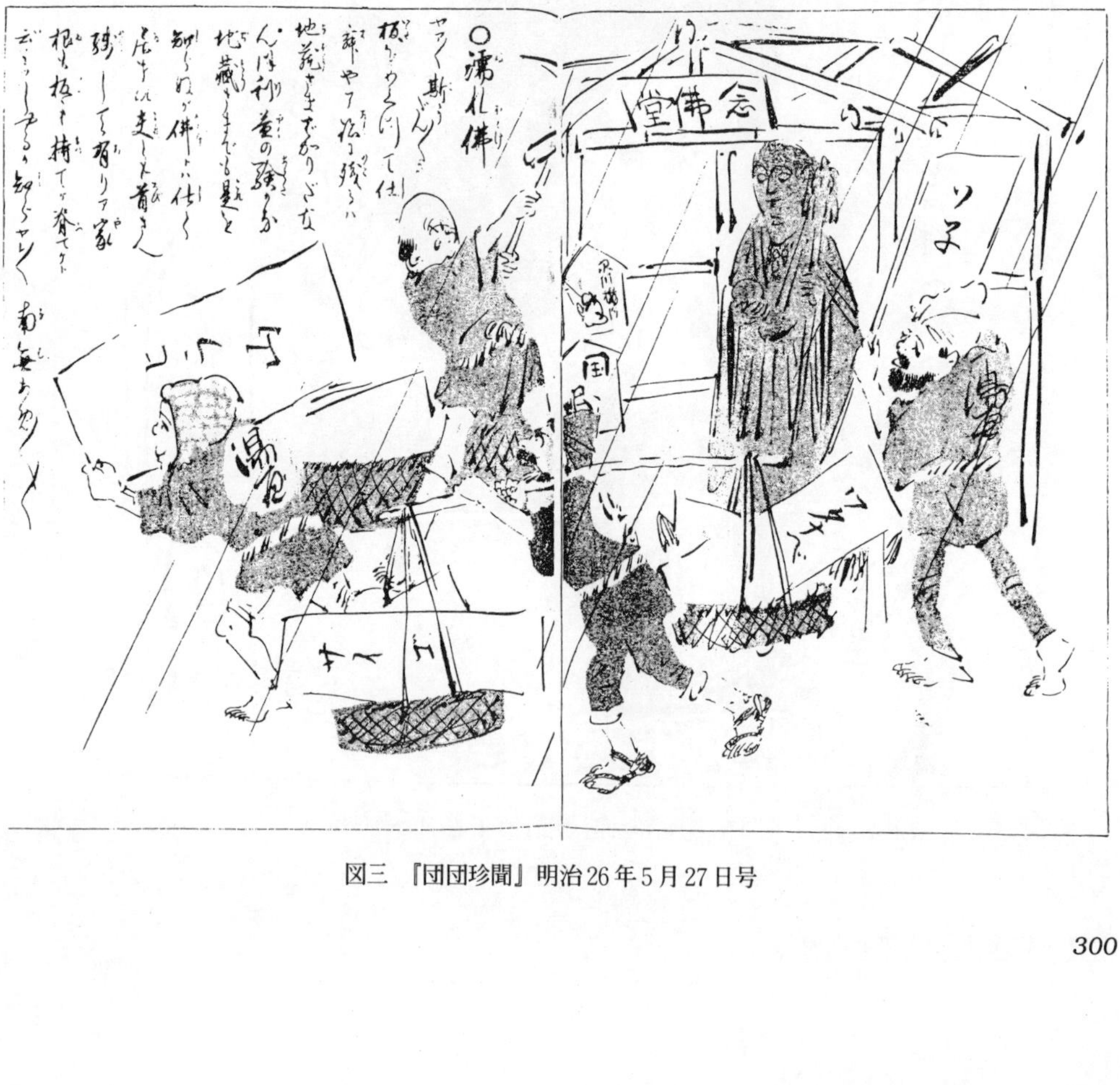

図三　『団団珍聞』明治26年5月27日号

図四　『団団珍聞』明治29年3月14日号

図五　『時事新報』明治32年7月12日号

篠《しの》原《はら》国《くに》幹《もと》（一八三七〜七七）

軍人、政治家

天保七年一二月、鹿児島に生まれる。藩校造士館に学び、文久二年には寺田屋騒動に連座して謹慎となっている。翌年の薩英戦争では砲台守備にあたり、戊辰戦争では薩摩軍小銃三番隊長として鳥羽・伏見、上野、東北に転戦する。

明治二年、鹿児島藩常備隊大隊長となり、五年に陸軍少将となり、近衛局長に就任するが翌年に西郷隆盛が下野すると篠原も鹿児島に帰って桐野利秋、村田新八らと私学校を設立して総監督として軍事訓練などを行なうが、やがて私学校の生徒たちの政府に対する不満が爆発し、ついに西南戦争へと突入することとなる。**図一**は西南戦争時の篠原の姿をとらえたものである。一〇年三月五日の『東京曙新聞』は太政大臣三条実美による鹿児島逆徒追討の達を紹介しているが、そのなかには「西郷隆盛、桐野利秋、篠原国幹等政府へ尋問ヲ名トシ逆徒ヲ引率シ兵器ヲ携帯セシメ熊本県下へ乱入候段…」なる一文もあり、篠原が西郷軍の幹部であったことがわかる。篠原は西郷軍の一番大隊長として政府軍と戦い、熊本城包囲にも加わるものの以後苦戦を強いられ、吉次越峠の攻防で銃弾をうけて戦死してい

図一　『現今英名百首』明治14年

る。図二は田原坂において政府軍と戦う篠原である。西郷軍の幹部として篠原の動向は政府軍や一般の人々の注目を集めていた。かくて、一〇年三月二〇日の『東京日日新聞』は「吉次越にて賊将篠原国幹の戦死せしはまったく確実にて、このごろその鬢髪を大久保何某が鹿児島へ持帰りて、葬送せし旨を高島大佐聞届けられたる由の電報が十七日にありしと云ふ」と報じている。また、三月二九日の『東京日日新聞』でも「篠原国幹は三月四日吉次越の戦に討死したるは、死賊の懐中なる手帳にて判然たりき」と念を押している。

その後、西南戦争が終結して落ち着きをみせた一一年四月一一日の『東京日日新聞』には「鹿児島の賊将篠原国幹は、昨年三月四日吉次越にて戦死し、其死骸は肥後の川尻に埋めたりしが、今度鹿児島へ改葬して、西郷の壙の傍らへ埋め墓木を建てたりと」との消息が掲載された。これなども篠原がまだまだ人々の記憶に新しい人物だったからであろう。

《伝記》

＊近世名将言行録　一・同刊行会編　吉川弘文館　昭和九

＊類聚伝記大日本史　一四・雄山閣　昭和一一

図二　『明治太平記　一八編巻之一』明治11年

島《しま》義《よし》勇《たけ》（一八二二～七四）

佐賀の乱の首謀者の一人

文政五年九月、佐賀に生まれる。藩校弘道館で学んだのちに各地に遊学し、江戸では佐藤一斎に師事して水戸の藤田東湖とも親交を持った。郷里に帰った後は弘道館目付となり、嘉永三年には従兄の枝吉神陽を中心とする義祭同盟に入って尊王論を展開し、安政四年には箱館奉行堀利熙の北海道、樺太巡視に同行して『入北記』などを著わしている。戊辰戦争では佐賀藩海軍軍監として江戸に進攻し、その後、江戸鎮台府判事、徳川家領地取調掛などを歴任した。明治二年に開拓使に出仕し、その後、大学少監、侍従などを経て四年に秋田県権令となるが政府と対立して免官となり、七年に佐賀憂国党の首領となって政府軍と戦っている。図一は佐賀の乱において政府軍と戦う反乱軍を描いたものである。しかし、圧倒的な政府軍によって佐賀の乱は鎮定されていった。佐賀城に入った政府軍によって城内に残されていた島の書面が確認されたが、この内容を紹介した七年四月八日の『新聞雑誌』によると書面には「奸臣専横、中興第一ノ元老島津従二位、西郷正三位、木戸従三位、板垣正四位、副島正四位、後藤正四位、其他有功ノ士ヲ退ケ、無功無頼ノ奸

図一　『明治太平記　七編巻之一』明治8年

図二　『明治太平記　七編巻之一』明治８年

オヲ挙グ、夷蛮ノ醜風ニ心酔シ、開闢以来未曾有ノ苛政暴法重剣被相行」なる一文があり、征韓論争後に政権の中枢を掌握した者たちへの反発があったことが見てとれる。このような書面を取り落として佐賀城を去った島は江藤新平とともに政府軍から逃れて鹿児島に赴いている。図二は江藤とともに逃れる島を描いたものである。しかし鹿児島で捕えられた。七年三月二四日の『日要新聞』は「東京府貫属士族島義勇ハ賊徒ニ與シ、瓦解ノ際遁逃セシガ、鹿児島ニ於テ捕縛ニ就キ、佐賀県貫属江藤新平ハ未ダ探索中ト雖モ、先ヅ位記ヲ被褫候旨、正院ヨリ御達アリシ」と島の捕縛を伝えている。捕えられた島は四国で捕縛された江藤などとともに斬刑に処せられているが、江藤と島は乱の首謀者として梟首となった。そして、二人の梟首が写真に撮られて販売されるという事件が起こっている。そのために布達が出されて写真の販売と所持が禁止されたというエピソードも残っている。

《伝記》

＊北海道の開拓者島先生・大来生　肥前史談　三ノ一〇　昭和五
＊榎本釜次郎・大鳥圭介・松平太郎・島判官・岩村判官書簡集　河野常吉　犀川会資料　一〇　犀川会　昭和七
＊江藤・島等諸先生を憶ふ・久保大来　肥前史談　六ノ四〜六　昭和八
＊北の先覚・高倉新一郎　北日本社　昭和二二
＊史説開拓判官島義勇伝・幸前伸　島判官顕彰会　昭和五三

島《しま》田《だ》三《さぶ》郎《ろう》（一八五二～一九二三）

政治家

嘉永五年一一月、江戸に生まれる。昌平坂学問所を経て沼津兵学校、大学南校、大蔵省附属英語学校などに学ぶ。英学校在学中に洋行資金を得るために『横浜毎日新聞』の通訳記者となっていたが、卒業後の明治七年に『横浜毎日新聞』の総代島田豊寛の養子となり、同紙の主筆を勤めるようになる。八年、元老院書記官として出仕し、一三年に文部卿河野敏鎌によって文部権大書記官に抜擢されたものの翌年に起こった一四年の政変で下野して『東京横浜毎日新聞』に入社する。一五年、嚶鳴社の幹部として立憲改進党の設立に参加し、神奈川県会議員にも当選して議長職を勤める。一九年に植村正久牧師から洗礼を受け、二一年に議会視察のために欧米各国をまわって二二年に帰国する。その翌年の第一回衆議院議員選挙において当選を果たしている。**図一**は議会における島田（左）である。河野広中と何やら相談中のようである。島田はその後、大正一二年に没するまで連続して議員生活を送った。**図二**は二七年の総選挙において政府が支援する木村利右衛門（木利ケ嶽）に勝利した島田（嶌田潟・左）を相撲に擬して描いている。「子供に大関」と

図一　『国民新聞』明治25年5月13日号

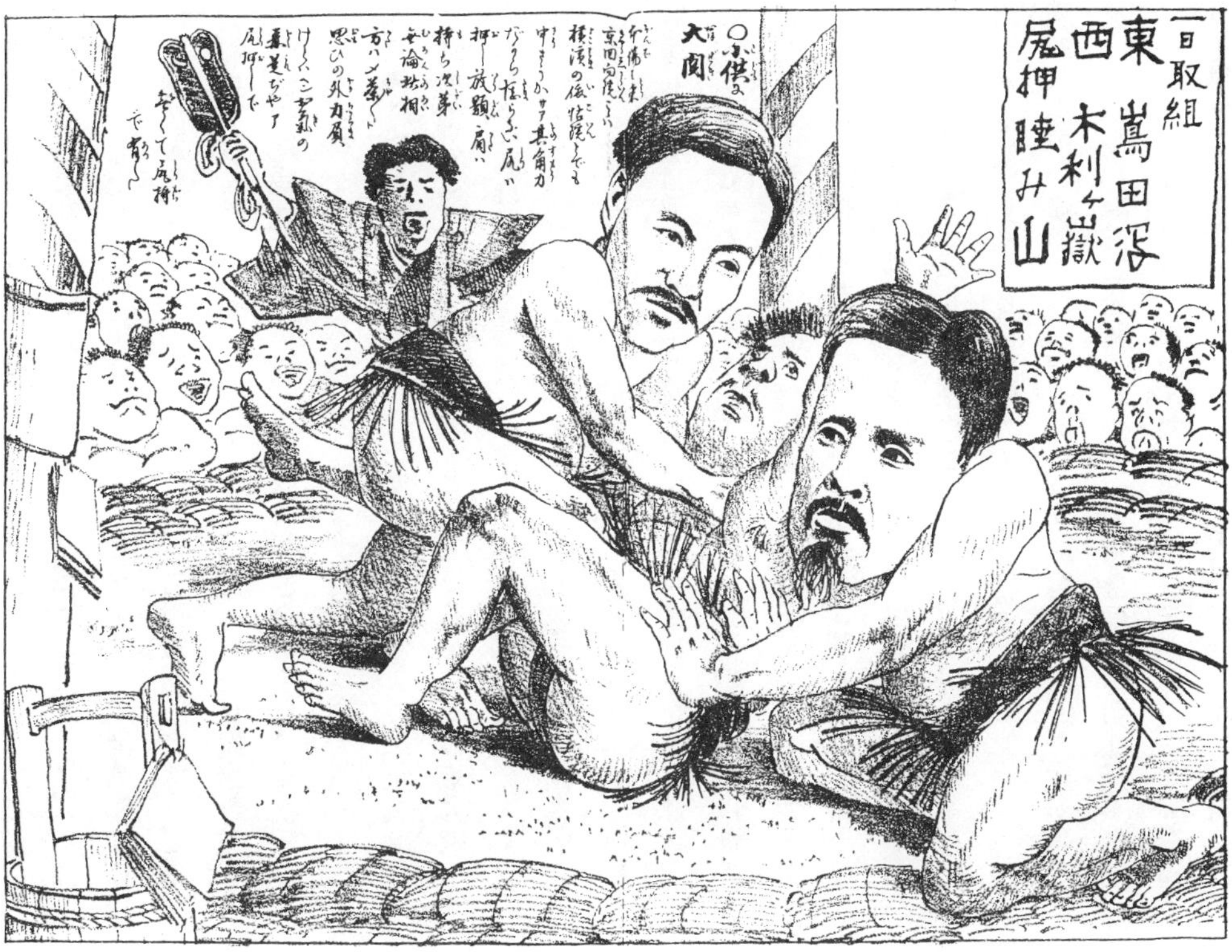

図二　『団団珍聞』明治27年3月10日号

図三　『団団珍聞』明治34年6月29日号

のタイトルからも島田の圧倒的な強さが窺われる。図三は星亨が刺殺されて攻撃相手がいなくなった島田を描いたもので、捕えようとした大ふぐ（星）は死装束でビクを持った漁師姿の島田は唖然としている。島田はすでに東京市汚職問題に関して星の疑惑を鋭く追求していたのである。島田はまた足尾鉱毒被害の救済や廃娼運動などに尽力し、活版工組合の会長にも就任して労働組合を支援するなどの政治活動を行なっている。シーメンス事件の追求にもあたり、大正四年から六年まで衆議院議長も勤めている。「島田シャベ郎」と仇名されたほどの雄弁家であった。図四はそんな島田の議会における演説の様子を捉えたものである。 三六年に島田は星と同じように刺殺されそうになっている。このとき犯人が島田に渡した手紙には「星亨氏を殺害したるは伊庭想太郎なるも、頑直彼れが如きをして此挙をなすに至らしめたるは全く足下の邪論毒筆の影響たる事は世の認めて以て然りとする處、足下に対し私怨なし、併し星氏の死に付ては痛恨憤惜悲悼の至りに堪へず、茲に聊か一撃を足下に加へ平素の鬱悶を散ぜんとす、知らず足下自省の念を起すや否や」とあり、星に対する言論による攻撃で命を狙われたことがわかる。この手紙からも島田の舌鋒ぶりがよく伝わってくる。図五も島田の演説を描いたもので「立板に水を流すと云ふ事が島田氏の生れぬ前に発明されたのが不思議の位句切り無くノベツラボーに馬鹿に永き演説家たる事は既に定評の有る事で有るが其割合に唾は飛ばさないので議会の速記者たちは此の點に於

図四 『東京日日新聞』明治44年2月19日号

ては大助かりだ相で之が蔵原氏の様だと唾の川流をしなければならぬとの話で有る」との解説が付けられていて「島田シャベ郎」の面目躍如といったところである。

《伝記》

＊島田沼南・奥村海皐　明治文学家評論　新声社　明治三四

＊島田三郎全集　五巻・同刊行会　大正一三

＊十大先覚記者伝・太田原在文　大阪毎日新聞社・東京日日新聞社　大正一五

＊島田三郎　日本政界における人道主義者の生涯・高橋昌郎　基督教史学会　昭和二九

＊三代言論人集　四・片子沢千代松　時事通信社　昭和三八

図五　『名流漫画』明治45年

下《しも》瀬《せ》雅《まさ》允《ちか》（一八六〇～一九一一）

軍人、下瀬火薬の発明

安政六年一二月、安芸に生まれる。広島英学校を経て明治一七年に工部大学校応用化学科を卒業して大蔵省印刷局に出仕し、紙幣の真贋を識別する黒色捺用インキを開発し、二一年に海軍技手に移って火薬の研究に従事する。二一年にピクリン酸を主剤とした高性能の爆裂薬を発明した。二二年六月一八日の『時事新報』は「昨年六月中より海軍三等技手工学士下瀬雅允氏が種々丹精を凝して製法に着手したる水雷用爆裂火薬は、従前の火薬より殆んど五倍の弾力を有し、独逸製の火薬にも優るものなるが…」とその性能を紹介し、下瀬が火薬製造中に負傷を負いながらも完成にこぎつけ、近々のうちにその成果を確かめるための実験が行なわれることを伝えている。下瀬の発明した火薬の性能は実験によって証明され、これが海軍に採用されて日露戦争などで使われて大きな効果を挙げて一躍、下瀬の名を内外に知らしめることとなる。三〇年に海軍造兵廠主幹となり、三二年には勅令によって海軍下瀬火薬製造所条例が交付され、下瀬は所長に就任し、工学博士の学位を得て帝国学士院賞を受賞している。三三年には海軍艦政本部条例が交付されて海

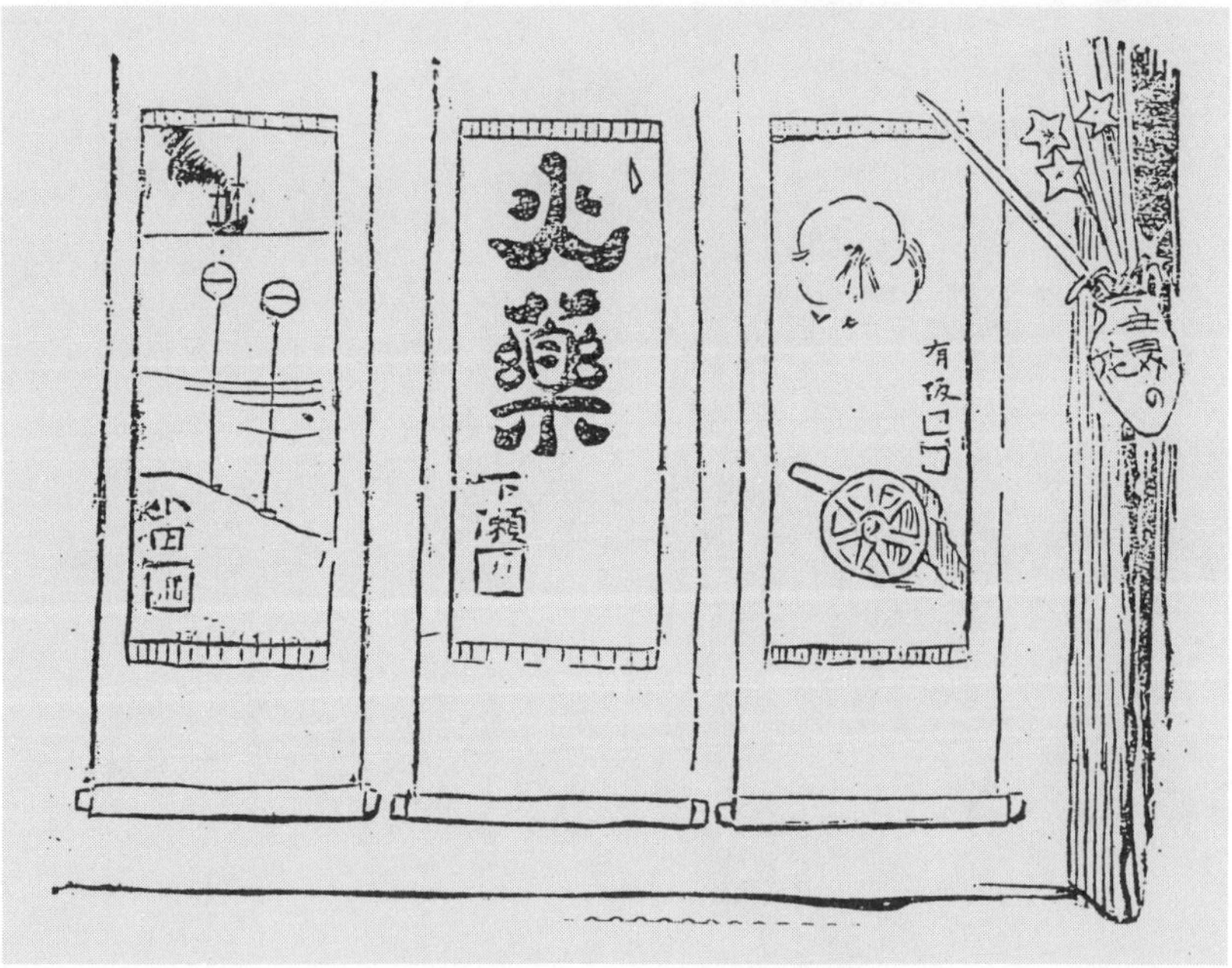

図一　『団団珍聞』明治37年5月13日号

軍下瀬火薬製造所は海軍艦政本部第一部が管掌することとなった。図一は「日軍の三幅対」と題されたもので、日露戦争で大きな力を発揮した日本人開発の兵器を描いた軸が床の間に掛けてある。その真中には下瀬の筆による「火薬」の文字が大書されている。右は有坂成章の大砲、左は小田喜代蔵の水雷である。床柱には「世界の花」と書かれた花瓶がみえる。「降の一字をさんぷくの上に露西亜」とあり、これらの兵器によってロシアを降伏させるという自信と決意が書かれているが、これなどもまさに日本で発明した兵器に対するプライドのあらわれなのだろう。図二はそんな下瀬に対する為政者たちの評価を鋭く諷刺したもので、「サーベルは他の方面にはケチなり」というタイトルがそれを象徴している。サーベルは下瀬や、無線電信を発明した木村駿吉には小さな勲章しか渡そうとしないのに、自分は落ちてしまいそうな大きな勲章を自慢気に胸にさげている。

図二　『東京パック』明治40年3月1日号

現在の政治家優位の叙勲制度にも通ずる弊害はすでに批判の的となっていたのである。下瀬は四二年に所長を退任、その二年後に死去している。

《伝記》

＊新刊立志亀鑑・伊達他人二郎　田村貞馬編　大倉保五郎　明治二六

＊下瀬雅允君の火薬・秋保安治　高橋立吉　発明及発明家　磯部甲陽堂　明治四四

尚《しょう》 泰《たい》（一八四三〜一九〇一）

琉球王国最後の国王

尚育九年（天保一四年七月）、琉球に生まれる。尚泰元年（嘉永元年）に六歳で王位を継承するが明治維新により新政府は琉球を日本に編入する政策を推進して明治五年に琉球王国を琉球藩とし国王を琉球藩王とした。その後、廃藩置県に抵抗を示し、清国も宗主権を主張して琉球は大きな外交問題となっていった。日本政府は琉球における廃藩置県の強行をはかり、一二年に軍隊と警察によって首里城を包囲、尚は城を明け渡して琉球王国は完全に崩壊することとなる。図一は軍隊と警察を引き連れて琉球に乗り込んできた松田道之を描いている。傍らに軍人をひかえさせて店先に居座って強行な姿勢である。かくて、琉球の日本化は完成し、尚は政府の命によって上京して麝香間祗候となっている。一二年四月一二日の『朝野新聞』は「沖縄県よりの報知に、旧琉球藩の諸記録等一切已に新県へ引渡し済みになり、県庁の門前へは六尺程の木票に沖縄県庁の四字を大書して之を掲げ、派出の官吏は夜分迄も退出なき程の繁忙なるよし云々。又旧藩主尚泰君へは飯田町の旧藩邸を私邸として下賜せられ、新雲上以下のものへは従前の持高に応じて家

図一 『団団珍聞』明治12年4月19号

禄の制を立て、孰れも沖縄県士族に編入し東京にて邸宅を下賜せられ尚泰君は上京の上正四位以上の位階を授けらる、様子なりと或る人より報知の儘」と沖縄県となった現地の様子を記すとともに尚の身分についても言及している。

尚は一八年には侯爵となるが、一七年に一時帰郷したほかは東京に住んでいた。二三年には貴族院議員となっている。図二はその翌年に出された『国会議員百首』に載った尚である。一四年一月九日の『朝野新聞』には「華族尚泰君の邸は昨年の一月には七五三餝りもなさず、平常の如く門を閉てありしが、本年は一種古風の七五三餝りをなし、愛たく開門して新年を祝されたり」とあり、同年一二月二日の『大坂日報』は「琉球には多く古語も在りて、歌詠等の流行せしと見え、先年沖縄県集の撰もあり、殊に旧藩主尚泰君は其道に達せられたれば、来年御歌会始めには、勅題の河水永久澄といへるを詠進せばやと、旧臣へも御用意を示されたるよし、昨年は疑懼の間にあり、今年は風雅の心とならればしは、最早将来の見込を立て、安心せられしものか」と尚の近況を伝えている。これらのことからも心中は別としても、尚が日本の慣習に生活を合わせて行こうとしていることがわかる。旧琉球王は三四年に死去して王家の墓である首里の玉陵に葬られ、郷里で眠りについた。

図二　『国会議員百首』明治24年

《伝記》

＊尚泰侯実録・東恩納寛惇　尚侯爵家　大正一三（原書房　昭和四六）

白瀬《しらせ》矗《のぶ》（一八六一〜一九四六）

探検家

文久元年六月、出羽に生まれる。明治五年に医師佐々木節斎の寺子屋で北極の話を聞いて探険に心を奪われる。二二年に陸軍に入隊して二六年に予備役となって郡司成忠の報効義会に入って郡司らとともに千島探険を行ない、占守島において二年間の越冬生活をおくる。この探険と越冬生活で北極探険の足掛かりを得た白瀬であったが、日露戦争後の四二年にアメリカのペアリー隊が北極点初到達に成功したことで白瀬は探険先を南極に変更して世界初の南極点到達を目指すこととなる。資金集めは新聞や雑誌の協力のもとに読者から寄付を募り、また大隈重信が南極探険後援会長に就任してバックアップを受け、四三年に郡司のもとにあった第二報効丸を開南丸と改称して品川を出港、一路南極を目指すものの上陸を果たせずにシドニーに後退することとなる。

図一　『東京パック』明治43年8月1日号

白瀬探険隊と同じ時期にノルウェーのアムンゼンとイギリスのスコットも南極点到達の先陣争いをしており、白瀬に先んじて両隊の成功が伝えられた。**図一**はスコットとの先陣争いを描いたもので兎と亀の競争にたとえられている。「足の遅い亀の勝った例もある」と遅れ気味の白瀬に声援をおくっている。白瀬は四五年一月に南緯八〇度五分まで到

図二 『東京パック』明治43年7月20日号

達して、そこを大和雪原と命名して帰国している。資金難のなかで木造帆船による南極探険の壮挙は特筆されるものであったが、帰国後の白瀬には莫大な借金だけが残り、この返済に苦しみながらの生活が長く続き、貧しいなかで生涯を終えている。

図二はこのような南極探険をめぐる人間模様を集約したものであろう。左上の図は金庫や財布の胴体を持つ支援者たちが大騒ぎしたにもかかわらず集まった金は四万円ほどだったことを皮肉ったもので、「口は開くべし財布は閉ずべし」と手厳しいコメントをつけている。いっぽう、左下の図は借金に苦しむ白瀬の住いを描いたものである。この時代の日本はまだまだ冒険を十分に理解するには至ってなかったといえよう。「旨く行けば英雄、不味く行けば山師」との解説にも時代が感じられる。冒険者にとっては辛い時代だったといえる。それだけに白瀬の冒険は明治を彩るすばらしい出来事として銘記されているといえよう。

《伝記》
＊千島探検録・白瀬矗　東京図書出版　明治三〇
＊白瀬中尉探検記・木村義昌　谷口善也　大地社　昭和一七
＊南進日本の先駆者たち・伝記学会編　六甲書房　昭和一七
＊開拓者白瀬矗・岡田三郎　鶴書房　昭和一八
＊白瀬矗略歴　南極探検隊長　吉良史跡保存会編刊　昭和三三

白《しら》根《ね》専《せん》一《いち》（一八五〇～九八）

政治家

嘉永二年一二月、萩に生まれる。藩校明倫館に学んで、その後、上京して慶応義塾に学ぶ。明治五年、司法省に出仕し、内務省に転じて秋田県権参事、内務省大書記官、愛媛県知事、愛知県知事などを歴任して二三年に第一次山県内閣の内務次官に就任する。**図一**はこの時代の白根である。このころ首相の山県と文部大臣榎本武揚が教育改革で対立した。**図二**はこの対立を解消しようと、川をせきとめているえの木（榎本）を取り除いているところである。後方中央に「白根山」とあるが、これが

図一　『国民新聞』明治23年6月6日号

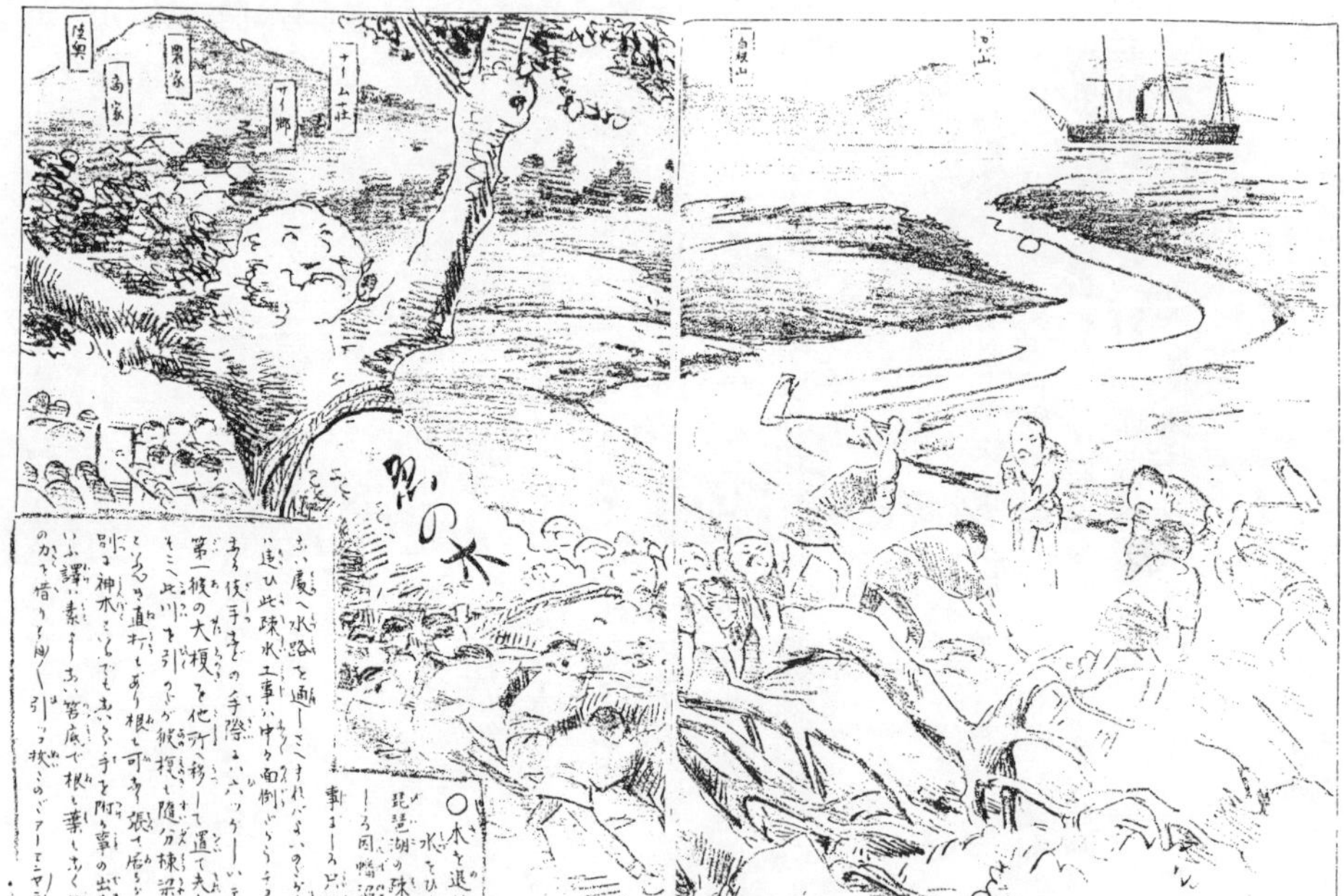

図二　『団団珍聞』明治23年5月31日号

白根を指す。白根は樺山資紀海相、西郷従道陸相らとともに榎本はずしに協力していった。かくて榎本は辞任し、後任には芳川顕正が就任している。

翌年、第一次松方内閣でも内務大臣品川弥二郎を補佐して発言力を増していった。図三はこのころの白根で、議会において政府答弁に立っているところである。二五年の第二回総選挙では選挙干渉を行なって厳しい批判を浴びた。品川の辞任後に内務大臣に就任した副島種臣の排撃を行なって辞任に追い込むものの河野敏鎌が内務大臣に就任すると解任されている。二五年七月一七日の『日本』は白根の解任を「河野君内務大臣たるに決するや、内閣は状を発して白根次官を召し、告ぐるに事体の成行を以てし、且つ病の故を以て辞職願を呈せんことを以てし、懇談数刻に及ぶ。次官答へて曰く、辞職固と是れ覚悟の前なり、只だ微恙の故を以てして辞表を呈するの意なし、何となれば予の微恙は微恙なり、職に堪へ難しと云ふにはあらず、予を以て無用なりとせん乎、願はくは諭旨免官を以てせよ、今日の事勉て正大ならざる可らずと意気頗る昂る。大臣已むを得ず遂に諭旨状を発したれば、白根氏は即時辞表を裁して之を呈したりと云ふ。亦た以て彼が性行を見るに足る」と記しており、白根と河野の確執の激しさを伝えている。

白根は内務次官退任後に宮中顧問官となり、二八年には第二次伊藤内閣に逓信大臣として入閣している。三〇年には貴族院議員となっているが、病で療養を余儀なくされ、ベルツらの治療にもかかわらず三一年に死去している。白根は長州閥官僚の実力者として自他ともに認めていたものの病のために政治家として大成することなく終わっている。

図三　『国民新聞』明治24年12月23日号

末《すえ》広《ひろ》鉄《てっ》腸《ちょう》

（一八四九〜九六）

ジャーナリスト

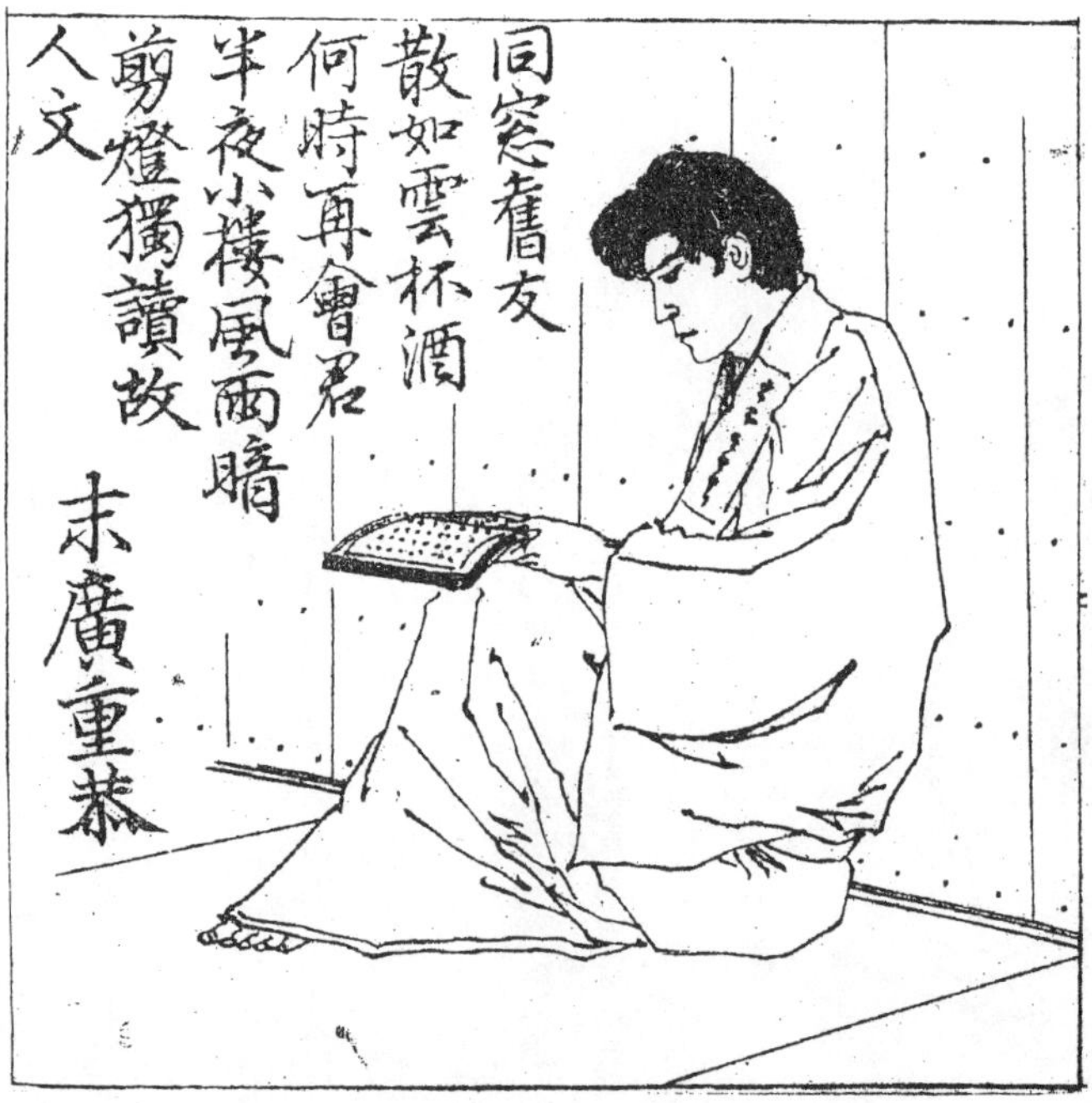
同窓舊友
散如雲杯酒
何時再會君
半夜小樓風雨暗
剪燈獨讀故
人文
末廣重恭

図一　『国会議員百首』明治24年

嘉永二年二月、宇和島に生まれる。藩校明倫館に学び、明治二年に館の教授となる。三年に東京に出て林鶴梁の門に入るが、すぐに京都に行って春日潜庵に陽明学を学ぶ。五年に帰郷して再び明倫館教授となるが、廃藩置県後の愛媛県に出仕し、七年には再度上京して大蔵省に勤めるものの言論で立つことを志して八年に『東京曙新聞』に入社する。同年、新聞紙条例を批判したことで禁錮二ケ月、罰金二〇年となる。

出獄後、『朝野新聞』に移って編集長として健筆を振うが九年に法制官井上毅、尾崎三良を風刺したために讒謗律違反で朝野新聞社長成島柳北とともに投獄される。図一は獄中の末広である。獄中でも書を手放さなかった様子が見てとれる。その後、自由民権運動が盛んになるとこれに呼応した論陣を張り、一四年には自由党に入党して常議員となって機関紙『自由新聞』も手掛けたが、板垣退助らの洋行問題で自由党を離れ、一六年に馬場辰猪らと独立党を結成している。

一九年には政治小説『雪中梅』を刊行、二一年から翌年にかけて欧米をまわり、二三年には第一回衆議院議員選挙に出馬して当選する。図二は代議士となった末広の肖像だが、この図を掲載した二三年七月四日の『国民新聞』は末広の略伝のなかで「能文雄弁を以て新聞条例に抵触する者の率先を以て獄中にパーレーの萬国史を研究したるを以て雪中梅花間鴬を著したるを以て洋語を話すこと能はずして洋行したるを以て有名なる」と紹介している。

その後の選挙では落選するものの二七年に再び当選して政界に復帰するがその二年後に病没している。二九年二月六日の『東京朝日新聞』は「其代議士たるの日と否らざるとに係はらず常に政事上の事に尽瘁し、第九議会の開院式及び責任上奏案の議事に上りたる当日の如きは、気息奄々顔色憔悴現世の人にあらざるかと思ふ程の病躯を驅り推して議場に上り、人をして其至誠に感動せしめたり」と末広の業績を振り返っている。

《伝記》

*鉄腸文集・畑金吉　時文大観刊行会　明治四三
*十大先覚記者伝・太田原在文　大阪毎日新聞社・東京日日新聞社　大正一五
*政治小説研究　中・柳田泉　明治文学叢刊　三　松柏館書店　昭和一〇
*近代文学研究叢書　二・昭和女子大近代文学研究室編　同大学　昭和三一
*人と作品現代文学講座　一・木俣修等編　明治書院　昭和三六
*三代言論人集　四　時事通信社　昭和三八

図二 『国民新聞』
明治23年7月4日号

末《すえ》松《まつ》謙《けん》澄《ちょう》（一八五五〜一九二〇）

官僚、政治家

安政二年八月、豊前に生まれる。村上仏山の水哉園で漢学を学び、明治四年に上京して近藤真琴、大槻磐渓に師事する。また、高橋是清と親交を深めて英語も教えてもらうなどしている。『東京日日新聞』の記者となり、社長の福地源一郎の知遇を得て社説を担当するまでとなる。

ところで、図一は『東京日日新聞』がどのような新聞である

図一 『団団珍聞』明治17年5月14日号

図二 『団団珍聞』明治20年1月29日号

かを描いたものだが、官員風のスタイルで決めており、政府系の新聞であることがわかる。この図に添えられた解説には「何處からみても官員風で洋服にシヤツプハいつも欠さず併しその時々の好みに応じてガラリ〱と衣裳の早代りに梨園社界も舌を巻また持前の弁に任せて諸御布告の御注解や郵便事務のお談義には隅から隅までよくお行届きで立派な一種の教導職と見えますとの評判」とあることからもそれが窺える。

　このようなこともあって、八年には福地の紹介で伊藤博文を知り官界に入ることとなる。同年、特命全権公使黒田清隆に随行して朝鮮に赴き、帰国後に工部権少丞、太政官権書記官を経て西南戦争時には陸軍卿山県有朋の秘書官として従軍する。一一年に駐英公使館付としてイギリスに渡りケンブリッジ大学に入学して文学、法学を学び、一五年に『源氏物語』の英訳を出版している。一九年に帰国して内務参事官、内務省県治局長などを歴任するが、この間にイギリスの女流作家バーサ・クレイの小説『ドラ・ソーン』を翻訳して『谷間の姫百合』と題して出版したり演劇改良運動に携わるなどしている。図二は「猿劇会の繁劇」と題され、演劇改良会を諷刺している。猿を踊らせているのは末松で、三味線引きは「サアサアお染め末松では無かった、お染め久松を踊た踊た、よく精出して踊れば御褒美には薄ペラのさつま芋だヨ」と煽っている。見物人たちは「大和やアー」と声をかけているが、大和屋とは政府で、国の方策として演劇改良運動が進められていることを窺わせる。

図三　『国民新聞』明治24年12月5日号

　末松は二一年に文学博士の学位を取得し、二二年には伊藤の長女と結婚して翌年の第一回衆議院議員選挙に出馬して当選している。図三は議会における末松だが、二四年一二月五日の『国民新聞』は末松について、「慧巧なる器械的才子口に任せて喋々弁論す宜なる哉其風采も亦器械人形に似たり」と有能な官僚の風貌を伝えている。

二五年には第二次伊藤内閣の法制局長官に抜擢されているが、図四は「一足飛び」なるタイトルで、法制局長官の椅子に座ろうとしている末松である。大きく飛んでいて危ないように見えるがちゃんと後ろ楯が支えている。後ろ楯とはもちろん伊藤である。伊藤を大きな力として末松は政界で着実に存在感を強め、二九年に貴族院議員となっている。図五は板垣邸を訪問する末松である。末松は伊藤の側近として政界で活動したが、この図もそのような末松の様子を伝えるものである。

末松は三一年に第三次伊藤内閣の逓信大臣に就任、三三年には第四次伊藤内閣の内務大臣を勤めている。日露戦争時にはイギリスに渡って講演や論文で日本の立場を説いて有利な対日世論づくりに尽力した。帰国後、三九年に枢密顧問官となり、四〇年には帝国学士院会員にも推挙されている。文学、美術などに造詣が深く、『防長回天史』『日本美術全書』など多くの著作がある。

《伝記》

＊人物評論・蓑田政徳　北日本刊行協会　大正一五

＊十大先覚記者伝・太田原在文　大阪毎日新聞社・東京日日新聞社　大正一五

＊人と作品現代文学講座　一・木俣修等編　明治書院　昭和三六

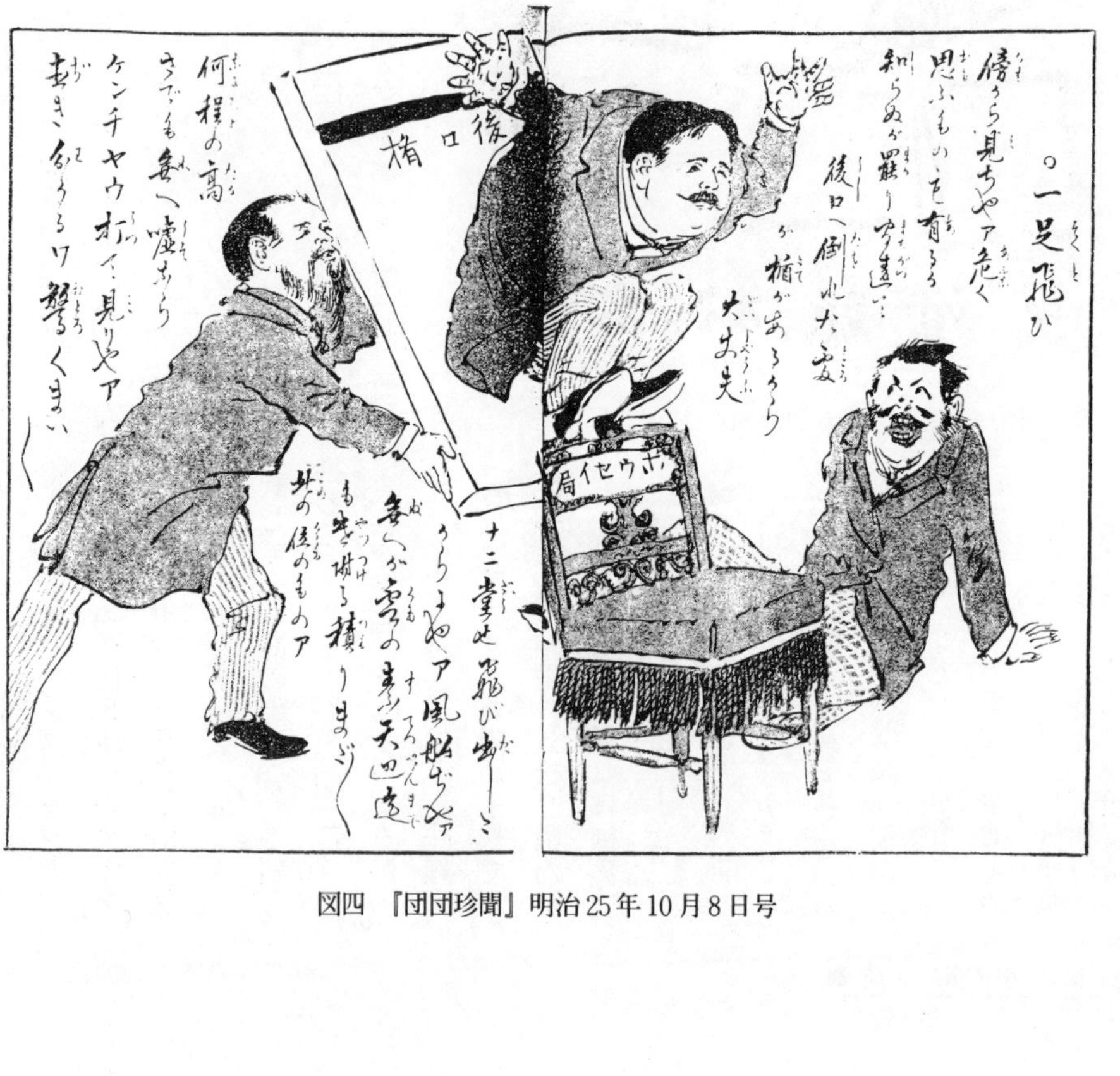

図四　『団団珍聞』明治25年10月8日号

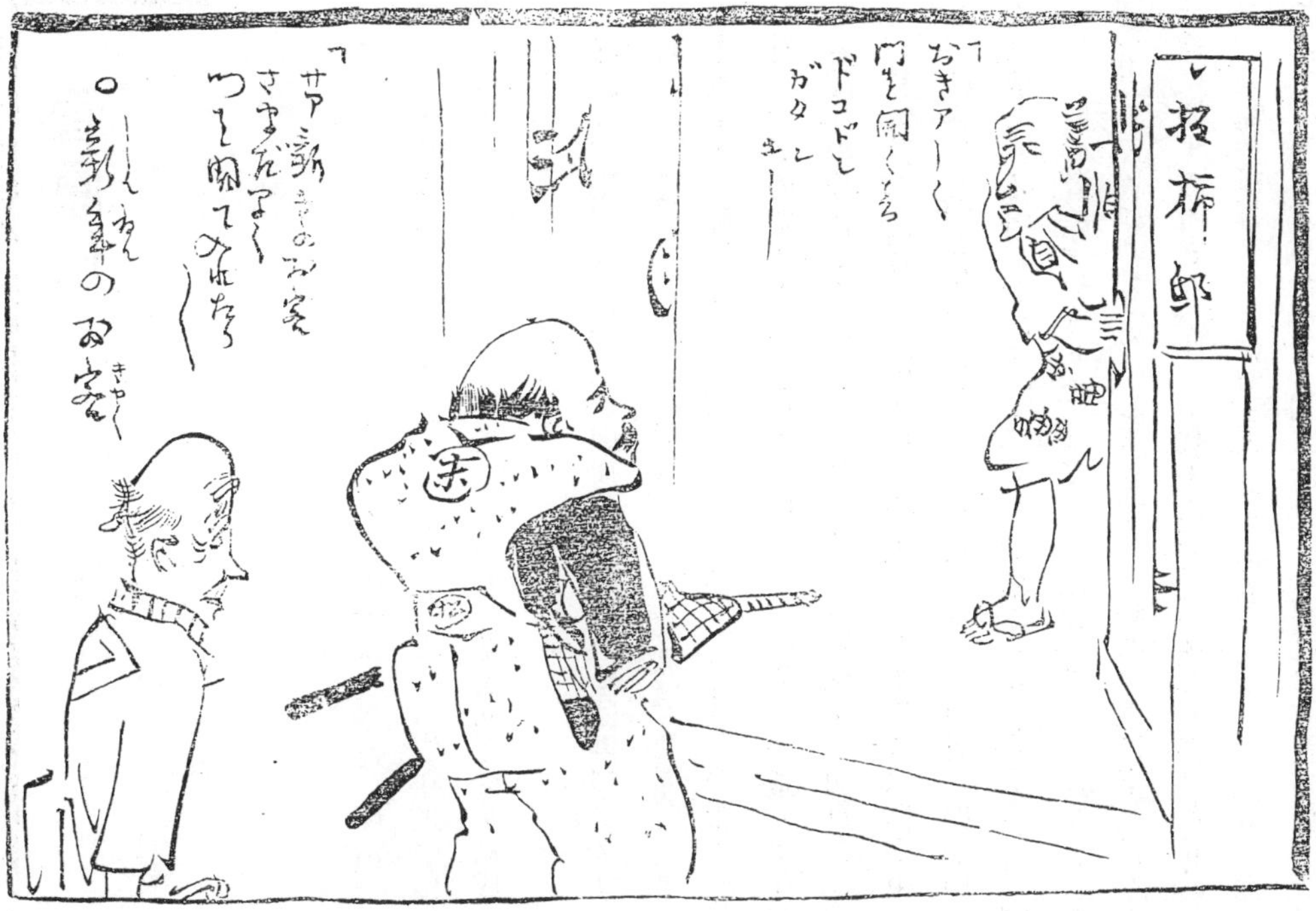

図五　『団団珍聞』明治30年1月16日号

＊近代文学研究叢書　二〇・昭和女子大近代文学研究室編　同大学　昭和三八

菅《すが》原《わら》伝《でん》（一八六三〜一九三七）

政治家

文久三年八月、陸前に生まれる。帝国大学に学び、明治一九年にアメリカに留学してパシフィック大学で学ぶ。在米中に自由党に入って、サンフランシスコにおいて愛国同盟会を結成している。

帰国後、『十九世紀』紙を創刊し、二六年には再びアメリカに渡っている。二八年に帰国して三一年に衆議院議員となり、立憲政友会に所属している。三二年六月一一日の『報知新聞』は党自由派の関西大会の様子を伝えているが、「決議の主体たる各団体の委員こそは、埼玉県の壮士新井鬼司が関東を代表し、長野県の能野周一が北信八州を、宮城県の菅原伝が東北を、永江純一が九州を、長坂重孝が東海を、石田貫之助が中国を代表したる者にして…」と、その活躍ぶりを記している。図一は当時の菅原を紹介したものであるが解説には「氏少壮自ら「奥州」と号して其意の在る所を示し、政治上大に東北日本の前途に期する所あり、而して齢未だ四十に満たず亦是れ新時代の一人物、注目すべきに寧ろ今後の活動に在り」とあり、期待されていることがわかる。図二はそんな菅原の演説の様子を描いたものである。この図に添えられた解説には「菅原君は宮城県の代議士で、東北では錚々たる青年政客である、氏の容貌丈けを見れば、東北の人とは思晴れぬ、東海近畿あたりの人種に見えるが、音声と言語は蛮的であって、確かに東北の産物たるを示して居る、氏は鬚髯と頭髪をば絶えず、整装して居るが、その仏蘭西風のヲブシユは一種の愛嬌であり、泰西の智識もあり、政党の事情にも通じて居る、熱心なる政党員」「必らず政治で成功する時が来るであらう」などと書かれている。東北の政治家のなかでは一番のハイカラとも記されているが、これなどもアメリカ仕込みだったのだろう。

そんな菅原だったが、四二年三月一八日の『大阪朝日新聞』は「菅伝が「小僧引込めッ」と二番の矢を放つ」などと菅原の

図一 『二六新報』明治34年3月4日号

野次を報じており、活発な政治家として鳴らしていたことが窺える。菅原はハワイへの移民事業にも積極的だった。また、『人民新聞』を創刊するなどの活動をしている。大正一三年には護憲三派内閣の陸軍参事官に就任している。また、議院建築準備委員会、国有財産調査会、補償審査会などで活動している。

《伝記》

＊菅原伝先生ノ生涯ト其ノ遺稿・庄司一郎編　同翁建碑協賛会　昭和一三

図二　『団団珍聞』明治36年5月23日号

杉浦重剛《すぎうらじゅうごう》（一八五五〜一九二四）

政治家、思想家

安政二年三月、近江に生まれる。膳所藩の藩校遵義堂に学び、明治三年に貢進生として大学南校に入学して八年に卒業、翌年文部省留学生としてイギリスに渡り化学、理学を学んで一三年に帰国する。帰国後は東京大学理学部博物場掛取締、東京大学予備門長などを歴任して一八年に退官して読売新聞論説となり、東京英学校を設立する。

二〇年に乾坤社を設立、条約改正反対運動を展開し、翌年には政教社を設立して雑誌『日本人』を創刊、国粋主義を鼓舞した。**図一**は条約改正交渉に失敗した井上馨（右）にかわって外務大臣となった大隈重信が改正交渉に着手しているところで、「改正上夜具の洗い張り」とのタイトルがつけられている。まさに杉浦が条約改正反対、国粋主義を強く主張していった時期の政治状況である。二三年には第一回衆議院議員選挙に出馬して当選している。**図二**は当選直後に掲載されたものである。衆議院議員となったものの議会が自らの理想と隔たっていたために辞職して政界の表舞台からは去っていった。しかし、国粋主義の中心的存在として大きな影響力を持ち続けた。三〇年一〇

図一 『団団珍聞』明治21年8月18日号

月六日の『中外商業新聞』は「天台道士杉浦重剛氏は、勅選議員に特命せられんとし、目下其筋に於て詮議中なりと聞く」「天台道士杉浦氏に至っては、其持節高尚其志操堅固にして、而も胸宇の寛潤なるを以て久しく世に聞ゆ、之を遇するに官職を以てせずして、却て貴族院議員とし、以て氏をして其学識と志操とを国家の利益に供せしめんとす、誠に近来の明案にして誰か一言の意義を唱ふるものあらんや」と杉浦を貴族院議員に就任させる動きがあることを掲げ、これを支持する記事を掲載している。また、三七年一月一二日の『日本』は「学習院長の後任に関しては華族社会に於て昨今一問題となり居り、院長には名望ある有爵者を以てし、次長に教育専門家を推さんと主張するものと、教育献身的の人を挙げて院長たらしめんと唱道する二者ある趣なるが松平直亮、徳川家孝伯の如きは熱心なる専門家説を持し、即ち浜尾新、辻新次、菊池大麓、加藤弘之、加納治五郎、杉浦重剛氏等の中を推さんとし、昨今宮内省其他に向て頻りに奔走中なりと」と学習院長候補として杉浦の名が挙がっていることを記している。このように、杉浦は公職に就かなかっただけに人事の噂としてたびたび登場する。これなども杉浦が野にあっても重要な存在だったことを裏づけている。大正三年には東宮御学問所御用掛に就任して倫理を進講している。

図二 『国民新聞』
明治23年7月10日号

《伝記》

＊知己八賢・杉浦重剛　博育堂　大正三
＊杉浦重剛先生・大町桂月　猪狩史山　政教社　大正一三
＊杉浦重剛先生小伝・猪狩又蔵　日本中学校同窓会出版部　昭和四（香蘭社　昭和一三）
＊杉浦重剛・猪狩史山　新伝記叢書　新潮社　昭和一六
＊杉浦重剛先生・仏性誠太郎　立命館出版部　昭和一七
＊杉浦重剛先生伝・猪狩又蔵　新伝記叢書　研究社　昭和二一

杉《すぎ》田《た》定《てい》一《いち》（一八五一〜一九二九）

政治家

嘉永四年六月、越前に生まれる。松井耕雪、吉田東篁に学び、明治八年に政治家を志して上京する。『采風新聞』の記者となり、『中外評論』『草莽事情』などの反政府言論誌に関係して逮捕されたりしている。西南戦争後は自由民権運動に奔走して郷里に自郷社を設立するなどの活動を展開して、国会開設運動を推進していった。また、地租改正反対運動の先頭に立ち、減税を獲得するなどの行動で民心を掴んだ。一五年には南越自由党を結成して機関紙『北陸自由新聞』を発行している。二三年の第一回衆議院議員選挙に立候補して当選し、三一年に北海道長官となり、三九年には衆議院議長に就任している。図一は杉田の議長就任を描いたもので、「議」印（議会）の鋤で杉（杉田）を植えているところである。「松の代りに杉」というタイトルは前任の議長が松田正久だったことを意味している。その松田は司法大臣となった。左上には「司」の塀のなかに移植された松の木が見える。図二は議長に就任した杉田の姿を捉えたものであるが「狆クシャ」などと呼ばれていたのもこんな

図一 『団団珍聞』明治39年1月25日号

杉田からのイメージなのだろう。四一年に政友会幹事長に就任するなど政界に重きをなした。四五年に貴族院議員となっている。図三はこの時代の杉田で、「杉田定一氏の嚔ぶり」とあり、解説には、「「何うイタイまして、政界の前途などは判るものでないので、新聞や雑誌は勝手な事をカイまするが、何うイタイましてそんな事が…ハハハクショウ、イヤ政治は気運でムいマイから首相や総裁とて今の所見当が…ハハハクショウ」氏は洋服が嫌と云ふので夏冬殆ど和服斗りで腕組の仕通しで有る」と記されている。これからすると話し方に特徴があったようだ。杉田は出身地である福井県の産業振興などにも尽力している。

また、大正八年には内田良平、頭山満らと人種差別撤廃期成会を結成するなどの活動もみられる。

《伝記》

＊杉田定一君伝・桜新聞社　明治三六

＊杉田鶉山翁・雑賀鹿野編　鶉山会　昭和三

＊杉田定一翁小伝・富永重編　杉田鶉山先生銅像建設委員会　昭和九

図二　『東京パック』明治41年2月20日号

図三　『名流漫画』明治45年

須《す》藤《どう》時《とき》一《い》郎《ちろう》（一八四一～一九〇三）

政治家、実業家

天保一二年九月、江戸に生まれる。昌平黌において漢学を学び、その後、英学を学ぶ。評定所留役、外国方などを勤め、池田長発を正使とする元治元年遣欧使節に随行して西洋の文物に接している。帰国後、歩兵指図役となり、戊辰戦争では幕府軍の一員として新政府軍と東北において戦っている。

維新後に尺振八の塾で英語教師となり、大蔵省御用掛を経て明治五年に紙幣助となる。その後、第一国立銀行勘定検査役、第三十九国立銀行相談役などを歴任する。九年には嚶鳴社に入って民権活動を行ない、東京府会議員、東京市会議員などを歴任している。一八年には府会議員の東京区部常置委員にも就任して活動するなど力を貯え、二三年の第一回衆議院議員選挙に立候補している。このときに同じ選挙区から弟の高梨哲四郎も立候補して兄弟による激しい選挙戦が繰り広げられた。図一は瓢（票）を奪い合っている須藤（右）と高梨（左）である。長髪の高梨は髪を振り乱して瓢に飛びかかっており、須藤は高梨の背広を掴んで後から押えつけている。二三年六月二九日の『東京日日新聞』は「浅草区に於ては須藤時一郎氏の尊氏将軍、高梨哲四郎氏の直義朝臣と今や接戦の真最中なり。同区の大勢は両将軍の何れに帰するやを知らねども直義の朝臣は専ら例の別天地たるパラダイスに其味方を有し、兄の将軍を一撃に蹴散らさんとの意気込なりとかや、古への史家之れを称して兄弟墻に閲ぐと申せしも、後世の史家恐らくは之れを兄弟大門に閲ぐとや云はん」と報じている。ところで図二は最初の総選挙を翌年にひかえて事前運動に懸命な候補者たちの姿を捉えたものである。資金の借入れ、投票依頼の書状送付、饗応による散財など、現代の選挙と変わらない様子が描かれているが、兄弟の争いともなるとさらに厳しい選挙運動がくりひろげられたことであろう。このときの選挙では須藤は弟の高梨に敗れ、その後の選挙でも高梨に勝てなかったものの、二七年九月の選挙で初めて弟を破って当選を果している。須藤はまた多くの銀行の役員を勤め、実業界においても大きな発言力を有していた。

図一 『団団珍聞』明治23年7月19日号

図二 『団団珍聞』明治22年4月20日号

千《せん》家《げ》尊《たか》福《とみ》（一八四五〜一九一八）

政治家、宗教家

弘化二年八月、出雲に生まれる。明治五年に第八〇代出雲国造となり、伊勢神宮祭主の近衛忠房とともに大教宣布運動の中心となって活動し、出雲大社教会設立、神道大社教の設立など維新以降の出雲神道の発展に尽力するとともに、二一年に元老院議官となって政界に進出している。

◎千家出雲守忠義顔して攻撃の矢面に立たんとす

図一　『団団珍聞』明治39年9月4日号

千家は出雲ではまさに生神様的存在であったが、元老院議官になってから地元に帰郷したときの様子を二一年九月五日の『朝野新聞』は「千家元老院議官が今度帰省に付き、出迎ふ者は村吏及教会信徒等遠きは十余里、近くも四五里外より杵築に群集する者夥だしく、路上人を以て堵を為し、殊に鎗ケ崎より杵築に至る間の道路は沙漠同様にて、歩車共に困難の地なるが、数十町の間沿道の人民は競ふて清水を散布し、杵築市街は最も清潔にして、清砂を敷き戸毎に国旗を掲げて慶迎の意を表せり。着後来訪者頗る多きも懇切に待遇し、殊に一日杵築人民を風調館に招集し、殖産、教育、衛生の事を談話し、実利実益の興すべきことを懇切に談じ、畢って立食を饗応せしが、千三

図二 『団団珍聞』明治40年3月30日号

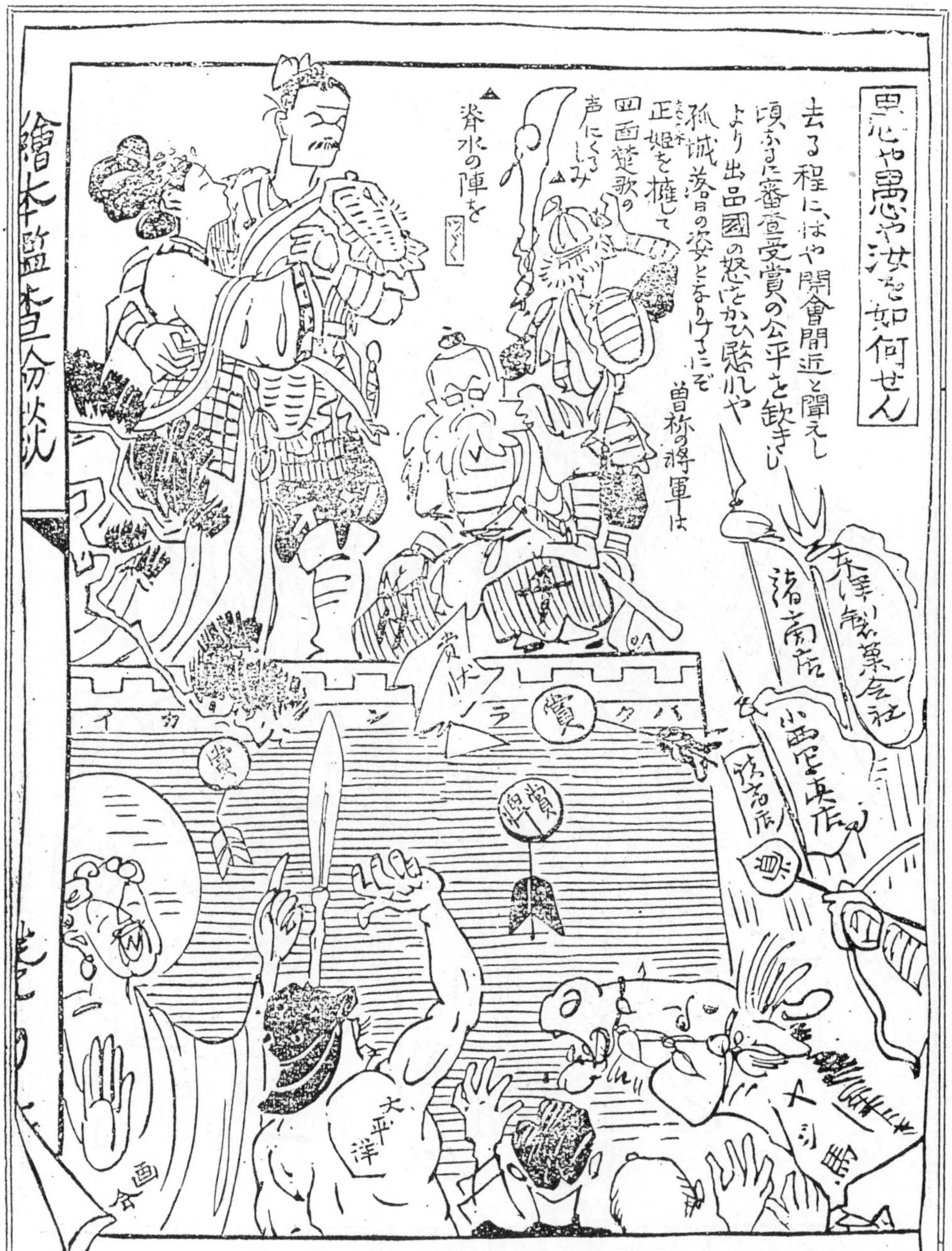

図三 『団団珍聞』明治40年7月20日号

百余名の来会者は一同に手を拍ちて千家家の繁栄を祝せり」と、地域を挙げての出迎えと歓迎を報じている。

千家は二三年に貴族院議員に就任し、その後、埼玉県知事、静岡県知事を歴任して三一年に東京府知事に就任している。**図一**は電車の運賃値上げに強い反対があったものの自ら矢面に立って説得に乗り出した東京府知事の千家である。四〇年には東京勧業博覧会を開催して注目を集めたが、場内の雨漏りが甚だしく、出品物の被害も続出して大きな批判を浴びた。**図二**は雨漏り問題で悩んでいる千家である。「場内の出品損害ばかりでなく、乃公の顔まで汚した」と怒っている。いっぽう、この博覧会では出品作品の審査が不公平だとの批判も噴出して賞牌の返還も続出した。**図三**はこのような事態を描いたもので、審査委員長の曾禰荒助（左）とともににっちもさっちも行かないで城で立往生している千家（右）である。その後、千家は四一年に松田正久の後任として第一次西園寺内閣の司法大臣に就任しているが、四か月足らずで内閣は総辞職している。

ところで、**図四**は「千家尊福男の親切振り」と題された作品で「つひ先月の事男が関西地方に電車視察の帰り途夜行の汽車が芋を洗ふ様な混雑で紳士の立ん坊が大分出来た中に一人繊弱な婦人が乳呑児を抱へて立つて居たのを見付て「オトクシ（私）は宜いですからお掛けなさい」と自分の席を立つて毛布を敷いてやるやら荷物を片付けてやるやらの親切に乗合の紳士連「サスガに商売柄だ……」」との解説が添えられている。千家の人物像の一端が垣間見られて興味深い。

図四　『名流漫画』明治45年

《伝記》
＊千家尊福卿伝記史料　黒田伯爵家文書翻刻・神道学　三二～三三　昭和三七
＊千家尊福と国家神道問題・小口偉一　中央公論　八〇ノ四　昭和四〇
＊千家尊福の祭神論提議　伝記草稿の一・藤井貞文　神道学　三五　昭和三七
＊伝記草稿　二～九　祭神論に於ける千家尊福の活動　一～八・藤井貞文　神道学　三九～四三、四五、四七～四八　昭和三八～四一

仙《せん》石《ごく》貢《みつぐ》（一八五七〜一九三一）

官僚、政治家、実業家

安政四年六月、高知に生まれる。明治一一年に工部大学校を卒業して東京府土木掛傭となり、その後、工部省御用掛、鉄道局権少技長、鉄道四等技師などを歴任して日本鉄道会社の路線工事にも携わった。二一年に鉄道視察のために欧米をまわり、二三年に鉄道三等技師となり、工学博士の学位を得ている。以後、鉄道局監理課長、鉄道局運輸課長などを歴任して日清戦争時には陸軍省御用掛として朝鮮に派遣されている。二九年に鉄道技監となっている。当時、仙石は鉄道の広軌道を強く主張していた。それは長年の研究で導き出された見解で、広軌道を使うことによって汽車のスピードをあげることができ、運搬力を飛躍的に高めるというものだった。このように、鉄道技術の発展に大きく貢献していった仙石だったが、その年に退官して筑豊鉄道の社長に就任、その後、三二年には九州鉄道社長に就任している。しかし、仙石の九州鉄道社長就任は社内に大きな混乱をもたらした。転配や事業改良などで仙石の経営方針に不満を抱く社員が仙石排斥運動を展開していったのである。そして、ついに大規模なストライキにまで発展していった。図一はこんな状況を描いたもので、「仙石」という火鉢の上で煮立っている「九鉄」なる鉄瓶が引っ繰り返って灰神楽となり、役員や株主は灰をかぶって迷惑しているが、「コウにかへってはしづめるに骨が折れる、何れどっちかしっ灰をかぶるだらうサ」と半ば諦めているようだ。その後、このストライキは首謀者数名を解雇するだけというかたちで落着していった。図二はどうにか紛争が解決したことを描いている。仙石蔵だけは類焼を免れたようである。火消したちの纏は三井や三菱のマークが描かれているが、これらの財閥は九州鉄道の株主で、大火事にならないようにと鎮火に躍起となっていたのである。その後、仙石は四一年に衆議院議員に当選し、大正三年に鉄道院総裁、一三年に鉄道大臣となり、一五年に貴族院議員となっている。

《伝記》

＊雷大臣よりゴルフへ・山浦貫一　政局を繞る人々　四海書房　大正一五

＊仙石貢論・馬場恒吾　中央公論　四六ノ五　昭和六

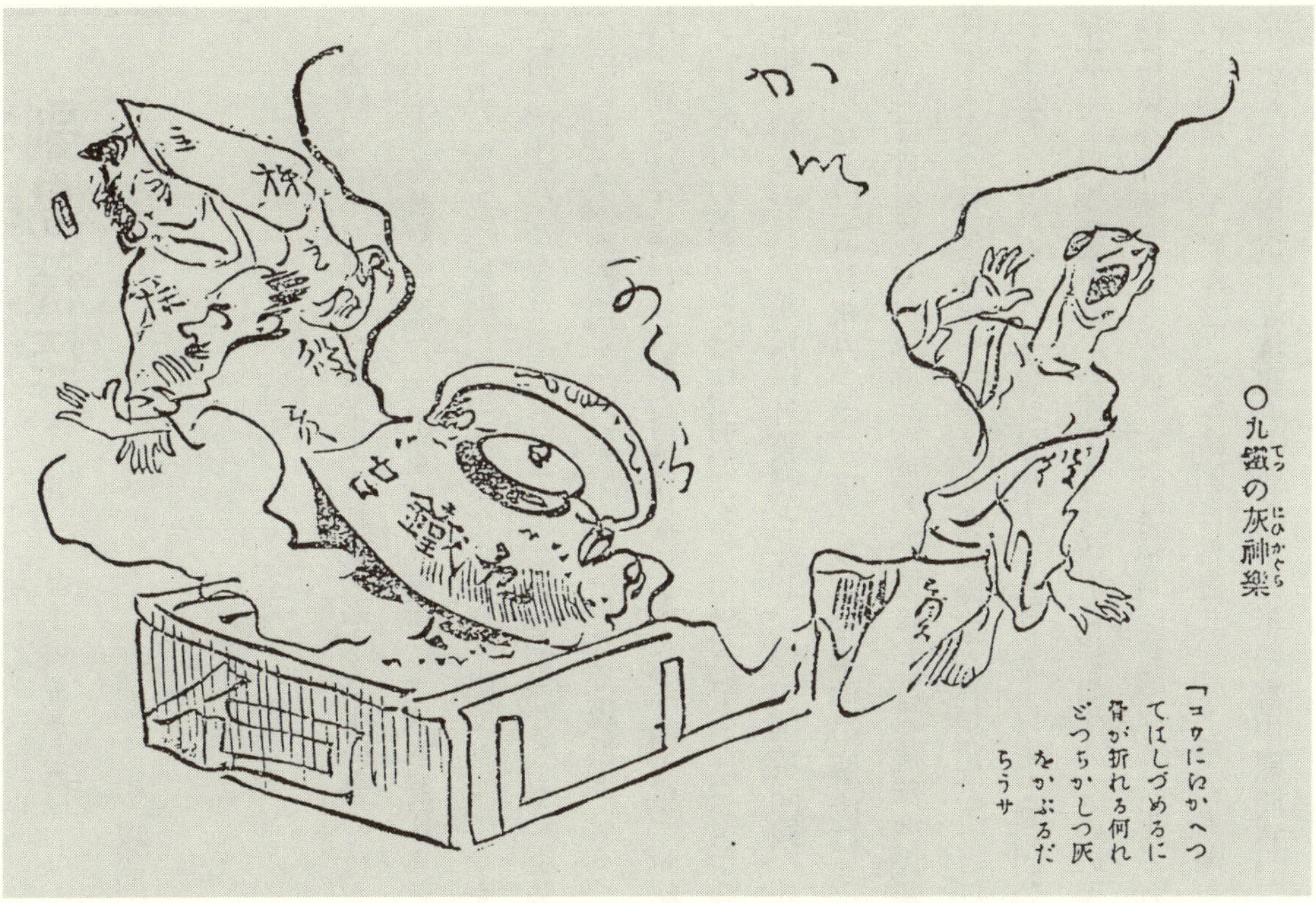

図一　『団団珍聞』明治32年9月9日号

図二　『団団珍聞』明治32年9月30日号

副《そえ》島《じま》種《たね》臣《おみ》（一八二八〜一九〇五）

政治家

文政一一年九月、佐賀に生まれる。嘉永五年に兄の枝吉神陽が主唱する義祭同盟に大隈重信、江藤新平、大木喬任らと参加して尊王運動を展開、元治元年には長崎に出てフルベッキから英語、法律などを学ぶ。慶応三年、大隈重信とともに脱藩して江戸に赴き大政奉還を説いたが捕えられて謹慎となる。維新後、副島は長崎において対外折衝にあたって混乱を未然に防ぎ、新政府の参与に就任、明治二年には参議となって新政府の中枢を担った。四年には外務卿となり、樺太国境問題、琉球帰属問題などに取り組み、マリア・ルス号事件の解決にあたり、六年には日清修好条規批准交渉や台湾における琉球漁民殺害事件で大きな外交成果を挙げるが西郷隆盛、板垣退助らと征韓論を主張し、これが受け入れられずに下野して自宅で愛国公党を結成して民撰議院設立の建白書を政府に提出するものの民権運動には参加せず、その後、元老院議官、参議などに推されたものの固辞している。九年に清国に外遊し、一一年に帰国して翌年に宮中御用掛一等侍講となり、一九年に宮中顧問官、二一年に枢密顧問官、二四年に枢密院副議長、二五年には第一次松方内閣の内務大臣に就任している。図一は内務大臣に就任した当時の副島である。内務大臣となった副島は榎本武揚、伊藤博文らとともに条約改正調査委員という重要なポストに就くことになるが、図二は条約改正交渉の委員の人選を描いたもので手前左では「副」印の夜具（副島）を見立てており、右後では「釜」印（榎本）を選んでいる。図三は「定夜具の重荷」と題された諷刺画で、条約改正交渉委員の選任などが進み出したものの、まだまだ条約改正には大変な状況であることをあらわしている。副島はこのように政府の重要な閣僚として入閣したが、次官の白根専一の専横に憤慨して短期間で辞任している。図四は逃げ去ろうしている副島の袖を掴んでいる首相の松方正義を描いているが、すでに副島の袖は破れてしまっている。かくて、副島の辞任に伴って松方が内務大臣を兼任することとなる。図五は副島が死去したときに描かれたもので、冥府の駅頭で生前の知己だった李鴻章が副島を出迎えに来ているところである。これからも外交における副島の幅広さを見ることができよう。また、副島は能書家としてもよく知られている。

図一『国民新聞』
明治25年5月10日号

図二　『団団珍聞』明治25年4月2日号

図三　『団団珍聞』明治25年4月23日号

《伝記》

＊副島先生　蒼海閑話・片淵琢　研学会　明治三一

＊副島種臣伯・三宅雄二郎　偉人の跡　丙午出版社　明治四三

＊副島種臣伯・丸山幹治　大日社　昭和一一

＊副島蒼海小伝・大鹿卓　天地人　七　昭和二九

＊副島蒼海年譜・墨美　一四〇　昭和三九

図四 『団団珍聞』明治25年6月11日号

図五 『団団珍聞』明治38年2月7日号

曽《そ》我《が》祐《すけ》準《のり》（一八四四〜一九三五）

軍人

図一 『明治太平記　二二編巻之一』明治12年

天保一四年一二月、柳川に生まれる。藩校伝習館で学び、慶応元年に長崎に出て洋式兵学を修業、翌年には上海、香港、シンガポールへと航海して航海術を習得する。

明治元年に海軍御用掛となり、兵部権大丞、兵学寮頭、陸軍士官学校長を経て西南戦争には第四旅団司令長官として西郷軍と戦っている。**図一**は西南戦争における曽我である。曽我は西郷軍鎮定に功をあげて、西南戦争後に熊本鎮台司令長官、大阪鎮台司令長官などを歴任、一四年には谷干城、鳥尾小弥太らと国憲創立会議の設置を上奏している。一五年に参謀本部次長に就任して陸軍改革に尽力した。翌年に陸軍中将となったが一九年には陸軍省と参謀本部の権限問題で薩長閥と対立して参謀本部を離れて陸軍士官学校長となり、その後、軍を退き東宮大夫として皇太子（のちの大正天皇）の教育掛を勤め、宮中顧問官などを歴任、二三年には貴族院議員となっている。図二は貴族院時代の曽我である。二五年一二月二一日の『国民新聞』は「「議長」と叫んで場の中央に突立するものは曽我子爵なりて、面色飽くまで黒く眼光飽くまで輝き、短髯は蔓これて半面を埋む」とその表情をレポートしている。この短い記事からも軍人出身らしさが伝わってくる。

三一年には日本鉄道会社の社長に就任しているが、三九年五月一三日の『萬朝報』は「今度名古屋市で開く鉄道五千哩祝賀会には、不思議にも日本鉄道会社から一人も出席者がなく、又一文の寄附金もない、祝賀会の式典余興場などにも日鉄の旗や幟は一本も立て ゝ ない、丸で喧嘩腰だ。其のわけを聞くと、帝国鉄道協会の会員は個人として各鉄道会社の社員が加入しているだけで、法人として、加入したのではない、然るに法人加入の鉄道懇話会が発起者とならずに協会が発起を為し、剰つさへ無断で法人たる日鉄や関西、九州などを事務幹事に属托したのは理屈が合はぬと、例の曽我将軍、即ち日鉄の社長が力み出して一文の寄附、一人の出席もせぬ事になったのだ。理屈は理屈でも此様な事で喧嘩をするのが即ち曽我一流ではあるけれど、併し余りみっともよくはない、曽我子が肝っ玉の小さいのは是で分る」と厳しい批判をしている。これなども軍人としての道を歩んできた曽我の一徹な性格の一端をあらわすものなのだろう。大正三年の第三一議会では予算委員長としてシーメンス事件に対応している。

図二 『国民新聞』
明治25年12月21日号

《伝記》

＊明治維新草創の頃・蘇我祐準 その頃を語る 東京朝日新聞社 昭和三

＊曽我祐準翁自叙伝・曽我祐準 坂口二郎編 同伝刊行会 昭和五

＊近世名将言行録 一・同刊行会編 吉川弘文館 昭和九

曾《そ》禰《ね》荒《こう》助《すけ》（一八四九～一九一〇）

官僚、政治家

嘉永二年一月、萩に生まれる。藩校明倫館に学び、戊辰戦争では東北各地を転戦し、明治二年に御親兵中隊司令となったが辞して翌年に大阪兵学寮に入り五年にフランスに留学して軍経理などを学び一〇年に帰国する。帰国後、陸軍省八等出仕となり、一四年に太政官少書記官となる。その後、参事院議官補、法制局参事官、内閣記録局長、内閣官報局長を歴任して二三年に議会が開設されると衆議院書記長官に就任して議会の運営にあたった。

二五年の第二回衆議院議員選挙に当選して政治家として歩みだし、二六年に駐フランス副議長にも就任、二六年に駐フランス公使として渡仏、条約改正交渉などにあたった。三〇年に帰国して翌年には第三次伊藤内閣の司法大臣として入閣、その後をうけた第二次山県内閣でも農商務大臣に就任、三三年には貴族院議員となり翌年の第一次桂内閣では大蔵大臣として入閣し、外務大臣、逓信大臣なども勤めた。

日露戦争時には大蔵大臣として外債の募集や増税などで戦費捻出にあたった。図一は議会における曾禰の答弁記

図一　『団団珍聞』明治36年5月23日号

図二 『東京パック』明治42年3月1日号

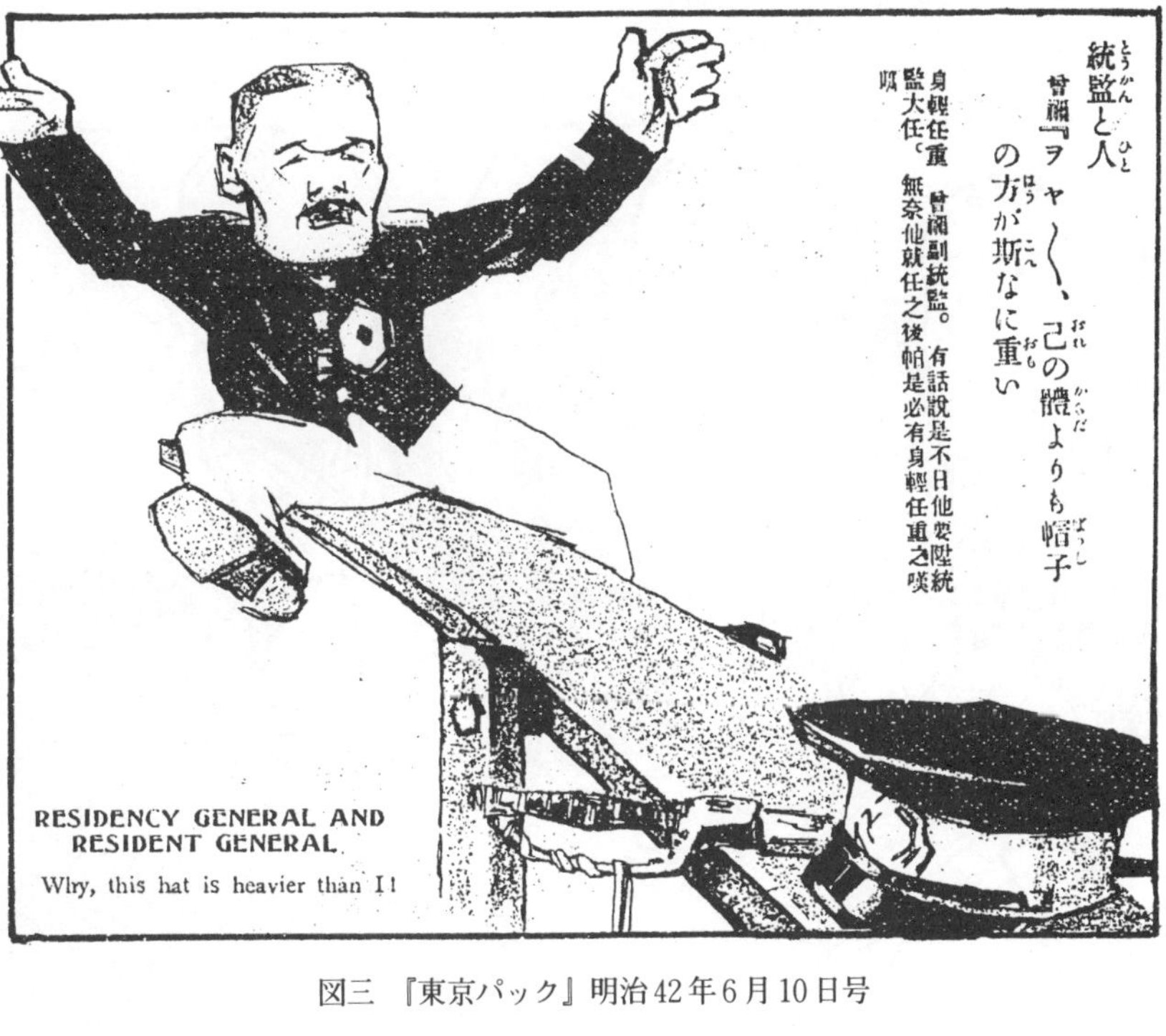
統監《とうかん》と人《ひと》
曾禰『ヲヤ〳〵、己《おれ》の體《からだ》よりも帽子《ぼうし》の方《はう》が斯《こん》なに重《おも》い
身輕任重 曾禰副統監。有話說是不日他要陞統監大任。無奈他就任之後帕是必有身輕任重之嘆呪
RESIDENCY GENERAL AND
RESIDENT GENERAL.
Why, this hat is heavier than I!

図三 『東京パック』明治42年6月10日号

録を削除したことを諷刺したもので、曾禰は「皆さん只今御目にかけましたるは地租案でありますがいつの間にか公債募集と変りまする早芸を御覧に入れます首尾好く参りましたならば御慰み」と大蔵大臣として財源の確保に苦労していることが窺われる。三九年に枢密顧問官となり、翌年に韓国副統監に就任して統監の伊藤博文を補佐、四二年には伊藤の後任として韓国統監に就任している。図二は首相の桂太郎が伊藤に統監の再任を要請しているところである。伊藤は辞退しているものの桂は何としても伊藤を説得したいようだ。一方で、左端では曾禰が自分に統監職がまわってくることを待ち望んでおり、「何もいやがるものに勧めなくっても己の方へ持て来ればよい」とアピールしている。曾禰の統監就任まではこのような事情があったのである。故に図三のような作品も登場する。図三は統監という職は曾禰には重すぎるのではないかとの皮肉ったもので、曾禰より統監の帽子のほうが重量がありそうな様子だ。こんな具合だから図四のような諷刺画も描かれた。タイトルは「助言の多い将棋」というもので、将棋をさす曾禰の周りには伊藤博文、桂太郎、井上馨などのお歴々が取り巻いて口を出している。説明には「曾禰新統監が一番腕を振はふと思ても、「ヤレ高飛車でやれ」「ソコへ金を用ふな」と助言沢山で手が出せぬとは困ったものだ」とある。このような状況での統監就任だったが四三年に病気により統監を辞任して帰国している。その直後に日韓併合が行なわれた。

図四　『東京パック』明治42年6月10日号

ところで、**図五**は東京博覧会における出品審査にからむ三越と高島屋の争いを描いたものだが、右上で名誉金牌を持っているのが曾禰である。曾禰は博覧会の審査委員長を勤めていた。曾禰が韓国副統監に就任した年のことである。曾禰の別な一面が描かれているところが面白いのではないだろうか。

《伝記》

＊西湖曾禰子爵遺稿並伝記資料・美濃部俊吉編　大正二

＊曾禰統監論・三宅雪嶺等　中央公論　二四ノ七　明治四二

図五　『団団珍聞』明治40年6月29日号

園《その》田《だ》安《やす》賢《かた》（一八五〇～一九二四）

官僚

嘉永三年九月、鹿児島に生まれる。戊辰戦争では北陸に参戦して功をあげ、維新後に警察に入って大警部石川県警部長などを歴任して明治二四年に警視総監に就任している。図一は「いも屋の縁談」という諷刺画で、店先には「薩摩芋一手売捌所慶視町本店」との看板がかかっている。新政府が樹立されて以来、警察は薩摩閥の牙城であった。この看板もそれを表現しているのである。ここで警視総監の人事が決められようとしているところである。後の壁には「総かん定帳」なるものを見える。かくて薩摩閥の園田が警視総監に就任することになる。二九年に退任したが三一年には第三次伊藤内閣のもとで再度、警視総監に就任している。しかし、同年、隈板内閣が樹立されると辞意を表明していたもののロシア皇族の在日中ということで慰留されていた。ロシア皇族の離日に伴って辞任することになった園田だが、辞任を前に警察幹部を集めて演説した時に政党内閣の批判を展開した。三一年七月一九日の『国民新聞』は「大隈伯の如き、板垣伯の如きは、共に国家の元老なれば、陛下の御信任ある固より其の所なるべしと雖も、其他の各大臣即ち政党員より推挙せられたる人々は、果して信任を得べきものなる乎、彼等は在野の当時は只政治家として奔走したるのみ、其品行は修まらず、甚しきは詐欺取財の告訴をうけたるものあり、家賃三ケ月を払はざるものあり、此等のものを挙げて大臣となし、政党内閣を組織し、聖明なる陛下をして御聴許の止むを得ざるに至らしめたるは、実に畏れ多き事と云ふべし」となかなか過激な発言をしている。これが表沙汰となって園田は懲戒免職となった。図二はこれを描いたもので、退任のお礼に大きな拳骨が差し出されている。園田は「御鄭重の使かム、ヨシヨシ有難く頂戴したぞ」と開き直っている。

警視総監を辞任した園田はその後、北海道庁長官となり、開拓事業を推進した。三九年に退官して朝鮮棉花会社社長や共正銀行頭取などを歴任して実業界でも活躍している。また、貴族院議員もつとめた。川路利良没後の警察における薩摩閥の中心的存在であったといえよう。

《伝記》

＊実業界高徳園田安賢・遠間平一郎　財界一百人　中央評論社　明治四五

＊（資料）園田長官の辞職と原敬・奥山亮　北海道地方史研究　二昭和二六

図一　『団団珍聞』明治24年3月21日号

図二　『団団珍聞』明治31年7月23日号

高《たか》木《き》兼《かね》寛《ひろ》（一八四九～一九二〇）

軍医

嘉永二年九月、日向に生まれる。慶応二年、石神良策に就いて医学を学び、また、岩崎俊斎から蘭学を学んだのちに四年に藩兵付属医師となり、征討軍に従って東北に参戦し、明治五年に石神のすすめで海軍軍医となり、八年にイギリスに留学してロンドンのセント・トーマス病院医学校で学んで一三年に帰国する。帰国後、東京海軍病院長、軍医本部長などを歴任して一八年に海軍軍医総監に就任、脚気を撲滅するために麦飯を支給して大きな成果をあげた。一八年六月二五日の『東京絵入新聞』は「海軍にては本年の一月以来、各艦営をはじめ監獄に至るまで、悉皆麦飯を食料となせしに、当今に至りては一人も脚気症に罹るものなく」と麦飯効果を評価している。このような効果を認めて麦飯は陸軍にも普及していった。かくて脚気は軍隊から一掃されていったのである。二五年五月一日の『郵便報知新聞』は「従来軍隊に於ける疾病の重もなるものは脚気病にして、之が為め服役に堪へず或は死亡するもの殆ど諸疾病総数の半ばを占むる有様なりしが、近年一般衛生法の注意能く行はる、と各隊ともに麦飯を共用したる以来脚気病は殆ん其跡を絶ち、両三年来は軍隊に脚気病なしと云ひ得る程なり」と絶賛している。

図一　『東京パック』明治38年12月15日号

図二　『東京二六新聞』明治39年7月31日号

三八年、高木は講演のために渡米しているが、図一はそれをテーマとしたもので、得意そうな高木の姿が描かれている。「阿米利加の大学で毎年各国名医を招聘して講話を聞くそうだが今度は始めて日本から高木兼寛男が聘せられて軍事衛生について話をする事になツた、これは我医学界のみならず日本の名誉である」と解説がある。図二は三九年に描かれた高木の肖像だが、前年にコロンビア大学とロンドン大学で日本の軍事衛生の講義をしたことが記されている。まさに日本の軍医を代表する存在だったのであり、誰もが認める業績をのこしているのである。

脚気には麦飯が有効であることが一般に知れわたったことを図三はよく示しており、高木の業績が広く利用されていたことがわかるのである。高木は海軍に勤務するかたわら、一四年に成医会を結成して成医会講習所を設立、翌年には有志共立東京病院、一八年には看護婦養成所を設立して医学の発展に貢献している。

《伝記》

＊高木兼寛伝・佐藤孝卿編　高木喜寛　大正一一

＊高木兼寛伝・東京慈恵会医科大学創立八十五年記念事業委員会　昭和四〇

図三　『東京パック』明治40年7月1日号

高《たか》木《ぎ》正《せい》年《ねん》（一八五七～一九三四）

政治家

安政三年一二月、江戸に生まれる。木村芥舟に就いて学び、自由民権運動期には江木高遠から法律を学ぶ。明治一六年に東京府会議員となり、『東海政法雑誌』を刊行して政治思想の普及をはかり、二三年の第一回衆議院議員選挙に立候補して当選を果たし、政党政治家として活躍した。図一は「瓢の取合」という諷刺画で、熾烈な選挙戦を描いたものだが、大森を中心とした選挙区で票を奪い合う高木（左）と平林九兵衛（右）である。二人は叔甥の関係で、まさに同じ地盤から立候補しただけにすさまじい選挙戦であった。当時の選挙戦の様子を二三年六月二九日の『東京日日新聞』は「高木正年氏大友の皇子を気取るれば、平林九兵衛氏は大海人の皇子を極め込んで之に当る。叔姪の親を以てして既に此の如し」と記している。図二は当時の選挙戦に臨む候補者たちの活動を描いたもので、この図からも票の獲得に躍起となっていた様子が浮かびあがってくる。しかし、高木は選挙当日、平林に投票したという。二三年七月六日の『東京日日新聞』はこのエピソードを「選挙を争ふとあるからは一票なりとも油断はし難く、務めて反対に立つ敵方の投

図一 『団団珍聞』明治23年7月19日号

図二　『団団珍聞』明治23年3月22日号

票を減ぜしめんとする事なるに、茲に府下第十二区高木正年氏（自由）は、其の選挙の当日自身出頭、敵手平林九兵衛氏（改進）を選挙して退きたりといふ。或る人高木氏の挙動を評して、多く得難きの潔士となす。然るに又一人は之を評して、改進主義の者、敢て自由主義の者を選ぶ、主義の節操に至りては我れ與し難しと、是非の判定は読者の分別に任す」と話題としている。こんなところにも高木の性格が垣間見られる。この姿からは高木の当選して衆議院議員となった高木である。**図三**は、その後の運命は知る由もないが、三〇年に失明してしまうのである。しかし、その後は自らの使命として盲人の生活保護などに力を尽くしていった。また、婦人公民権運動にも積極的に取り組み、昭和七年の第一八回総選挙までに一三回の当選を果たしているが、最初の盲人政治家として何かと話題となることも少なくなかった。

図三　『国民新聞』
明治23年7月19日号

《伝記》
＊高木正年自叙伝・横山健堂
代々木書院
昭和七

高崎《たかさき》五六《ごろく》（一八三六～九六）

官僚、政治家

天保七年二月、鹿児島に生まれる。安政六年、安政大獄に際して井伊直弼を打倒するために水戸藩士らと画策して、江戸、京都、水戸などで活動を行なうものの果たせず帰藩するが藩尊攘派に加わり活動を続け、文久二年には島津久光の命をうけて江戸や京都に赴き情報収集を行なっている。元治元年には西郷隆盛の指示をうけて長州に赴き、第一次長州討征下で長州藩と折衝を行なうなどの重要な役割を果たしている。慶応三年には土佐藩の大政奉還に同調したが、結局は武力による倒幕で藩論が固まり、高崎は政治の中枢からは離れた存在になっていった。新政府では岡山県令、参事院議官、元老院議官などを歴任しているものの中央政界に大きく進出することはできなかった。しかし、幕末維新における業績は少なくなく、その存在は決して軽くはなかった。

一四年に内務卿山田顕義が地方官を集めて政府の方針を伝えた時の様子を一四年一二月二九日の『東京横浜毎日新聞』は「内務卿山田顕義君は上京の地方官を集めて、政府の方向の漸進主義に在ることより現時民間の有様抔を演べ立て、最後に臨んで政府は断然漸進主義を執らるゝものなれば、地方官にして自今此御主意に背くものあれば、政府にても急度御処分あるべき筈なれば、努々心得違ひなき様と最と厳重に説諭せられ、其声未だ消へざるに、座中声高にて、豈に啻地方官のみならんや、足下に於ても亦然らんといふ者あり、一座眼を注ぎて其人を視に、是なん薩州出身の地方官にして武断に名高き岡山県令高崎五六氏なり」と報じているが、このことからも高崎の存在の大きさが窺える。一九年には東京府知事に就任し、二三年ま

図一 『国民新聞』明治23年5月21日号

で勤めている。図一は東京府知事を更迭されて涙を流している高崎である。東京府知事は地方官にとっては最高の地位であり、更迭を残念がっている高崎といったところだろう。煙草を吹かしながら胸を張っているのが高崎の後任として東京府知事に就任した蜂須賀茂韶である。この図には「涙パラパラ烟草パクパクの図」とのタイトルがつけられ、「落たるものは玉なす涙パラパラ、上りたるものは烟なす烟草パクパク、パクパクたるは蜂須賀東京府新知事、パラパラたるは高崎東京府旧知事、新人歓ぶを休めよ、旧人哭くを休めよ、歓哭何ぞ関せん嚢中の暖かさ」とあり、その明暗を伝えている。図二は新旧両知事を描いたものである。東京府知事を辞した高崎は再び元老院議官に就任している。

《伝記》

＊志士書簡・遠山操編　厚生堂　大正三

＊高崎男（五六）国事鞅掌に関する実歴・高崎五六　史談会速記録四二一　明治二九

図二　『国民新聞』明治23年5月21日号

高《たか》崎《さき》正《まさ》風《かぜ》（一八三六〜一九一二）

官僚、歌人

天保七年三月、鹿児島に生まれる。父の高崎五郎右衛門は島津家の相続をめぐる、いわゆるお由羅騒動で切腹となり、正風は嘉永三年に奄美大島に流されたが六年に許されて帰藩し、国事に奔走するが武力による討幕に反対している。

戊辰戦争では征討軍参謀となり、明治四年に左院少議官に就任、その後、侍従番長。御歌掛、御歌所長など宮中にあって和歌を担当して天皇の作を点じるなどしている。**図一**は西南戦争時に慰問使として本営をおとずれた高崎である。二三年には貴族院議員となっているが、**図二**はその頃の高崎を描いている。二八年には枢密顧問官となっているが、二一年に設置された御歌所の所長は創設時から四五年まで終生在任した。**図三**は「高崎正風先生御発見」なる漫画で、若いころ馬が好きで飼っていると表情がそれぞれ違うことに気づいたという高崎を介してさまざまな人物を馬に擬して特徴を挙げている。この馬の漫画が描かれるくらい高崎は事物を深く見つめて和歌をつくっていたのである。「馬面観」なる一文にも「歌は人々の真情発する云はゞ写真であるから名々皆な違って居らなければならぬ、

図一『明治太平記　一九編巻之一』明治11年

其三十一字にきまってをるのは眉目鼻口の揃ってをると同様で其形容や風調となれば皆一々変ってをるは当然である」と高崎の和歌観があらわれている。

三八年一月四日の『国民新聞』は「名士の玄関」と題した話題であるが、ここで登場する高崎の玄関は「玄関前の植込の側へ卓子を持ち出して其の上に松の盆栽が一鉢、松には鶴を三羽あしらって一方へ延びた枝の下に小さな甕が置いてある、夫が即ち名刺受だ」となかなか趣があり高崎らしい。

図四は高崎が危篤であることを受けて、その業績を紹介した文に添えられた肖像である。天皇の側近としての高崎の業績を紹介した最後に、「維新以来の功臣でそして君側の老儒が、今や危篤に陥ったのは人をして大に心淋しく思はれるのであ

図二　『国民新聞』明治23年7月22日号

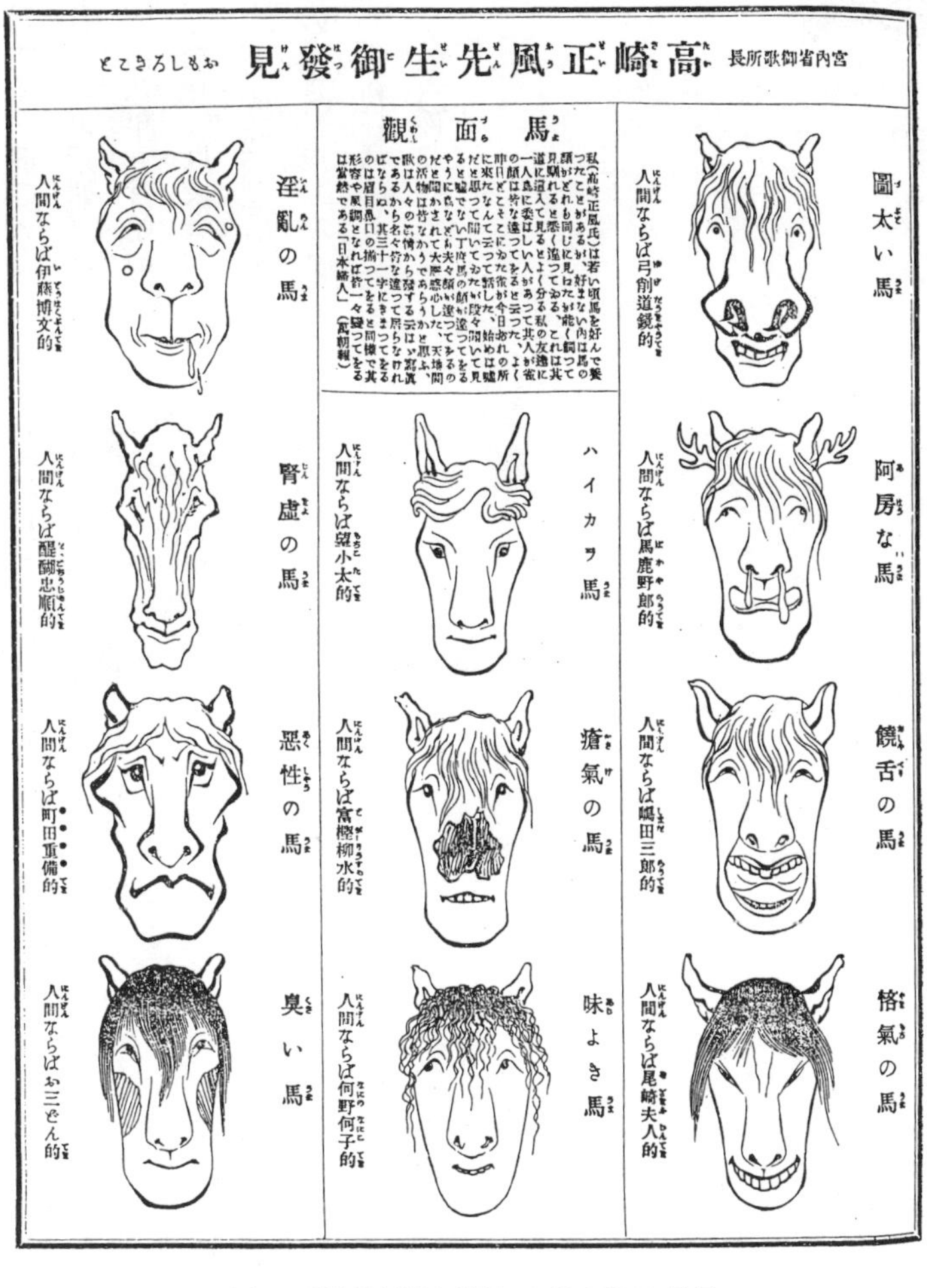

図三　『滑稽新聞』明治40年8月20日号

る」と結んでいるが、これなどからも高崎に対する一般の人たちの気持ちが見てとれる。四五年二月二九日の『東京朝日新聞』は高崎の死亡を伝える記事のなかで、「明治八年五月始めて御製の拝見を仰付けられ、二二年御歌所長となりし以来満二十三年間の御製を拝見せしもの実に二萬七千二百餘種、皇后御歌一萬七千七百餘種、合計四萬四千九百餘種の多きに達したりといふ」と歌人としての高崎を讃えているが、維新に活躍した政治家としては極めて特異な道を歩んでいった人物といえよう。

《伝記》

＊高崎正風先生伝記・北里闌　啓文社　昭和三四

＊近代文学研究叢書　一二・昭和女子大近代文学研究室編　同大学　昭和三四

図四　『二六新報』明治44年11月14日号

＊高崎正風先生伝記・北里闌　啓文社　昭和三四

＊歌人高崎正風翁・勝目清編　興国学舎　昭和三七

＊高崎正風・木俣修　明治短歌講座　一　明治神宮　昭和三八

高《たか》島《しま》鞆《とも》之《の》助《すけ》（一八四四～一九一六）

軍人、政治家

天保一五年一一月、鹿児島に生まれる。文久二年に島津久光に従って上京し、皇居の守りに就き、戊辰戦争では東北、北陸に転戦して武勲を挙げ、侍従、陸軍省第一局副長などを歴任して明治九年の萩の乱や一〇年の西南戦争で活躍し、一二年に兵制調査のためにフランス、ドイツに渡った。一三年に帰国して熊本鎮台司令官、大阪鎮台司令官、第四師団長などを経て二四年に第一次松方内閣の陸軍大臣として入閣、薩摩閥として大きな発言力を持った。**図一**は陸軍大臣に就任したころの高島である。以後、枢密顧問官、台湾副総督などを歴任して第二次伊藤内閣中の二九年に拓殖務省が新設されると拓殖務大臣に就任している。**図二**は首相の伊藤

図一 『国民新聞』明治24年5月24日号

図二 『団団珍聞』明治29年4月4日号

図三 『団団珍聞』明治29年9月5日号

図四 『団団珍聞』明治30年7月3日号

が勲章のかわりに人材に関係なく、まるでくじ引きで新しくできたポストを与えようとしていることを諷刺している。くじを引くのは板垣退助、樺山資紀、それに高島である。かくて高島は拓殖務大臣に就任を果たすが半年ほどで内閣は総辞職する。**図三**はすでに伊藤内閣の総辞職が間近となったころに描かれたもので、大隈重信と松方正義を推している高島である。人力車に乗っている大隈と松方は高島の力強い引きぶりに感心しているが、まわりでは強引な人力車夫に驚いている。高島の推した松方が組閣を果たし、高島は第二次松方内閣の拓殖務大臣となった。そして台湾の振興に着手していった。**図四**は高島の台湾政策を描いたもので、「離れ雪隠の清潔法」とのタイトルがつけられている。財務部、土木部、通信部などと書かれた者たちが懸命に大掃除しているものの、一向に効果は上がらないようで、傍らで監督している高島は「左う堀出したら際限はないからう、モーい、かげんにしたら宜いでは無いか」と半ば諦めている。このように、高島が取りかかった台湾政策は必ずしもうまくは行かなかった。その後、三一年に再び枢密顧問官に就任して大正五年に没するまで終身その職にあった。

ところで、つぎの記事は二八年四月一一日の『国民新聞』に掲載された高島に関する話題である。「曾って西南の一剛将なりし逸見十郎太の紀念児なる某を東京に呼び、懇ろに教訓至らざるなく、以て当年竹馬の友たる地下の亡霊に報ひ、薩南の健児に将軍一片の侠骨香し一死為に惜しからずと歌はせたる高島中将は、さきに征清に向ひし年少士官陸軍中尉中萬徳治氏が、火村の役に天晴見事なる最後を遂げしに感激して止まず、深く其の死を悼み、自ら其遺族を引受け看護せしは当時の一美談なりしが、然るに今又た聞く所によれば、将軍は過日広島大本営地に於いて俄然自殺したる別府少佐の平素の人と為りを愛慕し、深く其非命の死を哀悼し、其の遺族の不幸を憫察し、今後は将軍自ら遺族を引受け看護すると云ふ。左れば地下の逸見と云ひ、中萬中尉と云ひ、別府少佐と云ひ、将軍の侠気を聞かば如何ばかり嬉しからん。男児感意気、功名又何論、将軍の為に一死惜しまずと云ふ武官多きとかや」。この記事からも軍人としての高島の人となりを見ることができるのではないだろうか。

《伝記》

＊近世名将言行録　一・同刊行会編　吉川弘文館　昭和九
＊類聚伝記大日本史　一四　雄山閣　昭和一一

高《たか》田《だ》早《さ》苗《なえ》（一八六〇〜一九三八）

政治家、教育家

安政七年三月、江戸に生まれる。明治一四年、東京大学在学中に小野梓を知り、小野を中心に鴎渡会をつくって、翌年には立憲改進党の結成に参加している。同年、東京大学を卒業して東京専門学校の創設に参画して講師となり、近代的文芸批評という分野も開拓していった。二〇年には『読売新聞』の主筆になり、全国紙へと発展させていった。

二三年の第一回衆議院議員選挙に当選して大隈重信の側近として活躍した。**図一**は初めて代議士となったころの高田である。高田の経歴を紹介した二三年七月二〇日の『国民新聞』は「早稲田新政治家の培養者、明治文壇一面の老将、演劇改良の大演説は井生村楼を震揺せしめたる」「今日紛々たる世上幾多の批評文の嚆矢となれり又出版月評を発行す著すところ貨幣新論、租税論、外交政略史、国会法、英国政典等あり蓋し氏は未だ政治上実際の運動なし唯一昨年明治倶楽部の幹事の員に備はれるのみ」などと評しており、高田の文芸批評や文才を認めつつも、その政治的手腕は未知数であることを記している。とりわけ、「早稲田新政治家の培養者」という解説が冒頭に来ているのが大隈との深い関係を窺わせる。

二八年七月一日の『日本』は日清戦争後の三国干渉によって遼東半島を中国に返還した外交を糾弾する演説会が錦輝館で開

図一 『国民新聞』明治23年7月12日号

図二 『団団珍聞』明治36年6月7日号

催されたことを伝えている。また、この演説会で高田も伊藤博文批判を展開して演説中止となったことも記しているが、高田を「改進の若殿高田早苗氏」と紹介している。これなども高田の政治的スタンスを如実に表わしているといえよう。かくして、三〇年に隈板内閣のもとで外務省通商局長となり、その後、文部省参事官、専門学務局長などとして活躍している。

図二は「ハイカラ党の領袖」なるタイトルで紹介された高田である。「思想と云ひ、学識と云ひ、品性と云ひ、立派なるゼントルマンたるに背かない」との解説がつけられているが、これなども「改進の若殿」に通ずる高田の人物像をよく表わした記事といえよう。四〇年には早稲田大学学長に就任している。

図三は『名流漫画』に掲載された高田であるが、その解説には、

図三　『名流漫画』明治45年

「先講堂に這入って徐ろに生徒を見廻し、扨机に両肘を突いてグット首を突き出し「昔は民を寄らしむ可し知らしむ可からずと申ましたが今日では其反対に民は知らしむ可し寄さしむ可からずと云ふのが今の憲法の大意で有ります」と十年前と一字一句の増減なき講義を始めて机の下ではソロソロ貧乏揺が始まる此貧乏揺りは講義が佳境に入るに正比例して激しく成ると知るし」と高田の講義ぶりを伝えている。

大正四年に貴族院議員となり、第二次大隈内閣の文部大臣として入閣している。帝国学士院会員にもなっている。

《伝記》

＊高田半峰片影・薄田斬雲　早稲田大学出版部　昭和一五

＊高田早苗伝・京口元吉　早稲田大学出版部　昭和三七

高《たか》野《の》孟《たけ》矩《のり》（一八五四〜一九一九）

司法官

嘉永七年一月、福島に生まれる。司法卿大木喬任の食客となって勉学して、明治一三年に検事となり、その後、札幌地方裁判所長などを歴任して二九年に台湾総督府高等法院長判官に就任するが翌年に突然非職の命令が出ると司法官身分保障を盾にこれを拒否して大きな事件となっていった。

高野の非職について三〇年一〇月一一日の『日本』は「疑獄事件の進行中に当り、突然高野高等法院長の非職を見る、吾曹聊可か疑なき能はず、聞く高野氏は台湾司法制度の創設者にして鋭意艇身以て其事に当り、且つ資性剛直威武に屈せず勢利に阿らざるの概ありと、蓋し上下溷濁せる台湾の官吏社会特に司法部内に於て硬骨氏の如きものあるは稍々人意を強くするに足る、即ち夫の疑獄事件の如き啻に下級の官吏のみならず、其余波或は延て顕官にすら及ぶやの疑雲霶靆あるものを裁断するには、氏の如き硬漢に待つあるや切なりと謂ふべし、而して政府遂に氏に命ずるに非職を以てす、天下誰が憮然たらざるものあらんや」と疑問を呈し、高野に同情している。世論は高野支持が圧倒的であったが、政府は高野非職の姿勢を変えず、ついに

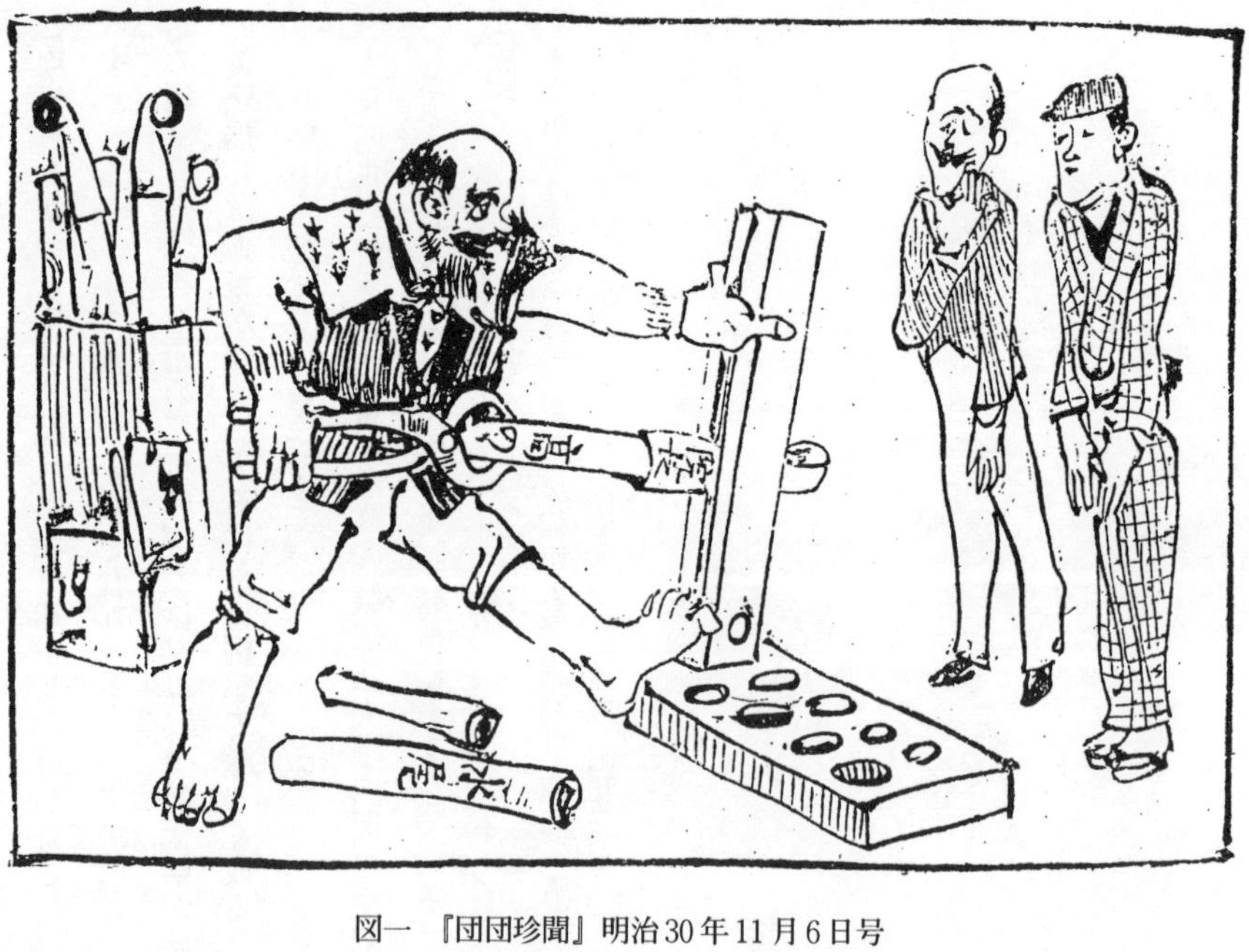

図一　『団団珍聞』明治30年11月6日号

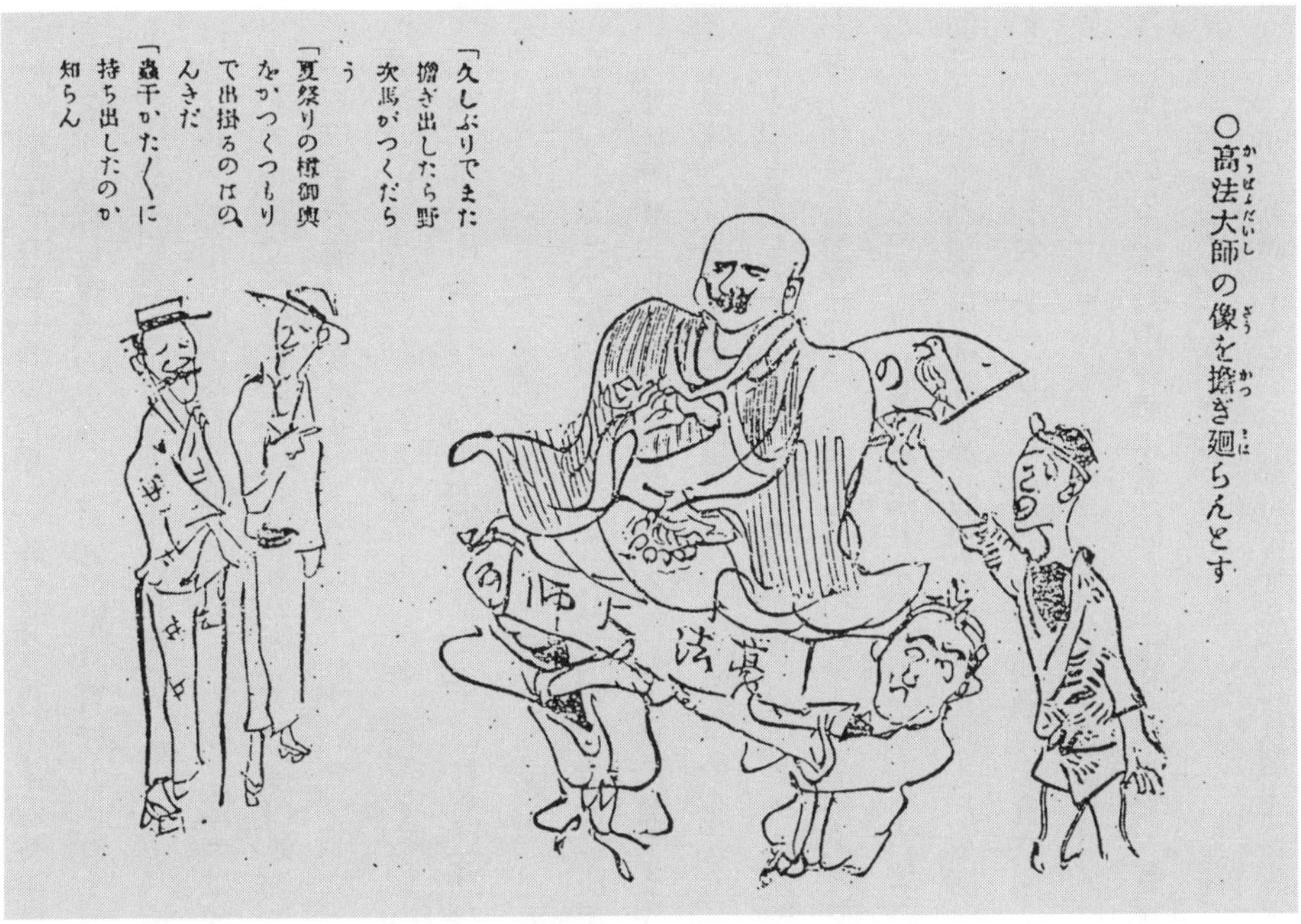
○高法大師《かつぽふだいし》の像《ざう》を擔《かつ》ぎ廻《まは》らんとす
「久しぶりでまた擔ぎ出したら野次馬がつくだらう
「夏祭りの樽御輿なかつくつもりで出掛るのはのんきだ
「蟲干かたく\に持ち出したのか知らん
のの
大師
法

図二　『団団珍聞』明治32年7月8日号

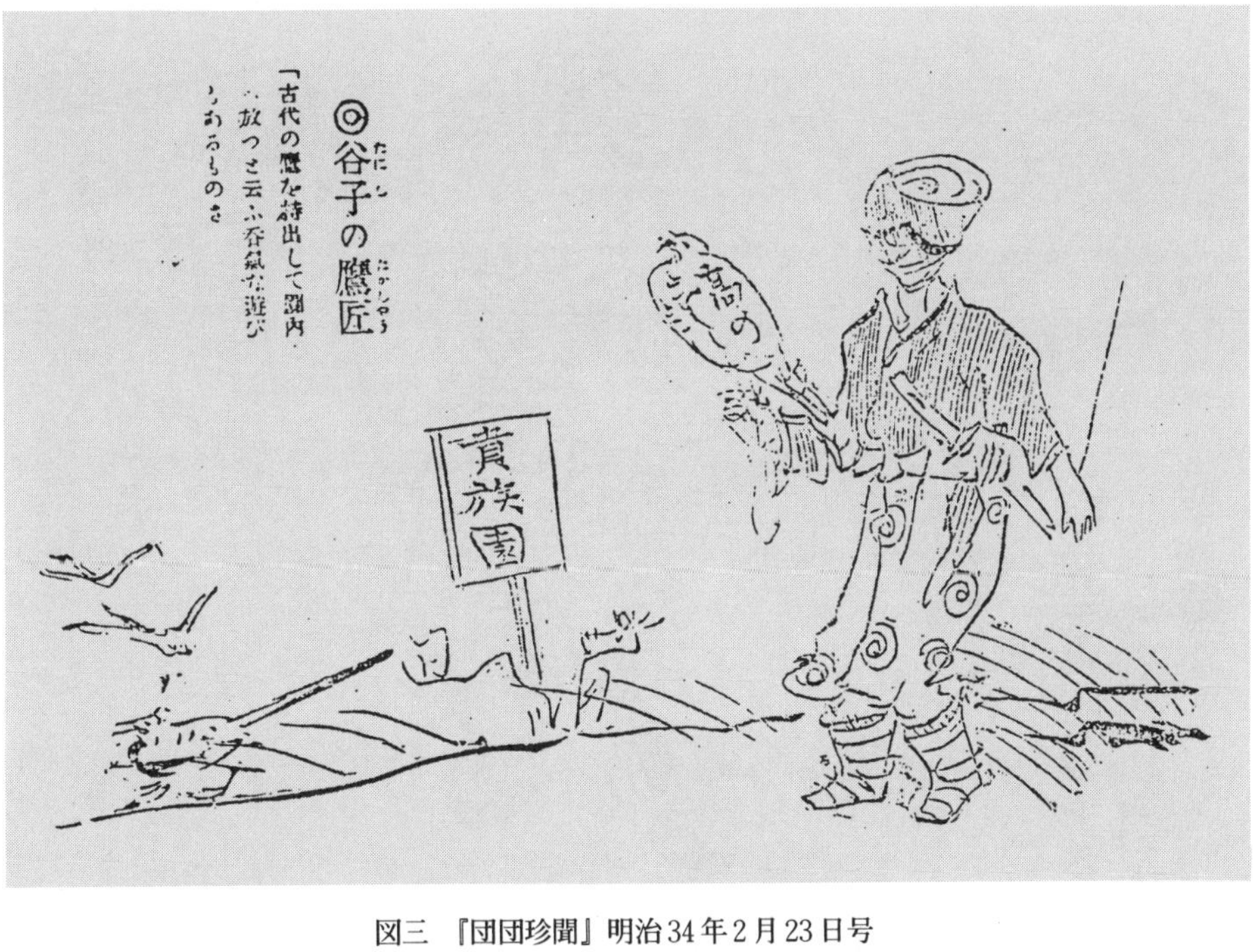
◎谷子《たにし》の鷹匠《たかじやう》
「古代の鷹を持出して園内へ放つと云ふ呑氣な遊びもあるものさ
貴族園

図三　『団団珍聞』明治34年2月23日号

警察によって高野を職場から排除していった。この様子を三〇年一〇月三一日の『日本』は「一昨日廿八日午後四時頃警部巡査七名、高野孟矩氏の寓せる官舎に至り官舎引払方を請求せり、其際長谷川書記暴行して手甲に負傷せしめたるも、高野氏は泰然起って川田邸に移れり」と報じている。**図一**は政府がやっとのことで高野を非職にしたものの、その後の処置に悩んでいる様子を描いたもので、「斯うヤットコでやっ床サと引抜た處はいゝがサア是からあとの始末だテ余ツ程旨くやらぬと詰て仕舞ふ事が出来ぬワ」と羅宇屋が羅宇のすげ替えに懸命である。引き抜こうとしている羅宇には「高野」とある。また、新しい羅宇には「水尾」とあるが、これは高野の後任に決まったいた水尾訓和を指している。**図二**は高野の免職に関する裁判が始まり再び注目を集めた高野を描いたものである。「久しぶりでまた担ぎだしたら野次馬がつくだらう」などと人々が噂しながら「高法（高等法院）大師」像を見ている。像の後方で景気をつけている扇子は「鷹」の絵と「の」の字がかかれている。**図三**は谷干城が貴族院で高野問題を持ち出したことを描いたもので、田蝉（谷子爵）は右手の鷹（高野問題）を貴族園（貴族院）に放そうとしている。園の鳥はこんな様子を見て逃げ出そうとしている。高野の非職は憲法問題や議会にまで大きな議論を巻き起こしたのである。

　三五年に弁護士となった高野は翌年には代議士に当選して政治家として活躍している。**図四**は代議士候補としての高野を

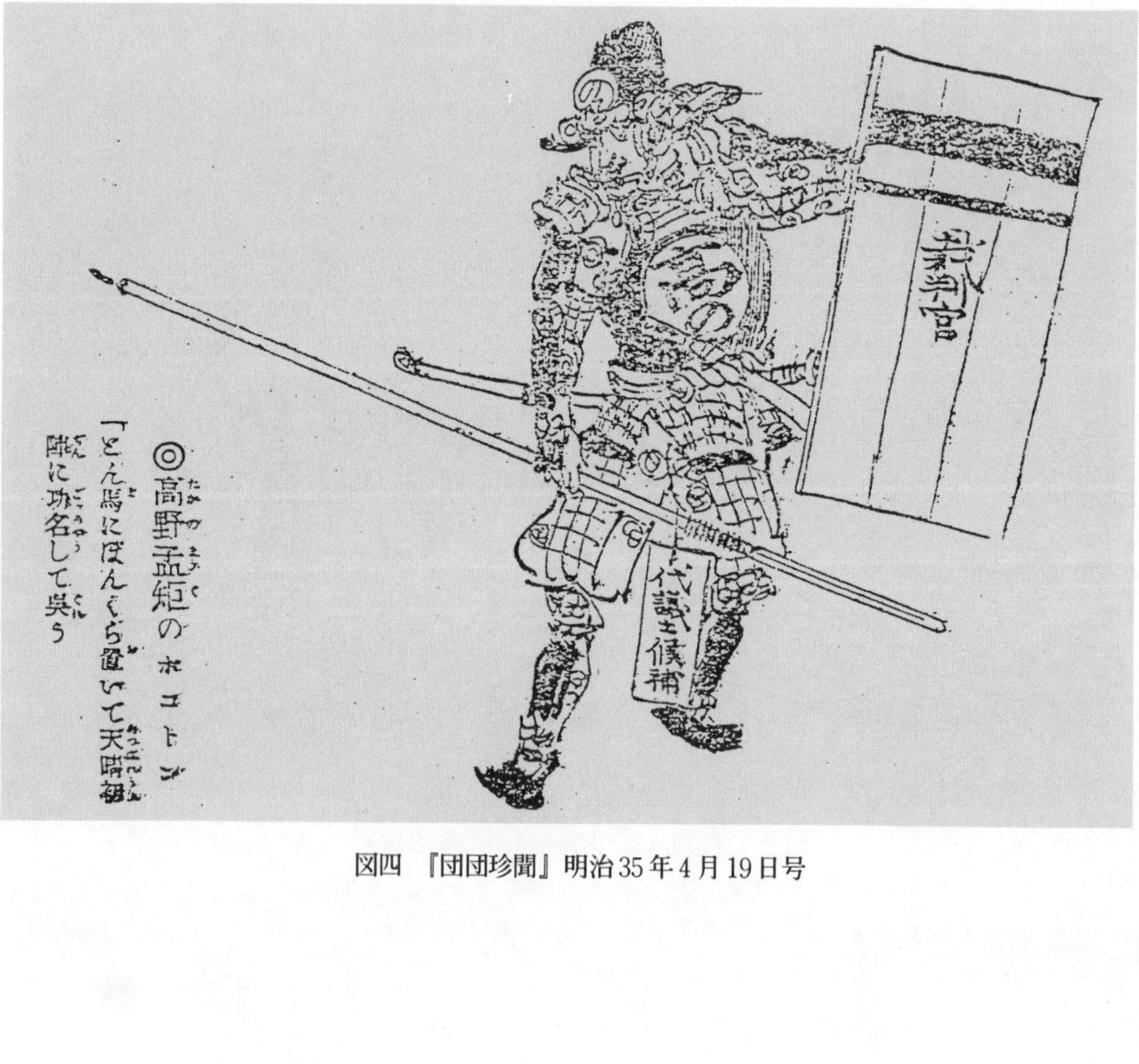

図四　『団団珍聞』明治35年4月19日号

描いたものであるが、「とん馬にぼんくら置いて天晴初陣に功名して呉う」と書かれており、この図からも高野に対する信頼は高いことが見てとれる。**図五**は「東京パックが先見したる新閣員」とタイトルがつけられている。第一次西園寺内閣の総辞職直前に『東京パック』が推挙する次期内閣の閣僚を描いたものである。この司法大臣には高野が選ばれている。これも裁判官としての高野の毅然とした態度が世間から好感を持たれていた証拠であろう。

《伝記》

＊高野孟矩・苫米地治三郎　研学社　明治三〇

＊前台湾高等法院長　高野孟矩剛骨譚・水上熊吉編　広文堂　明治三五

図五　『東京パック』明治41年7月10日号

高《たか》橋《はし》健《けん》三《ぞう》（一八五五〜九八）

官僚、ジャーナリスト

安政二年九月、江戸に生まれる。明治三年に曾我野藩の貢進生となって大学南校に学び、一一年に東京大学を中退して一二年に官途に就き、文部省権少書記官、太政官官報報告掛、官報局次長、官報局長などを歴任するとともに杉浦重剛、陸羯南らと親交を持ち、また、二三年にフランスへ出張してマリノニ式印刷機を朝日新聞社が導入するために助力するなど、言論、報道機関と関わり、二五年に官報局長を辞して翌年に『大阪朝日新聞』の客員となる。『大阪朝日新聞』で論説を担当するかたわら『国華』や『二十六世紀』といった雑誌にも関わっていたが、二九年に第二次松方内閣の内閣書記長官に就任して『大阪朝日新聞』を離れた。**図一**は内閣書記長官の高橋のもとへ官吏になりたい者たちが押し寄せているところである。内閣書記長官といえば官吏雇用の元締めであり、三〇年五月に会計検査院における粛正で検査員が退官したこともあってこのような状況が生じてきたのである。左が高橋で、右で高橋とともに応対しているのが法制局長官の神鞭知常である。高橋の傍らには「雇人口入所　高橋屋」という看板も掲げられている。客は引きも

図一　『団団珍聞』明治30年6月12日号

切らない様子で、窓の外にも行列がみえる。高橋はあまりの押掛けように驚いて、「イヨー来たゾ来たゾ待てヨ是ぢやア肘鉄砲も散弾で無けりア池まい」と思案げである。

このように内閣書記長官として活躍していた高橋だが、二九年には二十六世紀問題で危機に立たされている。この事件は『二十六世紀』に掲載の土方宮内大臣批判記事が『日本』に再録されたことから起こった筆禍事件で、宮内省が記事の取り消しを求めたためにマスコミを巻き込んでの論争に発展し、閣内で官吏侮辱罪や不敬罪での起訴も取り沙汰されていった。図二は「鉄棒引」と題された諷刺画で、宮内大臣の土方が専横している様子を描いている。土方は「クナイ安全」を揚げて回りを威圧している。結局は『二十六世紀』の発行禁止、『日本』の発行停止が閣議で決まったが、黒田清隆らが収拾に入って、これ以上の問題に発展することなく収拾され、高橋も更迭を免れている。その後、三〇年に内閣書記長官を辞し、その翌年に病没している。

図二 『団団珍聞』明治29年11月21日号

《伝記》

＊自恃言行録・川那辺貞太郎刊　明治三二

＊新聞先覚評論・久木東海男　立命館出版部　昭和七

高《たか》橋《はし》是《これ》清《きよ》（一八五四〜一九三六）

政治家、財政家

嘉永七年七月、江戸に生まれる。慶応三年に仙台藩の留学生としてアメリカに渡るものの奴隷として売られるなどの苦労を重ねて明治元年に帰国し、翌年に開成学校に入学、さらに教官三等手伝として英語を教えるが放蕩の末に大学を辞職し、芸妓屋の手伝いなど様々な職業を転々として一四年に文部省に入る。その後、農商務省に移って特許制度の創設にあたり、特許局長などを勤めるが二二年にペルーの銀山開発事業を行なうために退職するものの失敗して全財産を失う。

二五年に川田小一郎日銀総裁に見出されて日銀の建築事務所主任となり、翌年には日銀西部支店長となって実力を発揮して二八年に横浜正金銀行本店支配人に就任、取締役、副頭取を経て三二年に副総裁として日銀に復帰する。日露戦争時には戦費調達のための外債募集で欧米に赴き大きな成果を挙げている。三八年に貴族院議員に選出されて四四年に日銀総裁となっている。**図一**は金利と公債のバランスに苦労している日銀を描いたもので、高橋が総裁に就任して間もないころの日銀の金融政策状況をあらわしている。

図一　『二六新報』明治44年9月28日号

図二は総裁となった高橋を描いた「高橋是清男の総裁振り」なるもので、「大兵肥満の男爵は紹の五つ紋を着流してスーツと応接室に現はれる…ヤ久し振りだネ怎うだ何か面白い事でもあるのかネ…ハ、ア我輩が総裁に…実に欠点だらけの粗製品だから何分御手柔かに…と無造作な応接ぶり」と記されているが、こんな高橋の風貌からも彼の歩んできた希有な人生がにじみ出ているようである。大正二年に第一次山本権兵衛内閣の大蔵大臣、七年には原敬内閣の大蔵大臣に就任して積極財政を推進した。一〇年に原首相が暗殺されると後継の首相となったものの閣内不統一で翌年に総辞職している。一三年に衆議院に立

図二　『名流漫画』明治45年

候補して当選し、加藤高明内閣の農商務大臣に就任するが翌年には政友会総裁を辞任して政界を引退する。しかし、その後も高橋は求められて数回にわたって大蔵大臣に就任して世界恐慌などの大きな経済問題に対処していった。昭和一一年、二・二六事件で暗殺された。

《伝記》

＊高橋是清伝・同刊行会編刊　昭和四
＊是清翁一代記　二巻二冊・高橋是清述　上塚司編　朝日新聞社　昭和四～五
＊高橋是清自伝・上塚司編　千倉書房　昭和一一
＊評伝高橋是清・今村武雄　時事通信社　昭和二三
＊評伝高橋是清・今村武雄　財政経済弘報社　昭和二五
＊高橋是清・今村武雄　三代宰相列伝　時事通信社　昭和三三
＊日本財界人物列伝　一・青潮出版　昭和三八

竹《たけ》越《こし》与《よ》三《さぶ》郎《ろう》（一八六五〜一九五〇）

ジャーナリスト、政治家

慶応元年一〇月、武蔵に生まれる。明治一六年に伯父の竹越藤平の養子となり上京する。慶応義塾で学んで『時事新報』に入るものの編集方針に不満を持って退社し、前橋教会に移って洗礼を受けて英語塾を開いていたが、やがて徳富蘇峰の知遇を得て二三年の『国民新聞』創刊を手助けして、政治記者として活躍する。翌年、『新日本史』を発表して明治維新の位置づけをしたことで注目を浴びる。二五年には熊本英学校の教師が学問の前には国家なしと演説したことが国体を傷つけるものとして知事が教員の解任を命じたことから起こった宗教問題について植村正久、本多精一、井深梶之助とともに新聞紙上に公開状を発表している。この公開状によると熊本県知事は町村長らを集めて小学校教員が禁止すべきものとして政党社と耶蘇教を挙げていたのである。これは憲法にも違反する不当な弾圧だとしてキリスト教徒である竹越たちは大きな問題としたのである。その後、日清戦争時に『国民新聞』が国粋主義化したことから退社して西園寺公望のすすめにより『世界之日本』の主筆となる。その後、西園寺の秘書となって政界にも進出して三五年には衆議院議員に当選、政友会に所属して活動した。図一は各界のハイカラを『東京パック』が選んだものである。この時代は竹越は代議士としても活躍していたジャーナリストだったが、当然、新聞記者としての印象の強い竹越だけに新聞記者ハイカラとして紹介されている。このように紹介されるくらいだから余程ハイカラだったのだろうが、これに対して竹越の反応は図二のようなもので、「どうもこの連中と一緒にされちゃ叶はんよ」と言っている。こんな反応もハイカラに他ならないからといえよう。図三

図一　『東京パック』明治40年1月11日号

は「竹越三叉氏の面会振り」と題された漫画である。解説には、「ヤァ久し振りですね……」とポケットから小さな時計を出して「今日は多忙しいですから五分だけお目に掛かります」と西洋式に断つて調子好く話しはするが時々時計を見て「夫ぢやァ五分ですから失敬」其癖外には何も用が有り相にも見えないとあり、こんなところからも竹越のハイカラぶりが垣間見られる。この漫画のようにいろいろな面で注目された竹越だったが大正四年の選挙では落選の辛さを味わっている。落選後は日本経済史編纂会をつくり、八年に『日本経済史』を刊行するなどして経済史の発展に貢献した。一一年に貴族院議員となり、昭和一五年には枢密顧問官となっている。

《伝記》

＊竹越三叉・正岡芸陽　明治文学家評論　新声社　明治三四
＊三叉書翰・竹越与三郎著　隅谷己三郎編　開拓社　明治三六
＊竹越与三郎論・山路愛山等　中央公論　二五ノ一一　明治四三
＊三叉・竹越与三郎を想う・まつしまえいいち　歴史評論　四ノ三　昭和二五
＊竹越三叉のこと・中村哲　学鐙　五三ノ一〇　昭和三一

図二　『東京パック』明治40年2月1日号

図三　『名流漫画』明治45年

田尻《たじり》稲次郎《いなじろう》（一八五〇～一九二三）

官僚

嘉永三年六月、薩摩藩京都留守居役田尻次兵衛の三男として京都に生まれるが、父の死により鹿児島に戻って薩摩藩開成所で英語を習い、明治二年に上京して慶応義塾で学んだのちに開成所、海軍操練所、大学南校に学ぶ。四年に藩の貢進生としてアメリカに留学、エール大学で財政経済学を学んで一二年に帰国する。一三年に大蔵省に入って国債局長、銀行局長、主税局長を歴任した。主税局長時代の二四年八月七日の『読売新聞』の閨閥紹介記事に田尻も登場するが、田尻の夫人は大隈重信の養女であり、将来の期待が持てる人材として知られていたことがわかる。

図一『国民新聞』
明治25年8月14日号

二五年に大蔵次官に就任するが、**図一**は就任間もない田尻を描いたものである。**図二**は大蔵次官に就任した田尻が議会に出ているところである。キャプションには「問ふものは達窟谷老なり、音声低くして聴取する能はず、田尻氏案を手にし俯視頻りに耳を欹つ」とあり、大蔵次官としての職責を果たそうとする新任次官の姿勢が伝わってくる。**図三**は松方地蔵のわきに「田尻」なるプレートが立てられており、大蔵大臣の松方正義の補佐役として注目されていたことがわかる。三三年に再び大蔵次官となって大蔵大臣の松方を補佐し、財政金融制度の確立などに尽力して大蔵省内で大きな発言力を有するようになっていった。このころ、桂太郎が山県有朋のあとをうけて首相になるだろうとの噂もささやかれたが、**図四**はそんな情報をもとに描かれたもので、桂内閣では田尻が大蔵大臣に推されるだろうと予測しているようである。三四年には会計検査院長に就任しているが、そんな田尻の人となりを示すエピソードを三四年六月一〇日の『大阪朝日新聞』は「田尻稲次郎氏は一種の仙人なり、今回会計検査院長に転任し例如く古洋服に握飯を提げ、早朝徒歩して初出勤を為すや門番怪しみて之を誰何す。氏曰、是でも会計検査院長の田尻稲次郎だと、門番俄かに

図二『国民新聞』
明治25年12月7日号

図三 『団団珍聞』明治31年11月26日号

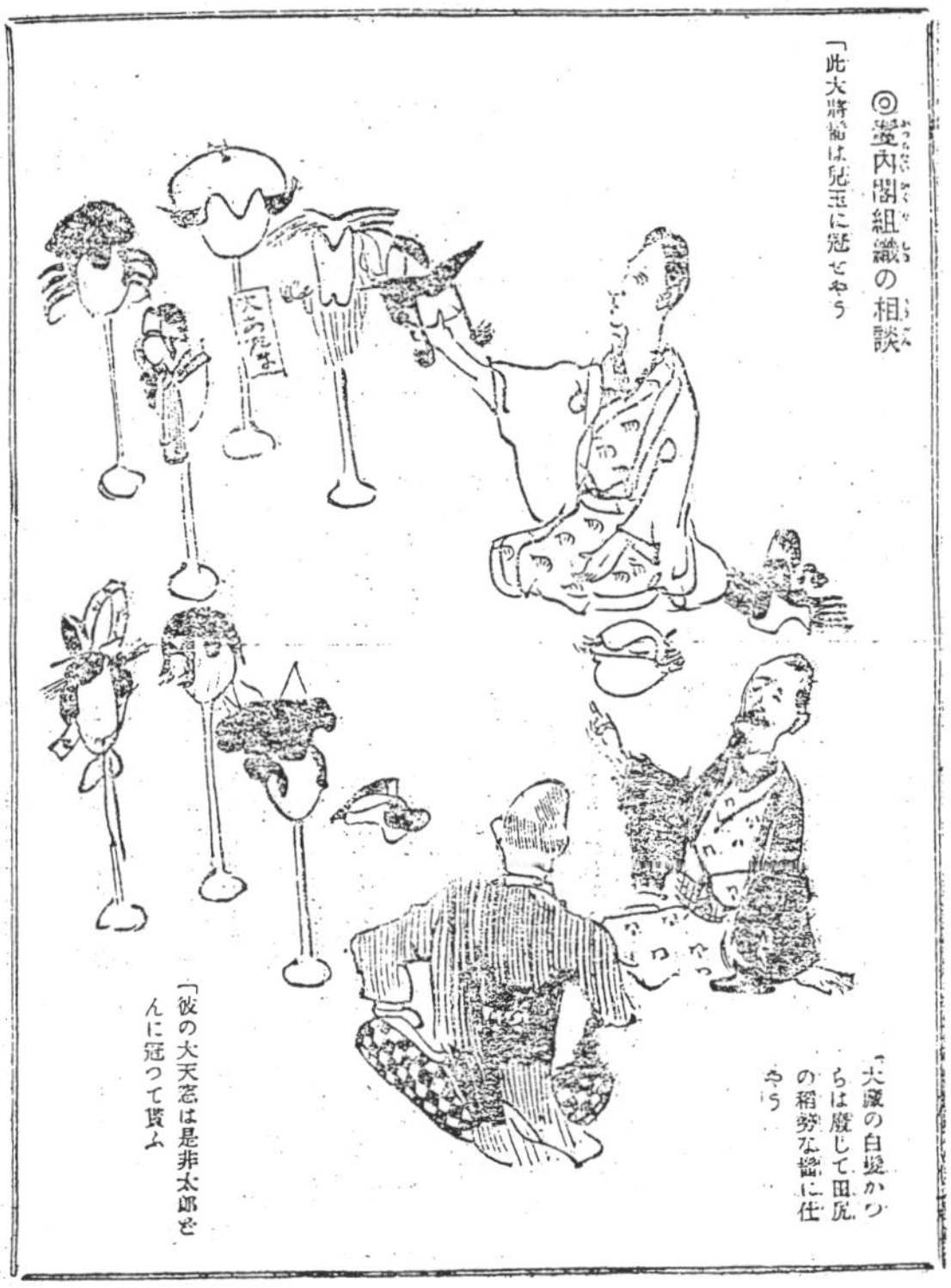

図四 『団団珍聞』明治33年3月10日号

恐縮す。田尻氏独り院長室に入り、腰弁当を御し一人各部屋を巡見す。左れど時刻尚早きを以て課長も属官も出勤し居らず、氏は一応の巡見を終りたりとて復院長室に帰る、後出勤したる課長、属官等之を聞き一恐慌を起せりと」とレポートしている。その後、田尻は貴族院議員、東京市長などもつとめ、また、帝国大学法科大学教授、東京高等学校講師を兼務するなど教育にも力を注いでいる。

《伝記》

＊北雷田尻先生伝記　二巻二冊・鶴岡伊作　田尻先生伝記及遺稿編纂会　昭和八

伊達《だて》宗城《むねなり》（一八一八〜九二）

宇和島藩主、政治家

文政元年八月、宇和島に生まれる。一二年に藩主宗紀の養嗣子となる。弘化元年に宗紀のあとを継ぎ、藩政改革を推し進めて洋式軍制を積極的に導入、大村益次郎を宇和島に招いて蒸気軍艦の建造指導にあたらせるなどしている。

安政五年の将軍後継者問題では一橋慶喜の擁立に動き、文久年間には公武合体にむけて島津久光らと活動を活発化している。文久三年の政変後に朝廷に招かれて松平容保、松平慶永らとともに朝議参与となって公武合体をすすめるなどしたが、参与会議は実効性を持たないままに翌年解体している。慶応元年には着任直後のイギリス公使パークスが宇和島を訪れているが、このときに伊達は天皇中心の連邦国家構想をパークスに語っている。

新政府樹立後に議定となり、外国官知事、民部卿兼大蔵卿などの要職を歴任した。図一は天皇に従って東京に向かう旅程の伊達である。石部において稲の稔りが悪いことを天皇に和歌で伝えているところである。『明治太平記』はこのエピソードを「鳳輦の石部の駅に着御ありしに、この日宇和島宰相には農民どもの艱苦を憶はれ路の傍に生じたる稲穂五茎を摘取りつ、其うちにて上熟中熟下熟なる三等を分ち別にまた水害にて更に更に実らぬ穂を加へ一首の和歌を詠ぜしを并せて天覧に備へらる」と紹介するとともに「君見ませ五月の雨の降りすぎて苅穂の稲の取り実すくなき」との伊達の和歌を記している。このように天皇の側近として樹立間もない新政府にあって伊達は大きな役割を果たしていった。明治四年には日本側の全権として中国に赴き、日清修好条規の調印を行なっている。廃藩置県を契機に第一線から退き、九年に華族会館第一部長、一六年に修史館副総裁などをつとめた。図二は伊達の没した翌年に描かれたもので史誌編纂事業の行き詰まりをテーマとしている。修史館副総裁として伊達の関係した国史編纂はけっして順調には進まなかったのである。伊達はまた、日本鉄道会社の役員などにも就任して華族の実業にも力を尽くしているほか、日本赤十字社などの社会事業にも積極的に関わっていった。

《伝記》

＊鶴鳴余韻　三冊・伊達家々記編輯所　大正三
＊伊達宗城在京日記・早川純三郎編　日本史籍協会　大正五
＊伊達宗城・兵頭賢一　愛媛県先哲偉人叢書　三　愛媛県教育会　昭和一〇

図一 『明治太平記　三編巻之一』明治８年

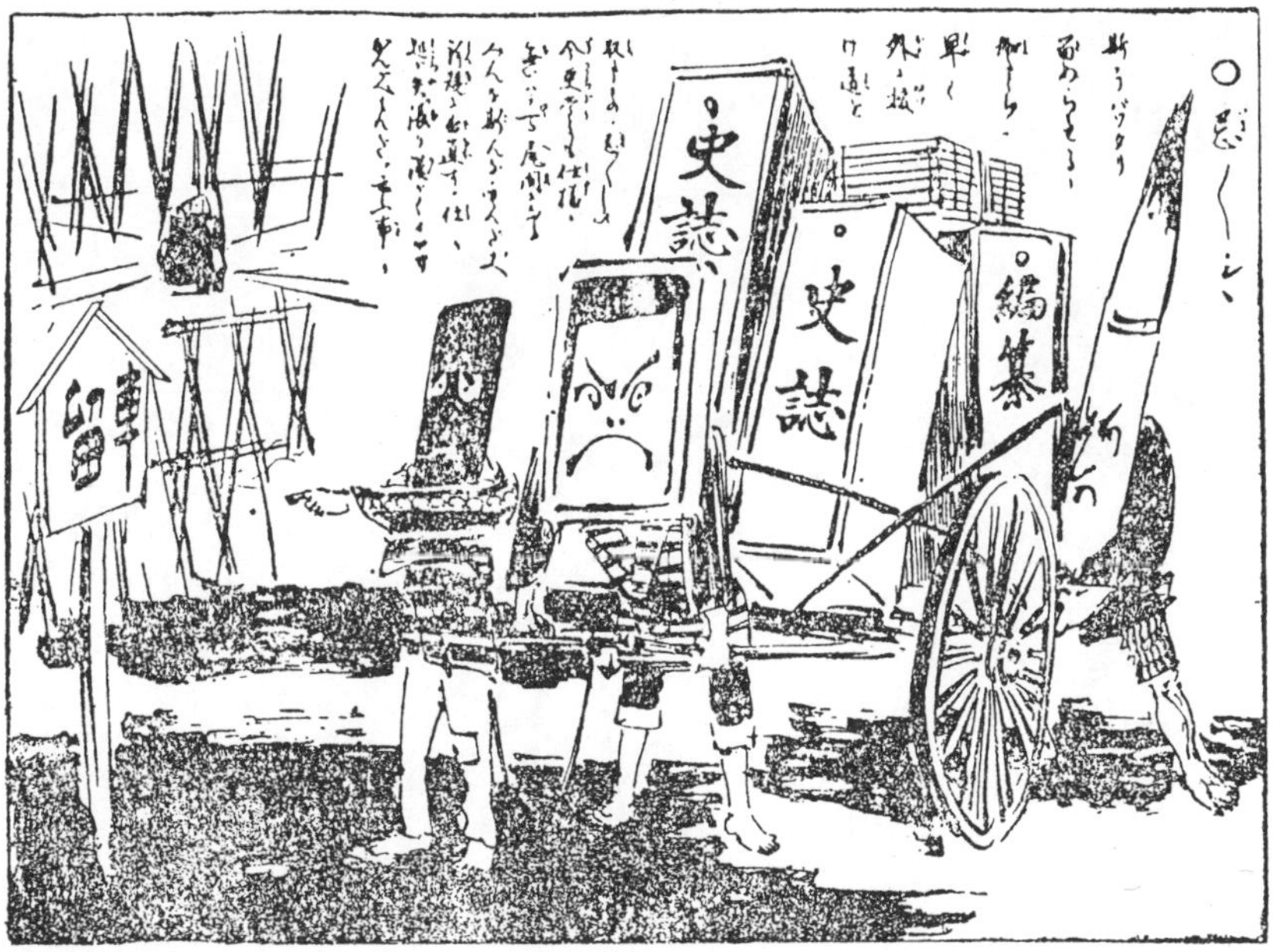

図二 『団団珍聞』明治26年４月22日号

田《た》中《なか》正《しょう》造《ぞう》（一八四一〜一九一三）

政治家

天保一二年一一月、下野に生まれる。儒家赤尾小四郎に学んで、父の跡を継いで名主となるが、領主である六角家の改革運動に参加して投獄され、明治二年に自由の身となる。

三年に江刺県花輪分局に出仕するが上司暗殺の疑いをかけられて投獄される。嫌疑は晴れて七年に出獄して郷里に戻り自由民権運動に参加、一二年に『栃木新聞』を創刊して民権運動を推進する。一三年に栃木県議となり、一七年には栃木県令三島通庸と対立して逮捕されている。一九年に県議会議長に選出され、二三年の第一回総選挙で衆議院議員に当選する。

当時、足尾鉱山の鉱毒問題が大きくクローズアップされていったが、田中は二四年の第二議会において政府を厳しく追求している。図一は議会において政府の明快な答弁を求める田中である。演台には「あしを」と書かれた大足が置かれ、田中は目をつりあげて「あしを」に鉄鎚を打ち下ろそうとしている。解説には「害毒を並べ立て人に吹聴するので今この鉱毒の骨がらみを直すには硬派議員の口から出る良薬より外に仕方が無い謹聴謹聴」とあり、田中の追及を強く支持している。その後、

図一　『団団珍聞』明治25年6月4日号

図二 『団団珍聞』明治31年10月8日号

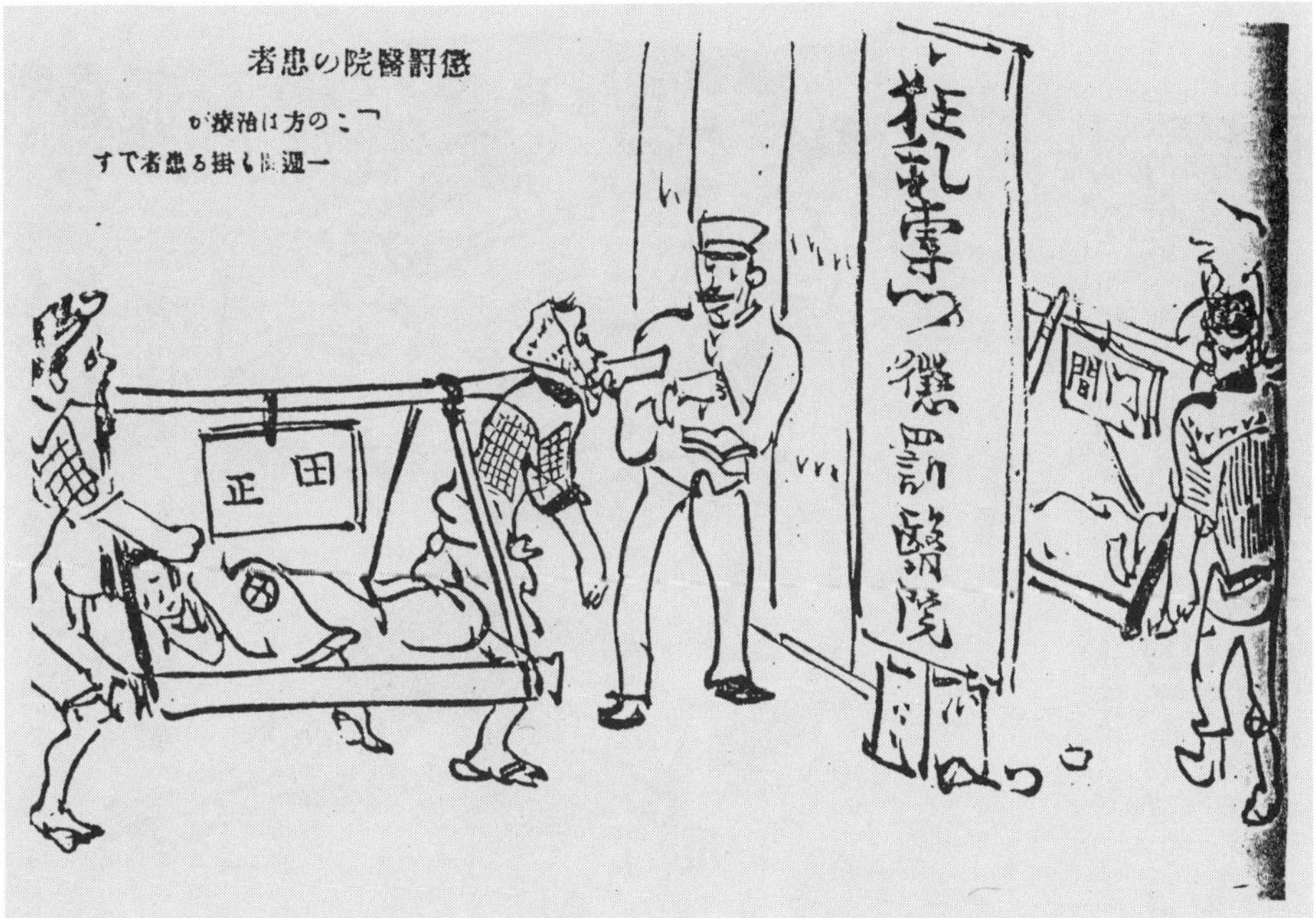

図三 『団団珍聞』明治31年12月24日号

二九年には大洪水によって渡良瀬川流域の鉱毒問題が深刻化していったなかで田中は演説会や議会での追求などを繰り返して世論をリードしていった。そして、被害住民らの大請願行動が挙行されるなどしていった。**図二**は鉱毒被害農民が大挙して農商務省に陳情に来たことを取り上げたもので、田中の分身たちがそれぞれ鍬を担いで「鉱毒被害民」と大書された筵旗を掲げて押しかけている。**図三**はこのようななかで議会での厳しい討論の末に懲罰委員会にかけられた田中である。「懲罰医院」に田中を運び込んで来た連中は「この方は治療が一週間も掛る患者です」と相当に重症であることを伝えている。

図四　『滑稽新聞』明治34年12月20日号

このような田中の政治生命を賭けた行動にもかかわらず政府は根本的解決に乗り出さず、三三年には多数の運動指導者が逮捕されるに及んで田中は絶望感を強め、三四年に抗議のために衆議院議員を辞職し、同年、議会開院式帰途の天皇に直訴する行動を起こしている。**図四**は天皇に直訴している田中を描い

図五　『東京パック』明治40年5月20日号

たものである。田中の粘り強い運動で三五年に設置された内閣の鉱毒調査委員会での鉱毒処理のための谷中村貯水池計画が提出されたものの、田中はこれに対しても問題のすりかえと強く反対し、最後まで鉱毒事件の解決に向けて運動を展開しつづけた。**図五**はそんな田中の活動を象徴的に描いたもので、田中を明治の佐倉惣五郎と位置づけている。まさに田中の面目躍如といったところだろう。田中は「栃木鎮台」と呼ばれていたが、まさにその名の通り地元を守るために身を捧げた政治家といえよう。

《伝記》

＊義人全集　五巻五冊・田中翁遺蹟保存会編纂部編　中外新論社　大正一四～昭和二
＊田中正造自叙伝・栗原彦三郎編　中外新論社　昭和三
＊田中正造の歌と年譜・島田宗三編　田中正造翁事跡研究所　昭和九
＊田中正造翁之略伝・石井鶴吉編　田中正造顕彰会　昭和二八
＊田中正造の人と生涯・雨宮義人　茗渓堂　昭和二九
＊田中正造その生涯と思想・満江巌　郷土偉人顕彰会　昭和三六

田《た》中《なか》不《ふ》二《じ》麿《まろ》（一八四五～一九〇九）

官僚、政治家

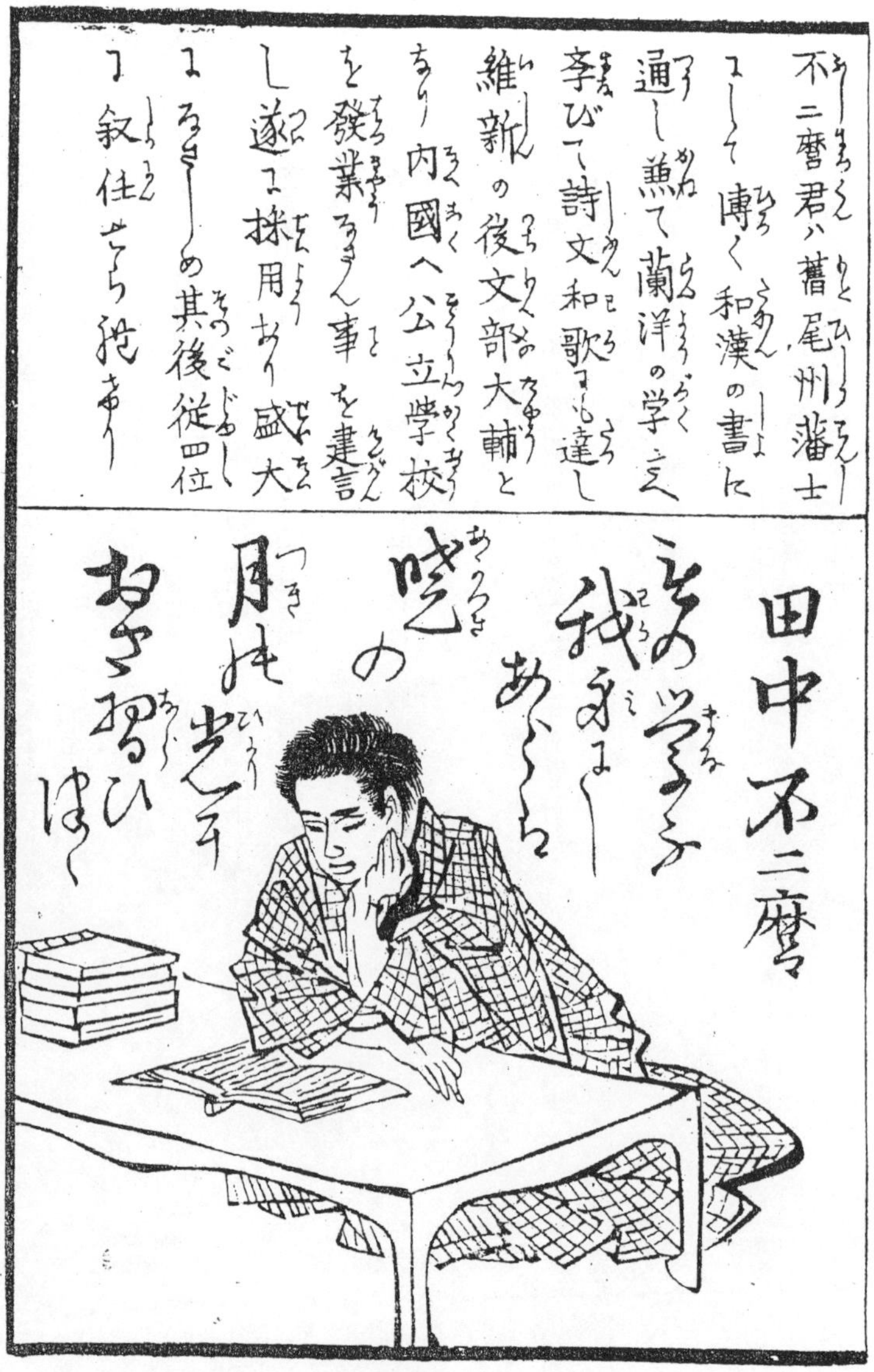

図一　『現今英名百首』明治14年

弘化二年六月、名古屋に生まれる。藩校明倫堂の助教並などを経て参与として藩政に関与し、勤王を唱えて京都で活動する。明治二年、大学校御用掛として新政府に出仕し、四年に文部大丞となって岩倉使節団の一員として欧米各国の教育制度を視察、帰国後に『理事功程』として視察成果をまとめて文部省から刊行する。六年に文部少輔、七年に文部大輔となるが、七年から一一年まで文部卿が欠員だったことで田中が実質的に文部行政の最高責任者であった。この間、九年には教育制度調査のために渡米し、その成果をもとに学校制度の見直しに着手して一二年に教育令が布告されるに至る。教育令によって教育実務は大幅に町村に委譲されることになり、私立学校の開校も自由化されていったが、一三年に田中が司法卿に就任して文部行政から離れると再び中央集権的教育制度が復活している。

図二　『団団珍聞』明治25年4月14日号

一四年に参事院副議長に就任しているが、図一はこのころに出版された『現今英名百首』に載った田中である。「内国へ公立学校を発業なさん事を建言し遂に採用あり盛大になさしめ」との説明がそれまでの田中の業績を伝えている。一七年に駐イタリア公使、二三年に枢密顧問官となり、二四年には司法大臣に就任している。図二は司法大臣時代の田中が直面した司法官の花札事件を扱ったものである。「鼻摘み」とのタイトルがつけられているが、まさに臭いものに蓋をしようと皆がたかっているところである。後方ではこのような状況に田中が頭を抱えている。この事件は大審院長児島惟謙の辞任にまで発展していった。いっぽう、田中は法典延期問題によっても窮地に追い込まれて任期半ばで辞任している。二五年六月二三日の『寸鉄』は田中の辞任について、「一種の通信に依れば其の責任を曖昧に付し去らんと欲するにや、未だ落着の如何を判じ難き些些たる弄花事件に口実を仮り、子爵の辞表は法典問題にあらざるの態を装はんとするが如し」とあり、辞任の原因についてもいろいろと取り沙汰されていたことがわかるのである。

《伝記》

＊子爵田中不二麿伝・西尾豊作　川瀬書店　昭和九

田《た》中《なか》光《みつ》顕《あき》（一八四三〜一九三九）

軍人、政治家

天保一四年九月、土佐に生まれる。高知で武市瑞山に学んで土佐勤王党に入って活動し、薩長連合樹立に尽力する。明治元年に新政府に出仕して兵庫県権判事となり、大蔵省権少丞などを歴任して四年に岩倉使節団の一員として欧米諸国を視察した。西南戦争では征討軍会計部長として兵站事務を司る重責を担った。その後、内閣書記官長、元老院議官、警視総監などを歴任して二三年に貴族院議員となり、三一年の第三次伊藤内閣において宮内大臣に就任して、以後一一年もの長期にわたって在任し、天皇の側近として大きな発言力を維持した。しかし、四〇年に西本願寺武庫別荘を皇室の離宮として買い上げた際に収賄疑惑が浮上した。同じ頃、韓国において女性を密かに住まわせているとの噂も立った。**図一**はそんな噂を扱ったもので、「大臣ともあらう田中光顕子が韓国で白玉塔とやらを宣徳したとか潜匿したとか専らの評判ぢや」との説明が添えられている。四二年には六五歳の田中が一九歳の女性と再婚して世間を驚かせた。**図二**はこの結婚を描いたもので、若い花嫁に対して田中はすでに腰が曲り、共白髪とは行かないようだ。**図三**も同様に田中の結婚を扱ったもので、「結婚」なる算盤を弾いている田中だが、どうも桁違いのようであると皮肉っている。このようななかで、田中や花嫁に対するスキャンダラスな報道や噂も相次いだ。四二年の『大阪朝日新聞』は「宮内大臣は彼の宮殿の如き目白台の邸宅に、数人の妾を蓄へ、又岩淵の別荘にも一人の愛妾を置きあり。宮内大臣は乱行此に止まらず…」と報道している。身辺の疑惑も影響して四二年には宮内大臣を辞任し、これを契機に政界の表舞台から引退した。その後、四四年八月三日から『報知新聞』が「光顕栄華物語」なる連載を行な

図一『東京パック』明治40年6月10日号

い、目白の大邸宅建設にからむ噂を書いて田中が名誉毀損で告訴するまでに発展していった。結局、この事件は『報知新聞』が記事抹殺を行なうこととなって解決している。田中はその後、大正七年に臨時帝室編修局総裁などを勤めている。

《伝記》

＊青山余影　田中光顕伯小伝・熊沢一衛　青山書院　大正一三
＊伯爵田中青山・沢本健三編　田中伯伝記刊行会　昭和四
＊田中青山伯年譜・田中光顕伯慰労会編　守武幾太郎　昭和四
＊青山田中光顕公年譜・岡林周編　青山会　昭和一七
＊青山荘の由来・武田秀治　昭和三三

図二　『東京朝日新聞』明治42年1月28日号

図三　『東京二六新聞』明治42年1月28日号

谷《たに》干《たて》城《き》（一八三七〜一九一一）

軍人、政治家

天保八年二月、土佐に生まれる。野村八郎右衛門に砲術を学ぶなどしたのち安政三年に江戸に出て安積艮斎、安井息軒らに師事して帰藩し、藩校文武館の助教をしていたが武市瑞山の影響を受けて尊王攘夷運動に関わるようになる。

慶応二年に藩命で長崎、上海を視察し、三年には西郷隆盛ら薩摩藩士と京都で会談を持って薩土討幕密盟を行なうなどの活動をして、戊辰戦争では土佐藩兵を率いて東北を転戦して軍功を挙げて新政府樹立後は藩政改革に携わる。

図一『明治太平記　一七編巻之一』明治11年

明治四年に陸軍大佐兼兵部権大丞として出仕し、六年に熊本鎮台司令長官に就任して佐賀の乱鎮定に力を発揮する。九年に熊本鎮台司令長官に再び就任して西南戦争時には西郷軍に城を包囲されながら死守している。図一は西南戦争における谷である。熊本城を死守したことで政府軍の戦意は高まり、戦局に大きな影響を与え、谷はその軍功を讃えられ、一一年に陸軍中将

図二 『団団珍聞』明治20年7月30日号

となっている。その後、東部監軍部長、陸軍士官学校長を歴任して一四年には北海道開拓使官物払下げ事件をきっかけに鳥尾小弥太、三浦悟楼らと国憲創立議会開設を建白して薩長藩閥政治を批判した。

一七年に学習院長となり、翌年には第一次伊藤内閣の農商務大臣に就任している。一九年に欧米を視察し、帰国後は政府の安易な欧化政策を批判して井上馨の条約改正案にも反対の論陣を張って大臣を辞任している。図二は谷の農商務大臣辞任を描いたもので、農商学校に退校願を提出して荷物をまとめて出て行く谷と、それを見て止めようとする者や空席となったポストを狙う者など周囲のさまざまな反応がおもしろく表現されている。図三も谷の辞任を扱ったもので、やっと腰を落ち着かせたお客(谷)が旅に出てしまい困っている旅籠の店先を描いている。旅籠には「農商御こまり宿」とある。

二二年には『日本』を主宰して国権主義の結集をはかっている。二三年に貴族院議員となり、反政府勢力の中心として動いた。日清戦争後には過大な領土要求を戒め、日露戦争にも反対している。図四は三一年に行なわれた地租増徴反対同盟の幹事として活動していった谷を描いている。谷は地租増徴に反対する檄文を発している。この檄文のなかで谷は議会が解散したときには全国の選挙区で増租案に賛成する議員は一人たりとも選出しないようにと訴えている。このような谷の活動がまるで現代版百姓一揆と映ったのであろう。「田螺百姓一揆の総大将を

図三　『団団珍聞』明治20年8月13日号

○田螺百性一揆の總大將を氣取る
「サア〳〵おじやれ〳〵と云て見てもカみ甲斐もなさゝうだ

図四　『団団珍聞』明治31年12月24日号

気取る」とのタイトルがそれを物語っている。

《伝記》

＊国家干城谷将軍詳伝・渡辺義方編　明治一九（文栄堂　明治二一）
＊隈山谷干城之伝・成軒学人　叢文閣　明治二〇
＊干城偉績・松本栄著刊　明治二五
＊子爵谷干城先生伝・寺石正路編　海南中学校　昭和五
＊子爵谷干城伝・平尾道雄　冨山房　昭和一〇

都築《つづき》馨《けい》六《ろく》（一八六一〜一九二三）

官僚

万延二年二月、高崎に生まれる。生後まもなく西条藩士都築侗忠の養子となり、明治八年に東京開成学校に入学する。政治学や理財学を学んで一四年に東京大学を卒業して翌年に文部省留学生としてドイツに留学する。

一九年に帰国して外務省参事官となり、その後、外務省大臣秘書官に就任して外務大臣井上馨の条約改正交渉を補佐するが改正交渉が失敗して井上が辞任すると都築も官を辞してフランスに留学している。ここで外遊中の山県有朋の知遇を得て、帰国後に山県が首相になるとその秘書官となり、その後、法制局参事官、内務省参事官、内務省土木局長などを歴任して三一年に第三次伊藤内閣の外務次官に就任している。しかし、外務大臣青木周蔵と対立して辞任し、三三年には伊藤博文の立憲政友会創設に参加している。

三六年、枢密院書記長官となり、翌年には日露戦争勃発の直後に枢密院議長の伊藤が特派大使となって韓国を訪問しているが、このとき都築は伊藤に随行している。図一はこのときの訪問団の主要メンバーを描いたもので、左から宇佐川一正陸軍少

図一　『東京朝日新聞』明治37年3月20日号

将、伊藤、坂本俊篤海軍少将であり、右端が都築である。伊藤の訪問は韓国皇帝慰問という名目であったが、その背景に日露戦争があったことは言うまでもない。三八年に日露戦争が終結すると伊藤は再び韓国を慰問のために訪問しているが、このときにも都築は同行している。

三九年には第二回万国平和会議のための準備委員会が設置されてその委員長に就任、翌年のハーグにおける万国平和会議には特命全権大使として出席している。**図二**は特命全権大使となった都築を描いたもので、解説には「平和会議の特命全権大使都築馨六君の顔はあまり平和的ではないが頗る適任であるそうな」と記されている。都築は会議出席にあたり、「朕常ニ世界平和ノ維持ニ眷眷タリ、今回特ニ卿を遣シテ平和会議ニ列セシムルニ当リ、卿能ク此旨ヲ体シ以テ事ニ従ヘ」との勅語をうけている。しかし、この会議は日韓関係に大きな転機となった。すなわち、この会議に韓国が密使を送って独立の保護を訴えたことで日本は韓国皇帝を退位させ、韓国軍隊も解散させてしまったのである。これに対して韓国内では排日運動が燃え上がったが、日本はこれをも押え込み、やがては日韓併合へと進んでいくこととなる。そういう意味でも都築は歴史的事件の渦中にあったといえよう。

井上馨の娘光子と結婚したが、大正五年に離婚している。語学に優れ、超然主義を唱えて活動した。

図二 『東京パック』明治40年5月1日号

《伝記》

＊都築馨六伝・馨光会編刊 大正一五

＊日本デモクラシー思想史の一齣 酒井雄三郎と都築馨六・住谷悦治 改造 二七ノ一〇 昭和二一

恒《つね》松《まつ》隆《たか》慶《よし》（一八四八〜一九二〇）

政治家

嘉永元年五月、石見に生まれる。戸長、村長、郡長、県会議員などを歴任して自由党員として活躍した。明治一五年一一月一〇日の『自由新聞』は当時の石見地方における政治熱を、「島根県下石見国東部地方に自由主義の者多き事は曾ても聞きし處なるが、同地の有志者は今度一大義塾を設け、汎く政治学等を教授せんとて、総代和田吉人氏は去る頃大阪迄出発して書籍を買入れ、又た丹後天橋義塾の岡本鏻太郎氏を聘て與々帰国なせしが、去る二十五、大田待ちにて有志総会議を開き、種々協議の末、早速生徒を募集するの捗びに至り、猶ほ自由党員和田孫次郎、恒松七十郎、福田貫造、恒松隆慶、福田俊一郎の諸氏を始め、永遠に維持するの方法を協議中なりといふ」と伝えており、恒松もこの地方の有力政治家として自由民権運動を推進していたことがわかる。

恒松は石見地方の水産、農産振興にも力を尽くし、二七年の総選挙で当選、その後も当選を続けて自由党を経て政友会に所属し、島根県における政友会の重鎮として活躍した。図一は三五年当時の恒松を描いたものである。この頃からすでに議会進行のために卓越した手腕を発揮し、「進行博士」との綽名がつけられていた。解説には、あまりに進行を重視するので議案を何でも一括通過させたりしたがるために失態を演じることもあることが記されている。図二は議会における恒松を捉えたものだが、この図に添えられた解説では、「隆慶と云ふより進行博士と云った方が余程通りが宜い、議席を有する事十有余年常に議会に於て議論が少し六ケ敷成り掛けて大小の蛙がガアガア騒ぎ出すと議席の中央から「議長本案は議長指名何名の委員に附託されん事を望みます」と自働車の喇叭の如き蛮声を張り上げて巧に議事を進行させる處天才的議事の運転手と称す可で有る」と、ここでも恒松の議会における独特の役割を記している。

四二年三月一八日の『大阪朝日新聞』は米問題で紛糾する議会の様子を「鈴木が議長の許可を得て反対演説をなすべく登壇すると恒松進行の討論終結に妨害せられて立往生させられた。其の時天目嚇と怒の眼を剥いて恒松を睨んだので、臆病な恒松は一向温和なしく、今日は大八人足を傭って妨害させたのだが、自党の議長でないからさう旨く問屋で卸さない」と報じているが、こんなところからも恒松の一端を見ることができよう。恒松は政治家として活動するとともに石見銀行取締役、農工銀行取締役、安濃銀行監査役などを勤めて地元の実業界で活躍している。

図一 『二六新報』明治35年12月12日号

図二 『名流漫画』明治45年

角《つの》田《だ》真《しん》平《ぺい》（一八五七～一九一九）

法律家、政治家

安政四年六月、沼津に生まれる。独学をして明治七年に上京、嚶鳴社に加わり、一三年に代言人の免許を得て活動し、一五年には立憲改進党の結成に参画して同年に神田区会議員となり、その後、東京府会議員、東京市会議員などをつとめて二二年に東京組合代言人会長にも就任している。

二四年には衆議院議員に当選している。この選挙は鳩山和夫と角田の一騎討ちで過熱した選挙戦となった。双方の誹謗中傷合戦も激しく、壮士たちも暗躍していた。選挙開票の様子を二四年三月二〇日の『国民新聞』は「早朝より角田派は魚松に五六十名の壮士其他有志者集会し又鮨屋には鳩山派本陣を構へ是れ亦五六十名集合し警察署は非番巡査を残らず呼出し駅の全体へ配置し選挙場には警部巡査及び憲兵数十名内外厳重に警備したり、前八時より開票し十時頃は鳩山の方勢よく三四十点も多く思はれしに十二時前に至りて角田方勢とりかへし終い三時頃に至り角田、鳩山前顕の結果となりしにぞ角田方の壮士等は魚松二階落つる許りに喜び勇み拍手起って舞ふものありし」と報じている。この選挙で角田の得票は三五九票、鳩山は三四四票だった。図一は代議士となった角田である。

図一 『国民新聞』
明治24年3月20日号

角田は、三九年に東京市区改正局長に就任して市区改正にあたった。図二は局長に就任した角田を描いたもので、それまでは東京選出の代議士として市区改正には慎重な姿勢を見せていたのだが、局長に就任すると一挙に市区改正を推進しようとしている角田を捉えている。「角田宗匠の豹変」とあるが、角田は俳人としても知られていたので宗匠という表現が用いられている。「改正の衝に当る處は柳でも桜でもドシドシ取り除けろ、是から宗匠イヤ局長の腕の見せる處だ」とやる気満々である。角田は政治家のほかに俳人としての顔を持ち、秋声会を発足させて雑誌『俳諧秋の声』を発行するなどの活動も行なっている。

図二　『団団珍聞』明治39年10月20日号

鶴《つる》原《はら》定《さだ》吉《きち》（一八五七～一九一四）

政治家、実業家

安政三年一二月、福岡に生まれる。明治一六年に東京大学を卒業して外務省に入り、ロンドン、天津、上海の領事館を経て二五年に日本銀行に移り、大阪支店長、本店営業局長、理事を歴任するが総裁の山本達雄と意見が合わずに三二年に辞任して翌年に立憲政友会創設委員となる。図一はこの当時の鶴原を描いたもので、立憲政友会追加創立委員として紹介されている。

三四年に大阪市長に就任して港湾工事や電気事業の市営化に尽力している。三五年九月八日の『読売新聞』には大阪市におけるガス問題について鶴原が怪気炎をあげている様子を「余は経済上の点より徳義の上より縦横市民に訴へ、或時は路傍演説に又或時は公会の席上に、舌の根の爛れん迄議論を試み、彼れ会社に向て顧客なきに至らしむる決心である。亦た壮快ぢゃないか、余は之が為めに市長の職を抛つこと敝履を棄つるよりも易々たらんのみだ、と訪ふもの毎にテーブルを叩いてやって居るが、随分元気にいゝ話しだ」と報じている。鶴原は民間でガス事業を行なうと会社が莫大な利益をあげるだけで市民が不利益を蒙るので市がガス会社と競争することの必要性を説き、

図一　『二六新報』明治33年9月14日号

このような姿勢を示したのである。行動派の鶴原らしいが、図二はそんな鶴原の別の一面を描いたもので、芸者遊びをしている鶴原と大阪府知事の高崎親章である。解説によると鶴原は図のように芸妓を何人も腹に乗せて座中を縦横に駆け回ることを得意な余興としていたという。いかにも鶴原といったところだろうが、『滑稽新聞』は解説のなかで、「コンナ奴等が国家の役人で居る間は、官紀の振粛も風俗の矯正もダメの皮だ、法律が無ければ打ち殺してやりたい位、肝癪が起ッてムカツクワイ」

図二　『滑稽新聞』明治36年8月5日号

と手厳しく批判している。

三八年には韓国総監府総務長官に就任した鶴原は四〇年の日韓協約締結を推進した。四一年に辞任するまで、韓国の植民地政策をすすめるとともに、関西鉄道会社、大日本人造肥料会社、蓬莱生命保険会社、中央新聞社などの社長を勤めて、四五年には衆議院議員に当選している。大正二年に政友会相談役に就任するが遊説中に病を得て翌年に病没している。

《伝記》

＊鶴原定吉君略伝・池原鹿之助編刊　大正六

＊財界一百人・遠間平一郎　中央評論社　明治四五

寺《てら》内《うち》正《まさ》毅《たけ》（一八五二〜一九一九）

軍人、政治家

嘉永五年二月、長州に生まれる。慶応元年に長州藩の御楯隊に入り山田顕義、品川弥二郎らの指導を受け、戊辰戦争では整武隊に参加して箱館戦争に従軍した。明治二年にフランス式兵

図一　『国民新聞』明治31年10月6日号

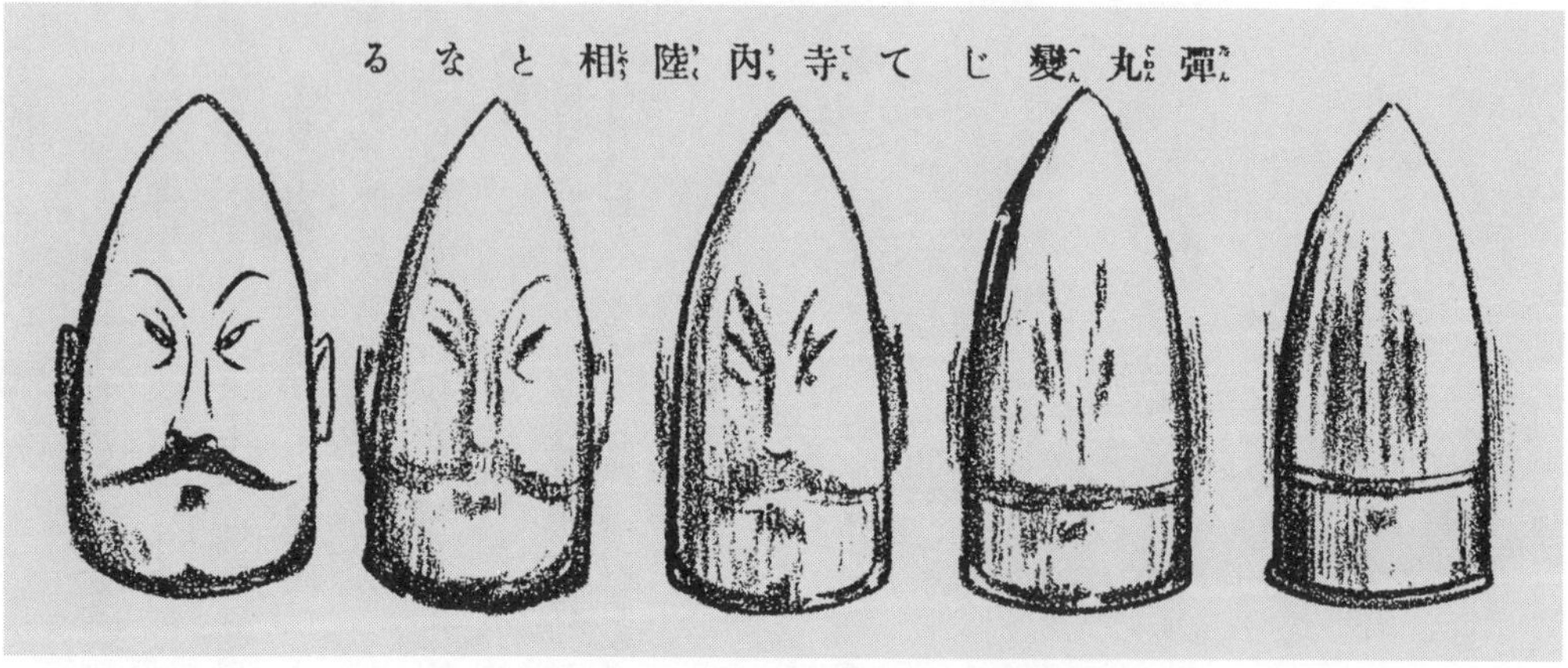

図二　『東京パック』明治38年7月15日号

法を習得して陸軍に入る。一〇年の西南戦争では田原坂の戦で負傷を負い右手の自由を失っている。

一五年にフランスに留学して士官教育の研究を行ない、一九年に帰国後は士官養成の充実に力を尽して二〇年には陸軍士官学校長に就任し、士官教育制度の改革を行なった。日清戦争中は大本営運輸通信部長として活躍し、三一年に教育総監に就任している。図一は教育総監当時の寺内である。三三

図三　『やまと新聞』明治42年3月15日号

年には参謀本部次長となる。

三五年、第一次桂内閣に陸軍大臣として入閣し、日露戦争時には陸軍大臣としての重責を担った。図二は寺内が陸軍大臣になったことを描いたものだが、砲弾が次第に寺内の顔となっている。砲弾は軍隊の象徴として描かれたのであるが、同時に砲弾の先が尖っていることを捉え、尖がり頭の寺内をイメージさせているのである。寺内はその頭がアメリカで流行して、日本でも大流行となったビリケン人形と似ているところから、明治末年には「ビリケン」の渾名がつけられている。三九年に陸軍大将となっている。図三は議会における寺内を描いている。べ

図四　『二六新報』明治43年6月18日号

図五　『東京パック』明治43年9月20日号

図六　『二六新報』明治43年8月27日号

テラン陸軍大臣としてすでに風格を備えて余裕ある態度が見える。四三年には韓国統監に就任して日韓併合にあたった。**図四**は統監に就任した寺内がいかに韓国を統治しようとしたかを如実に物語るもので、「警官」と書かれたサーベルをやめて、「けん兵」なる新しいサーベルをかざしているところである。四三年六月一八日の『二六新報』は「警備機関統一の為警視庁を廃止すると同時に、来る七月二十日憲兵将校以下下士卒六百余名を韓国に増派し、榊原駐韓憲兵隊長の隷下に配属せしめ、同国保安警察維持の任務に服せしむること、なりたるが現在の駐韓憲兵は二千余名にして別に補助憲兵四千余名あり…」と寺内のもとでの軍による厳しい治安維持政策を伝えている。**図五**もそのような寺内の姿勢を示すもので、伊藤博文、曾禰荒助といった前任者たちの推進してきた韓国統治政策をさらに前進させて日韓併合を完成させた寺内を描いている。寺内が神棚に供えている餅の三方には「合邦」と書かれている。強引な併合に対しては韓国でも強い抵抗運動が起こったが、それをも弾圧してついに韓国は日本の一部となっていった。**図六**はこのような抵抗を描いたものだが、「暴動」を振りかざして「合邦」なる機関車をを止めようとしている韓国人である。機関車の運転席には寺内の顔が見える。

寺内は日韓併合後は初代の朝鮮総督に就任している。大正五年に元帥となり挙国一致を旗印に組閣を行なうとともに中国の段祺瑞政権の武力統一に援助を実施したが不成功に終わっている。ロシア革命が起きると七年にシベリア出兵を実行したが国内では米騒動が勃発し、この責任をとって総辞職している。

《伝記》

＊元帥寺内伯爵伝・黒田甲子郎編　同伝編纂所　大正九
＊元帥寺内父子　片倉藤次郎　アジア青年社　昭和一八
＊寺内正毅日記―一九〇〇年～一九一八　山本四郎編　京都女子大学　昭和五五（京都女子大学研究叢刊　五）

寺《てら》島《しま》宗《むね》則《のり》（一八三二～九三）

官僚、政治家

天保三年五月、鹿児島に生まれる。薩摩藩蘭学医八木昇平に学んだのちに江戸に出て伊東玄朴などに就いて蘭学を習得し、安政三年に蕃書調所教授手伝となり、文久元年には竹内保徳を正使とする遣欧使節団の御傭医師兼翻訳方として随行する。三年、イギリス軍艦が鹿児島湾に現れると英語に堪能な寺島は五代友厚とともにイギリス艦に出向くものの薩英戦争が起こったことにより捕えられる。その後、薩英和議交渉にあたり、慶応元年には薩摩藩遣英使節の一員として薩摩藩留学生を率いて渡英する。二回のヨーロッパ滞在経験から雄藩連合による統一国家構想を説き、その後の政局にも少なからず影響を与えている。王政復古に際して版籍返上を建議し、慶応四年に参与兼外国事務掛として新政府に出仕、以後、神奈川県知事、外国官判事、外務大輔、駐英公使などを歴任している。明治五年には由利公正とともに再び渡欧して見聞を広めている。五年五月一七日の『日新真事誌』は「一昨十五日ミストル寺島、ミストル由利氏ノ東京ヲ出立サレシハ、英国ト仏国ヘ在留セン為メ、米国郵船（アメリカ）ヘ乗組ミ、昨日横浜ヲ出帆セリ、ミストル寺

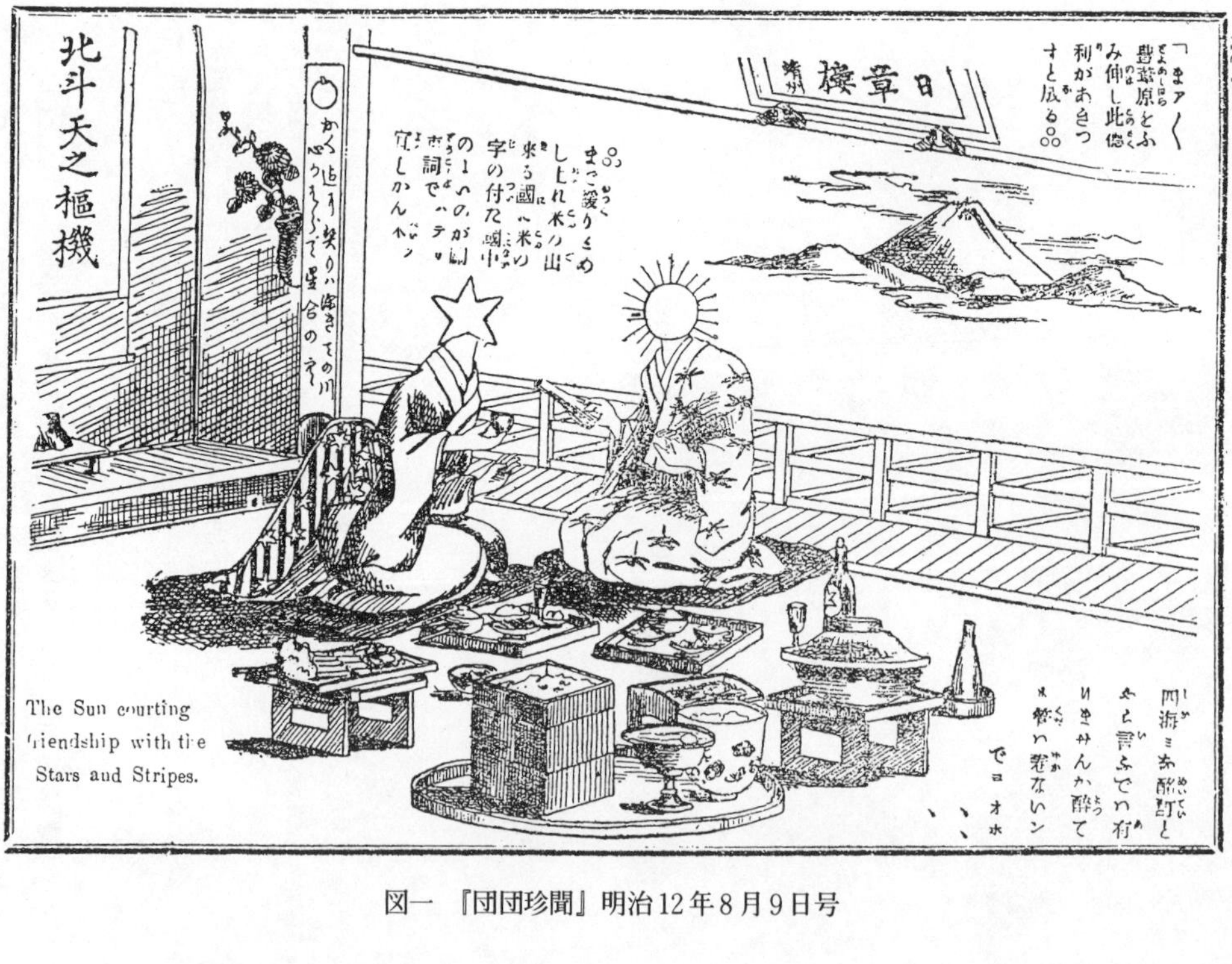

図一　『団団珍聞』明治12年8月9日号

島ハ剛直俊才ナル人ニシテ、久シク外国ノ事務ヲ扱ヒテ外国ノ事情ニ達セリ」とあり、寺島の外国通ぶりが窺われる。六年に参議兼外務卿に就任して条約改正交渉を行なった。一一年にはアメリカとの間で税権回復の調印を見ている。図一は一二年にアメリカ前大統領グラント将軍が来日して日米の親善が深まったことをあらわしたもので酒をくみかわす太陽（日本）と星（アメリカ）といった具合である。このように寺島の外務卿時代に条約改正に大きな一歩をふみ出したものの最終的には英独政府の反対によって実現できなかった。一二年に文部卿に転じ、一四年に元老院議長となる。その後、宮中顧問官、枢密院副議長などを歴任し、外国通、経済通の政治家として知られた。図二はそんな寺島を描いたものであるが、そこに添えられた解説のなかにも「博識多才なり文武智勇但に兼備し…」と記されており、『日新真事誌』の言う「剛直俊才」と相通ずるところがみられ、寺島に対する評価を知ることができるのである。

宗則君ハ舊薩藩士にして
博識多才なり文武智勇
倶ニ兼備し且洋学ニ
渉り戊辰の役ニハ伏水
の開戦より奥羽を平
定なし維新の功臣と
あつて参議とあり正四
位外務卿を兼任し
其後臺湾の一挙より
支那朝鮮の事件ニ
肺肝をくだき両大臣と倶ニ
容易ニ事を運び皇國の
美事を万國へ輝しぬ
寺《てら》島《しま》宗《むね》則《のり》

図二　『現今英名百首』明治14年

《伝記》

＊明治功臣録　玄・朝比奈知泉　同刊行会　大正四

＊寺島宗則自叙伝　一～三・伝記　三ノ四～六　昭和一一

＊寺島宗則伯に就て・横山健堂　伝記　三ノ四　昭和一一

＊伊藤と寺島の対立・岡山鉦太郎　明治文化　一三ノ七　昭和一五

＊寺島宗則―日本電気通信の父　高橋善七著　国書刊行会　平成元

東《とう》海《かい》散《さん》士《し》（一八五三～一九二二）

政治家、ジャーナリスト

嘉永五年一二月、会津に生まれる。藩校日新館で漢学を学び、戊辰戦争では会津城に籠城して新政府と戦い、捕われの身になり、母や兄弟も亡くなるなどの辛酸をなめている。釈放後に苦学して各地の私塾などで学び、さらに明治一二年に渡米してハーバード大学などで経済学を学んで一八年に帰国する。帰国後、「佳人之奇遇」を発表、ナショナリズム的政治小説として話題を呼んだ。一九年には「佳人之奇遇」二篇を発表しているが、一九年一月二一日の『時事新報』は「今度また其二篇の出版あり、篇中の事柄は前篇に続きて四名の美人才子の事業論議に関するものなれども、今度は前回の如く唯矢鱈に憂憤悲哀の文字を並らべ立てたるものにあらずして頗る小説の脚色に意を用ひ、読む者をして一たび巻を開けばまた手におくに忍びず、覚えず通篇を一読し了りて尚ほ其後を望むの想ひあらしむ、実に小説としては余程面目を改めたるものと云て可ならん」と記しており、その評判のほどが窺われる。一九年に外遊して帰国後は列強に対する批判を強めて国粋主義を展開していった。二一年に『大阪毎日新聞』の主筆となり、また、雑誌『経世評論』を刊行、二五年に衆議院議員に当選している。図一は代議士となった東海を描いたものである。進歩党、立憲党、大同倶楽部などに所属して大きな力を有して対外硬派として活動した。二七年一月二四日の『東京日日新聞』は「一昨二十二日を以て、同盟政社は中村弥六、柴四朗両氏の名を以て生れたり。同社は同日解散したる同盟倶楽部の化身たる事は言ふまでもなし」とあり、活発な政治活動をしていることがわかる。四三年には大同倶楽部、戊申倶楽部、無所属議員らが合同して中央倶楽部が結成されている。図二はこのような政治状況を描いたもので、桂内閣との関係を見ることができる。中央倶楽部結成には大同倶楽部に所属していた東海も中心的役割を果たしている。

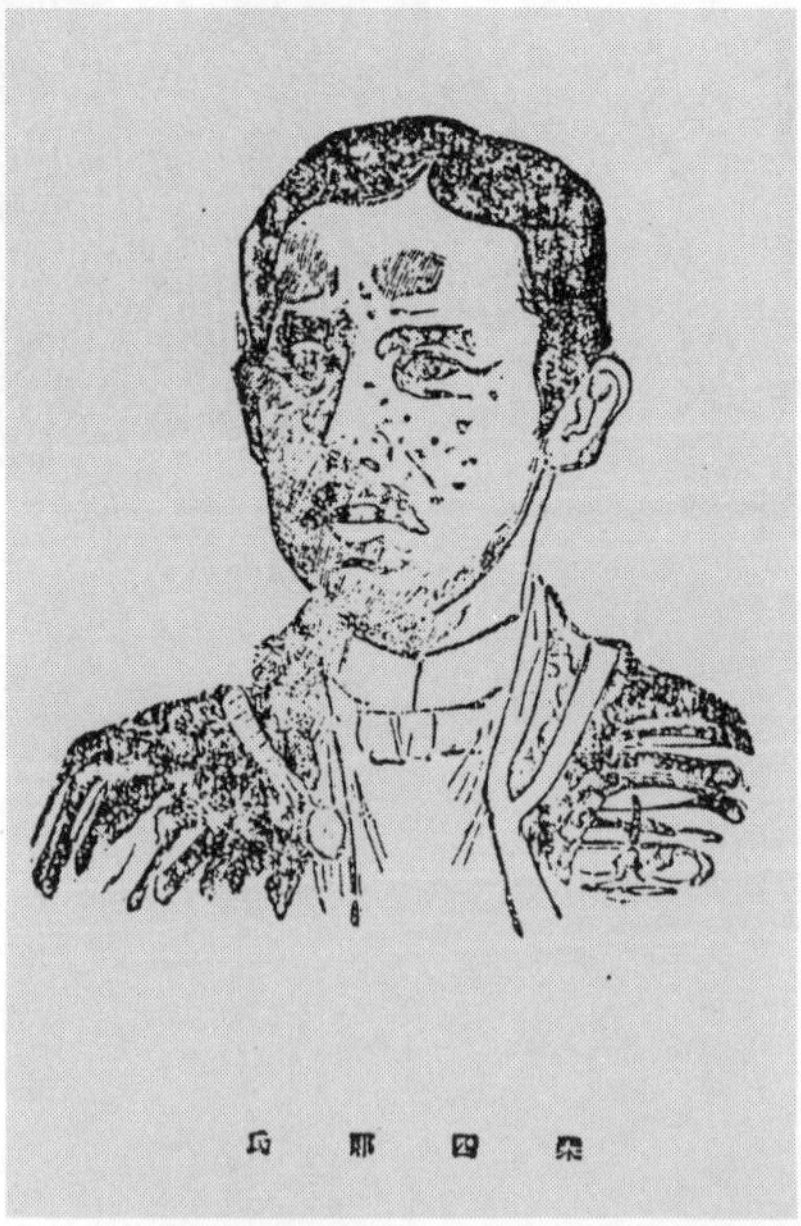

図一　『国民新聞』明治25年2月21日号

図二　『東京日日新聞』明治43年2月26日号

《伝記》

＊紫四朗伝・柳田泉　政治小説　上　松柏館書店　昭和一〇

＊入沢博士と東海散士と・竹林熊彦　学鐙　四二ノ五　昭和一三

＊東北の著名作家・大池唯雄　東北文学　四ノ六　昭和二四

＊人と作品現代文学講座　一・木俣修等編　明治書院　昭和三六

＊東海散士の「佳人の奇遇」・滝沢典子　学苑　二七七　昭和三八

＊近代文学研究叢書　二一・昭和女子大学近代文学研究室編　同大学　昭和三九

東《とう》郷《ごう》平《へい》八《はち》郎《ろう》（一八四八～一九三四）

軍人

図一 『パンチ』明治38年6月28日号

弘化四年一二月、鹿児島に生まれる。安政三年に薩摩藩水軍に入り、文久三年の薩英戦争にも参加している。慶応四年には薩摩藩の軍艦春日に乗り組み阿波沖、宮古湾などで幕府海軍と戦っている。明治二年、竜驤艦見習士官となり、四年にイギリスに留学して練習船ウースターに乗り組んで海軍術を修得するなどし、日本がイギリスに発注していた軍艦比叡の完成によって同艦に乗って帰国している。帰国後、巡洋艦大和艦長、呉鎮守府参謀長などを歴任して二六年のハワイ革命では居留民保護のためにハワイに赴いている。二七年に始まった日清戦争時には巡洋艦浪速の艦長として豊島沖海戦で勝利をあげている。また、清国兵を乗せたイギリス商船高陞号を国際公法によって撃沈させて東郷の名を轟かせた。日清戦争後、海軍大学校長、佐世保鎮守府司令長官などを歴任して三六年に連合艦隊司令長官となり日露戦争時の海軍を指揮して戦功をあげる。なかでもバルチック艦隊との日本海海戦は歴史に残る大勝利をおさめて日本の勝利を決定づけた。日本海海戦での東郷の活躍は国内ばかりでなく海外でも広く知れ渡り、東郷はもっとも有名な日本人に

図二 『東京パック』明治38年11月15日号

なっていった。図一はイギリスの諷刺雑誌『パンチ』に掲載された作品である。勝利の女神がイギリスの歴史にのこる海軍軍人ネルソン提督などの名前が記されたところに「トーゴー」の名を書き加えている。日英同盟による友邦が勝利したこともあってイギリスにおける日本海海戦での東郷の活躍は大きな話題となっていたのである。当然のことながら、日本国内における東郷フィーバーはとどまるところを知らなかった。図二はそんな熱狂ぶりを描いたもので、「提灯責」「写真責」「シャンパン責」などに加えて東郷から抜いた髯をお守として祀るといった異常な盛り上がりが見てとれる。図三は三九年に描かれたものである。この年は午年で、また東郷も午年生まれなので生まれて来た子供に平八郎という名前をつけるのが流行したことを描いている。ロシアという大国に勝利して一等国にのしあがっていった日本の最大のヒーローにあやかりたいという庶民の素朴な気持ちが名前の流行をもたらしたのであろう。そんな東郷にも人間くさい悩みがあった。海江田子爵家における家督争いに娘婿として解決に乗り出さなくてはならなくなったのである。**図四**はそんな状況を描いたもので、「紛草」なる草を刈り取ろうとしている東郷である。

図三 『東京パック』明治39年10月15日号

こんな話題が掲載されるほど東郷は有名人となっていたのである。かくて、**図五**のように草履の鼻緒にまで東郷の顔が入れられるようになっていった。大正二年に元帥となり、翌年から東宮御学問所総裁に就任して皇太子(のちの昭和天皇)の教育にあたっている。

《伝記》

＊東郷大将・浜中仁三郎編　日露戦争記念社　明治三九
＊東郷元帥詳伝・小笠原長生編　春陽堂　大正一〇(小笠原長生全集　二　平凡社　昭和一二)
＊偉人東郷元帥・大道弘雄　朝日新聞社　昭和九
＊東郷元帥と日本海海戦・小原正忠　軍人会館事業部　昭和九
＊東郷平八郎伝・山下信一郎　鹿児島出版協会　昭和九
＊東郷元帥の偉業・小笠原長生　海軍省　昭和一〇
＊元帥東郷平八郎　野村直邦　日本海防協会　昭和四三
＊東郷平八郎・下村寅太郎　講談社　昭和五六(講談社学術文庫)

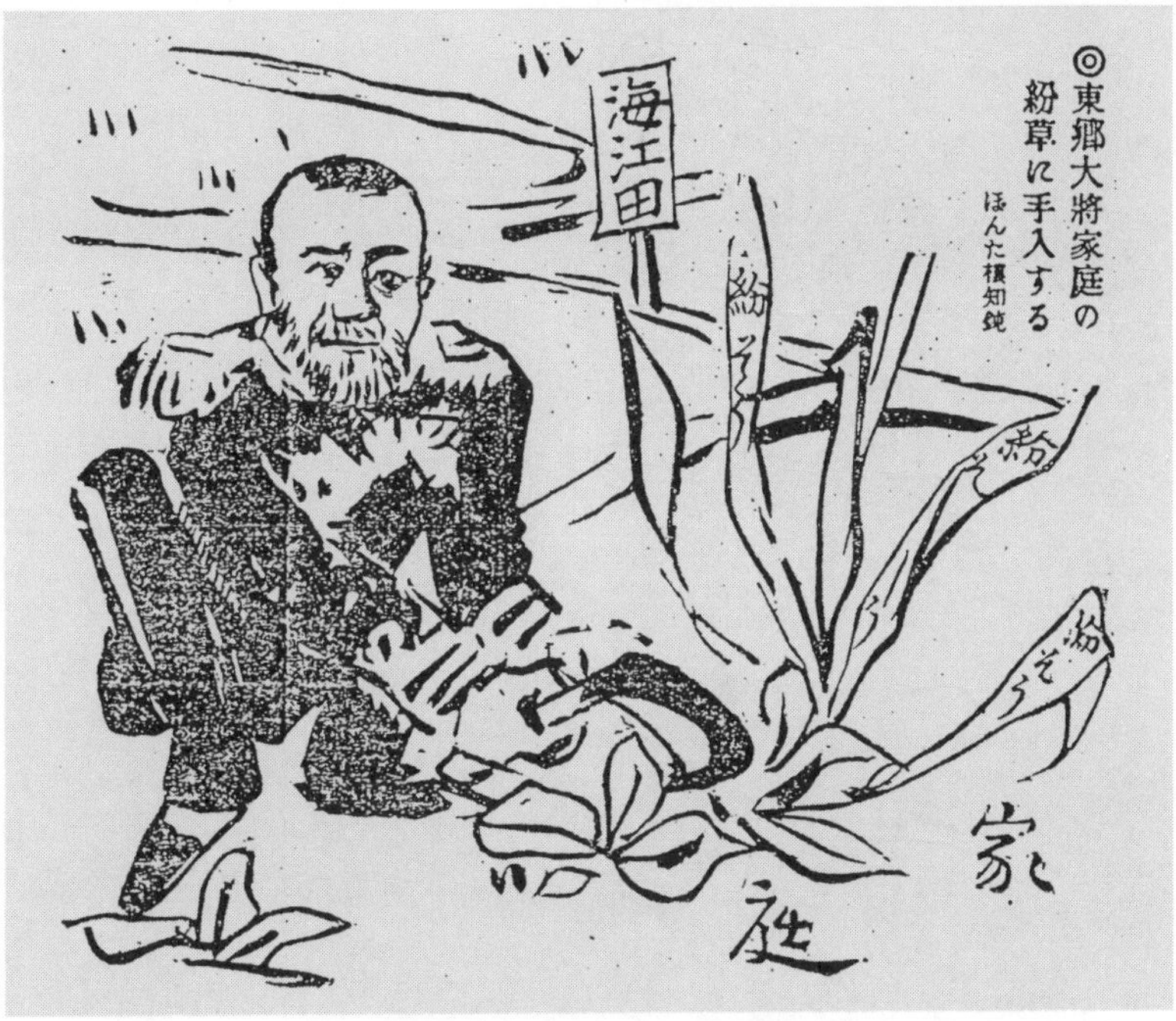

図四　『団団珍聞』明治40年3月2日号

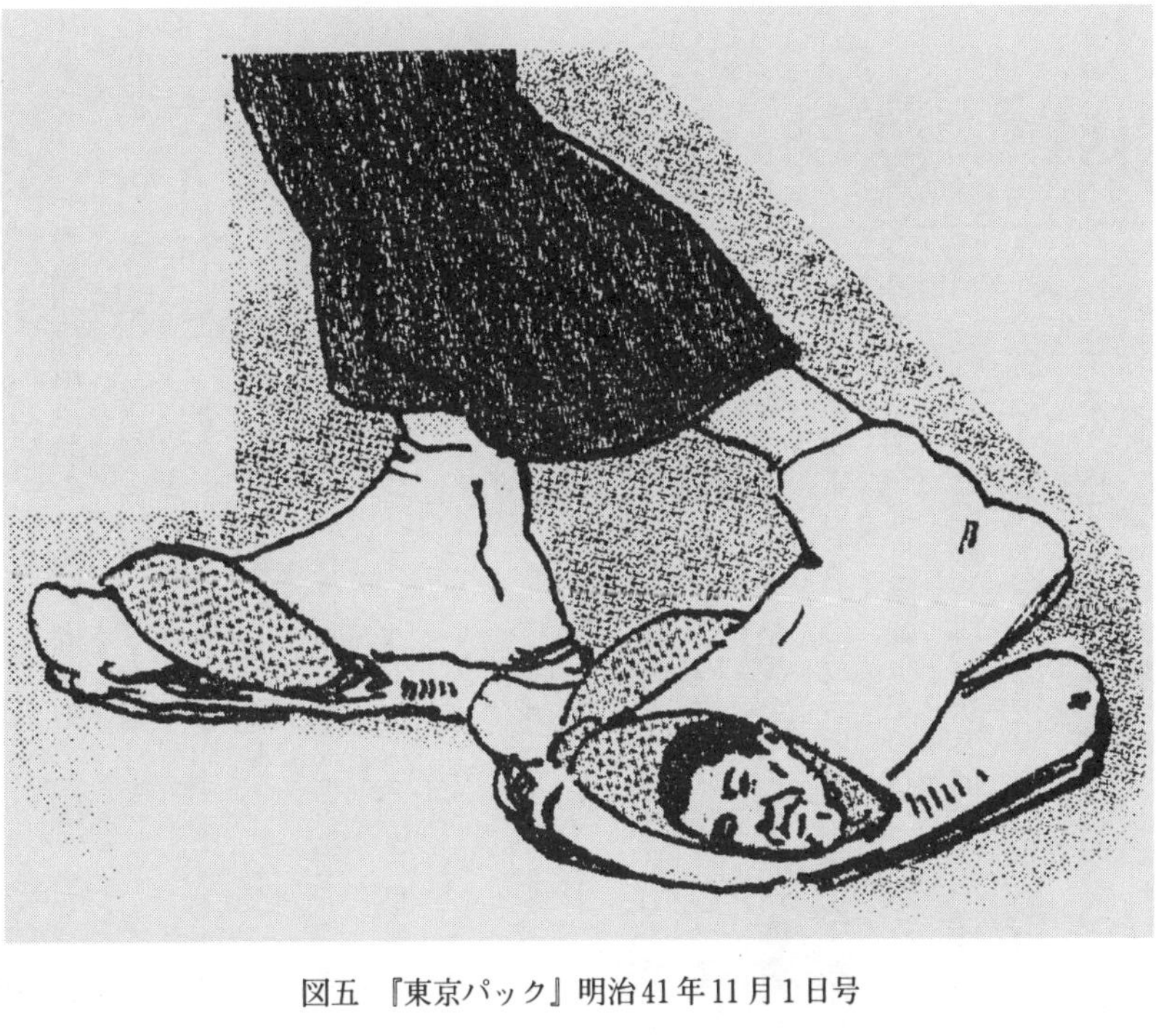

図五　『東京パック』明治41年11月1日号

頭《とう》山《やま》満《みつる》（一八五五～一九四四）

国家主義者

図一 『団団珍聞』明治36年8月15日号

安政二年四月、福岡に生まれる。明治九年、萩の乱に呼応して旧福岡藩の不平士族を結集して蜂起を計画したがこれが漏洩して逮捕される。一〇年に出獄して士族の相互扶助組織・開墾社を設立、その後、板垣退助の自由民権運動に参画して一二年に福岡において箱田六輔らと民権結社・向陽社を設立して国会開設運動を展開した。一四年には向陽社を玄洋社と改称して次第に国家主義を唱えるようになる。二二年には玄洋社社員の来島恒喜が大隈重信の条約改正案に反対して大隈を襲撃して重傷を負わせているほどである。二五年に行なわれた第二回総選挙では民権家の弾圧を行なう選挙干渉を実行、また、韓国併合を推進するために韓国内に秘密結社を組織するなどの活動を展開し、日露戦争時には強硬路線を唱えて満州義勇軍を結成するなどの政治活動を繰りひろげた。**図一**は日露戦争が迫りつつあるなかで、日露開戦を叫ぶ対外同志会の面々である。奥の左端には頭山（鞄に「頭山」とある）の姿が見える。彼等は対外同志会の主張を広めようと運動中で「対外堂の行商」とのタイトルがつけられている。いっぽう、彼等の運動を見ている傍らの

図二　『東京パック』明治40年8月10日号

人の「エー本家は東京の対外堂其魂丹の硬能はなど、大きな声を張り上げて多人数が売り歩く所は仰山だが、さてその薬がうまくきくかどうかくたびれまうけにならねばい、が」という呟きが聞こえる。図二は『東京パック』が勝手に選んだ「韓国新内閣」の閣僚たちである。農商務大臣には頭山が選ばれている。他のメンバーも錚錚たる顔ぶれで、頭山の影響力の大きさを垣間見せている。頭山はまた、金玉均、孫文、ビハリ・ボースら朝鮮、中国、インドなどの独立運動家と親交を結んでその運動を支援していった。頭山は一度も公職に就くことはなかったが隠然とした影響力を持ち、政界、官界、財界、軍などに大きな発言力を有していた。

《伝記》

＊巨人頭山満翁・藤本尚則　政教社　大正一一（山水社昭和五）（文雅堂書店　昭和一七）

＊頭山精神・藤本尚則編　大日本頭山精神会　昭和一四（文雅堂　昭和一七）

＊巨人頭山満翁を語る・安田兼三　大阪経済新聞社　昭和一六

＊頭山満評伝―人間個と生涯　長谷川義記　原書房　昭和四九

＊頭山満正伝―未定稿　頭山満正伝編纂委員会編　西尾陽太郎解説　葦書房　昭和五六

徳《とく》川《がわ》家《いえ》達《さと》（一八六三～一九四〇）

徳川宗家一六代当主、政治家

文久三年七月、江戸に生まれる。徳川慶喜の謹慎とともに徳川宗家を継いだ。図一は宗家を継いで東京城に参朝する家達（亀之助）である。後姿からも幼さが感じられるが、まだ一〇歳にも満たない子供であった。しかし、時代は家達を徳川家の跡継ぎにしていったのである。明治二年に静岡藩知事となり、一〇年にイギリスに留学する。本来ならば一三年までの三年間の留学だったが期間を延長して一五年に帰国している。一七年に公爵となり、二三年には貴族院議員となっている。このころのエピソードにつきのようなものがある。「或る日の朝家達公には公けの御用に就き馬車に召して第を出で一丁許り軌らせられしに、正面より一輛の箱馬車砂を蹴立て走せ来る、如何なる貴人の事ならんとあり、馭者に命じて馬車を側へに避け道を譲りて彼れを通過せしめられしに、何ぞ図らんコハ当時評判の俳優某が堀の内詣での借馬車ならんとは、吁遷り行く世の習ひとは云へ、三百の諸侯平身低頭敢て仰ぎ視る能はざりし徳川の嫡流シカモ従三位公爵の君が微賤なる一俳優の為めに道を譲るとは、扨ても変はればかわるものなりと昔を忍ぶ旧幕臣の物語

図一 『明治太平記　二編巻之一』明治８年

り」(『東京日日新聞』二四年八月一一日号)。前方から来る馬車を貴人のものと思って道を譲るなどということは将軍であったら考えられなかったことである。徳川宗家を継いだ身分であってもすでに一華族でしかないことをこのエピソードは物語っている。しかし、三六年には近衛篤麿の後任として貴族院議長に就任、また、華族会館々長、恩賜財団済生会々長など多くの要職を歴任して華族としての仕事を全うしている。図二はそんな徳川の相撲観戦の姿である。解説には「春夏二期の本場所に正面桟敷五六段の處に黒紋付を着たる公の姿を見ぬ事は無い程な角力好きで時々何か頬張り乍ら見て居られる小便も熊や八と一所に立小便をする前の征夷大将軍も何も有ったものでは無く至って平民的で有るが家に居られて何か物を一度云ひ付て只今のは何々で御座いました聞き返しでもすると先程申付た通りと乍り二度は云はぬ」とあり、庶民的なところと、世が世であれば将軍として君臨したであろう徳川宗家の主としての顔が見られて興味深い。大正三年には山本内閣のあとをうけて組閣の大命があったものの拝辞している。昭和八年に貴族院議長を辞しているが、在任期間は三〇年にも及んだ。

図二 『名流漫画』明治45年

《伝記》

＊徳川家達公論・中央公論 二六ノ四 明治四四
＊西瓜のやうに丸い・山浦貫一 政局を繞る人々・四海書房 大正一五

徳《とく》川《がわ》慶《よし》喜《のぶ》（一八三七〜一九一三）

徳川一五代将軍

天保八年九月、水戸藩主徳川斉昭の七男として生まれる。一三代将軍徳川家定が病弱なために将軍継嗣の候補者として有力だったものの井伊直弼の大老就任によって徳川慶福が継嗣と決定して一四代将軍家茂となり、慶喜は謹慎隠居の身となってい る。桜田門外の変後に謹慎を解除されて将軍後見役となり朝幕融和を図るが攘夷をめぐる反幕勢力が台頭するなかで慶応二年に家茂が死去して一五代将軍に就任している。その後、薩摩藩など朝廷支持勢力との対立は決定的となり、慶喜は幕府勢力温存をはかって大政奉還を行なうが鳥羽伏見の戦で幕府勢力は敗れて慶喜も江戸へ脱出する。やがて、新政府軍が江戸開城を行なうと謹慎する。明治二年に謹慎が解かれ、その後は政治に関わることなく写真撮影など多くの趣味を持って過ごしている。

図一は島津忠義が慶喜を訪ねて来たことを描いている。西南戦争も終結して明治という時代が確実にすすむなかでの、いわば旧時代の人物にスポットをあてた話題といえよう。**図二**は慶喜が公爵を授爵したことを描いたものである。タイトルには「新講釈師の講談」とあるが、「新講釈」とは新しく公爵になったことを指している。慶喜は「エーてまいは旧江戸瓦解と共に引籠って居ました處今度彼の名高い故南州の伜小南洲と共にこう爵師の一等鑑札を受まして久々御目通りを致し升ので、就きまして何かお古い所の伏見戦記を前講に、江戸城明渡しの一席を講じ升」と客を前に口上を述べている。この口上の通り慶喜はまさに表舞台から消えた時代の生き証人のような存在だったのである。慶喜の横には「青井徳慶　寅太郎小南洲」と出演者が書かれているが、青井徳慶は慶喜、寅太郎南洲は西郷隆盛の子息寅太郎を指す。慶喜が公爵を授爵したときに西郷寅太郎も侯爵となったのである。すでに明治も三五年が過ぎ、維新を体験しない世代が社会に進出していたのである。

《伝記》

＊徳川慶喜公回顧録・大隈重信　開国五十年史　上　同発行所　明治四〇
＊列伝体明治史日本新英傑伝・高橋立吉　東亜堂書房　大正一
＊徳川慶喜・荻野由之　江戸時代史論　仁友社　大正四
＊徳川慶喜公伝　八巻八冊・渋沢栄一　竜門社　大正七〜昭和六
＊慶喜公大政返上の大精神・吉田東伍　日本歴史地理之研究　冨山房　大正一二
＊最後の将軍徳川慶喜・田中惣五郎　千倉書房　昭和一四
＊昔夢会筆記　徳川慶喜公回想談・徳川慶喜著、渋沢栄一編、大久保利謙校訂　平凡社　昭和四一（東洋文庫　七六）
＊徳川慶喜公伝　史料篇　渋沢栄一　東京大学出版会　昭和五〇（続日本史籍協会叢書）〈大正七年刊の複製　叢書の編者：日本史籍協会〉

図一 『団団珍聞』明治12年1月25日号

◎新《しん》講《かう》釋《しやく》師《し》の講《かう》談《だん》
「エーてまいは舊江戸瓦斯さ共に引籠つて居ました處今度彼の名高い故南洲の伜小南洲さ共にこう釋師の一等鑑札を受まして久々御目通りを致し升ので、就きまして何かお耳新しいイヤお古い所の伏見戦記を前講に、後講は江戸城明渡しの一席を講じ升……
青井徳慶

図二 『団団珍聞』明治35年6月14日号

徳《とく》大《だい》寺《じ》実《さね》則《のり》（一八四〇～一九一九）

政治家

天保一〇年一二月、京都に生まれる。侍従、右中将、権中納言などを歴任して文久二年に国事御用掛となり、翌年には議奏本役となるが尊王攘夷運動に加わったために政変により参朝を禁ぜられる。慶応三年に許されて翌年に新政府の参与に就任し、議定、内国事務局総督などを兼務する。明治三年、宣撫使として内訌の起こった山口藩に赴き、四年に侍従長、宮内卿に就任、以後、一貫して明治天皇の側近として仕えた。その間、一八年に華族局長官となり、二四年に三条実美が没すると内大臣を兼務している。三条の死後の内大臣の人選は極めて重要であった。二四年二月二一日の『朝野新聞』は「太政大臣を廃し総理大臣を置き、別に内大臣を置かれたるは明治十八年大改革の際に在りしが、爾後三條公爵内大臣となり天皇の玉璽並に帝国の国璽を保管し且つ鈴印するの責に任じ、天皇陛下の近臣としては最も重大なる職任にてありき、然るに三條内府は遂に去る十八日を以て溘焉長逝せらるたるにぞ、何れ其後任として陛下が最も信親あらせらるる所の忠良なる一人を挙げて内大臣の空位に充てさせらる、ことならんが、目下の處にて此重任に当るべきものは果して誰にやあらん其筋に於ても其候補未だ定まらずといふ」と記しており、内大臣の後任は多くの人の注目の的だったのである。三条の後ということもあって並大抵の人物では勤まらないポストであった。この重職に徳大寺は就いたのである。このことからも天皇の側近として厚い信頼を得ていたことが見てとれる。図一は『国会議員百首』に掲載された徳大寺である。実際には国会議員でなかったが、このような要職にある徳大寺だから紹介されたのであろう。内大臣兼務となった二四年に先帝御事蹟取調掛長にも就任して『孝明天皇紀』の編纂に着手し、三九年に完成させている。このように天皇の側近として信頼を得ていた徳大寺であったが、天皇に仕える宮内官吏たちの中には特権階級意識を強く持った者たちも少なくなかったと見え、図二のように爵位のない人たちにはまるで人間ではないように対応することが批判の的となっている。このような閉塞した状況が存在したことも事実といえよう。天皇の崩御とともに徳大寺は職を退いている。

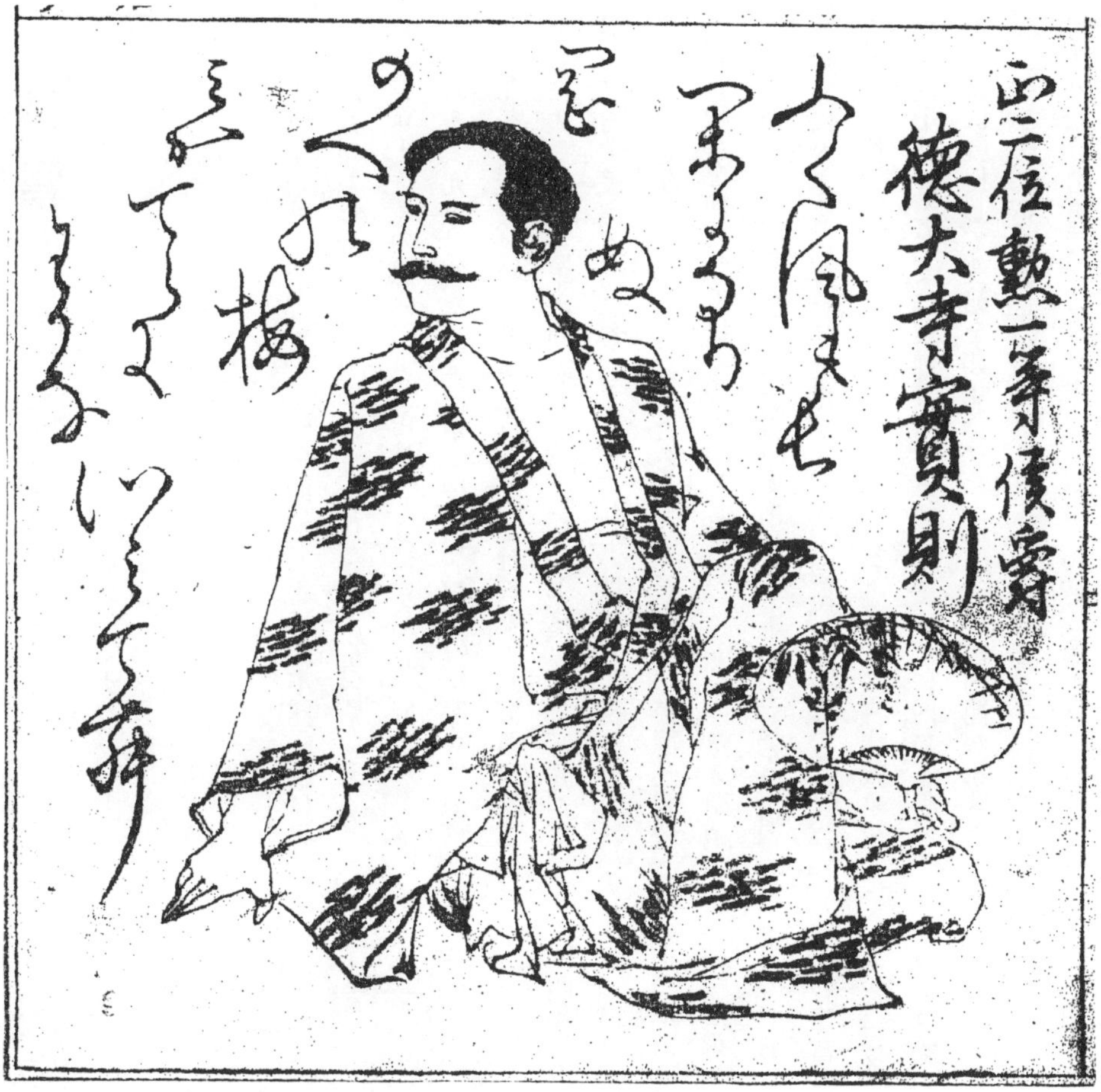

図一 『国会議員百首』明治24年

図二 『東京パック』明治42年12月10日号

徳《とく》富《とみ》蘇《そ》峰《ほう》（一八六三～一九五七）

ジャーナリスト

文久三年一月、熊本に生まれる。明治五年に熊本洋学校に入学したものの年少につき退学させられ、八年に再び入学する。教師ジェーンズの感化によりキリスト教に入信し、熊本バンドに加わる。九年に熊本洋学校が廃校になったのに伴って上京し、東京英語学校に入学、翌年には同志社に転入して西京第二公会に入るが一三年に同志社を退学して上京、さらに熊本に帰って自由民権運動に参加する。一五年、私塾大江義塾を開いて地元の青年たちの教育にあたるとともに『自由・道徳及儒教主義』などを刊行して自らの主張を訴えた。一九年、塾を閉鎖して上京し、二〇年に『国民之友』を創刊して平民主義を提唱、言論界に大きな影響を与えた。その後、『国民新聞』『家庭雑誌』などを発刊してジャーナリストとして名を馳せた。日清戦争後の三国干渉に際しては強硬外交を主張し、三〇年に内務省勅任参事官に就任して変節を非難された。三四年に桂内閣が組閣されるとこれを支持している。**図一**はこのころの徳富である。日露戦争では国論統一に力を傾けたが、三八年に講和条約反対を唱えるものたちによって国民新聞社は焼き討ちにあっている。

図一　『団団珍聞』明治36年7月4日号

四四年に貴族院議員となり、その後も桂太郎と密接な関係を持ち、『国民新聞』は桂の御用新聞とまで言われるようになり、大正二年には護憲運動が活発化するなかで国民新聞社は再び焼き討ちにあっている。**図二**はこのような桂と徳富の関係を描いたものである。「御用」と書かれた凧の糸が切れてしまって困惑顔の徳富の姿からは桂内閣の崩壊で『国民新聞』の資金源を失った様子が見られる。徳富は離れていった凧を見上げながら、「世論の風にさからって揚て居た處が今度は風の吹きまはしでとうとう金のつるイヤ糸が切れた、ア、、、此上は蘇峯ヲット仕様がないわい」と嘆いている。徳富の着物には鉛筆が描かれており、ジャーナリストを表現している。桂の死後、徳富は皇室中心主義を展開したが、昭和四年に経営難から『国

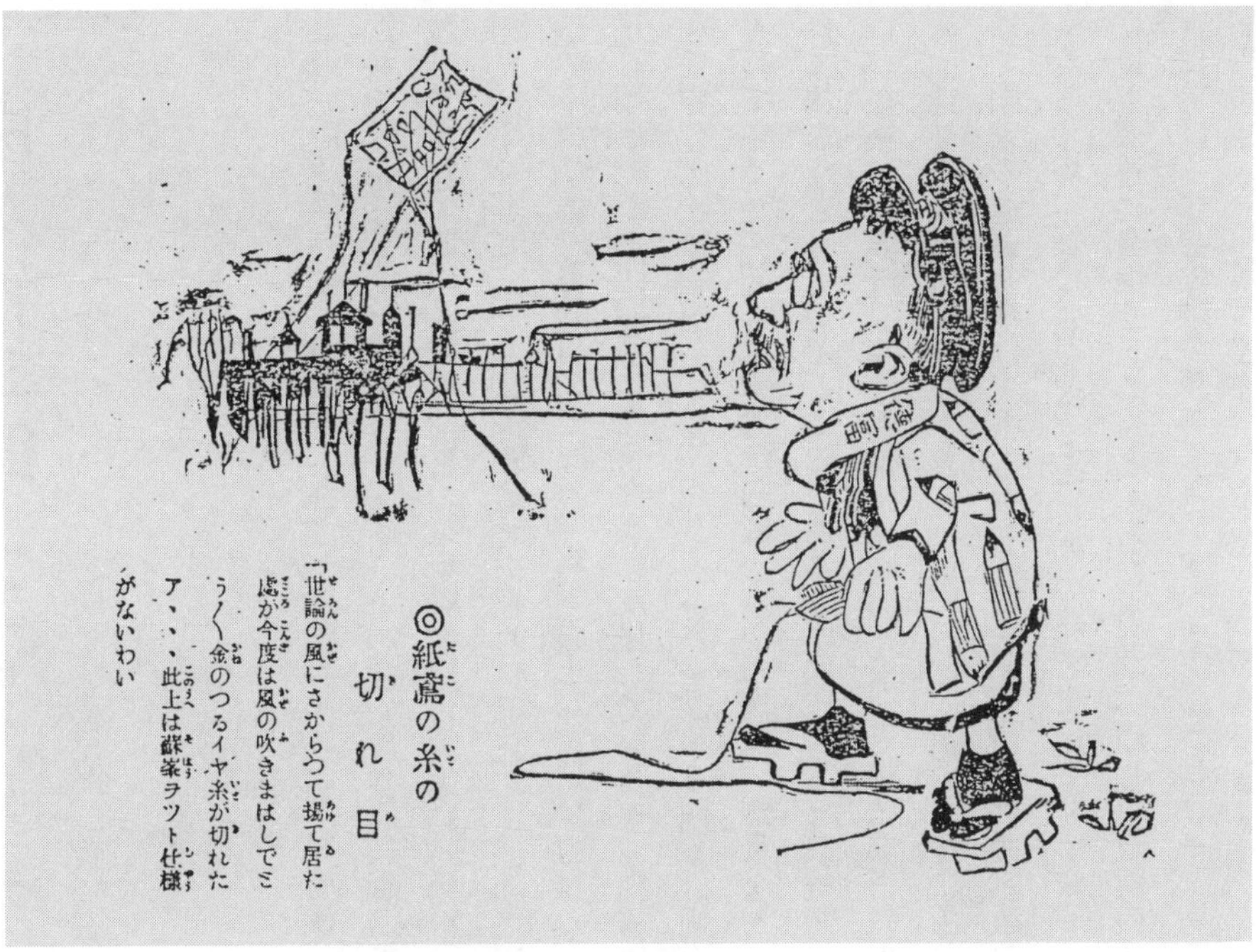

図二　『団団珍聞』明治39年1月13日号

民新聞』から手を引いている。第二次世界大戦中は大日本言論報国会々長などを歴任して一八年には文化勲章を受章するが戦後A級戦犯容疑者となり、文化勲章を返上している。

《伝記》

＊不世出の大記者　国民新聞社長徳富猪一郎伝・宮居康太郎　新聞界人物評伝　新聞興信所　昭和四
＊徳富蘇峰・阿部賢一　三代言論人集　六　時事通信社　昭和三八
＊日本の思想家　二・朝日新聞社　昭和三八
＊徳富蘇峰　早川喜代次　徳富蘇峰伝記編纂会　昭和四三〈限定版〉
＊徳富蘇峰の研究・杉井六郎　法政大学出版局　昭和五二（叢書・歴史学研究）
＊民友社の研究・同志社大学人文科学研究所編　雄山閣出版　昭和五二（同志社大学人文科学研究所研究叢書　八）

床《とこ》次《なみ》竹《たけ》二《じ》郎《ろう》（一八六七〜一九三五）

官僚、政治家

慶応二年一二月、鹿児島に生まれる。明治二三年に帝国大学法科大学を卒業して大蔵省に入る。その後、内務省に転じて宮城県参事官、岡山県警察部長、東京府書記官、徳島県知事、秋田県知事を経て三九年に内務省地方局長に就任して内務大臣原敬の下で働き、原の目にとまる。郡制廃止などに尽力したが実現しなかった。四四年に内務次官に就任しているが、内務次官在任中の床次は神道、仏教、キリスト教の調和を図る計画をすすめていった。**図一**は床次が臼に十字架、数珠、幣束などを入れて搗こうとしているところである。床次によると宗教調和案は、「従来互に異教異端の感情に馳せつ、ある、神仏耶三教の宗派的精神を成るべく友愛、寛大、自由の域に進め、之に由りて以て国家の進運を輔け、国民道徳の信念を養ひ、社会風教の活泉たらしめ、三教に共通せる宗教的の精神生命をして最も広大に最も深遠に発揮せしめんとするにありて、而して我国の教育上に於ける修身倫理の精神を淘治すべき天職を帯びつ、ある教育家が個人としての精神上に於て、熱誠にして純潔なる上帝、仏陀又は八百萬神等の宗教的大信念を有し、彼等が個人として

図一　『二六新報』夕刊　明治45年1月21日号

実に品性高潔、思想剛健、仰いで天に恥ぢず、俯して地に恥ぢざる宗教的の確信を其教育上に於ける修身倫理の感化に向て活用するもの陸続たるに至るは教育宗教調和の良績として、三教会同の期待する所なり」と説明している。そして、山県有朋、桂太郎、松方正義、井上馨などにも賛同を求めており、床次の活発な行動が見てとれる。**図二**と**図三**はこんな床次の政策に対する反応を描いたもので、**図二**では内務省の蒔いた種を文部省鳥が食べてしまっている。また、**図三**では仏僧が内務省の政策に反対していることがわかる。床次の計画はなかなかすんなりとは進まないようである。大正二年には鉄道院総裁となっ

て地方路線の拡充に努めた。三年、鹿児島における衆議院議員補欠選挙に立候補して当選、七年に原内閣が成立すると内務大臣となり、郡制廃止と選挙権拡大、小選挙区制の導入をおこなった。原暗殺のあとをうけて高橋是清が組閣した内閣でも内務大臣をつとめた。その後、立憲政友会の内紛から脱党して政友本党の結成に加わって一三年に同党総裁に就任する。昭和二年、立憲政友会と政友本党が合同して立憲民政党が結成されると党顧問に就任したが、翌年には政策対立から党を離れ、四年に立憲政友会に復帰している。六年、犬養内閣の鉄道大臣に就任、九年には党の反対を押し切って岡田内閣の逓信大臣に就任して党を除名され、その翌年に病死している。

《伝記》

＊床次竹二郎評伝・床次竹二郎伝刊行会編刊　大正一五
＊床次竹二郎氏伝・緒方肇　福岡県床次会八幡支部　昭和七
＊床次竹二郎伝・前田蓮山　福岡県床次会八幡支部　昭和七（同書刊行会　昭和一四）
＊床次竹二郎・相良三介　人間としての床次先生編纂会　昭和一〇
＊幻の総理大臣―床次竹二郎の足跡・安藤英男　学芸書林　昭和五八

図二　『二六新報』夕刊　明治45年1月23日号

図三　『二六新報』夕刊　明治45年2月5日号

利《とし》光《みつ》鶴《つる》松《まつ》（一八六四〜一九四五）

実業家、政治家

文久三年一二月、豊後に生まれる。上京して明治法律学校に学び、代言人を経て東京市会議員となり、さらに明治三一年に衆議院議員となっている。三三年、利光は東京市内の清掃業務に関わる収賄事件で逮捕されている。図一はこの事件を扱ったもので、鶴が警官によって縛られて連行されている。同じ頃、神奈川県では横浜米穀取引所理事の平沼専蔵が詐欺の容疑で告発されたが、後方に見える鷺は平沼のことである。鶴は「斯う厳重に縛られちゃアつるつると抜ける事も出来ない」と呟いている。三三年一二月一八日の『国民新聞』は「元市参事会員収賄被告事件に関し、現市参事会員利光鶴松氏は、十六日午前深川区富川町の自宅より、元市参事会員今井兼輔氏は同日午前麻布区材木町の自宅より拘引せられ、鍛冶橋監獄署に繋留となり、元市参事会員横山富太郎氏は十五日午後東京地方裁判所判検事より浜町一丁目の自宅捜索を受け、同日午後五時頃京橋区木挽町萬安にて催せる政友会支部の集会へ出席中、主任判事の令状に依りて拘引され、十六日は日曜日なるにも拘らず主任判事は三氏の訊問を為したり、昨日は収賄被告事件の証人とし

図一 『団団珍聞』明治33年12月22日号

て、芝烏森の湖月外六軒召喚され、潮予審判事、大田検事の訊問を受けたり、因に記す、利光氏は昨日其筋に保釈願を為したるも却下せられたりと」と利光らの拘引を報じている。結局、利光は重禁錮七月、罰金二〇円となっている。

三八年に東京市街鉄道の取締役となっているが、四一年には運賃値上げで大きな反発が起きている。四一年一二月二六日の『萬朝報』は「電車値上げの元兇が重役の一人利光鶴松なることは云ふまでもなし」「記憶せよ尾崎東京市長は利光一個の利益の為に二百萬の東京市民を不利の地位に陥しれたことを」などと厳しく批判している。四三年には鬼怒川水力電気を設立して社長となっている。

図二　『二六新報』明治45年1月8日号

四四年、東鉄は経営を東京市に譲って東京市電が誕生した。このときの東鉄の清算人は利光だったが、配当問題をめぐって市電のストライキが起きている。四五年一月一日の『東京朝日新聞』はストライキをしている乗務員たちが集まって「頭株が泥棒するから我々の配当金がなくなるのだ、市役所や市民には気の毒だが、利光なんかゞ癪だ」とか「利光なんかは先天的の泥棒だ、市に入った井上なんかも片割れだ許して置かれない、気の毒なのは市民ばかりで、市役所は醜類を抱き込んだのだから自業自得だ」と叫んでいたと報じている。図二はこんな市電の状況を描いたもので、古着を買ったもののストライキなる綻びがあり東京市が弱りきっているところである。利光はその後も鉄道事業に関わり京成電車社長、小田原急行電車社長などに就任している。

《伝記》

＊財界の巨人・大輪董郎　昭文堂　明治四四

＊利光鶴松翁手記・小田急電鉄　昭和三二

＊日本財界人物列伝　二・青潮出版　昭和三九

富《とみ》田《た》鉄《てつ》之《の》助《すけ》（一八三五～一九一六）

官僚、実業家

天保六年一〇月、仙台に生まれる。勝海舟に師事して慶応三年には幕府の命によってアメリカに留学して経済学を学ぶが、アメリカ滞在中に維新となり明治政府の留学生となる。明治五年に岩倉使節団がアメリカを訪問したときにニューヨーク在留領事心得に任命され、その後、ニューヨーク副領事、上海総領事、駐英公使館一等書記官などを経て一四年に帰国し、大蔵省に入って翌年の日本銀行設立に尽力、一五年に日本銀行が開業するとともに副総裁に就任して二一年には総裁となる。在任中は対民取引の拡充や外国為替業務の整備などに尽力したが、横浜正金銀行に対する外国為替買取資金供給問題で大蔵大臣の松方正義と衝突して二二年に総裁を辞任している。二三年に貴族院議員となり、二四年から二六年まで東京府知事をつとめた。**図一**は東京府知事に就任した直後の富田である。富田について二四年七月二二日の『国民新聞』は「貴族院議員に勅選せられ、谷将軍等と恒に往来し、大津事変後は幌馬車組の一人として世上より指目せられたる程にて既に頃日の紅葉館にて硬派に傾きたる上下議員の懇親会にも臨席したる程にて申さば現政府反対党の一人と云ふ可き程なるに俄然として東京府知事に任ぜられたるは抑も如何なる故ぞと疑問百出せり」と記しており、富田の実力ぶりを知ることができる。**図二**は東京府知事に就任した富田を描いたもので、「とん田鉄の文鎮」とある。大きな鉄の文鎮（富田）がはたして東京の地図を押えるのに相応しいのだろうかと人々が様子を見ているところある。その後、富田は富士紡績、横浜火災保険の設立に力を尽くすなど実業界で活躍している。**図三**の上図は日本鉄道会社が国有化されて解散するにあたって慰労金の分配で重役が自分たちに有利に取り計らおうとしたことに腹を立てた役員の富田が重役会の席上で重役を叱責しているところである。しかし、あまり怒り過ぎたので道で卒倒して病院に担ぎ込まれたとのエピソードを描いている（**図三**の下図）。この図の解説によると富田は自分の分配金を全部返上するようである。このことからもその人柄が忍ばれるが、富田は清廉の士として多くの人たちから厚い信頼を得ていたのである。

図一 『国民新聞』
明治24年7月22日号

図二 『団団珍聞』明治24年8月1日号

《伝記》

＊富田鉄之助君薨去・大日本農会報　四一七　大正五

＊富田鉄之助断簡・仙台郷土研究　七ノ一〇　昭和一二

＊忘れられた元日銀総裁―富田鉄之助伝　吉野俊彦　東洋経済新報社　昭和四九

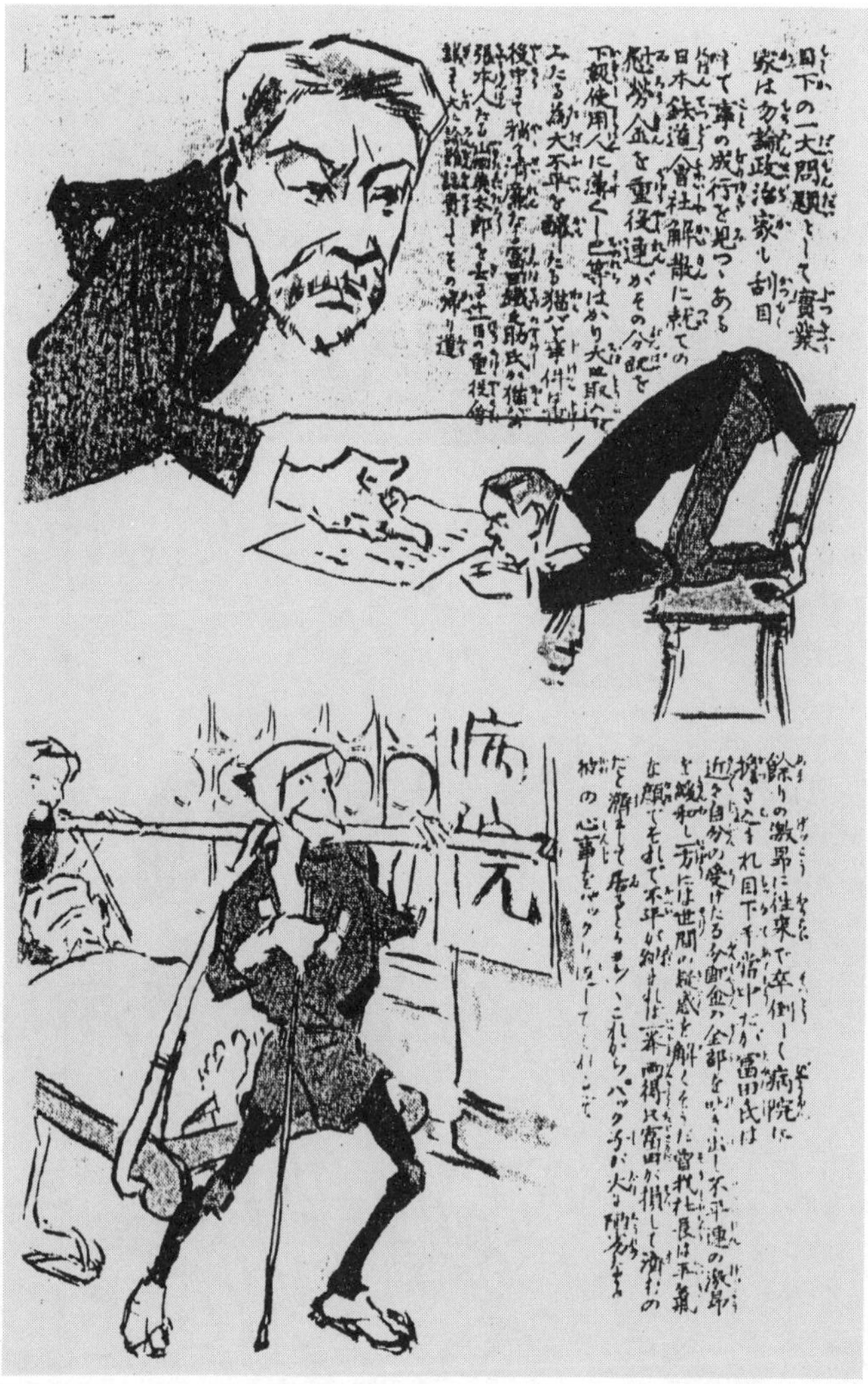

図三　『東京パック』明治40年1月20日号

鳥《とり》尾《お》小《こ》弥《や》太《た》（一八四八〜一九〇五）

軍人、政治家

弘化四年一二月、長州に生まれる。安政五年に江川太郎左衛門に学んで、文久三年に奇兵隊に入る。戊辰戦争では鳥尾隊を結成して転戦し武勲をあげる。紀州藩に招かれて兵制改革を行なった後、明治三年に兵部省に出仕して翌年に陸軍少将となる。以後、陸軍省軍務局長などを歴任して七年に大阪鎮台司令長官に就任し、佐賀の乱の事後処理にあたった。西南戦争時には行在所陸軍軍務取扱として兵站輜重を担当し、一二年に近衛都督となる。**図一**はこのような鳥尾の軍人としての活躍を描いたものである。一四年の北海道開拓使官物払下げ事件では谷干城、三浦梧楼らと払下げの再議を上奏するとともに国憲創立会議の創設を建白し、藩閥政治批判を行なったが病気により軍を離れる。一五年、初代の内閣統計院長に就任している。**図二**は軍人としての道を歩いてきた鳥尾が内閣統計院長となったことを話題としたもので、鯰（官吏）となったものの鳥の尻尾が残っている。「当計院とか云ふお寺の境内で鳥の尻尾が鯰に化けたとの珍聞」とあり、この人事にびっくりした世間の反応がわかる。その後、鳥尾は一八年には国防会議議長、元老院議官に就任する。一九年から二〇年にかけてヨーロッパ各国を視察し、帰国後の二一年に日本国教大道社を設立して枢密顧問官となり、保守中正派を組織している。**図三**は在官のまま保守中正派を組織したもので、まさにタイトルの通り「武者修行」といったところであろう。翌年には外務大臣大隈重信の条約改正案に反対を繰り広げ、大審院判事の外国人登用は憲法違反との主張を展開した。**図四**は鳥尾が本格的に中正党を独立させたこ

図一　『現今英名百首』明治14年

図二　『団団珍聞』明治15年5月6日号

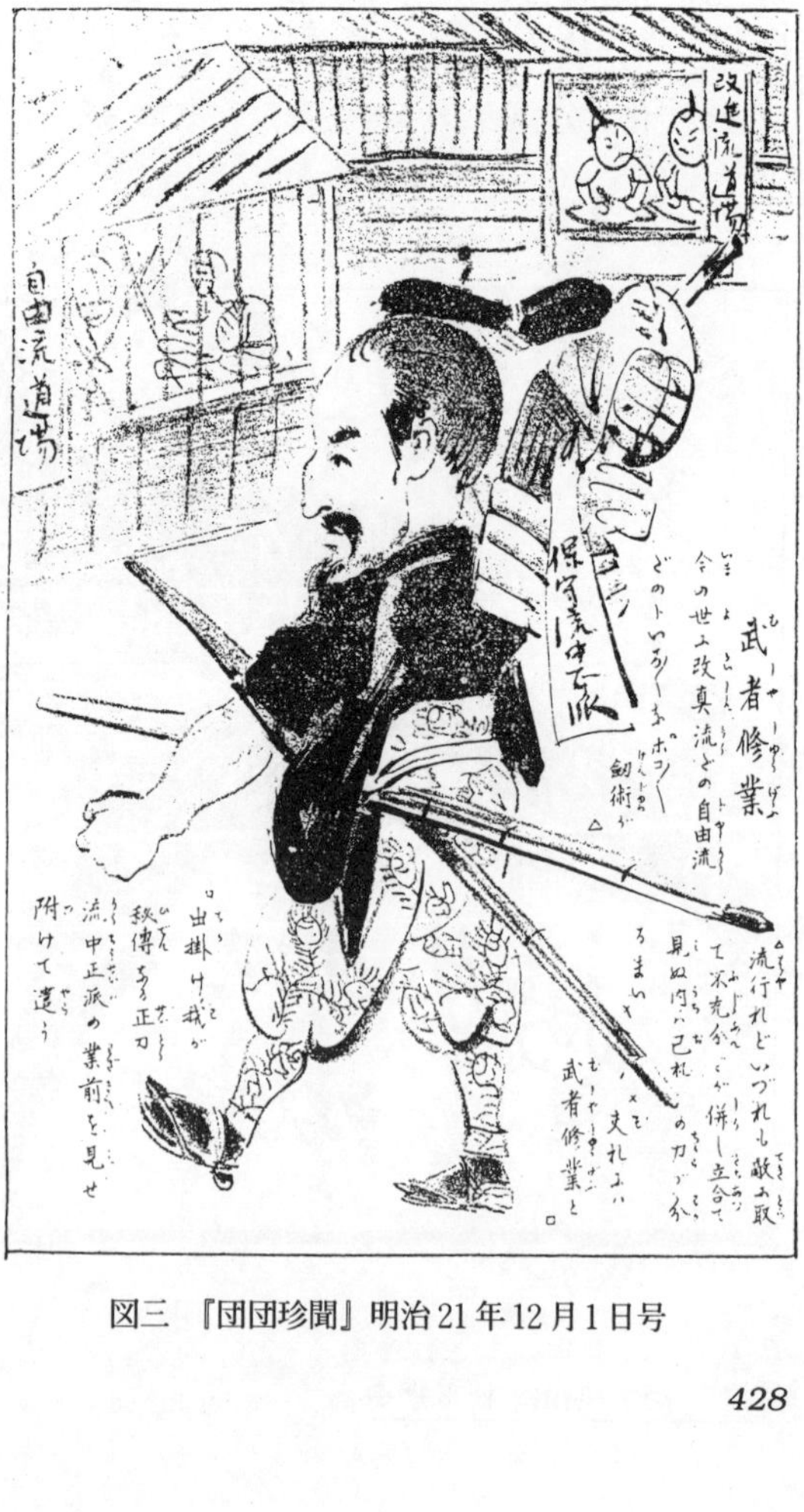

図三　『団団珍聞』明治21年12月1日号

とを描いたもので、柵から離れ出た鶏（鳥尾）と、それに従って行くヒヨコたち（同志の政治家）である。このように、もともと軍人だった鳥尾は政治家としても実力を備え、二三年には貴族院議員となっている。鳥尾は三八年に病没しているが、四二年に憲法発布二〇年を記念して伊東巳代治が憲法起草当時の思いでを回顧しているなかで鳥尾について、「鳥尾子は音声と態度が立派で、弁舌は荘重であって、長く且堂々とやる。其の演説は如何にも人を動かすの力がありました。鳥尾氏は禅学の奥義に達し居られたが、国法の素養はなかったのです。鳥尾氏の弁舌と学識に加ふるに、国法学の素養を以てせられたならば、夫こそ鬼に金棒であったでせう」（四二年二月一一日『大阪朝日新聞』掲載）と語っている。こんなところからも軍人であり政治家であった鳥尾の性格を見ることができよう。

《伝記》

＊明治年間一種の人物鳥尾子爵・徳富猪一郎　人物管見　民友社　明治二五
＊得庵全書　二巻二冊・鳥尾光刊　明治四四、昭和九
＊近世名将言行録　一・同刊行会編　吉川弘文館　昭和九
＊類聚伝記大日本史　一四・雄山閣　昭和一一

図四　『団団珍聞』明治23年4月12日号

中井《なかい》弘《ひろし》（一八三九～九四）

政治家、官僚

天保九年一一月、鹿児島に生まれる。藩校造士館で学び、京都や江戸に出て国事に奔走する。後藤象二郎の知遇を得て活動し、慶応二年には後藤の尽力でイギリスに留学している。翌年帰国して宇和島藩に招かれて斡旋方として仕え、明治元年には外国事務各国公使応接掛として新政府に出仕している。二年にイギリス公使パークスが京都において参内の途上に攘夷派浪士に襲撃される事件があったが、中井はこのときに負傷しながらも身を挺ってパークスを守っている。神奈川県判事、東京府判事を経て一時は帰郷するものの四年に再び上京して左院四等議官となり、翌年に渡米している。七年には駐英公使館書記官としてイギリスに渡っている。九年に帰国して工部省大書記官などを歴任、一七年には滋賀県令に就任して六年間にわたって地元の振興に努めている。二三年に元老院議官に就任するが元老院の廃止にともなって貴族院議員となっている。図一は二四年に出された『国会議員百首』に載った中井である。バイオリンを弾いているが、このような趣味も海外経験や応接役として多くの外国人たちとの付き合いのなかから生まれてきたのだろう。二六年には京都府知事となり、翌年、在任のまま死去している。ところで、中井は鹿鳴館の名付け親としても知られている。「鹿鳴」とは『詩経』の「鹿鳴」の章からとったもので、その序には「鹿鳴、燕群臣嘉賓也」とあり、迎賓館を意味する命名として「鹿鳴館」と名付けたのである。一六年に総工費一八万円を投じて元薩摩藩装束屋敷跡に建設された鹿鳴館は近代国家をアピールするために舞踏会などが行なわれていた。このようなことを通して条約改正を目指す、いわゆる鹿鳴館外交の場となったのだが、この外交は厳しい批判も浴びている。図二は鹿鳴館における舞踏会の模様を描いたものだが、似つかわしくない正装をした小柄な日本人のカップルの姿からは滑稽ささえ感じられる。このような外交は破綻を来して鹿鳴館時代は終焉を迎える。その使命を終えた鹿鳴館は三一年に華族会館となった。命名者の中井にとっても不本意なことであったに違いない。

《伝記》

＊王者と道化師・服部真長　経済従来社　昭和五三

図一 『国会議員百首』明治24年

図二 『トバエ』明治20年2月15日号

長《なが》岡《おか》外《がい》史《し》（一八五八～一九三三）

軍人

安政五年五月、長門に生まれる。山口の明倫館を経て明治七年に陸軍外山学校に入学する。卒業後、陸軍士官学校、陸軍大学校に学び、一九年に陸軍大学校を卒業して第一師団参謀などを歴任し、日清戦争時には大島義昌の率いる混成旅団の参謀として平壌攻撃で功をあげる。図一は大島旅団の行軍の様子を捉えたものである。中央で手をかざしているのが参謀の長岡であるが、遠くからでも特徴ある長い髭が確認できる。三二年にドイツに留学して帰国後に少将となり、歩兵第九旅団長に就任する。日露戦争時には大本営の参謀次長として山県有朋を補佐して活躍している。しかし、重要な役割を果たしたにも関わらず戦功によって授爵するとはなかった。このあたりの事情について四〇年一〇月一七日の『萬朝報』は「日露戦争当時の参謀次長長岡外史及び第一軍参謀長藤井茂太両氏の戦功は、大抵の中将連に優るとも劣りはせないのに、叙爵の沙汰を受けぬのは、中将以下には授爵せぬと言ふ杓子定規に拘はり過ぎた弊だと言ふので、軍人社会の一大問題と為って居る」と報じている。日露戦争後、中将となり、陸軍省軍務局長、第一三師団長、

図一　『二六新報』明治27年10月3日号

第一六師団長などを歴任している。図二は長い髭が特徴的な長岡を描いたものであるが、解説には「中将は軍人中でも非常な交際家で有って其も自分の同輩が一級でも上になると早速訪問に及ぶが自分が更に同級になると決して訪問しない之を軍人仲間で長岡流の兵法と云ふ相で訪問の時役者の声色で玄関から飛び込むかと思ふと「ヤア今日は一ノ谷の逆落しだ」と勝手口からニョコッと来る」とあり、外見に似合わず社交的な人物であったことが伝わってくる。四二年に臨時陸軍気球研究会会長となって航空分野の発展に関わっていったが、大正五年に退役した後も帝国飛行協会副会長、飛行倶楽部理事長などに就任して航空界の発展に貢献していった。一三年には衆議院議員にもなっている。

図二 『名流漫画』明治45年

《伝記》
＊長岡少尉・池辺義象 吉川弘文館 明治三八
＊陸軍中将・山浦貫一 政局を繞る人々 四海書房 大正一五
＊将軍長岡外史 戦争秘録・坂部護郎 二見書房 昭和一六
＊人間長岡外史―航空とスキーの先駆者 戸田大八郎文、岡田憲佳写真 長岡外史顕彰会 昭和五一
＊長岡外史関係文書 書簡・書類篇 長岡外史文書研究会編 (下松) 長岡外史顕彰会、吉川弘文館 [発売] 平成元

中《なか》島《じま》信《のぶ》行《ゆき》（一八四六～九九）

政治家

弘化三年八月、土佐に生まれる。尊王攘夷運動に奔走し、元治元年には土佐勤王党の獄があり同志とともに脱藩して長州へと行き、慶応元年には長崎に出て坂本龍馬の海援隊に入って坂本の信頼を得、三年には伊呂波丸沈没事件で紀州藩から賠償金の獲得に成功するなどの活躍を見せている。坂本の死後、陸援隊に入って活動するなどして、慶応四年に徴士として新政府に出仕し、外国官判事、通商正、出納正、紙幣権頭などを経て明治七年に神奈川県令に就任、九年には元老院議官となるものの一三年に提出された酒造税増徴案に反対して辞任し、翌年の自由党結成に参画して副総理に就任する。一五年には立憲政党が大阪で創設されて総理に就任して自由民権運動のリーダーとして各地を遊説した。二三年の第一回総選挙で当選して初代衆議院議長を勤める。**図一**は議員たちの投票によって津田真道、松田正久とともに議長候補者となった中島である。そして、最終的に中島が議長となるのであるが、**図二**は初代の衆議院議長を目指して争う中島と楠本正隆を描いたものである。楠本も有力な議長候補として前評判が高かった。手前では「ギ島」なる大きな鳥を捕まえようと中島が鳥籠を開けて待ち構えるところに中島派の連中が鳥を追い込もうとしている。その一方で、楠本も籠を持って「ギ島」を追いかけており、その周りでは楠本を支持する者たちが大勢手助けしている。双方とも「鳥逃しては大変大変」と懸命になっている。中島は二五年にイタリア公使に就任している。二五年九月二五日の『東京日日新聞』は「中島信行氏、不日愈よ特命全権公使に任ぜらるべし、自由党を脱したるは其が為なりしと、而して氏の任地は伊国羅馬府ならんと申す」と伝えている。イタリアに赴いた中島だったが病を得て翌年帰国し、二七年に貴族院議員となるが病が癒えず三二年に死去している。一八年、女性民権家として知られた岸田俊子と結婚したことでも話題を呼んだ。

図一 『国民新聞』
明治23年11月26日号

図二　『団団珍聞』明治23年11月15日号

《伝記》

＊衆議院議長中島信行氏の伝・衆議院議長末広重恭氏の演説　安政堂　明治二三

＊坂本竜馬・海援隊士列伝　山田一郎ほか著　新人物従来社　昭和六三

中《なか》西《にし》六《ろく》三《さぶ》郎《ろう》（一八六六～一九三〇）

司法官、弁護士、政治家

慶応二年、京都に生まれる。明治二〇年に第一回判検事試験に合格、各地の裁判所勤務を経て札幌裁判所判事となり、二四年に退官して札幌において弁護士を開業する。三七年に衆議院議員に当選して政友会に属して活動したが、政友会が分裂すると床次竹二郎らと政友本党を結成した。三七年以来、衆議院議員に五回当選して活躍したが、昭和五年に札幌において急逝している。**図一**は小樽官地払い下げにからんで北海道長官園田安賢を議会で追求する中西である。中西は議場に「小樽」を持ち込んで問題をアピールしており、議員たちは、「やア中西め、とんだ小樽を持ち出したぞ」とびっくりしている。三九年二月二日の『東京朝日新聞』には「昨日衆議院に於て札幌選出の中西代議士が、小樽官地払下の魂胆を暴露したるに就て其内容を察知するに、元来北海道鉄道線中、支線を置くの必要あるより、増毛と留萌との間に於て、三年以来の競争起り、園田長官は増毛支庁長が自分の実弟なるを恃みて、留萌附近の土地を買占めること既に数百萬坪以上に達し、坂東勘五郎氏其配下となりて買収したる箇所また尠なからず、夫等の関係より来年度の予算中には留萌鉄道敷設費なる項目が公然発表せらるゝに至れる次第なるが、右買収費用並に議会に対する運動費を調達せんが為めに、扨こそ今回摘発せられたる小樽官有地払下事件の醜聞端なくも起りたるなれ」と不正を暴いている。北海道土地払下規則によると山林荒蕪地は一人一〇万坪を限度として上等で千坪七五銭、中等で五〇銭、下等で二五銭で払い下げることとなっていたが、中西が指摘した払下げはすべて市街宅地で、本来ならば時価で二〇万円の価値のある土地を僅か九円二二銭一厘で払い下げられたのである。そしてその裏には園田が動いたと糾弾したのである。このような批判のなかで園田は長官を辞任している。

《伝記》

＊中西六三郎言論集・田中清一　弘文社　昭和八

図一 『団団珍聞』明治39年2月7日号

中《なか》村《むら》弥《や》六《ろく》（一八五五～一九二九）

政治家、林学者

安政元年一二月、信州に生まれる。明治二年に上京して安井息軒に師事した後に開成学校に学ぶ。一二年にドイツに留学して林学を研究し、一六年に帰国して山林学校教授に就任している。一五年一一月二〇日の『陸羽日日新聞』には「中村弥六氏、同氏は去る一二年中、山林学研究として独乙国へ留学を命ぜられ、本年六月博士の免状を得られし折柄、恰も伊藤参議の伯林来着に会し、同参議より独国憲法取調御用を命ぜられ、暫く右取調に従事されしも、既に取調事務を終了したるに付き、本月中には帰朝の筈なりと云ふ」と林学以外に憲法調査も留学中に行なってたことがわかる。一七年には御料林制度の意見書を岩倉具視に提出するなど林学のパイオニア的存在として活躍し、二三年に第一回衆議院議員選挙において当選を果たし、政治家として歩みだす。三一年には憲政党の創立委員にも名を連ね、同年、司法次官に就任している。翌年、林学博士の学位を得ているが、**図一**はこのころの中村である。学位を取得したもののすでに政治家として活躍していた時代である。三三年、そんな中村の政治生命に関わるような事件が起きている。清国からの政治亡命者孫逸仙との間の金銭問題が浮上したのである。**図二**はこれを話題にしたもので、遭難しそうな「背水丸」（背水は中村の号でもある）で「お助け下さい何萬円だ何萬円だ」とお経を唱えている中村である。この遭難をもたらしたのは「除名の大風」であり、遠くには「犬かい吠岬」がみえる。中村は孫との金銭問題をきっかけに犬養毅と対立し、党からの除名処分が取り沙汰されるまでに紛糾していったのである。海に放り出されそうな中村を「背水先生を歓迎す　布引丸遭難者」なる垂れ幕をかざして亡霊たちが中村を待っているが、これは、以

図一　『報知新聞』明治32年4月6日号

前、布引丸に乗船しようとしていた中村が予定を変更したために難を免れたことを描いたものである。このような問題を乗りきって中村はその後も政界で活躍しているが、四四年には山林事業との関わりで除名問題が浮上している。

図二 『団団珍聞』明治33年12月15日号

《伝記》
＊信濃名士伝・松下軍次著刊　明治二七
＊中村博士　林業回顧録・吉田義季編　大日本山林会　昭和五
＊林業先人伝―技術者の職場の礎石　日本林業技術協会編　昭和三七

鍋《なべ》島《しま》幹《みき》（一八四四〜一九一三）

官僚、政治家

天保一五年三月、佐賀に生まれる。明治元年に仮代官に就任、その後、真岡県令、栃木県令、元老院議官などを歴任して一九年に青森県知事に就任する。鍋島が青森県知事在任中の二一年七月二八日の『官報』の青森県における演劇などの興業の景況に関する記事の中に県民を「稍々無神経の人民なれども之を喜ぶものの如し」と表現した箇所があり、問題化していった。県民有志が県庁に抗議に出かけた結果「稍々無神経の人民なれども」の部分が「人民に於ても稍々」と訂正されて一応の落着をみている。図一はこの事件を描いたもので赤子に着せていた「無神経な汚れもの」を捨てて「於てもやや」という新しい産着を着せたところである。枕屏風の奥にいる産婦は県知事の鍋島（手前に鍋と御酒が置かれている）である。産婦は「民を子とすの古言の如く本とうに腹を痛めて産み出した子と思へばこそ他人に向ては卑下して我子の事を無神経と云たのだがモー是からうっかり我子を呼ぶとしくじるから唯や、とでも遣て置かう」と何やらふてくされている様子である。しかし、青森県民の怒りは簡単にはおさまらなかった。図二は泡盛ならぬ「アヲ盛」をふり回していたために栓がぬけて酒がふき出してあわてている鍋島といったところである。二二年三月九日の『山形新報』はこの事件の後日譚をつぎのように掲載している。「青森県知事の無神経説、同氏の無神経説は最早珍らしくもあらねど、近刊の秋田魁新報は左の一報を載せて曰く此頃或る人が鍋島青森県知事の許を訪はれたるとき、談話の序に彼の無神経事件のことに及び。あの大騒ぎに閣下の泰然として居据はられたるは、兼ての閣下とは知りながらも誠に感服の外なしと申上げたる所、知事は微笑して左ばとよ本県の人民は真に無神経ぢゃ、奥羽人は、一体ウカーポンとして居れども、本県は殊に甚だしい。今其一例を挙ぐれば拙者が赴任する時に、隣県の秋田さへも旅宿屋や車夫まで、知事とでも云へば幾ら他県の知事でも、それぞれ敬礼することを覚え、それ知事様の通行ぢゃと、車の用意より諸荷物の揚げ卸し迄、少しも粗末はない。それを矢立峠を越して本県に入ると、自分の県の知事が来たと云ふに、少しも敬礼することも知らぬ、恰も道路一般の通行人と同一の取扱ひぢゃ。此の如きは無神経にあらずして何んである、か、る無神経には真に困却なりと痛く嘆息して咄されたりとのことなり云々」。こんなところに前年の無神経事件の原因があったのだろう。鍋島は二二年に青森県知事を辞して広島県知事、貴族院議員などを歴任している。

図一 『団団珍聞』明治21年8月25日号

図二 『団団珍聞』明治21年11月17日号

奈《な》良《ら》原《はら》繁《しげる》（一八三四～一九一八）

官僚、政治家

天保五年五月、鹿児島に生まれる。薩英戦争に加わって戦うなどしたが、西郷隆盛らの唱える討幕に反対していたために一時は政治の表舞台から消えていた。明治一一年に内務省御用掛となり、その後、内務権大書記官、農商務大書記官、静岡県令を経て、日本鉄道会社の社長に就任している。二一年に社長を辞して元老院議官に就任したが即日非職となって鉄道視察のための外遊に出ていった。このおかしな人事は世間の注目を集め、批判も巻き起こした。二一年七月一二日の『朝野新聞』は「日本鉄道会社長奈良原繁氏が元老院議官に任ぜられ、即日非職仰せ付けられたることに付き、疑義の点は前日の紙上にも論じ置きたるが、昨日の官報を見るに、奈良原非職元老院議官は日本鉄道会社業務の為め、欧米巡回として出発と掲げたるが、是に因て見れば、氏は已に元老院議官に任ぜらるるの時に於て、日本鉄道会社長の任は消滅したるにも拘らず、同社業務の為め、非職元老院議官の資格を以て巡回さるゝものゝ如し。非職元老院議官の資格を有して私立会社業務の為めに欧米を巡廻すると云ふは随分奇妙の話ならずや」と疑問を呈している。図一はまさにこの世間の疑問を描いた「出し入れ自在の燗徳利」なる諷刺画である。奈良原は「任官」と「免官」を自分の思い通りに選んでいる。車を廻す政治家らしき人物は「己れさまの専売特許品」だと自慢しており、元老院議官が形骸化されたポストであることを窺わせている。いみじくも、奈良原の任免問題がそれを世間にさらすきっかけとなったといえよう。図二はペルーにおける鉱業経営に乗り出そうと日秘鉱業会社を創立しようとしている発起人たちである。左から二人目が奈良原（羽織に奈良原とある）。奈良原もこの計画に参画していたのであるが、結局は実現することなくおわった。奈良原はその後、貴族院議員、宮中顧問官などを歴任して二五年に沖縄県知事に就任、以後、四一年に辞任するまで約一六年もの長期にわたって在任して皇民化教育、港湾施設整備、土地整理を推進して本土との一体化政策を強力に実施していった。また、『琉球新報』を創刊、沖縄県農工銀行を設立して沖縄県の近代化をすすめたが、いっぽうで、士族授産などの目的で強引に土地の私有制を実施してそれまでの共同体を解体し、県政も鹿児島閥で固めていたために謝花昇らの反対運動を引き起こしている。強大な権力で長期にわたって沖縄県知事の地位にあったために「琉球王」との異名があるほどである。

《伝記》

＊南島夜話　二冊・秦蔵吉　沖縄実業新報社　大正五～六

図一　『団団珍聞』明治21年7月14日号

図二　『団団珍聞』明治22年10月19日号

成《なる》島《しま》柳《りゅう》北《ほく》（一八三七～八四）

文筆家、ジャーナリスト

天保八年二月、江戸に生まれる。幼くして詩文に長じ、安政元年に侍講見習となり、三年には奥儒者となったが文久三年に幕閣を諷刺する狂歌をつくったことから三年間の閉門を命ぜられる。閉門中、神田孝平らを招いて英学に励み、慶応元年に赦されて騎馬頭に就任、その後、騎馬奉行、外国奉行、会計副総裁などを歴任するが、維新後は官途に就かず、明治五年に東本願寺の大谷光瑩に随行して欧米を周遊、七年以降は『朝野新聞』で政府批判を展開するなどジャーナリストとして活躍している。図一は『朝野新聞』を擬人化したものであり、「ズイと押出いしい誰が見ても当時流行の法律家で能く議論《おしゃべり》の條理が立ちお負に角力の話と来てハいつもみんな立ちばを失ひます」との解説が添えられており、『朝野新聞』の特徴をあらわしている。八年には讒謗律違反で末広鉄腸とともに投獄されている。翌年、獄中の体験を『ごく内ばなし』として発表し大きな反響を呼んだ。そのなかには「既ニシテ各社ノ記者陸続法網ニ罹リテ此中ニ堕ツ、房々處トシテ新聞記者ナラザル無ク、故ニ記者自ラ一房中ニ同栖セザルヲ得ズ。是ニ於テカ遂ニ禁獄世界ノ景況一変スルニ至リシナシ」との一文もあり、多くの記者たちが入獄していたことがわかる。また、『柳橋新誌』『京猫一斑』などの著書があり、文明開化への疑問など投げかけている。図二はそんな成島を描いたものであるが、「雪月花を友として卜居を閑静になし」との解説からも一度は世間と関わらずに生活していたことがわかる。このような状況から一転してジャーナリストとなったこともあって何も恐れることなく権力と対決できたのであろう。一七年一一月九日の『函右日報』は「朝野新聞社の故柳北翁の葬送の節、或る貴顕の申さるゝには、会葬人の千人に過ぐる葬儀は珍らしからねど、皆其位の高きと金の多きに因るものなり、翁は生前位階有りたるに非らず、又其家富めるといふにも非らず、然るに斯く会葬者多きは全く生前の徳義に因るものなりと」記している。これなども成島の活動がいかなるものであったのかを知ることのできるエピソードといえよう。

図一『団団珍聞』
明治17年5月14日号

《伝記》

＊成島柳北・依田百川　談叢　一　吉川半七　明治三三

＊成島柳北論・木村毅　早稲田文学　二ノ二二九　大正一四

＊十大先覚記者伝・太田原在文　大阪毎日新聞・東京日日新聞社　大正一五

＊成島柳北の日誌・柳橋新誌について・永井荷風　荷風随筆　中央公論社　昭和八

＊柳北談叢・大島隆一　昭和刊行会　昭和一八

＊人と作品現代文学講座　一・木俣修等編　明治書院　昭和三六

＊近代文学研究叢書　一・昭和女子大近代文学研究室編　同大学　昭和三一

＊三代言論人集　二・時事通信社　昭和三八

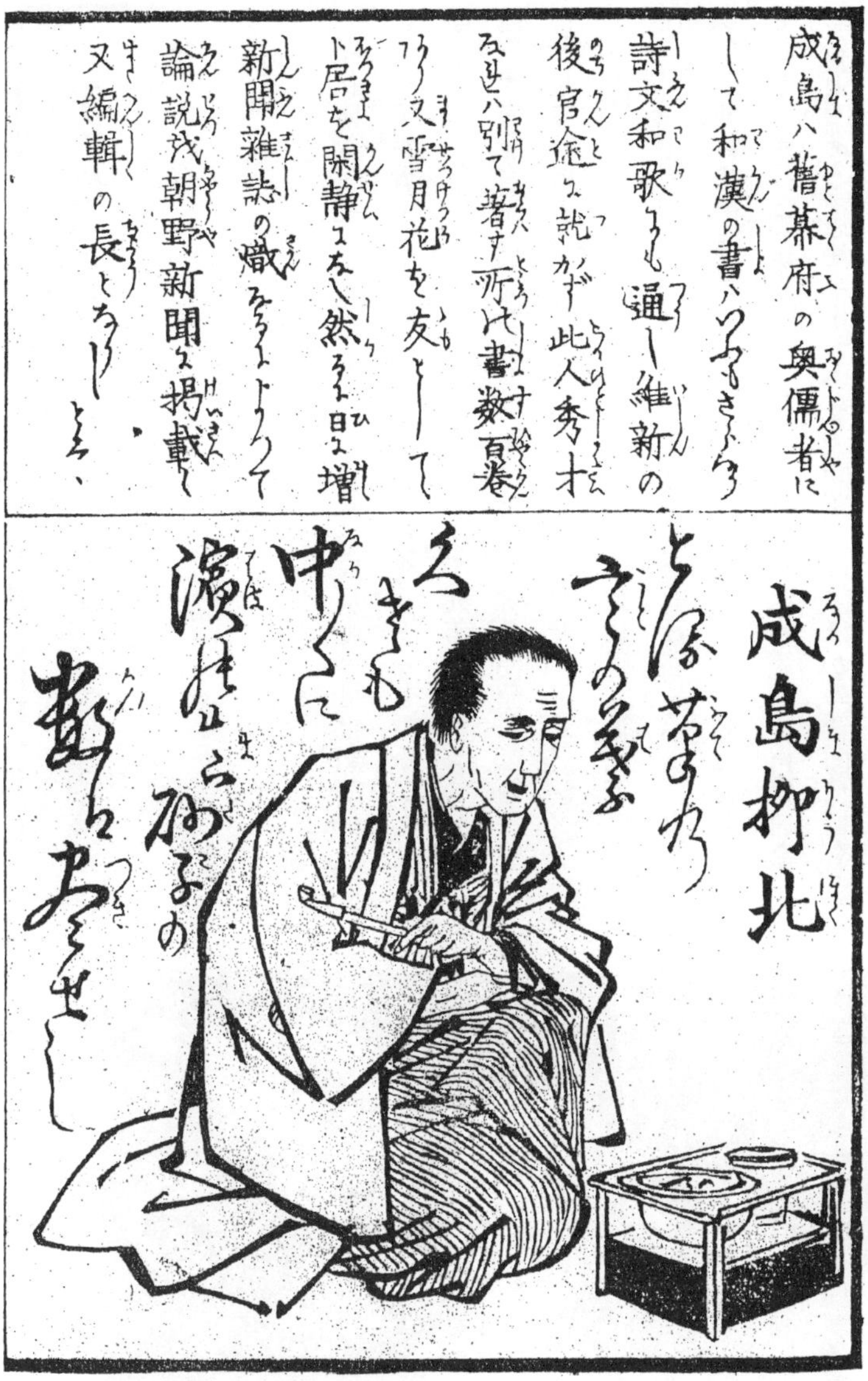

図二　『現今英名百首』明治14年

西《にし》徳《とく》二《じ》郎《ろう》（一八四八〜一九一二）

外交官

弘化四年一二月、鹿児島に生まれる。戊辰戦争では黒田清隆に従って長岡で戦い、明治三年に大学少舎長となりロシアへ留学、八年にペテルブルグ大学を卒業する。九年にフランス公使館二等書記官見習となり、一一年にはロシア公使館に二等書記官として勤める。一三年には半年かけて中央アジア、シベリア、中国などをまわり、一四年に帰国して太政官大書記官に就任している。一九年、駐ロシア公使として赴任している。駐ロシア公使時代の二五年、西は大きな注目を浴びることとなる。そのきっかけは『東京朝日新聞』に載った西の憲法中止建白なる報道である。憲法中止という大問題だけにほかの新聞社にもこの報道は波及していった。二五年三月二一日の『東京日日新聞』は「東京朝日は驚くべき報道を為せり、乃ち曰く、政府部内就中薩州派連中に、憲法中止論を唱ふるものありとは曾て聞きて報ぜし所なれど、真逆に公言して此説を貫かんとするものあるべしとは思はざりしに、此頃露国駐剳特命全権公使なる西徳二郎氏は、右憲法中止の建議を為したりとの説ありと」と報じている。さらに、『東京日日新聞』は三月二七日に再び憲法

図一　『団団珍聞』明治25年4月2日号

中止論に言及している。「西全権公使が憲法中止の建白書を提出したる由は東京朝日によって初めて伝へられ国会新聞によって更に敷衍せられ遂に海江田枢密、穂積博士の名すら穢すに至りたり、吾曹は此の如き不祥の言を耳にするに堪へず、先づ穂積博士に就き、次で海江田子に付て事実の有無を質し、既に両氏に対する風説の全く無根なるを確認せり。西氏に至りては当時旅行中なるを以て未だ確説を得ず、此に於て社員平塚氏は特に書を熱海（当時氏は熱海入浴中）に送りて事実を問へり、西氏即ち左の返簡を投じ越さる。此に至りて霽風名月。

御聞越の趣承知仕候、拙者儀憲法中止之建白書を其筋へ提出したること無之候。右旅行　先より御回答迄早々。

廿五年三月廿四日　西徳二郎

平塚秀輔殿」

図一はこのような西の憲法中止建白なるものの実体が不明なことを描いていおり、「雲か烟か」との題が付けられている。結局、この事件はうやむやのままとなった。西は日清戦争時には情報収集に携わった。三〇年に枢密顧問官となり、同年、第二次松方内閣の外務大臣に就任、続く第三次伊藤内閣でも外務大臣をつとめた。三一年には日本の韓国への経済進出をロシアが認めた西・ローゼン協定の調印を行っている。同年、駐清国公使として赴任し、義和団の乱では北京城に籠城するなどの体験もしている。**図二**はこの時代の西である。解説によると駐清時代にチベット語なども研究していたようで、積極的に中国を知ろうとしていたことが窺われる。三四年に再び枢密顧問官に就任している。

《伝記》

＊男爵西徳二郎伝・坂本辰之助編刊　昭和八

図二　『二六新報』明治33年3月26日号

仁《に》礼《れ》景《かげ》範《のり》（一八三一〜一九〇〇）

軍人

天保二年二月、鹿児島に生まれる。慶応四年にアメリカに留学して帰国後に兵部省を経て海軍省に出仕し、明治一一年に海軍兵学校長に就任、一四年に東海鎮守府長官、一五年に中艦隊司令官となり、その後、樺山資紀とともに海軍省軍事部の設置に尽力して、一七年に新設された海軍省軍事部長に就任して軍令事項の管掌責任者となった。一八年には特命全権大使として清国に赴いた伊藤博文に随行して中国にわたり、同年、海軍中将となっている。一九年に陸海軍の管掌業務を統合した参謀本部が新設されると参謀本部海軍部次長に就任している。その後、参謀本部の組織変更に伴って海軍参謀本部長となって一貫して海軍力の充実と拡張に力を尽くした。二二年に横須賀鎮守府長官、二四年に海軍大学校長となり、二五年には第二次伊藤内閣の海軍大臣に就任している。**図一**は海軍大臣となった仁礼である。長い髯を伸ばした姿が印象的だが、このときの閣僚は首相の伊藤をはじめとして全てが五十代、四十代だったが仁礼だけが六〇歳を越していた。**図二**は仁礼の海軍大臣時代に製艦費補助問題が解決して踊りあがってよろこんでいる軍艦を描いている。この絵の描かれた直後に仁礼は海軍大臣を辞している。このように、仁礼は明治前期に主に活躍した海軍軍人であり、日清戦争時にはすでに現役を退いて枢密顧問官となっており、日露戦争当時はすでに物故していた。しかし、仁礼は草創期の海軍に大きな業績をのこしており、その功績は高く評価されている。かくて、四二年には仁礼の銅像が建てられているほどである。四二年五月二七日の『東京朝日新聞』は「今廿七日は代四回海軍記念日に相当するを以て、海軍省にては特に当日をトし、午前十時卅分西郷、川村、仁礼三大将の銅像除幕式を挙行し、午後一時より水交社に於て祝賀会を挙行する由、尚当日は東宮殿下行啓あらせらる、やにて、其他殿下にも御参列相成る由、余興として角力、手品、海軍楽々隊の奏楽等ある筈」と記している。西郷、川村といった大軍人とともに仁礼の銅像が建てられたことからもその評価のほどを見ることができるのである。

図一 『国民新聞』
明治25年8月9日号

図二 『団団珍聞』明治26年2月18日号

沼《ぬ》間《ま》守《もり》一《かず》（一八四四〜九〇）

ジャーナリスト、政治家

天保一四年一二月、江戸に生まれる。安政六年に養父とともに長崎に行って、英語や兵学を学び、江戸に戻ってからは軍艦頭取矢田堀景蔵から海軍術の伝習をうけ、また、横浜のヘボンに入門して英語を習得するなどしている。慶応元年に幕府の陸軍伝習所に入って歩兵術を学ぶ。戊辰戦争では江戸を脱して庄内で兵を訓練して大鳥圭介らとともに討幕軍と戦うが敗れ、放免されたのちに高知藩で兵学を教授する。その後、新政府に出仕して横浜税関などに勤務し、明治四年の岩倉使節団に随行して見聞を広め、帰国後は元老院権大書記官などをつとめて、六年に河野敏鎌らと法律講義会を設立、一一年には法律講義会を嚶鳴社と改称し、官を辞して各地で本格的に政談演説討論会を開催していった。当時の沼間の演説の様子を一一年八月八日の『東京日日新聞』は「沼間守一君は此程より上州伊香保辺を巡歴せられしが、今月四日に前橋に来られ、桃井学校を借受けて演説会を開かれぬ。其論題は日本商人の悪弊にて、例の得意の雄弁にて滔々と述べ立てられたるは聴衆も皆な感服せりとぞ。此日参会の人々は官員、区戸長、学区取締、諸商人等にて凡そ三百余人、其内に楫取県令も見えたと同地よりの通信」と記しており、沼間の演説が多くの人たちを引きつけていたことがわかる。一二年には機関誌『嚶鳴雑誌』を刊行して自由民権運動を推進していった。

図一　『団団珍聞』明治17年5月14日号

　また、『横浜毎日新聞』を買収して『東京横浜毎日新聞』を刊行した。図一は『東京横浜毎日新聞』を描いたもので「何事も西洋風を主張して漢土の風ハ迂闊なりとされるゆゑ當時の若人には大受く去れど兎角に議論が漢学よりも起るハこれゾ世にいふ持たが病か酒もビーヤに限るとして日本酒は堅くお断り。然が今漁れた新鮮なる洗ひ鯉でソレ一寸一ト銚子といふ途端にハビーヤが出るか日本酒がでるか」との解説がつけられている。同年、東京府会議員となり、翌年には府会副議長に就任している。一五年には立憲改進党の設立に参加して党内で大きな勢力を占めていった。同年、東京府会議長に就任し、二二年の憲法発布式には東京府議会を代表して参列している。二三年には始めての総選挙が行なわれた。本来ならばこの選挙に立候補して国政の場で力を発揮する実力を持ちながら沼間は選挙の直前に病死している。多くの新聞がこの時期の沼間の死を悼んでいる。**図二**は『国民新聞』に載った沼間の死亡記事に添えられた元気な頃の姿である。

《伝記》

＊沼間守一先生譜・小久保喜七編

＊沼間先生伝・毎日新聞社編刊　明治二三

＊沼間守一・石川安次郎　毎日新聞社　明治三四

＊草莽の傑士沼間守一評伝・日本評伝社編刊　昭和八

図二　『国民新聞』明治23年5月20日号

乃《の》木《ぎ》希《まれ》典《すけ》（一八四九〜一九一二）

軍人、学習院院長

嘉永二年一一月、江戸の長州藩邸で生まれる。幼くして父母とともに長州に戻り、叔父で吉田松陰の師として知られる玉木文之進の薫陶をうけ、やがて藩校明倫館に学ぶ。その後、高杉晋作の報国隊に入り、戊辰戦争にも従軍した。

明治四年陸軍少佐となり、西南戦争時には小倉第十四連隊を率いて西郷軍と戦ったが、このとき敵に連隊旗を奪われたことは終生の不覚として乃木の脳裏から離れることはなかった。

一九年少将のときにドイツに留学、二一年に帰国後は近衛歩兵第二旅団長、名古屋第五旅団長などを歴任して二三年休職となる。日清戦争の勃発で現役に復帰し大陸に参戦、その後、中将に昇進、戦争終結後の二九年には台湾総督に任ぜられ、三一年に東京に戻ってからは第十一師団長を経て休職となる。三七年日露戦争が起こり再び現役に復して大将に昇進、第三軍司令官として旅順占領のため要衝の二〇三高地を激戦の末に陥落させるなど日本の勝利に大きな影響を与えた。

日露戦争が終結すると軍人の凱旋帰国が相次いだが、図一は三九年一月一四日に東京に戻ってきた乃木を迎える人たちを

図一 『東京朝日新聞』明治39年1月15日号

描いたものである。この日の東京は乃木を一目見ようとの群集で溢れ身動きできないほどだったと言われるが、この図からもその一端を窺うことができよう。乃木は東郷平八郎とともに日露戦争最大のヒーローだったのである。

四〇年、乃木は華族教育の総てを一任されて学習院院長に

就任、風紀の乱れを厳しく取り締まる教育を行なった。図二はそんな乃木に狼狽する学習院の生徒たちを描いたもので、「オヤ飛んだ老爺がは入つて来たぞ、香水やコスメチックは隠せ隠せ」とあわてている。青春を謳歌したい学生の目には国の英雄も単なる厄介者としか映らなかったのだろう。

明治天皇の大葬当日、乃木が妻静子とともに殉死したことはよく知られているところである。

図二　『団団珍聞』明治40年2月9日号

《伝記》

＊乃木将軍略伝・伴田富士子　仏教婦人救護会　大正一
＊大将乃木・横山健堂　敬文堂　大正一（先進堂書店　昭和三）（日本兵軍学会　昭和一〇）
＊乃木将軍伝・峰間信吉編　明治大帝御偉蹟大観　博愛館　大正二
＊国文・乃木将軍伝・栃木県立大田原中学校友会編刊　昭和六
＊義の神乃木大将・渡辺竜聖　民衆文庫　六七　社会教育協会　昭和七
＊乃木希典・松下芳男　吉川弘文館　昭和三五（人物叢書　第五四）
＊人物・日本の歴史　一二・小西四郎編　読売新聞社　昭和四一
＊乃木希典・大浜徹也　雄山閣出版　昭和四二（人物史叢書）
＊乃木希典・戸川幸夫　人物従来社　昭和四三（近代人物叢書七）

野《の》田《だ》卯《う》太《た》郎《ろう》（一八五三〜一九二七）

政治家

嘉永六年一一月、筑後に生まれる。雑貨商として働きながら勉学に励んで、自由民権運動に参加、明治一八年には福岡県会議員となり、また、三井財閥と関係を持ち、三池紡績取締役などを勤めた。そのころの野田の様子を二九年四月八日の『国民新聞』は「三池紡績会社取締役野田卯太郎氏は大兵にして、目方凡そ三十貫目に近し、此程連合紡績委員となり、他の委員と共に上京して、綿花輸入税廃止運動に尽力し、其の両院を通過するを見て、東京を去て大阪に入る、大阪の糸屋、綿屋、紡績屋等は、委員等が鬼の首取りて還り来たるを喜び之れを歓迎す、梅田の停車場旗数旒、人数百なり、傍人其の盛んなるを見て、何人の来阪なるやを訝れり。軈がて一個大男の紳士が、数名の紳士と汽車を下り来りて歓迎を受くるを見たり、傍人合点して云ふ「ア、大男の歓迎やそうな」」と記しており、野田が紡績関係業界の幹部だったことや巨体だったので目だったことなどがわかる。三一年に井上馨のすすめで総選挙に立候補して当選し、その後は主に井上の下で活動して、財界と政界のパイプ役を果たした。図一はこの頃の野田である。解説では苦労して出世した野田の経歴もあってか、「彼が如きは平民的紳士の標本と謂ふ可きが如し」となかなかの評価をしている。しかし、第一次護憲運動の際には閥族打破を唱えて井上の怒りを買っている。大正七年には原内閣の逓信大臣として入閣し、一三年の加藤高明内閣でも商工大臣に就任している。

実業界でも活躍し、東洋拓殖会社副総裁、三池銀行重役、中央新聞社社長など多くの要職を勤めた。図二は明治末年のころの野田である。その巨体ぶりはこの図からもよくわかるが、解説には「此の禿か之れは君僕の事を大電気大電気と云ふものだから賞められた気で拡張に取り掛ったんだらう之を名けて百

図一　『二六新報』明治34年3月12日号

萬燈の追加予算と云ふのサ、ケッケッ…」と傍若無人の奇声で笑ひ出す蓋し百萬燈の追加予算と云ふのは彼の大禿頭に更に禿頭病の為後頭に二銭銅貨大の禿が出来たからで有る」と記されており、なかなか目立つ存在だったようだ。野田は裸一貫から大臣にまでのしあがった人物としても大いに話題を呼んだ。

《伝記》
＊伊藤満鉄副総裁と野田東拓副総裁・中央公論　二九ノ二　大正三
＊野田大魂翁逸伝・石田秀人　隆文館　昭和二
＊野田大魂伝・坂口二郎　同刊行会　昭和四
＊野田大魂翁十三回忌追悼録・中根栄　凸版印刷　昭和一四

図二　『名流漫画』明治45年

野《の》津《づ》鎮《しず》雄《お》（一八三五〜八〇）

軍人

天保六年九月、鹿児島に生まれる。文久三年の薩英戦争に参加し、その後、藩兵として京都御所の警備にあたるなどしている。戊辰戦争では東山道先鋒として会津、箱館を転戦している。明治四年、御親兵となって薩摩藩の大隊長を勤めた。その後、兵部省に出仕して兵部権大丞などを歴任して五年に陸軍少将となっている。七年の佐賀の乱では大久保利通の指揮のもとで佐賀城の奪回に功をあげている。八年に熊本鎮台司令長官となり、翌年には東京鎮台司令長官に就任している。西南戦争では第一旅団司令長官として九州各地を転戦した。図一は先頭に立って進撃する野津（右）を描いたものである。このような勇猛な戦いによって野津は危うく一命を落とすところを松の木に隠れて銃弾を避けたことがあった。一二年六月九日の『東京曙新聞』はこのエピソードの後日談を、「陸軍中将野津鎮雄君は、一昨年西南出陣中一日大苦戦に会し、賊の打出す弾丸はさながら暴雨の如く頭上に澆ぎ、既に進退谷まりしを、傍に在りし松の大樹に身を寄せて、漸く其砲丸を凌がれし事ありしが、其後凱陣の時同地を通行せられしかば、立寄て其松を見られしに、

図一 『明治太平記　二三編巻之一』明治12年

幹には砲丸の痕いく處ともなく大小の穴を穿ち、枝折れ、葉焦げて前日の激戦を思ひ、此松樹なかりせば、鎮雄が命は此原野の露と消ゆべかりしをと大に感嘆して土人に依頼し此松を伐って東京へ廻送し、兼ねて中六番町へ新築に取りかゝられし広間の床柱に用いらるゝ由にて既に過半落成せしが…」と掲載している。このことからも西南戦争における野津の戦いぶりが伝わってくる。

また、図二は遠方の敵の様子を探っている野津である。野津は博多から熊本に軍を進めたものの西郷軍の抵抗で日時を費やし、熊本へ入るのは八代方面から進軍した黒田清隆の率いる軍に先を越されている。一一年に中将となり、中部監軍部長に就任しているが一三年に没した。

図二 『明治太平記　二二編巻之一』明治12年

野《の》津《づ》道《みち》貫《つら》（一八四一～一九〇八）

軍人

天保一二年一一月、鹿児島に生まれる。鳥羽伏見の戦では薩摩軍の六番隊長として戦い、東北にも転戦する。明治四年に御親兵となり、七年の佐賀の乱で功を挙げる。西南戦争では西郷隆盛を尊敬していたが政府軍の征討第二旅団参謀長として参戦して田原坂の戦で活躍し、一二年に東京鎮台司令官となる。一六年には陸軍卿大山巌のヨーロッパ視察に随行、帰国後、広島鎮台司令長官などをつとめて日清戦争時には第五師団長として平壌を陥落させている。第一軍司令長官の山県有朋が病気で戦列を離れると野津が指揮をとって活躍した。二八年に大将となっている。図一は台湾総督府の人事にからむ話題をとりあげたもので、入札函に入れる紙には「野津」と書かれたものも見える。このように野津は軍人としての功績が認められ、すでに実力者としての地位を築いていた。

その後、近衛師団長、東部都督、教育総監などを歴任して日露戦争では第四軍司令官として満州に参戦して戦功をあげている。図二は野津の率いる第四軍の凱旋を描いたものでる。中央が野津であろう。表には多くの人たちが集まって歓迎している

図一 『団団珍聞』明治30年10月23日号

図二　『東京朝日新聞』明治39年1月18日号

様子がわかる。三九年一月一八日の『東京朝日新聞』は「野津将軍は各司令官中の最古参、勲、爵の高きも亦各司令官中第一にして、陸軍部内に於る重望は山県、大山両元帥に亜ぎ、其名は日清戦争の際已に世界に知られたるさへあるに今回の戦役にて更に勲績を加へ始終中央軍を統率して敵に当り、奉天会戦の如き、敵の戦略は万難を排して、必らず日本軍の中央を突破せんとするにありしに、野津大将は陰に敵の目的を達せしむる如くし、我左右両翼の戦況進捗するを待って、疾風の如き攻撃に移り、見事敵の戦略を挫きたるなど特殊の戦功ある次第…」と目覚ましい活躍を報じ、数万の人たちが歓迎に集まったと記している。図三は『東京パック』に掲載された三九年一月の出来事をまとめたもののなかにある野津の凱旋ニュースであるが、野津の凱旋は乃木希典の凱旋とともにピックアップされており、印象に残った出来事だったといえよう。

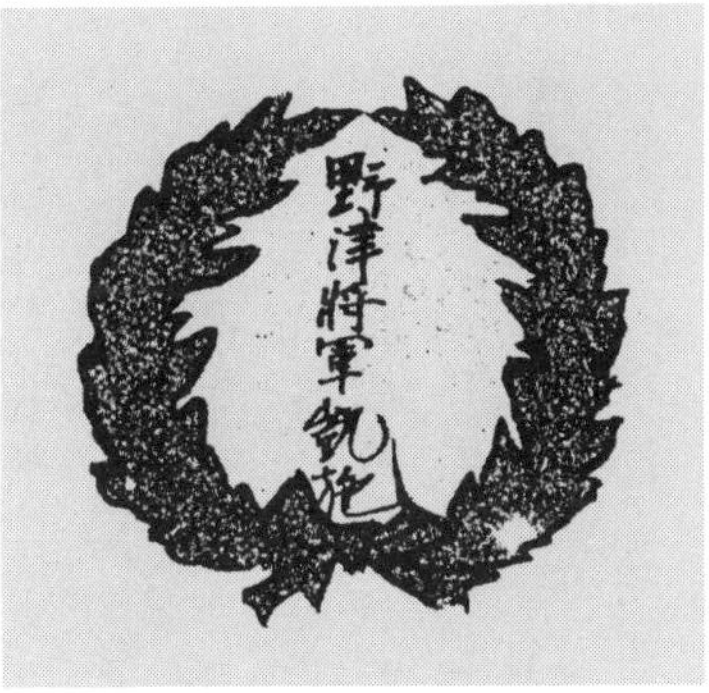

図三　『東京パック』
明治39年2月1日号

《伝記》

＊武将の典型野津元帥の面影・長剣生　皆兵舎　明治四一

＊類聚伝記大日本史　一四・雄山閣　昭和一一

野村文夫《のむらふみお》（一八三六～九一）

ジャーナリスト

天保七年四月、安芸に生まれる。安政二年に大坂に出て緒方洪庵に蘭学を学び、その後、藩命で長崎で航海術習得にあたり、慶応元年に佐賀藩士石丸虎五郎らとイギリスに密航留学して四年に帰国すると藩の洋学教授となる。その後、新政府に出仕して民部省、内務省につとめるが藩閥政治を嫌って官を辞し、明治一〇年に団団社を設立して時局諷刺雑誌『団団珍聞』を創刊する。『団団珍聞』は自由民権運動が盛んになるなかで本多錦吉郎や小林清親などが辛辣な諷刺漫画を描いて政府批判を展開するなどして大いに人気を博して自由民権運動を鼓舞していった。一一年には『団団珍聞』の姉妹誌『驥尾団子』も創刊している。

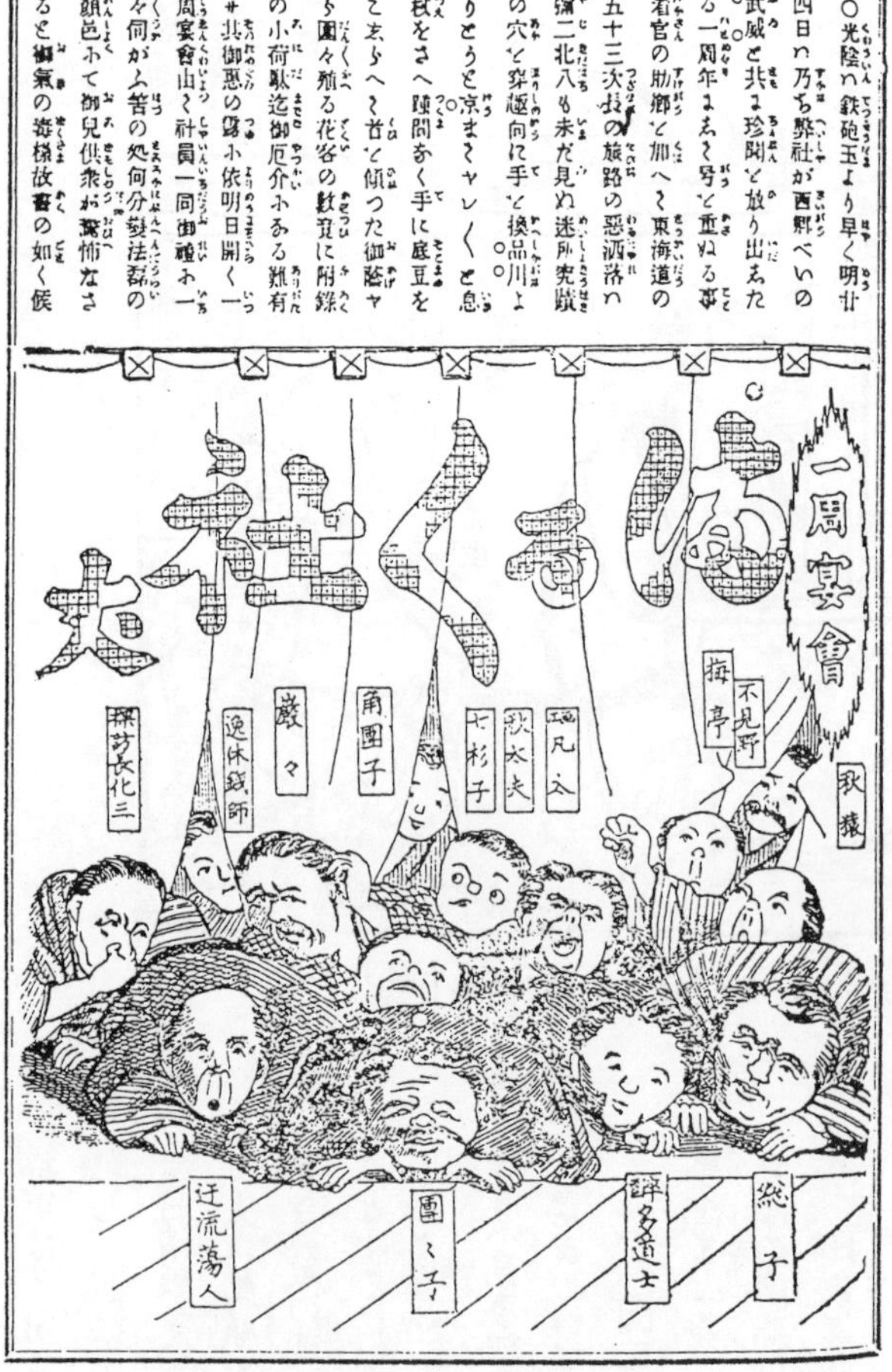

図一　『団団珍聞』明治11年3月23日号

図一は『団団珍聞』誌上に掲載された創刊一周年の口上を述べている団団社の人々を描いたもので、中央で挨拶している「団々子」が野村である。その左隣の「迂流蕩人」は瓜生政和（梅亭金鵞）、右隣の「酔多道士」は田島象二、「総士」は総生寛といった具合で、論説記事などで活躍した主要記者たちが顔を揃えている。後方に見える「画工凡太」が本多錦吉郎である。口上には「団団殖る花客の数竟に附録の小荷駄迄御厄介になる有難さ」とあるが、これは『驥尾団子』の創刊を指している。『驥尾団子』は『団団珍聞』の投稿狂歌や狂句が多くなり掲載できなくなったという理由で創刊されたために当初は諷刺画は少な

かったものの、やがて『団団珍聞』と同様に諷刺画中心に方向転換している。『驥尾団子』は『団団珍聞』が発禁になったときの代役としての目的も持たされて発行されていたが、一六年に改正新聞紙条例が出されて身代わり新聞が禁止されたために終刊となった。しかし、『団団珍聞』は人気を維持していった。図二は『団団珍聞』の五〇〇号達成を、図三は一〇〇〇号達成を描いたものである。かくて、『団団珍聞』は明治期を代表する時局諷刺雑誌として確固たる地位を築いていった。野村は立憲改進党の活動にも加わり、また、陸羯南の『日本』創刊にも関わっている。しかし、二四年に死去し、『団団珍聞』の経営は三〇年に大岡育造の手に渡っている。

図二 『団団珍聞』明治18年7月11日号

図三 『団団珍聞』明治28年2月9日号

長《は》谷《せ》場《ば》純《すみ》孝《たか》（一八五四〜一九一四）

政治家

嘉永七年四月、薩摩に生まれる。薩摩学寮で学び、西郷隆盛の知遇を得て明治四年に上京して翌年に警視庁巡査となり、少警部となるが、七年に西郷を慕って鹿児島に戻り私学校に入って、西南戦争時には西郷軍として戦争に加わったものの負傷して捕えられている。懲役三年の刑に服して一三年に出獄して国会開設運動を展開し、九州改進党の鹿児島支部を設立している。一八年に県会議員、二〇年に郡長となり、二三年の第一回衆議院議員選挙に当選して代議士となった。**図一**は議会で質問する長谷場を描いたものである。二五年一二月六日の『国民新聞』は長谷場の演説の様子を、「長身赭色の一代議士は官吏が今日尚ほ選挙干渉を行ひつ、あることを証明せんとて演壇に上れり、彼の声は単調にして聾耳の老人に能く呑み込ませんとて勉めて長く声高く語る人の声の如くなりき」と伝えているが、同月二二日の予算案に関する質問では長谷場は警視庁による不当な予戒令の執行などを挙げて警視庁予算について追求している。結局、警視庁予算は議会を通過したが、翌日の『国民新聞』は長谷場の追求をとりあげて、「誰れか長く長谷場純孝氏の名を記せざるものあらんや」と報じている。長谷場は立憲自由党、同志倶楽部、進歩党などに所属して活躍した。**図二**は知事候補として名前があがった長谷場を描いたものである。三三年には立憲政友会設立に参画していて大きな発言力を持った。四一年に衆議院議長となり、四四年には第二次西園寺内閣の文部大臣として入閣している。**図三**は文部大臣時代の長谷場を描いたもので「長谷場純孝氏の蛮声振り」と題されている。解説には「文部大臣の官舎が…文部大臣の官舎は村井吉兵衛の隣りだよ…家の益々汚いが我々浪人の住むには結構だ勿体無い位だ…君文部大臣は初めてやるが学者と云ふものは油断がならんもんだネ、見給へ歯科医の試験…文科大学長の試験調査」と腕組を仕乍ら不相応に大きな声で話す」とあるが、これからも長谷場の一端を見ることができよう。大正三年には再び衆議院議長に就任してシーメンス事件に揺れる議会の運営にあたったもの

図一『国民新聞』
明治25年12月6日号

図二 『団団珍聞』明治30年4月3日号

の、在職中に病没している。

《伝記》

＊長谷場文相論・大隈重信等　中央公論　二七ノ一　明治四五

＊長谷場純孝先生伝・富宿三善編　同先生顕彰会　昭和三六

＊長谷場純孝獄中日記・長谷場敏郎編刊　昭和三七

図三 『名流漫画』明治45年

蜂《はち》須《す》賀《か》茂《もち》韶《あき》 （一八四六〜一九一八）

政治家

弘化三年八月、江戸の徳島藩邸に生まれる。慶応四年に藩主を襲封し、新政府の議定、刑法事務局輔、民部官知事をつとめて、版籍奉還を主張する。版籍奉還後に知藩事となり、明治五年にイギリスに留学する。一二年に帰国して外務省御用掛となり、翌年、大蔵省関税局長となる。一五年、板垣退助が岐阜で刺客に襲われたことで自由民権運動は大きく盛り上がっていった。これを阻止しようと画策した政府は板垣の洋行という巧みな計画を企てた。かくて、政府に通じていた後藤象二郎の誘いにのって板垣は洋行にでかける。このときの洋行費の出所は大きな疑惑を呼んで、自由党の分裂となっていったが、費用は蜂須賀から後藤が受け取ったものであった。図一はこのような状況を描いたもので、蜂須賀が洋行金という杵で板垣、後藤、今村和郎（板垣、後藤らとともに洋行した）などの餅をこねているところである。奥では井上馨が自由党なる餅を丸めて団子を作っている。まさにこのような画策が行なわれていたのである。図二は「スカ」（蜂須賀）という目を持った「局」という形の蟹（政府）が洋行する後藤の足を挟んでいるところだが、

図一　『驥尾団子』明治15年9月20日号

そのハサミには「カシキン七千円」とあり、この洋行が政府の不正な金によって賄われていることを指摘している。結局、蜂須賀が後藤に貸した金は井上が三井から出させたものであった。三井は陸軍省の御用銀行の契約延長を条件にこの大金を出しており、蜂須賀は板垣洋行事件に大きく関わっていたのである。この年、蜂須賀は駐仏公使として赴任し、スペイン、ポルトガル、スイス公使も兼任して一九年までパリに駐在した。二一年に元老院議官となり、二三年に東京府知事、二四年に貴族院議長となっている。**図三**は貴族院議長に就任した蜂須賀である。二四年一二月一六日の『国民新聞』は「顔豊かに髭短く金縁の眼鏡光らせつ、ひかへ給ふ大人しさは天晴れ阿波の守様よと見奉らるれど腕白なる鳥尾の坊ちゃんがやんちゃには流石に弱り給ひけり」とあり、貴族院議員の鳥尾小弥太に手を焼いている様子が窺われる。その後、二九年に第二次松方内閣の文部大臣に就任し、三〇年に枢密顧問官となり、議定官、会計監査官懲戒裁判所長官などを勤めるとともに、殖産興業、華族資産の活用などに尽力した。

図二　『驥尾団子』明治15年10月4日号

図三　『国民新聞』
明治24年12月16日号

《伝記》

＊蜂須賀茂韶公隠れたる功績・露木亀太郎著刊　昭和一二

＊民権運動の先覚者蜂須賀茂韶・村雨退二郎　史談蚤の市　北辰堂　昭和三三

鳩《はと》山《やま》和《かず》夫《お》（一八五六〜一九一一）

法学者、政治家

安政三年四月、美作に生まれる。明治三年に勝山藩の貢進生として大学南校に入学して法律を学び、八年に卒業すると文部省の留学生としてアメリカに渡り、コロンビア大学とエール大学で法律を専攻、学位を取得して一三年に帰国する。帰国後、東京大学の講師となるものの弁護の専門家としての代言人の地位を高める目的で一五年に大学を辞めて代言人となり、東京代言組合長にも就任して活躍する。この間、東京府議会議員としても活動の場を広げ、立憲改進党結成にも参加している。

図一 『団団珍聞』明治25年1月30日号

一八年には外務権大書記官として官途に就き、取調局長などを歴任して一九年に帝国大学法科大学教授となり、教頭にも就任、法学博士の学位も得て法律家として名をなしていたが二三年に再び代言人の道を歩み、二五年に衆議院議員に当選して政治家として活躍することとなる。図一は党を離れて立候補した鳩山を描いたもので、神社の扁額には「礫川候補神社」と書かれており、これまでの選挙で落選している鳩山が新しく神社を建てて独り立ちすることへの支持者の不安が示されている。開帳した神社の前に集まった信心者たちは党を離れたことを「最早日も無いのに惜しい惜しい」と話し合っているが、「よしの燈」（党を離れるの意）の上にとまった鳩（鳩山）はそんな噂を知ってか知らずか得意顔で鳴いている。結局、この総選挙で鳩山は白石剛を破って東京九区で当選を果たす。**図二**は代議士となった鳩山を紹介したもので、「鳩山和夫氏三戦して勝つ」という見出しでもわかるように厳しい選挙戦を繰り返して果たした当選だったのである。二九年に衆議院議長に就任、三一年の第一次大隈内閣では外務次官となるが同年、内閣総辞職により外務次官を辞している。その後、代言人として活動するとともに、代議士としても活躍している。**図三**は議会で桂首相の演説に異議を唱える鳩山である。文章を朗読している演説は議事規則に反すると詰め寄っているのである。弁護士らしい指摘といえよう。鳩山の

図二 『国民新聞』明治25年2月17日号

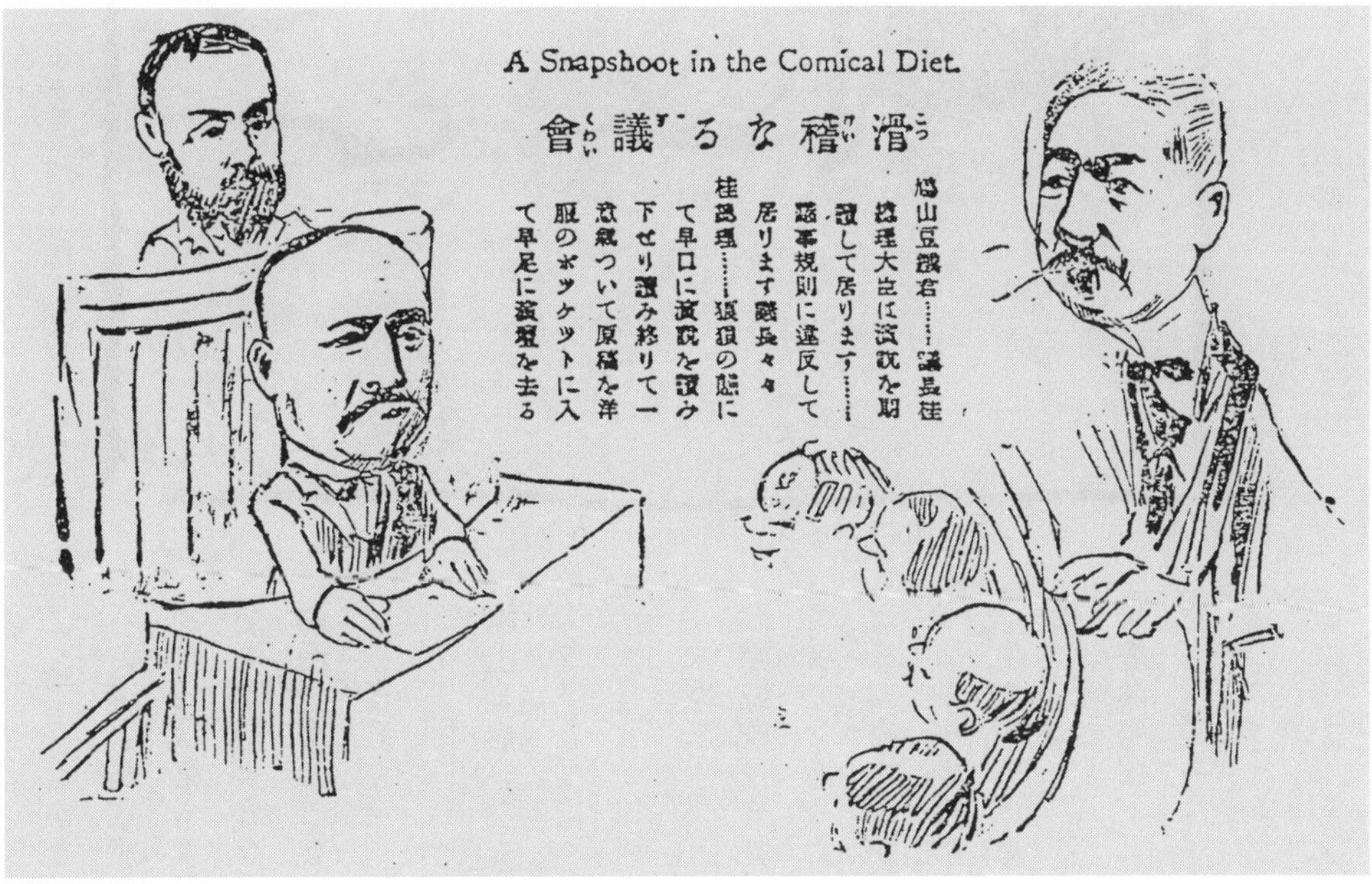

図三 『団団珍聞』明治36年6月7日号

図四 『やまと新聞』明治42年2月25日号

指摘に桂も狼狽しているようで、なかなかおもしろい議会風景である。四〇年には第一次西園寺内閣を支持するなどの政治的活動もおこない、四一年には政友会に入党している。図四はそのころの鳩山を描いたもので、煙草をふかしてベテラン政治家らしい風格をにじませている。鳩山は東京専門学校校長も歴任した教育者でもあったが、図五はそんな鳩山が裾をあげて大井川の浅瀬を歩く女学生をみて汽車に乗り遅れたという『萬朝報』の記事を諷刺画として掲載したものである。すでに、こんなスキャンダラスな話題にされるほど著名人となっていたのである。

徒《と》渉《せふ》奇《き》觀《くわん》
法學博士鳩山和夫《はふがくはかせはつやまかずを》
大井川《おほゐがは》が洪水《こうずゐ》で其鐵橋《そのてつけう》が破壊《はくわい》した時、歸京《きゝやう》の女學生《ぢよがくせい》が裳《すそ》を褰《かゝ》げて渡船《とせん》のある處《ところ》迄淺瀬《までああさせ》を徒渉《とせふ》する姿《すがた》は頗《すこぶ》る奇観《きくわん》であつた、此奇觀《このきくわん》に見惚《みと》れて一滊車《ひとしやれ》を乗後《のりおく》れたのは法學博士《はふがくはかせ》の鳩山和夫《はとやまかずを》氏《し》ださうな、氏《し》は又婀娜者《またあだもの》を新橋邊《しんばしへん》に圍《かこ》つて置《お》いて、年《ねん》中目尻《ぢうめじり》を下《さ》げて居《ゐ》る女脆《をんなもろ》い人《ひと》だ
（萬朝報）

図五 『滑稽新聞』明治40年10月5日号

《伝記》

＊法学博士鳩山和夫君・吉木竹次郎 太陽 五ノ一三 明治三二

＊鳩山の一生・鳩山春子著刊 昭和四

花《はな》井《い》卓《たく》蔵《ぞう》（一八六八〜一九三一）

弁護士、政治家

慶応四年六月、備後に生まれる。明治二一年に英利吉法律学校を卒業して二三年に代言人試験に合格して開業する。三一年に衆議院議員に当選して一人一党主義を掲げて政党に加わることをしなかったが、日露戦争後は同攻会、中正会などの院内会派に属して活動した。三九年に法律取調委員となって刑法改正に参加したほか、監獄法、刑事訴訟法などさまざまな法律づくりに関わっていった。また、弁護士活動でも足尾鉱毒事件、星亨暗殺事件、日比谷焼打事件など多くの刑事事件に関わり、東京弁護士会々長もつとめている。

図一 『東京二六新聞』明治39年4月11日号

図一は日比谷焼打事件裁判における河野広中らの弁護士として法廷で弁論している花井である。三九年四月一〇日の『東京二六新聞』は、「最後に刑法道徳上より又た刑事政策上より、罰して国家何をか益し、罰せずして国家何をか損するやと絶叫して其弁護を終る、時に午後八時半、約四時間に亘るの長弁論、深刻鋭利、安住、杉本両検事をして時々面を掩ふに至らしめたる程にて、検事の論告を粉砕して完膚なからしめたり、即ち当日第一等の雄弁として聞かれたり」と花井の弁護を報じている。結局、この裁判において河野らの無罪が確定することとなる。花井は大逆事件でも弁護人となっている。**図二**は大逆事件の法廷内における花井を捉えたスケッチである。この事件は

図二 『中央新聞』
明治43年12月11日号

幾多の大事件を扱ってきた花井にとっても最も大きな事件であった。図三は大逆事件弁護の翌年に描かれた弁護中の花井の姿である。この図には、「頭より小さな制帽を阿弥陀に冠り懐手をしてグニャリと立った處、何う見てもヤンチャ息子と云ふ格好だが、言論は少し皺嗄れ声乍ら条理整然として「而して此に於て生ず可き犯罪、而して之に依て生ず可き結果は明瞭で、証人は年十八歳にして初めて夫を迎へ、廿歳にして離縁をなし、更に二年を過て以前の情夫たる原告を屡々会合したといふのですから、検事も此の間の謎はお解けに成る事と存じます…」と大分文章調で在る」という解説が添えられており、花井の弁護士としての雰囲気が伝わってくる。花井は大正四年に衆議院副議長となり、一一年には貴族院議員となっているが昭和六年に自宅でガス中毒死している。

《伝記》

＊花井卓蔵論　加藤高明論其他・横山雄偉　世界雑誌社　大正六
＊訟廷論草　七冊・花井卓蔵　春秋社　昭和五～六
＊花井卓蔵博士略歴・著作年表　法学新報　四二ノ二　昭和七
＊花井卓蔵全伝　二巻二冊・大木源二編　同伝編纂所　昭和一〇
＊花井先生・津田騰三　自由と正義　三ノ一二　昭和二七

図三　『名流漫画』明治45年

馬《ば》場《ば》辰《たつ》猪《い》（一八五〇〜一八八八）

政治家

嘉永三年五月、高知に生まれる。文久三年に藩校文武館に入って学び、慶応二年には蒸気機関について学ぶために江戸に出る。明治三年、藩命によりイギリスに留学、その後、政府留学生となり、七年に政府の留学生召還によって帰国するが翌年には旧藩主の支援を受けて再びイギリスに留学して一一年に帰国する。その後、自由主義思想啓蒙のために各地を遊説し、一四年には自由党創設とともに常議員に就任して翌年には自由党の機関紙『自由新聞』の創刊にともなって主筆となって活躍する。しかし、同年、板垣退助の外遊に強く反対を唱え、翌年に自由党を脱党する。その後も自由民権運動を継続していたが一八年に爆発物取締規則違反で大石正己とともに逮捕されている。

図一は自由主義者がつぎつぎと逮捕されている様子を描いたもので、手前の猪が馬場をあらわしている（背中に「タツ猪」の文字が見える）。翌年、証拠不十分で無罪釈放となる。図二は無罪となった馬場を描いたもので、出獄した馬場が獄中の垢を落とすために洗濯に余念がないところである。婆（馬場）は「ヤレヤレ嬉しや漸々の事で青天のお日さまに出会ひ今迄の汚れも是で洗濯が出来ました、ア、腰が痛かった」と言いながら洗濯した着物を干して、早く乾くようにと大きな団扇で扇いでいる。空には青天白日の太陽が昇り、鶏が「オケッコウ」を声高らかに鳴いている。盥の横には「獄制油抜き」「汚名洗濯石鹸」などがあり、念入りに洗濯したらしく、婆は腰を痛がっている。洗濯のための水を汲んだ井戸には「ホット息吹井戸」と

図一　『団団珍聞』明治18年12月5日号

図二　『団団珍聞』明治19年6月12日号

書かれており、無実が確定した馬場の心情が画面いっぱい溢れている作品といえよう。その後、馬場はアメリカに渡って各地で日本の実態を紹介する講演会の開催などで日本政府の批判を展開する活動を精力的に行なっていったが二一年にフィラデルフィア病院で病死している。馬場の埋葬日はアメリカ大統領選挙当日にもかかわらず日本の留学生やアメリカの友人たち三〇余名が会葬に参列している。二一年一二月二〇日の『山形新報』に掲載された馬場の臨終に立ち会った親しい友人の手紙によると、「其生存中屡々訪問せしエンカル・パーチ（道義倶楽部と云ふべきか）の会員数多来会し、ウエストンと申す人慷慨悲憤の演説をなし、来会者をして洋巾を絞らしめたり。当地の諸新聞は同氏の死去と聞き頻りに仰山に書き立て、米国大統領撰挙前数日、人民皆狂奔の際にも拘らず、長々しく同氏の履歴を掲載し痛く之れを悼惜せり」と記されており、アメリカにおける馬場の活動の一端を知ることができる。

《伝記》

＊馬場辰猪・安永梧郎　東京堂　明治三〇
＊明治文化全集　一四・明治文化研究会編　日本評論社　昭和三（日本評論新社　昭和三一）
＊明治の人物―自由思想に貢献せる人々・柳田泉　東京講演会　昭和二一
＊民権運動の人々・遠山茂樹　日本人物史大系　五　朝倉書店　昭和三四
＊馬場辰猪・萩原延寿　中央公論社　昭和四二
＊馬場辰猪全集　第三巻　西田長寿ほか編　岩波書店　昭和六三

浜《はま》野《の》茂《しげる》（一八五二〜一九一四）

政治家、実業家

安政七年四月、摂津に生まれる。材木商、砂糖商、酒商などさまざまな仕事を転々とした後に伊藤博文の知遇を得て太政官に出仕したが幾許もなく辞して代言人、座元などを行なうとともに株も手掛けて財を築き、明治二七年には衆議院議員に当選している。この前後に東京市における不正水道鉄管事件が発覚した。

図一は不正水道鉄管によって水漏れが続出したことを諷刺したもので、あちこちから水が漏れる水道管にお手上げの状態のようである。水道管の先には百拾万円と書かれた千両箱を担いだ猿が座っており、不正水道鉄管をめぐる疑惑が見てとれる。不正水道鉄管事件は東京市の一大疑獄に発展して、業者や市職員など多くの逮捕者を出すに至っている。そんななかで東京市に水道鉄管を納入していた日本鋳鉄会社の社長であった浜野にも疑惑の目が向けられていった。そして二八年一〇月三〇日に東京市長三浦安から浜野に対する告訴状が東京地方裁判所に提出された。この告訴状によると水道鉄管納入にあたって、不合格品は東京市のマークを削除し鉄管を廃棄しなければならないにもかかわらず、不合格品を廃棄せずに一端削除したマークを再度嵌入して合格品として納入したというものであった。図二は東京市が浜野を告訴した直後に描かれたものである。鉄管に入り込んで出てこようとしないサギを寄ってたかって捕まえようとしている。「シーシーソレ其地から追たり追たり何とヅーヅーしい鳥ぢやアねへか動きやア仕ねへ併しモー斯う成っちゃア羽ばたきも出来は仕めエ」と追い詰めた様子である。この事件では前日本鋳鉄会社の社長雨宮敬次郎も拘引されている。浜野は三年間拘留されたが無罪が確定し再び投機によって財をなしている。浜野には新宿将軍の異名があるが、これは浜野が新宿に五〇万坪以上の土地を所有していたからで、このことからも浜野が事業家として卓越した才能を持っていたことを知ることができる。図三でもわかるように浜野は新宿将軍として描かれている。新宿将軍と言えば誰でも浜野を指すことを知っていたのである。まさに財をバックにした政治家だったといえよう。

図一　『団団珍聞』明治26年7月29日号

図二　『団団珍聞』明治28年11月9日号

図三　『団団珍聞』明治28年11月16日号

林《はやし》権《ごん》助《すけ》（一八六〇～一九三九）

外交官

安政七年三月、会津に生まれる。慶応三年、藩校日新館に入って学ぶが、祖父、父が相次いで戦死したために幼くして家督を相続し、会津城の籠城にも加わっている。その後、大阪専門学校を経て明治一四年に東京大学予備門に入り、二〇年に帝国大学法科大学を卒業している。卒業後、外務省交際官試補として出仕し、仁川副領事、上海領事、駐英公使館一等書記官などを歴任して三一年に駐清国公使館一等書記官となり、戊戌政変で追われていた梁啓超の日本への亡命を実行している。同年、帰国して外務省通商局長に就任したが翌年には駐韓国公使として赴任し、日韓協約の締結を行なうなどして日本の対韓政策を推進していった。

図一は過去の宮廷反乱事件について拷問で自白させられた権濚鎮と安駉寿が処刑されたことを描いている。鶏林（韓国の別称）亭の店先で権と安の二羽の鶏は首を斬られて絶命している。それを見て帽子を飛ばして驚いているのが林である。林は拷問に対して強い抗議を申し入れていた。三三年五月二九日の『国民新聞』は「林公使は廿五日皇帝に謁見を請ひたるも、外

図一 『団団珍聞』明治33年6月9日号

務大臣は之を遮り自ら執奏すべしと申出でたれば、公使は六箇条の覚書を同大臣迄差出し、回答を求めたるも尚何等の沙汰なし。或は同大臣が彼の覚書を握り潰し、皇帝に伝達せざるにあらずやとの説あり」と伝えている。そんな抗議があった後の処刑であった。**図二**は処刑に対して再び抗議した林を門前払いしているところを描いたもので、「うぬよくも恥をかゝせやがったナエ、いまいましい」と高麗楼の店先で喧嘩ごしの林を中から覗いているのはロシアである。ロシアは「おれと云ふ間夫の有のも知ずにいゝ気取りが聞てあきれるワイ」と呟いており、この事件の背後にロシアがいることをにおわせている。このような事件を経て、林は三九年に駐清国公使、四一年に駐イタリア大使、大正五年に駐中国公使、八年に関東長官、九年に駐英大使となり、その後、宮内省御用掛、式部長官、枢密顧問官などを歴任している。

《伝記》

＊新任石井駐米大使と帰任林駐支公使・鵜崎鷺城等　中央公論　三三ノ四　大正七

＊わが七十年を語る・林権助　第一書房　昭和一〇

図二　『団団珍聞』明治33年6月16日号

林《はやし》　董《ただす》（一八五〇～一九一三）

外交官、政治家

嘉永三年二月、佐倉に生まれる。佐倉の私塾で学んだ後に横浜に出て英語を学び、慶応二年に幕府留学生としてイギリスに渡る。四年に帰国して榎本武揚の軍に身を投じて箱館で政府軍と戦うが捕えられる。明治三年に赦れて翌年に神奈川県出仕となり、その後、外務省に入って岩倉使節団にも随行する。六年に帰国して工部省に移り、一四年には工部大書記官となり、二一年に香川県知事、二三年に兵庫県知事に就任する。二四年に外務次官となり陸奥宗光の外交を補佐して二八年に駐清国公使となる。

図一は日清戦争後の両国の外交交渉がいっこうに進展しない状況を描いたもので、「林屋団麺包舗」なるパン屋ではパンがなかなか出来ずに居眠りしている。右側の引出しには「優柔だんパン」などと書かれており、清国との外交交渉の窓口となる林にいらいらしている様子が見てとれる。三〇年には駐ロシア公使となり、三二年には第一回ヘーグ平和会議にも参加している。翌年、駐イギリス公使となり、日英同盟への外交をスタートさせて三五年に正式に日英同盟が締結されるに至っている。三八年に駐イギリス公使館が大使館へと昇格されて林は駐イギリス大使に就任、第二次日英同盟締結に尽力した。三九年に第一次西園寺内閣の外務大臣に就任して日仏協約、日露協約などの外交を展開した。**図二**は駐英大使から外務大臣

図一　『団団珍聞』明治29年7月11日号

になった林である。外務大臣の首が前任者の加藤高明から林へと挿げ替えられたが、林の後任の駐英大使の人選に困っている

◎頭のさし替へ
「外務大臣の方はこれで至極適當の頭がはまつたが、さてこれから大使の方だが、ハテこの頭にしておかうか但しは例の評判をとつた彼の頭にしようか知ら
（二十一日案）

図二 『団団珍聞』明治39年5月26日号

ようである。図三は外務大臣の林が病気のために一時その職を離れたことを描いたもので、林は「ちょっと病気でふさぐと直に何だ斯だと噂をされ……ア、ほんとうにうるさいのは人の口だワ」と愚痴をこぼしている。林の前の火鉢には「満鉄ビン」なる鉄瓶が乗せられているが、これは満鉄設立委員でもめたことをあらわしている。林は二〇日足らずで外務大臣に復帰している。図四は四一年に日本の汽船第二辰丸が清国に抑留された事件で批判され、議会で不信任が出される動きがあったもので、辰丸事件を解決しようとしている林を描いている。彼は小さな鳩によってなんとか

図三　『団団珍聞』明治39年9月8日号

落ちないでいる。「内閣の雲から墜されやうとして小さな鳩の一羽に釣られて、危い處を免れやうとします此處首尾能参り升たら一入の御慰み」とあるが、結局、辰丸事件は日清の衝突に至らずに解決をみて林も外務大臣を罷免されることはなかったものの、事件解決後わずか四か月ほどで第一次西園寺内閣は総辞職している。四四年には第二次西園寺内閣の通信大臣に就任し、一時は外務大臣も兼務していた。

《伝記》

＊林前清国公使談話・林若樹　同方会報告　一六　明治三三

外相
辰丸事件の解決
内閣
どうだ墜落《ついらく》を免《のが》れやうか
東西〳〵此處御目通致しましたは林外相宙釣の藝當、不信任案か出るの出ないのと内閣の雲から墜されやうとして小さな鳩一羽に釣られて、危い處を免れやうとします此處首尾能く参り升たら一入の御慰み
架得住麼 外務大臣林君因他所行總不合國民的意思。所以名聲從來不大好。幸而辰丸號的案辦得略見可以。纔得將補一點兄聲名
Will the Dove of the Peaceful solution of the *Tatsu Maru* affair be able to hold Count Hayashi, the Foreign Minister, in his position.

図四　『東京パック』明治41年3月20日号

＊後は昔の記・林董　時事新報社　明治四三
＊故前会長伯爵林董君略伝・電気学会雑誌　三三ノ三〇二　大正二
＊林董のマホメット伝・渡辺宏　日本古書通信　二七ノ六　昭和三七

林《はやし》有《ゆう》造《ぞう》（一八四二〜一九二一）

政治家

天保一三年八月、土佐に生まれる。脱藩して板垣退助らと活動し、戊辰戦争では宿毛隊を率いて転戦し、明治三年、大山巌らとヨーロッパ各国の軍事視察を行ない、帰国後、高知藩少参事、同権大参事を歴任して廃藩置県後に高知県参事となる。五年、外務省に出仕するが翌年の征韓論争で下野した板垣に従って帰郷して立志社設立に参画、八年の板垣の参議復帰を支持していった。一〇年の西南戦争に際して大江卓らとの挙兵計画、武器調達が発覚して翌年逮捕されて投獄される。一七年に出獄して自由党解党を支持し、二〇年には後藤象二郎の大同団結運動に加わって三大事件建白運動の中心となって活動したが、同年、保安条例実施により東京を追われて郷里に戻って宿毛新田開発などに関わっていった。二二年の憲法発

図一 『国民新聞』明治24年2月23日号

図二 『団団珍聞』明治29年4月11日号

布により大赦されて東京に出て翌年の第一回衆議院議員選挙に立候補して当選した。

図一はそのころの林の演説をスケッチしたもので、「さも慷慨気なる演説は天晴軟派のおん大将、海南男児の面目はかゝる中にや存すらむ」とある。「慷慨気なる演説」とは、政治家として幾多の厳しい状況を乗り越えて代議士となった林の体験が演説の端々ににじみ出ていたことを指すのであろうか。その後、自由党の実力者として活躍していったが、**図二**は星亨（右）や板垣退助（左）とともに大臣の椅子を狙う林（中央）を描いている。内務、逓信、拓務大臣のポストが自由党から逃げていったことを「虻蜂補らず」という題で表現しているが、この諷刺画で見られるように林は板垣や星とならぶ人物としてとらえられているのである。このときには板垣が拓務大臣に就任したものの林は大臣の座を得ることはできなかった。しかし、三一年には第一次大隈内閣の逓信大臣として入閣、三三年には第四次伊藤内閣の農商務大臣に就任している。**図三**は第四次伊藤内閣の閣僚を描いたものであるが、手前の左にすわっているのが林である。農商務大臣らしく大福帳を右手にかかげているが、この内閣は八ヶ月足らずの短命におわっている。

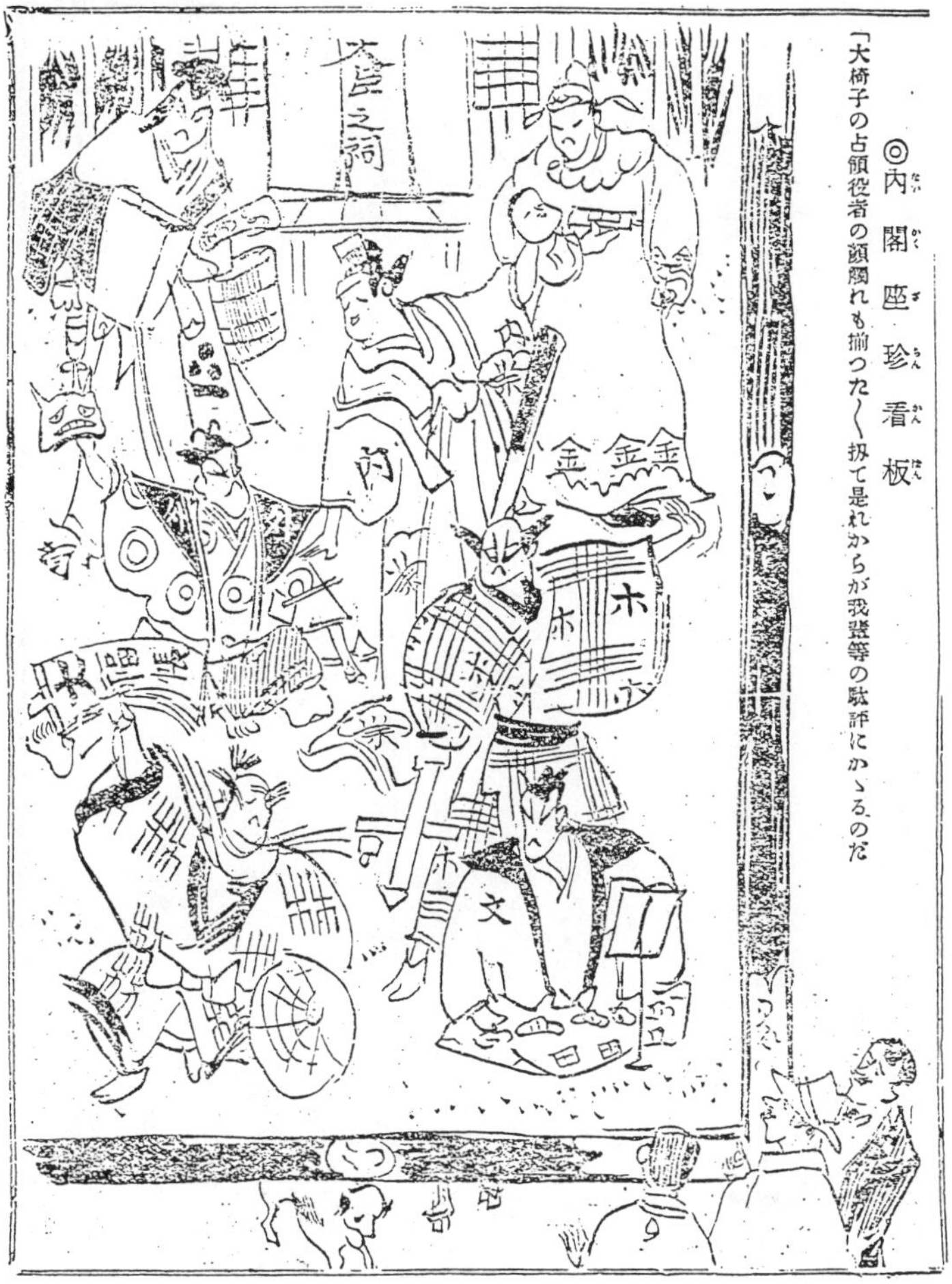

◎内《ない》閣《かく》座《ざ》珍《ちん》看《かん》板《ばん》
「大椅子の占領役者の顔触れも揃つた〜扨て是れからが我輩等の駄評にかゝるのだ

図三 『団団珍聞』明治33年10月27日号

《伝記》

＊林有造氏旧夢談・海南鏡水漁人　青木嵩山堂　明治二四

＊人物評論・蓑田政徳　北日本刊行協会　大正一五

原《はら》 敬《たかし》（一八五六〜一九二一）

政治家

安政三年二月、盛岡に生まれる。明治三年、藩校作人館の修文所に入って国学などを学び、その後、東京に出て南部家の設立した英学校共慣義塾で学ぶが学資に窮してフランス人マリンの神学校に入って学僕となり、さらに七年には新潟に赴いてエブラル神父のもとで学僕としてフランス語を習得する。八年に帰郷するが再び東京に出て翌年に司法省法学校に入学する。一二年に同校の食堂の賄いの不満から騒動が勃発、原はこの首謀者として退学となり、中井弘の紹介で『郵便報知新聞』に入社して社説、評論、フランス語の翻訳などにあたっていたが、一五年に退社して立憲政党系新聞『大東日報』に入社する。ここで主筆として活躍して井上馨の知遇を得て同年末に外務省御用掛となる。翌年、清仏関係が緊迫するなかでフランス語の実力を買われて天津領事に抜擢され、清仏戦争の報告を詳細に送る実績を挙げている。その後、駐仏公使館書記官を経て二二年に

図一 『団団珍聞』明治34年1月1日号

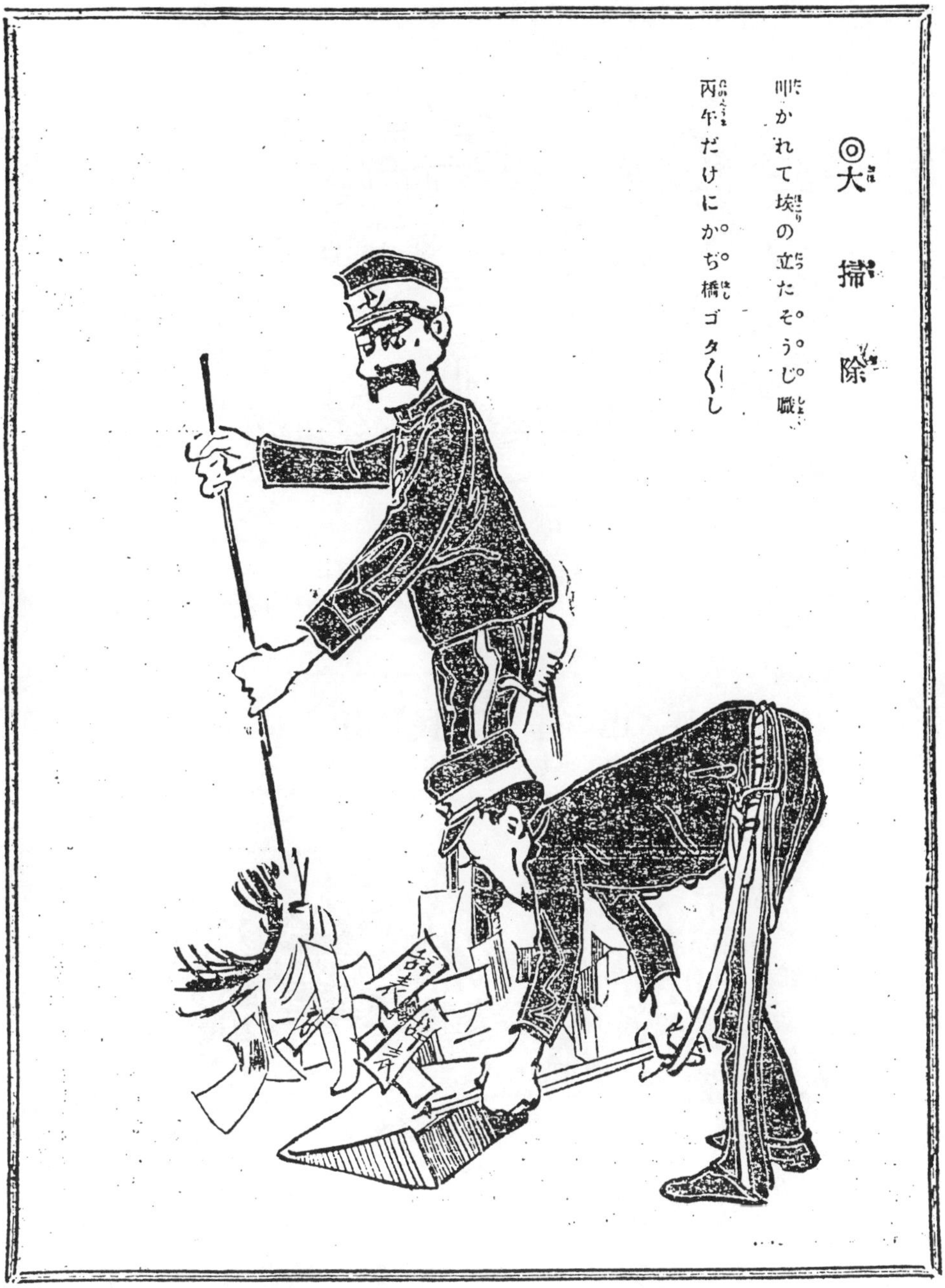
◎大《おほ》掃除
叩《たた》かれて埃《ほこり》の立《たつ》たそ。う。じ。職《しよく》
丙午《ひのえうま》だけにか。ぢ。橋《はし》ゴタ〳〵し

図二　『団団珍聞』明治39年4月21日号

図三 『やまと新聞』明治39年9月13日号

図四 『滑稽新聞』明治39年9月20日号

帰国して農商務省参事官となる。さらに大臣秘書官となり農商務大臣陸奥宗光に傾倒して二五年に陸奥が辞任すると原も辞職している。同年、陸奥が第二次伊藤内閣の外務大臣に就任すると外務省通商局長として復帰し、二八年には外務次官となっている。二九年に駐朝鮮公使となったが翌年に陸奥が死去したのをきっかけに官を辞し、『大阪毎日新聞』の編集総理となり、翌年には社長に就任するが三三年に伊藤博文の立憲政友会が結成されると社長を退陣して政友会幹事長となる。同年、星亨の後任として第四次伊藤内閣の逓信大臣に抜擢される。

図一は原の逓信大臣就任を描いたもので、「腹芸の大当り」とあり、原が「ていしん柱」を腹に乗せている。三五年に衆議院議員に当選して伊藤の後任として総裁になった西園寺公望を補佐して党内に大きな影響力を得る。三九年の第一次西園寺内閣の内務大臣に就任したが、**図二**は大臣に就任して警視庁の藩閥幹部などを大量に罷免したことを描いたもので、原の断行によって提出された辞表をまとめてゴミとして集めているところである。題名の通りまさに警視庁の「大掃除」が行なわれた。いっぽう、同じ年に原が認めた電車の運賃値上げには大きな反発が巻き起った。**図三**はこんな庶民の怒りに知らん顔の原である。そのため、電車を襲う暴動も発生した。**図四**は値上げの「一銭」の上で電車を襲う群集である。原は四四年の第二次西園寺内閣、大正二年の第一次山本内閣でも内務大臣をつとめて藩閥勢力と対抗する政党勢力をつくりあげていった。三年に西園寺の後任として党総裁となり、七年に米騒動で寺内内閣が辞職したあとを継いで原内閣が誕生する。国防、産業、交通、教育の四大政綱を掲げて積極政策を展開して平民宰相として人気を得たが、第一次世界大戦後の財政悪化や普通選挙拒否などで批判が高まり、こうした中で一〇年に東京駅で凶刃に倒れた。

《伝記》

＊原敬全伝・菊池悟郎　溝口白羊　日本評論社　大正一一
＊原敬全集　二巻二冊・田中朝吉編　同全集刊行会　昭和四
＊在りし日の原宰相・盛岡市役所編刊　昭和八
＊近代快傑録・尾崎行雄　千倉書房　昭和九
＊原敬伝　二巻二冊・前田蓮山　高山書院　昭和一八
＊原敬・前田蓮山　三代宰相列伝　時事通信社　昭和三三
＊原敬日記　六巻六冊・原奎一郎　林茂編　福村出版　昭和四〇～四二
＊人物・日本の歴史　一三・読売新聞社　昭和四一

東《ひがし》久《く》世《ぜ》通《みち》禧《とみ》（一八三四〜一九一二）

政治家

天保四年一一月、京都に生まれる。嘉永二年に侍従となり、文久二年に国事御用掛、三年に国事参政となるが八月一八日の政変で三条実美らと長州に下る。慶応三年に王政復古により参与として復帰している。四年三月二日の『中外新聞』は「去月京都にて久我中納言は大和国の鎮台を命ぜられ、東久世前少将は兵庫港鎮台、醍醐大納言は参与国内事務掛り兼大坂鎮台、宇和島少将は外国事務総督兼大坂鎮台を命ぜられたる由の報告あり」と記している。同年八月の『太政官日誌五四』には「伊斯波尼亜国和親貿易條約、取締之儀願出候處、御許容相成、右條約取結之全権、御委任被為在候旨御沙汰候事」として、東久世が条約の全権となっており、その活躍が窺われる。以後、軍事参謀、外国事務総督、横浜裁判所総督などを歴任して明治二年に開拓長官に就任している。四年には侍従長となり岩倉使節団にも理事官として参加している。一〇年に元老院議官となり、一五年に元老院副議長、二一年に枢密顧問官、二三年に貴族院議員となっている。

図一は二三年に元老院が廃されるに際し、議官をふりわけ

図一　『団団珍聞』明治23年2月22日号

ているところである。かくて、東久世は初代の貴族院副議長に就任しているが、**図二**はこの当時の東久世である。同年にはすでに昔の話となっていた七卿落ちの記念碑が建てられることとなった。それを伝えた二四年九月二四日の『読売新聞』は記事のなかで「七卿中存命なるは東久世伯、四條伯、壬生子の三卿なるが…」と時の移りようを記している。二五年には枢密院副議長となっているが、すでに維新直後のように政治の表舞台で活躍することはなかった。**図三**は三九年に壬生基修が死去したことを取り上げたものであるが、壬生の死去によって七卿で存命は東久世一人となってしまったことを感慨をもって扱っている。その東久世も四五年一月一日、まさに明治の最後の年の元日に死去している。それから半年ほどした四五年七月一日の『読売新聞』は「幕末国家多端の時に当り、三條、東久世、壬生、錦小路、四條其他の諸卿尊攘の大義を唱へ、一朝政変に会して七卿都を落ちしは、実に文久三年八月十九日なりしが、七卿後筑前太宰府に移り、轗軻数年遂に復古の大業を成就し、精忠千古に赫燿せることは内外人の確認する所なるが、本年は此光輝ある事蹟の五十年に相当するを以て…」と記念事業が予定されていることを伝えている。七月三〇日には天皇が崩御して明治がついに終焉を迎える。

《伝記》

＊東久世通禧西航日記・維新史料　一三二～一三六　明治二五

＊東久世伯国事鞅掌に関する事実・東久世通禧　史談会速記録　四一　明治二九

＊東久世通禧伯・太陽　五ノ一六　明治三二

＊竹亭回顧録維新前後・東久世通禧　博文館　明治四四

＊北の先覚・高倉新一郎　北日本社　昭和二二

図二 『国民新聞』
明治23年7月15日号

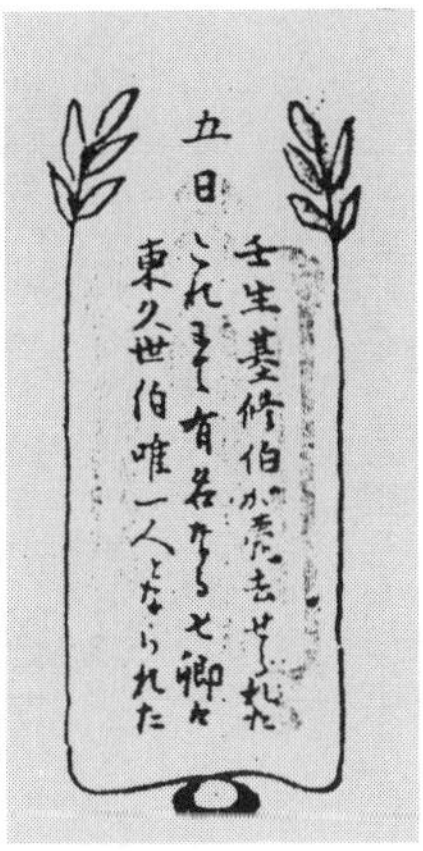

図三 『東京パック』
明治39年3月15日号

土方久元《ひじかたひさもと》（一八三三〜一九一八）

政治家

天保四年一〇月、土佐に生まれる。安政四年に江戸に出て大橋訥庵、塩谷宕陰などに学び、帰藩して土佐勤王党に入って活動する。文久三年、上京して各地の志士たちと交遊する。同年、徴士学習院出仕となるが七卿落ちによって三条実美らが長州に下った折に随行して長州に赴き、招賢閣御用掛として三条らの護衛にあたった。その後、薩長連合の成立に尽力して新政府の成立にともなって出仕して東京府判事、宮内少輔、内務大輔、内閣書記官長、宮中顧問官などの要職を歴任して谷干城の後任として二〇年に第一次伊藤内閣の農商務大臣となり、さらに宮内大臣に就任している。二一年に枢密顧問官を兼任して宮中派として活動した。宮内大臣という特別な地位に長く在任していたために土方に対する批判も少なくなかった。雑誌『二十六世紀』は土方の専横を批判して発行停止となり、『二十六世紀』を支持した新聞も発禁となっていった。

図一は宮内省が行政省を干渉したことを諷刺したものである。土方の専横で「行せい鳥」はまさに籠の鳥といった状態である。このようなことから土方への圧力が強まり、辞任を求める世論も広がっていった。**図二**はこれらの批判をかわすために辞表ではなくて進退伺を提出して延命を図ったことを諷刺したもので、鶏に進退伺をくわえさせて芸をさせようとしており、辞表は自分が持ったままである。土方の左で太鼓を叩いているのはこの戦略を考え出した伊東巳代治である。三一年に宮内大臣を辞任した土方はその後、皇典講究所長、国学院大学長、東京女学館館長などをつとめて教育の発展にも尽力した。

《伝記》

＊松方正義・土方久元　渡辺修二郎　同文館　明治二九
＊土方伯・菴原鉚次郎　木村知治　菴原鉚次郎　大正二
＊野史台維新史料叢書　二三、二四　日本史籍協会編　東京大学出版会　昭和四七（日本史籍協会叢書　別編　二三、二四）〈野史台明治二〇〜二九年刊の複製〉

図一 『団団珍聞』明治29年11月28日号

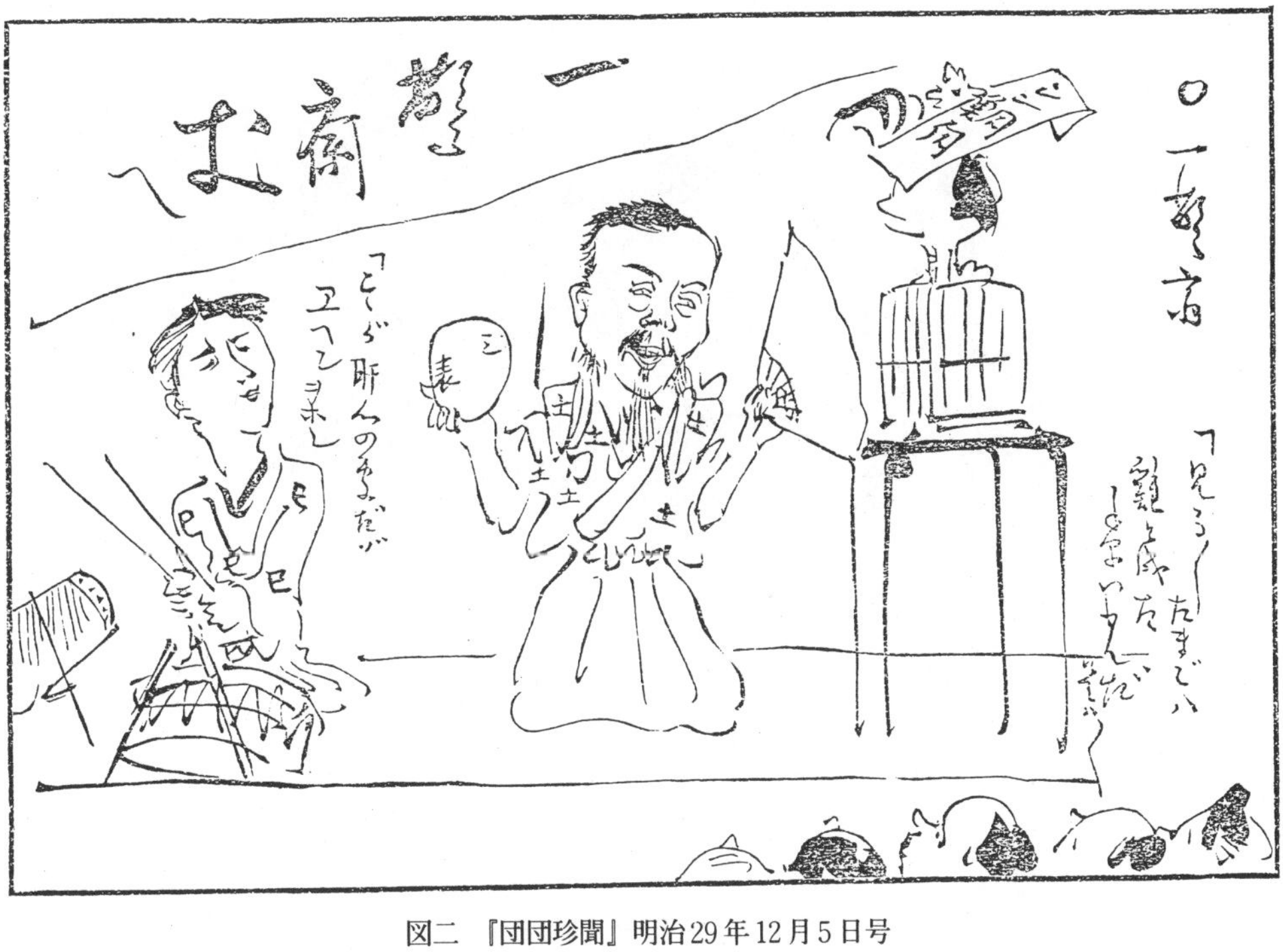

図二 『団団珍聞』明治29年12月5日号

平《ひら》岡《おか》浩《こう》太《た》郎《ろう》（一八五一〜一九〇六）

政治家

寛永四年六月、福岡に生まれる。戊辰戦争では官兵として奥羽を転戦している。西南戦争時には西郷軍に加担する越智彦四郎らとともに参戦して捕えられて徴役一年の刑をうけている。明治一二年、箱田六輔、進藤喜平太らと向陽社を設立して筑前共愛会の運動を通じて国会開設を提唱していった。また、玄洋社の創設にも参加して社長をつとめるなど中心的存在として活動している。一六年以降は炭坑業で財をなして二七年に衆議院議員となり、三一年には自由党と進歩党の合同にも貢献している。憲政党分裂後は憲政本党に所属した。

図一は憲政本党に移ろうとしている政治家たちを描いたもので、河野広中が「憲政本党」なるプレートを首からかけており、その後方には大井憲太郎、そして平岡の姿もみえる。彼らは中立派議員たちを憲政党本党に勧誘しようと運動しているようで、「買収」といった文字もみえるところから新党の拡大に金が動いていると批判しているのである。平岡は国民同盟や対露同志会の運動に積極的に活動して対外硬派として重きをなした。図二はこのころの平岡である。解説には「征露大将軍」な

図一 『団団珍聞』明治31年11月12日号

る言葉が出てくるがこれも平岡の立場を端的にあらわしているといえよう。三六年六月二七日の『大阪朝日新聞』は「平浩曰、我輩の対外硬を唱ふるは他にあらず、自衛のためなり。若し、成行に任さば、我故郷たる九州は露国の有となり了るべし」という記事を掲載している。平岡は日露戦争が終結した翌年の三九年一〇月に心臓病を再発させて没している。三九年一〇月二六日の『東京朝日新聞』は国会開設運動を推進していった平岡が福岡に戻って炭坑経営で財をなして再び政界に復帰して活躍したことを記している。そのなかで「二七年に衆議院議員に当選し、爾来東奔西走、終始国事に鞅掌せり」と述べている。これは平岡が憲政本党の創設に参画したり、ロシアに厳しい外交姿勢をみせて対外硬派として活動したことを指しているのであろう。日露戦争が終わった直後ということもあって、このような政治家の死は強い印象を与えたことであったろう。

図二 『二六新報』明治36年9月22日号

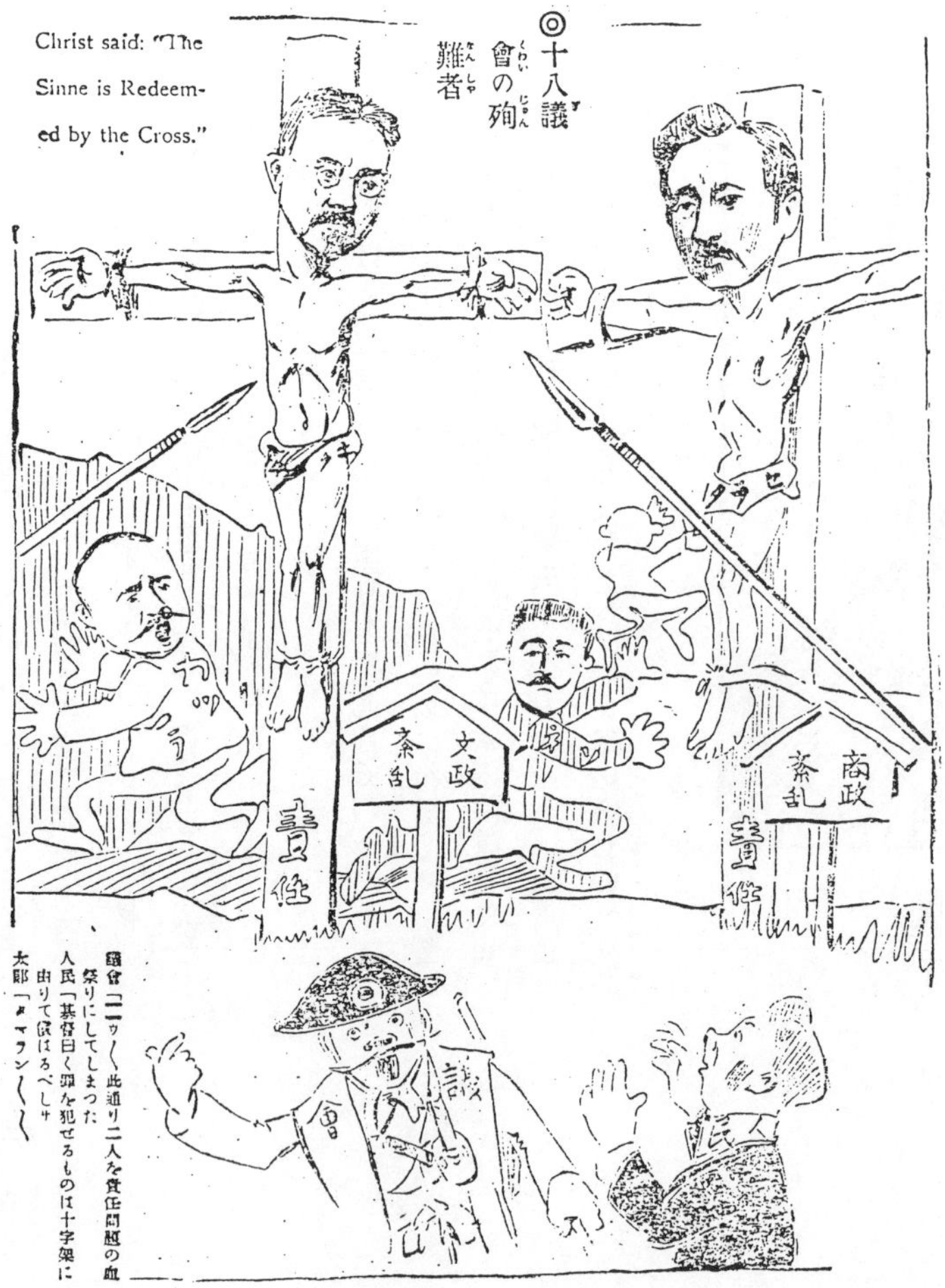

図一 『団団珍聞』明治36年6月7日号

平田東助《ひらたとうすけ》

（一八四九～一九二五）

官僚、政治家

嘉永二年三月、米沢に生まれる。藩校興譲館で学び、元治元年に江戸に出て古賀謹堂に学ぶ。戊辰戦争では藩医として従軍している。米沢で渡辺洪基に英語を学び、明治二年に大学南校に入学し、その後、大阪開成所勤務を経て四年に岩倉使節団に随行してロシア留学に出発したが、途中のベルリンで滞在中の品川弥二郎に勧められてドイツ留学に変更、ベルリン大学、ハイデルベルグ大学などで政治学、財政学などを学んで九年に帰国する。帰国後、参事院議官補、法制局法制部長、枢密院書記長官などを歴任して法律制定に活躍した。二三年には貴族院議員となり、茶話会を結成して貴族院議員のなかでの発言力を強めていった。三四年に第一次桂内閣の農商務大臣に就任してドイツ留学経験や品川らの影響で産業組合づくりに力を入れた。しかし、農商務省の汚職事件によって三六年に辞任に追い込まれている。平田の後任は司法大臣の清浦奎吾が兼任することとなった。平田と同時に教科書汚職事件によって文部大臣の菊池大麓も辞任している。

図一はこのような状況を描いたもので、平田（右）と菊池（左）が十字架に架けら

れている。十字架の根元には「責任」との文字が刻まれており、平田の罪状を記した高札には「商政紊乱」とある。十字架の回りでは首相の桂太郎と大蔵大臣の曾禰荒助が慌てふためいている。四一年には第二次桂内閣の内務大臣となって地方改良運動に尽力している。**図二**は内務大臣として水害の見舞いに出かけた折の平田を描いたものである。「明治式尊徳」と題され、「二宮宗の平田内相が水害見舞にインバネスとパナマだったと嘲る奴があるが、ナーニ、インバネスは昔の蓑で、帽子は笠、別に不思議でもない、明治式で遣る處が内相の豪い点サ」と好意的に見ている。平田が地方改良運動や産業組合づくりに尽力したのはドイツ留学が大きな影響を与えているといえよう。大正八年に宮内省御用掛、一一年に内大臣となっている。

図二　『東京パック』明治43年9月1日号

《伝記》

＊伯爵平田東助伝・加藤房蔵編　平田伯伝記編纂事務所　昭和二

＊人物農業団体史・栗原百寿　新評論社　昭和三一

＊君臣　平田東助論—産業組合を統帥した超然主義官僚政治家・佐賀郁朗　日本経済評論社　昭和六二

広《ひろ》瀬《せ》武《たけ》夫《お》（一八六八〜一九〇四）

軍人

慶応四年五月、豊後に生まれる。明治一八年に海軍兵学校に入学して二二年に卒業、日清戦争時には運送船監督、扶桑航海士として従軍し、三〇年にロシアに留学してロシア国内だけでなく、ドイツ、フランス、イギリスも視察して知識を深めて三五年に帰国、戦艦朝日の水雷長として日露戦争に従軍、福井丸を指揮して旅順港閉塞作戦中に敵の水雷をうけて福井丸は沈没する。このとき、部下を短艇に乗り移させたが、兵曹杉野孫七の姿が見えないために自ら福井丸に乗り移って船内を捜すものの杉野を発見できずに短艇で福井丸を離れる。このときに被弾して戦死する。部下を思いやる広瀬の戦死は軍人の鑑として大きな話題となっていった。

図一　『東京朝日新聞』明治37年3月1日号

図一は三七年三月一日の『東京朝日新聞』に載った広瀬の肖像であるが、三月三〇日の同紙は永田連合艦隊副長から大本営の雨森参謀への電報を紹介しているが、そのなかで永田は「我我同窓者までも名誉此の上なき儀と考ふ。或人叫んで軍神と唱ふ。之れ敢て過言にあらざるべきことと信ず。特に連合艦隊司令長官より海軍大臣へ電報せられたる戦死当時の勇敢沈着なる行為にて、其一斑を窺ふに足るべく、我等同窓者は満腔の熱血をそゝぎ同情を表する所なり。願はくば今後永久に同氏の海軍に貢献せられし逸事を没却せず、模範軍人として後世に貽さるゝの手段を予め講じ置かれんことを希望す」と報告している。このような状況はアッという間に広がり、広瀬は軍神として位置付けられて戦意高揚に利用され、小中学校の教科書にも軍人の理想像として登場するようにまでなった。**図二**は遺骸となって帰還した広瀬である。日章旗がかけられ、まさに軍神としての帰国の様子を窺うことができる。**図三**は「広瀬軍神社額堂」と題され、さまざまな奉額を描いているが、そのなかには

広瀬の銅像図なども見える。四三年には万世橋のたもとに堂々とそびえる広瀬の銅像が建てられたが、除幕式当日は雨にもかかわらず多数の見物人が集まり、一時は電車が運転を中止するほどの群集で埋まった。**図四**は建立間もない広瀬の銅像を描いているが、まわりには電線が蜘蛛の巣のように張りめぐらされており、キャプションには「鉄条網に搦にとられたやうな広瀬中佐は軽業の最中」とあり、明治末年の電気の普及が思わぬところで垣間見られておもしろい時代描写となっている。相変わらず見物人は引きも切らず、広瀬の銅像の下には黒山の人だかりである。軍神に祭り上げられた広瀬は日露戦争の最大のヒーローだったのかも知れない。

図二 『東京朝日新聞』明治37年4月6日号

《伝記》

＊軍神広瀬中佐詳伝・大分県共立教育会編　金港堂　明治三八
＊乃木将軍・東郷元帥・広瀬中佐・橘中佐　最上哲夫等　戦記名著集　第七集　戦記名著刊行会　昭和五
＊軍神広瀬中佐伝・有馬成甫　広瀬神社創建奉賛会　昭和一〇
＊軍神広瀬中佐・明田米作　学習社　昭和二〇（学習社文庫）
＊ロシアにおける広瀬武夫　無骨天使伝・島田謹二　弘文堂　昭和三六
＊ロシヤにおける広瀬武夫　上下巻・朝日新聞社　昭和五一（朝日選書　五七、五八）

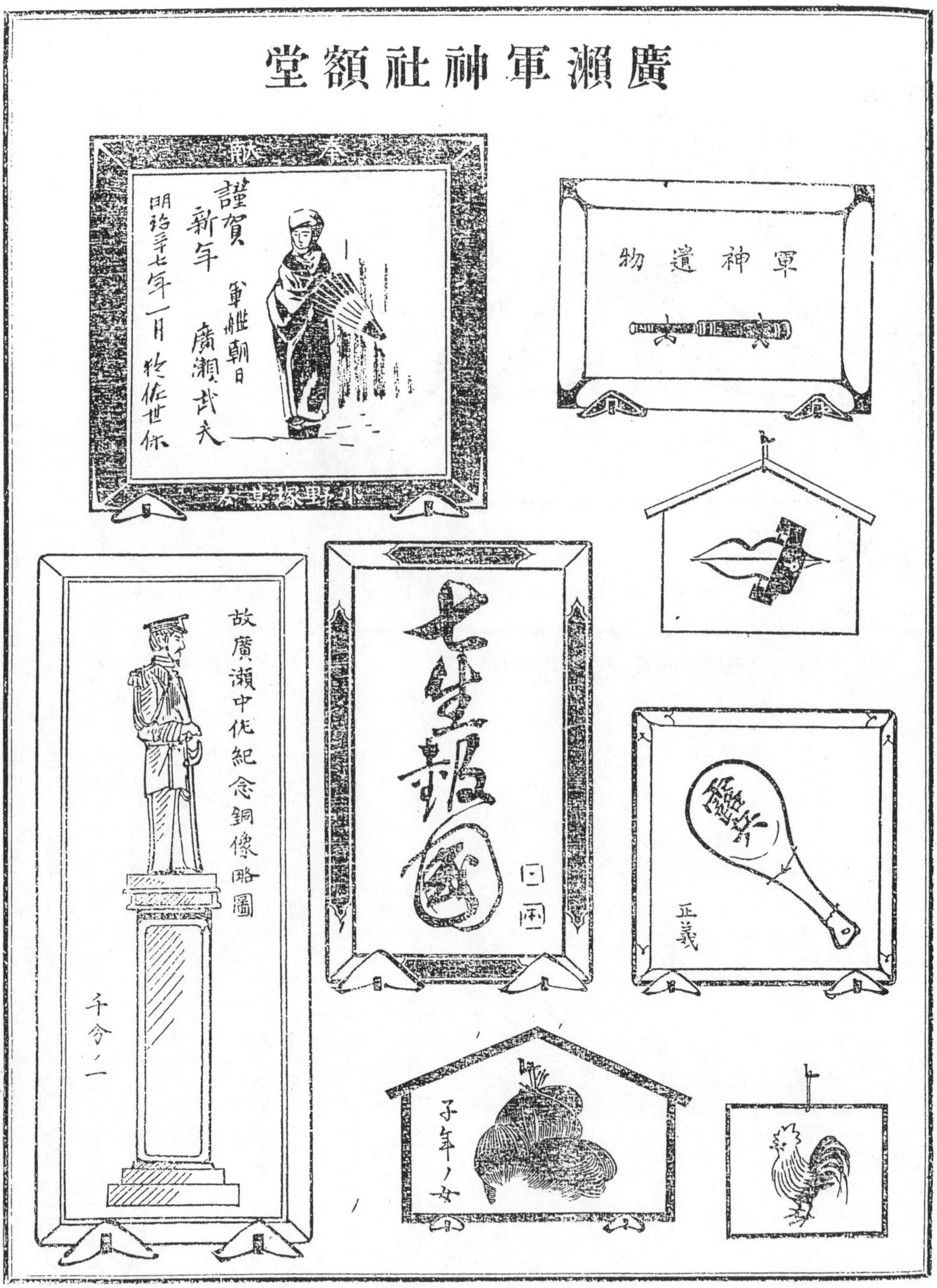

図三　『滑稽新聞』明治37年4月26日号

図四　『東京パック』明治43年6月10日号

福島安正《ふくしまやすまさ》（一八五二〜一九一九）

軍人

嘉永五年九月、信濃に生まれる。江戸に出て講武所でオランダ式教練をうけて、維新後は大学南校で英語を学び明治七年に陸軍省に入る。西南戦争に従軍後、参謀本部で朝鮮、中国などの情報収集にあたり、一五年に朝鮮、一六年には中国に派遣されている。二〇年にはドイツ公使館付武官となり、二五年に帰国する際に一年四カ月を費やして単騎シベリア横断を決行、ロシア各地を視察した。福島の単騎シベリア横断の成功は日本国中を熱狂に包むほどであった。福島の帰国に際しては大々的な歓迎が行なわれ、メディアは挙って福島の快挙を絶賛した。東京における歓迎ぶりを六年六月三〇日の『東京日日新聞』は「満都の士女を傾けて新橋停車場に、上野歓迎場に、其他中佐の過る沿道に出迎はしめたり、前年憲法発布の日、満都狂するが如くに歓呼し、其の盛況今古に絶すと称せらる、中佐歓迎の状、殆んど之れに類す、中佐たるもの何等の幸、何等の福、何等の名誉」と報じている。

図一　『団団珍聞』明治26年7月8日号

図一はこのようななかで描かれた「たんきトのんき」と題する諷刺画で、福島が生死を賭けてシベリア横断を決

行したのに対して安眠を貪る軍人たちを批判している。「なんだ飛んでも無いものが遣て来たト、 何ト云ふ騒ぎをするのだムニャムニャ、エー今迄見て居た夢も何もどこかへ飛で行て仕舞た、ドラ是ぢゃァ寝ても居られめエみんな起きよ起きよト人には云ふものの、サテ自分から先きにゃァ起き悪い奴サ」と書かれているが、福島はまさにこのようなインパクトを与えたのであった。福島の帰国ルートについても新聞などで大きく取り上げられているが、**図二**は、それを隠し絵として描いている。ベルリンからウラジオストックまでの道程が示されているが、この図の解説としては「中佐が経過したる三千八百ト云ふ里程も嘘にはあらず実に一万五千吉羅にしてその距離の広遠なる如何に人々を驚したる歟の様は能くこの図中に就て見るべし」とあり、口を開けて驚いている人の姿が隠し絵となっている。こんな隠し絵が描かれるほどの話題だったのである。日清戦争では第一軍参謀として従軍し、戦争後には再びヨーロッパ、アジア各国を視察している。帰国後、参謀本部第三部長、第二部長を歴任して日露戦争時には大本営参謀、満州軍参謀としてシベリア横断などで集積した情報を活用していった。三九年に参謀本部次長、四五年に関東都督となり、大正三年に大将となっている。

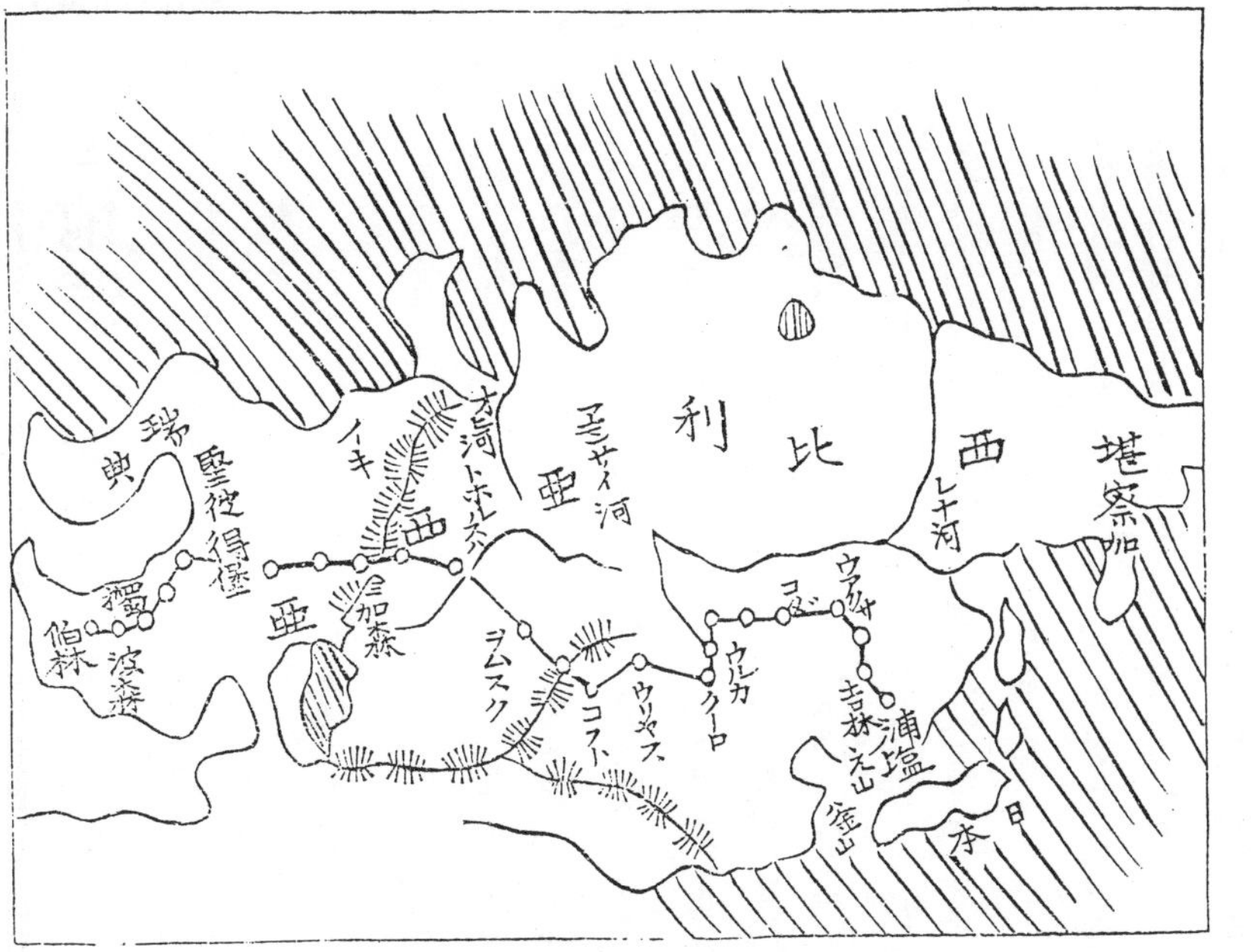

図二　『団団珍聞』明治26年7月8日号

《伝記》

＊福島中佐遠征記・堤吉兵衛著刊　明治二六

＊福島中佐之伝　附遠征紀行・村松恒一郎編　青木嵩山堂　明治二六

＊福島安正君小伝及紀行梗概・田村維則編刊　明治二七

＊伯林より東京へ単騎遠征・福島安正　小西書店　大正七（世界ノンフィクション　全集　三　筑摩書房　昭和三五）

＊北進日本の先駆者たち・伝記学会　六甲書房　昭和一六

＊福島将軍遺績・太田阿山編　東亜協会　昭和一六

福《ふく》地《ち》源《げん》一《いち》郎《ろう》（一八四一～一九〇六）

ジャーナリスト

天保一二年三月、長崎に生まれる。安政三年、長崎のオランダ通詞名村八右衛門に師事して蘭学を学び、五年に江戸に出て森山多吉郎に英語を習う。六年、外国奉行支配通弁御用御雇となり、文久元年と慶応元年の二回にわたり幕府の遣欧使節の一員として渡欧して新知識を身につける。四年、新政府が支配する江戸において『江湖新聞』を発刊して幕府擁護の論陣を張ったために逮捕されたものの木戸孝允の働きかけによって無罪放免となり、私塾を開いたのち、明治三年に大蔵省に出仕する。同年、伊藤博文に従って財政制度調査のためにアメリカに渡り、翌年には岩倉使節団に随行して欧米に赴く。七年に『東京日日新聞』に入社して主筆となり、九年には社長に就任して活躍し、『東京日日新聞』を大新聞へと育てあげていった。

図一は西南戦争に従軍記者として出かけた福地が戦地の様子を政府要人たちに伝えているところである。福地は従軍記者としてもパイオニアだったのである。一四年の北海道開拓使官有物払下げ事件では政府を批判する論陣を張った。また、一一年には東京府会議員となり、翌年には府会議長に就任してい

図一　『明治太平記　二〇編巻之一』明治11年

図二　『団団珍聞』明治19年6月19日号

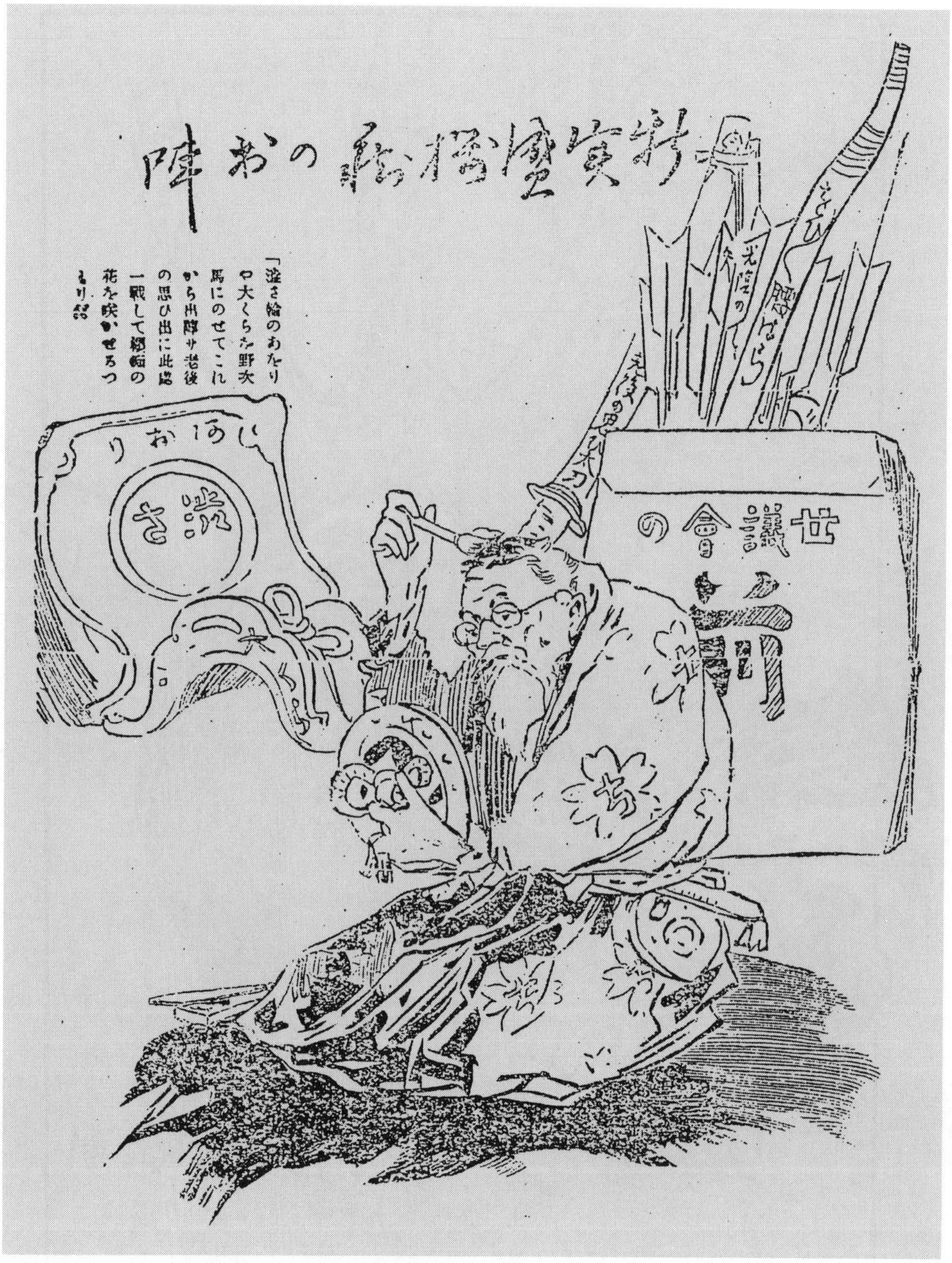

図三　『団団珍聞』明治36年12月26日号

る。一五年に主権在君論を展開して立憲帝政党を組織したが御用政党と批判された。一六年に『官報』が創刊されると「太政官御用」を売物にしていた『東京日日新聞』の経営は悪化し、福地は社長から退くこととなる。しかし、その後も実業界で活躍している。**図二**は一九年に福地が米商会社頭取に就任するとの噂がたったことを描いたものである。東京株式取引所肝煎としても実力を発揮している。**図三**はさまざまな活躍をしてきた福地が最後の花を咲かせようと総選挙に立候補しようとしているところである。出陣のための化粧をしながら「渋さ輪のあをりや大くらを野次馬にのせてこれから出陣サ、老後の思ひ出に此處一戦して桜痴の花を咲かせるつもりだ」と決意のほどを話している。福地の着物の柄は桜のなかに「ち」の字が書かれており、雅号の「桜痴」をあらわしている。福地の言葉からすると実業界の実力者である渋沢栄一や大倉喜八郎らの支援のもとに選挙を戦おうとしていることがわかる。三七年の総選挙では見事に当選して思いのとおり最後の一花を咲かせたが、その二年後の三九年に没している。福地はジャーナリストや実業界での活躍のほかに、劇改良運動や政治小説、歌舞伎台本の執筆も行ない、歌舞伎座創設にも尽力するなど幅広い分野で業績をのこしている。

《伝記》

*福地桜痴・正岡芸陽　明治文学家評論　新声社　明治三四
*福地源一郎氏・三宅雄二郎　偉人の跡　丙午出版社　明治四三
*還魂資料・福地信世編刊　大正七
*二十一大先覚記者伝・久保田辰彦　大阪毎日新聞社　昭和五
*近代文学研究叢書　八・昭和女子大近代文学研究室編　同大学　昭和三三
*三代言論人集　三・時事通信社　昭和三七
*福地桜痴・柳田泉　人物叢書　吉川弘文館　昭和四〇

福本日南《ふくもとにちなん》（一八五七〜一九二一）

ジャーナリスト

安政四年五月、筑後に生まれる。司法省法学校に学ぶが食堂賄い問題で騒動を起こして原敬、陸羯南らとともに明治一二年に退学となり、二二年に陸らとともに『日本』を創刊して活躍し、また、菅沼貞風とともにフィリピン経略のための活動をしている。二二年四月二一日の『大阪毎日新聞』は、「日本新聞社の福本誠氏は今度フィリッピン群島視察の為め東京を出発し、一昨日来阪され、一両日中に神戸出帆の汽船にて同島へ向け出発せらる、由なるが、同氏の目的は近来同群島と日本との貿易追々隆盛に赴き、殊に西班牙政府は同島の為に日本との貿易を開くかん事に熱心すれば、氏は今度渡航の上、専ら同島貿易上の実況を取調べらる上、八九月頃帰朝する積なりといへり」と福本の動向を報じている。二七年には朝鮮改革を計画したものの日清戦争で実行に移せなかった。

図一は第二次伊藤内閣の内務大臣に就任した板垣退助が初の新聞発行停止命令を出したことを描いており「初物の御馳走」なるタイトルがつけられている。右端で「発行停止」なる食べものを食っているのが『日本』である。こんなところから

図一 『団団珍聞』明治29年6月27日号

も欧化主義や条約改正に反対をとなえて政府を批判した『日本』の立場を窺える。三二年には東邦協会の支那調査会設立準備委員として榎本武揚、曾我祐準らとともに中心となって活動している。三八年には玄洋社の機関紙『九州日報』の社長に就任して主筆も勤めた。図二はこのような活動家としての福本の一端を描いたもので、解説には「日南氏が口籠った様の調子で得意の社会政策又は忠臣義士を談じ来り論じ去るや面を赤くし為に白髪も朱せん許りで有るが談一度其親友が米西戦争に従って戦死した事に及ぶと滴々と落涙して泣き出す総じて此人の泣き振りは眼に手を当てないのが特色である」と記している。四一年に衆議院議員に当選している。四四年、南北朝正閏論争において福本は国民党代議士懇親会で自説を展開している。四四年二月二五日の『大阪毎日新聞』は「席上福本誠氏は、南北朝問題は学究問題にあらず、皇祖の神誓、推古天皇の憲法及び文武天皇の大宝令に徴するも、南朝正統は動かすべかざる事実なるに拘わらず、今日正閏なしと云ふがごときは謂われなき暴論なりとて、これを歴史上の事実に徴し、典籍に稽へ、井然一糸紊れざる論調を以て約一時間に亘る大演説をなし、満場の感動を惹起せり」と福本の主張を報じているが、これからも福本の思想を知ることがでるのではないだろうか。大正五年には中央義士会を創設している。

図二 『名流漫画』明治45年

《伝記》

＊日南集・福本誠　東亜堂書房　明治四三
＊文豪としての福岡日南翁・雑賀鹿野　伝記　三ノ七　昭和一一
＊南進の先覚者・福本日南先生・雑賀博愛　南洋経済研究　六ノ九～一一　昭和一八
＊著者別書目一覧　西村真次・寺田寅彦・福本日南　読書と文献　四ノ二　昭和一九
＊人と作品現代文学講座　一・木俣修等編　明治書院　昭和三六

伏見《ふしみの》宮《みや》貞愛《さだなる》親王《しんのう》（一八五八～一九二三）

軍人

安政五年四月、伏見宮邦家親王の第一四子として京都に生まれる。明治五年に家督を継いで、同年、大学南校に入学し、その後、陸軍幼年学校、陸軍士官学校に学び、西南戦争では征討総督本営付として熊本城に出陣し、その後、鹿児島の戦闘にも参戦している。一〇年七月三日の『東京日日新聞』は「賊が大砲を打始めしより、有栖川稠宮（川村参軍と御同居）中尉伏見宮（曾我少将と御同居）は、暫く賊弾を高尾丸に避けせられしが、去る十七日出帆のテーボリ号にて鹿児島を御立退きに相成りたり」と報じており、貞愛親王が戦場の最前線に出ていたことがわかる。一七年に陸軍大学校に入り、翌年にはヨーロッパ各国へ軍事視察に出かけている。

図一　『国民新聞』
明治23年7月16日号

図一は貴族院の皇族議員となった貞愛親王である。日清戦争では混成第四旅団長として台湾鎮圧に赴くなどしている。日露戦争時には第一師団長として出征して南山占領に活躍した。**図二**は第一師団長として占領した南山での貞愛親王である。その後、大本営付となって日本に戻るが、セントルイス万博参加のためにアメリカに赴いている。三九年にガーター勲章の答礼使として渡英し、ケンブリッジ大学から名誉学位を授与されている。二九年五月にはロシア皇帝の載冠式に列席のためにロシアに赴き、同年、清国も訪問している。**図三**は清国を訪問した際の貞愛親王である。四二年四月には清国皇帝の大葬に参列のために渡清している。また、四三年三月八日の『中外商業新聞』は「日英博覧会名誉総裁伏見宮貞愛親王殿下には、愈々来る二十六日午前十時新橋御発車、横浜解纜の独逸郵船クライスト号

図二　『東京朝日新聞』
明治37年7月22日号

にて御渡英の途に上らせらる、なり」と報じているが、このように貞愛親王は天皇の信頼を得て名代として活躍するとともに在郷軍人会総裁、大日本武徳会総裁、大日本農会総裁など多くの要職を歴任している。大正四年には元帥となっている。

《伝記》
＊貞愛親王逸話・伏見宮家編刊　昭和六
＊貞愛親王事蹟・伏見宮家編刊　昭和六

伏見宮殿下の清皇室御訪問
図三　『東京パック』明治39年10月15日号

星《ほし》　亨《とおる》（一八五〇〜一九〇一）　政治家

嘉永三年四月、江戸に生まれる。神奈川奉行所蘭方医渡辺貞庵に師事し、奉行所附属英学校で学んだのちに開成所に入って勉学を続けて幕府の海軍伝習所の英語世話役となる。維新後、小浜藩英学校教師、瓊江塾頭などをつとめて陸奥宗光の推薦を得て和歌山藩英学助教授となる。廃藩置県後に神奈川県令の陸奥のもとで神奈川県英学校修文館教頭となり、明治五年に大蔵省に出仕する。邏卒と喧嘩して免職になるが復帰して七年に大蔵省租税権助、横浜税関長となる。イギリス公使との紛争で税関長を解任されイギリスへ留学、ミドル・テンプル法学院で学んで一〇年に日本人として初めてイギリスの法廷弁護士資格を取得して帰国する。帰国後、一一年に司法省の代言人となるとともに代言事務所有為社を開業する。一五年に自由党に入党して二度の入獄を経ながらも財産を投げ出して自由民権運動を推進して信頼を得ていった。二二年の憲法発布による大赦で出獄して外遊に出て富国強兵が急務であることを痛感して帰国、二四年の自由党大会で自由党幹事となり、翌年の第二回総選挙に出馬して当選を果たし、衆議院議長に就任する。

図一　『国民新聞』明治25年5月8日号

図一は議長の星であるが、さまざまな分野で活躍する星を描いたのが図二である。左には「議長のホシ」「一個人のホシ」「弁護士のホシ」「自由党員のホシ」「自由党旗頭のホシ」「相馬弁護士のホシ」などさまざまな顔を持っている星の本当の姿はどれなのかと疑問を投げかけている。しかし、第二次伊藤内閣との提携に方向転換したために自由党から強い反発をうけて議長の座を追われることとなる。その後、井上馨の世話で朝鮮政府法律顧問、伊藤博文の世話で駐米公使をつとめるが、三一年に自由党と進歩党が合同して憲政党が誕生し第一次大隈内閣が発足すると無断で帰国、憲政党と内閣を破壊して党を分裂させ、旧自由党派の憲政党を第二次山県内閣と連携させて租税増徴案を成立させる荒業をみせている。図三はこんな破天荒な政治家の星を描いたもので、「破運星」とのタイトルがそれを象

図二　『団団珍聞』明治26年8月19日号

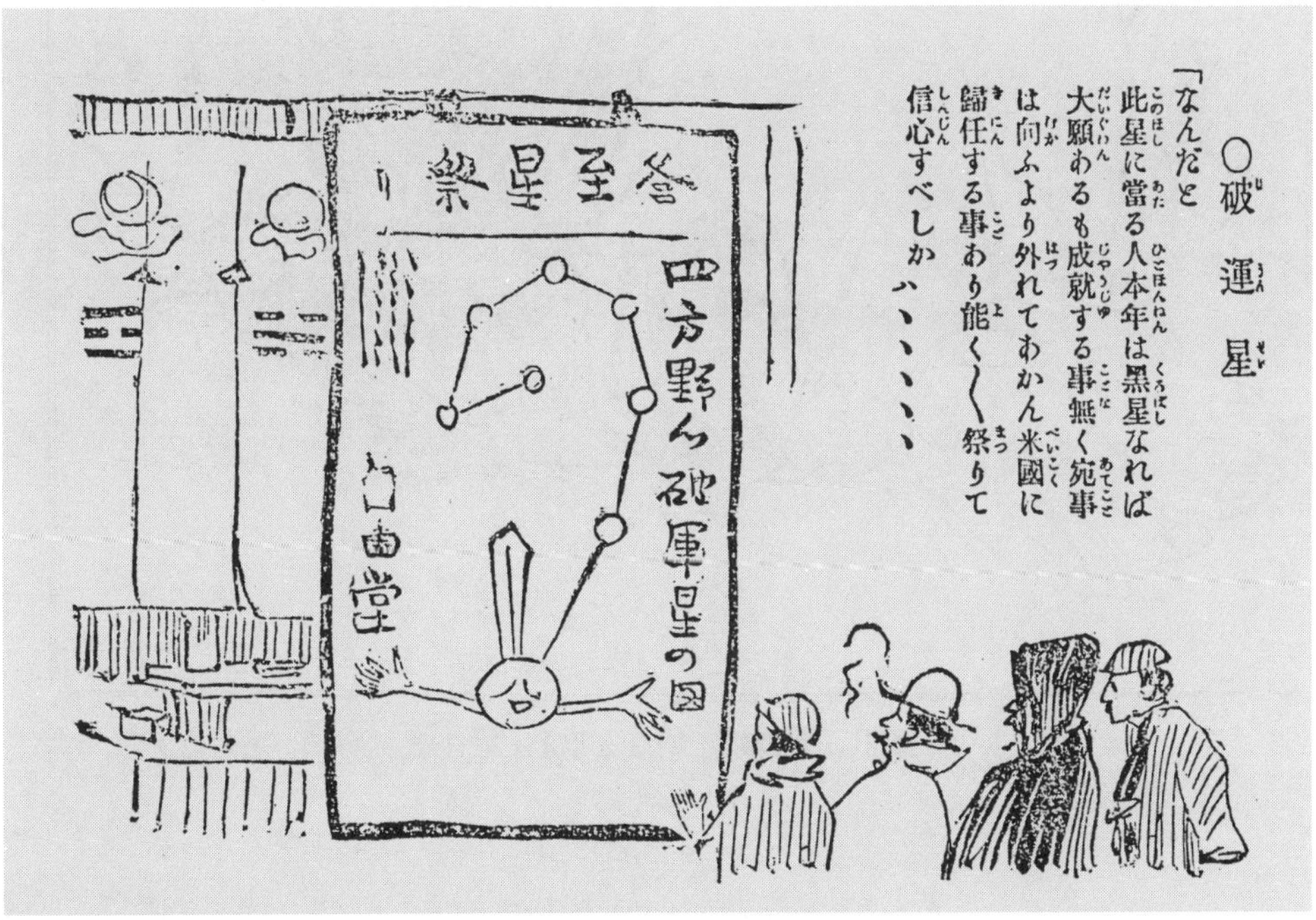

図三　『団団珍聞』明治31年1月27日号

○細君の暴横
「なんだとへ暴横もないもんだ水廻りから竈の下奥向きから外の交際迄私し一人で遣るんだヨ姑も小姑もあるもんぢやアないヨ

図四　『団団珍聞』明治32年8月26日号

徴している。解説には「此星に当る人本年は黒星なれば大願あるも成就する事無く…」とあり、見ている人たちは用心しているようだ。**図四**はどうにもコントロールできない星を描いており、星の尻の下で身動きできない片岡健吉（左）、板垣退助（片岡の隣）らである。星は三三年に憲政党を解党して伊藤を総裁とする立憲憲政党を旗揚げして第四次伊藤内閣の成立に尽力して逓信相として入閣するが、金権腐敗の非難をうけて辞任する。その後、東京市会議長として東京の学制改革などに尽力したが、儒教的教育を批判する星の演説に憤激した四谷区学務員伊庭想太郎に刺殺されている。**図五**は東京市の参事会の部屋で星が刺殺された時の配置図である。入口から入って来た伊庭が星の背後に回って突然襲ったために防ぐことができなかったと報じられている。

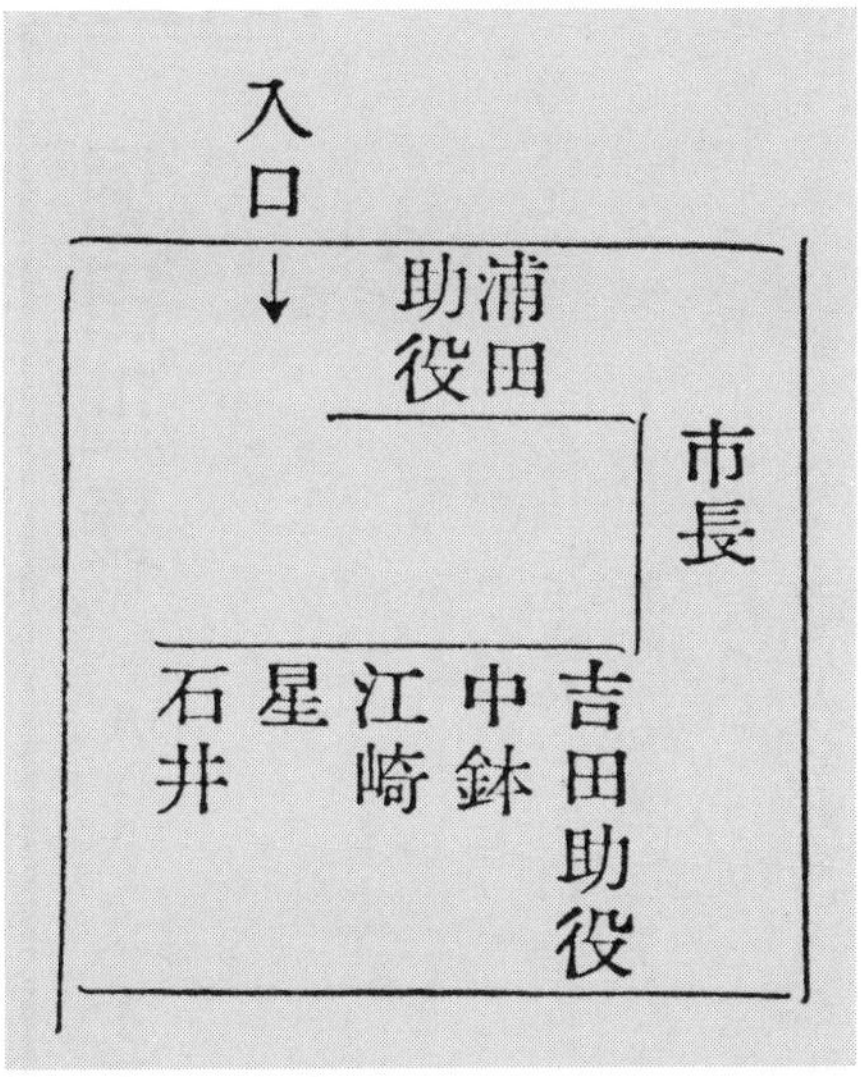

図五　『時事新報』明治34年6月22日号

《伝記》

＊栃木県第一選挙区衆議院議員候補者　星亨君小伝・岡田亮太編刊　明治二五
＊星亨・伊藤痴遊　平凡社　昭和四
＊星亨伝・前田蓮山　高山書院　昭和二三
＊明治的人間像　星亨と近代日本政治・中村菊男　慶応通信社　昭和三二
＊慶応義塾創立百年記念論文集　法学部第二部―政治学関係　慶応義塾大学法学部　昭和三三
＊星亨・中村菊男　人物叢書　吉川弘文館　昭和三八
＊星亨・有泉貞夫　朝日新聞社　昭和五八（朝日評伝選　二七）

堀《ほっ》田《た》正《まさ》養《やす》（一八四八～一九一一）

政治家

嘉永元年二月、近江に生まれる。明治二年に宮川藩知事に就任し、その後、東京府会議員、赤坂区長、下谷区長、深川区長を歴任して二三年に貴族院議員となり、千家尊福、大原重朝、山内豊誠らと貴族院内に研究会を組織して幹事に就任、貴族院において大きな影響力をもっていた。四一年、反政友会勢力会派として活動していた研究会に所属しながら第一次西園寺内閣の逓信大臣として入閣して政界を驚かせている。同年、研究会を除名されている。

堀田の入閣について四一年三月二八日の『中外商業新聞』は「久しく決せざりし司法逓信両大臣も愈々千家、堀田の一子一男と決したるが、朝来各政党は概ね此話にて持切り、中にも政友会にては十人十色の観察や憶測を試み、現内閣が善く秘密を守りたるを説きて誇るもあれば、総理の人撰が全く意想外に出でたるを以て其断を称するものもあり、中には風説の如く政友会中より出でざりしを憤慨し、一葉既に墜つるの證なりと為すものあり、紛々として諸説百出なりしが、進歩党の某氏は是れ一時の事に過ぎず、唯政友会が貴族院に対する方略の一斑を窺ふべしと語り、大同倶楽部は比較的淡々の

図一　『東京パック』明治41年5月1日号

態なりしも内心は一半政友会中より出でざりしを喜ぶものの如かりき」と堀田の入閣の経緯とその波紋を記している。

図一は逓信大臣の堀田が雪に弱い東京の通信や交通を強くするために修復費を出そうとしているところである。しかし、堀田は就任してわずか四か月足らずで内閣総辞職により退任している。**図二**は堀田の退任直前に描かれたもので「三日天下の功績」とタイトルがつけられ、「堀田逓信大臣は鉄道を巡視して駅員に敬礼を払われ」とあるが、駅を視察する堀田の姿を振り返って見ている駅員の様子からするとあまり威厳を発揮できていないようである。これも政府を批判していながら突如入閣したことや、第一次西園寺内閣の三人目の逓信大臣だったこと、また、すでに第一次西園寺内閣が総辞職直前だったことなどが影響を及ぼしていたからなのだろう。

図二 『東京パック』明治41年7月10日号

前《まえ》島《じま》密《ひそか》（一八三五〜一九一九）

官僚、政治家

天保六年一月、越後に生まれる。高田藩儒石倉典太に学んだのちに江戸に出て蘭学、医学を学ぶが、ペリー来航で国防のための砲術、操練などの必要性を感じて各地を回って習得につとめ、慶応元年に薩摩藩に赴き藩の開成学校で英語を教える。二年に江戸にもどって兵庫奉行支配調役などを歴任して維新後は静岡藩出仕を経て明治三年に新政府の駅逓権正に就任、近代郵便制度確立に尽力することとなる。四年にイギリスに出張して帰国後に駅逓頭となり切手郵便を開始、翌年には全国に郵便事業を拡大していった。その後も外国郵便、郵便為替などを創始して近代郵便事業発展の父といわれるほどの貢献をしている。

図一は前島によって確立された郵便業務の先端で働く集配人である。左端には初期の郵便ポストも描かれている。一四年の政変によって下野して立憲改進党創設に加わり、二〇年には東京専門学校の校長に就任、二一年に逓信次官となって電話事業の創設に尽力した。二四年に退官後は北越鉄道会社の社長として直江津〜新潟間の鉄道敷設に力を尽くして三三年には推されて国語調査会委員長に就任している。**図二**はこの頃の前島である。三七年には貴族院議員に就任している。**図三**は明治政府の草創期に活躍してすでに引退している前島が高田早苗と会ったときの会話を記したものである。鬚を長く伸ばした前島に対

図一　『大阪新繁昌詩』明治８年

して「八〇歳までは大丈夫です」とお世辞をいったものの、前島はすでに七六歳でうれしくない表情を浮かべているところである。このように長寿を全うしたものの、初期の郵便事業との関わりを除けば前島の影は薄い。三五年、男爵となった前島は郵便事業の黎明期を振り返って談じているが、三五年六月二一日の『東海日日新聞』は「明治八年に至り爾来外国に蹂躙されし交通機関権を、米国を通じ回復するを得、横浜港に於いて其の祝典を挙げた而かも世の頑夢未だ醒めず「郵便が儲かった祝ひだらう…」と、世人は寧ろ冷笑に附した位である。更に甚しき未開漢等は、飛脚を政府事業として税を課するは何事ぞと迄暴語を放ったものである」と前島の貴重な証言を記録している。前島は政治家としては高位に就くことがなかったものの、その業績は決して元勲たちに引けをとらなかったといえよう。

図二 『二六新報』明治33年4月20日号

図三 『東京パック』明治42年3月10日号

《伝記》

*鴻爪痕・市野弥三郎編　前島弥　大九（改訂版　市島謙吉編　前島会　昭和三〇）

*日本郵便の父前島密・萩原達　通信教育振興会　昭和二二

*前島密・小田嶽夫　前島密顕彰会　昭和三三

*郵便の父前島密・小田嶽夫　日本児童文庫刊行会　昭和三三

*行き路のしるし・日本郵趣出版　昭和六一〈前島密生誕一五〇年記念出版〉

前《まえ》原《ばら》一《いっ》誠《せい》（一八三〇～七六）

政治家

文政一三年三月、萩に生まれる。安政四年に松下村塾に入って六年には長崎に遊学、帰藩後は西洋学所で学び、文久二年には久坂玄瑞らと公武合体を唱える長井雅楽の暗殺を計画、翌年には都落ちとなった三条実美ら七卿の用掛となる。元治元年に高杉晋作らと挙兵して藩政を掌握して藩要職を歴任、幕府の第二次長州討征では参謀心得として小倉口に参戦して九州の長州藩占領地の管理にあたった。戊辰戦争では会津征討越後口総督付参謀として活躍、明治二年に越後府判事となり、その後、参議、兵部大輔となるが政府と意見が対立して三年に病気を理由に官を辞して帰郷し、やがて反政府運動を指導して九年に熊本敬神党に呼応して萩の乱を起こした。

図一 『絵本明治太平記』明治19年

図一は前原と彼を支える幹部を描いたものである。図二は熊本で勃発した神風連の乱の様子を聞いている前原である。熊本の動向は前原にとってもっとも気にかかる情報だった。かくて、前原は決起することを決断する。このような切迫した状況は東京へも伝わり政府はもとより、新聞報道で不穏な動きを知った一般

図二 『明治太平記　一五編巻之一』明治11年

図三 『明治太平記　一五編巻之一』明治11年

の人たちも不安を募らせていった。九年一〇月三〇日の『郵便報知新聞』は「山口よりの報とかに、萩の士族前原を始め多人数学校へ集合し、山口街道へ兵糧とかの焚き出をゆだね発せんとする威勢ありと、仍て県官二名を遣はし専ら説諭を加ふるの取沙汰なりと、一昨日午後の巷説」と萩の様子を報じている。**図三**は須佐に至った前原を描いている。一一月六日の『東京曙新聞』は「萩より北方にては名古（旧徳山の領知にて萩より四里半、戸数三百七八十軒）須佐（旧藩士益田の采地にして、戸数千二三百軒）小川、大井、生雲福井、石州津和野、高津、益田、三隅等の諸村落、南方にては山田、豊原、間島、深川、先大津等の各村は、大方賊徒に一味して、追々に集合せしもの千人程にて、火薬、兵粮等をも運搬するとの風説のよし、例の虚実は量りがたし」と記している。**図四**は須佐において萩の動静の報告を聞く前原である。このように、一時は勢力を保持していた前原であったが、結局は圧倒的な兵力を持つ政府軍の前に敗れ去り、前原一党は捕縛され、斬罪に処せられている。

《伝記》

＊前原一誠・清水門弥編　宝文館　岡島書店　明治三〇
＊不運なる革命児前原一誠・米原慶助　平凡社　大正一五
＊前原一誠伝・妻木忠太　積文館　昭和九
＊類聚伝記大日本史　一一・雄山閣　昭和一一
＊あゝ東方に道なきか―評伝前原一誠・奈良本辰也　中央公論社　昭和五九

図四 『明治太平記　一五編巻之一』明治11年

牧《まき》野《の》伸《のぶ》顕《あき》（一八六一～一九四九）

政治家

文久元年一〇月、鹿児島に生まれる。明治四年に実父の大久保利通に伴われて岩倉使節団に随行しアメリカに留って学び、七年に帰国して開成学校に入学するが一二年に中退して外務省に出仕する。駐イギリス公使館勤務を経て一五年に帰国、伊藤博文の知遇を得て太政官権少書記官、法制局参事官などを歴任、一八年の天津条約の際には伊藤に随行して清国に出張している。二一年に総理大臣黒田清隆の秘書官となり、その後、内閣記録局長、福井県知事、茨城県知事などを経て二六年に文部次官となる。

図一はこの時代の牧野である。『二六新聞』は「弁舌は渋柿を噛み、飴を舐ふるが如く眼光に威無きもの之れ政府委員牧野伸顕氏となす」と手厳しい評価をしている。三〇年から三九年にかけては駐イタリア公使、駐オーストリア公使などを歴任してヨーロッパに滞在する。三九年に帰国して第一次西園寺内閣に文部大臣として入閣して義務教育の充実や美術教育の発展に尽力した。図二は文部大臣就任のためにウィンナ（ウィーン）を離れる牧野である。彼の帰国の大きな荷物には「文部の重荷」と書かれてある。図三は文部大臣の牧野が小学校教員の俸給基準を改定して引上げたことを描いている。「小学校教員増俸令」を掲げた牧野大菩薩の前には教員たちが跪いて拝んでいる。教員たちは「いよいよ伸顕の事と成ってこんな嬉しいことはない、これでは善光寺如来様から見ると余程有難い、南無牧野大菩薩様」と口々に御利益を讃えている。教員の薄給を改善するための弥逢策だが、日々の生活に汲々としている教員にとっては牧野はまさに大菩薩だったのである。教員の前の廿四

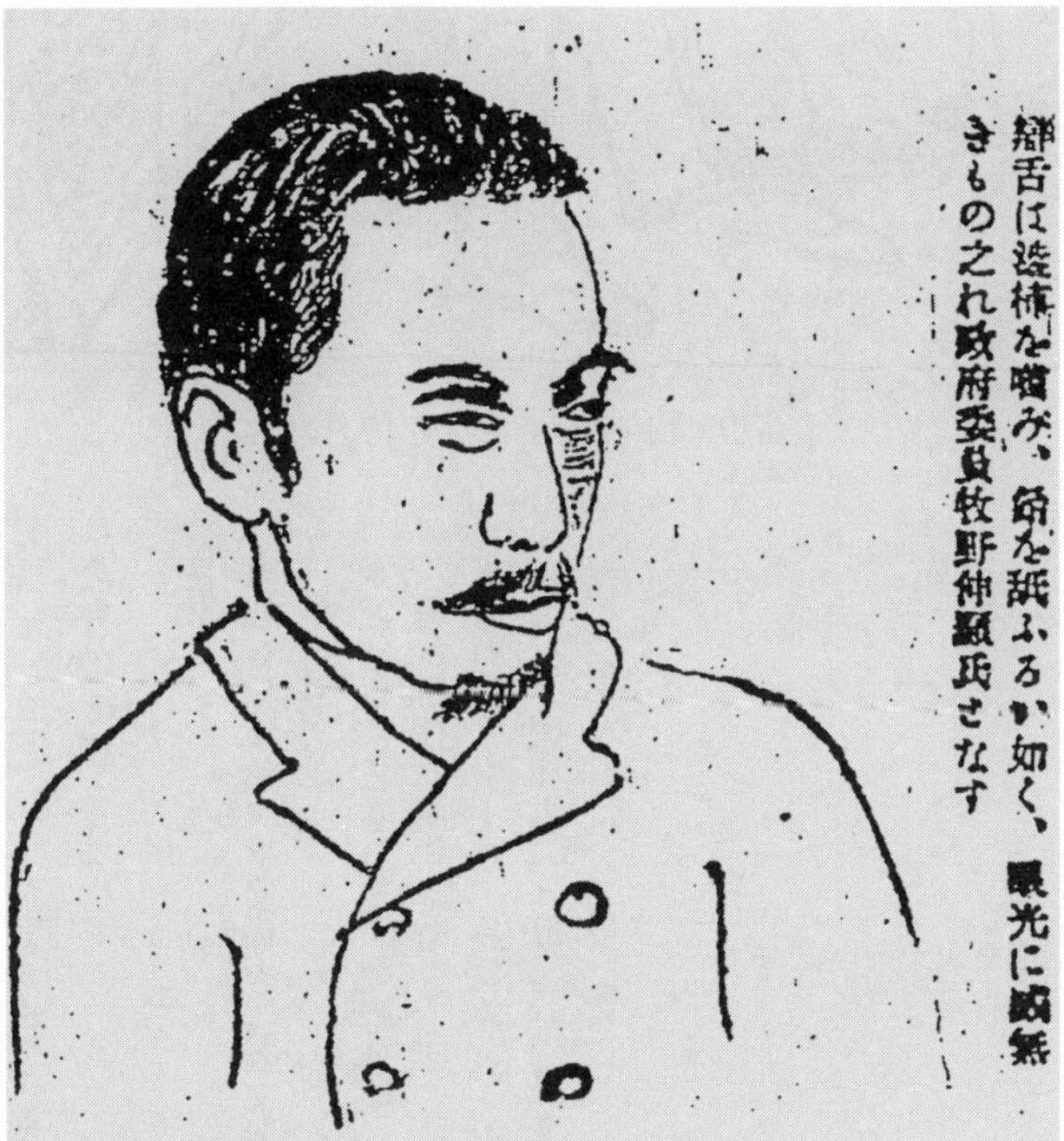

辯舌は澁柿を噛み、飴を舐ふるが如く、眼光に威無
きもの之れ政府委員牧野伸顯氏となす

図一　『二六新報』明治27年6月3日号

円、廿円、十六円などの金額は改定された新しい俸給である。牧野は四四年には第二次西園寺内閣の農商務大臣に就任、翌年には第一次山本内閣の外務大臣をつとめた。大正八年にパリ講和会議に日本の全権として出席して主席全権の西園寺とともに中心的役割を果たした。一〇年に宮内大臣に就任、一四年には内大臣となって皇室の信任を得ている。昭和七年の五・一五事件や一一年の二・二六事件で襲撃されたものの難を逃れている。

図二　『団団珍聞』明治39年2月19日号

《伝記》

＊牧野伸顕伯・下園佐吉　人文閣　昭和一五

＊回顧録　三巻三冊・牧野伸顕　文芸春秋新社　昭和二三〜二四

＊回顧録　上下巻・牧野伸顕　中央公論社　昭和五二・五三（中公文庫）

◎牧野大菩薩《まきのだいぼさつ》
出張先《しゆつちやうさき》のお言葉《ことば》などは左程《さほど》の
御利益《ごりやく》も無《な》からうと思《おも》つたが
小學校教員増俸令
いよ〳〵伸顯《しんけん》の事《こと》と成《な》つてこんな嬉《うれ》しいことはない
これでは善光寺如來様《ぜんくわうじにょらいさま》から見《み》ると餘程有難《よつぽどありがた》い
南無《なむ》牧野大菩薩様《まきのだいぼさつさま》〳〵
六円
十二円
廿四円
HK.

図三　『団団珍聞』明治40年6月8日号

松《まつ》岡《おか》康《やす》毅《たけ》（一八四六〜一九二三）

官僚、政治家

弘化三年六月、阿波に生まれる。江戸に出て文武を修業し、明治二年に徳島藩知事蜂須賀茂韶に意見書を提出して認められ藩少属となり、廃藩置県後に上京して司法省に出仕、八年に東京裁判所長、一三年に司法省大書記官、一五年に広島控訴院裁判長となる。一九年にプロシア、オーストリアに留学して二〇年に帰国、東京控訴院長などを歴任して二四年に検事総長に就任する。同年、ロシア皇太子が巡査に斬りつけられる大津事件が勃発したが、このとき松岡は大逆罪の適用に反対を唱えた。翌年、弄花事件にからむ司法省の内紛で検事総長を辞任、その後、二七年に内務次官に就任して郡の分合廃置に尽力している。三一年には再び内務次官に起用された。貴族院議員にも就任して宗教法案の成立に尽力している。三九年には第一次西園寺内閣に農商務大臣として入閣しているが、図一は松岡の農商務大臣就任を扱ったものである。「算盤と鍬との吃驚」とあるが、これは、法学者の松岡がまったく畑違いの大臣となったことに関係者が驚いていること表わしたもので、算盤や鍬は農商務省の管轄する商業や農業のことである。松岡は「法律書を手にするといふのが、乃公の相応な役割であるが、ナーニどうせ伴食大臣の一員、算盤でも鍬でも持って世を送るとしよう」と開き直っているが、算盤や鍬たちは「オヤ法律屋が出掛けて来た、商売や農業を法律づくめでやられてはたまらぬ」と閉口している。松岡は自らを伴食大臣と自嘲ぎみに言っているが、松岡は西園寺公望に近い存在で、伊藤博文や山県有朋などとも親しく、検事総長を辞任したのは山県の説得によるもので、二度の内務次官就任は第二次伊藤内閣と第三次伊藤内閣のときである。松岡は山田顕義の死後は日本法律学校の再興にも力を尽くし、三六年に日本大学と改称されての初代の学長にも就任している。大正九年に枢密顧問官となったが、関東大震災により葉山の別邸で罹災し死去した。

《伝記》

＊松岡康毅先生伝・大山卯次郎　同先生編纂委員会　昭和九

＊故男爵の功績・平沼騏一郎　日本法政新誌　二一ノ三　大正一三

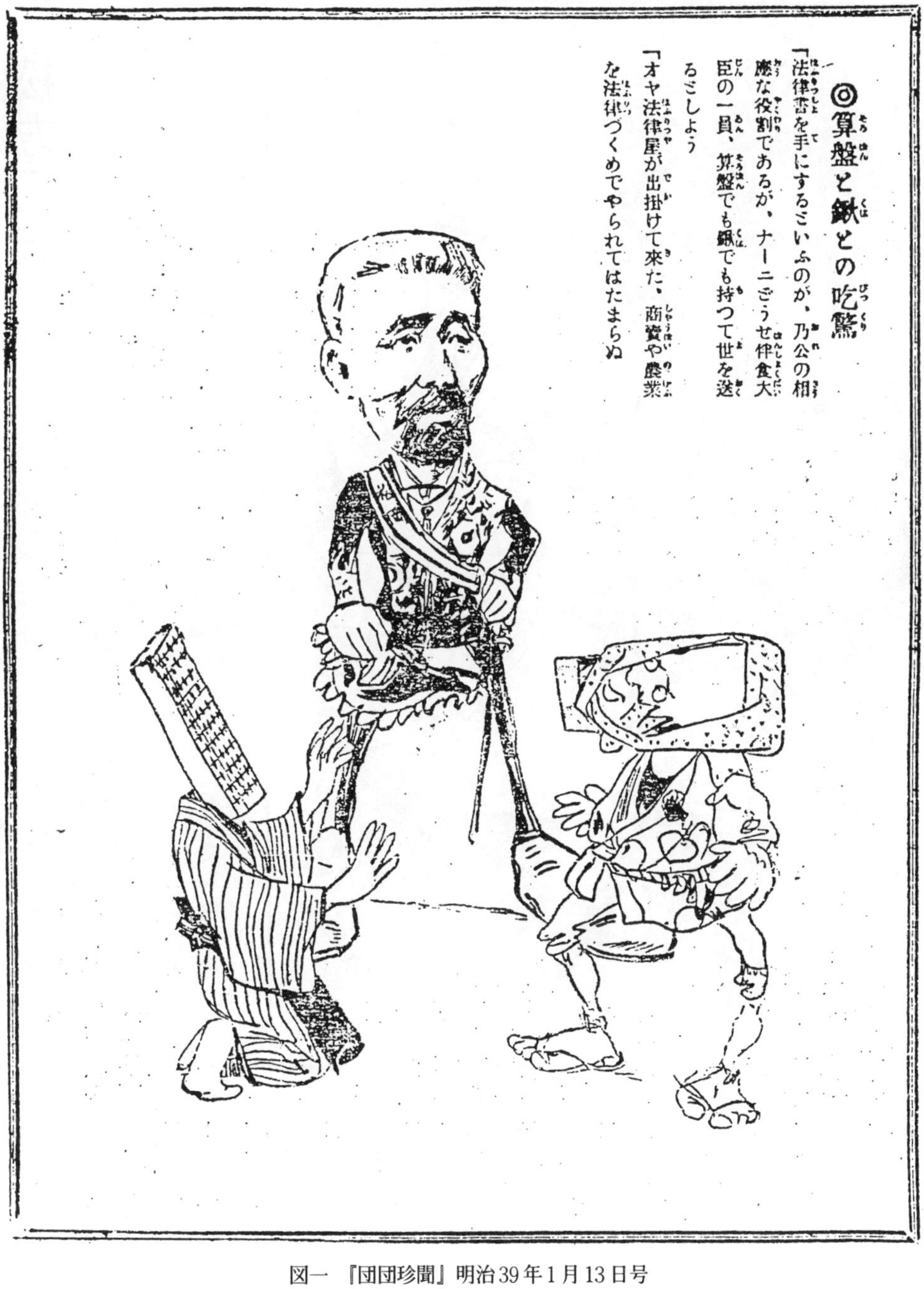

図一 『団団珍聞』明治39年1月13日号

松方正義《まつかたまさよし》

（一八三五～一九二四）

政治家

天保六年二月、鹿児島に生まれる。薩摩藩の勘定所出物問合方として出仕し、大番頭座書役となり藩主の島津忠義に認められるとともに大久保利通の知遇を得て藩政改革に尽力、戊辰戦争時には土佐藩の佐佐木高行らと長崎奉行所を占領して市内の混乱を防いだ。慶応四年に日田県知事となり、三年に民部大丞に転じて以後、大蔵大輔、勧業頭などを歴任して一一年のパリ万博には日本側の副総裁として参加しているが、このときにフランスの大蔵大臣レオン・セイなどと財政について話し合い大きな成果を得て帰国している。帰国後、松方の外遊中に暗殺された大久保にかわって殖産興業政策を推進し、一三年に内務卿に就任、翌年の政変で下野した大隈重信の後任として大蔵卿となり濫発紙幣の整理と中央銀行としての日本銀行を設立するなどの財政改革を断行していった。一八年に第一次伊藤内閣の大蔵大臣として入

図一 『団団珍聞』明治21年12月15日号

図二 『団団珍聞』明治24年10月3日号

閣し、その後、黒田内閣、第一次山県内閣でも引き続き大蔵大臣に留まり大きな発言力をつけていった。

図一は黒田内閣時代の松方である。内務大臣山県有朋の外遊によって臨時内務大臣もつとめたために市区改正、鉄道、府県制、博覧会など内務大臣の仕事も殺到して大忙しといったところである。二四年には第一次松方内閣を組閣して大蔵大臣も兼務し財政、税制などの法整備に力を尽くしていった。しかし、この内閣は必ずしも一枚岩ではなく、また、大津事件という突然の出来事もあり、西郷従道、大山巌をはじめとして何人もの閣僚が内閣を去り、新閣僚の人事が続けざまに行なわれた。図二はそんな状況を描いたもので、あちこちに去っていく旅人を見送る松方である。松方の茶店は主人の松方だけとなり、寂しさが漂う。二九年には第二次松方内閣を組閣、日清戦争後の経済政策を推進して金本位制度を確立している。図三は第二次松方内閣における松方の掲げた超然主義を諷刺したものである。超然主義は二二年に首相の黒田清隆によって謳われたもので、これを松方が再び持ち出してきたことが、蜘蛛の巣の張った棚から「超然主義」なる箱を取り出していることからもわかる。「アー旨いものが目附った是がい、〳〵」と喜んでいるが、三〇年に進歩党との連携が崩れて三一年の年明け早々に総辞職している。その後、同年に成立した第二次山県内閣の大蔵大臣となっている。三三年に山県内閣は総辞職し、松方は三五年に欧米に視察旅行に出かけている。図四は松方の帰国を待

図三　『団団珍聞』明治30年11月20日号

図四 『団団珍聞』明治35年9月6日号

ち構えてお世辞を使いながら団扇を扇いでいる政治家たちである。松方の政治力を利用しようとしているのである。松方は三六年には枢密顧問官に就任して日露戦争に備えての資金調達に尽力している。その後も元老として大きな発言力を有していった。

《伝記》

＊歴代宰相・天下を取った人々　一・原田指月　文武書院　昭和四
＊公爵松方正義伝　二巻二冊・徳富猪一郎　同伝記発行所　昭和一〇
＊類聚伝記大日本史　一一　雄山閣　昭和一一
＊日本資本主義史上の指導者たち・土屋喬雄　岩波書店　昭和一四
＊松方正義　日本財政のパイオニア・藤村通　日経新書　日本経済新聞社　昭和四一

松田《まつだ》源治《げんじ》（一八七五〜一九三六）

政治家

明治八年一〇月、大分に生まれる。二七年に上京して苦学しながら法律学を学び、三〇年に司法官試補となり、佐賀、福岡などの裁判所に検事代理として勤務して三一年に弁護士を開業している。三六年には政友会院外団体組織結成に参画している。

図一はこの頃の松田で、「政友会東京支部評議員として将又同会本部遊説員として政治的修養に怠りなく其の曾て小学教員たり若くは電信技手たりし氏は今優に少壮政客の群に入るを得たり」との解説がつけられている。四一年には衆議院選挙に当選して国政に参画し、政友会の領袖として活躍した。四五年の選挙制度改正に関しては小選挙区に賛成の立場をとって活動している。四五年三月二一日の『時事新報』は「欧州各国に於てはいづれに大選挙区制を採用し居るや、ほとんど皆小選挙区ならざるはなし、ただ比例代表の投票方法あれども、これは選挙の主眼たる単純明解を欠くものにて、ほとんど取るに足らず。元来立憲政治は二大政党の対抗によりて国政の運用を図らざるべからず、これがためにはいはゆる小選挙区制を取らざれば、到底彼岸に達することを得ざるべく、列国比例代表の選挙のごときは、いたずらに小党分裂を来たして二大政党の対抗を見ることあたわざるなり」と本会議における松田の小選挙区賛成演説を紹介している。図二はこの時代の松田を描いたものである。政治家としては実力を備えて、厳しい姿勢を示した松田だったが、家庭での姿は裏腹だったようである。図に添えられた解説には「議会に於ては時の宰相桂の大臣を罵倒し時には拳骨を振ふ位屁とも思はなかった源治氏も妻君を持ってからは「ほんとに内の旦那様は奥さんに優しいのよ、お湯も一しょに這入るし少し遅くなれば言訳をなさるし随分細かい處迄気が付ておやりよ、其癖お客様でもお出でなさると気ぶりにも見せないのよ」と自分處の下女に噂せらる丶様に成った」とある。こ

図一　『二六新報』明治36年3月11日号

んな松田だったが大正九年に内務省参事官、一一年に衆議院副議長を勤め、一三年に政友会が分裂すると政友本党に入り、その後、民政党で活躍して幹事長、最高幹部として党のリーダー的存在となっていった。昭和四年には浜口内閣の拓務大臣として入閣、九年には岡田内閣の文部大臣に就任して文部改革を実施していった。

《伝記》

＊松田文相の急逝を悼む・斬文　一八ノ三　昭和一一

図二 『名流漫画』明治45年

松《まつ》田《だ》正《まさ》久《ひさ》（一八四五～一九一四）　政治家

弘化二年四月、肥前に生まれる。明治二年、藩命をうけて上京して昌平黌で漢学を学ぶが廃校となり西周に就いてフランス学や万国公法を学び、五年に陸軍省に出仕する。同年、軍事学研究のためにフランス、スイスに留学するが留学先では政治学や法律学の習得に努めて八年に帰国する。帰国後まもなく退官して自由民権運動に加わり、郷里に自明社を設立するなどの活動をして一二年には長崎県会議員となり、議長にも就任して一四年には西園寺公望らと『東洋自由新聞』を創刊し、翌年には九州改進党を結成している。二〇年に司法省に入って大阪始審裁判所判事を勤めるが翌年には鹿児島造士館教頭となる。二三年、教頭を辞して第一回衆議院議員選挙に立候補して当選する。

図一は代議士となった松田を紹介したものである。また、図二は議会の松田の様子を描いたもので、「案上置く所のものは予算追加案ならん豪傑先生俯睨して深慮する所あるが如し其風采喜ぶべし」との解説がつけられており、松田の性格を垣間見ることができる。議長候補にもなったものの以後落選を重ねた。しかし、自由党内に政務調査会を組織してそのリーダーとなり大きな発言権を保持し、三一年の第一次大隈内閣で大蔵大臣となり、同年の衆議院選挙で代議士に復帰している。三三年には第四次伊藤内閣の文部大臣となり、三七年には衆議院議長に就任している。さらに、三九年には第一次西園寺内閣の司法大臣に就任しているが、四一年には阪谷芳郎の大蔵大臣辞任に伴って大蔵大臣を兼務し、その後、大蔵大臣専任となっている。図三は専任大蔵大臣になった時期の松田を描いているが、「松田不得要領の大暗大臣　現内閣の策士といはれる腹芸大臣」とあるが、これも政務調査会を背景に力を貯えるなどの活動で政治家として頭角をあらわしていった松田の経歴から来るものなのだろう。その後、四四年には第二次西園寺内閣に再び司法大臣として入閣している。

《伝記》

＊人物評論・蓑田政徳　北日本刊行協会　大正一五

＊松田正久稿・笹川多門　江村会　昭和一三

図一 『国民新聞』
明治23年11月26日号

図二 『国民新聞』
明治24年12月5日号

図三 『東京パック』
明治41年7月1日号

松《まつ》田《だ》道《みち》之《ゆき》（一八三九〜八二）

政治家

天保一〇年五月、鳥取に生まれる。広瀬淡窓に学び、藩主の池田慶徳に従って討幕運動に携わり、明治元年に徴士、内国事務局判事として新政府に出仕する。その後、京都府大参事、大津県令、内務大丞などを歴任して一〇年に内務大書記官兼太政官大書記官となり、一二年には内務省取調局長となるが、この間に三回にわたって琉球に赴き廃藩置県実施に力をふるった。八年には内務大丞として琉球の制度を日本国内と同じくすることや清国との冊封関係の断絶を迫っている。一二年に入ると早々に松田は再び琉球を訪れて日本政府への遵奉書の提出をもとめている。しかし、琉球はこれに従わなかった。かくて、松田は武力で琉球の内国化をはかる。このような緊迫した状況を一二年三月一三日の『東京曙新聞』は「今度松田君の琉球行は、廃藩置県の詔を其藩王に伝ふる趣なりと専ら道路に風説せり、且又廃藩置県の事務一切は、大蔵大輔松方君が総裁される、よしを伝ふれど、素より風説の事なれば保證し難し」と伝えており、琉球への最後の行動が間近であるとの噂が相当広まっていたことがわかる。この風説の通り、松田は巡査一六人、歩兵大隊四〇〇人を従えて首里城に乗り込み、太政大臣三条実美の名において沖縄県の設置を申し渡している。

図一はこのような強制的な手法で琉球を名実ともに日本の一部としようとしている松田を描いたもので、嫌がる琉球をむりやり「大和楼」なる遊郭に押し入れようとしているところである。琉球を後から押え込んでいる人物の着物には松葉の柄と「田」の字が書かれているが、これが松田である。このようにして四年から始まった廃藩置県は完了し、藩王は琉球を離れて東京に行き、天皇の藩屏としての華族に列せられる。一二年、松田は東京府知事に転じ、一四年には第二回内国勧業博覧会を上野で開催している。また、府知事就任中に起った日本橋の大火を契機に市区改正事業に積極的に乗り出して道路拡張や防火対策を推進している。

《伝記》

＊故東京府知事松田道之君伝・城重源次郎編刊　明治一五
＊故東京府知事松田道之君伝・上田仙吉編　上仙店　明治一五
＊松田道之・木山竹治　鳥取県教育会　大正一四
＊滋賀県令松田道之・寺尾宏二　政治経済先人を語る　竜吟社　昭和一七

「困る元の通りヌ捨て沖縄助けて下消たのむ〳〵」

「手前ハ鍋三と申しまそイエモ万事松助のお話の通り遊君から新造衆までお噂さたら〳〵でお待兼で居らつしやいましたァ〳〵此方へヘイ宜た出成さいました」

「サア一ッ薩摩節をお唄ひなはいョヲジャンシャラペンペコ」「琉球から御ざるなら簪さしてござれ船ハ東京丸異國形来れや遙々家族乗込めペンペコ〳〵」

大和樓
「御一代ヌ一度や二度ハお出でお馴染さまの事決してお悪く致しませんハテサお座敷も富士の見ゆる所で二カほど掛ましたイエ〳〵お酒やお肴ハ此方の出ィ物で深川お給仕やお酌ハ此新造の玉揃ひまアお上んなすつて御覧じろお望みの方がずんご宜しふ御座いまそ」

「左様けん〳〵と言て引張れちやア」

The ,, man from ‹Riukiu'' carried by force to a resort of pleasure (?)

図一　『団団珍聞』明治12年5月10日号

三《み》浦《うら》梧《ご》楼《ろう》（一八四七〜一九二六）

軍人、政治家

弘化三年一一月、萩に生まれる。藩校明倫館で学んで奇兵隊に入って尊攘運動に奔走、戊辰戦争では北越などに参戦して明治三年に兵部省権少丞、四年に陸軍少将となり、以後、東京鎮台司令官、元老院議官、広島鎮台司令官などを歴任して西南戦争時には第三旅団司令長官として西郷軍と戦っている。

図一は西南戦争での三浦である。三浦は谷干城、三好重臣とともに凱旋上京して天皇に戦況を奏上して、「汝梧楼、嚮ニ部下ノ諸兵ヲ率イ各地転戦、久ク艱苦ヲ経終ニ克ク其功ヲ奏ス。朕深ク汝ガ職任ヲ尽セルヲ嘉ミス」との勅語を賜わっている。戦功をあげた三浦は一一年に陸軍中将となっている。一五年には陸軍士官学校長となり、一七年にヨーロッパ各国の軍事視察のために渡欧する。一八年に帰国して東京鎮台司令官となるが陸軍改革を唱えて山県有朋らと対立し、翌年、熊本鎮台への赴任を拒否して免職となる。その後、二一年に学習院長に就任し、二四年には貴族院議員となる。二

図一 『明治太平記　二二編巻之一』明治12年

図二 『団団珍聞』明治28年7月20日号

八年には特命全権公使として朝鮮に渡る。図二は特命全権公使として再び政治の表舞台に出てきた三浦を描いたもので、達磨（三浦）が足を出して渡航に備えている。しかし、三浦は閔妃殺害事件に関わった罪で拘禁されて公使を免ぜられる。図三はこの状況を描いたもので、足を取られて再び動けなくなった三浦達磨である。結局は証拠不十分で二九年に無罪放免となっている。三浦が無罪となって広島から東京へと帰還したときの様子を二九年一月二六日の『東京日日新聞』は多くの国会議員や有志など数百人が新橋駅に出迎えて、「汽車が着するや一同万歳を唱え、子爵は黒のフロックコートを纏ひ、一同に挨拶の上腕車にて自邸に引取りしが、子は久しく獄裡に呻吟せしにも似ず、最も元気能く見受けられたり、当日は停車場の内外に数多の見物人来集して一時は中々の賑ひなりき」と伝えており、多くの支持者がいることがわかる。かくて、三浦は政治活動を再開していった。図四は三一年に兵役短縮を提唱したころの三浦である。三浦の主張は教習を効率的に行なって兵役を短縮することが国益にかなうというものであった。図五は信越地方を遊説中に暴漢に襲われた三浦を描いている。結局大事には至らず、三浦達磨は「名誉の瘤さね」と悟っているようだ。四三年には枢密顧問官となり、晩年は護憲三派内閣の成

図三　『団団珍聞』明治28年11月9日号

立に尽力するなど大きな力を示している。

《伝記》

＊観樹将軍縦横談・熊田葦城　実業之日本社　大正一三

＊観樹将軍回顧録・三浦梧楼　小谷保太郎　政教社　大正一四

＊観樹片影・中島真雄編刊　昭和七

＊三浦梧楼関係文書・山本四郎編　明治史料　八・明治史料研究連絡会　謄　昭和三五

＊観樹将軍回顧録・三浦梧楼　中央公論社　昭和六三（中公文庫）

図四 『報知新聞』明治32年4月30日号

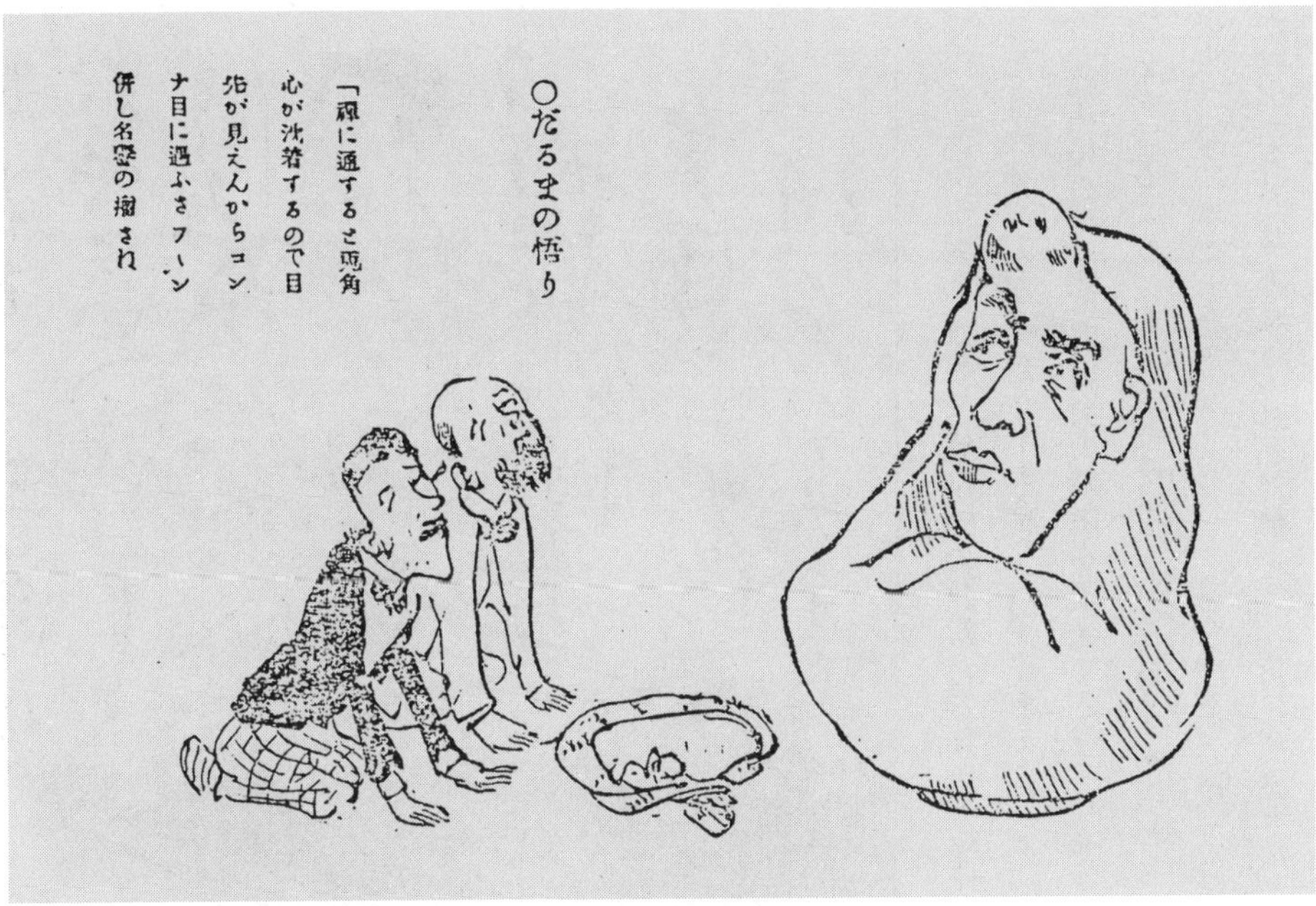
○だるまの悟り
「禅に通すると兎角
心が沈着するので目
先が見えんからコン
ナ目に遇ふさフーン
併し名誉の擲され

図五 『団団珍聞』明治32年5月6日号

三《み》浦《うら》安《やすし》（一八二九〜一九一〇）

官僚、政治家

文政一二年八月、紀州藩の支藩である伊予西条藩に生まれる。昌平黌に学び、徳川家茂の将軍擁立に関わって紀州藩に籍を移されて藩要職を歴任し、慶応三年には藩船明光丸が海援隊のいろは丸と衝突した事件の折衝を行ない、償金を支払っている。その後、坂本龍馬が京都で暗殺された事件では背後に三浦がいたのではとの噂が立ち、海援隊の襲撃を受けている。明治三年に和歌山藩政に復帰し、その後、新政府に出仕して一五年に元老院議官となり、二三年には貴族院議員となっている。

図一はこの時代に『国会議員百首』に描かれた三浦である。二六年には東京府知事に就任する。**図二**は三浦の知事就任を扱ったものだが、三浦縮（知事身）の価格は相当安く、評価は良くないようだ。三浦の知事就任について、二六年一〇月二七日の『朝野新聞』は「陸奥宗光氏朝に在る間は、徹頭徹尾政府に反対すべしとの意気込みを抱き、貴族院中の八釜しものとして有名なる紀州出身の三浦安氏は音もなく香もなきの間に突然一躍して東京府知事となれり、三浦氏の眼より云へば府知事の職は左まで栄誉とするに足らざるべきに今欣然政府の命を拝して内務大臣の配下に立ち、絶対的の政敵たる陸奥宗光氏の内閣員たる政府に入り…」と不本意な人事であることを記している。就任後の三浦は府議会の解散を連発するなどして大きな反発を受けるようになる。**図三**はそんな状況をあらわしている。東京の府会軍と市会軍が共同して三浦の「退安城」に総攻撃をかけており、後方には「辞豹（辞表）」「落日孤城」などの旗が揺らめいている。城は門を閉ざして徹底抗戦の構えのようだ

図一 『国会議員百首』明治24年

が、戦況は苦しくなってきていることがわかる。かくて、二九年、ついに三浦は辞任に追い込まれることとなる。そんな三浦を二九年三月一五日の『日本』は「仏の顔も三度とやら、如何に東京市民をば無神経視し、市会や区会抔の言動をば屁一つとも聴受けず、乱暴にも停会停会又停会、解散解散又解散を連施して、少しも民意を容るゝに意なく、全市百萬市民の治安を妨害し、市公民の財産と時日とを浪費せしめて尚且つ足らざるを憂ふるが如きの者、如何に贔屓眼より見るも、賢明なる政府の処措振とも覚えず、否々圧制専横、寧ろ之に過ぎたるものあらんぞ」と厳しい見方をしている。知事を辞任した三浦は宮中顧問官に就任し、後任として宮中顧問官だった久我通久が東京府知事となっている。

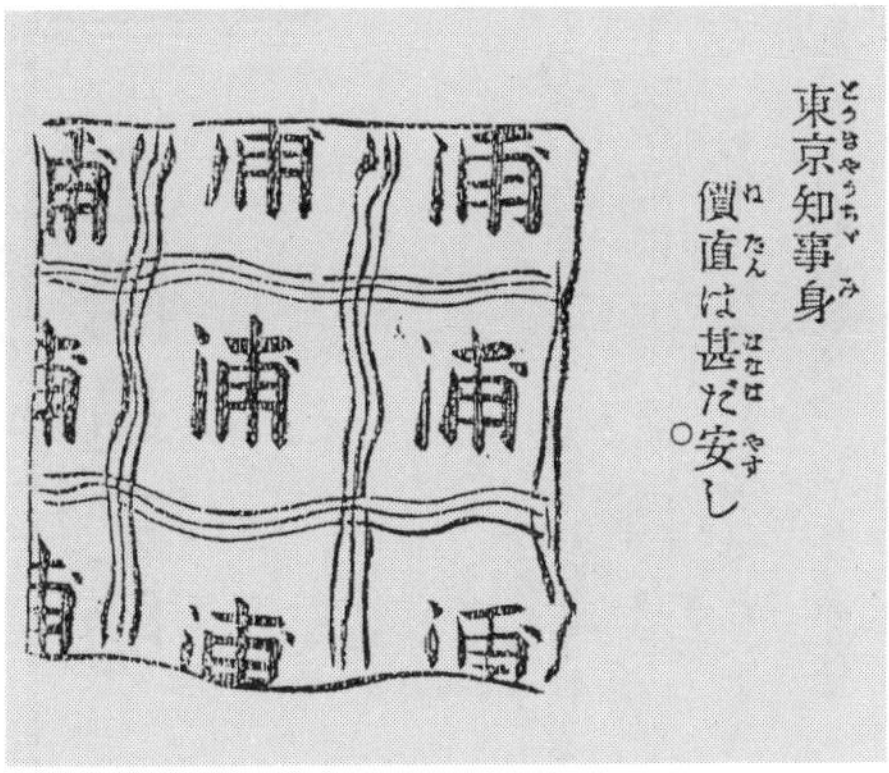

図二　『団団珍聞』明治28年11月2日号

図三　『団団珍聞』明治28年11月30日号

三《み》崎《さき》亀《かめ》之《の》助《すけ》（一八五八〜一九〇六）

官僚、政治家

安政五年一月、丸亀に生まれる。大阪英語学校を経て東京大学法学部に学び、明治一五年に卒業して『明治日報』記者を経て一七年に外務省御用掛となる。その後、駐アメリカ公使館書記官、外務省参事官などを歴任して二三年の第一回衆議院議員選挙で当選を果たし、立憲自由党に所属した。二四年には自由俱楽部をつくって活動したが、やがて復党して二九年に板垣退助が内務大臣となると内務省県治局長に就任している。

図一は「魚類の旅宿り」とあり、魚類が集まって来ている。右のほし鰈は駐米公使に就任した星亨である。中央でくつろいでいる鯛は内務大臣となった板垣退助である。後方には「内務大臣御休息所」「米国公使御宿」と書かれている。そこに到着した亀は三崎であり、振分荷物には「ミサキ」と書かれている。板垣の引きで内務省県治局長となった三崎が内務大臣でボスの板垣のところへ駆けつけているといったところであろう。念願のポストを得て意気揚々の三崎だったが、就任間もなく三陸大津波が起った。この津波は東北、北海道に未曾有の被害をもたらした。内務大臣の板垣と県治局長の三崎はその対応に奔走することとなる。図二は被害地を視察する板垣と三崎である。二人の前には瓦礫の山が広がり、死亡した人たちもあちこちに見える。三崎亀は「甲らを干す間も御座いません」と漏らしている。その後、三崎は貴族院議員となり、三一年に横浜正金銀行本店支配人、翌年には同行副頭取に就任している。図三は「三サ亀の游ぎ着き」なる諷刺画で、船に上がろうとしている亀が

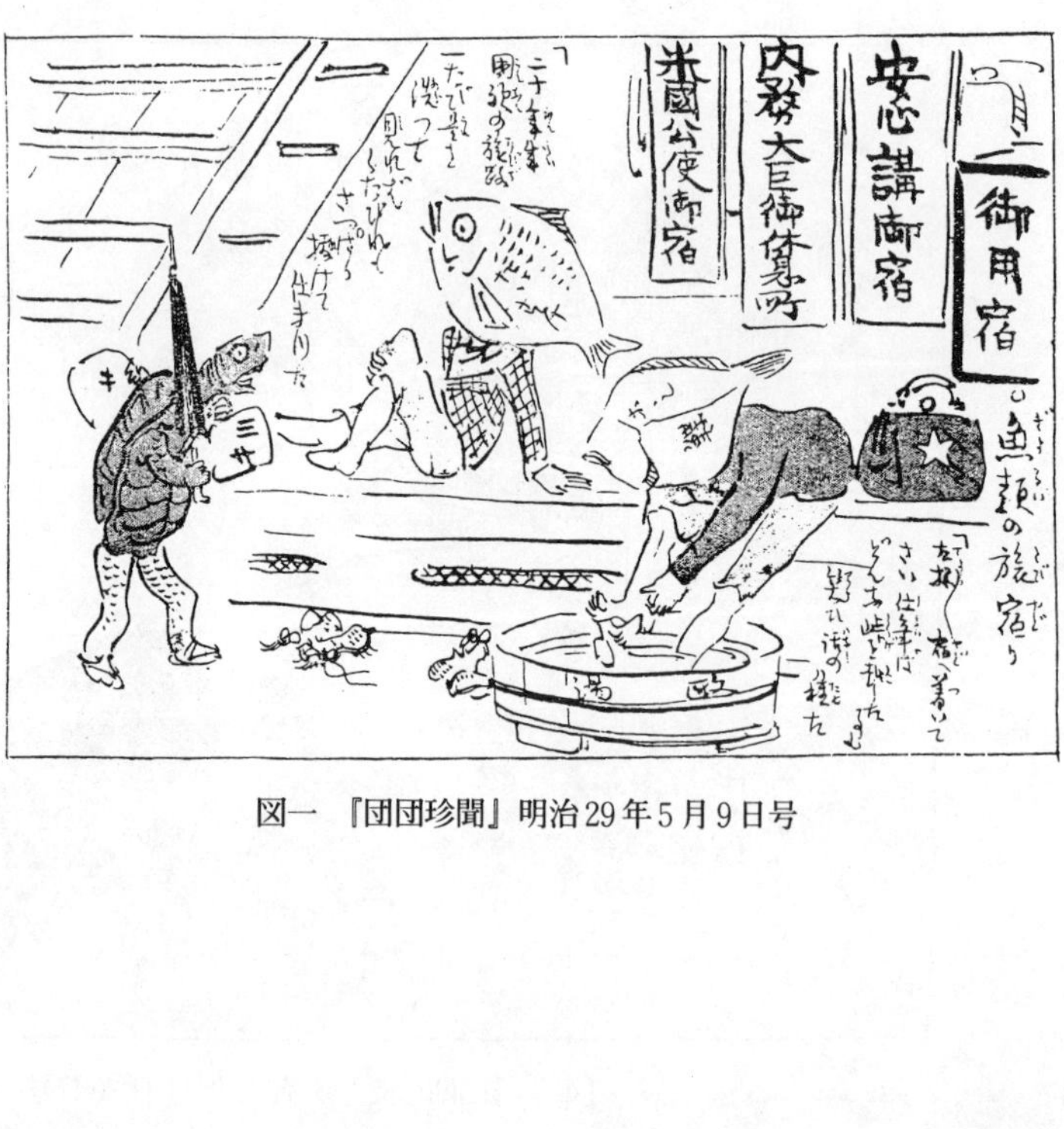

図一 『団団珍聞』明治29年5月9日号

描かれているが、亀の甲羅には「ミサキ」とある。また、上がろうとしている船には現金が積み込まれており、箱には「正金」とあるように、三崎が横浜正金銀行に天下りしていることを皮肉っているのである。「流石はミサ亀だ、うまい船へ乗り込んだ」と鋭い一文が添えられている。板垣の下で働いていた内務省時代に現金船を見つけていたのだろう。その後も銀行界の重鎮として活躍している。

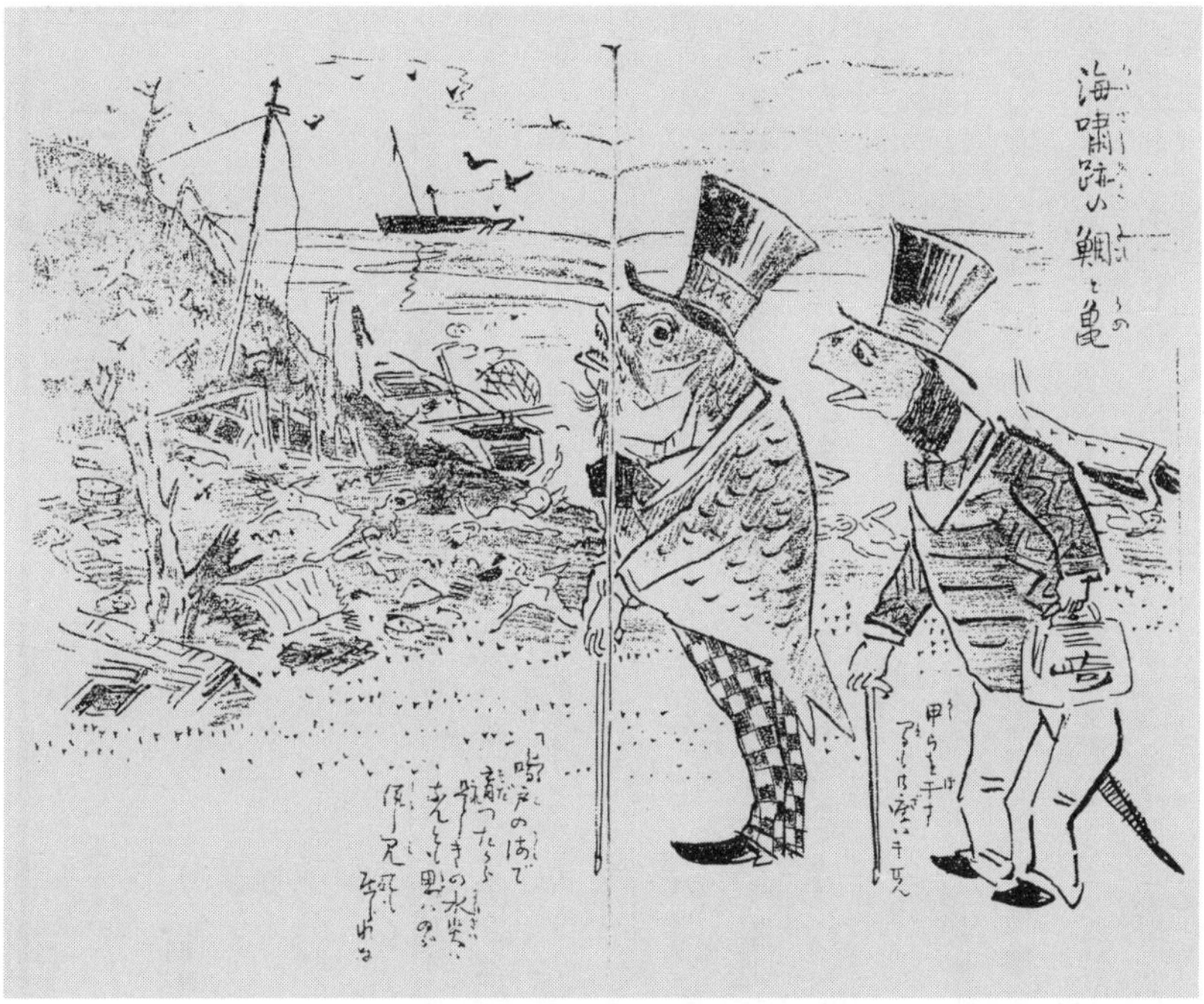

図二　『団団珍聞』明治29年7月4日号

図三　『団団珍聞』明治32年4月15日号

三島《みしま》通庸《みちつね》（一八三五〜八八）

官僚

天保六年六月、鹿児島に生まれる。寺田屋騒動に連座して謹慎となる。戊辰戦争では越後などで戦い、維新後は薩摩藩で会計奉行などをつとめて明治四年に東京府参事となり、大火後の銀座煉瓦街建設に尽力、その後、教部大丞を経て酒田県令、鶴岡県令、山県県令、福島県令、栃木県令を歴任、その間に産業発展を目指して道路建設を中心とした社会資本整備を推進していったが、その手法が強引だったこともあり各地で住民と紛争を起こした。

図一は「尻積て山と成る」と題された諷刺画で、福島軒なる扁額の掛けられた障子を破って「道路険悪」「停止中鳴物」「提燈無用立」などの尻が県令（剣をさして頭に鈴を被っている）三島の前にあらわれて腰を抜かして、「是で毒気を吹掛けられちア黄色どころか真青に成りさうだ」とびっくりしている。当時、山形県令であった三島だが、山形県での土木工事での搾取から福島県ではここに描かれたように三島に対する拒否反応が強かった。しかし、その直後の明治一五年早々に三島の福島県令就任が決定した。かくて自由民権運動の盛んな福島県に乗り込んだ三島はその年に自由党員との対立から福島事件を引き起こしている。図二は馬にまたがった三島が自由党員を捕まえているところである。三島は道路工事などの負担金を課して民衆の不満を煽り、自由党を挑発して検挙していったのである。県会議長の河野広中も検挙されたが、解説には「高野師直ではない広中とかを夜討気取で無三無三と踏込み縛る途端に大勢黒装束で吏剣を携へ野次馬に鞭て助太刀と出掛た功で臨時巡査を拝命とは何にしても驚悦驚悦」とある。三島の後には黒装束の連中が同乗しているが、彼らは「低声」「低声臨時巡査申度」などと書かれた紙切れを握っており、帝政（低声）党が三島の手足として働いていたことを臭わせている。一六年に行なわれた高等法院における福島事件の審理では弁護人には星亨、大井憲太郎らがあたった。一七年に内務省土木局長となった三島は一八年には警視総監に就任して二〇年に保安条例が施行されると厳しい取り締まりを行ない自由民権運動を弾圧していった。また、一九年には臨時建築局副総裁にも就任して上州遷都を唱えたが実現することはなかった。

《伝記》

＊三島通庸君・徳富猪一郎　人物管見　民友社　明治二五

＊三島通庸・平田元吉　洗心書院　明治三一

＊三島通庸伝・佐藤国男　同刊行会　昭和八

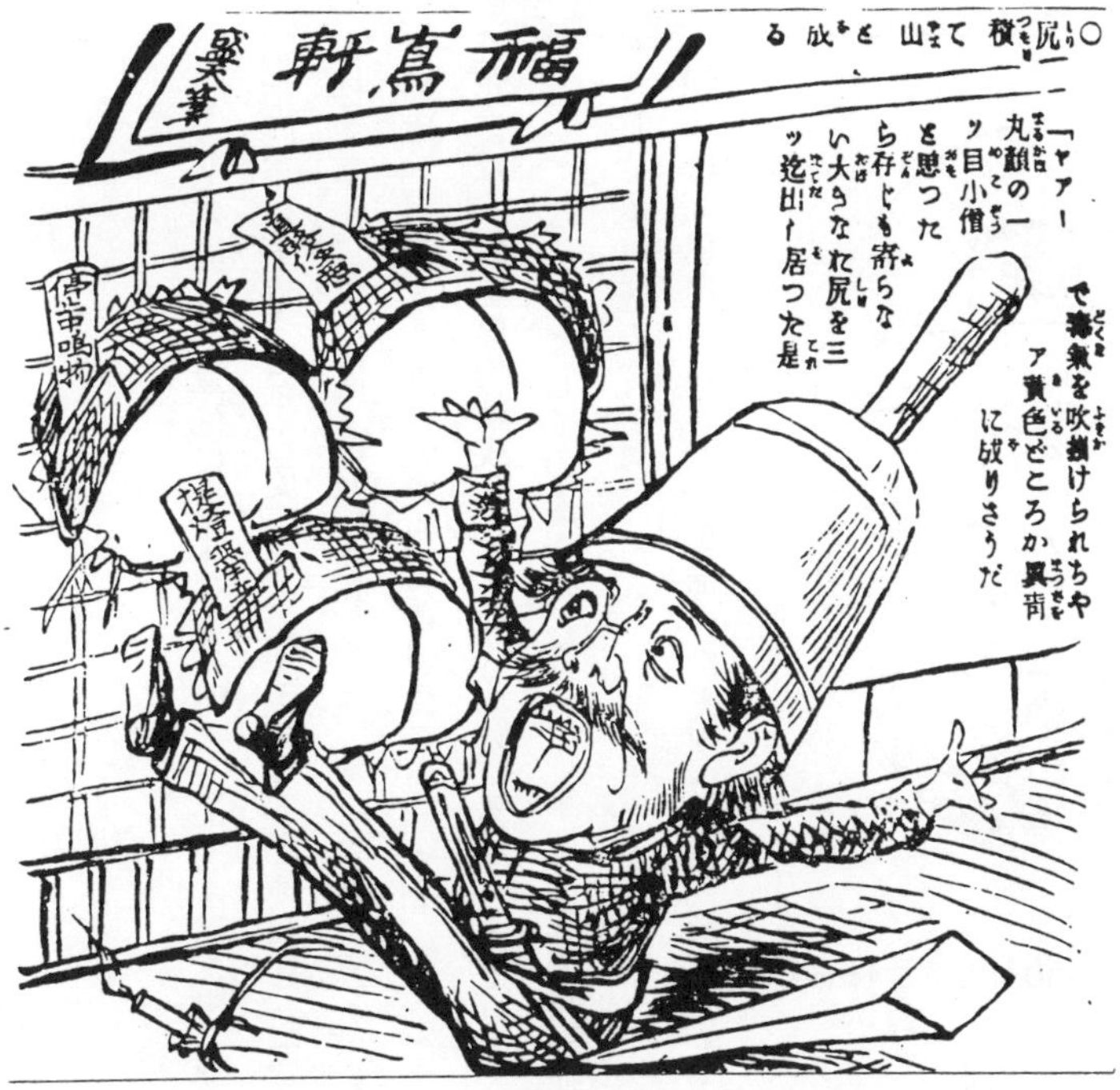

図一 『驥尾団子』明治 14 年 11 月 16 日号

図二 『団団珍聞』明治 15 年 12 月 30 日号

箕《みの》浦《うら》勝《かつ》人《んど》（一八五四〜一九二九）

政治家、ジャーナリスト

嘉永七年二月、豊後に生まれる。熊本に出て自習館で学び、明治四年に上京、七年に慶応義塾を卒業して郵便報知新聞社に入社するが、その後、宮城師範学校長、神戸商業講習所長などを勧め、一二年に再び郵便報知新聞社に戻って主筆となり、一五年には大隈重信の結成した立憲改進党に参加して東京府会議員として政治家としての道を歩む。二〇年には郵便報知新聞社々長にも就任している。

図一　『団団珍聞』明治17年5月14日号

図一は『郵便報知新聞』を描いた漫画だが、「形りの大きな處で大勢の目に付き易くその癖よく細かな事にまで早くお気が付かれ探訪に御勉強なるハ随分皆さんが御承知〳〵」との解説がつけられており、当時『郵便報知新聞』がどのように見られていたかを知ることができる。二三年の第一回衆議院議員選挙に立候補して当選している。二九年には第二次松方内閣の農商務省商務局長に就任している。しかし、三〇年に対政府絶縁を決議した進歩党の大会に尾崎行雄らとともに出席して免官となっている。図二はこの事件を描いたもので、政府から去っていった人たちを菊にたとえている。どの菊もしおれてしまっているが、左端の「かくれ簑」と名付けられた菊が箕浦である。その隣の「こひの瀧下り」は農商務省鉱山局長肥塚竜、「早猫」は外務省通商局長高田早苗、「おさき狐」は外務省参事官尾崎行雄、「志賀の都」は農商務省山林局長志賀重昂である。三〇年一一月五日の『国民新聞』は「進歩党より就官したる諸氏が、袂を連ねて総理大臣回答問題の進歩党常議員会に出席し、政府を攻撃し、提携を絶つの議論をなし、其の或人の如きは提携断絶の起草委員にすら撰挙せられたる次第なれば、政府は官紀振粛の上に於て、其の不穏の挙動に就き取締るの必要を感じたれども成る可く穏便に事を了せんと欲し其面々の辞表を差し出す可き旨を懇示せられ、若し当日限りに辞表を出でざるに於ては、政府は余儀なく処分する旨申し遣はされたるに係らず、遂に其の詮なかりしを以て、閣議は最早致方なしとて、左の諸氏を免官せしむることに一決したりと云ふ」と記して、尾崎、肥

図二　『団団珍聞』明治30年11月13日号

塚、志賀とともに箕浦の名前を列記している。かくて、箕浦らは免官となり、高田もその数日後に辞職している。その後も箕浦は代議士として活躍し、三七年には衆議院副議長となり、大正四年には第二次大隈内閣の逓信大臣に就任して電話拡張政策を推進するとともに簡易生命保険法を成立させている。一五年に大阪松島遊郭移転に関わる疑獄事件で政界を引退している。

《伝記》

＊訟訴論草　松島事件及樺太事件を論ず・花井卓蔵　春秋社　昭和五

三宅《みやけ》雪嶺《せつれい》（一八六〇～一九四五）

ジャーナリスト

万延元年五月、加賀に生まれる。愛知英語学校、東京開成学校を経て明治一二年に東京大学文学部に入学して哲学を学び、一六年に卒業して東京大学文学部准助教授兼編輯方となり、一九年には文部省に出仕して『日本仏教史』などの編纂作業に従事するが翌年には官を辞して二一年に志賀重昂、杉浦重剛らと雑誌『日本人』を創刊して国粋運動を推進していった。

図一は『日本人』の社員松岡好一が高島炭坑における坑夫の惨状を暴露したところ犬養毅がこれに反論したために松岡が犬養に決闘を申し入れた事件での三宅を描いたもので、決闘は野蛮ではないとの見解を表明したことを捉えて決闘を立派に見せようと洗い張りしている三宅（奥の職人の襟に「三宅」とある）を皮肉っている。『日本人』からは高山樗牛らを輩出して、陸羯南、徳富蘇峰などとともに言論界に大きな影響力を持つようになる。四一年には『日本人』を『日本及日本人』に改め、主筆として論説を書き続けた。**図二**は四三年に『日本及日本人』が発禁となったときの三宅を描いたもので、「新聞紙法」と書かれた札がさがった縄によって三宅が処刑されようとしている。三宅は哲学にも造詣が深く、また「訥弁の雄弁家」としても知られている。**図三**はそんな評判の高かった三宅の散歩を描いている。解説には「土足禁止令の厳達された其後までも依然として土足主義を敢行して生徒監をして唖然たらしめて居た大学時代の面影も偲ばれる日和下駄ばきの山出しの禅坊主じみた博士が、これ又当世式ハイカラの愛嬌満々たる花圃女史と手を携らんばかりにして黙々としての散歩振りは蓋し当代の一珍である。彼の顔に似つかぬ清い眼でウットリと赤坂は演伎座辺りの絵看板を眺めての帰途、トある古本屋店先に古代錦絵を捜して「コ、…この錦絵…イクラだッ…」

図一　『団団珍聞』明治21年10月13日号

と一寸耳慣れぬものは面食ふ。その後を引受けるのが痒い處に手のとゞく世話女房花圃女史の役。博士は傍で只怡々たり黙々たり」と記されており、三宅の一面が垣間見られて面白い。三宅は大正一〇年から昭和二〇年まで『我観』『東大陸』に「同時代観」と銘打って編年体の回想録としての日本近代史を連載したが、死後、『同時代史』として刊行されて、三宅の代表的名著として知られている。

図二 『東京パック』明治43年4月1日号

《伝記》

＊三宅雪嶺・高須梅渓　明治文学家評論　新声社　明治三四

＊自分を語る・三宅雪嶺　花田大五郎　朝日新聞社　昭和二五

＊哲人三宅雪嶺先生・柳田泉　実業之世界社　昭和三一

＊三代言論人集　五・時事通信社　昭和三八

＊日本の思想家　二・朝日新聞社　昭和三八

図三　『名流漫画』明治45年

宮《みや》武《たけ》外《がい》骨《こつ》（一八六七〜一九五五）

ジャーナリスト

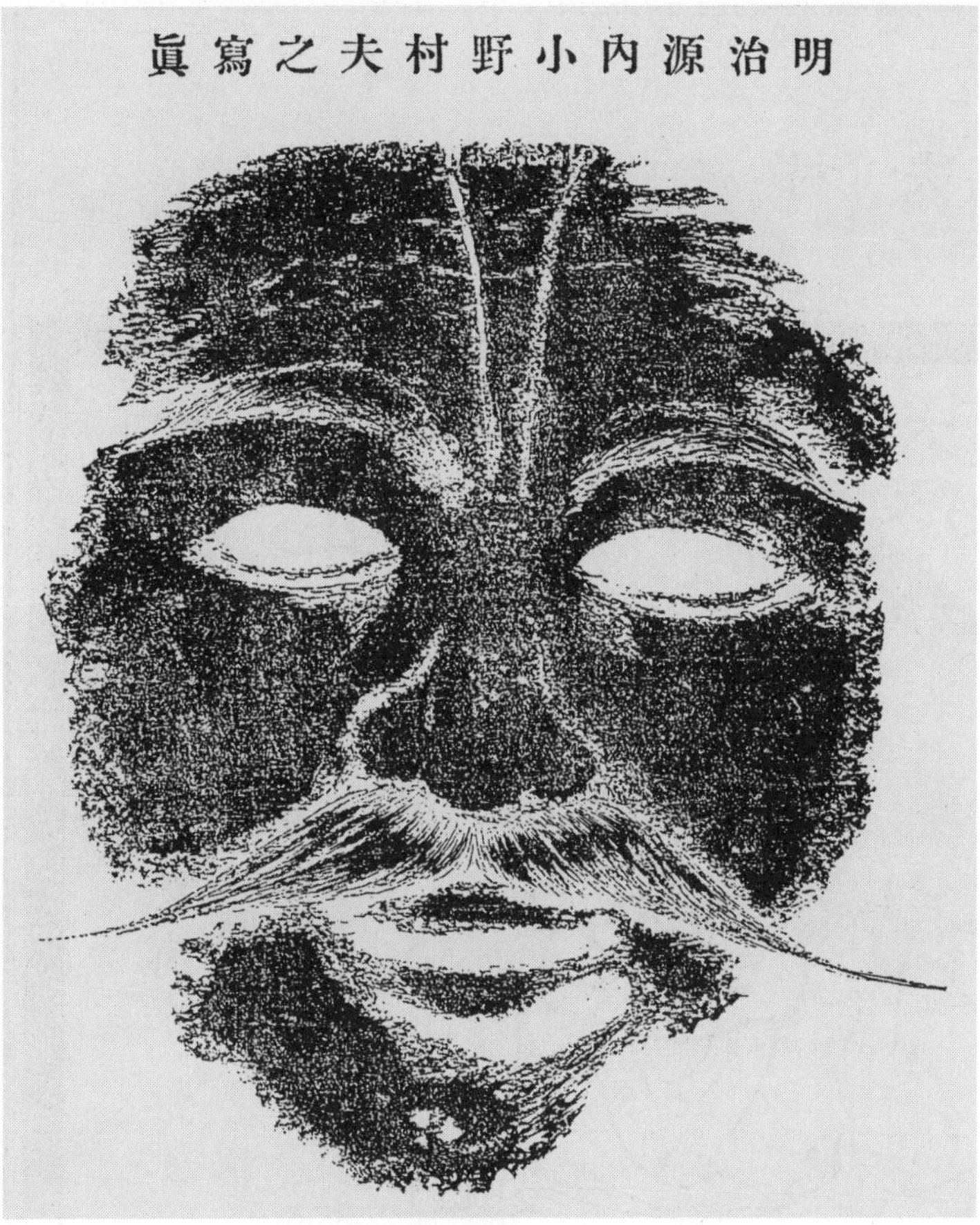

図一　『滑稽新聞』明治36年6月5日号

慶応三年一月、讃岐に生まれる。少年時代より時局諷刺雑誌『団団珍聞』などを見てジャーナリストを志して上京、明治二〇年には『頓智協会雑誌』を創刊して政治諷刺などを展開するが、二二年二月に発行された二八号で帝国憲法発布をパロディ化した諷刺漫画を掲載して不敬罪に問われて重禁錮三年、罰金一〇〇円の判決を受ける。出獄後、『文明雑誌』などを刊行するが、三四年に官憲の目が東京ほど厳しくない大阪で『滑稽新聞』を創刊して辛辣な諷刺で腐敗を追及して庶民の喝采を浴び、大阪という不利な場所での刊行にもかかわらず『滑稽新聞』は爆発的な売れ行きを示した。しかし、『滑稽新聞』の関係者はしばしば入獄されたり罰金を言い渡されるなど厳しい筆禍を受けた。度重なる弾圧に抗議して宮武は四一年一一月に『滑稽新聞』の「自殺号」を出して廃刊とし、その翌月から『大阪滑稽新聞』と誌名を変えて発行し、その反骨ぶりを発揮した。その後も多数の雑誌を創刊していった。

図一は自分の顔を写真風に表現したものであるが、タイトルに「明治源内」とあるように相当の変人と自認しているのだろう。ちなみに「小野村夫」とは宮武のペンネームである。**図二**は獄中の自分の様子を『滑稽新聞』に掲載したも

図二　『滑稽新聞』明治37年6月22日号

のである。こんな状況をもあからさまにすることによって権力に真向から戦いを挑んでいるのだ。図三も江戸時代の町内引き廻しにされる自分を描くことによって弾圧を逆手にとっているのである。説明には「素平民の分際を以て、勿体なくも時の総理大臣様たる桂伯爵閣下に対し奉ッて、常に太郎太郎と呼捨にし、剰さへ「扨も希代の曲者なる哉」とか「土性骨の曲ッた悪人バラ」とか、或は「其ドテツ腹を抉れ」とか「其生首をチョン斬れ」など、傍若無人の悪口を並べ立てたのは、前代未聞の不埒者なりとて、江戸町内引廻しの上、浅草に於て獄門に行ふと云ふ所が至当であらう、然るに文明の恩澤、何等の咎めも受けず、自ら肝癪明王と号して威張散らして居れるのは、実に有難い世の中だ」ある。まさに面目躍如といったところだ。昭和二年からは博報堂の瀬木博尚の資金援助を受けて東京帝国大学法学部に明治新聞雑誌文庫を設立して資料の収集と保存に尽力している。

《伝記》

＊宮武外骨関係新聞雑誌図書目録　一～二・日本古書通信　二〇ノ八～九　昭三〇

＊書国畸人伝・岡野他家夫　桃源社　昭和三七

＊宮武外骨・吉野孝雄　河出書房新社　昭和五五

＊過激にして愛嬌あり―「滑稽新聞」と宮武外骨・吉野孝雄　筑摩書房　昭和五八（ちくまぶっくす　五〇）

図三　『滑稽新聞』明治39年1月20日号

三《み》好《よし》重《しげ》臣《おみ》（一八四〇～一九〇〇）

軍人

図一　『絵本西郷一代記』明治10年

天保一一年一〇月、長州に生まれる。慶応二年の幕府の長州征伐の際には奇兵隊の参謀として太貫山、赤阪で幕府軍を撃破している。その後、品川弥二郎らと国事に奔走し、薩長連合には奇兵隊の代表として加わり上京している。戊辰戦争では越後へ進軍して戦い、明治三年に陸軍大佐となり、東北鎮台司令長官に就任している。一〇年の西南戦争時には第二旅団長として出陣、高瀬口において西郷隆盛の末弟小兵衛を破るなどの戦功を挙げているが自らも負傷をしている。

図一は当時発行された『絵本西郷一代記』の表紙に載った三好である。それほどに三好は西南戦争で活躍した。図二は西南戦争において敵陣を偵察する三好である。一〇年七月二一日の『東京日日新聞』は政府軍の進攻の様子を報じているが、そのなかで「三好少将の旅団は曩に一旦横川まで進入したれども、更に転向して本営を栗野に据えて吉松辺の賊兵を攻撃し」と記しており、その活躍ぶりを窺うことができる。西南戦争平定後、三好は谷干城、三浦梧楼とともに凱旋している。一一年一

一月二日の『東京日日新聞』は「三浦、谷、三好の三少将は、昨日の午前七時四十分横浜へ入港の汽船西京丸にて来着せられ、直に上陸ありて東海鎮守府に入らる。同所には出迎として岩倉、大久保、大隈、寺島、伊藤、大木、黒田、西郷、川路、田中、山尾、杉の諸公より其他の諸君が待受け…」と記しており、出迎えの顔ぶれからも相当な歓迎であったことがわかる。このあと、三好らは出迎えの政府首脳らとともに馬車に分乗して参朝して戦況を天皇に報告して、勅語を賜っている。その後、一三年には第一師団長となり、ついで軍監に就任して、二七年には枢密顧問官となっている。三三年一一月三〇日の『東京日日新聞』は三好の死去を伝えているが、そのなかで、「久しく病蓐に在り」とか「難病の眼疾に罹りたる為め骸骨を乞うて静養怠らざりしも…」などの記述が見え、後年は病のために十分な活躍ができなかったことが窺えるのである。

図二 『明治太平記　二二編巻之一』明治12年

牟《む》田《た》口《ぐち》元《げん》学《がく》（一八四五～一九二〇）

官僚、実業家、政治家

弘化元年一二月、佐賀に生まれる。佐賀藩兵監軍として戊辰戦争に従軍して奥羽を転戦して功をあげ、明治四年に工部省に出仕して一二年に文部省に転じて一三年に文部省大書記官となる。翌年には農商務省大書記官となり、山林局長をつとめるが一四年の政変で大隈重信が下野すると牟田口も官を辞して河野敏鎌らと修身社を創立して法律事務を行なうとともに立憲改進党の結成に参画していった。その後、実業界に転身して一八年に壬午銀行頭取となり、二四年には東京馬車鉄道の社長に就任して鉄道馬車の電気鉄道変換に尽力、さらに会社合併を行なって東京鉄道会社を発足させて社長に就任している。しかし、この合併には強い反対論もあり、政界や財界を巻き込んでの論争に発展していった。

図一はこの混乱を描いたもので、合併を推進する藤山雷太が仮処分という空からの大きな手で押えられて身動きできないでいる。この図からも合併に至るまでには賛成派、反対派入り乱れての戦いとなったことをしることができるが、

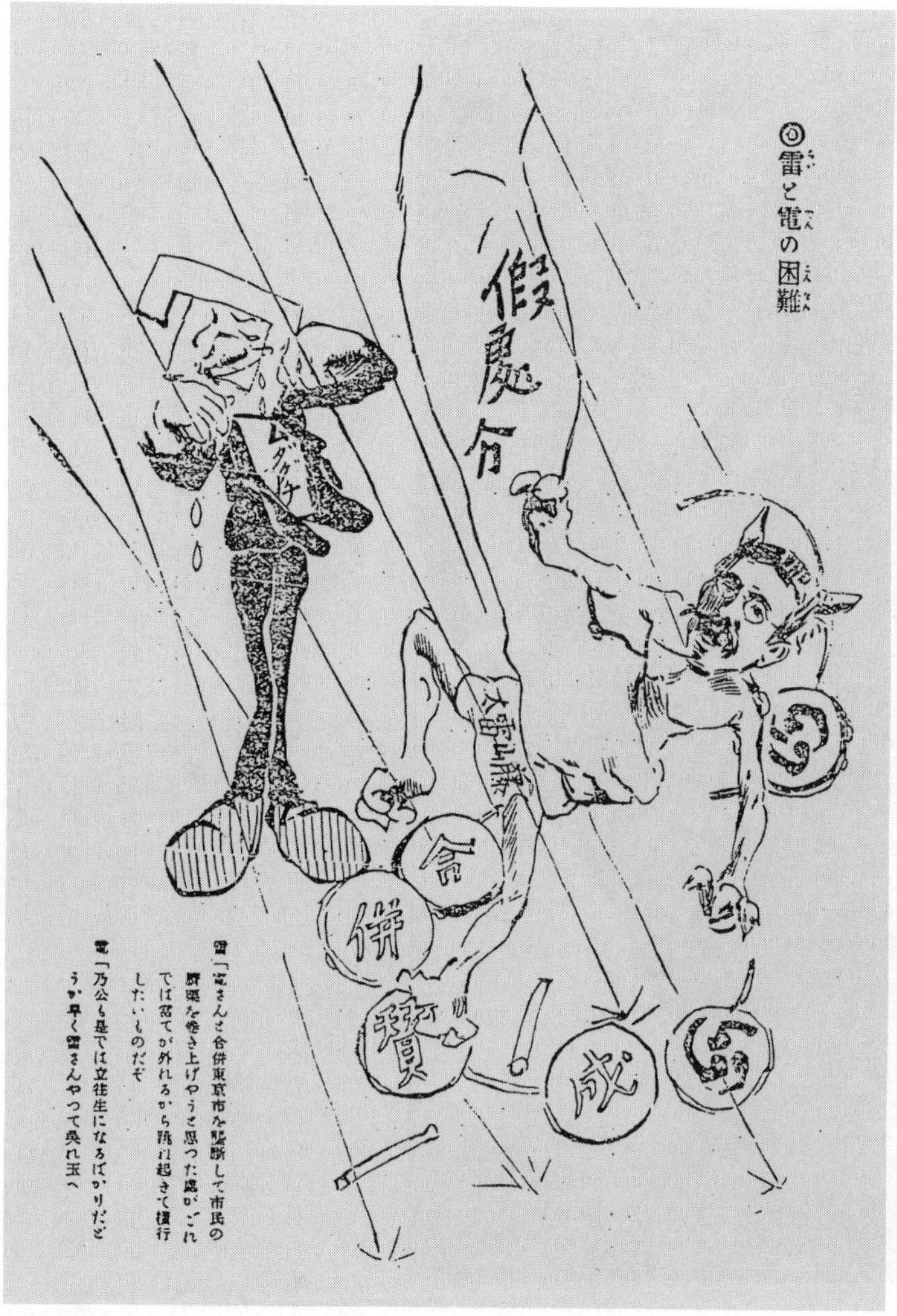

図一 『団団珍聞』明治36年8月8日号

藤山の様子を眺めているのが牟田口である。牟田口は涙を流しながら「乃公も是では立往生になるばかりだどうか早く雷さんやって呉れ玉へ」と困り切っている。牟田口は賛成派の中心的存在であった。しかし、こんな合併問題も庶民にとっては当事者の損得問題というだけと映っていたようである。三六年五月二九日の『報知新聞』は「双方の当事者が合併問題に熱中し、自家の利害の為めに夢中に戦ひても、我々市民は何等の痛痒だに感じない。但だ双方アラの発き合ひを為すのは双方の不利益なることを忠告せむのみ」と記している。図二は「牟田口大入道蝦蟇口を狙ふ」と題された諷刺画である。電車から出てきた牟田口の妖怪が逃げ回る財布を狙っている。まさに、利益のためにどんなことがあっても現われるといったところであろう。このようななかで、欧米においては馬車や市街電車に代わって自動車が交通手段として発展しているといった新聞論調なども見られるようになっている。合併問題が欧米の交通事情を庶民に知らせることとなったといえよう。牟田口は日清生命保険会社、朝鮮瓦斯電気、函館水電、中央製糖、大正瓦斯、石狩石炭、富士身延鉄道、朝鮮軽便鉄道などの社長や取締役も歴任して実業界で活躍し、大正五年には貴族院議員になっている。

《伝記》

*鷹村言行録　三冊・安藤保太郎編刊　大正一二

◎牟田口大入道蝦蟇口を狙ふ

図二　『団団珍聞』明治36年7月4日号

図一　『現今英名百首』明治14年

陸《む》奥《つ》宗《むね》光《みつ》（一八四四〜九七）

政治家

天保一五年七月、和歌山に生まれる。安井息軒らに学び、また、坂本龍馬の知遇を得て勤王運動に加わり、神戸海軍操練所で勝海舟から教えを受けるなどして慶応四年には外国事務局御用掛として新政府に出仕する。以後、大阪府権判事、兵庫県知事などを歴任するが藩閥政治に不満を抱いて明治三年に郷里に帰って和歌山藩の近代化に尽力、外国人教師招聘のために渡欧しているほどである。廃藩置県の後に出京の命を受けて上京、神奈川県知事、外務大丞などを歴任して大蔵少輔心得となり大隈重信の下で大蔵改革を行なうが七年に再び藩閥政治を嫌って下野する。八年に元老院議官となるが、西南戦争時に土佐立志社の政府転覆計画に連座して一一年に国事犯として捕えられる。

図一は獄中における陸奥を描いたものである。陸奥は獄中生活のなかでもベンサムの著作を翻訳するなど意欲的な活動を続けた。陸奥が重病との噂を確かめるために面会にいった者の話として、一五年一〇月五日の『東京日日新聞』は「至極壮健にて更に相替ることなく、勉学の外他事なし」と伝えている。かくて、一六年に出獄を果たした。**図二**は陸奥の出獄を描いている。「大鮭の河岸揚」とあるように、大きな鮭（陸奥）を「自由」と染め抜かれた半纏を着た者たちが大勢で陸に引揚げようとしている。自由民権運動家が陸奥の活躍に期待しているのである。沖に見える「宮城丸」とは陸奥が入獄していた宮城監獄を指してる。出獄した陸奥は翌年にイギリス、オーストリアに

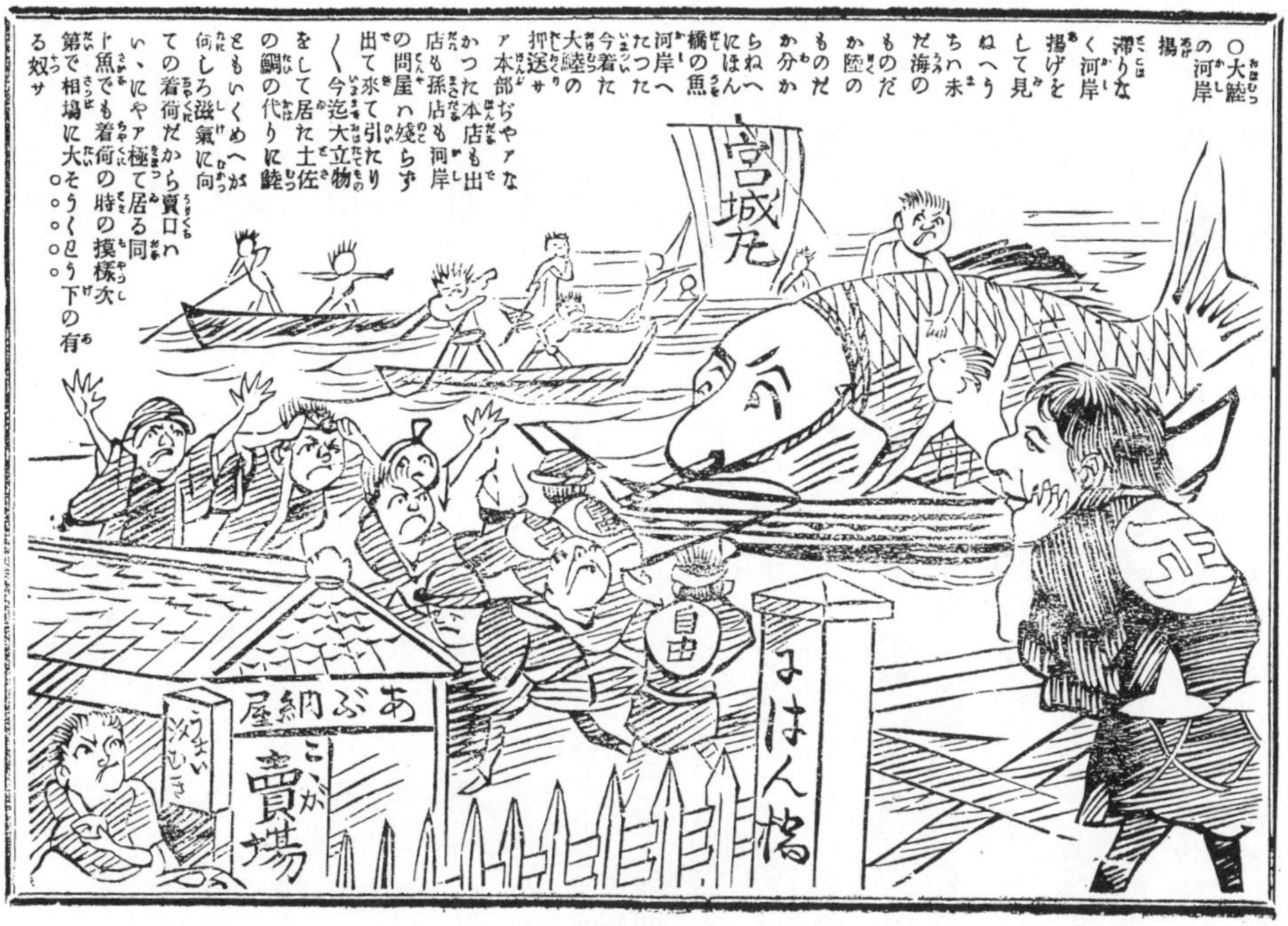

図二 『団団珍聞』明治16年1月22日号

図三 『団団珍聞』明治19年11月20日号

留学している。一九年に帰国して外務省に出仕して弁理公使に就任した。**図三**は弁理公使となった陸奥を描いたもので、「陸奥守源宗光」なる刀を鍛え直しているところである。刀鍛冶は「身の錆を奇麗に落して仕舞へばサッパリ疵も見えなくなるワ」と仕事に余念がない。その後、陸奥は二一年には駐米公使となり、メキシコとの対等条約を締結するなどの活躍をして二三年に帰国する。すでに国事犯の汚名は払拭され、同年、第一次山県内閣に農商務大臣として入閣、第一回総選挙にも当選を果たす。**図四**は大臣に就任して総選挙にも立候補して代議士となった陸奥を描いており、「両刀使ひ」とのタイトルがつけられている。翌年の第一次松方内閣でも農商務大臣を勤めるが、二五年に松方内閣の選挙干渉を非難して辞任し枢密顧問官となる。同年、第二次伊藤内閣の外務大臣に就任して条約改正交渉に携わり、二七年には日英改正条約の調印を成し遂げていった。**図五**は陸奥の外務大臣時代の政治状況を描いたものである。伊藤は左手でムツ（陸奥）、右手で鯛（板垣退助）を釣り上げているが、その隣では井上馨が知らん顔を決めこんでいて、伊藤と井上の仲がしっくりいっていないようである。陸奥はすでに伊藤の手中といったところだろうか。また、日清開戦という決断も行なったが、激務のために二八年に大磯で療養生活に入り、『蹇蹇録』を執筆した。二九年に外務大臣を辞任して竹越与三郎主筆の雑誌『世界之日本』を創刊するなどして再起を目指したが病のために果たせずに三〇年に病没している。

図四 『団団珍聞』明治23年7月19日号

図五　『団団珍聞』明治27年3月24日号

《伝記》

＊陸奥宗光・渡辺修二郎　同文館　明治三〇
＊陸奥宗光　二巻二冊・伊藤仁太郎　東亜堂書房　明治四四〜四五
＊陸奥宗光伝・渡辺幾治郎　偉人伝全集　一六・改造社　昭和九（改造文庫　昭和一六）
＊類聚伝記大日本史　一一・雄山閣　昭和一一
＊陸奥宗光・小林知行　国防研究会　昭和一四
＊山形獄中の陸奥宗光　獄中生活と民権思想の発達・柏倉亮吉　山形県文化財調査報告書　第五集　山形県文化財叢書　第五集　山形県文化財保護協会　昭和二九
＊人物・日本の歴史　一一・読売新聞社　昭和四一
＊陸奥宗光伯　小伝年譜付録文集・同伯七十周年記念会編刊　昭和四一
＊陸奥宗光　上下・岡崎久彦　ＰＨＰ研究所　昭和六二

村《むら》田《た》新《しん》八《ぱち》

（一八三六〜七七）

西郷軍幹部

天保七年一一月、鹿児島に生まれる。幼いときから西郷隆盛に接して影響をうけ、文久二年に西郷が徳之島に流された事件に連座して鬼界ケ島に流罪となるが元治元年に赦されて鹿児島に戻って西郷を補佐して討幕運動に奔走した。慶応三年には長州藩主毛利敬親らに面会して薩摩藩の討幕論を説明するなど国事に奔走して大きな成果をあげている。戊辰戦争では薩摩藩軍二番隊軍監として東北を転戦して軍功をあげている。

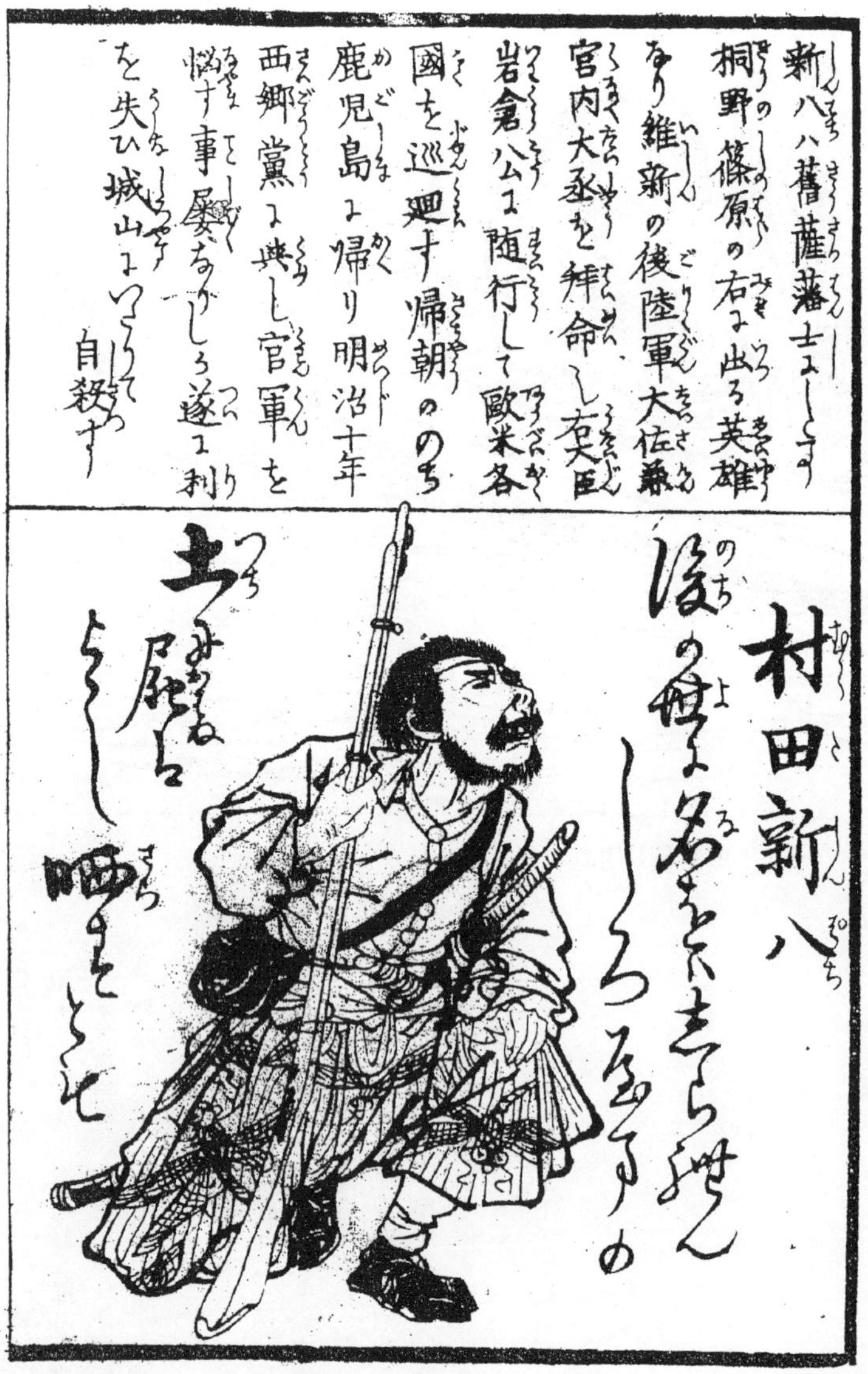

図一 『現今英名百首』明治14年

明治二年に鹿児島常備隊砲兵隊長となり、四年に新政府に出仕して宮内大丞に就任、岩倉使節団理事官東久世通禧の随行員として欧米各国を視察している。七年に帰国して征韓論争で西郷が下野したことを知り辞職して郷里に戻り、西郷のもとで私学校の設立や運営にあたり、砲隊学校の監督として訓練を行なった。西南戦争時には二番大隊長として戦い、政府軍の総攻撃によって岩崎谷で戦死している。一〇年一〇月五日の『大坂日報』は村田の最後の戦いを「賊の営を叢射す。其響山谷に鳴る、此時午前四時也。賊は其不意に出るを以て周章狼狽、なす所を知らず、或は銃丸に仆ゝるものあり、或は銃剣に傷つくものあり、其猥雑なる譬ふるに物なし。偶々村田新八は奮起して四十餘人の賊を勒し、傷を忍び、揚言して曰く、逃れんとするものは斫んと立所に四人を斬す。是より彼も必死を期し、応戦せり」と記している。しかし、村田は結局は政府軍の前に敗れ去っていった。『大坂日報』は先の記事に続けて「山上の死骸を改査するに戸板二枚を敷き、上に絹布の布団を述べ、首なき肥大の死体を横たへるは、賊魁隆盛にて、桐野は仆れ、村田は屠腹し…」と村田の最期を伝えている。**図一**は政府軍と戦ったときの村田を描いているが、解説には「桐野篠原の右に出る英雄なり」とあることからも、その存在の大きさを知ることができよう。**図二**は時代が下って二四年にロシア皇太子が来日の際に大陸に逃れて生きていた西郷も帰国するとの噂をあつかったものである。

ここでは西郷は死装束で生存説を否定しているようだが、西郷の後方には同じく死装束の村田の姿も描かれている。こんなところからも、村田の人生はまさに西郷とともにあったことが浮かびあがってくるのである。

図二　『国民新聞』明治24年4月3日号

村《むら》山《やま》竜《りゅう》平《へい》（一八五〇～一九三三）

ジャーナリスト

嘉永三年四月、伊勢に生まれる。明治四年に大阪に出てさまざまな商売を営み、一一年に大阪商法会議所議員となる。翌年、玉泉社の共同出資者の木村平八の依頼をうけて木村の息子の創刊した『朝日新聞』に協力して名目上の社主となった。一四年に経営不振となった同紙を譲り受けて本格的に経営に乗りだし、二一年には東京にも進出して『東京朝日新聞』を発刊、言論界の指導的立場となっていった。村山の東京進出を同年七月一〇日の『東京日日新聞』は「大坂朝日新聞の社主村山龍平氏は、此度めざまし新聞を譲り受け、東京朝日新聞と改題して本日より発刊するに付、去る七日各新聞記者を築地の寿美屋に招きて祝宴を開きたり」とレポートしている。

また、村山は二〇年に大阪府会議員となり、二四年には衆議院議員に当選している。村山は新聞経営で莫大な資産を築いていった。三四年九月二二日の『時事新報』は五〇万円以上の資産家四四一名を紹介しているが、そのなかに村山も含まれている。四〇年三月五日の『滑稽新聞』は村山の似顔絵（図一）を掲載しながら村山について、「ヒョロナガキ身体、頬の肉落ちた細長き顔、ボシャボシャした腮下の天神髯、いづれも骨相学上、たゞの老爺で、どこから見ても〇持らしくない、極めて貧相な面だが、さて金運といふものは妙なもので、二三年前、五十萬以上の大紳士の中に数へられたのを見ると、近き将来には百萬に上るだらうといふ評判も全く的なしではない」と評している。そして、その資産ができたのは大新聞という経済界の利器を擁しているためとも論じ、村山が苦労していた時代に三円の金を融通してくれた老人に今でも不自由をかけないでいるといったエピソードを紹介し、「是等の腹は今の成金輩に真似の出来ぬ所だ、内は社員に対し、外は新聞広告主に対し、叮嚀親切、而して社会に対し、力めて敵を作らないといふのが君の処世術である」と『滑稽新聞』としては極めて好意的である。図二は『東京パック』に掲載された朝日新聞の広告である。「日本否東洋否世界に於ける大新聞」という広告からも自信のほどが見てとれる。大正七年に『大阪朝日新聞』が新聞紙法違反で起訴されて社長を辞任したが翌年に復帰している。昭和五年には貴族院議員に就任している。

図一 『滑稽新聞』明治40年3月5日号

《伝記》
＊新聞王の歩み　村山竜平翁伝・宮居康太郎　新聞界人物評伝　新聞興信所　昭和四
＊村山竜平伝・朝日新聞大阪本社社史編修室編　同社　昭和二八
＊世界の人間像　五・角川書店　昭和三六
＊二十世紀を動かした人々　一五・講談社　昭和三八

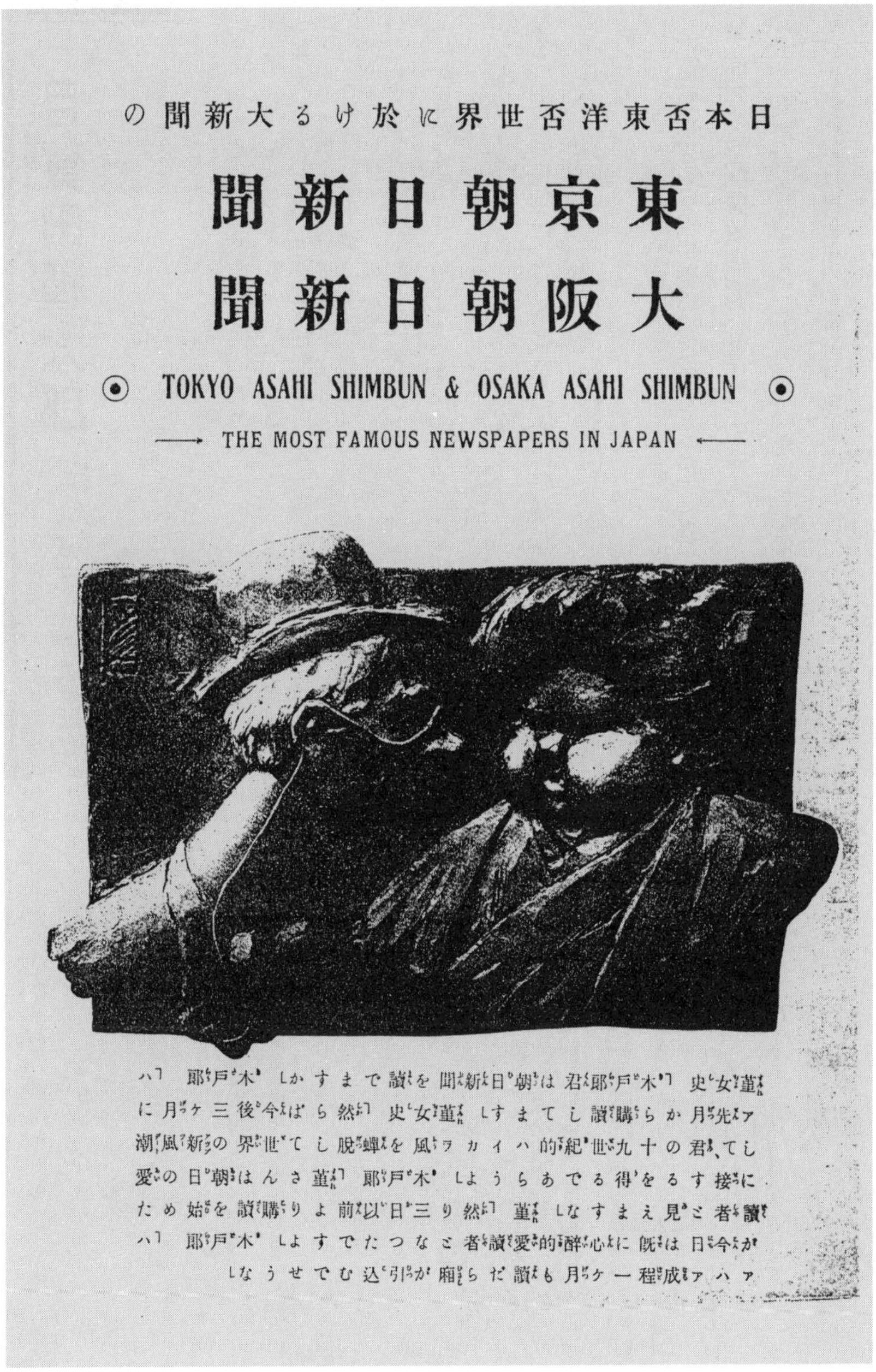

図二　『東京パック』明治41年4月15日号

目《め》賀《が》田《た》種《たね》太《た》郎《ろう》（一八五三〜一九二六）

官僚、政治家

嘉永六年七月、近江愛知郡の目賀田城主の後裔として江戸に生まれる。昌平黌に学び、明治三年アメリカへ留学、七年にハーバード大学法学部を卒業して帰国し文部省に入る。一三年に司法省附属代言人となり、横浜裁判所判事などを経て一六年に大蔵省に転じる。二四年に横浜関税長、二七年に主税局長となる。主税局長時代は日清戦争と戦後の厳しい財政状況のなかであり、目賀田は税収増加策を打ち出して国家財政を支えていた。

主税局長を一〇年勤めた後の三七年に貴族院議員に勅選され、同年、韓国財政顧問に就任している。主税局長としての目賀田の実績が評価されたものだった。三七年八月二九日の『東京二六新聞』は目賀田の韓国財務顧問就任について「韓国に対する林氏帰任第一の要求として、外務、財務の両顧問を推薦し、而して財務顧問としては目賀田氏いよいよ赴任の事に定められたり。目賀田氏の老実にして、熟練なる材能は克く韓国度支の重任を空しくせざるは吾徒の深く信ずる所にして、氏渡韓後第一に着手せんとするは幣制の一新に在ることも亦吾徒の信

図一　『団団珍聞』明治37年9月19日号

ずる所なり」と大きな期待を寄せている。いっぽう、目賀田を迎える韓国では目賀田が財政顧問としてどれだけのことができるか、また、どのように遇していったらよいかなどの不安があったのであろう。そんな状況を描いたのが**図一**である。「コモンの目賀田」なるタイトルがつけられ、目賀田を秤の上に乗せて目方を計りながら、「コモンといふ重い役目をお頼み申すのであるから、どんなものか一つその軽重如何をはかって見よう」と呟いている。**図二**はそんな目賀田への破格の条件を諷刺したもので、薪炭料一〇〇円を槍玉に挙げている。その後、目賀田は四〇年には韓国総統府財政監査長官に就任、大正一二年には枢密顧問官となっているが、税制度の近代化に大きな役割を果たした目賀田の数々の改革は財政家としての目賀田の名を広く知らしめている。

《伝記》

＊目賀田家文書目録・近代史懇談会編刊　昭和二九

＊男爵目賀田種太郎・松木重威　故目賀田男爵伝記編纂会　昭和一三

図二　『団団珍聞』明治37年10月13日号

望《もち》月《づき》小《こ》太《た》郎《ろう》（一八六六～一九二七）

政治家

慶応元年一一月、甲斐に生まれる。明治一五年に山梨県師範学校を卒業して慶応義塾に入学、中井弘の知遇を得て山県有朋を知り、山県の推薦でイギリスに留学してミッドル・テンプル大学で法律学を学ぶ。卒業後もイギリスに留まり、ロンドンで『日英実業雑誌』を刊行するなどして日英同盟の必要性を力説し、その後、フランス、イタリア、オーストリア、ロシアを視察して帰国している。帰国後の二九年にはロシア皇帝載冠式に山県に随行してロシアに行き、翌年には伊藤博文に随行してビクトリア女王即位六〇年式典に参加している。また、大蔵省の

図一　『団団珍聞』
明治36年4月25日号

図二　『滑稽新聞』明治36年6月20日号

依頼を受けて欧米各国の財政調査を行なっている。三三年五月二三日の『国民新聞』は「伊藤侯に接して党勢を恢復すべしとの意見を有するものなきにあらざるも、実際上に於ては同党の政客が侯に会見を求めたる事は、第十四議会閉会後間もなく、望月小太郎氏が尾崎行雄氏の内意を受けて外交問題につき侯との会見を求めたる時…」などと望月の名前が登場しており、そ

図三　『滑稽新聞』明治37年2月25日号

の活躍ぶりが窺われる。三五年に衆議院議員に当選して立憲政友会に所属して外交問題などで活躍する。望月はハイカラとしても知られていたが、**図一**はそんな望月を描いたもので「ハイカラ党の領袖」とのタイトルがつけられている。さすがにハイカラといわれるだけあって決まっているようだ。彼の左側からはハンドバッグを持った女性が伸びているが、これは妻のかよ子なのであろう。彼女もなかなかのハイカラ女性であったようで、**図二**のように二人が揃って紹介されたりもしている。しかし、こんな望月に降ってわいたような事件が持ち上がる。日露戦争勃発の危機が叫ばれたころ、ロシア通の人たちを中心につぎつぎとロシアのスパイとの嫌疑をかけられた。斯くて、望月もロシアのスパイ（露探）としての疑惑を持たれていった。**図三**はそんな状況を描いたもので、秋山定輔ら露探といわれた人五人をえがいており、タイトルは「白浪五人男」になぞらえて「露探五人男」とある。左から二番目が望月であろうが、望月の口上として「当世ハイカラの標本男、敵なく議会の解散で、再選とては六ケ敷、まだ其上に区民の攻撃、殆ど此身を望月小太郎」と記されている。このようなことがあったものの日露戦争後には日本への理解を深めてもらうために英文通信社を設立して『日刊英文通信』『英文財政経済月報』を発行して活躍している。大正一二年には憲政会総務をつとめている。

《伝記》

＊鷲渓演説集・望月小太郎　大日本社　明治三一

＊建碑記念　鷲渓遺稿・望月清矣編　春光社　昭和一七

元田《もとだ》永孚《ながざね》（一八一八〜九一）

儒学者、天皇側近

文政元年一〇月、肥後に生まれる。藩校時習館で学び、横井小楠から大きな影響をうける。慶応四年に用人兼奉行となり、明治三年に藩主の侍読となり、翌年、上京して宮内省侍読となり、天皇に『論語』を進講するなどして、天皇親政を提唱、その実現に向けて運動を展開した。また、国教主義の立場から教育についても提言し、教育勅語の起草にも関わっている。また、内地雑居、外国人裁判官の登用にも反対を唱え、井上馨、大隈重信らの外交に強い異議を呈している。

図一は条約改正に賛成と反対の立場の者が議論をたたかわせている政治状況を描いた諷刺画である。元田もこのような議論の中核にいた。一九年に宮中顧問官、二一年に枢密院顧問官に就任、天皇の厚い信頼をうけて活動した。図二は死去した元田の経歴を紹介する記事とともに掲載された姿である。皇室の繁栄を祈って旅だっていった元田の最期について、二四年一月二五日の『朝野新聞』は「元田枢密顧問官が去ぬる二十一日臨終に先だつ三時伊藤貴族院議長は其病篤しと聞き帝国ホテルより力車を飛ばし裏猿楽町の邸に馳せ附け来意を通じて病蓐へ通

図一 『団団珍聞』明治22年8月30日号

りたる時は、顧問官の気息奄々として既に絶えなんとする所なりしも、伊藤伯の見舞ひと聞き俄に其気力を引直し、枕頭に座せる伯に向って僅かに通ふ細き息の根を太め、「永孚死に臨んで他に言ふこと無し、独り帝室の事に関しては朝夕旦暮心を離れたることあらず、今や永孚の天命終れりと覚悟す、伯が忠誠以て宮内省の事に注慮したるは永孚能くこれを知れり、冀くは永孚死するの後ちも伯は帝室の事に忠誠を尽されよ、死に臨んで言ふべき所他に無し」と、微かに聞ゆる声音にて喃喃箇の事を繰返し繰返し已まざるにぞ、伯は早く其意を解し、病人の耳に口寄せ、帝室の儀ならば博文精忠を挺んじて尽すべしと承引したる其返事の病人の耳に通じけん、顧問は俄に悦びの色を顕はし、伯も永訣の涙を揮って暇を告げ、後ち眠むるが如く溘焉薨去したるは三時間を過ぎての後ちなりと云ふ」とのエピソードを載せている。まさに、元田らしい最期だったといえよう。

図二 『国民新聞』
明治24年1月24日号

《伝記》

＊元田東野翁・徳富猪一郎 人物管見 民友社 明治二五
＊元田永孚先生小伝・井芹経平 元田・井上両先生事蹟講演録 元田・井上両先生頌聴会 大正二
＊東野元田先生頌聴碑文・徳富猪一郎 第一人物随録 民友社 大正一五
＊元田永孚先生・富島末雄 熊本地歴研究会 昭和五
＊元田永孚・海後宗臣 日本教育先哲叢書 一九・文教書院 昭和一七

森《もり》有《あり》礼《のり》（一八四七〜八九）

官僚、政治家

弘化四年七月、鹿児島に生まれる。藩校造士館で学んだ後に藩の洋学校である開成所に入り英語などを学ぶ。慶応元年、藩の留学生として選抜され渡英しロンドン大学法文学部で学ぶ。三年、学費が欠乏したためにローレンス・オリファントの勧めでアメリカに渡り神秘主義的キリスト教徒トーマス・レイク・ハリスの主宰するコロニーに参加し大きな影響をうける。明治元年に帰国し徴子外国官権判事として新政府に出仕し、議事体裁取調御用、公議所議長心得、制度寮副総裁心得などを歴任、二年に廃刀案を提出したものの非難を浴びて辞職し郷里に帰る。郷里で英語塾を開いていたが再び政府から出仕を命ぜられ少弁務使として三年にアメリカに赴任。アメリカでは『日本における宗教の自由』『日本の教育』などの著作を英文で出し日本におけるキリスト教の扱いや教育について理解を求める外交努力を行なった。五年に帰国して外務大丞、清国公使、外務大輔などを歴任する一方で六年には明六社を設立し『明六雑誌』を創刊、国民の教育、啓蒙に尽力した。八年にはアメリカ人ホイットニーを招聘して商法講習所を開校している。一二年に駐英公使として条約改正交渉に尽くした。一五年にヨーロッパ訪問中の伊藤博文の知遇を得て一七年に帰国すると文部省御用掛、参事院議官となり、一八年の第一次伊藤内閣で文部大臣として入閣、各種学校令を公布するなど学校制度を確立していった。図一は文部大臣時代の森である。ビリヤードに興じる芸者とおぼしき女性の後方でソファーに横たわって物思いに耽っているようである。最初の内閣の文部行政の最高責任者として常に仕事が頭から離れなかったからだろうか。森は二一年に成立した黒田内閣においても引続き文部大臣に就任し学校制度の確立などに尽力したが、二二年の憲法発布の朝に国粋主義者西野文太郎によって刺殺された。図二は森の突然の死によって空いたポストを狙う政治家たちの様子を描いたもので、的を当てようと客が吹矢の店先に押し寄せている。幽霊となった森（有礼）はそんな下界の騒ぎを上から見下ろしている。結局、森の後任は陸軍大臣の大山巌が臨時兼任し、その後、逓信大臣だった榎本武揚が横滑りで就任、榎本の後任の逓信大臣に後藤象二郎が就任している。

《伝記》

＊森有礼君・徳富猪一郎　人物管見　民友社　明治二五

＊森先生伝・木村匡編　金港堂　明治三二

＊森有礼と星亨・高橋淡水　良書普及会　大正七

＊類聚伝記大日本史　一一・雄山閣　昭和一一

＊五十年祭追悼記念故森有礼先生略伝・鹿児島県教育会編刊　昭和一三

＊森有礼・大久保利謙　日本教育先哲叢書　一八　文教書院　昭和一九

＊森有礼・原田実　世界思想家全書　牧書房　昭和四一

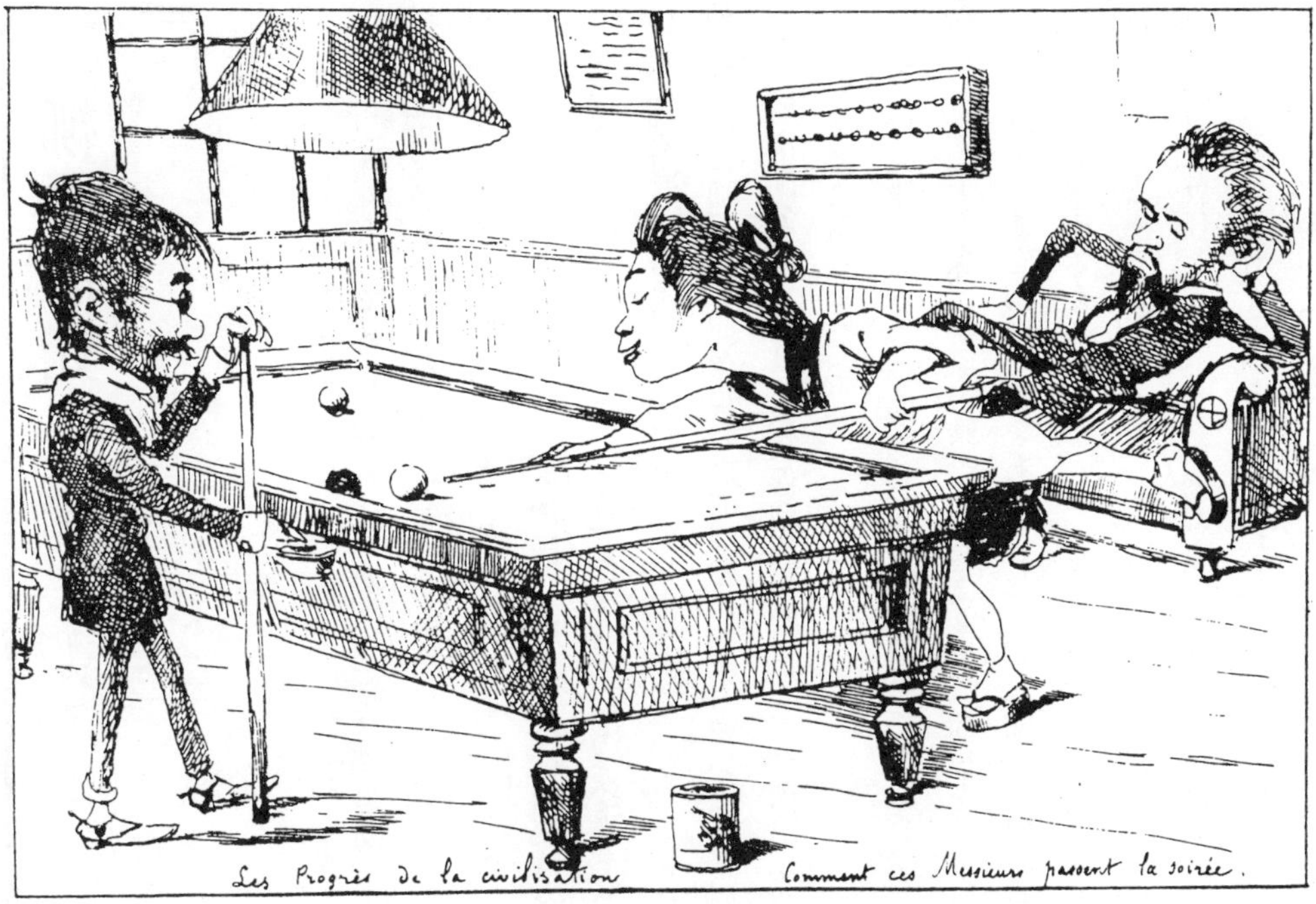

図一 『トバエ』明治20年3月1日号

図二 『団団珍聞』明治22年2月23日号

柳原前光《やなぎわらさきみつ》（一八五〇〜九四）

官僚

嘉永三年三月、京都に生まれる。慶応三年に国事助筆御用掛、参与助役となり、翌年には東海道鎮撫副総裁や東海道先鋒副総裁をつとめて江戸城で勅旨を伝える役割も果たしている。明治三年、外務省権大丞として清国へ赴き条約締結交渉を行なって基礎を固めて、翌年に全権大使伊達宗城の派遣となり、伊達に随行して日清修好条規の締結に成功している。六年には副島種臣に随行して同条規の批准などの折衝を行なっている。翌年、駐清国公使となり、大久保利通を補佐して台湾出兵問題の和平交渉にあたった。

図一は天津における李鴻章と面会する柳原である。**図二**は衙門に赴く大久保と柳原の乗った馬車である。前後を兵士たちに守られて国旗を掲げて威をあらわしている。**図三**は国書を清国皇帝に奉呈するために謁見している柳原である。このように、きわめて重要な役割を果たしていった。帰国後の八年に元老院議官に就任しているが、西南戦争が勃発すると柳原は勅使として鹿児島に赴くという重責を担うこととなる。**図四**は鹿児島の島津邸において「逆賊熊本に入り朝憲を蔑如し官兵に抗

図一　『明治太平記　一〇編巻之一』明治9年

図二 『明治太平記 一一編巻之一』明治9年

図三 『明治太平記 一一編巻之二』明治9年

図四　『明治太平記　一八編巻之二』明治9年

す、朕已に征討の令を布き二品有栖川熾仁を以て征討総督と為す、汝久光実に国の元功固より朕の信重する所今特に議官柳原前光を遣はし朕が旨を諭さしむ、其れ能く爾の誠意を致せ」との勅書を島津久光父子に伝えているところである。この勅書をうけて、久光は弾薬製造所の処分や輸送道路を断つなど西郷軍の拡大を食い止める方策を行なっている。その後、柳原は駐ロシア公使、賞勲局総裁、枢密顧問官、宮中顧問官などを歴任している。日清戦争の開戦直後に亡くなった柳原の業績を二七年九月四日の『東京日日新聞』は「事を処すること宜に適し、堂上華族中最も其名を知らる、伯は夙に天下有為の士に誓て王事に勤労し…」と、振り返っているが、遺族も国事に奔走した柳原の心中を思ってか、葬儀における儀仗兵を時局に鑑みて辞退している。

《伝記》

＊柳原前光の巴里返信・藤田東一郎　明治文化　一三ノ四　昭和一五

矢《や》野《の》文《ふみ》雄《お》（一八五一～一九三一）

政治家、文学者

嘉永三年一二月、豊後に生まれる。藩校四教堂で学び、明治元年には藩主に従って京に入って朝廷の親兵となるなどし、三年に父・光儀が葛飾県知事に就任したために上京して慶応義塾で学ぶ。六年に卒業して慶応義塾大阪分校長、同徳島分校長などを勤める。九年に上京して『郵便報知新聞』の副主筆となり、つぎつぎに優れた社説を書いて有名となった。一一年、大蔵省少書記官となり、その後、太政官大書記官兼統計院幹事となる。一四年の政変で大隈重信に従って官を辞して東洋議政会を結成して政治活動を行なったが、翌年の立憲改進党の設立とともに解散している。また、『郵便報知新聞』を買収して一五年に立憲改進党が結成されると同紙を党の機関紙と位置づけていった。矢野は文才にも優れ、一六年には政治小説『経国美談』を発表して人気を博している。二二年に政界を引退して郷里に戻ったものの、その後、宮内省式部官を経て、三一年に駐清国公使に就任し、政界と関係していった。

図一は駐清公使として赴任する矢野である。西太后の復権という清国の皇室に関わる政変のために式部官から駐清公使と

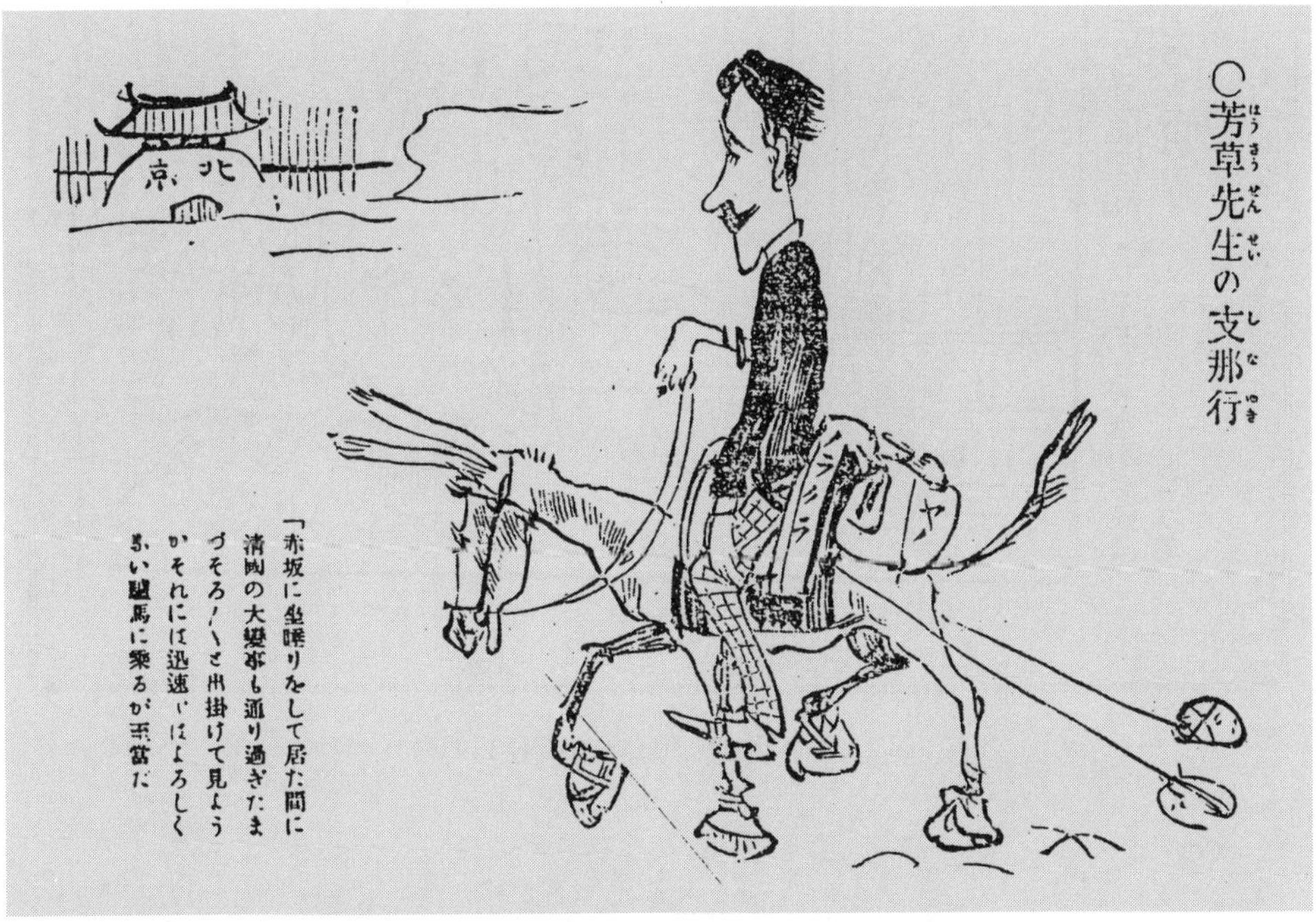
○芳《はう》草《さう》先《せん》生《せい》の支《し》那《な》行《ゆき》
北京
ヤ
「赤坂に坐睡りをして居た間に
清國の大變事も通り過ぎたま
づそろ／＼と出掛けて見よう
かそれには迅速ではよろしく
無い驢馬に乗るが至當だ

図一 『団団珍聞』明治31年11月15日号

○東洋の兩舞臺
堂樂能無
「是は安閑寺の僧龍溪にて候少しも急かず候は
どに土地も大方變りはて候吾は未だ行手の定
めず候

図二 『団団珍聞』明治32年5月13日号

なって清国に赴くこととなったのである。矢野は驢馬に乗ってゆっくりと出かけて行くところで、「赤坂に居眠りをして居た間に清国の大事変も通り過ぎた、まづそろそろと出掛けて見ようか、それには迅速ではよろしくない。驢馬に乗るのが至当だ」とのんびりしている。驢馬の鞍には「ノラクラ」と書かれている。このような赴任で清国との外交交渉は思うように進展しなかった。**図二**はそんな様子を描いたもので、上図ではイギリスとロシアが清国から多くの成果を獲得してはしゃいでいる。それとは対照的に下図はもたもたしている日本の対清交渉を描いている。「無能楽堂」で能を舞うのは矢野と外務大臣の青木周蔵である。「是は安閑寺の僧龍渓にて候、少しも急かず候ほどに土地も大方変りはて候、吾は未だ行手の定めず候」とあるが、龍渓とは矢野の雅号である。イギリスやロシアが清国に進出している様子が、土地も変りはてたということであろう。三一年に公使を辞した矢野は社会問題にも関心を持ち、三九年に大阪毎日新聞社の相談役となり、大正一三年には副社長に就任している。著作として『経国美談』のほか『浮城物語』『竜渓随筆』などがある。**図三**は三六年一二月六日の『平民新聞』に掲載された矢野である。記事のなかで矢野を社会主義者として紹介し、「細面で、清しき眼隆き鼻、肉痩せて、背スラリとして居る。服装態度坐作進退、如何にも片付けて、如何にもスマして、丸で鋳形に入れたやうで、何から何までキチンとして居る、其品格は恰も草艸紙の殿様である、或人は「矢野君は総てが能が、りだ」と評した」と記している。社会主義者かどうかは別として、なかなかのスタイリストだったようだ。

図三　『平民新聞』
明治36年12月6日号

《伝記》

＊矢野文雄先生伝・佐藤蔵太郎　東京同益出版会　明治一七
＊周遊雑記・矢野竜渓　報知社　明治一九
＊随筆雑纂・矢野竜渓　長島書房　明治二四
＊閑話集・矢野竜渓　独歩社　明治三九
＊竜渓雑筆・矢野竜渓　東亜堂書房　明治四四
＊竜渓閑話・矢野文雄　大阪毎日新聞・東京日日新聞社　大正一三
＊竜渓矢野文雄君伝・小栗又一編　春陽堂　昭和五
＊矢野竜渓氏を憶ふ・徳富猪一郎　大事小事　民友社　昭和七

山岡《やまおか》鉄舟《てっしゅう》（一八三六〜八八）

幕臣、明治天皇側近

天保七年六月、江戸に生まれる。一刀流を学び、槍術の山岡家を継ぐ。剣術の達人として幕府に仕え、慶応四年、徳川慶喜が江戸に戻ったときには精鋭隊頭としてその警護にあたり、慶喜の命を受けて新政府に恭順の意をあらわすことを告げる大役を担う。かくて、西郷隆盛に面会するなど、勝海舟とともに新政府との交渉に尽力し、江戸無血開城に大きく貢献する。

明治二年、静岡藩権大参事として明治政府に出仕、その後、茨城県参事、伊万里県令などを歴任して五年には、十年間の期限で天皇の側近として仕えることとなり、宮内少丞、宮内大丞、宮内大書記官、皇后宮亮、宮内少輔などを勤め、一五年に官を辞した。**図一**はこのときの山岡を描いたもので、「十歳の灘超へる鉄舟」とあるように、十年の期限を無事に勤め上げて官界を去る山岡は達磨が待ち受ける港へと上陸しているが、これは山岡が禅に傾倒して、剣禅一致の極意を会得して無刀流を創始し、東京・谷中に禅寺全生庵を創建するほど禅に人生を託していたことを示している。山岡が航海してきた舟には舳先に鯰鰌丸という船名を染め抜いた大きな旗がはためいているが、

図一 『団団珍聞』明治15年3月18日号

図二　『団団珍聞』明治15年4月15日号

鯰は髯を生やしていることから官吏を意味する言葉で、鰌は下級官吏を意味している。山岡は世俗を離れて余生を送ろうとしていたのである。図一が描かれてから一ヶ月足らずで『団団珍聞』に掲載された諷刺画である。図二は官吏たちが全国各地への巡視のための旅費を獲得しようと躍起となっているところである。彼らが捕えようとしている鳥には「リョヒ鳥」と書かれている。巡視とはいうものの「遊山村」などの文字も見え、物見遊山的な視察のために公費を得ようとしているのである。清廉な政治官として行動した山岡を表した図一とは対照的な状況だが、このような悪弊がはびこる中で山岡の身の処し方は多くの共感を得たことであろう。

山岡は剣豪として名を馳せていたが、能書家としてもよく知られており揮毫の依頼が殺到するほどだった。図三は書に勤しむ山岡の姿を捉えたものだが、二〇年二月二五日の『読売新聞』には山岡の書について「これを愛玩珍重する種類の人のいかに多きか是れまで山岡鉄舟居士が揮はれた書は何十萬枚なるや知るべからず、今度また華族松平忠敬氏の為に二十萬枚を揮毫せらるゝ由なるが、まことに健筆と申すべし」との記事が載っているほどである。

《伝記》

＊山岡鉄舟伝・佐倉孫三編　普及舎　明治二六
＊山岡鉄舟の生涯・谷田左一　忠誠堂　大正一五
＊英傑伝集　二・大日本経済協会　昭和四

図三　『現今英名百首』明治14年

＊山岡鉄舟・近松秋江　日本精神講座一〇　新潮社　昭和一〇
＊山岡鉄舟伝・牛山栄治　日本青年館　昭和一八
＊山岡鉄舟・大森曹玄　春秋社　昭和四三
＊山岡鉄舟　増補・大森曹玄　春秋社　昭和四三
＊定本山岡鉄舟・牛山栄治　新人物往来社　昭和五一

山《やま》県《がた》有《あり》朋《とも》（一八三八〜一九二二）

軍人、政治家

天保九年四月、萩に生まれる。松下村塾に学び、尊攘運動に奔走、四国連合艦隊との交戦でも指揮を執り、その後、薩摩藩の西郷隆盛、大久保利通らと接触して討幕を謀り、戊辰戦争では北陸道鎮撫総督兼会津征討総督参謀として転戦する。明治二年、西郷従道とともにヨーロッパ視察に出かけて先進諸国の文物を直接目にして近代国家建設の緊急性を強く感じて三年に帰国する。同年、兵部少輔となるがその直後に兵部大輔の前原一誠が辞任したために事実上の軍の最高責任者となって軍制改革をすすめる。また、維新後に薩摩に戻った西郷隆盛を政府に呼びもどすことにも尽力している。四年、廃藩置県の実施に伴って兵部大輔に就任して親兵の組織化、鎮台の設置など軍の改革を積極的に行なって近代軍制をつくっていった。五年に兵部省が廃止されて陸軍省と海軍省が新設されると陸軍大輔に就任して徴兵制を実現していった。六年に初代の陸軍卿になり、西南戦争では征討軍参謀長として西郷軍の鎮定にあたった。一一年の参謀本部設置に尽力して統帥権の独立を推進していくとともに同年の「軍人訓誡」、一五年の「軍人勅諭」発布にも力を注いで天皇制軍隊の確立に努めていった。一一年に近衛都督兼参謀本部長となった後に参事院議長などの要職を経て一六年に内務卿となり、一八年の内閣制度発足に伴って内務大臣に就任している。その後、黒田内閣でも内務大臣をつとめて文官試験制度や地方制度をつくりあげていった。二二年に第一次山県内閣を組閣して第一回総選挙や帝国議会の開催などに立ち会っている。

図一　『国民新聞』
明治23年12月7日号

図一はこの時代の山県である。二三年一二月七日の『国民新聞』は山県の演説を「音声甚だ細く、吾人は能く其の声を聞く能はざりき」と記している。二四年に総辞職したが、翌年の第二次伊藤内閣では司法大臣として入閣し、二六年には枢密院議長に就任している。日清戦争では第一軍司令官として大陸で戦ったが病気のために召還されている。三一年に元帥となり、同年、第二次山県内閣を発足させている。地租増徴や選挙法改

「お前が手助けをして呉れるから餘ほどはかどるやうだがあんしろ餅が餅だから中々骨が折る今ひといきの所だ
○山《やま》形《がた》屋《や》の餅《もち》搗《つき》
「この餅搗きが濟まねば太平の春を待つ譯にはいかん、いつゝける事だか斯う手を明て待つてるのはばかゝゝしい

図二 『団団珍聞』明治31年12月17日号

図三　『団団珍聞』明治35年12月20日号

正を実施したが、図二は自由党の支援をうけて何とか財政計画をつくっている山県を描いたもので、板垣（左）の手助けで大汗をかきながら「財政」なる餅をついているところである。三三年に総辞職して、その翌年に直系の桂太郎が首相となると表舞台からは退いたが隠然とした影響力を持ち続けた。図三はそんな山県を描いている。京都の無隣庵に引き籠もる山県のもとへ政界の表舞台への復帰を願って参上した政治家たちである。こんなところにも山県が絶大な政治力を維持し続けていたことがわかる。日露戦争時には参謀総長として総指揮にあたり、四二年に伊藤博文が死去してからは最高実力者として君臨した。

《伝記》

＊葉桜日記・山県有朋　児玉少介　明治二五
＊人物評論・蓑田政徳　北日本刊行協会　大正一五
＊公爵山県有朋伝　三巻三冊・徳富猪一郎　同公記念事業会　昭和八
＊類聚伝記大日本史　一四・雄山閣　昭和一四
＊山県有朋・御手洗辰雄　三代宰相列伝　時事通信社　昭和三三
＊山県有朋　明治日本の象徴・岡義武　岩波新書　岩波書店　昭和三三
＊山県有朋・藤村道生　人物叢書　吉川弘文館　昭和三六

山県《やまがた》伊三郎《いさぶろう》（一八五八〜一九二七）

官僚、政治家

安政四年一二月、山県有朋の姉の次男として萩に生まれる。文久元年に有朋の養嗣子となる。明治四年に岩倉使節団に随行してドイツに留学、政治学を学ぶものの病気で帰国している。一一年に外務省翻訳見習として出仕し、駐ドイツ公使館勤務を経て一六年に帰国、愛知県書記官、内務省書記官、東京府書記官などを歴任して二九年に徳島県知事に就任している。

図一は徳島県知事に就任した山県を描いたもので、山の形をした雲が東京ではなく徳島のほうへ向かっている。東京府書記官だった山県は次期東京府知事として有力視され、実業界なども景気対策を期待して、その就任を望んでいたが予想に反して山県は徳島県知事に就任してしまった。旱りを解消してくれる雨雲は東京を素通りしてしまったのである。**図二**も予想に反して山県が東京府知事とならなかったことを題材としたもので、「上客の立消え」とのタイトルがつけられている。実業界の連中は席を用意して山県の就任祝いを予定していたものの、それも無駄になってしまったようだ。右上には「実業家懇親会御貸し切」との貼紙もみえる。山県はその後、逓信省労船局長、内務省地方局長、総務長官などを歴任、三九年には第一次西園寺内閣の逓信大臣となって鉄道国有法の成立などに尽力している。四一年に鉄道予算をめぐって阪谷大蔵大臣と対立して辞任したが、阪谷も同時に大蔵大臣を辞任して喧嘩両成敗的結果となっている。山県は逓信大臣辞任後に貴族院議員となっている。四三年には韓国副総監となり日韓併合をすすめ、政治団体の解散などを強行していった。また、大正四年には関東長官に就任したが買収疑惑などで一一年に辞任して枢密顧問官となっている。

《伝記》

＊素空山県公伝・徳富猪一郎　山県公伝編纂会　昭和四

図一 『団団珍聞』明治29年8月15日号

図二 『団団珍聞』明治29年8月15日号

山川浩《やまかわひろし》（一八四五～九八）

軍人、政治家

弘化二年一一月、会津若松に生まれる。文久二年、京都守護職となった藩主松平容保に従って京都に赴き、慶応二年には外国奉行小出大和守を正使とする遣露使節団の一員として対露国境確定交渉のためにロシアに派遣されている。このとき、ヨーロッパ諸国の実態を肌で知り、それまでの攘夷の主張を棄てている。戊辰戦争で新政府軍に敗れている。

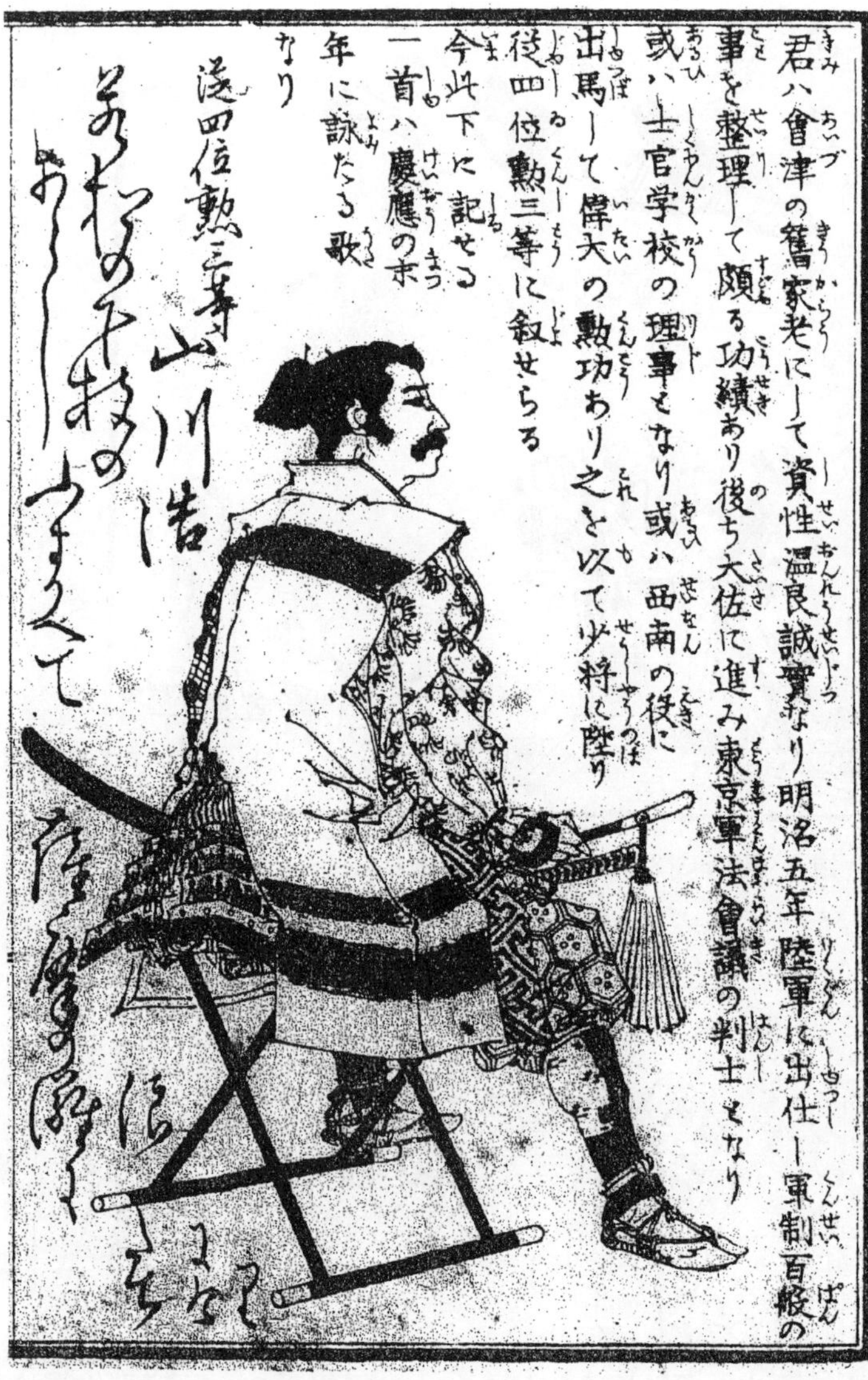

図一 『国会議員百首』明治24年

図一は戊辰戦争において出陣した山川の姿を描いたものである。その後、松平容大に従って陸奥斗南に移り開拓に従事するとともに廃刀を政府に先んじて積極的に実施して大いに評価された。明治一〇年に西南戦争が勃発すると西征別働軍参謀となって活躍している。図二は山川の率いる軍が進撃しているところである。

その後、一九年には高等師範学校長に就任し、次いで女子師範学校長

図二　『明治太平記　二一編巻之一』明治11年

をも兼務した。二三年に貴族院議員となっている。図三は貴族院議員となった山川である。また、図四は貴族院において演説する山川である。山川は貴族院議員に就任すると奥羽越の力を結集するべく尽力した。また山川は大隈重信の条約改正交渉にも反対しているが、図五は条約改正をめぐって対外硬派と対外耽派が喧嘩しているところである。こんな状況がくり返されたのである。

三一年、山川は男爵を授爵しているが、その理由について三一年一月二八日の『国民新聞』は「貴族院議員予備陸軍少将山川浩氏は、今般勲功依り、男爵を授けられ、特に華族に列せられたるが、右は単に少将として此恩命に接したるに非ずして畏き辺りには、氏が維新草創の時に際し、会津落城の砌り能く同地方民を鎮撫し、帰向する所を示し王化に服せしめたるの功労を多とし、特に今回の御沙汰に及びたる次第也と漏れ承る」と記している。

図三 『国民新聞』
明治23年10月2日号

図四　『国民新聞』
明治25年5月12日号

授爵直後、山川は病没しているが、図六はこのときに掲載された肖像である。三一年二月五日の『日本』は山川の死去に際して「東北の耆宿として貴族院の硬骨として清廉朴茂、優然として士君子の高節を懐き、儼乎として国士の風尚を具へたる貴族院勅選議員山川浩氏は、沈痾の為めに静かに晩年を養ひつゝありしが、項目に至り病漸く革まり曩きに勲功に依り特に男爵を授けられたる間もなく、遂に昨四日を以て昊天無情此の国家の一名臣を奪去れり。実に旧会津藩士の翹楚として嘗て官軍に抗し若松城を孤守せし一名将なり、後ち朝廷に擢でられ十年戦役の如きは最も驍名を馳せたり。若し氏をして藩閥中に在らしめば其地位豈今日にして止まんや、而かも氏は清節を以て自ら奉じ少しも顕達に意なかりしは人をして景慕措く能はざらしむる所以なり。嗚呼悲しい哉」と記しているが、この記事から山川の人物像がわかるのではないだろうか。

《伝記》

*歴史残花　第四　時事通信社　昭和四六

図五　『団団珍聞』明治25年8月6日号

図六　『国民新聞』明治31年2月9日号

山口《やまぐち》尚芳《なおよし》（一八三九〜九四）

官僚、政治家

天保一〇年五月、佐賀に生まれる。幼くして藩命により長崎に遊学してオランダ語や英語を学び、宣教師として来日したフルベッキの知遇を得る。帰藩後は藩の翻訳業務に携わる傍ら練兵にも関わっていたが、幕末には薩長同盟成立にも深く関係するなど倒幕運動に力を注ぎ、江戸開城の際にも新政府軍の先頭に立って活躍した。

明治元年、外国事務局御用掛として出仕、その後、判事、東京府判事、大蔵大丞、民部大丞などを歴任して外務少輔に転じて、四年には参議木戸孝允、大蔵卿大久保利通、工部大輔伊藤博文といった新政府を代表する政治家とともに特命全権副使を命ぜられて岩倉使節団を率いて欧米視察に赴いている。帰国後、元老院議官、会計検査院長、参事院議官などを経て二三年に勅選の貴族院議員に就任している。**図一**は貴族院議員に就任した山口を捉えたスケッチである。また、**図二**は『国会議員百首』に載った山口のくつろいでいる姿である。図の上には山口の経歴が記されているが、山口の死去を報じた二七年六月一四日の『時事新報』の記事には、「海内正に騒然たるに及んで氏は大隈重信、陸奥宗光等の諸氏と共に四方奔走し、遂に維新の政変に際会して政府に入り、漸次累進して今日の地位に至れり。人と為り沈毅活達、貴族院議員中夙に硬骨の聞えあり」と、その人柄と政治家としての山口の姿勢を伝えている。

七年の佐賀の乱では政府軍の立場で行動し、自らの出身地である武雄の士族たちが反乱軍となることをくいとめる功績をのこしている。

図一『国民新聞』
明治23年10月2日号

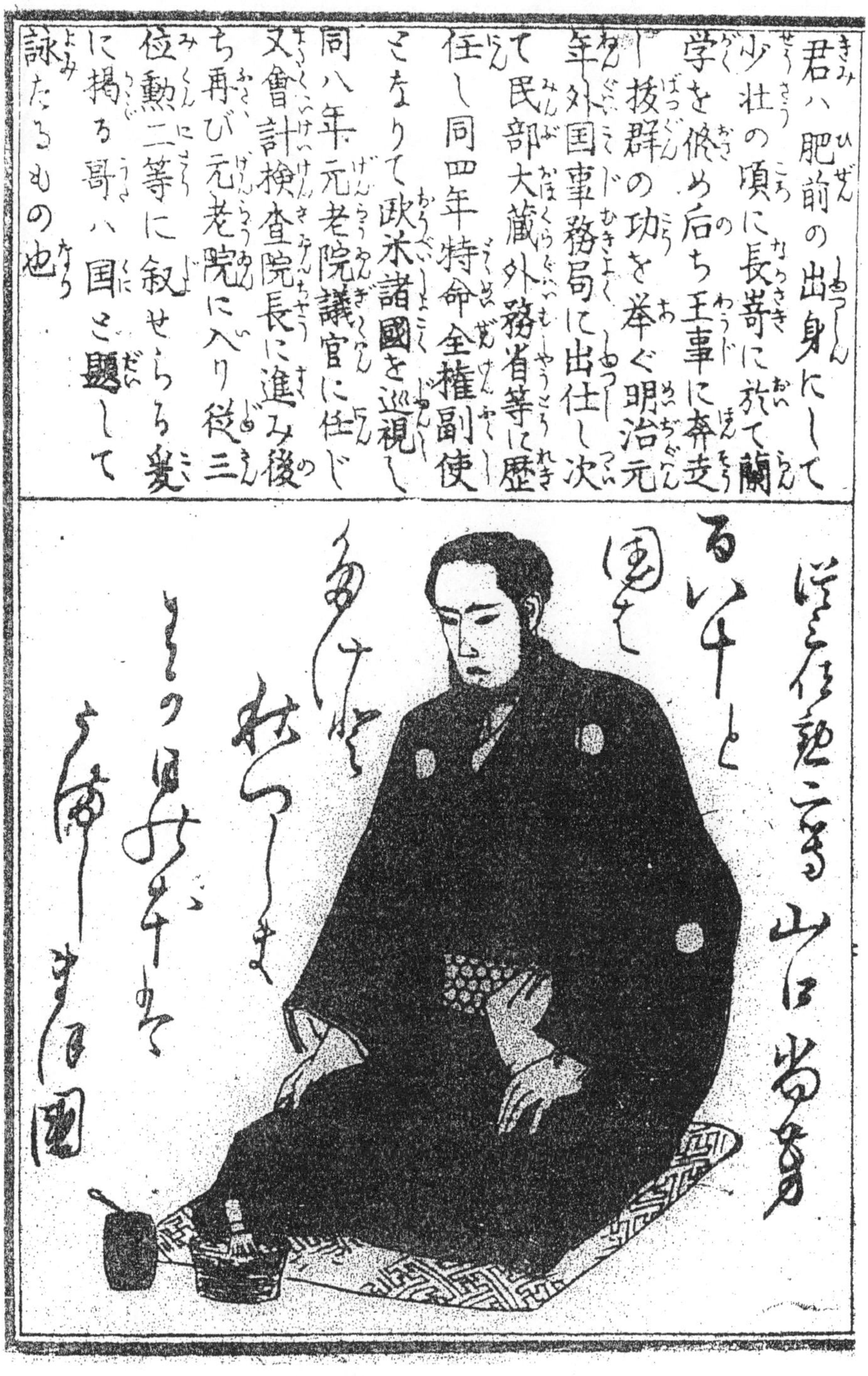
君《きみ》ハ肥前《ひぜん》の出身《しゆつしん》にして少壮《せうさう》の頃《ころ》に長嵜《ながさき》に於《おい》て蘭《らん》学《がく》を修《おさ》め后《の》ち王事《わうじ》に奔走《ほんそう》し抜群《ばつぐん》の功《こう》を挙《あ》ぐ明治元《めいぢぐわん》年《ねん》外国事務局《ぐわいこくじむきよく》に出仕《しゆつし》し次《つい》て民部大蔵外務省《みんぶおほくらぐわいむしやう》等に歴《れき》任《にん》し同四年特命全権副使《とくめいぜんけんふくし》となりて欧米諸國《おうべいしよこく》を巡視《じゆんし》し同八年元老院議官《げんらうゐんぎくわん》に任《にん》じ又會計検査院長《くわいけいけんさゐんちやう》に進《すゝ》み後《の》ち再《ふたゝ》び元老院《げんらうゐん》に入り従《じゆ》三位勲二等に叙《じよ》せらる茲《こゝ》に掲る哥《うた》ハ国《くに》と題《だい》して詠《よみ》たるもの也《なり》

図二 『国会議員百首』明治24年

山口素臣《やまぐちもとおみ》（一八四六〜一九〇四）

軍人

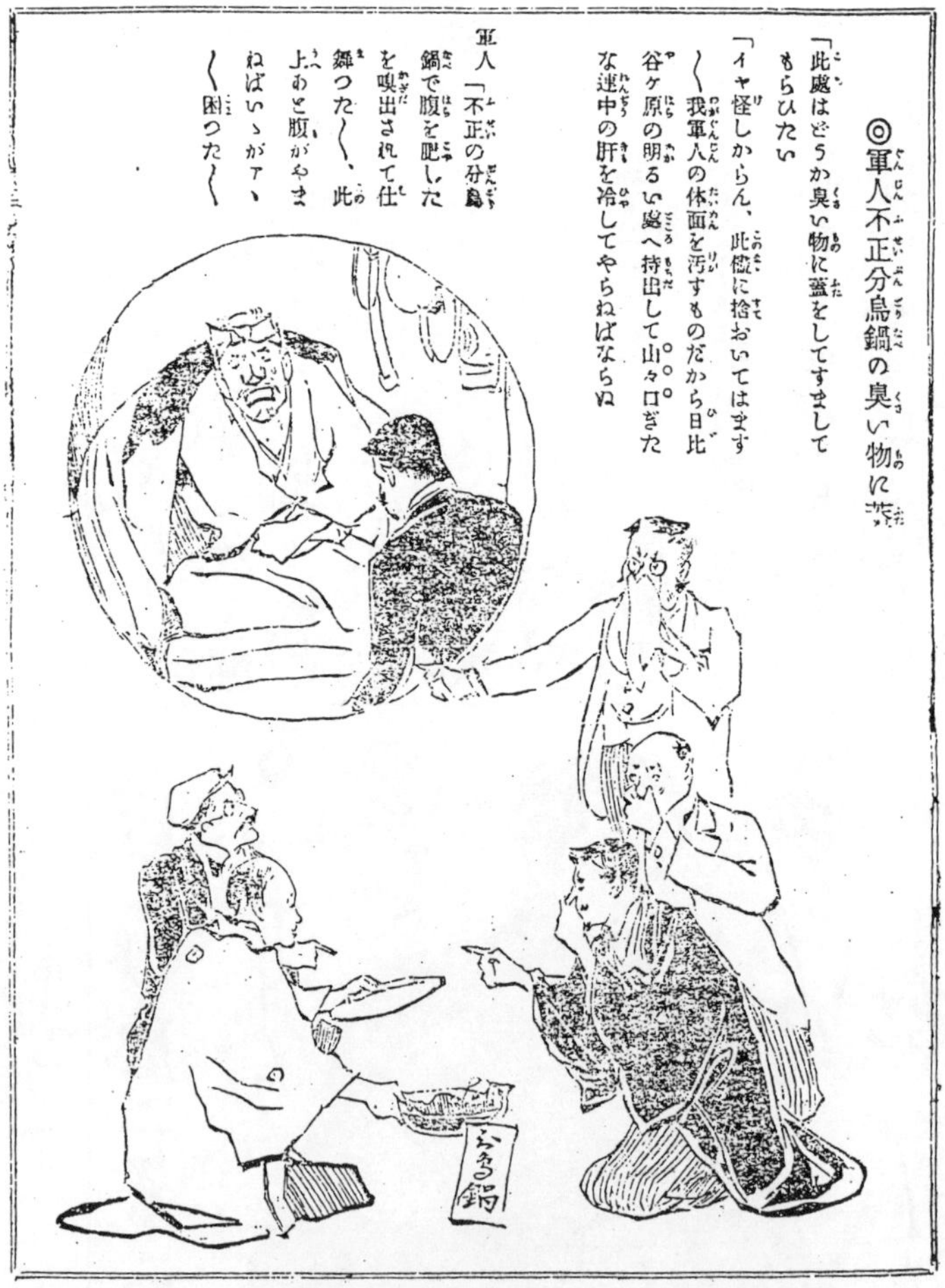

◎軍人不正分鳥鍋の臭い物に蓋
「此處はどうか臭い物に蓋をしてすましてもらひたい
「イヤ怪しからん、此儘に捨おいてはます〳〵我軍人の体面を汚すものだから日比谷ケ原の明るい處へ持出して山々口ぎたな連中の肝を冷してやらねばならぬ
軍人「不正の分鳥鍋で腹を肥したを嗅出されて仕舞つた〳〵、此上はもと腹がやせねばいゝがナア〳〵困つた〳〵

図一　『団団珍聞』明治34年12月14日号

弘化三年五月、長州に生まれる。戊辰戦争では奇兵隊教導役として北陸や奥羽に転戦し、明治三年大阪第二教導隊に入る。卒業後、陸軍少佐となり、七年の佐賀の乱では近衛歩兵第一連隊長として従軍、西南戦争でも軍功をあげて歩兵第九連隊長となる。以後、歩兵第七連隊長、熊本鎮台参謀長、東京鎮台参謀長、近衛参謀長などをつとめて二〇年にアメリカおよびドイツを視察して翌年帰国、二三年には少将となり、歩兵第十旅団長を経て日清戦争時には第三旅団長として指揮をとる。日清戦争後、中将となり第五師団長に就任、三三年の北清事変では山口の率いる軍隊が主体となって義和団を打ち破り、解決に導いている。しかし、その後に馬蹄銀分捕事件が起こって山口も疑惑を持たれる騒ぎとなっている。この事件は日本軍が中国で接収した馬蹄銀を軍人が横奪したというものである。三三年八月七日の『中外商業新聞』は「日本軍が清国天津城に於て、去月十四日分捕したる馬蹄銀百二十萬両は、予ねて本邦に向け回送中なりしが、其中千有余個は昨日を以て東京に来着し、日本銀行の手に受取済となりし由」と大量の馬蹄銀を北清事変で手に入れた

ことを伝えているが、この馬蹄銀の一部が山口を始めとした第五師団の幹部軍人によって横奪され、それぞれ商人に売り払ったり、自宅に隠し持っているという噂が立ったのである。図一はこのような疑惑に対して隠蔽工作が行なわれるのではとの疑念から描かれたものである。「イヤ怪しからん、此儘に捨おいてはますます我軍人の体面を汚すものだから日比谷ケ原の明るい処へ持出して山々口ぎたな連中の肝を冷してやらねばならぬ」とあるが、ここからも山口に疑惑がかかっていることがわかる。三五年早々の議会でも馬蹄銀疑惑は取りあげられて、ついに第五師団の軍人に調査が及び、師団長である山口の自宅も捜索されるという前代未聞の不祥事に発展していった。図二は馬蹄銀疑惑と前後しておこった八甲田山における死の行軍とを同時に話題とした作品である。二つの事件が世間を騒がせた年であった。図三は司法権（剣）によって軍の疑惑を徹底的に解明してほしいと願う庶民の気持ちが代弁された作品であろう。

図二　『団団珍聞』明治35年2月8日号

図三　『二六新報』明治35年2月10日号

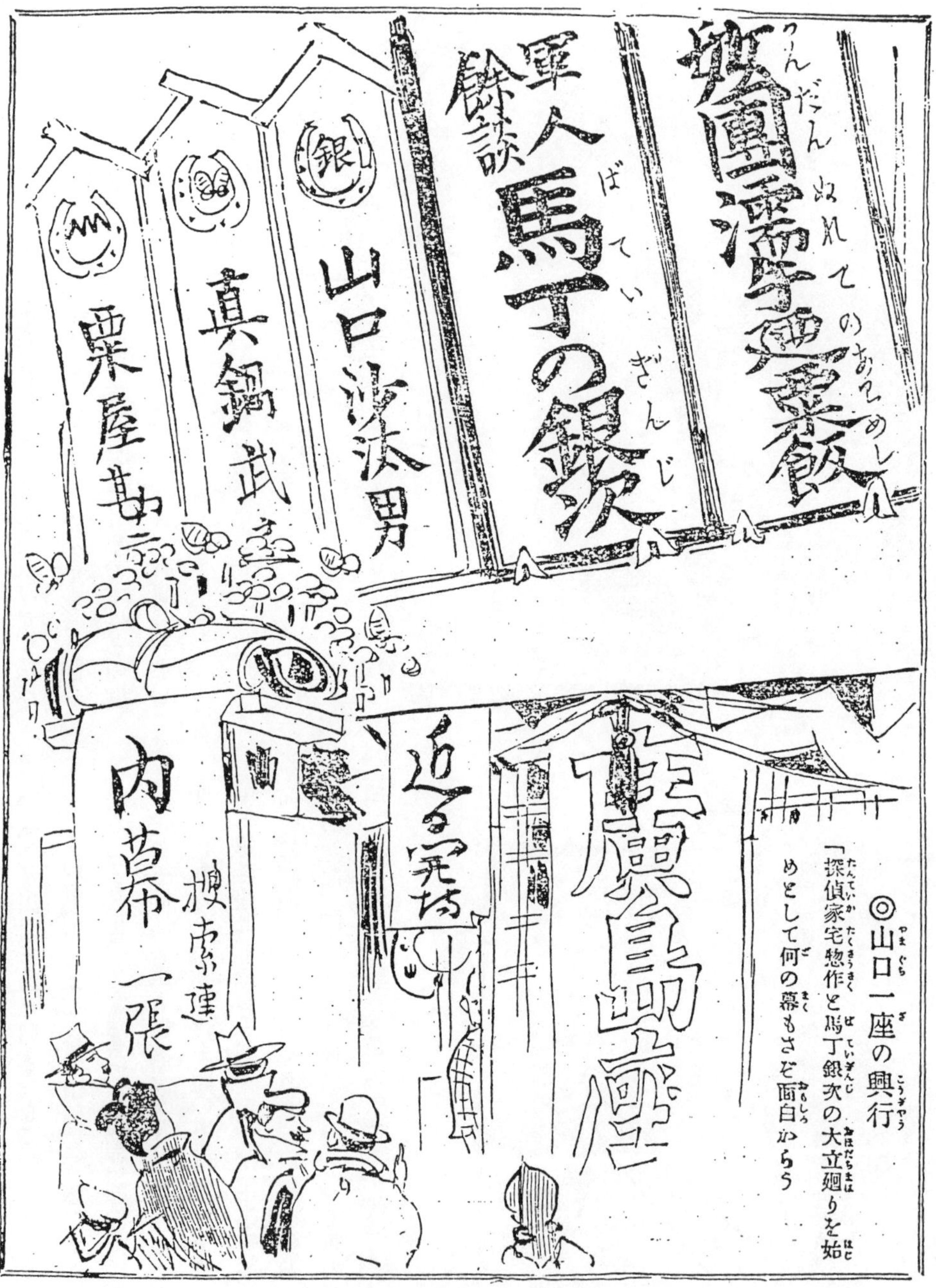

図四 『団団珍聞』明治35年2月22日号

図五　『団団珍聞』明治37年8月13日号

図四はこのような事件の進展を捉えたものである。「探偵家宅物作と馬丁銀次の大立廻りを始めとして何の幕もさぞ面白からう」との客の声からも捜査の行方に世間が注目している様子が窺われる。家宅捜索などの結果、結局は第五師団の幹部たちは無罪とされて山口も潔白となっている。その後、山口は三七年に大将となったが病のために日露戦争では出征することができず、戦争の最中に死去している。**図五**は山口の死を描いたものであるが、馬蹄銀が山口を悼んで涙を流している。こんなところにまで登場するほど馬蹄銀分捕事件は社会に強い印象を与えたのである。

山路愛山《やまじあいざん》（一八六五～一九一七）

ジャーナリスト

元治元年一二月、江戸に生まれる。明治二年、幕臣だった山路家は徳川家に従って静岡に移り、その後、田口卯吉の知遇を得る。小学校助教、静岡県庁警務課勤務を経て、一九年にキリスト教に入信、二二年に上京して東洋英和学校で学ぶ。二四年にメソジスト派の創刊した機関誌『護教』の主筆となる。翌年、徳富蘇峰に誘われて民友社に入って『国民之友』や『国民新聞』に平民主義の史論などを発表するとともに北村透谷との文学論争を行なうなどして注目を集めた。三〇年、民友社を退社して『防長回天史』の編纂に従事し、三二年に『信濃毎日新聞』の主筆となる。三六年、『独立評論』を創刊、三八年には中村太八郎らと国家社会党を結成して東京市電の値上げ反対運動や普選運動を行なっていった。四二年に出した『足利尊氏』は四四年の国定教科書問題に関連して

図一 『二六新報』
明治44年2月21日号

図二 『二六新報』明治44年2月24日号

不適当歴史書となる筆禍を受けている。

図一や図二からも山路の『足利尊氏』をきっかけに日本の歴史教育に大きな波紋をひろげていったことがよくわかる。図三はこのように何かと話題となった山路を描いたもので、「山路愛山氏の無頓着振り」との題名がつけられている。「愛山氏が人と話しをする時には必ず何か持って居る若し何にも持って無ければ鼻へ指を突っ込んで天然丸薬を造り出し「ベランメー彼奴等に歴史などが解って堪るもんか」と興に入ると口から夕立を降らすのでお客の頭がビッショリ其處へ令息が来て頭をピッシャリ愛山氏其れでも何とも云は無いで大気焔其れが妻君の前へ出ると鳴海絞の如く縮み魚の如く一句も出さず金鎚の川流れの如く頭が上がらない」との解説がつけられており、山路のユニークな性格を垣間見ることができる。四三年、山路は刊行予定の『国民雑誌』の披露のために新聞記者らを招待した宴会を開催している。四三年一一月二四日の『やまと新聞』はこれをリポートして、「今の世の雑誌はドイツもコイツも他人の言論を受売専門で、「電話函」にあらざれば「鸚鵡籠」と一般なるに、独り愛山氏ありて此の間に「天上天下唯我独尊」の抱負を持して、論壇に旗揚を為し来る、其の勇気大いに多とするに足る。兎も角廿五日の会は愛山氏に在りては、一生一代の招待らしい。故に吾人特に之を記す」と書いている。この記事からも山路の論客ぶりと、独特の性格を知ることができよう。

図三 『名流漫画』明治45年

《伝記》

＊愛山文集・山路愛山　民友社　大正六
＊人と作品現代文学講座　一・木俣修等編　明治書院　昭和三六
＊日本の思想家　一・朝日新聞社　昭和三七
＊現代日本思想大系　四・筑摩書房　昭和三九

山《やま》田《だ》顕《あき》義《よし》（一八四四〜九二）

政治家

天保一五年九月、長門国萩に生まれた山田は松下村塾で学び、尊王攘夷運動に加わって蛤御門の変にも関わった後に長州征伐に対抗して高杉晋作らとともに征伐軍と戦った。戊辰戦争では新政府軍の参謀として活躍し、箱館戦争においても軍功をあげ、その後は陸軍少将兼兵部大丞として近代兵制の確立に尽力した。

明治四年、岩倉使節団の一員として欧米各国を巡って兵制調査などを行ない六年に帰国、近代的軍隊をつくりあげていった。西南戦争では別働第二旅団長として参戦した。**図一**は戦場で作戦を考えているところ、**図二**は兵の分配を指示しているところ、**図三**は幹部とともに攻撃の作戦を練る山田である。このように山田は西南戦争でも活躍して軍功をあげている。一一年に陸軍中将となる。以後、参議、工部卿、内務卿などを歴任して一六年に司法卿に就任、翌年の華族令発布に伴い勲功により伯爵を与えられる。

一八年一二月には内閣制度が創設されて日本の政治に新たな一歩が印されたが、このとき山田は多くの実力者がひしめく

図一 『明治太平記　二一編巻之二』明治11年

なかで司法大臣に就任を果たしている。**図四**はわが国最初の内閣である第一次伊藤内閣の閣僚たちを羽子板に描いた正月らしい作品である。

山田は教育にも力を注ぎ、二二年には日本法律学校（現在の日本大学）を設立している。**図五**はこのときの状況を描いたもので、政府の特別認可と保護によって学校がつくられていると諷刺しており、大八車に積まれている建築資材は「特別認可」と「保護杭」と書かれてある。このような批判はあったものの山田は日本法律学校設立の翌年には国学院も設立して教育界に大きな貢献をしている。

山田は黒田内閣や第一次山県内閣でも司法大臣として入閣しているが、二三年に山県との対立により辞意を表明した。**図六**はこのときの様子を描いたもので、内閣から抜け出そうとしている山田が襟首を掴まれている。「お客の引留」とのタイト

図二 『明治太平記　二一編巻之一』明治11年

図三 『明治太平記　二一編巻之一』明治11年

ルでもわかるようにこのときは慰留されている。しかし、二四年の大津事件後に第一次松方内閣の司法大臣を辞し、その翌年、生野銀山視察中に急逝した。

《伝記》

＊故山田伯追悼之詩・ボアソナード述　曲木如長訳刊　明治二五

＊山田顕義伝・日本大学編刊　昭和三八

＊山田顕義と日本大学―日本法律学校の誕生・荒木治　大原新生社　昭和四七

＊大津事件と司法大臣山田顕義―日本大学学祖山田顕義研究論文・柏村哲博　日本大学大学史編纂室　昭和五八

図四 『団団珍聞』明治21年1月1日号

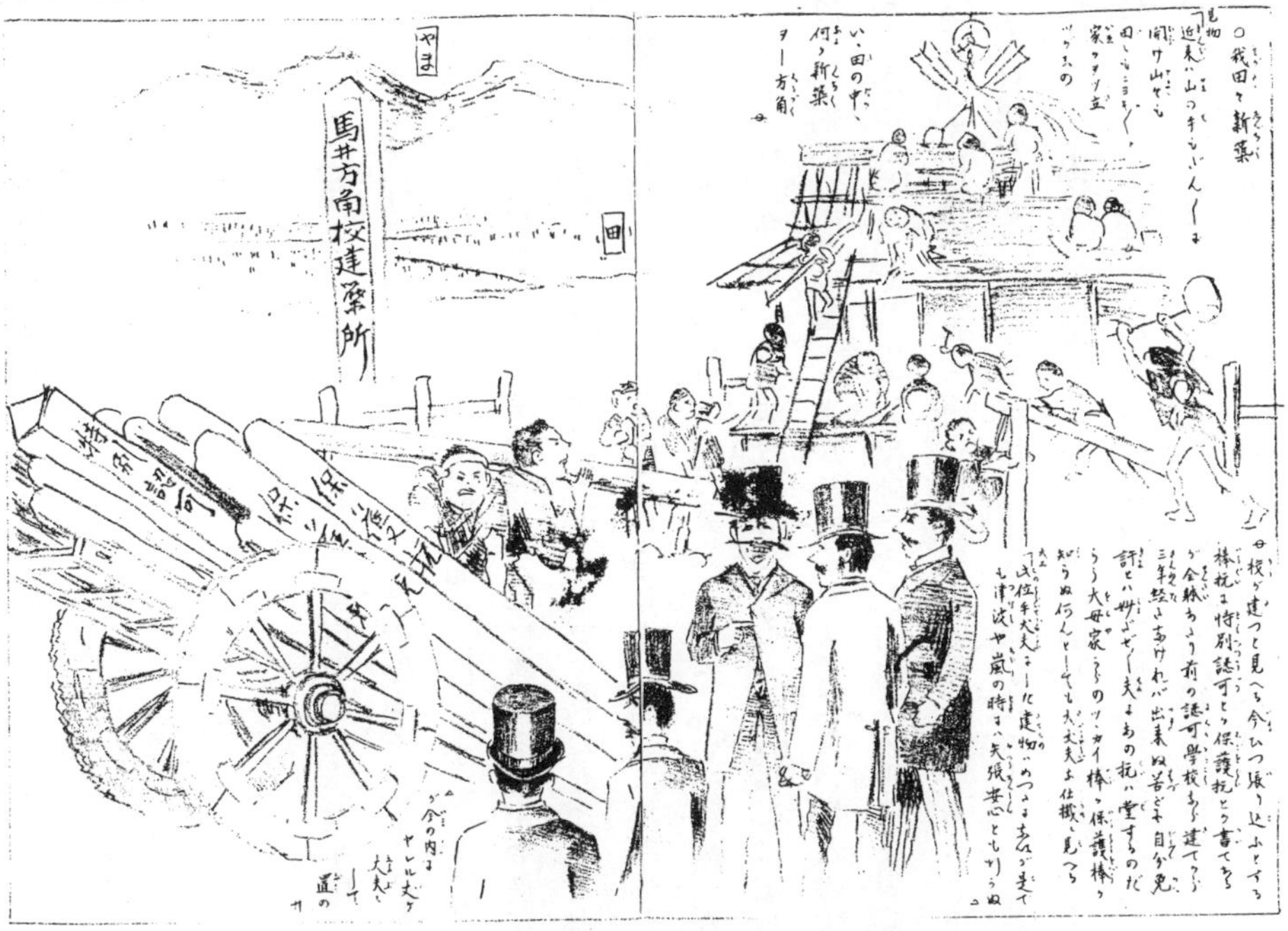

図五　『団団珍聞』明治22年3月19日号

図六　『団団珍聞』明治24年1月3日号

山《やま》地《ち》元《もと》治《はる》（一八四一～九七）

軍人

天保一二年七月、高知に生まれる。慶応元年に歩兵小隊司令として禁裏守護にあたり、戊辰戦争では蝴蝶隊を率いて征東軍に従って今市で参戦している。明治四年に陸軍少佐となり、御親兵八番大隊長をつとめている。一九年に熊本鎮台司令長官に就任し、日清戦争では大山巌が指揮する第二軍のもとで大山を補佐して戦功をたてている。**図一**は金州を攻略して旅順へと進攻する大山と山地を漁師にたとえたもので、「金州砲鯛」なる大鯛を大山が魚籠に入れようとしている。その横では山地の放った網に「旅順砲鯛」と書かれたこれまでにないほどの大鯛がかかっており、それを引き揚げようと山地は必死になっている。旅順を陥落させることは大山の率いる第二軍のもっとも大きな目標だった。**図二**はその旅順に第二軍が攻め入ったときにはすでに清国軍は撤退しており、大きな混乱もなく旅順を手中にしたことを描いている。「旅順宿」なる旅籠に大山が人力車で乗り付けたところ、すでに宿は蛻の殻で後方には敗走する清国兵の姿がみえる。この大成功をもたらしたのは山地の卓越した作戦によるものであった。そんな山地の計策を二七年一一

図一　『団団珍聞』明治27年11月17日号

月三〇日の『郵便報知新聞』は「旅順口の攻撃に於ける山地将軍が作戦の目的は、兵を損ぜず兵器を棄てず、唯だ威嚇して敵を降伏せしむるの手段に在り、即ち第一には彼我干戈を交へず、一剣に衂らずして我が義勇の武威を示し、及ぶべき限り示威の手段を以て旅順の全部を占領する事、第二には敵若し我れに抗敵を試み、我が目的を妨ぐるに至らば干戈に訴へ、兵勇の力に依って目的を達せん事是れなり、而して将軍は金州大連湾の戦後、金州に在って専ら第一の手段を取り、敵をして自から降らしめんと路傍及び各民家に、旅順の敵兵にして我に抗せず、降を乞ふものは我が軍令より罪を恕して、其の請を容れん事を書したる紙片を配布し、小村閭巷に至るまで我軍の寛大文明なるを知らしめ、敵の心服するを見て其の目的を遂げんことを謀りしも、敵は之を信ぜず頑として動かざるより終に第二の策を取って挑戦するの止むを得ざるに至り乃ち去る十九日を以て兵を出し攻撃に着手したるが、斯くの如く旅順攻撃の時日移りしは、全く将軍が文明的全局の勝算を期し、其計策の為め多くの時日を費せしに依れりと云ふ」と伝えている。こんな心理作戦が成功をもたらしたのであろう。日清戦争後の二八年に山地は西部都督に就任している。

《伝記》

＊故陸軍中将山地元治君・佐藤正　金港堂　明治三五

図二　『団団珍聞』明治27年11月24日号

山《やま》本《もと》権《ごん》兵《べ》衛《え》（一八五二〜一九三三）

軍人、政治家

嘉永五年一〇月、鹿児島に生まれる。戊辰戦争に従軍したのち開成所や海軍兵学寮で学び、明治七年に海軍兵学寮を卒業してドイツ軍艦による世界周航などを経験、浅間副長、浪速副長を経て天城艦長、高雄艦長、高千穂艦長を歴任後、海軍大臣官房主事、海軍省主事を歴任して人事刷新、制度の整備など海軍改革を実施してその実力を認められた。二五年には陸軍が参謀総長をつとめる参謀本部の統轄下にあった海軍を軍令部が軍令機関とすることによって独立的立場を確立することに成功、海軍にとって大きな功労を挙げた。日清戦争時には大本営海軍大臣副官として活躍し、二八年に少将となり軍務局長に就任、三一年には中将となり、同年、第二次山県内閣の海軍大臣に就任して三九年まで三代の内閣の海軍大臣をつとめた。この間、日英同盟の締結や日露戦争時に大きな役割を果たした。三七年には大将となっている。**図一**は第一次桂内閣時代の山本を描いたもので、山本が艦船建造案で妥協しないために内閣の行政整理が出来ないでいるところである。桂は「行政整頓の重荷」を大八車に乗せてやってきたものの山本の車止めの立札に弱りきっ

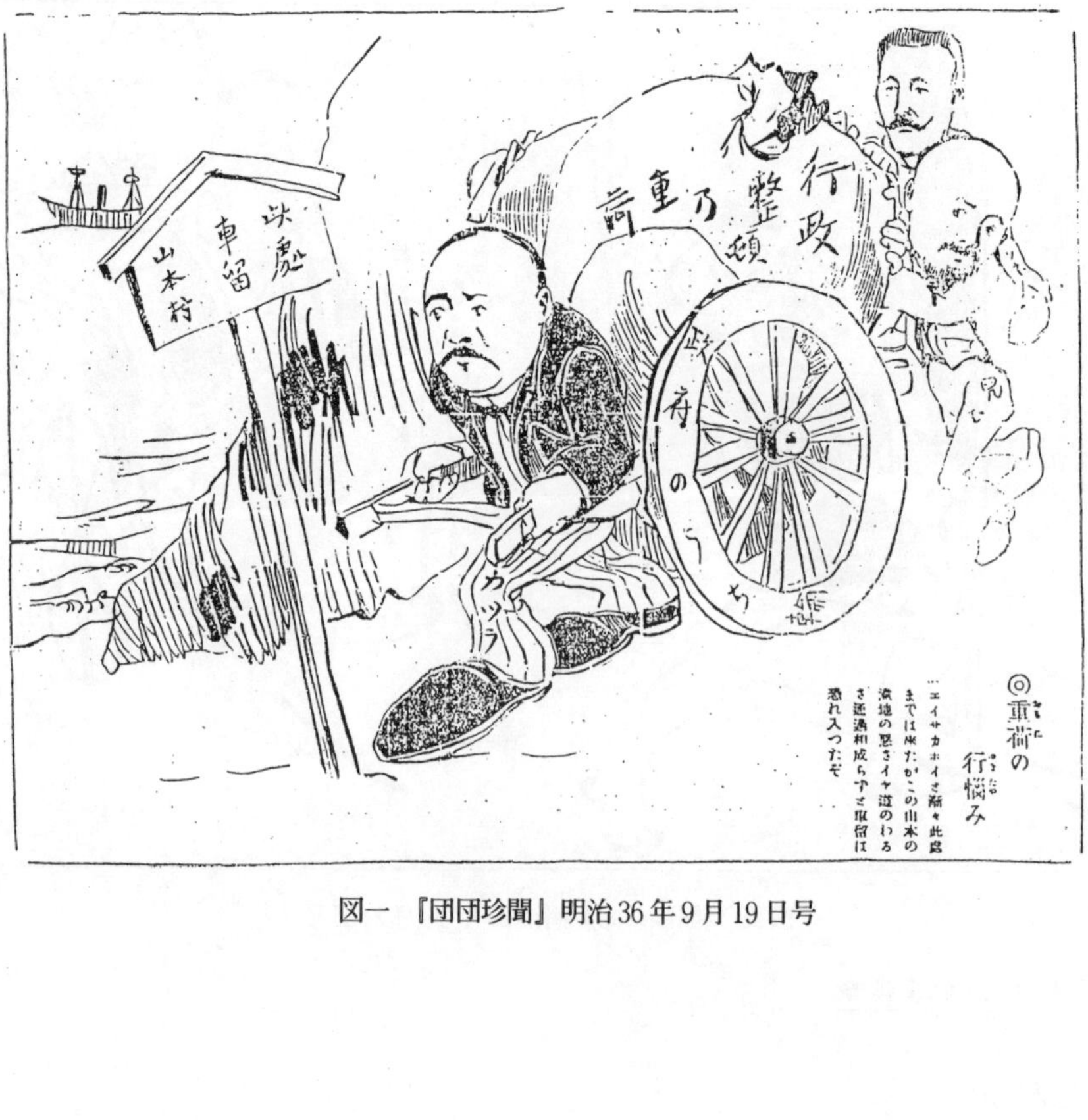

図一　『団団珍聞』明治36年9月19日号

図二 『東京パック』明治40年6月1日号

図三　『東京パック』明治41年4月15日号

て、「エイサカホイと漸々此處までは来たがこの山本の意地の悪さイヤ道のわるさ通過相成らずと車留は恐れ入ったぞ」と愚痴をこぼしている。図二は海軍大臣を辞任したあと外遊していたころの山本の政治的立場を描いている。第一次桂内閣のあとをうけて三九年に第一次西園寺内閣が成立したが、この政権は短命に終わるのではと噂があり、その後を狙っての動きは少なくなかった。こんな中で長期にわたって海軍大臣をつとめた山本も日本を離れていたものの政権に虎視眈々だった。山本は「山本内閣」と書かれた鞍をつけた馬にいつでも乗る準備は怠っていないようである。図三は鹿子木猛郎が描いた山本である。この解説の中に「西園寺は英才なり、桂は雄俊なり、余は総南の一権兵衛須らく種蒔して野鵜を友とせんかな」との山本の言葉を紹介しているが、これぞまさしく二人と同等で政権に就く人物であると自ら言っているようなものである。しかし、その後も桂と西園寺が交互に政権を執る時代が続き、山本が政権を手中にしたのは大正二年のことである。しかし、翌年にはシーメンス事件で総辞職している。その後、一二年にも再度総理大臣に就任したが三か月ほどで虎ノ門事件の責任をとって総辞職に追い込まれている。

《伝記》

＊列伝体明治史日本新英傑伝・高橋立吉　東亜堂書房　大正一
＊偉人権兵衛　山本権兵衛伯逸話集・村上貞一　実業之日本社　昭和一〇
＊カイゼルを手玉にとった山本権兵衛・安宅三郎　日本精神講座一二　新潮社　昭和一〇
＊伯爵山本権兵衛伝　二巻二冊・山本清　故伯爵山本海軍大将伝記編纂会　昭和一三
＊人間山本権兵衛・中村嘉寿　軍事教育研究会　昭和一八
＊無敵海軍の建設者山本権兵衛・永松浅造　新偉人伝全集　潮文閣　昭和一九
＊山本権兵衛・山本英輔　三代宰相列伝　時事通信社　昭和三三
＊山本権兵衛と海軍・海軍省海軍大臣官房編　明治百年史叢書　原書房　昭和四一
＊山本権兵衛・米沢藤良　新人物往来社　昭和四九

山《やま》本《もと》達《たつ》雄《お》（一八五六～一九四七）

政治家、財政家

安政三年三月、豊後に生まれる。大阪で教員生活を送った後に上京して慶応義塾や三菱商業学校で学び、岡山や大阪の商業学校で教鞭をとり、明治一六年に郵便汽船三菱会社に入って日本郵船東京支店副支配人などを歴任した。二三年には日銀総裁川田小一郎に認められて日銀に入行し、営業部長、株式局長などを歴任して三一年に第五代の日銀総裁に就任している。総裁在任中は日銀の独立性を維持することに努めている。

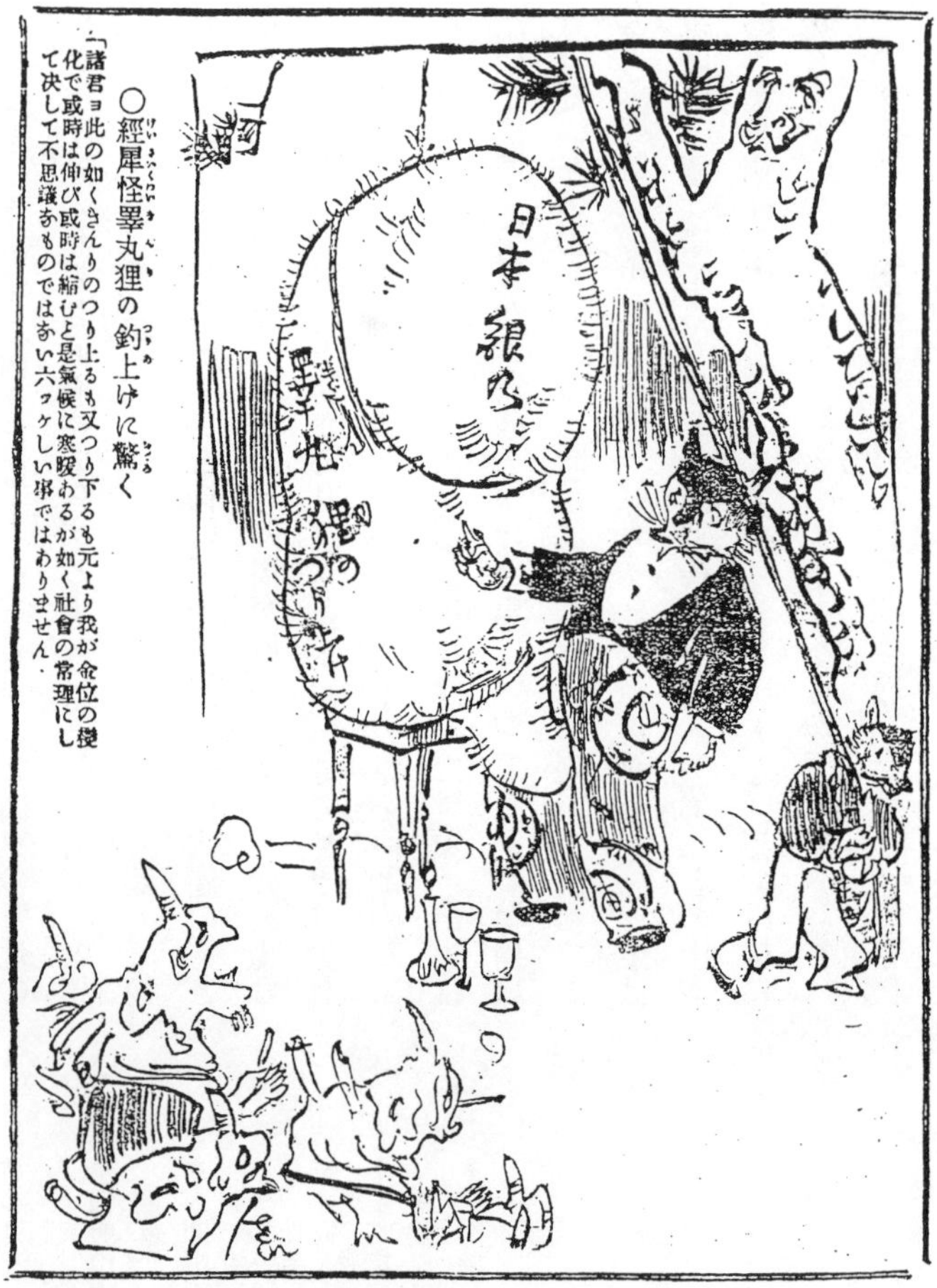

図一 『団団珍聞』明治32年12月9日号

図一は日銀の金利引上げにおどろく経済界を描いている。狸のズボンには「山」「本」の字が見え、山本が金利の決定に主導権を握っていたことがわかる。三六年に任期満了によって総裁を辞しているが、山本が再任されなかった事情について三六年一〇月二一日の『東京朝日新聞』は「其性質の温厚なるに似ず、或場合には民間経済の権衡上より大蔵大臣の言に服従せざりし事少なからず、為に曾禰蔵相は此任期満了を幸ひに更迭を断行せるものなりといふものあり」との噂があったことを指摘しており、山本の日銀の独立性強化策が一部で反発を持たれていたことが窺われる。また、この記事では、多くの人が山本の留任を信じていて、山本自身も留任を望んでいた中での更迭だったことも報じている。図

二はこんな交代劇を諷刺したものである。日銀総裁を辞した山本は貴族院議員となり、四四年には第二次西園寺内閣の大蔵大臣として入閣している。図三は大蔵大臣時代の山本で、「山本達雄氏の道楽振り」とのタイトルがつけられている。解説には「道楽と云っても必ずしも女や酒では無い、氏は朝起きると必ず大弓を引く其も非常な強弓で八分から一寸位迄を楽々と引いて中々上手で有る、又網も好きで暇の度に品川辺へ出掛けるが此方は余り上手で無い、話し振りは穏かで「今の財政が其儘行ったら恐る可きで有りませうが入を計って出づるを制する法でやれば大して悲観するにも有りますまい」」と財政論を展開する山本が捉えられている。大正二年には第一次山本内閣の農商務大臣に就任している。同年、政友会に入って、その後、政友本党、民政党などで重鎮として活動している。昭和七年には斎藤内閣の内務大臣に就任している。

《伝記》

＊新蔵相山本達雄論・三宅雄二郎等　中央公論　二六ノ一〇　明治四四
＊山本達雄氏・山路愛山　現代富豪論　中央書院　大正三
＊米価調節に関する態度から観た山本現農相と仲小路前農相・前田蓮山等　中央公論　三四ノ二　大正八
＊山本達雄・小坂順造編　山本達雄先生伝記編纂会　昭和二六
＊日本財界人物列伝　一・青潮出版　昭和三八

そうざいはあのマンマと云《い》ふ噂《うはさ》だッたが斯《か》う新膳《じんぜん》へ供《そな》へられて見《み》ると悪《わる》くはゲイせん、其《そ》の朱椀《しゆわん》や思《おも》ひやられてカチ、マア迭更《てつかう》と褒《ほ》めて置《お》きヤス

図二　『団団珍聞』明治36年10月31日号

図三　『名流漫画』明治45年

由利公正《ゆりきみまさ》（一八二九〜一九〇九）

政治家

文政一二年一一月、越前に生まれる。幼少より文武に優れ、横井小楠が福井に来藩した折にその思想に大きな影響を受けて実学主義を身に付け、藩の財政再建に尽くす。藩主の重用をうけるものの、由利が主張した薩長討伐反対と列藩会議の開催は藩論によって退けられ、由利は文久三年から四年間もの間、謹慎蟄居の身となっていたが、慶応三年になると新政府の徴士参与として京都に上った。そして、福井藩の財政再建を成し遂げた実力を発揮して鳥羽伏見の戦に必要な莫大な資金を豪商たちから集めて討伐軍に多大な貢献をしている。また、金札を発行して財政を確立するなど、由利は樹立されたばかりの明治政府において極めて重要な地位を占めていた。五箇条の誓文の起草にも関わっていたことも、この時代の由利の活躍を象徴している。

明治元年に東京在勤となり、その後、大阪府知事御用取扱などを歴任して四年に東京府知事に就任したが、翌年発生した大火によって銀座一帯は焼けつくされてしまった。これをきっかけに由利は政府と一体になって不燃街づくりに乗りだし、銀座の煉瓦街がつくられることとなる。煉瓦街建設は道路の拡張や区画整理も行なわれるなど大規模な都市計画のパイオニア的実践としても高い評価が得られている。

図一 『現今英名百首』明治14年

由利は岩倉使節団に随行して自治制度などの調査を行なったが、府知事を免ぜられて帰国、八年に元老院議官となるが幾許もなく辞任している。しかし、一八年には再び元老院議官に就任している。**図一**は明治一四年に出された『現今英名百首』に載った由利である。解説には「戊辰の役には藩主春嶽侯と謀り朝廷へ忠を尽し維新後貨幣通用の事を建言」と由利の業績が評価されている。二三年には貴族院議員となっている。**図二**は二四年の『国会議員百首』に描かれた由利であるが、「真に子は明治の元勲と謂ふべきなり」と書かれている。元勲という重い言葉を用いて由利を評しているが、これは金札発行で新政府の財政を賄っていったことなど、当時の由利の手腕を認めたもので、『現今英名百首』の評にも通ずるところがある。しかし、維新直後の活躍がクローズアップされているだけ、その後の由利は政治の表舞台に立てなかったことを示しているといえよう。

子ハ舊福井藩士にして学問該博詩文を善くす慶應の末藩主松平春嶽侯を翼けて力を皇室の為め尽し遂に王政復古の大業を樹つ明治四年東京府知事に任し後ち元老院議官に陞り次て特に子爵を授かり華族に列す真に子ハ明治の元勲と謂ふべきなり今茲に載せし一首ハ春に寄て懐を述し歌ならん
正四位
勲二等 由利公正

図二 『国会議員百首』明治24年

《伝記》

＊由利公正・芳賀八弥編　八尾書店　明治三五
＊由利公正伝・三岡文夫編　光融館　大正五
＊類聚伝記大日本史　一一・雄山閣　昭和一一
＊子爵由利公正伝・由利正通編　岩波書店　昭和一五
＊由利公正・柴謙太郎　政治経済先人を語る　竜吟社　昭和一七

横《よこ》田《た》国《くに》臣《おみ》（一八五〇～一九二三）

司法官僚

嘉永三年八月、島原に生まれる。広瀬淡窓に学び、埼玉県に出仕したのち、明治九年に司法省に入って検事補となり、一三年に検事となる。その後、司法省刑法局長心得などを経て一九年に自費で渡欧、二四年に帰国して司法省参事官となり、司法省民刑局長、司法次官を歴任して三一年に検事総長に就任するが司法大臣大東義徹と対立して懲戒免職となる。

図一は憲法や裁判所構成法を盾に免職に抵抗している横田を描いたもので、「サア来い来たれ此方にやア構成法イナ豪勢な理屈があるのだ」と「職けんビシ」や「けん宝」の薦被りを前に息巻く横田に対して相手は「ヲマハンそんな横田なことを言はぬもんどす」と説得にあたっている。三一年九月六日の『東京朝日新聞』は「横田氏曰く、予を懲戒免官と為さん筈にて、法相は證據書類を具し其手続を為したりとの説あり、其果して事実なるや否は知らざれども、去る三日の午後司法省職員課長奥宮正治氏は、大東大臣の使者となり予を訪問し…」と記しているところをみると、この図はこのことを描いたものなのだろう。この訪問での奥宮とのやりとりで横田は、判検事定員

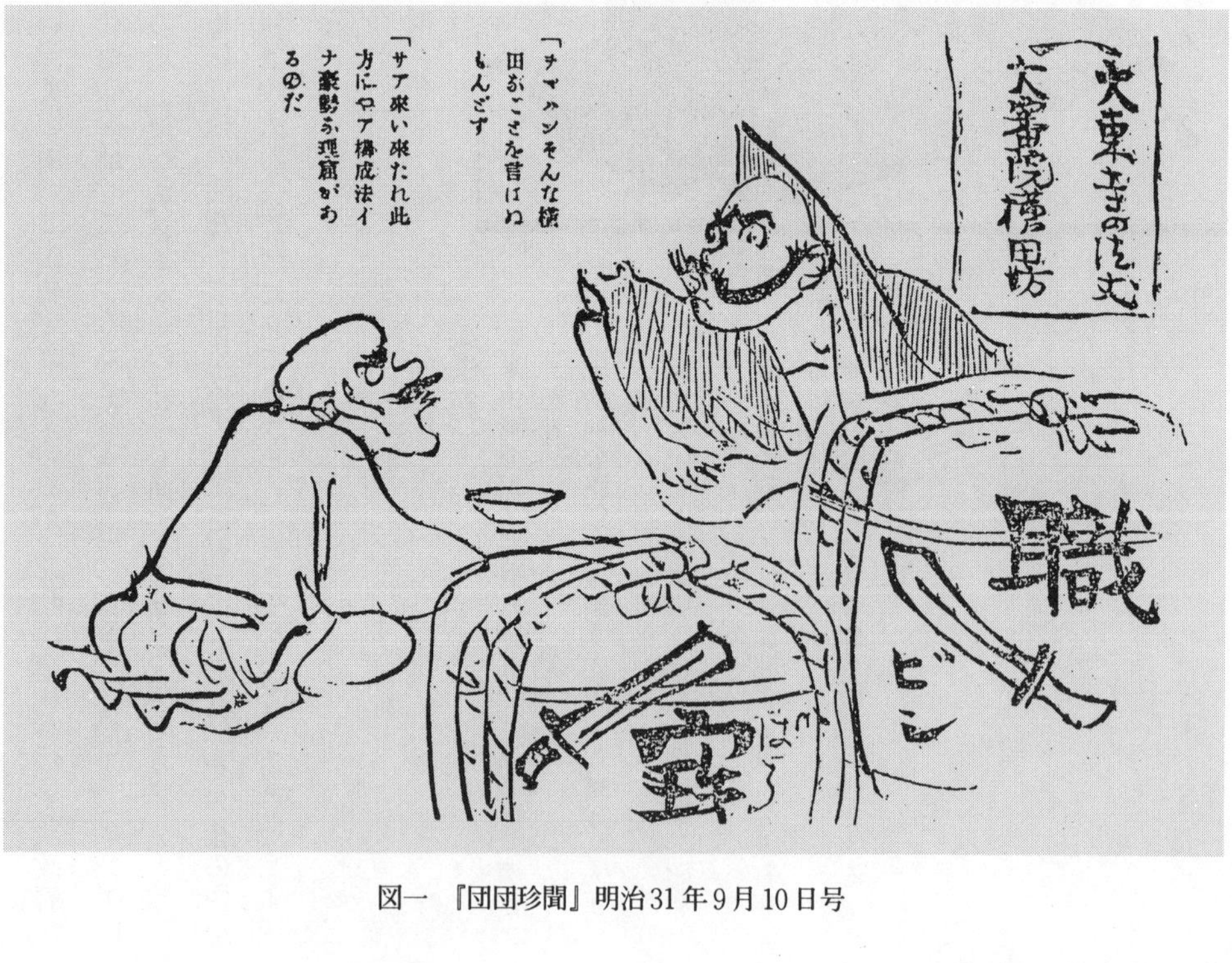

図一 『団団珍聞』明治31年9月10日号

令改正に関わる違法な言動はなかったので、懲戒にはあたらないと自説を伝えている。この問題は結局は横田と大東の確執であって、図二のような諷刺画が描かれている。ここでは司法大臣が横田問題と情死しようとしているところで、「コー身詰りになって来ては共に死ぬより仕方がないか、ア、此處へ後からマテと助けて呉れる人があればい、が」と大東は嘆いている。横田に対する懲戒案は奏請されたものの一度は却下され、再度の奏請で裁下されて横田の免職が決定しているが、その翌年には特旨をもって懲戒が免ぜられて横田は東京控訴院検事長となり、三七年には検事総長に復帰を果たしている。三九年には大審院長に就任し大正一〇年まで長期にわたって在任した。

図二 『団団珍聞』明治31年10月1日号

芳《よし》川《かわ》顕《あき》正《まさ》（一八四二～一九二〇）

官僚、政治家

天保一二年一二月、阿波に生まれる。徳島や長崎で医学を学ぶ傍ら英学も修め、伊藤博文らと交友を持つ。維新後、徳島で洋学を教えていたが明治三年に伊藤の推挙で大蔵省に出仕し、翌年には伊藤に随行してアメリカに渡り金融制度などの調査に従事している。帰国後、紙幣頭、工部大丞、工部大書記官、外務少輔、工部少輔、内務少輔、東京府知事などを歴任して一八年に内務大輔となり、翌年には内務次官に就任している。二三年、第一次山県内閣の文部大臣として入閣し、翌年の第一次松方内閣でも文部大臣に就任している。二六年には第二次伊藤内閣の司法大臣となっている。**図一**は山県有朋が司法大臣を辞任して芳川が後任として入閣したことを描いたものである。司法省の門前には「よし川」の水が引かれ、司法大臣候補者たちは門を目前にして諦めきれない様子である。その後、芳川は二九年に内務大臣も兼務した。**図二**は第二次伊藤内閣の大臣兼務を批判したもので、芳川（右）は「司法」と「内務」の鞄をさげており、その前を歩く西園寺公望は「文部」「外務」の鞄を持っている。第二次伊藤内閣は二九年に総辞職して第二次松方内閣

図一 『団団珍聞』明治26年3月25日号

図二　『団団珍聞』明治29年3月21日号

図三　『団団珍聞』明治30年2月6日号

が成立するが、このような情勢のなかで芳川は長州閥政権を樹立すべく動いている。**図三**はそんな様子を描いたもので、看板には「芳川」「長州」などと書かれており、幟には「末松」（伊藤の娘婿の末松謙澄）とある。芳川は阿波の出身だったが伊藤や山県と親しく、長州閥に近い存在だった。三一年、第三次伊藤内閣が誕生すると内務大臣となり、同年の第二次山県内閣でも逓信大臣として入閣している。**図四**は逓信大臣時代の芳川を描いたものである。このように長州閥との関係を維持して大きな発言力を持つようになった。三七年には第一次桂内閣の逓信大臣に就任しているが日露戦争後に日比谷焼打ち事件が起こり、内務大臣としてその処理にあたった後に責任をとって辞任している。**図五**は辞任の直後に描かれたもので、内務大臣の椅子が引っ繰り返り伯爵のチャンスが逃げていったために渋い顔の芳川である。日比谷焼打ち事件が日露戦争後の授爵をフイにしたのである。芳川は「ア、戦捷の総花として伯爵をもらふ所であったに、飛んでもない、とりにがしてしまった」とボヤいている。内務大臣辞任後、芳川は貴族院議員、枢密顧問官皇典講究所総裁などを勤めた。

《伝記》

＊伯爵芳川顕正小伝・水野秀雄編　芳川顕正伯遺業顕彰会　昭和一五

＊清浦伯と芳川伯・篠田鉱造　明治文化　一四ノ八　昭和一六

＊為政者の大道・芳川寛治編刊　昭和三一

図四　『報知新聞』明治32年3月3日号

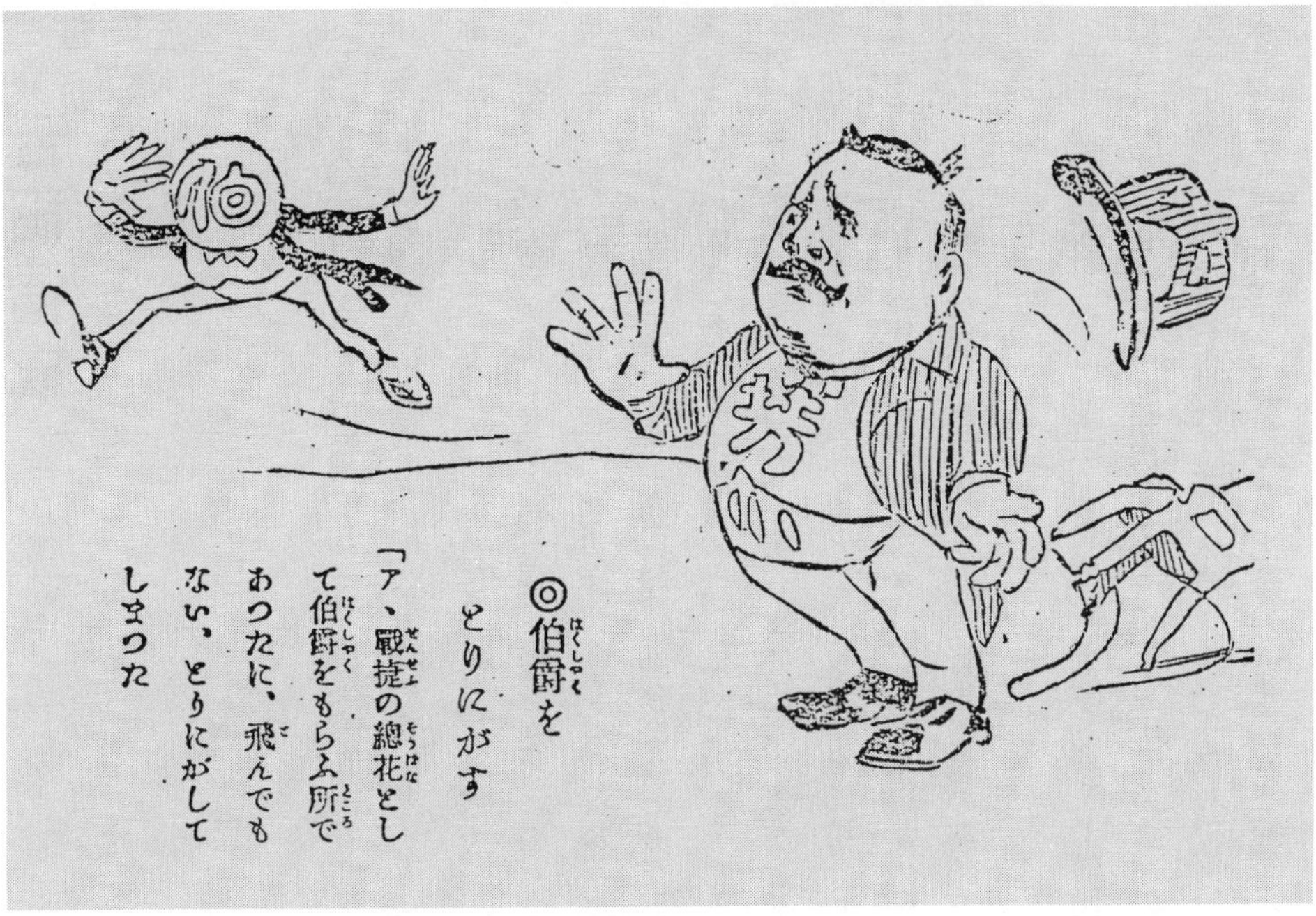

図五　『団団珍聞』明治38年9月25日号

吉《よし》田《だ》清《きよ》成《なり》（一八四五～九一）

外交官

弘化二年三月、鹿児島に生まれる。藩校開成所で蘭学を学び、慶応元年に薩摩藩の留学生として密航してイギリスに渡りロンドン大学で二年間学ぶ。その後、アメリカに渡ってハリスの主宰する教団で労働しながらの信仰生活を送ったのちにラトガース大学、ウィルブラハム・アカデミーなどで経済学や政治学などを学んでニューヨークで銀行保険業務に携わるなどして明治三年に帰国する。四年に大蔵省に出仕して大蔵少輔となって外債募集のためにアメリカやイギリスに出張するなど活躍して、六年にはオリエンタルバンクとの間で交渉を成功させている。七年には駐米公使に就任してアメリカとの条約改正交渉に尽力して一一年には関税自主権を認めた日米約書の調印を果たしている。

図一は関税自主権とひきかえに内地雑居を許すと外国人に酷使されてしまうという論調である。こんな中での吉田の外交交渉であった。この約書はイギリスやドイツの反対で実行されることはなかったが、これによって条約改正に大きな一歩を踏み出していった。一五年に外務大輔に就任するが外務卿井上馨

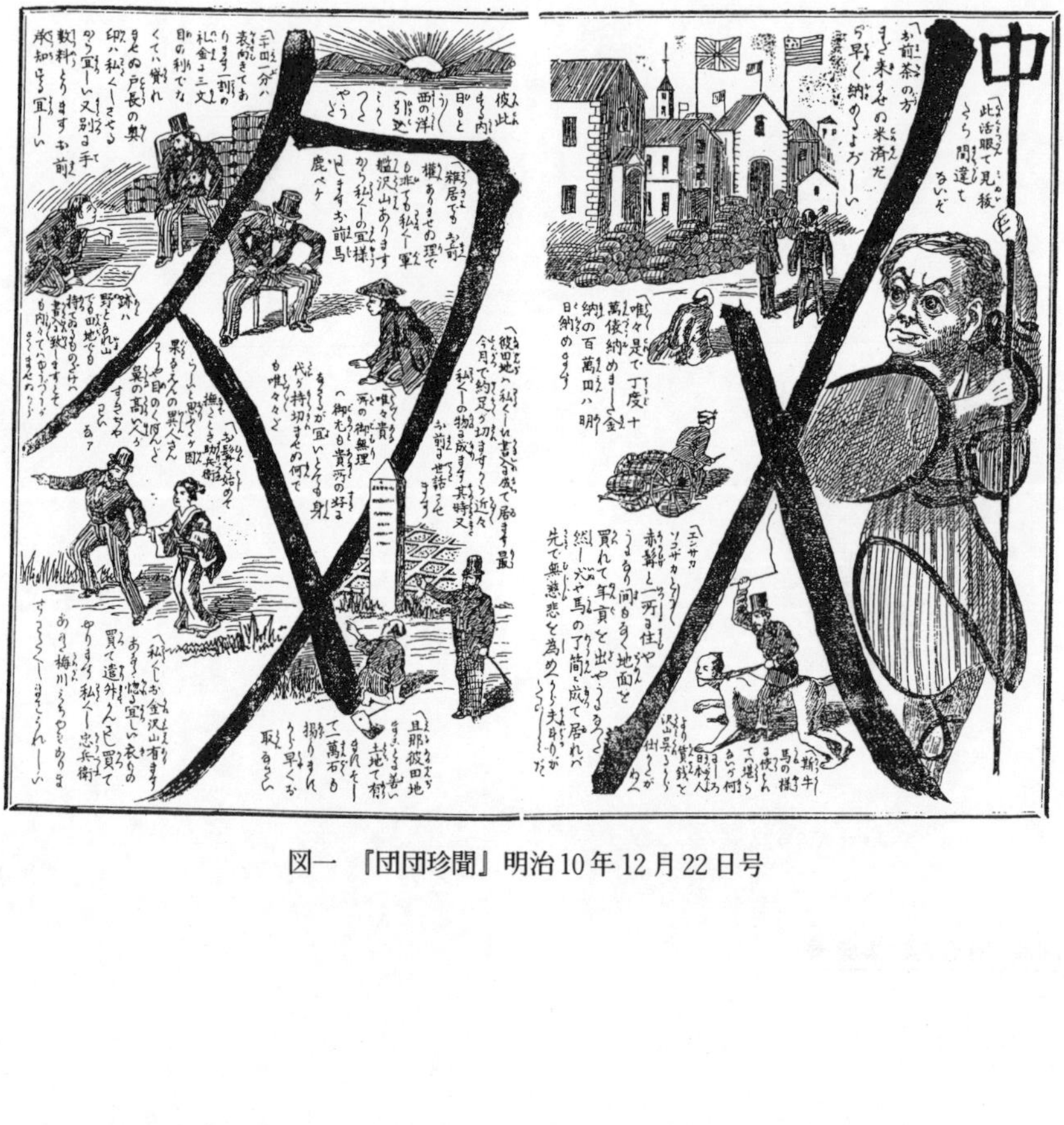

図一 『団団珍聞』明治10年12月22日号

と意見が合わずに一八年に農商務大輔に転じ、投機取引を抑制する取引所条令の制定に尽力している。図二は吉田の死去に際して二四年八月四日の『国民新聞』がその経歴を詳しく報じた記事に添えられた吉田の肖像である。この記事によると吉田は正しいと思ったことは曲げることはなく、そのために相手との議論もしばしばで、「初めは井上伯に好し後には之れと悪し、初めは大隈伯と親善、後ちにはまた之と疎なり、谷子帰りて氏が地位忽ち変ず松方伯の如きは氏が曾て眼下に看下せし所而して超越一省に長たり皆な以て氏の居常憂憤の種たらざりしはなし」と実力者たちとも上手くいかなかったことが窺われる。しかし、松方や黒田清隆などが見舞に来ても吉田の話題はすべて国家のことで、自分が没後の家事に関わることについては家人にも一言も言わずに亡くなったという。図の肖像からも吉田の一徹さが窺われるが、それだけに閑職に甘んじなければならなかったのであろう。

しかし、吉田の外交手腕は多くの人之認めるところで、二四年八月四日の『朝野新聞』は「子一旦其志を得ずして閑職に就き其才を伸ばすことを得ざりしと雖も、天若し子に仮すに年を以てせば他年一日必らず其の長技を揮ふて大に政治界に雄飛するの時ありしならん」と十分に開花することのなかった才能を惜しんでいる。

図二　『国民新聞』
明治24年8月4日号

渡辺国武《わたなべくにたけ》（一八四六～一九一九）

官僚、政治家

図一　『国民新聞』明治25年6月7日号

弘化三年五月、信州諏訪に生まれる。江戸に出て洋式兵学や外国語を学び、維新後の明治三年に伊那県に出仕する。翌年には民部省に入り、その後、大蔵省権中録を経て七年には租税寮に移って地租改正事業に従事、九年に高知県権令、一一年には県令に就任する。高知県時代の渡辺は立志社員を県庁から追放するなど、民権家に厳しくあたった。一二年には県下の四郡合併を専断して譴責をうけて依願退職となり、京都に居を移して読経、参禅、哲学に親しむ生活を送るが一四年に福岡県令に就任して官に復帰、その翌年には大蔵省調査局長となり、主計局長を経て二一年に大蔵次官となる。やがて、渡辺は議会対策に才を発揮して認められるようになっていった。

図一は議会で答弁する渡辺である。この二か月後に第二次伊藤博文内閣の大蔵大臣に抜擢される。渡辺の大蔵大臣就任は世間の話題となった。それは明治政府成立以来、初めての小藩出身者の大臣就任だったからである。二五年八月九日の『朝野新聞』は「未だ小藩より身を起したるものにて大臣の位に登りたるもの、維新以来二十五年間一人もなし、独り之あるは今回渡辺国武氏の大蔵大臣を以て始めとなす」と記して世の中が変わってきたとしている。蔵相在任中、貨幣制度調査会を設置して金本位制への調査を行ない、日清戦争時には戦時財政をつかさどる。一時は逓信大臣に転じたものの再び蔵相となり日清戦争後の財政政策を担当する。渡辺は軍備拡張、鉄道建設などを積極的に推進したが、いっぽうでは新しい税の創設や増税政策を実施した。三三年、立憲政友会の創設に創立委員長として関わり、第四次伊藤内閣でも井上馨を排除して蔵相に就任したが、星亨らとの対立を生んだ。**図二**は星との対立をテーマとした諷刺画で、渡辺（右）と星（左）の論争を禅問答に擬して描いている。一般の人には解かりにくい政争といったところだろう。**図三**は「増税飴ころの売出し」と題されており、渡辺が指

示して大蔵省で増税案をねっているところを描いたものである。渡辺の緊縮予算方針は閣内でも大きな反発をかい、ついには閣僚たちが渡辺に辞職勧告を行なうまでの事態となっていった。しかし、渡辺は職権を盾にこの要求を拒否し続けた。図四はそんな有様を描いており、鬼（閣僚）と鍾馗（渡辺）が睨めっこしているところである。鍾馗の前には「職権」なる剣がおかれている。この対立から第四次伊藤内閣は総辞職に追い込まれていった。

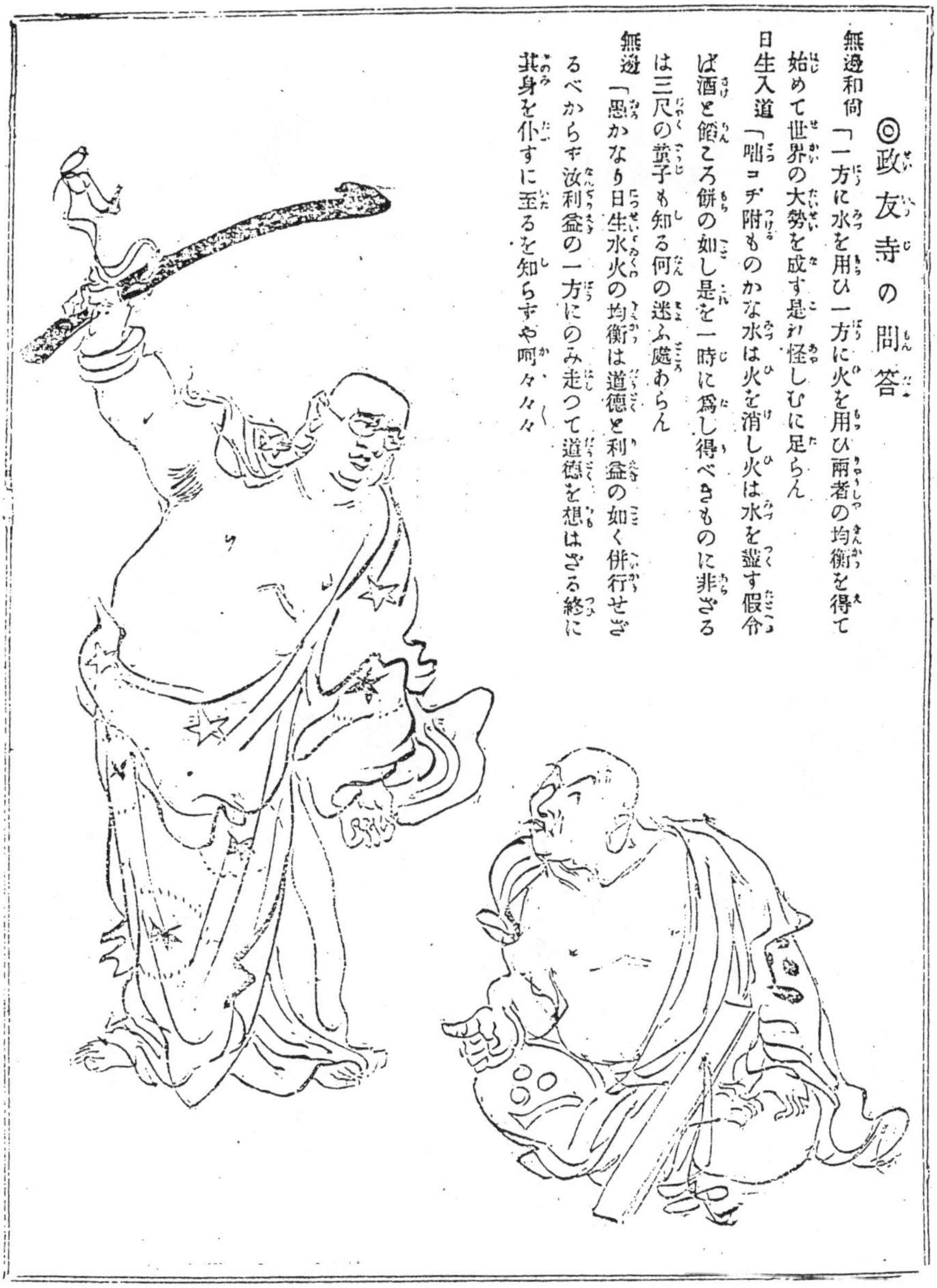
◎政《せい》友《いう》寺《じ》の問《もん》答《だふ》
無遏和尚「一方《ぱう》に水《みづ》を用《もち》ひ一方《ぱう》に火《ひ》を用《もち》ひ両者《りやうしや》の均衡《きんかう》を得《え》て始《はじ》めて世界《せかい》の大勢《たいせい》を成《な》す是《こ》れ怪《あや》しむに足《た》らん
日生入道「咄《とつ》コヂ附《つけ》るものかな水《みづ》は火《ひ》を消《け》し火《ひ》は水《みづ》を盡《つく》す假令《たとへ》ば酒《さけ》と餡《あん》ころ餅《もち》の如《ごと》し是《これ》を一時《じ》に爲《た》し得《う》べきものに非《あら》ざるは三尺《じやく》の童子も知《し》る何《なん》の迷《まよ》ふ處《ところ》あらん
無遏「愚《おろか》なり日生《にっせい》水火《すゐくわ》の均衡《きんかう》は道徳《だうとく》と利益《りえき》の如《ごと》く併行《へいかう》せざるべからず汝《なんぢ》利益《りえき》の一方《ぱう》にのみ走《はし》つて道徳《だうとく》を想《おも》はざる終《つひ》に其身《そのみ》を仆《たふ》すに至《いた》るを知《し》らずや呵《か》々々々

図二　『団団珍聞』明治33年12月8日号

《伝記》

＊渡辺国武君・松下軍次著刊　信濃名士伝　明治二七

＊山県有朋　附渡辺国武・岡本柳之助・無何有郷主人　民友社　明治二九

＊人物評論・嚢田政徳　北日本刊行協会　大正一五

◎増税餡《ぜつぜいあん》ころの
賣《うり》出《だ》し
「賣出《うりだ》しを廿一日とすりやア其《その》
間《あいだ》に隨分《ずゐぶん》てねくる事《こと》も出來《でき》る
「つぶしあんは語《ご》呂《ろ》が悪《わる》いすつ
かりでつちてから漉《こ》しに懸《かか》て
出《だ》すんだよ

図三 『団団珍聞』明治34年1月12日号

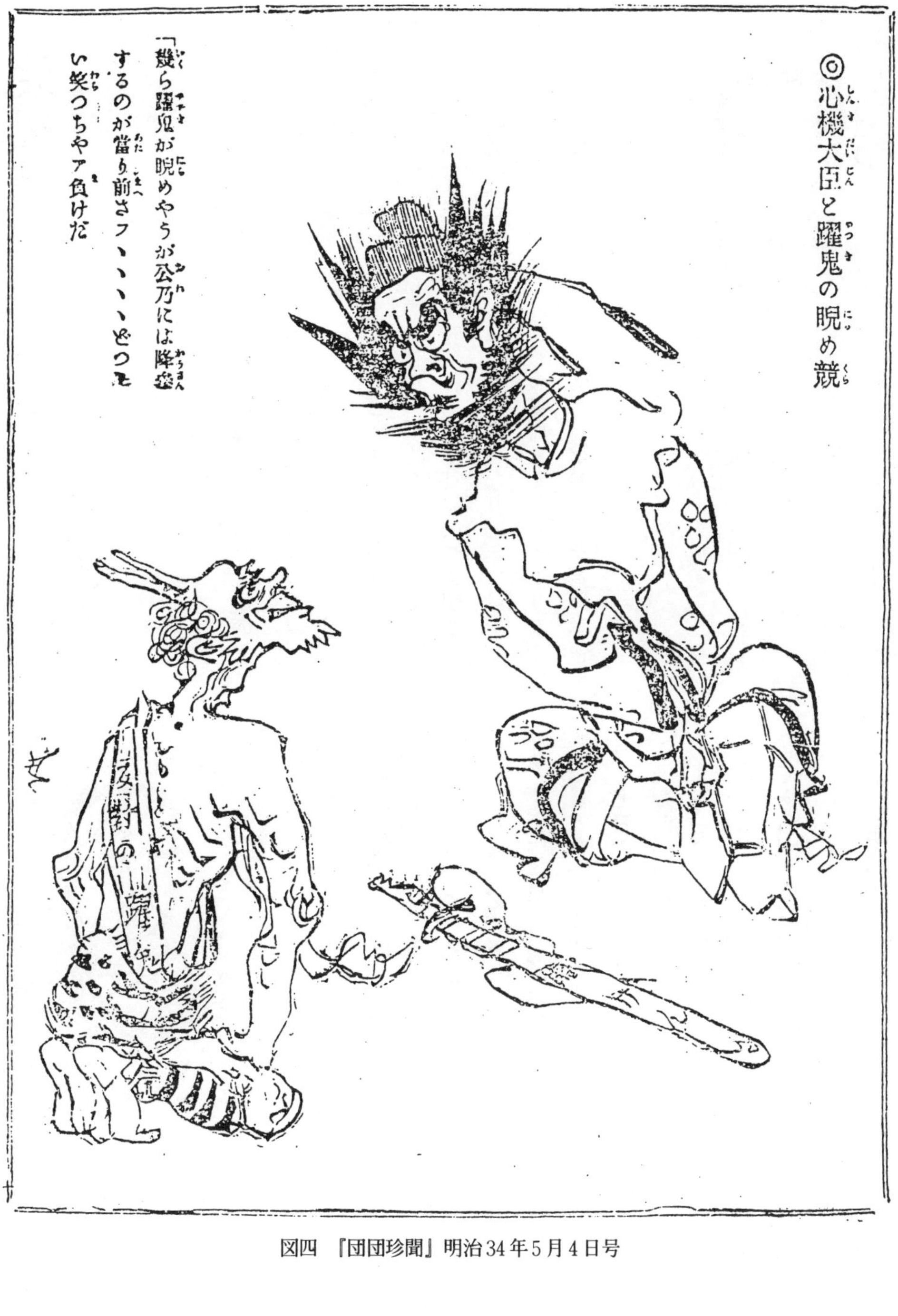
◎心機《しんき》大臣《だいじん》と躍鬼《やつき》の睨め競《くら》
「幾《いく》ら躍鬼《やつき》が睨《にら》めやうが公乃《おれ》には降参《かうさん》するのが當《あた》り前《まへ》さフヽヽヽどつこい笑《わら》つちやア負《ま》けだ
反對の躍鬼

図四 『団団珍聞』明治34年5月4日号

渡《わた》辺《なべ》洪《こう》基《き》（一八四八〜一九〇一）

官僚、政治家

弘化四年一二月、越前に生まれる。蘭方医の父より二歳のときに種痘を受けたが、これが福井における最初の種痘といわれている。元治元年に佐倉に行き佐藤舜海から医学を学び、慶応元年に開成所に移って学業を続ける傍ら箕作麟祥や福沢諭吉から英語を学ぶ。戊辰戦争では幕府側の一員として会津や米沢へと赴いているが、維新後は新政府に許されて官途につき明治二年に大学少助教に就任、翌年には外務大録となり四年には岩倉使節団に随行する。帰国後、外務省の書記官としてイタリアやオーストリア勤務を経て九年に帰国し外務省記録局心得、学習院次長などを歴任して一旦は官を辞したものの復帰して一五年に元老院議官、一八年に東京府知事となる。その後、一九年には初代の帝国大学総長に就任している。

図一 『国民新聞』
明治23年5月22日号

図一は帝国大学総長を辞したころの渡辺である。渡辺の後任には加藤弘之が就任した。その後、渡辺はオーストリア公使、衆議院議員、貴族院議員などを歴任している。図二は衆議院議員となった渡辺の姿である。この肖像を掲載した二五年二月一七日の『国民新聞』は渡辺について「日本国民が有りがた涙にむせぶ所の集会条例を制定したるは実に渡辺洪基氏にてありける、氏は故岩倉具視公の寵遇を受け氏の栄進は一に公の力にありしと云ふ、去れば公の死するや氏は大嘆して曰今や公にしてあらず、我は遂に政府大臣たる能はざるかと、以て氏の公に於けるの関係、また其野心の大なるを知るべし、然れども後ち直ちに伊藤伯に仕へて其右腕となり、名尹松田道之氏に代って東京府知事となり、また去って大学総長となり、文官試験委

図二 『国民新聞』
明治25年2月17日号

員長となり、大学出身の書生をして伊藤伯の門下生たらしむに尽力せり」と、岩倉や伊藤との深い関係を記している。図三は議会における渡辺を捉えたものである。机には大きな鞄が置かれているが、解説には「東京府撰出渡辺洪基氏人呼んで布袋議員と云ふ、其腹には髯の塵学問の外何もなけれども」とあり、初代の帝国大学総長だったこともあって学問なるイメージが強かったのであろうことが窺われる。三三年には立憲政友会の創設にも関わっている。

三四年五月、渡辺は病没しているが、五月二五日の『東京日日新聞』は渡辺の死去を知らせる記事の中で「今や逝いて、我政治実業界、共に復た其温客に接するを得ず、悲哉」と記しているが、この記事からも渡辺の人物像の一端を知ることができるのではないだろうか。

図三 『国民新聞』
明治25年5月28日号

《伝記》

＊故渡辺洪基先生小伝・渡辺信四郎　武生郷友会誌　昭和二
＊渡辺洪基略伝・地学雑誌　一三ノ一五一　明治三四
＊東京統計協会長渡辺洪基君の事蹟概略・統計集誌　二四三　明治三四
＊故渡辺洪基先生伝・武生郷友会誌　明治三五
＊故渡辺洪基伝編輯資料・武生郷友会誌　明治三八～三九
＊夢　渡辺洪基伝・渡辺進　昭和四八　非売品

図版索引

◇丸付き数字は図版番号を表す

【え】

【お】

【き】

【く】

【け】

【し】

【そ】

【ち】

【つ】

【て】

【と】

【な】

【の】

【は】

【ひ】

【ま】

【み】

【む】

【め】

図説 明治人物事典 政治家・軍人・言論人

2000年 2 月28日 第1刷発行

編 者／湯本豪一
発行者／大高利夫
発行所／日外アソシエーツ株式会社
〒143-8550 東京都大田区大森北 1-23-8 第3下川ビル
電話(03)3763-5241(代表) FAX(03)3764-0845
URL http://www.nichigai.co.jp/
発売元／株式会社紀伊國屋書店
〒163-8636 東京都新宿区新宿 3-17-7
電話(03)3354-0131(代表)
ホールセール部(営業) 電話(03)3439-0128

組版処理／日外アソシエーツ株式会社
印刷・製本／株式会社平河工業社

©2000 by Kôichi Yumoto
不許複製・禁無断転載

ISBN4-8169-1590-7
《中性紙三菱書籍用紙イエロー使用》

〈落丁・乱丁本はお取り替えいたします〉
Printed in Japan,2000